제 3 판

글로벌 시대의

노사관계론

변상우 ◆ 이상우

pnc
publishing and culture
피앤씨미디어

제3판 머리말

21세기 지식정보화 시대에서 더 나아가 오늘날은 4차 산업혁명이 일어나고 있다. 인공지능기술 및 사물인터넷, 빅데이터 등 정보통신기술(ICT)과의 융합을 통해 생산성이 급격히 향상되고 제품과 서비스가 지능화되면서 경제·사회 전반에 혁신적인 변화가 나타나고 있다. 특히 다양한 제품·서비스가 네트워크와 연결되는 초연결성과 사물이 지능화되는 초지능성이 특징이며, 인공지능기술과 정보통신기술이 3D 프린팅, 무인 운송수단, 로봇공학, 나노기술 등 여러 분야의 혁신적인 기술들과 융합함으로써 더 넓은 범위에 더 빠른 속도로 변화를 초래할 것으로 전망된다. 이처럼 급속한 산업환경의 변화에서 기업의 지속적인 성장과 산업평화를 이룩하기 위해서는 노·사·정의 당사자들이 산업관계 전반에 대한 노사관계 안정화를 추구하고자는 열망이 그 어느 때보다 절실히 요구되고 있다.

한편 기업을 둘러싸고 있는 글로벌 경제체제하에서 고도성장과 급격한 기술변화는 노사관계의 문제를 더욱더 복잡하게 할 뿐만 아니라 그 중요성은 더욱 커지고 있다. 따라서 노사관계 안정을 통한 산업민주주의와 산업평화를 실현하기 위해서는 노사관계와 관련된 제반 이론에 대한 충분한 이해가 필요하다.

특히 노사관계론은 기업, 노동조합 등 단체를 연구대상으로 하기 때문에 인접학문과 구분된다. 노사관계론의 연구영역은 첫째, 구체적인 기업경영수준에서 노사 간의 관계가 단체협상·임금협상·고충처리·경영참가 등의 과정을 거쳐 어떤 기능과 의미를 가지는지에 대한 미시적 접근이다. 둘째, 국가나 사회전체의 차원에서 고용관계의 역할과 기능을 분석하고 국가 간의 고용관계의 차이를 비교하는 거시적인 접근이 있다. 따라서 노사관계론에 대한 정확한 이해를 위해서 미시적 접근과 거시적 접근이 필요하다.

최근 노동현장에는 근로시간 단축, 최저임금법 산입범위 확대, 개정 연차휴가제도의 적용, 출퇴근 재해 인정 등이 개정되어 시행되고 있다. 그리고 신설 또는 개정이 예상되는 주요 이슈(관련 제도－지침 포함)로는 노동시간 단축 연착륙과 관련한 탄력적 근로시간제 단위기간 확대와 포괄임금제 규제, 직장 내 괴롭힘 방지 및 사업주 조치의무 신설, 최저임금 산정방식 개선, 도급허용 유해위험작업의 범위 설정 및 원청의 안전보건조치 추가, 특수고용형태종사자 및 배달종사자 안전보건조치 마련, 구직급여액 인상 및 지급기간 30일 연장, 임시－일용－특고－자영업 종사 여성 출산휴가급여 지급, 배우자출산휴가 확대, 공공기관 임금체계 개편, ILO 협약 비준과 관련 노조법 개정 등이 있다.

본 교재는 노사관계와 관련한 제반 이론에 가장 기본이 되는 내용을 가장 쉽게 이해할 수 있도록 정리하였다. 원고를 정리함에 있어 수년간 대학에서 노사관계론의 과목을 강의하면서 수집한 자료와 관련 참고문헌, 자료를 바탕으로 정리하였기 때문에 노사관계론 전반에 대해 가장 이해하기 쉽게 설명하였다.

본 책은 총 12장, 부록 등으로 구성되어 있는데 그 내용은 다음과 같다.

제1장 노사관계의 기초, 제2장 국제노동운동론, 제3장 한국노동운동, 제4장 노동조합론, 제5장 단체교섭, 제6장 단체협약, 제7장 노동쟁의 및 쟁의행위, 제8장 부당노동행위, 제9장 경영참가제, 제10장 노사협의제, 제11장 근로생활의 질(QWL), 제12장 임금이슈, 부록에는 노사관계관련 법규로 정리하여 구성하였다.

노사관계론에 대한 관련된 원고를 정리하고 자료를 수집하여 한 권의 책으로 완성하였지만 저자의 능력부족으로 원고의 내용이 미비한 점이 많을 것으로 생각된다. 이를 보충하기 위해 관련 사례를 통하여 이해를 돕고자 하였다.

본 책의 집필에 많은 조언과 협력을 아끼지 않으신 많은 분들께 진심으로 감사드리며 또한 본 책의 출판을 기꺼이 허락해 주시고 출판을 맡아주신 피앤씨미디어 박노일 사장님과 임직원 여러분께도 감사를 드린다.

2020년 1월

공저자 씀

차례

Chapter 4 노동조합론

Chapter 5 단체교섭

Chapter 6 단체협약

Chapter 7 노동쟁의 및 쟁의행위

Chapter 9 경영참가제

Chapter 10 노사협의제

Chapter 11 근로생활의 질

부록

Chapter 1

노사관계의 기초

01

산업혁명과 노동운동

1780년대부터 1849년까지는 산업혁명의 초기 단계로 경제적 변화가 심했던 시기였다. 주요요인은 인구증가였다. 주요국가의 인구는 크게 늘어났다. 농민과 장인의 자식들은 수가 많아서 아버지의 직업과 재산을 물려받을 수 없어서 돈을 벌 수 있는 새로운 형태의 일을 찾아야 했다. 실업가와 지주 집안도 많은 아이들을 부양하기에 변화가 필요했다. 이때부터 영리주의가 여러 분야에서 나타났다. 활동적인 농민들은 토지 소유를 늘려 나갔고 일부 농민들은 시장에 내다 팔 식량을 생산했다. 반면 불운한 농민들은 땅을 잃고 무산자계급에 합류하게 되면서 무산자계급의 수는 계속 늘어났다.

수십만 명의 농촌의 생산자들이 도시 상인들의 후원을 받아 일하게 되면서 가내공업이 발전했다. 도시의 수공업은 멀리 떨어져 있는 시장에 내다 팔 상품을 만드는 쪽으로 전환하기 시작했고 그에 따라 공장을 소유한 장인들은 직인(職人)들을 동료 일꾼이 아니라 임금노동자로 대하게 되었다. 유럽의 사회구조는 도시와 농촌을 불문하고 소유자와 비소유자라는 기본적인 2부류로 나누어졌다.

산업혁명을 선도한 영국은 19세기 중엽까지 계속 그 주역을 담당했다. 여러 나라 정부와 개인 사업가들은 강력한 산업혁명이 서유럽의 많은 지역에서 뚜렷한 형태를 갖추기 시작한 1820년 이후에도 영국의 과학기술을 모방하려고 애썼다. 늘어나는 생산은 원료와 완제품을 운반하는 수송망을 더 많이 요구했다. 증기기관이 수송 수단에 직접 쓰였고 1800년 직후에는 기선이 주요항로를 정기적으로 다니게 되었다. 원래 석탄을 운반하기 위해 건설되기 시작한 철도망은 1920년대에는 대도시 사이의 수송을 위해 발달했다.

기업과 노동의 새로운 구조는 새로운 과학기술과 밀접한 관계를 가지고 있었다. 산업화한 분야의 노동자들은 공장에서 일했다. 증기력과 수력 등의 동력원 근처에 노동력을 집중시킬 필요가 있었다. 노동력의 집중은 새로운 훈련과 전문화를 가능하게 해주었고 그 결과 생산성은 더욱 높아졌다. 1856년에 발명된 베세머 전로(轉爐)를 이용한 새로운 철 제련법은 철 생산량을 크게 늘려주었고, 전기 발동기와 내연기관의 발달은 공장 밖에서도 동력을 전달할 수 있게 해주었다. 조직체의 변화는 과학기술에서 일어난 마지막 혁명과 때를 같이하여 일어났다. 장비가 점점 더 비싸져 경비를 절약하기 위해서 규모가 점차 커지고, 대기업의 경영기법은 노동에 직접 영향을 주었다. 기술자들은 생산 할당량을 정하게 되었고 능률을 극대화하기 위해 작업시간과 작업동작을 연관시키는 방식을 도입함으로써 노동자들만이 아니라 감독들까지도 공장에서 해고당했다. 1870년대의 불경기는 새로운 고난을 가져왔고 노동자들은 자신의 운명이 얼마나 불확실한가를 새삼 깨달았다.

1890년대 서유럽 전역에서 대규모 조합주의가 모습을 드러내며 노동운동이 시작되었다. 기술자, 공장 노동자, 미숙련공 집단까지도 전국 규모의 노동조합을 결성하고 나섰다. 이 노동조합들은 순전히 다수의 힘을 이용한 밀어붙이기로 이익을 얻었으나 파업률은 꾸준히 높아졌다.

산업별 노동조합과 아울러 전국 규모의 노동조합총연맹도 결성되었다. 노동조합은 조합원들에게 항의 활동을 하도록 했고 그 대가로 사회적·물질적 이익을 제공했다. 많은 산업에서 노동조합은 단체협약을 벌여 승리를 거두었다. 조직화한 노동력의 출현은 유럽의 민중 저항이 역사상 유례를 찾아볼 수 없을 만큼 발전하게 되는 전조였다. 많은 노동자들이 사회주의자로 독일과 오스트리아에서는 수많은 노동조합운동이 새로 등장한 사회당과 밀접한 관계를 맺고 있었다. 산업혁명으로 대규모 인원이 한 조직에서 일하게 되면서 노동운동이 태동하게 되어 오늘날에 이르게 되었다.

제 1 절

노사관계의 개념

1. 노사관계의 의의

노사관계(employer-employee relations, labor relations, industrial relations)란 산업 활동에 있어서 결합되는 개인, 집단 및 조직 간의 제 관계 가운데에서 가장 기본적 관계인 근로자와 사용자(경영자) 사이에 발생되는 사회관계 일반을 의미하는데 그중에서 핵심을 이루는 것은 노동조합과 사용자(또는 경영자) 및 그 단체와의 관계를 말한다.

하버드 대학교의 던롭(J. T. Dunlop) 교수는 "노사관계란 경영자, 노동자, 그리고 정부 간의 상호관계의 복합체로 정의하고, 노사관계시스템은 사회시스템의 하위시스템으로 보았다. 따라서 노사관계는 일반적인 노동관계로서 근대 공업사회의 고유의 것이 아니며, 정치적 형태를 불문하고 근로자와 사용자와의 개별 또는 집단관계를 말하는 것이다. 특히 노사관계제도는 특정 주역, 특정의 상호관계, 노사관계 이념, 산업현장에서의 주역자들을 통제할 목적으로 만들어진 제반 규칙 등이다"[1]라고 하였다.

노사관계란 산업분야에 있어 부리는 사람과 부림을 받는 사람과의 상호관계로 볼 수 있는데, 근대 산업사회 속에서 생겨나는 생산을 둘러싼 사회관계로도 볼 수 있다.[2] 그러나 노사관계를 글자 그대로 해석하면 '노동자와 사용자와의 관계'라고 보지만 오늘날에는 일반적으로 노동조합과 사용자 사이의 '조직적인 관계'라고 할 수 있다. 물론 노동조합이 조직되어 있지 않은 기업의 경우 가령 기업에 종사하는 노동자와 사용자가 몇 사람 이상 존재하는 이상 거기에는

1) J. T. Dunlop, *Industrial Relations System*, Southern Illinois University Press, 1958, pp. 4~6.

2) 조승혁, "한국의 공업화와 노사관계 성격에 관한 연구", 박사학위논문, 성균관대학교 대학원, 1983, p. 10.

집단적인 인간관계, 즉 넓은 의미의 노사관계가 형성되어 있다고 보아야 한다.

따라서 노사관계의 개념은 세 가지 측면에서 이해할 수 있다.[3)]

1 계급적 대립관계를 뜻하는 노자관계(labor-capital relations)

이는 노동자와 자본가(소유경영자) 사이에 서로의 이익을 얻기 위한 대립·투쟁의 관계로 보는 것이다.

2 사업주 역할을 대신하는 감독자와 노동자와의 관계

이는 노동력의 효과적·효율적인 이용을 목표로 하는 노무관리(labor management)활동을 뜻한다.

3 경영자(사장, 중역)와 피고용자인 근로자(노동조합)와의 관계

이는 근로자와 경영자가 대립·적대·협력적 관계를 포함한 대등한 입장에서의 개인적 교섭관계를 의미하는 노사관계와 근로자 조직과 산업경영자 조직, 정부뿐만 아니라 인사·노무전반경영관리 등 산업에 있어서 제반 관계를 포함하는 복합적인 개념으로서의 총체적 노사관계를 뜻하는 산업관계를 포함한 개념이다.

노사관계를 영문으로 표기하면 다양한데 구체적인 표기는 다음과 같다.

㉠ industrial relations(산업관계)

㉡ union and management relations(노사관계)

㉢ labor and management relations(노경관계)

㉣ employer-employee relations(고용자와 피고용자의 관계)

㉤ labor-capital relations(노자관계)

㉥ labor relations(노동관계)

㉦ personnel management or personnel administration(인사관리)

㉧ human resource management(인적자원관리)

㉨ labor management(노무관리)

3) 안율종, 최신 노사관계론, 도서출판 대명, 2007, pp. 17~18.

2. 노사관계의 기본구조

현대 산업사회는 노사 간의 대립되는 조직화된 힘과 이를 배경으로 전개되는 교섭력이 노사 간에 힘의 균형을 유지하고, 산업평화를 통한 바람직한 노사관계의 틀을 형성하는 원동력이 되고 있다. 따라서 현대적 의미의 노사관계는 이를 이해하는 노사 간의 상호인식의 바탕 위에서 출발해야 한다.[4)]

오늘날 대부분의 국가의 헌법에서는 근로자들에게 노동기본권을 보장하고 있어 노동조합은 근로자의 단체교섭과 단체행동에 대한 정당성을 바탕으로 보다 강력한 교섭력을 갖게 되었다.

또한 사용자도 경영권을 행사하게 되는데 경영권은 소유경영자뿐만 아니라 경영권을 위임받은 전문경영자가 경영관리의 책임과 더불어 경영관리활동의 제 분야에서 관리권, 인사권, 조직권, 업무 수행권 등을 행사하게 되는데, 이들 권한의 행사는 노사관계에 매우 큰 영향력을 미치게 된다.

최근 노사관계에서는 정부의 역할이 점차 확대되고 있다. 정부는 노동조합

그림 1-1 노사관계의 기본구조

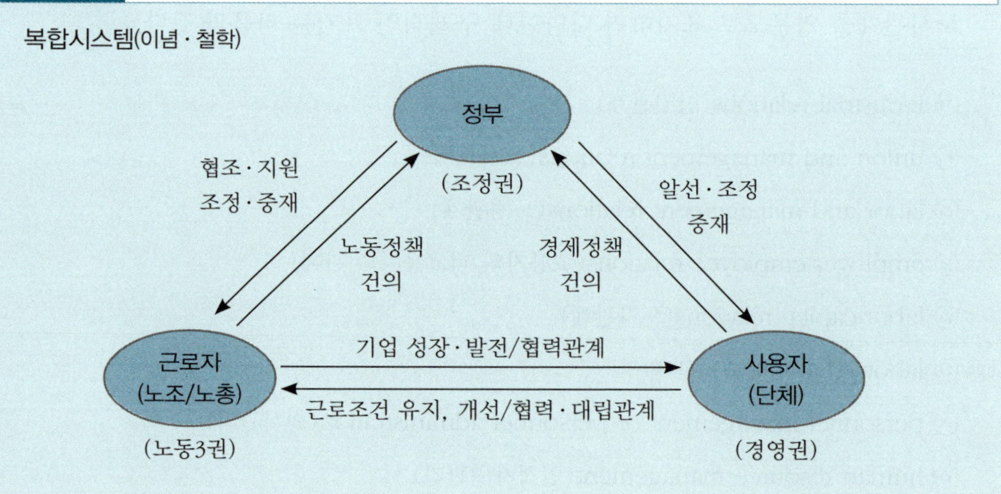

4) 이종법·류태모·윤대혁, 노사관계론, 도서출판 대명, 2003, pp. 20～21.

과 경영자의 힘이 균형을 유지할 수 있도록 조정자 역할을 하며, 또 한편으로는 노동조합을 보호 육성하고, 노사문제에 관한 정부의 고유권한으로 공익을 실천하는 조연의 입장에서 문제를 해결하고 지도할 수 있어야 한다.

[그림 1-1]에서 보는 바와 같이 현대 노사관계는 노사 간에 대립되는 힘과 이를 바탕으로 전개되는 교섭력이 산업평화를 지향하는 노사관계의 기본 틀을 제공하는 원동력이 되고 있다. 그리고 노·사·정의 당사자들을 상호 협력적인 관계에서 결합시킬 수 있는 이념과 철학이 필요하며, 산업현장에서 당사자들을 통제할 목적으로 만들어진 규칙은 보다 합리적으로 재정비되어야 한다.

3. 노사관계의 이중성

노사관계 당사자는 사용자, 근로자 그리고 정부의 3자관계이다. 이 중에서도 당사자관계라고 하면 근로자와 사용자관계를 의미한다. 그러므로 노사관계를 협의로 해석할 때에는 사용자와 근로자 또는 노동조합과의 관계를 말한다.

그런데 노사관계를 대등관계 또는 협력관계로 보지 않고 종속관계로 볼 경우 노사관계에서 문제가 발생하게 된다. 따라서 노사관계를 사용자와 근로자 및 노동조합과의 관계라고 볼 때 그 내용에는 서로 상충되고 이율배반적인 현상이 여러 방면에서 나타난다. 우리는 이것을 노사관계의 이중성 또는 노사관계의 양면성이라고 한다. 이런 이중성에 대한 구체적 내용은 다음과 같다.[5)]

1 근로자와 사용자 또는 조합원과 경영자 관계

근로자와 사용자의 관계는 공동체인 협동관계, 개별관계, 주종관계이지만, 노동조합과 경영자의 관계는 경쟁적 대립관계, 집단관계, 대등관계를 이룬다. 우리나라에서는 이를 혼동하는 경우가 많다.

2 개별적 관계와 집단적 관계

종업원 개인과 경영자의 관계는 개별적 고용계약에 바탕을 둔 협동관계

5) 이준범, 현대노사관계론, 박영사, 1989, pp. 100~101.

(생산면) 내지 경제적 관계(임금)이며, 집단적 노사관계는 노동조합과 사용자 단체와의 관계로서 집단적 고용계약(노사협약)에 바탕을 둔 대립적 관계(분배면) 내지 사회관계(노조참여)이다.

3 협동적 관계와 대립적 관계

노사는 생산적 측면에서 보면 서로 협동적 관계를 유지해야 하지만, 성과배분이라는 측면에서는 대립적인 관계가 형성될 수 있다.

4 경제관계와 사회관계

노사관계는 먼저 기업의 경제적인 목적을 달성하기 위한 관계이지만 다른 한편으로는 집단생활이라는 인간관계적 토대 위에서 맺어지는 사회관계를 형성하고 있다.

5 대등관계와 종속관계

단체교섭이나 단체협약에서 근로자와 사용자는 대등관계를 법적으로 보장 받고 있다. 그러나 생산성을 높이기 위해서는 근로자는 사용자의 지시와 명령을 따라야 하는 종속적 관계가 된다.

6 임금에 대한 이중성

임금은 근로자 측면에서 소득이기 때문에 높은 임금을 받으려고 하지만, 사용자는 비용이기 때문에 낮은 임금을 지불하려고 한다. 이러한 임금의 이중성은 노사 간에 대립이라는 투쟁적 문제를 발생시키는 원인이 되고 있다.

4. 노사관계의 구성 및 제도

오늘날 노사관계를 구성하는 요소에 대해 던롭 교수는 노사관계의 당사자로 사용자, 노동자(노동조합), 정부로 보고 [그림 1-2]와 같은 노사관계 시스템의 기본적 틀을 만들었다.

그림 1-2 노사관계 모형

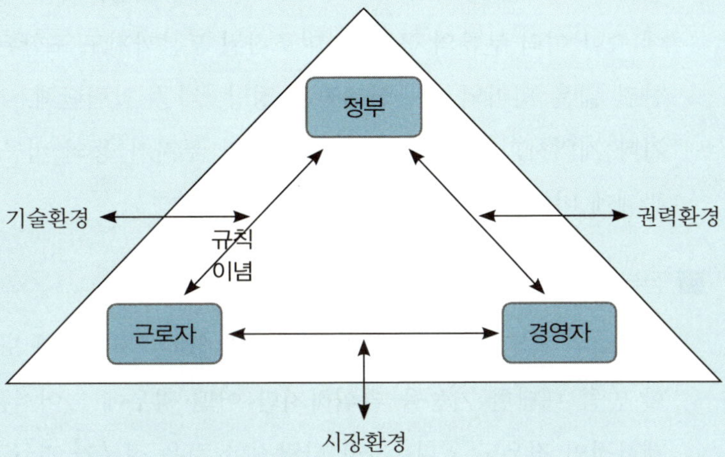

자료 J. T. Dunlop, *Industrial Relations System*, Holt, N. Y, 1985, pp. 1~32.

따라서 노사관계는 당사자(actors : 경영자·근로자·정부), 상호 관련되는 환경(contexts : 시장환경·기술환경·권력환경), 노사관계를 결합시키는 이념(ideology), 노동현장에서 당사자들을 다스릴 목적으로 만들어진 제 규칙(rule) 등으로 구성된다.[6)]

(1) 당사자

노사관계에는 대표적인 세 주역 당사자가 있다. 즉 경영자 및 감독자의 계층조직, 근로자(비관리자) 및 그 계층조직, 정부기관이 있다.

1 경영자

경영자 조직은 자본의 소유와 반드시 관계가 있는 것이 아니고 공기업이나 사기업의 경영자(사용자)뿐만 아니라 정부·군·관청기업의 경영자까지도 모두 포함된다.

6) J. T. Dunlop, *Industrial Relation and Industrial Society*, Management and the Public, ed., by Bake, Kerr and Anrod, Harcourt Brace & World, 1960, pp. 2~8.

2 근로자

근로자 조직은 공식적(formal) 조직인 노동조합, 비공식(informal) 조직에 속한 여러 부류의 근로자, 미조직된 부분까지도 포함된다.
한편 넓은 의미의 비공식조직은 정당, 각종 압력단체, 각종 언론기관, 기타 지역사회의 모든 조직, 소비자나 투자가 등의 비공식조직도 노사관계에 미치는 영향이 크다고 볼 수 있다.

3 정부

전문화된 정부기관은 노사관계제도 내에서는 사용자와 노동조합을 능가할 만큼 대단한 기능을 발휘하지만 어떤 경우에 있어서는 역할이 적고 제한적인 경우도 있다. 가장 바람직한 것은 정부가 가급적 개입을 하지 않고 노사가 자율적 운영을 하는 것이다.

(2) 상호 관련된 환경

노사관계 당사자들은 다음의 세 가지 환경조건을 포함하는 일정한 관계 속에서 행동하고 있다. 이들의 상호 관련된 환경은 노사관계 당사자들에 의하여 설정되는 모든 규칙의 형성에 결정적인 역할을 한다.

1 시장 환경(market contexts)

기업 활동의 시장 환경이 경쟁적이냐, 독점적 경쟁이냐, 과점경쟁인가에 따라 노사관계는 영향을 받는다. 독점과 과점일 경우에는 사용자측에 유리하고 경쟁적 환경인 경우에는 노동자에게 유리하다.

2 기술 환경(technological contexts)

이것은 생산과정에 관련된 환경요인들로서, ㉠ 생산물의 유형과 그것에 필요한 노동력의 규모, 노동력의 지역적 집합, 노동이동, ㉡ 숙련도와 교육수준, ㉢ 노동력의 숙련도, ㉣ 남녀별 및 연령별 구성 등이 노사관계에 영향을 미치게 된다.

3 권력 환경(power contexts)

노사관계시스템의 힘의 배분관계는 그것이 포함되어 있는 보다 큰 사회 관계속의 힘의 배분관계 여하에 따라 대응하게 된다.

(3) 제반 규칙(rules)

근로자와 경영자 간에는 노동 현장이나 산업사회의 질서를 다스릴 수 있는 공식·비공식의 규칙이 존재하게 된다. 따라서 노사관계 당사자들은 이러한 규칙을 제정하고 결국 이들 규칙에 의해 산업사회가 유지된다. 이러한 규칙에는 법률, 노동조합 규정, 단체협약, 그리고 경영자의 결정 등으로 나타난다.

(4) 이념(ideology)

노사관계시스템을 전체로서 통합하기 위해서는 노사관계 당사자들이 공통으로 가지는 이데올로기, 즉 사상과 신조가 있어야 한다.

노사 당사자들이 어떤 공통적 사상과 신조가 없다면 노사관계는 안정성을 찾을 수 없다. 따라서 노사관계는 국가에 따라 차이가 나타나게 되며, 한 나라의 노사관계에도 내부적으로 많은 상이한 관계를 형성하게 된다.

노사관계 제도는 당사자와 환경의 상호작용의 여하에 따라 적합한 노사관계의 이념 및 규칙이 형성되기 때문에 당사자-환경-이념 및 규칙에 대한 종합적인 이해가 필요하다.

사례*

경제사회 발전 노사정위원회

노사정위원회는 1998년 경제위기 당시 김대중 정부가 들어서면서 탄생한 사회적 합의기구로 노동자와 사용자, 정부가 노동정책 및 이와 관련된 사항을 협의함을 목적으로 한다. 1998년 1월 15일 1기 노사정위원회가 대통령 자문기구로 발족했으며, 1998년 6월 3일에 제2기 노사정위원회가 출범하였다. 1999년에는 '노사정위원회의 설치 및 운영 등에 관한 법률'이 제정되어 법적 협의기구가 되었다. 2007년 4월 27일 제4기 노사정 위원회가 출범했다. 2009년 2월 23일에 경제위기 극복을 위한 노사민정 합의문을 체결하였다.

노사정위원회는 노동자와 사용자 및 정부가 신뢰와 협조를 바탕으로 노동정책 및 이와 관련된 사항을 협의함을 목적으로 한다. 위원회는 노동자의 고용안정과 근로조건 등에 관한 노동정책 및 이에 중대한 영향을 미치는 산업 경제 및 사회정책, 공공부문의 구조조정의 원칙과 방향, 노사관계 발전을 위한 제도 개선 등에 대해 협의한다.

노사정위원회의 구성을 보면 위원장과 상임위원 각 1인을 포함하여 노동자, 사용자, 정부 및 공익을 대표하는 20인 이내의 위원으로 구성되며, 이 경우 노동자를 대표하는 위원과 사용자를 대표하는 위원은 동수로 한다. 위원장과 상임위원은 대통령이 위촉한다. 위원장을 비롯한 위원의 임기는 2년이며 연임할 수 있다.

'노동자측 위원'은 전국규모의 노동단체 대표자 중에서, '사용자측 위원'은 전국규모의 사용자단체 대표자 중에서, '공익을 대표하는 위원'은 노동문제에 관하여 학식과 경험이 풍부한 자중에서 대통령이 각각 위촉한다. '정부를 대표하는 위원'은 재정경제부장관과 노동부장관으로 하며 산업자원부장관, 기획예산처장관, 금융감독위원회 위원장도 위원이 될 수 있다.

위원회는 대통령의 소집요구가 있을 때, 1/3 이상의 위원들의 소집요구가 있을 때, 기타 위원장이 필요하다고 인정할 때 열리며, 재적위원 과반수의 출석으로 개의하고 출석위원 2/3 이상의 찬성으로 의결한다. 또한 의결할 때는 노동자측 위원, 사용자측 위원 및 정부측 위원 각 1/2 이상의 출석이 있어야 한다. 이 외에 주요 의제의 사전검토, 조정을 하는 상무위원회와 특별위원회, 소위원회 등이 있다.

노사정위원회 현황을 보면 1998년 한광옥을 위원장으로 하여 출범한 '1기 노사정위원회' 이후, 1998년 6월 '2기 노사정위원회(위원장 김원기)'가, 99월 9월 '3기 노사정위원회(위원장 김호진)'가 출범하였다. 현재 '4기(2007. 4. 27~현재) 노사정위원회'는 제11대 김대환 위원장(2013. 6. 25~2015. 6. 24)이 맡고 있다.

대표적인 노동자 단체인 민주노총은 1999년 2월 불참을 선언한 이후, 2005년 현재까지 위원회에 참여하지 않고 있으며 노동자 측으로 참여한 한국노총도 2005년 7월 불참을 선언했다. 사용자 대표로는 경총과 전경련회장이 참여하고 있다. 2006년 6월 19일에 민주노총은 노사정위원회에 복귀했다.

제 2 절

노사관계 발전의 형태

1. 노사관계 발전과정에 따른 형태

노사관계는 시대의 발전 과정에 따라 각각 독특한 양태를 띠고 있다. 노사관계의 기반이 되는 정치적·경제적·사회적 환경 등의 변화에 따라 노사관계발전의 형태는 달리해 왔다.

18세기 중엽에 시작된 영국의 산업혁명에 의해 공장에서의 대량생산이 가능하게 되었고, 중세의 봉건주의 사회가 붕괴되어 농노가 장원으로부터 축출된 이후 이들이 노동자가 되면서 자본주의 사회로의 이행이 본격화되면서 임금을 매개로 한 고용을 전제로 노동자와 자본가 사이에 계약관계가 형성된 것이 노사관계의 시작이라 할 수 있다.

따라서 각국의 노사관계 발전의 형태는 공업화 과정에서 나타난 노사관계 당사자의 성격, 그 시대의 노동정책 등과 노사관계관에 대한 총체적 시각에 따라 특징이 나타난다.[7)]

(1) 전제적 노사관계

이 단계는 대체로 19세기 중엽까지 존재했던 형태이다. 이 단계의 기업 형태는 개인기업, 합명·합자회사 등 인적으로 결합되어 자유로운 자본시장이 충분히 형성되지 못했다. 그 결과 경영은 대부분 소유자에 의해서 좌우되는 '소유경영(owner management)'의 단계에 머물러 있었기 때문에 전제적·독재적 성격을 띠는 것이 일반적이었다.

그리고 이 시기의 주변 환경을 보면 노동력은 농촌에서 완전히 분리되지 않

7) 안율종, 전게서, pp. 23~26.

았고 근대적 노동시장도 형성되지 않았으며, 숙련도 개인적 것이 되어 획일적이지 못했다. 따라서 고용은 주로 연고에 의한 모집 형태로 이루어지다보니, 자연히 고용조건의 결정은 사용자에 의해 거의 일방적으로 결정되었다.

따라서 이 시기는 근로자가 임금, 근로시간, 근로조건 등을 자본가로부터 착취당하고 있다고 생각하는 시기이다. 그 결과 노사관계는 생산성 향상을 위해 노력하기보다는 대립적이며 주종관계가 존속되었다.

이러한 경영형태하에서 형성된 노사관계는 사용자는 근로자를 종속시킬 수는 있을지 몰라도 근로의욕 증진, 생산성 향상으로 이어지는 데에는 어느 정도 한계가 있다. 전제적 노사관계는 종업원의 저항을 불러오게 되는데 처음에는 높은 결근율, 노동이동 등의 개별적 반응이 주가 되었으나 점차 분규·시위·폭동 등으로 격화되어 결국 노동조합 생성의 기초가 되었다.

(2) 온정적 노사관계

이 단계는 자본주의적 생산양식이 점차 발전되어 가고, 정착 근로자가 증가함에 따라 종래의 전제적 노사관계로서는 근로자의 협조를 얻을 수 없게 되고 생산성이 저하되는 단계에 이르자 사용자는 이를 해결하기 위해 근로자에게 주택·음식료·의료 등 가부장적 온정주의에 입각한 복리후생시설 등을 마련하는 등 노사관계 개선에 노력하게 되었다.

따라서 이 시기에는 어느 정도 인간적 접촉을 통하여 가족주의적 사회관계가 성립되고, 그 결과 노사관계는 온정주의적·은혜주의적 관계가 나타나기 시작했다. 즉 근로자는 사용자가 주는 임금을 은혜에 대한 보답으로 여기게 되었고, 사용자는 근로자에게 온정의 입장으로 생각하는 견해가 지배함에 따라 노사관계는 순조롭게 유지될 수 있었다.

이러한 온정적 노사관계는 19세기 초 영국의 사회주의자이며 산업자본가였던 로버트 오웬(Robert Owen, 1771~1858)에 의해서 처음 비롯되었다. 그는 공상적 사회주의자로 공리주의의 원리에 기초하여 근로자의 생활과 근로조건의 개선이 노동 능률과 의욕을 증진시키는 것으로 보았다. 따라서 온정적 노사관계는 '고임금의 경제론'에서 비롯되어 거의 1세기에 걸쳐 일반화된 노사관계의 형태이다.

(3) 완화적 노사관계

이 단계에서는 종래 자본의 전제적 방식에서 완화되어 합리주의의 생성과 온정적 가족주의가 어느 정도 존재했던 시기이다. 산업혁명이 끝나갈 무렵인 19세기 말에는 자본의 집중과 경영규모가 종래보다 확대되어 관리의 합리화가 추진되고 경영과 자본의 분화현상이 나타나게 되었다. 이 무렵 테일러(F. W. Taylor)의 과학적 관리법에 의해 경영관리가 일반화되었고, 노동에 있어서도 노동정책, 전업화에 따른 근대 노동시장이 형성되기 시작하였다. 따라서 노동관계도 자연적으로 종래의 자본가에 의한 일방적 지배에서 어느 정도 벗어나게 되었다. 그러나 노동의 조직력이 자본과 대등한 지위에 있지 못하고, 종래의 온정적 관리가 여전히 남아 있는 상태의 노사관계가 되었다. 그러나 근로자의 종속적인 성격은 여전히 강하게 남아 있어, 단체교섭에서 노동조합의 힘은 여전히 미약하고 자본가측은 종래의 전제적 관계를 어느 정도 완화하였지만 여전히 전제적 지배가 행해지고 있던 시기이다.[8)]

(4) 항쟁적 노사관계

이 단계는 사회주의적 변혁에 직면한 시기에 형성된 계급 투쟁적 노사관계이다. 구소련에서는 볼셰비키 혁명시기인 1917년 2월과 11월 사이, 독일에서는 1918년에서 1919년 바이마르헌법 제정까지의 시기, 제2차 세계대전 후 1947년까지의 프랑스나 이탈리아에서 경제위원회 성립까지의 시기에 나타났던 노사관계의 형태가 여기에 해당된다.

이 단계에서는 격화된 계급투쟁이 일반 산업 현장에 전개되었는데 이때 고용조건은 오직 실력대결에 의하여 결정되며 나아가서는 공장에서 경영자를 축출하거나 노동자에 의하여 직접 경영관리를 담당하는 생산관리의 형태가 등장한 시기이다. 따라서 이러한 유형의 노사관계를 계급 투쟁적 노사관계라 한다.[9)]

8) 김성수, 뉴패러다임의 노사관계론, 삼영사, 2004, p. 68.
9) 김규태, 신노사관계론, 형설출판사, 1999, p. 13.

(5) 민주적 노사관계

이 단계에서는 노사관계의 발전과정에 따른 형태에서 마지막 단계로 노사관계 발전형태가 전제적, 온정적, 완화적, 계급 투쟁적 노사관계를 거쳐 민주적 노사관계로 발전되어 왔다.

제1차 세계대전 이후 특히 1929년의 세계 대공황 이후 자본의 집중·독점화가 고도로 진전되고, 경영규모도 더욱 확대됨에 따라 자본과 경영의 분리가 촉진되어 경영 직능의 분화, 전문화, 전문경영자의 등장, 경영자 단체의 조직화 등이 일반화되었다.

한편 생산양식의 기계화·표준화가 진전됨에 따라 반숙련공 및 미숙련공이 대량으로 배출됨으로써 노동조합도 산업별 노동조합(industrial union)의 형태가 등장하였다. 또한 노동의 성격도 종래의 개개 기업의 종업원이었던 성격에서 점차 계급 연대적 성격을 강하게 띠게 되었다. 따라서 노사관계는 종래의 종속관계에서 대등관계로 바뀌고 단체교섭을 통한 고용조건의 결정이라는 산업민주주의의 이념이 형성되었다.[10] 이러한 형태의 전형적인 예는 영국과 미국 등에서 볼 수 있는데 단체교섭이 민주적 노사관계를 규정하는 최고의 방법이 되었다.

2. 민주적 노사관계의 형태

산업자본주의의 진전에 따라 전제적 노사관계가 민주적 노사관계로 발전했지만 민주적 노사관계도 노사쌍방의 성숙도에 따라 그 질을 달리하며, 또한 시기와 장소에 따라서도 그 내용이 달라진다. 이 둘의 기준에 따라 다음과 같은 네 가지 유형으로 구분해 볼 수 있다.[11]

---

10) 이준범, 현대노사관계론, 박영사, 1997, p. 111.

11) D. Quinnills, *Labor-Management Relations*, 2nd ed., McGraw-Hill Book Co., 1982, pp. 177~179. B. M. Selekman, "Varieties of Labor Relations", *Harvard Business Review*, March 1949, pp. 177~185. B. M. Selekman, S. K. Selekman & S. H. Fuller, *Problems in Labor Relations*, 2nd ed., New York : McGraw-Hill Book Co. 1958, pp. 7~8.

(1) 정면 대결형

정면 대결형(open conflict) 노사관계는 사용자측이 노동조합과 정면으로 대결하게 되며 그들에게 전혀 양보를 하지 않는 태도를 갖게 된다. 이런 유형은 오늘날에 있어서 극히 드문 유형으로 후진국이나 개도국에서 종종 볼 수 있는 대립적 노사관계의 한 형태이다.

선진국 경우 제2차 세계대전 이전에 볼 수 있었던 형태로서 경영자들이 노동조합을 불신하거나 노조에 대한 경험과 지식이 없던 시기에 나타났던 노사관계이다.

이 시기의 노동조합은 경영자들의 경영관을 근본적으로 무시하고, 극단적인 행동을 주로 하게 된다. 그러나 오늘날 단체교섭의 거부나 근로자들의 노조행동에 대한 탄압 등은 부당노동행위에 해당된다.[12)]

(2) 무장 휴전형

무장 휴전형(armed truce)은 사용자측은 노동조합을 인정은 하지만 마지못해 인정하고 노사관계는 여전히 힘과 힘에 의한 대립관계에 있다. 그러나 사사건건 정면대결을 하는 것은 아니며 노사는 단체교섭을 투쟁의 억제수단으로 생각하고 있다. 이와 같은 유형은 미국의 대기업에서 가장 많이 볼 수 있는 형태로 이 유형의 특징은 다음과 같다.[13)]

1 경영자측은 조합과의 단체교섭을 산업사회의 필요악이라고 생각한다.
2 노동조합 지도부의 주요임무는 경영자의 활동에 맞서 투쟁하는 데 있다고 생각한다.
3 단체교섭의 범위와 공동결정사항에 대한 노사의 의견은 기본적으로 일치하지 않는다고 생각한다.
4 근로자들의 충성 내지 협조를 얻으려고 노사가 서로 경쟁하고 있다.
5 단체교섭에서 서로 다른 의견의 타결은 노사의 세력관계의 힘에 의해서

---

12) 박경문·최승욱, 신노사관계론, 무역경영사, 2001, pp. 18~19.
13) 박운성, 현대노사관계론, 형설출판사, 1989, p. 37.

이루어진다는 것을 노사쌍방이 인정하고 있다.

6 단체협약을 통해 노사분쟁의 질서 있는 해결방식을 마련하는데 노사쌍방이 희망하고 있다.

(3) 노사 조화형

노사 조화형(working harmony)은 무장 휴전형과 노사 협력형의 중간 유형으로서 파업을 부정하지 않으면서 노사가 서로 상대방의 입장을 이해하고 타협할 것은 타협한다는 현실적 입장을 갖고 있다. 이 유형의 특징은 다음과 같다.

1 경영자는 노동조합의 존재를 기업경영상의 채무인 동시에 자산으로 여기고 단체교섭을 진지하게 받아들인다.

2 노동조합측은 노동조합의 목적 달성이 기업의 번영과 복지에 달려 있다고 믿는다.

3 노사쌍방은 중요한 문제에 있어서 대립을 하지만 상호의 이익증진을 위해서는 서로 양보가 가능하다는 것을 깨닫고 있다.

4 경영자는 기업 경영의 중심적 기능수행에 있어 단독으로 책임을 지며, 노동조합측은 경영자의 활동을 감시하되, 생산 활동의 장애 제거에 활동범위를 국한한다.

5 공동토의와 절충 범위의 확대를 위해 함께 노력한다. 즉 노사는 내부문제의 복잡성을 서로 인정하고 곤란한 문제의 해결에는 적극 협조한다.

(4) 노사 협력형

노사 협력형(union-management cooperation)은 노동조합과 경영자가 각각 자신의 입장보다 능률증진을 위해 일심동체가 되는 유형으로서 자본주의국가에서 볼 수 있는 최상의 노사협력관계이다. 여기서 말하는 노사협력은 공동결정·공동경영을 의미하는 것으로서 이 유형의 특징은 다음과 같다.

1 경영자는 노동조합측이 비용절감과 능률증진을 위해 적극적 협력을 할 자세와 능력을 가진 것으로 확신한다.

2 경영자는 조합대표와 대등한 관계로 인식하고 경영기능의 일부를 분담시킬 용의도 있다.

3 노동조합측은 유·무형의 혜택을 받는 대신에 사기앙양과 생산성 향상을 위한 기관 또는 단체로서 역할을 할 수 있도록 노력한다.

4 노사쌍방이 생산에 직결되는 문제나 능률증진의 장애요인에 대해 공동책임을 진다.

5 노사는 능률증진을 위해 서로 협력하고, 노사가 상생(win-win)관계로서 상호존중의 뜻을 갖는다.

(5) 신협력적 노사관계형

신협력적 노사관계형(new cooperative labor relation)은 노·사·정의 협력 체제를 의미한다. 즉 정부의 인플레이션 억제와 소득정책의 도입이 중요한 계기가 되어 노사관계에 있어 노사 양당사자뿐만 아니라 정부가 중요한 당사자로 부각되는 유형이다. 이때 노조에 대해서는 노동시장에 있어서 교섭력의 '자제'가 강력히 요구되고 그 대가로서 고용확보, 사회보장 등과 관련된 국민경제정책에 대한 정치적 발언권이 조합에 부여된다. 이때 노조는 강력한 상급단체를 매개로 하여 시장 교섭력을 자제하는 역량을 발휘하는 한편, 산하 단위노조의 욕구를 내부적으로 조정할 수 있는 지도력이 요구된다. 국가마다 차이는 있지만 노·사·정에 의한 협력적 협의 체제를 모색하는 움직임이 증가하고 있다.

따라서 신협력적 노사관계에서는 근로자들의 삼중몰입 현상이 나타나게 된다. 이제 근로자는 자신이 단순히 노조나 구성원일 뿐만 아니라 일반 국민적 입장에서 국가정책에 영향을 미치고, 또한 영향을 받는 다원적 존재로 인식하게 된다.

노사관계의 여러 형태 중 가장 바람직한 노사관계는 노사 협력형이며, 그 다음이 노사 조화형이 될 것이다. 가장 이상적인 노사관계에 대해 밀즈(D. Q. Mills)는 다음과 같은 요소를 제시하였다.[14)]

14) D. Q. Mills, *Labor-management relations*, New York: McGrow-Hill, 1993, p. 179.

1 산업평화를 지속적으로 유지할 수 있어야 한다.
2 노사쌍방은 정해진 체제를 서로 인정해야 한다.
3 노사쌍방은 상호관계를 공정하고 정직하게 해야 한다.
4 노사의 상호관계의 순기능 효과가 소비자나 국민에게 이익을 주어야 한다.
5 노사쌍방의 협력과 조화는 생산성을 향상시키고 기업발전과 사회 안정과 경제발전에 기여해야 한다.

사례*

글로벌 시대 경쟁력, 일터 혁신과 노사파트너십

최근 노사 문화에 새로운 변화의 바람이 일고 있다. 글로벌 경쟁의 격화, 지식정보화의 진전 속에서 노사 간의 상생의 협력을 통한 가치창출이 기업의 생존을 좌우하는 시대가 됐다. 이제는 소모적 대립과 갈등에서 벗어나 노사가 서로를 한 가족처럼 여기며 일의 효율성을 높이는 선진화된 노사관계를 곳곳에서 접할 수 있다.

고용노동부는 이런 흐름에 발맞춰 일터 혁신 지원사업과 노사파트너십 프로그램 지원 사업을 실시하고 있다. 정부는 이 같은 노사화합 분위기를 계속 이어가기 위해 노사파트너십 프로그램을 운영하고 있는 기업 100곳을 선정해 적극 지원하기로 했다. 생산적 노사관계로 성과를 확대하고 일자리를 창출하여 '함께 잘사는 공정한 사회'로 도약하자는 데 초점을 맞춘 정책들이다. 일터 혁신 지원사업의 핵심은 창의적 경영과 구성원들의 적극적 참여를 이끌어내는 것이다.

화로 행복해지는 세상을 만들기 위해서는 일터 혁신과 노사파트너십 구축이 시급한 시점이다.

세계화·무역자유화·정보화 등 급격한 변화 속에서 살아남기 위해서는 명령 위계적 통제, 단순 반복적 작업, 성과와 무관한 보상체계 등의

낡은 경영에서 벗어나야 한다. 참여적 작업조직, 지식노동, 성과 연동적 보상체계, 노사파트너십을 바탕으로 한 효율적인 조직만이 고용 안정과 기업 경쟁력 향상을 보장하기 때문이다. 노사 상생이 가져온 성과가 공정하게 분배되어야 함은 물론이다.

일터 혁신의 효과는 기업, 근로자(개인), 국가 모두에게 발생한다. 기업은 소모적 경쟁에서 탈피하고 품질과 생산성 향상, 지식 창출 및 공유, 협력적 노사 관계 구축 등으로 막강한 경쟁력을 갖출 수 있다. 근로자 또한 일의 만족도가 향상되고 충분한 성과 보상으로 윤택한 삶을 누릴 수 있다. 국가는 고용 안정, 일자리 창출을 기대할 수 있고 지식강국으로 발돋움해 대외적인 신인도와 경쟁력을 강화할 수 있다.

노사파트너십 프로그램 지원 사업 역시 노사화합만이 기업과 국가의 경쟁력을 높인다는 인식에서 출발했다. 노사가 힘을 모아 생산성 증

대, 일과 삶의 조화, 생산적 노사관계를 구축하고 유지해 나감으로써 미래의 공동 이익을 함께 공유하자는 것이다. 무엇보다 개선 활동, 제안 제도, 인적자원 개발·교육 등 모든 과정에서 근로자의 자발적 참여가 필요하다. 상대방을 존중하고 협력하는 자세가 노사 모두에게 갖춰져 있을 때 회사 성장으로 이어지기 때문이다. 일방적 지시나 통보가 아닌 신뢰와 존중을 밑거름으로 삼는 동시에 합리적 보상도 뒤따라야 한다.

노사파트너십이 단단해질수록 상대방에 대한 기본적 믿음이 있기에 갈등은 오히려 재도약의 발판이 될 수 있다. 의견 차이를 좁혀나가면서 생산적·효율적 운영 방식을 도출하고 더 나아가 장기적 목표와 비전을 공유하는 기회로 작용하기 때문이다.

노사파트너십으로 형성된 노사의 신뢰와 협력을 바탕으로 경영 정보 공유, 인적자원 개발과 유연한 조직 개편 단행 등이 산업현장에서 구현된다면 어떤 위기도 슬기롭게 극복할 수 있다. 경직된 노사관계는 그동안 질적 경제 성장에 걸림돌이 됐던 게 사실이다. 우리 기업이 세계적으로 인정받고 근로자들도 일과 삶의 조화로 행복해지는 세상을 만들기 위해서는 일터 혁신과 노사파트너십 구축이 시급한 시점이다.

3. 노사관계의 유형

노사관계는 각 나라마다 정치·경제·사회문화적 전통과 관습 그리고 특유의 내부적 사정에 따라 큰 차이가 있다. 그러나 커어(C. Kerr)는 "생산성과 노사관계(productivity and industrial relations, 1957)"의 논문에서 오늘날 노사관계의 유형을 절대적 노사관계형, 친권적 노사관계형, 계급투쟁적 노사관계형, 경쟁적 노사관계형으로 구분하였다.[15)]

커어가 구분한 네 가지 노사관계 유형은 영·미식의 단체교섭 중심의 경쟁적 노사관계 방향과 독일식의 공동의사결정중심의 친권적 방향을 정립하는 데 기초가 되었다.

이와 같은 네 가지 유형 이외에도 네덜란드의 사회적 합의의 노사관계형과 일본의 가부장적 노사관계형 그리고 사회주의 권역인 유고, 헝가리, 폴란드의 기업자치관리적 노사관계형 등이 대표적이다.

15) 안율종, 전게서, pp. 30~33.

(1) 절대적 노사관계형

절대적 노사관계형은 근로조건의 결정이 주로 사용자측의 일방적 의사에 따라 결정되는 권위주의적 노사관계를 의미한다. 이러한 유형은 구소련을 비롯한 사회주의국가들이 해당 된다.

특히, 이 유형은 임금 및 근로조건 등이 사용자의 일방적 의사에 의해서만 결정되기 때문에 임금, 근로시간, 취업규칙 등은 근로자의 의사와는 전혀 상관없이 무조건적으로 사용자의 힘에 의해서 결정되는 것이 특징이다.

사회주의 국가에서는 노동조합이 곧 공산당 기관이므로 사용자인 국가가 절대적인 권한을 가지고 있기 때문에 근로자는 무조건 복종해야 한다. 그러나 오늘날에는 사회주의체제가 붕괴되어 시장경제원리가 도입되어 기존의 국가들에서 이러한 유형의 노사관계가 성립되지 않아 이러한 유형은 이제 더 이상 유지될 수 없게 되었다. 그러나 아직도 후진국이나 개도국의 영세기업에서는 여전히 근로기준법을 무시한 채 사용자의 횡포가 존재하고 있는 것이 현실이다.

(2) 친권적 노사관계형

친권적 노사관계형은 기업 내의 노사관계가 마치 가족관계처럼 유지되는 경우로 온정주의적 노사관계라고도 한다. 독일의 노사관계 유형이 대표적인 예가 된다.

친권적 노사관계의 방향은 공동체 원리를 기반으로 한 공동의사결정에 있으며, 노사가 임금 및 근로조건을 공정하고 성실하게 공동으로 결정하는 데 그 특징이 있다. 따라서 근로자는 자신이 맡은 직무에 대해 책임을 다하고 조직에 대한 충성심이 강하고, 노사 간의 신의·성실·의무가 실현되며, 노사관계는 가부장과 자녀와 같은 가족중심이 된다. 그리고 산업민주화 이념이 기본이 되는 노사관계로서 근로자의 경영참가가 실현된다.

(3) 계급투쟁적 노사관계형

계급투쟁적 노사관계형은 사용자와 근로자는 서로 별개의 계급으로 보고 적대시하며, 근로자는 평등을 주장하고 노동조합과 노동자 정당에 충성을 다하게 된다. 이 유형은 노사관계가 적대적으로 전개되기 때문에 정부가 적극적으로 개입하게 된다. 이 유형의 대표적인 예가 프랑스의 노사관계형이 해당된다.

프랑스의 노동조합은 출발 초기부터 계급투쟁적인 색채가 농후했는데, 그 전통이 오늘날에도 남아 있어 노동조합은 사용자에 대한 이질적인 집단으로 노사관계는 상대적 관계라기보다 적대적 성격을 띠고 있다.

이러한 계급투쟁적 노사관계형은 절대적 노사관계로 다음과 같은 특징이 있다.

1. 사용자는 노조를 이질적 집단으로 취급한다.
2. 노조는 생성 초기부터 서로 대립하면서 서로의 이익을 위하여 강한 투쟁적 색채를 띠고 있다.
3. 노동조합은 무정부주의적이고 무산계급의 전통적 요소를 가진 쌍디칼리즘(syndicalism) 문화 때문에 노동조합 전체 또는 개별기업 근로자들도 계급투쟁적 활동을 전개한다.

(4) 경쟁적 노사관계형

경쟁적 노사관계형은 자본주의 사회의 산업민주화의 기본원리인 시장경쟁의 원리를 적용한 영·미식 노사관계형태이다. 이 유형은 노사가 상대방의 입장을 인정하고 노사 간의 모든 문제를 대등한 관계 속에서 교섭과 조정을 통하여 합리적으로 해결하는 유형이다. 민주주의 원리에 바탕을 두고 있어 자본주의 국가의 노사관계유형으로 정상적인 노사관계로 보고 있다.

이 유형은 노사는 대등한 관계에서 단체협약을 체결해야 하기 때문에 노사 간의 협동이 필요하며, 단체교섭의 방향이 산업민주화의 목표가 되어야 한다.

(5) 가부장적 노사관계형

가부장적 노사관계형은 유교적 색채가 농후하게 깔려 있는 일본의 노사관계를 형성하게 되었다. 이 유형은 일본의 경제발전과 더불어 제도화되어 발전되어 왔으며, 노동시장의 변화와 서구의 합리화 그리고 동양의 전통이 결합된 '和'(harmony)가 노사관계 중심 기반을 이루고 있으며 가족주의의 공동체원리가 지배하고 있다.

일본 노사관계의 특징은 외형적으로는 기업별 노사시스템이 중심을 이루고 있지만, 내적으로는 종신고용제를 바탕으로 유교적 집단주의에 의한 공동체 형성과 화합적 의사결정이 주류를 이루고 있다. 그러나 21세기를 맞이하면서 최근에는 종신고용제는 점차 퇴조하고 있다.

일본식 노사관계의 기본개념은 공동체원리에 바탕을 두고 있는데, 종신고용 역시 공동체원리를 바탕으로 하고 있다. 즉 고용의 공동체원리의 확립, 생산성이나 능률에 대한 노사공통의 이해, 기업 내부에서의 직장공동체, 노사관계에 영향을 미치고 있는 문화적 전통은 가족주의와 집단주의에 의해 영향을 받았다. 그 결과 가족주의를 기업노사관계에 토착시켜 가족주의의 이념을 실현하게 하고 기업공동체 구현의 밑거름이 되게 한다.

또한 집단주의는 유교적 사상의 뒷받침 아래 가문을 중심으로 기반을 다져왔다. 개인은 집단구성원의 일원으로서 집단규범에 따라 행동하면서 '和'(harmony)라는 포괄적 개념 속에 노사 간의 협력관계를 맺고 있다. 이러한 유교적 집단주의 윤리관이 일본의 무사(사무라이)정신과 함께 기업경영에 적용되어 소속감을 강하게 다지고 있다. 이와 같은 종업원들의 의무감과 충성심이 일본기업에 있어서 수직적인 사회결속을 강하게 만들고 있다.

(6) 사회적 합의 노사관계형

사회적 합의 노사관계형은 구조조정의 과정에서 노사를 적극적으로 참여시키며 사회갈등을 최소화하면서 경제적, 노동정책 이슈들은 사회적 합의기구인 노·사·정 합의체제에서 결정하게 된다. 이에 따라 노사 자율기반의 확대, 경제에 대한 정부 개입의 축소라는 정치·경제적 시대조류에 힘입어 노·사·정 합의체가 사회적 합의기구가 되었다. 이러한 유형의 대표적 유형으로는 네덜란드식 노사관계를 들 수 있다.

네덜란드의 사회적 합의구조는 1960년대와 1970년대에 그 효율성에 대해

의문이 제기되었으나 1982년 바쎄나르 협약의 체결을 계기로 사회통합을 유지하면서 구조조정을 성공시켜 유럽식 모델로 부상하였다.

1997년 G7경제회담에서 당시 미국의 클린턴 대통령이 네덜란드모형을 성공적으로 평가하고 이에 대한 분석이 필요하다고 언급함으로써 네덜란드의 사회적 합의구조에 대한 세계적 관심이 절정에 달하였다. 즉 네덜란드는 노조의 사회적 역할에 대해 국민적 공감대가 형성되어 있는 가운데 노사 공익이 참여하는 사회경제협의회와 노사 간 협의기구인 노동재단이라는 사회적 합의의 두 축이 제2차 세계대전 직후부터 활발하게 활동해 온 경험이 1982년 바쎄나르 협약을 계기로 네덜란드식의 사회적 합의 노사관계형을 성공시키게 하였다.

(7) 기업 자치관리 노사관계형

기업 자치관리 노사관계형은 노사관계제도의 특수 유형으로서 유고, 헝가리, 폴란드 등에서 볼 수 있다. 공산주의 국가이지만 구소련식 중앙집권적 관료제를 벗어나기 위해 기업의 근로자 자치관리제를 도입하였다. 그 결과 21세기 동구권이 자본주의시장 경제체제로 전환되면서 새로운 노사관계 모형이 되었다.

기업의 자치관리제 기구에는 협의의 자치관리제 기구로 노동총회, 근로자평의회, 운영위원회, 근로자통제위원회 등이 있고, 경영통솔기구로서 관리자가 있고, 전문서비스 기구로서 스태프 부문 등이 있다. 그러나 이와 같은 기업 자치관리 노사관계형에서는 구조적 차원의 문제점이 있다. 이를 살펴보면 다음과 같다.

1 외부세력 개입
2 관료화
3 전문지식과 기술 부족
4 경영의 무정부적 경향
5 재무구조 악화
6 경제적 낙후성과 소득 격차

그러나 자치관리는 동구권 산업사회의 기본적 인간욕구에 부합되었고 근로자에게 기업·경제·사회 전체의 구조에 대한 지식과 정보를 주었으며 결국 산업

민주화를 위한 유용한 수단을 제공해 주었다.[16)]

이 유형은 근로자의 경영참가가 먼저 중시되어야 하며, 경영참가가 사회·경제적 민주주의를 실현시켜줄 뿐만 아니라 구소련의 사회주의의 관료적 지배를 극복할 수 있는 유일한 수단이 된다는 것이다.[17)]

제 3 절

노사관계의 접근방법

1. 접근방법의 정의

노사관계의 개념을 '노사관계와 관련된 각 주체들 간의 고용을 중심으로 나타나는 수평적·수직적 제 관계'라고 할 수 있다. 그러므로 노사관계론은 '고용을 중심으로 인간행동을 규제하고 조정하는 일련의 특수한 사회적 현상'에 관련된 특정한 조직관리 및 연구의 전문영역을 의미한다.[18)]

노사관계에 대한 용어는 다양한 의미로 사용되고 있는데 예를 들면 노사관계와 종업원 관계라는 용어가 혼용되고 있지만 각각의 용어가 뜻하는 바는 차이가 있다.

노사관계는 전통적인 의미로 제조업의 육체적 노동자와 관련되어 사용되며, 종업원 관계는 화이트칼라, 3차 산업 종사자의 증가에 따라 보다 광범위하게 사용되고 있다.

---

16) 최종태, 전게서, pp. 259～290.

17) M. J. Broeheyer, *Self-Management in Yugoslavia, The American Academy of Political and Social Science*, Vol. 431, Philadelphia, 5, 1977, p. 139.

18) M. Salamon, *Industrial Relations: Theory and Practice*, Prentice-Hall, 1987, p. 24.

미국의 경우에는 노사관계의 성립수준에 따라 기업수준의 노사관계관리에 초점을 둔 노동·경영관계 또는 노조·경영관계라는 용어가 많이 사용되고 있다. 그리고 일본에서는 노사관계와 함께 노자관계라는 용어도 사용되고 있다. 노자관계를 주장하는 사람들은 자본주의체제하에서 노사관계는 사용자(자본가)와 노동자(임금노동자)와의 관계이며, 이 관계는 계급 투쟁적 관점에서만 제대로 이해될 수 있다고 주장하면서 노사관계란 용어는 자본주의 경제체제가 지닌 모순을 은폐하려는 기만성을 지니고 있다고 비판하고 있다.[19)]

그러나 노동조합운동의 발전, 전문경영자의 출현과 확산, 정부의 역할증대, 체제를 초월하여 전개되는 기업경영 활동 등으로 미루어 볼 때 노사관계라는 용어가 보다 적합한 것으로 판단된다.

노사관계를 다룰 때 이 분야의 성격을 어떻게 규정하느냐는 보는 시각에 따라 노사관계상의 특정한 쟁점이나 상황에 대한 접근방법 및 분석뿐만 아니라 조직 내에서 타인의 행동에 대한 자신의 기대, 그리고 그들의 실제 행동에 대한 자신의 대응방식과 또한 타인의 행동에 영향을 미치고 그것을 수정하기 위해 자신이 취하는 각종 수단 등이 다르게 된다. 노사관계 접근방법을 살펴보는 데는 다음과 같은 점을 고려해야 한다.

1 변수간의 인간관계를 밝히는 이론이나 예측모델보다는 주로 분석을 위한 범주화 작업이다.

2 접근 시 어떤 방법이 옳고 그르다는 식이 되어서는 안 된다. 즉 각각의 접근방법은 나름대로 노사관계의 특정 측면을 강조하고 있기 때문에 이들을 종합함으로써 노사관계가 지닌 복잡하고 다양한 성격을 분석하고 이해하는 데 유익하다.

19) 木元進一郎, 勞使關係論, 日本評論社, 1976, pp. 1～11.

2. 학제적 접근영역

1945년 이전에는 대부분 노동경제학, 노동법학, 인사관리, 사회학, 산업심리학과 같은 학문이 고용과 관련된 여러 분야를 다루었다. 그러나 제2차 세계대전 이후 미국 하바드대학, 코넬대학, 버클리대학 등이 영국의 산업관계론의 이론을 도입하여 노사관계론으로 발전시킨 것이 그 효시가 되었다.

그러나 이들 학문들은 기존 학문과 충분한 교류를 갖지 못하고 세분화 현상만 가속화함으로써 산업사회의 문제해결에 한계를 드러냈다.[20] 예를 들어, 노동경제학은 경제학의 한 분파로서만 취급되어 고용을 둘러싼 인간의 제반 행위를 전통적 경제인 개념으로만 파악하였다. 그러나 인적자원관리는 경영학의 한 분야로서 미시적으로 경영 내부만을 연구대상으로 함으로써 외부노동시장과의 관계를 소홀히 다루게 되었다. 사회학은 사회학적 견지에서 고용문제를 보고, 심리학은 개인의 심리학 측면에서 다루고, 경제학은 경제적 측면에서만 다루다 보니 자기 분야의 학문 영역 외에는 간여하지 않게 되자 학제적 접근이 이루어지

그림 1-3 노사관계의 학제적 접근의 영역

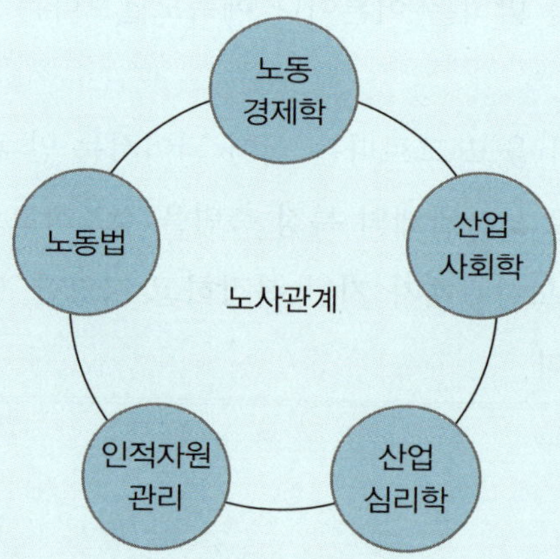

20) 김수곤·박내영, 노사관계론의 학문적 당위성과 연구과제, 90년대 노사관계 정립방향에 관한 공동학술심포지움, 1990. 3, pp. 28~29.

지 못했다. 이에 따라 다른 학문에서 다루지 않고 있는 분야를 개척하고자 하는 것이 노사관계론의 학문적 당위성이라고 볼 수 있다.

[그림 1-3]과 같이 기존 학문 사이에서 개척되지 않은 부문을 연구하고 교육해서 실제 산업사회에서 노사관계문제를 해결하는 데 도움이 되어야 한다. 이때 필요하다면 경제학·노동법학·심리학·사회학 등에서 연구된 결과를 응용할 필요가 있으며 노사관계 문제의 해결책을 찾기 위해 전문가를 양성하는 것도 필요하다.

따라서 노사관계론은 기존 다른 학문 분야를 적절히 활용함으로써 합리적인 노사관계 문제를 해결할 수 있다. 따라서 노사관계는 '노'와 '사' 간의 때로는 대립적이면서도 때로는 공생적 관계를 다루는 만큼, 그 연구 태도 역시 '노'와 '사' 어느 한편에 치우쳐서는 안 된다. 따라서 '사용자를 위해서' 또는 '근로자를 위해서'가 아니라 '노'와 '사' 사이에서 공평한 제3자로서의 역할이 노사관계 전문가의 사명이다.[21)]

경제학이 아담 스미스(Adam Smith) 이후 200년 이상 역사를 가지고 있고, 경영학은 테일러(F. W. Taylor) 이후 100년의 역사를 자랑하고 있다. 그러나 노사관계론은 미국의 경우 제 2차 세계대전 이후 60년의 역사를 가지고 있고, 일본의 경우에는 약 50년의 역사를 가지고 있지만 우리나라의 경우에는 이제 약 40년이 다 되어 가고 있다. 노사관계는 21세기 급변하는 경영환경하에서 노사문제와 인간관계의 갈등을 해소하는 데 각광을 받게 될 것이다.

3. 연구방법론의 변화

노사관계에 대한 연구는 다른 학문적 접근법과 마찬가지로 연역적 접근법과 귀납적 접근법으로 분류할 수 있다. 먼저 연역적 접근법은 조직 수준에 초점을 두고 이론과 설명을 전개하는 것인 데 반해, 귀납적 접근법은 사회과학에 기원을 두고 개인 활동 차원에 초점을 두고 있다. 노사관계에 대한 연구는 초기에

21) 김수곤·박영래, 전게서, pp. 29~30.

는 연역적 접근법이 주류를 이루고 있었으나, 최근에는 귀납적 접근법으로 이행되어 가고 있다.[22)]

(1) 연역적 접근법

미국의 노사관계 연구는 연역적 접근법이 지배적이었다. 그 대표적인 예로는 코먼즈(J. R. Commons)의 연구[23)]와 펄만(S. Perlman)의 연구[24)]를 들 수 있다. 이들의 연구 이후에도 이러한 추세는 지속되었으며, 그 방향이 산업별 노동조합의 성장으로 인한 새로운 노사관계 환경에 초점을 두었는데 대표적인 연구로서는 골든(M. E. Golden)과 파커(V. D. Parker)의 "산업평화의 요인"의 연구가 있다. 이 연구에서는 몇 개의 특정기업을 통해서 안정적인 노사관계에 대한 논의를 하고 있다.

1970년대 초부터는 연구방법에 있어서 혁신적인 변화가 나타나기 시작했다. 당시 연구의 대부분은 이론적 분야에 대해 이루어졌는데 이러한 한계점을 극복하기 위해 통계적 관련 수치를 설명하는 연구방법이 이용되었다. 코캔(T. A. Kochan), 미첼(D. J. B. Mitchell) 등의 연구[25)]와 레윈(D. Lewin)과 퓨일(P. Feuille) 등의 연구[26)]가 대표적이다.

(2) 귀납적 접근법

귀납적 연구방법은 현실적으로 관찰 가능하고 반복할 수 있는 현상의 실증적 관찰과 관련성을 가지면서 특정한 가설을 설정하게 된다. 논리적 오류가 없고 일반 법칙이 타당할 경우 설정한 가설로 통계적 추론을 이용해서 실증적으

---

22) 이종범·류태모·윤대혁, 전게서, pp. 24~25.

23) J. R. Commons, "American Shoemakers: A Sketch of Industrial Evolution", *Quarterly Journal of Economics*, XXIV(November, 1909), pp. 39~84.

24) S. Perlman, *A Theory of the Labor Movement*, New York: Kelley, 1928, p. 27.

25) T. A. Kochan, D. J. B. Mitchell, and L. Dyer, "Appraising a Decades Research: An Overview", *Industrial Relations Research in the 1970's : Review and Appraisal, Madison*, WI: Industrial relations Research Association, 1982, pp. 355~375.

26) H. Lewin and P. Feuille, "Behavior Research in Industrial Relations", *Industrial and Labor Relations Review*, Ⅵ(April, 1983), pp. 341~360.

로 검증하게 되며 그 결과 타당성을 가지게 된다. 이러한 방법을 귀납적-규범적(inductive-normative)모델이라고 한다. 귀납적 접근법의 목적은 어떤 특별한 경우의 행동을 설명하기보다는 일반 법칙을 검증하는 데 있다.[27)]

귀납적 접근법은 행동에 대한 관점이나 견해에 대한 근거를 명확히 밝혀 준다는 관점에서 기능적 측면이 있으나 관련성에 대한 정확한 논리적 기반이 규명되지 않는다면 귀납적 접근법은 이용될 수 없다.

노사관계 연구에서 귀납적 접근법을 이용하기 위해서는 관련 변수에 대한 논리적 관계를 규명하는 것이 가장 중요하다. 그 이유는 귀납적 접근법을 적용할 때에 연구의 초점이 되는 관련성에 대한 논리적 토대를 규명하기가 어렵기 때문이다.

4. 노사관계관리와 인접학문 간의 비교

노사관계관리와 인접학문에는 여러 분야가 있지만 인접학문의 범위를 노무관리, 인적자원관리, 인간관계관리 등으로 한정하여 살펴보고자 한다.

(1) 노사관계관리

노사관계관리란 기업경영과 노동조합의 관계를 관리의 대상으로 한다. 따라서 이는 기업경영과 노동조합과의 교섭관계에 있어 평화적인 노사관계를 형성하도록 쌍방의 태도나 행동을 조정하며 바람직한 제도나 규범을 수립하게 함으로써 노사 간의 긴장이나 분쟁을 예방하고 해결하는 데 있다. 그 결과 노사 간의 상호 협동적 노력으로 인해 산업경제의 지속적인 발전을 가능하게 하는 것이 노사관계관리이다. 노사관계관리의 기본적인 세 가지 목표를 살펴보면 다음과 같다.[28)]

---

27) P. Cappelli, "Theory Construction in IR and Some Implications for Research", *Industrial Relations*, Vol. 24, No. 1, (Winter 1985), p. 95.

28) 이준범, 전게서, p. 109.

1 올바른 민주적 이념 정립

산업민주주의적인 노사관계에 입각하여 경영자와 근로자가 서로 상대방을 대등한 협력자로 존중하고 대립보다는 높은 차원의 조화로써 극복해 가도록 노력해야 한다.

2 노사질서 확립

노사관계란 근본적으로 경영성과에 대한 분배를 둘러싼 탐색적 관계로서 노사관계관리에 있어서 분배의 정의가 실현되고 복리후생의 향상이 이룩될 수 있도록 한다.

3 노사 안정

노사 간에 산업평화가 정착되고 사회의 번영을 지향하여 장기적인 공존관계를 유지·발전할 수 있도록 신의와 성실을 토대로 한 협력 체제를 강구해야 한다.

(2) 노무관리

노무관리(labor management)란 경영노무를 대상으로 노동력의 효과적·능률적 이용을 목표로 하는 인적자원관리활동을 말한다. 이러한 노무관리는 일본에서는 인사관리를 포함한 의미로 사용하고 있으며, 경영·경제의 발전 내지 사회발전과 더불어 발전하게 되었다.

노무관리의 내용은 근로자의 사회적 지위를 유지·향상시키기 위한 경영관리로서 근로자의 복리후생시설의 완비·보험·안전·위생 등을 배려하고, 교양문화의 향상, 공제조합, 퇴직금, 연금제도의 실시 등을 포함한다.[29)]

(3) 인적자원관리

인적자원관리(personnel resource management)는 직무에 적합한 인적자원을 확보하여 개발하고 유지시키는 것은 물론이고 종업원들의 자발적 동기부여가

29) 김성수, 노사관계론, 법경사, 1993, pp. 53~54.

그림 1-4 인적자원관리 · 노무관리 · 노사관계관리의 비교

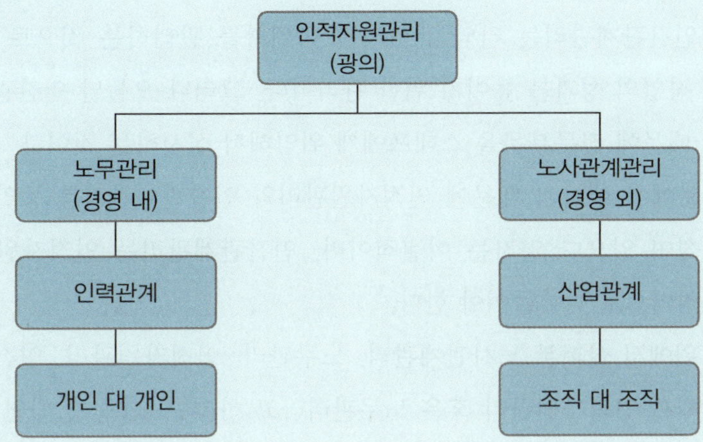

발휘되도록 하는 관리활동을 말한다.

인적자원관리의 구체적 내용은 정태적으로는 채용 · 배치 · 교육 · 훈련 · 퇴직 · 해고 · 승진 · 강등 · 휴직 등은 물론이고 직무분석 · 직무평가 · 인사고과 등을 내포하고, 동태적으로는 인사계획 · 인사통제 및 인사관리정책 등이 포함된다.

오늘날 경영관리에는 인적자원관리와 조직관리가 그 중심적 요소가 되고 있는데, 그 이유는 생산 제일주의, 능률 지상주의가 되면서 그 부작용으로 극단적인 기계주의적 관리가 지배하게 되어 노동의 기계화에 의한 인간성 소외현상이 나타나게 되었다. 결국 이러한 문제를 극복하는 것이 중요한 과제가 되고 있다.

(4) 인간관계관리

인간관계관리는 인간관계연구, 특히 호손실험(Hawthorne Research)을 계기로 하여 생성하였는데, 인간노동의 성과는 생산의욕 내지 근로의욕, 즉 모랄(morale)에 의해서 좌우되기 때문에 경영관리에는 사기를 높이도록 하여야 한다. 개인의욕의 향상은 오히려 동기화에 있으며, 모랄은 전체로서의 생산적 내지 근로 분위기의 유지 · 향상을 의미한다. 이를 위해서 인간관계론의 기법이 적용되고, 인간관계론적 노무관리의 필요성과 여러 가지 인간모델이 생성된다.

인간관계로서의 기법에는 커뮤니케이션, 면접, 제안제도, 상담제도, 고충처리제도, 감독자훈련, 경영참가, 두뇌선풍 등의 여러 가지 방법이 있다.

인간관계관리는 라인 관리자가 하위자를 관리하는 것으로 부하의 사기를 높여 작업의 성과를 높이기 위한 관리이다. 그러나 오늘날 인간관계관리가 복잡하기 때문에 전문부문을 스태프에게 위임해서 실시하는 것이다. 이런 관리를 인사부문에서 행하기 때문에 인적자원관리와 인간관계관리를 동일시하여 혼동할 위험성이 있으나 양자는 이질적이며, 인간관계관리는 인적자원관리의 새로운 전개영역으로 받아들여야 한다.[30)]

위에서 살펴본 노사관계관리, 노무관리, 인적자원관리, 인간관계관리 등을 일괄해서 인적자원관리 혹은 노무관리라고 하지만, 그렇게 되면 내용이나 성격이 각각 상이한 것을 혼용하는 결과를 초래하기 때문에 이들을 구분할 필요가 있다.

관리론에서는 인간인 근로자를 대상으로 하면 노무관리이며, 인간노동력에 대해 종업원의 채용에서 퇴직까지 노동력을 관리하는 것은 인적자원관리이며, 인간노동의 성과 내지 능률을 향상시키기 위한 기법을 활용하는 관리는 인간관계관리라고 할 수 있다. 그리고 근로자와 경영자의 양면성의 문제를 다루면서 노사의 제도적 관계, 단체교섭, 단체협약, 노동조합, 노동쟁의, 노사협의제도 등을 다루는 것이 노사관계관리이다. 따라서 21세기 지식경영시대에는 이 네 가지 이론을 통합하여 인적자원개발과 관리정책으로 표현하는 경우도 있다.[31)]

---

30) 서울대학교, 경영연구소, 전게서, pp. 15~44.

31) 김성수, 전게서, p. 56.

Chapter 2

국제노동운동론

02

국제노동운동의 출발

국제노동운동에 대해 살펴보면 1864년 최초의 국제적 조직으로서 제1인터내셔널(국제노동자협회)이 창립되었다. 이 협회에서 마르크스가 이론적 지도자로서 활약했다. 이 협회는 각국의 스트라이크를 지원하는 등 국제적 활동을 전개하였으나 파리 코뮌의 붕괴 이후 내부대립으로 활동을 정지했고 1876년에는 해산되었다. 1889년에는 제2인터내셔널이 창설되었다. 이것은 유럽각국의 노동자정당이 자유롭게 가맹하는 느슨한 연합체였다. 이 기구의 주된 요구는 8시간 노동제의 실현과 함께 제국주의의 식민지 정책과 전쟁에 반대하는 것이었다. 그러나 제1차 세계대전이 발발하여 독일의 사회민주당을 위시한 가맹정당들이 자국의 전쟁 정책을 지지하는 쪽으로 선회하자 제2인터내셔널은 사실상 붕괴되었다. 러시아 혁명 후 레닌은 사회민주주의의 계보와는 별도로 1919년에 제3인터내셔널(공산주의 인터내셔널, 또는 코민테른)을 결성했다. 이것은 각국의 공산당을 지부로 하고 모스크바 본부에 지도권을 집중하는 중앙집권적인 조직인데 그 후 국제적 혁명운동에 큰 영향을 미쳤다.

이와 같이 국제노동운동은 사회 민주주의계와 공산주의계의 두 갈래로 나뉘어 전개되었다. 그러나 제2차 세계대전 이후에 모든 나라의 노동조합을 결집하여 세계노동조합연맹(WFTU)이 결성되었으나(1945), 마셜 플랜을 둘러싸고 내부 의견이 대립되어 분열되었다. WFTU로부터 탈퇴했던 조합은 1949년 국제자유노동조합연맹(ICFTU)을 결성하여 반공산주의, 반세계노련의 입장을 내세워 세계노련과 첨예하게 대립했다. 그러나 반공을 제1원칙으로 하는 AFL-CIO와 서구 여러 나라 노동조합과의 사이에 대립이 생겨 AFL-CIO는 1969년 일시 ICFTU를 탈퇴했다가 1982년에 다시 복귀했다. 한편 WFTU와 ICFTU와의 사이는 점차적으로 관계를 회복하여 나갔다. 이렇게 된 배경에는 반핵운동과 환경 보전 운동의 열기가 높아가고 특히 유럽 청년층 사이에서 평화의 문제와 산업사회에 대한 불안감과 반발이 증대되고 있기 때문이다.

제 1 절

노동운동의 개념

1. 노동운동의 의의

노동운동이란 노동자가 조직을 결성하여 자신들의 근로조건을 개선·유지하기 위하여 사용자 및 사용자 단체와 교섭이나 투쟁활동을 전개하는 것을 말한다. 이러한 노동운동은 자본주의 경제의 시작과 함께 시작되었다. 즉 기업주가 이윤을 획득하기 위하여 자본을 투자하고 임금노동자를 고용하여 생산을 시작하면서부터 더 많은 이윤을 얻고자 하는 사용자와 더 많은 임금을 기대하는 노동자 사이에 이해 대립이 생겼다. 따라서 사용자는 높은 이윤을 추구하고 자본을 축적하기 위해 노동자들을 저임금과 장시간 노동으로 혹사시켜 노동자들의 형편은 상대적으로 열악하거나 악화되어 그것이 노동운동을 발생시킨 원인이 되었다.

자본주의가 발전하면 할수록 노동자들 사이에는 자신들의 비참한 처지에 대한 불만이 싹텄고 이에 대한 개선이 필요하다는 것을 자각하기 시작하였다. 그 결과 노동자들 사이에는 연대의식이 싹이 뜨고, 자신들의 문제를 해결할 수 있는 길은 오직 서로 힘을 합치는 길밖에 없음을 깨닫게 되었다. 이러한 연대의식이 바로 노동운동 또는 노동조합운동의 시발이 되었다.

넓은 의미로 노동운동은 노동조합운동·협동조합운동·공제조합운동·노동자정당운동 등을 모두 포함한다. 노동정당운동은 노동자의 인간다운 생활에 대한 보장이 노동조합운동만으로는 달성하기 어렵기 때문에 노동자 정당을 조직하여 도움을 받으려는 것이다. 그러나 노동운동의 핵심은 바로 노동조합운동이다. 따라서 노동운동은 결국 노동자조직, 즉 노동조합의 활동과 그 체계적 이해에서 비롯된다고 할 수 있다.

여기서 말하는 '운동'의 뜻은 공통의 목적을 달성하기 위하여 공동으로 노력한다는 뜻이 포함되어 있다. 예를 들면, 우리나라 노동조합운동의 초창기인 1920년대는 노동운동에 대해 노동자들이 공통의 목적을 지니고 있었지만, 공통 목적을 달성하기 위한 의식하에서 전개되고 있다는 사실을 스스로가 의식하지는 못했는지 모른다. 그러나 그것은 객관적으로 볼 때 실제로 존재했던 만큼 이를 '운동'으로 규정짓고 있으며, 따라서 그 당시의 전국적인 노동조합의 활동을 노동조합의 '운동'으로 보았다.[1)]

각국의 노동운동은 초기에는 사용자의 강력한 반대와 박해, 정부의 극심한 탄압을 받았다. 예를 들면, 영국에서는 단결금지법(1799), 독일은 사회주의자 취체법(1878), 미국은 법원의 금지명령 등으로 각국의 노동자들의 단결과 단체행동을 금지·탄압하였다. 그러나 노동자들은 사용자들의 반대와 방해, 정부의 탄압 등에 굴복하지 않고 자신들의 경제적·사회적 지위 향상을 위해 꾸준히 투쟁을 전개한 결과 19세기 후반에서 20세기 초에 걸쳐 각국에서 노동자들의 단결과 단체행동 등을 금지하던 법률 등이 폐지되었고 새로운 법률 등에 의해 노동운동이 인정받기에 이르렀다.

예를 들면, 영국의 경우 단결금지법이 폐지된 것은 1824년이었으나, 1년 후 1825년에 다시 노조활동을 금지하는 법률이 제정되었으며, 그로부터 50년이 지난 1871년~1876년에 비로소 조합 활동을 보장하는 법률이 제정되어 노동자들은 단결의 권리와 노동운동의 자유를 보장받게 되었다. 미국은 1936년에 와그너법(Wagner Act)이 제정되면서부터 노동운동이 크게 발전하게 되었다.

이와 같이 각국의 노동자들이 그들의 단결과 단체행동의 권리를 보장받기까지는 오랜 세월에 걸친 노동자들의 희생과 투쟁의 결과로 얻은 소중한 산물이다.

2. 노동운동의 성격

노동운동의 기본적인 성격에 대해 살펴보면 다음과 같다.[2)]

1) 박경문·최승욱, 전게서, p. 30.
2) 이종법·류태모·윤대혁, 전게서, p. 70.

1 노동운동은 산업화 과정에서 출현한 임금노동자가 조직적 활동을 통하여 더욱 효율적으로 노동문제를 개선하려는 운동이다. 그러므로 산업화 이전에는 개별노동자가 사용자에 대한 주종관계에서 불평과 불만이 있더라도 노동조건을 개선하려는 운동을 전개할 수 없었다. 그러나 산업화가 진행되면서 산업자본가 등장하고 이에 따라 임금노동자가 형성되었고 이들 임금노동자들은 조직적인 활동을 통해서 노동조건의 개선을 주장할 수 있게 되었다.

2 노동운동은 노동자의 단결을 통한 노동조합 결성과 확대를 위한 운동이다. 따라서 노동조합의 결성은 노동자의 지위를 주종관계에서 대등관계로 상향 조정하는 힘을 가지고 있다. 일반적으로 노동조합은 좁은 범위에서부터 광범위한 전국적 규모로 확장되었다. 이와 같이 노동조합의 힘이 강해지면 사용자 및 경영자는 노동조합에 상호의존성을 갖게 되고, 노동자는 보다 유리한 입장에서 노동문제를 협상·결정할 수 있다.

3 노동운동은 노동자 조직이 임금 및 기타 노동조건의 유지·향상을 위하여 단체교섭, 기타 투쟁활동을 전개하게 된다. 여기에 임금 및 기타 노동조건이란 임금노동자의 노동력 제공에 대한 반대급부인 보상·노동시간·휴식시간·휴일·시간외 근무·복리후생 등 노동관련 제 조건을 말한다.

4 노동운동의 여러 활동 중 가장 중요한 것은 단체교섭이다. 단체교섭은 노동자에게 산업민주주의 실현의 길을 열어주는 중요한 교섭절차이다. 따라서 단체교섭에서 노사 간 원만한 교섭 안을 타결하지 못하면 어느 쪽이나 모두 손실을 입기 때문에 가급적이면 협상테이블에서 타결을 보는 것이 바람직하다.

5 노동운동은 노동정당에 노동조합의 대표를 진출시켜 노동자를 위한 입법 활동을 전개하게 된다. 이러한 정치활동이 활발해지면 노동정당이 집권을 하는 경우도 있다.

사례*

산업혁명 이후 노동운동이 일어난 이유는?

산업혁명(우측 그림 : 와트 증기기관) 결과 산업 생산력이 비약적으로 증가하여 민주주의 정치와 자본주의 경제가 확립되었다. 그러나 산업 혁명기에 영국 노동자의 생활은 비참하였다. '부유한 자는 더욱 부유해지고, 가난한 자는 가난한 것마저 빼앗기는' 세상이 전개되었다. 기계화가 진행되자 노동자들은 오히려 장시간 노동, 저임금, 아동 노동, 열악한 환경 등으로 혹독한 상황에 놓이게 되었고, 결국 18세기 말 이후 지속된 자유방임 원리는 실질적인 불평등과 억압, 단순한 법률적 형식적 자유만을 심화시켰다. 이러한 열악한 환경 속에서 노동자 자신의 각성과 노동자 지위를 향상시킨 것이 바로 노동운동이었다.

영국의 노동운동은 1811년 러다이트(luddite) 운동이라 불린 기계 파괴 운동에서 시작되었으나, 1837년에는 급진파 의원과 노동운동 지도자들이 모여 자신들의 상황을 개선하기 위해 정치권력이 필요함을 인식하여 의회에 자신의 대표를 보내야 한다는 생각으로 의회 정치의 민주화를 목적으로 하는 청원서를 작성하였다. 이는 '모든 남자의 보통 선거권 보장, 무기명 투표 도입, 선거권의 재산상 자격 제한 폐지, 하원 의원의 유급제 명시, 평등 선거구제 채택' 등 조항으로 되어 있었다.

1832년의 선거법 개정에서도 노동자들이 선거권을 얻지 못하였기 때문에 1839년 이래 보통 선거법의 제정 등을 요구하고 인민 헌장(People's Charter)을 만들어 의회청원 운동을 벌였는데, 이를 실현하고자 하는 운동 또는 운동가를 '차티즘(chartism), 차티스트(chartist)'라 일컬었다. 헌장의 내용은 이듬 해 1838년 전국에 배포되어 1839년 6월에는 120만 명, 1842년에는 325만 명, 1848년에는 570만 명의 서명을 받아 하원에 각각 전달하였으나 매번 거부되었다. 그러나 이것의 실현을 위한 대규모의 집회와 시위운동이 각지에서 일어남으로써 부르주아에 한정되었던 시민의 권리는 점차 모든 노동자에게로 확대일로를 걷게 되었다. 18세기 산업혁명 초기에는 개인의 자유와 권리가 최대한 보장될 수 있도록, 국가는 개인이나 사회에 대한 간섭을 최소화하는 자유방임의 원리를 중시하였다. 그러나 19세기 들어와 부유한 자는 더욱 부유해지고, 가난한 자는 가난한 것마저 빼앗기는 세상이 전개되었다. 이에 노동자 일부는 자본주의를 사회주의로 대체하려는 움직임에 가세하였고, 점진적 발전을 꾀하는 노동자들의 대표를 의회에 보내려는 운동이 일어났다. 그 결과 '세금을 많이 낸 사람이 애국자'라는 구실로 부유한 사람에게만 한정되어 있었던 선거권이 노동자, 농민, 여성들에게 점차 확대되기 시작하였다. 그 결과 산업 전반에 걸쳐 노동운동이 확대되게 되었다.

제 2 절

노동운동의 제 이론

노동운동은 산업화로 인한 정치·경제 및 사회문화적 환경의 변화, 특히 19세기 자본주의 사회에 있어 계층 간 갈등에서 비롯되었다.[3] 그러나 자본주의 초기에 반체제 운동(Anti-Establishment Movement)으로 출발한 노동조합은 이제 기존체제 내의 조직으로 동화되었고, 이에 따라 노동조합은 오늘의 정치·경제·사회문화 환경의 질서하에서 깊이 뿌리박게 되었다. 본 절에서는 노동운동의 발전에 공헌한 학자들의 제 이론에 대해 살펴보고자 한다.

1. 산업민주주의 이론

영국의 사회개혁자인 웨브 부부(S. J. Webb, 1859~1947, Beatrice Webb, 1859~1943)의 공동저서인 「산업민주주의」(*Industrial Democracy*, 1897)는 노동운동의 성전으로 꼽히고 있다. 웨브는 노동운동의 기원을 마르크스와 마찬가지로 독립된 노동계급의 형성에서 찾았고, 노동조합이란 "임금노동자가 자신의 작업조건을 유지·향상시킬 목적으로 단결한 항구적 단체"로 정의하였다. 그리고 노동운동은 정치적 민주화의 기본이 되는 산업민주화의 연장이며, 경영자의 독재를 견제하기 때문에 경영 민주화의 일환으로 보고 있다.

따라서 노동운동은 노동자들을 교섭에 참가하도록 허용함으로써 그들의 자유를 강화하고, 생활수준 및 작업환경을 스스로 개선해야 한다고 보는 것이다. 노동자들이 교섭력을 상실하면 자유와 평등이란 사회의 기본적 규칙이 깨어져 종속적·노예적 상황에 직면하게 된다는 우려에 대하여 정치적 민주화뿐만 아니

3) David I. Sills, *Industrial Encyclopedia of Social Science*, The MacMillan & The free Press, Vol. 8, pp. 516~519.

라 산업사회의 민주화도 이루어져야 한다는 데 이론적 근거를 내세우고 있다.

산업민주주의 이론은 교섭기구로서의 노조가 갖는 두 가지 수단인 노조원수의 제한과 기업별 최저기준을 설정하는 데 있다고 보았다. 전자는 비경제적·비민주적이라는 이유로 사용하지 않았고, 후자는 임금 및 노동조건의 최저기준을 향상시키는 방향으로 추진되고 있다. 그런데 웨브는 노동조합주의라는 점진주의를 신봉하였다. 즉 노동조합이란 민주주의의 원칙을 산업현장에 도입하고 궁극적으로는 경제 전반에 확대시키는 매개수단으로 확신했다.[4)]

웨브는 노동조합은 일반규칙을 강요함으로써 산업의 파업을 증대시키고, 반대로 사용자에게는 임금인하의 방법을 사용하지 못하게 하여 결과적으로는 사용자로 하여금 능률증진을 통해 경쟁력을 강화하도록 작용한다는 것이다. 그리고 노동자에게 실업에 대한 위험은 노동조합이 무리한 임금인상 요구를 하지 못하게 하는 효과가 있다는 것도 지적하였다.

따라서 노동조합과 사용자는 궁극적으로는 단체교섭을 통하여 임금을 적정수준에서 안정시키고, 생산능률을 증대시키며, 결과적으로 경제발전을 가져오게 한다는 산업민주주의 이론을 확립하였던 것이다.[5)]

2. 정치적 혁명 이론

노동조합에 대한 마르크스(Karl Marx, 1818~1883)의 견해는 그의 자본주의에 대한 일반이론의 한 부분이다. 마르크스의 분석에 따르면 노동운동은 노동자계급 또는 프롤레타리아의 등장에서 비롯된 것이다. 이러한 프롤레타리아는 농업과 공업에 있어서 자본주의적 생산양식이 노동자를 토지에 예속시켰던 봉건체제를 파괴하고 또한 자본가와 노동자계급의 간격을 더욱 확대시켰을 때 형성된 것이라고 한다. 뿐만 아니라 노동자들은 생존을 위하여 자신의 노동력을 노동시장에서 매각하지 않으면 안 되는 비참한 신세로 전락하였다고 보고 있다.

4) 이종법·류태모·윤대혁, 전게서, p. 78.

5) 이준범, 전게서, pp. 77~78.

따라서 노동자들은 각 개인이 갖고 있는 노동력에 대한 처분능력이 있으나, 반대로 자본에는 사회적 권력이 따르게 됨으로써 자본과 노동 사이의 협약은 공정할 수 없다는 것이다. 이에 대해 노동자들이 지니는 유일한 사회적 힘은 수적 우세를 바탕으로 하는 노동자의 세력에 있는데, 이러한 힘은 그들이 단결하여 상호 경쟁을 배제하는 경우에 얻을 수 있기 때문에 노동조합이 결성되게 되었다.

마르크스는 이러한 점에 착안하여 노동조합을 단결의 출발점이 되는 조직화의 구심점으로 보았다. 그는 조직적인 노동운동을 프롤레타리아(임금노동자-무산계급)가 부르주아지(자본가·유산계급)를 전복시키려는 계급투쟁의 중간단계로 보고 노동운동을 계급투쟁의 도구로 중요시했던 것이다.[6]

마르크스의 정치적 혁명이론이란 노동자들은 각 개인이 갖고 있는 노동력에 대한 처분능력이 있지만, 반대로 자본에는 사회를 지탱하는 사회적 권력이 따르게 됨으로써 자본과 노동 사이의 협약은 공정할 수 없다. 따라서 노동자들이 지니는 유일한 사회적인 힘은 수적 우세를 바탕으로 단결하여 상호 경쟁을 배제하는 경우에만 얻을 수 있다.

마르크스는 노동자계급을 산업현대화의 파수꾼으로 추대하고 부르주아지에 대항할 수 있는 유일한 계층으로 보았으며, 이들의 계급투쟁을 정치적 투쟁으로서 의미를 부여하고 있다. 그리고 노동조합은 그 자체를 유지시키거나 평등한 사회에서 노동자들의 권리를 보호하기 위한 기관이 아니라 노동자 우위의 공산주의사회 건설을 위하여 노동자들을 단결시키는 정치적 기관으로 보았다.[7]

이와 같이 마르크스는 노동운동을 계급투쟁에 목표를 둔 정치적 혁명에 두고 있으며, 사회주의의 경제법칙에 비추어 볼 때 노동문제에 대한 항구적인 해결책은 자본주의 체제의 전복에 있다고 역설하였다. 따라서 마르크스의 이론에 의하면 노동조합의 기본적인 역할은 근로자를 조직화하고 계급투쟁을 격화시키

6) J. T. Dunlop, *The Development of Labor Organization : A Theoretical Framework in Reading in Labor Economics and Labor Relation*, Richard L., Rowan, ed., Home-wood, Illinois : Richard D. Irwin Inc., 1968, p. 47.

7) O. W. Phelps, *Introduction to Labor Economics*, 2nd ed., New York : Mcgraw-Hill book Co., Inc., 1955, p. 206.

는 데 있으며, 그 목적은 사회주의의 최종단계인 공산주의의 수립에 있다고 주장 하였다. 그의 이론은 산업민주주의 노동운동이론과는 근본적으로 상이한 이론으로 평가되고 있다.

3. 환경특성이론

코먼즈(J. R. Commons)는 미국 위스콘신대학의 교수로 재직(1904~1930년)하면서 미국 노동경제학의 기초를 세운 사람으로 평가받고 있다. 그는 노동운동의 내용은 자본주의 발전 단계에 따라 다르며, 노동운동은 그 사회의 환경 특성에서 나타난 특징을 갖고 있다고 설명하였다.

따라서 코먼즈는 노동운동을 자본주의의 발달에 따라 다음과 같은 세 단계의 과정으로 보았다. 즉 상업 자본주의(merchant capitalism), 사용자 자본주의(employer capitalism), 은행가 자본주의(banker capitalism)의 세 단계로 구분하였다.[8] 그리고 노동운동도 자본주의 발전단계에 따라 달리한다고 보았다.

(1) 상업 자본주의의 노동운동

노동운동은 상업 자본주의 기간에 등장하였고, 노동운동은 이러한 시장의 팽창에 기인한다고 보았다. 상업 자본가는 새롭고 더 넓은 시장을 통제하며, 과거에 서로 격리되었던 사용자로 하여금 상호 경쟁을 강요하였던 것이다. 이에 따라 기업경영은 더욱 비인간적이며 기계적이 되고, 사용자는 자신의 이윤을 확보하기 위해 노동자를 억압하게 된다. 코먼즈도 마르크스 및 웨브와 같이 노동조합을 경쟁으로부터 노동자를 보호하기 위한 수단으로 보고 있다.[9]

(2) 사용자 자본주의의 노동운동

이 단계에서는 자본가가 기계와 공장을 소유하게 되고, 시장이 팽창하여 전

8) A. M. Carter & F. R. Marshall, *Labor Economics*, Homewood, Illinois : Richard D. Irwin Inc., 1967, p. 32.

9) 김성수, 전게서, p. 92.

문화와 대량생산을 가능하게 함으로써 숙련공의 고용조건은 전문화, 기계화 및 대량생산에 의해 위협을 받게 되었다. 그리고 이 단계에서는 노동운동 지도자들 사이에 자본가와 교섭하려고 하는 사람과 자본주의 체제의 전복을 기도하는 사람과의 사이에 분열이 생기기 시작했다. 이 단계의 특징으로는 단체교섭이 경제적 상황이 어려운 공황 때에는 극단론자가 승리하는 경우가 있었지만, 경제상황이 호경기일 때에는 단체교섭이 지배적이었다는 사실이다.

(3) 은행가 자본주의의 노동운동

국제노동운동은 은행가 자본주의의 팽창에서부터 비롯되었다. 은행가 자본주의 이론에 따르면 국제노동운동은 세계적 은행가, 투자가 및 투기꾼들이 세계적인 조직을 통해 생산을 통제하기 때문에 노동자들은 국제적인 은행자본가로부터 자신들을 보호하기 위하여 국제적인 노동운동을 전개하였다는 것이다.

코먼즈는 자본주의의 반응으로 나타난 노동운동의 몇 가지 일반적 특징을 인정하고 있으나 노동운동은 각각의 환경의 특성에서 나타난 독특한 특징을 갖고 있다고 보고 있다. 코먼즈는 노동운동의 출현을 새로운 교섭계층으로서 임금노동자와 고용주의 대두에서 찾고 이러한 교섭계층의 변화는 시장의 확대와 이에 따른 생산방식의 변화에 있다고 보았다. 즉 노동운동의 시초가 되는 교섭계층의 출현은 시장 확대 → 생산방식의 변화 → 새로운 교섭계층의 출현과 같은 연계관계가 있다고 보았다.[10)]

4. 기회추구이론

펄만(S. Perlman)은 러시아에서 태어나 원래 마르크스 철학을 가지고 미국에 건너가 위스콘신대학에서 코먼즈의 제자로 훗날에는 동료로서 함께 일을 했다. 그러나 그는 임금소득자에 대한 장기간의 연구를 통해 마르크스 철학과는

10) J. T. Dunlop, *op. cit.*, pp. 46~47.

다른 새로운 노동이론을 정립하였다. 그는 노동운동의 방향을 결정짓는 세 가지 주요 세력으로 자본가 또는 기업가(capitalist or entrepreneur), 육체노동자(manual worker), 지식인(intellectuals) 등이 있다고 하였다.

(1) 자본가(기업가) 계급

펄만은 자본가계급의 심리관은 기회의식 또는 기회의 풍요의식으로 구성되어 있다고 보았다. 즉 얻을 수 있는 것이면 최대의 것을 얻고자 하는 이익의 극대화의식으로 특징 지웠다.

펄만의 주장에 따르면 자본가의 경제생활은 마치 모험과 같은 것으로 간주하였다. 자본가의 경제활동은 예측할 수 없는 불확실성 속에서 수많은 도전의 연속으로 이어지는 도박과 같은 제로 섬(zero sum)게임으로 간주되었다. 즉 자본가의 경제생활이란 역경과 도전으로 충만되어 있으며 승자를 보호하기 위해 반드시 필요한 패자가 있는 도박으로 여겨졌다.

한 사회의 자본가(기업가)계급이 이런 세계관을 소유하는 강도가 강하면 강할수록 그 사회는 이런 세계에서 존속에 필요한 여러 제도를 더욱 확장하게 되며 한편으로는 그를 부인하려고 하는 세력으로부터 그를 방어하고자 하는 의사가 강하게 된다. 반대로 그런 세계관이 약하면 약할수록 그런 제도를 확장하고 또는 방어하고자 하는 의사가 약하게 된다. 즉 기회의식의 감각이 강하면 자본주의의 저항력도 강하다는 것이다.[11)]

(2) 노동자 계급

펄만이 주장한 두 번째 세력은 육체노동자로 이들에 의해 조직된 것이 바로 노동조합이다. 그들은 근본적으로 현실적이며, 비단 사용자뿐만 아니라 지식인에게도 계속 반항을 한다. 육체노동집단의 기본적인 경제적 태도, 즉 심리관은 기회가 희소하다는 의식을 갖고 있다. 이들의 희소의식은 기업가의 심리관인 풍요의식과는 근본적으로 대립되는 것으로 기회는 적은 데 반해 경쟁자는 많다

11) 이종법·류태모·윤대혁, 전게서, p. 82.

는 것이다. 따라서 노동자들의 목적은 보다 안정감을 줄 수 있도록 직업기회를 관리·통제하는 데 있으며, 이것은 노동조합을 통해서만이 가능하다고 믿고 있다. 그들은 단지 자기들에게 안정감을 줄 정도의 현재 제도를 통제를 할 수 있게 되기를 원한다. 펄만은 이런 태도를 유기적 노동의 철학 또는 유기적 조합주의(organic unionism)라고 하였다. 여기서 유기적이란 뜻은 노동자나 조합은 결코 혁명적 또는 혁신적 견해를 갖고 있지 않으며, 만일 그렇게 되었다면 그것은 그들이 심성을 변경시켰기 때문이 아니라 외부의 영향을 받았기 때문에 가능하다고 보았다.[12)]

(3) 지식인 계급

지식인 계급이란 학자나 정신적 직업에 종사하는 사람만을 말하는 것이 아니라 현존하는 사회제도에 불만을 품고 새로운 것으로 개혁하고자 하는 사람들을 포함하는 포괄적인 용어이다. 이들은 반자본주의적 영향을 형성하며, 자신들의 이념을 노동자에게 강요하려고 하며, 또한 중앙계급을 설득함으로써 자본주의에 대한 지지를 철회시키려고 한다. 즉 지식인들은 개혁자로서 사회적 문제점을 개선하여 노동자들에게 풍요의 의식을 갖게 하는 계급을 지식인계급으로 평가하였다.

이상의 내용을 종합해보면, 자본가는 기회의식을 가지고 있고, 노동자는 희소의식을 가지며, 지식인은 혁신주의의 방향의식을 가지고 있다. 따라서 어느 나라에서나 노동운동은 위 세 집단 간의 상관관계에 의한 힘과 영향력에 의해 그 형태가 결정된다고 할 수 있다.

5. 산업화집단이론

산업화집단이론은 커어(C. Kerr), 던롭(J. T. Dunlop), 하비슨(F. Harbison), 마이어스(C. A. Myers) 등(KDHM으로 약칭)에 의해 공통으로 주장된 이론이다.

---

12) 상게서, p. 83.

이들이 주장하는 중심개념은 공업화과정과 산업화집단에서 지도적 역할을 담당하는 엘리트집단이다. 공업화가 노동운동에 미치는 영향은 그것을 뒷받침하는 엘리트집단의 성격에 달려 있다. 엘리트집단이 자국의 산업화를 위하여 설정한 특정한 전략은 다음과 같다.[13)]

(1) 왕조엘리트

이들은 지역 귀족사회 내지 과거 군인사회에서 출현하는 엘리트로서 프랑스·독일·일본의 산업화과정에서 그 예를 볼 수 있다. 왕조적 지도자는 흔히 가부장적 사고에 의하여 지위에 대한 강한 집념을 가지며, 또한 노동자들이 전통적인 이념에 따라 사용자에게 복종할 것을 강요하는 친권적 사회(paternalistic society)를 만들고 싶어 한다. 그 결과 이 사회에서의 노동운동은 자연히 왕조 엘리트(dynastic elite)에 의해 억제되었다. 따라서 이러한 사회에서 민주적인 변화란 기대할 수 없고 흔히 극단적인 노동운동을 유발시키게 된다.

(2) 중산계층엘리트

중산계층엘리트(middle-class elite)들은 미국과 영국에서 산업화를 이끌어 온 중심 세력으로서 개인주의와 자유방임주의를 강조한다. 그리고 산업화의 중요한 결정을 할 때에도 시장기능에 의존하려고 하였다. 따라서 노동운동은 직무나 업무의 통제부터 시작했기 때문에 경제문제를 둘러싸고 동맹파업이 발생하기도 한다. 그리고 이들 집단의 제한적 분규는 사회에서의 긍정적 역할로 간주되고 있으며 단체교섭을 인정하고 있다.

(3) 혁명적 지식엘리트

이 집단은 구소련과 중국 등과 같은 공산국가에서 산업화과정을 영도하였다. 그들은 급속한 공업화를 강요하며, 기존 질서를 단시일 내에 말살시키려고 시도한다. 노사관계를 비롯한 모든 산업화기능은 혁명적 지식엘리트(revolution-

---

13) C. Kerr & J. T. Dunlop & F. Harbison & C. A. Myers, *Industrialism and Industrial Man*, Cambridge Mass : Harvard University Press, 1760, p. 4.

ary intellectual elite)에 의하여 주도되며, 노동운동은 유일한 당과 국가에 복종할 것을 요구한다.

(4) 식민지 관리자

식민지 관리자(colonial administrator)는 자신이 통치하는 나라보다는 모국의 이익에 관심을 집중시킨다. 따라서 이러한 식민지 관리자가 산업화사회를 이끌고 가는 나라에서의 노동운동은 반식민주의 극복을 위한 투쟁조직으로 변한다. 이와 같은 예는 우리나라가 일제식민지하에서 일으켰던 노동운동에서 찾을 수 있다.

(5) 민족적 엘리트

민족적 엘리트(nationalistic elite) 집단은 인도를 비롯하여 신생독립국가의 영도자에 의해서 특징 지워진다. 민족주의자가 산업사회를 영도하는 나라에서는 민족주의가 노동운동을 위한 지도원칙이 되는 경우가 많다. 이때 노동조합에 의한 시위는 평화적으로 진행되는 것이 일반적이다. 그러나 그들은 항의시위와 같은 것은 민족주의 이념과 경제발전에 일치되지 않는다고 생각한다.

이상에서 살펴본 바와 같이 산업화집단이론에서는 각 국가와 사회에 따라 산업화과정을 이끌어 가는 집단은 각각 다르며, 산업화과정이 진전됨에 따라 노동운동의 이념과 목적에 따라 산업 엘리트 자체에도 심각한 변화가 일어난다고 보고 있다.

한편, KDHM은 노동조직은 앞으로 직업별 형태를 취하게 되며, 반면 산업별 형태는 점점 자취를 감추게 될 것이라고 예상했다. 즉 여러 직업을 위하여 요구되는 기술수준 및 교육수준의 향상에 따라 노동운동은 노동자조직의 성격을 표면화하면서 점점 전문적 단체로서의 특성과 목적을 띠면서 발전할 것이라는 이론이다.[14)]

---

14) *Ibid.*, p. 276.

6. 기능적 분류이론

혹시(R. F. Hoxie)는 비슷한 사회·경제적 환경에 처한 임금노동자들은 '사회적 상황에 대한 공통된 이해'를 갖는다고 전제하고, 노동조합도 집단감정이 집약된 존재로 보았다. 따라서 집약된 공통의 이해 또는 기능에 따라 노동운동을 다음 다섯 가지로 분류하였다.

(1) 기업노조운동

공통의 이해를 가진 동일 직업 또는 동일 산업에 있어서 임금·작업시간·작업조건 등의 향상을 목적으로 하는 것으로, 노동조합 자체는 교섭기관으로 간주된다.

(2) 이상노조운동

노동운동의 기본목표를 도덕적·사회적 가치의 조화로 개인의 인격, 여가활동, 문화 및 생활수준을 향상시키는 데 둔다. 이러한 유형의 노동운동은 직업화 또는 계층화된 작업집단에서 발견될 수 있으며, 이러한 노조운동의 주요 활동으로는 복지계획, 정치적 행동, 생산자와 소비자 간의 협동 등을 예로 들 수 있다.

(3) 혁명적 노조운동

이는 계급 의식적 노동운동으로 기존의 사회적·경제적 질서를 경멸하고 이를 새로운 정치적 질서로 바꾸려 하는 데 목표를 둔다. 혁명적 노동운동의 중심적 테마는 기술수준이나 생활수준에 관계없이 모든 노동자들의 이해관계를 완전히 조화하는 데 있다. 그 이행방법으로는 중간단계로서 단체교섭과 정치적 행동이 있으며, 직접적 행동으로는 동맹파업·불매운동·태업 및 폭력 등이 있다.

(4) 약탈적 노조운동

이러한 노동운동은 사회적·정치적·경제적으로 극도의 혼란기에서 찾아볼 수 있는 형태로 어떤 원칙을 따르기보다는 단기적인 목적 달성에 중점을 둔 노동운동을 말한다. 주요 행동수단으로는 뇌물수수, 왜곡, 고용주와의 독점적인 결탁 등이 있고 주로 불법적인 행동에 의존하게 된다.

(5) 의존적 노조운동

이는 노동조직의 존립을 위해서는 고용주들의 지원이 필요한 노동조직상의 형태이며, 고용주들은 다른 노동집단이나 노조의 존재가 이익이 된다고 생각하기 때문에 노동조합을 지원한다.

이상과 같은 여러 가지 노동운동이론 가운데 어느 것이 타당하고, 어느 것이 시대적인 환경에 적합한지는 노동운동의 성격을 규명하는 논리에서 상이할 수 있다. 그리고 이론적인 배경과 노동운동의 발전과정에 영향을 미치는 요인, 즉 정치·경제·사회적 성격, 산업 및 개인주의적 또는 사회주의적인 체제와 각국의 노동운동의 발달과 특성에 따라 다를 수 있다는 점을 간과해서는 안된다.

제 3 절

국제노동운동의 전개과정

1. 국제노동운동의 필요성

오늘날 세계는 국가 간 국경이 사라지고 무한경쟁만이 있는 가운데 자국의 경제발전과 이익을 위해 노력하고 있다. 이러한 가운데 각국의 노동운동은 이념적·종교적 차이, 경제수준 차이에 따라 그 내용을 달리하고 있다. 특히 각국은 그 나라의 정치·경제·사회문화·전통·국민성 등에 따라 상이한 노동운동이 전개되어 왔다. 그러나 국제화 시대에 걸맞게 각국의 노동운동도 국경을 넘어서 결합하고 힘을 합치는 노동운동의 국제화시대의 생성을 필요로 하게 되었다. 그 이유는 국제화되고 개방된 사회에서 국가 간 노동조건 동일화, 재정지원, 정보교환, 상호협력 등이 절실히 요구되기 때문이다.

2. 국제노동운동의 변천과정

오늘날에는 대규모 국제노동조합이 조직되어 국제노동운동은 활발하게 전개되고 있으며, 국제 노동운동의 정립방향을 모색하고 있다. 국제 노동운동의 변천과정을 살펴보면 다음과 같다.

(1) 제1차 국제노동운동

제1차 국제노동운동은 영국에서 시작된 노동자의 조직적 운동이 서구 국가에 뿌리를 내리기 시작할 무렵인 1830~1840년대에 각국의 노동자 간에 서로 연대를 하려는 시도가 나타나기 시작했다. 그중 하나가 1847년 6월에 결성된 공산주의자동맹이다. 이 조직에 속한 마르크스와 엥겔스는 1848년 2월에 공산당 선언(The Communism Manifesto)을 발표하고 "만국의 노동자여 단결하라"는 구호와 더불어 이른바 과학적 사회주의를 확립하고 노동운동의 국제적 연대성을 이론화하였다. 또한 1860년대에 들어서면서 서구 각국의 노동운동이 발전하게 되자 노동운동 지도자 사이에 국제적인 연대 요구가 높아졌다. 특히, 1863년에 폴란드의 반란을 진압하는 데 항의하는 영국과 프랑스의 노동자 집회를 기회로 그 지역의 망명사회주의자도 참여하여 1864년 9월 28일 런던에서는 프롤레타리아 최초의 국제적인 대중적 혁명조직으로서 각국의 사회주의자 그룹, 노동조합, 협동조합, 노동자 교육단체 등을 결집한 국제노동자협회(International Working Men's Association)를 창설하였는데 이것이 바로 제1차 국제노동운동(The First International Labor Movement)이다.

국제노동자협회 결성 이후 제1차 국제노동운동은 1870년에 발생한 보불(普佛)국지전쟁에 대한 활동을 하기로 하고 토지, 광산, 교통기관의 사유제 폐지, 조세제도의 개혁 등과 같은 정치문제를 가지고 국제적 노동운동을 전개하였다.

이러한 국제노동운동의 근본 목적은 각국의 노동운동을 국제적으로 결합시켜 협력을 강화하는 데 있었다. 예를 들면 1866년 런던에서 재봉공의 파업이 발생하였을 때 사용자는 유럽대륙으로부터 노동자를 이주시켜 일을 시킬 계획이었으나 국제노동자협회는 그것을 반대하고, 유럽 각국의 노동조합이 반대운동을 전개하여 이를 저지하는 데 성공하였다. 그러나 이 조직은 처음부터 사회주의자·무정부주의자 등 잡다한 사람이 모이다 보니 행동의 통일이 어렵고 활동이 점차 약화되어 마침내 1872년에 활동이 중지되고 말았다.[15)]

(2) 제2차 국제노동운동

제1차 국제노동운동의 활동이 중지된 이후 한동안 노동운동의 국제적 연대 조직은 없었으나 1889년 7월 프랑스혁명 100주년 기념일을 맞이하여 세계 20개국의 노동자 및 사회주의 대표자 395명이 파리에 모여 제2차 국제노동운동(The Second International Labor Movement)을 결성하였다.

국제노동자협회(제1차 국제노동운동)가 중앙집권적 조직인 것과는 달리 각국의 자주적인 조직 연합체 형식으로 뚜렷한 강령이나 지도자 및 사무국도 없었다. 1890년 '메이데이'에는 8시간제의 국제적 노동운동을 전개하기도 하였다. 그러나 이 조직은 1914년 제1차 세계대전으로 와해되었다. 제1차 세계대전은 노동자에게 자국과 국제노동운동에 대한 충성심의 양자택일을 강요하자 노동자 대표들은 자국을 선택해야 한다는 의견으로 일치되었다.

따라서 제2차 국제노동운동은 전쟁의 위기에 처한 조국을 구하겠다는 숭고한 의미가 담겨져 있어 감동을 주기도 했다. "조국이 전쟁으로 위기에 처해 있을 때 국제적 노동운동보다 조국의 위기를 구해야 한다"는 노동조합 대표자의 각오는 새로운 의미를 갖게 하였다.

15) 이준범, 전게서, pp. 139~140.

(3) 사회주의 국제노동조합운동

사회주의 국제노동조합운동(The Red International of Labor Unions)은 1921년 모스크바에서 창립대회를 개최하여 불가리아, 그리스, 이집트 등의 노동조합이 참가하였다. 그러나 사회주의 국제노동조합운동은 처음부터 사회주의혁명을 행하고 공산주의를 목표로 하는 구소련의 노동조합이 지도적인 지위에 서 있다는 데 문제가 있었다. 따라서 공산주의 활동의 중앙 지도기관으로 1919년에 조직된 코민테른(Third communist International : 일명 Comintern)과 긴밀히 결합된 운동방침을 취하였다.[16] 이 조직은 민주적 중앙집권의 조직원칙에 따르는 혁명적 프롤레타리아의 국제조직으로서 프롤레타리아 독재를 주장했던 제2인터내셔널과는 구별된다.

사회주의 국제노동조합은 혁명적 노동조합의 집합체로 조합원이 750만 명이었으나, 이들 중 사회주의혁명을 이행하고 공산주의를 목표로 하는 구소련의 노동조합원이 650만 명이나 되었다. 그리하여 이들은 지도적인 지위에서 '계급투쟁 및 산업별 조합주의를 제창'하고 '생산노동자를 조직의 중심으로 할 것과 식민지제국의 노동조합운동에 특히 관심을 가질 것' 등과 같이 완전히 정치적 노동운동을 기본목표로 하였다.[17]

● 지금 산업현장에서는 …

신자유주의 금융위기를 '자본의 요구대로' 해결하려는 G20 금융정상회담에 맞서는 09년 3월 28일 국제공동행동의 날, 세계 각국에서 항의시위가 있었고, 민주노총도 결의대회를 열었다. 세계 자본주의 위기를 노동자에게 전가시키는 'G20'에 맞서라!

G20은 G7을 확대 개편한 선진 신흥경제 20개국의 재무장관 및 중앙은행 총재 회의다. 이 회의는 1997~1998년 아시아 금융위기 때 주요 선진국과 신흥국들 사이에 대화 채널 필요성 때문에 제기되어 99년 12월 15일 베를린에서 첫 G20 회의가 열리면서 발족했다. 회원국은 미국과 영국, 프랑스, 독일, 이탈리아, 일본, 캐나다 등 선진7개국(G7)과 러시아, 중국, 아르헨티

16) A. M. Carter & F. Ray Marshall, *op. cit.*, p. 54.

17) 이준범, 전게서, pp. 140~141.

나, 호주, 브라질, 인도, 인도네시아, 멕시코, 사우디아라비아, 남아프리카공화국, 터키, 유럽연합(EU)의장국, 그리고 한국이다. EU의장국이 G7 국가와 겹칠 경우에는 19개국이 되며, 국제기구인 IMF(국제통화기금), IBRD(세계은행), ECB(유럽중앙은행)도 참여한다. 2008년 미국발 세계금융위기가 확산되자 이에 대한 대책을 마련하기 위해 G20은 작년 11월 15일 워싱턴에서 정상회담을 열었고, 2009년 4월 2일 런던에서 회의가 개최되었다.

G20 워싱턴회의에서는 세계적 경제위기의 근본 원인이 '신자유주의 이데올로기와 금융자본의 책임'이라는 것을 분명히 하지 않았다. 이것은 G20 회의가 '위기를 불러일으켜 온 국제금융체계를 유지'하기 위한 것이라는 본질을 보여주는 것이며, 이에 맞서는 '국제공동행동'이 조직된 이유이기도 하다.

'3월 28일 국제 공동행동'은 2009년 1월 15일 유럽사회포럼 준비회의에서 먼저 결의했는데, 프랑스와 이탈리아 등에서 자본주의의 위기에 대한 책임을 노동자들에게 전가하려는 시도에 맞서 각국 노동조합의 투쟁을 연결하고 전 세계적인 대안 형성을 위한 공동행동을 제안하였다.

이어서 2009년 1월 27일~2월 1일까지 브라질 벨렝에서 열린 〈세계사회포럼〉에서 3월 28일~4월 4일을 '자본주의 위기와 전쟁에 맞서는 국제공동행동주간'으로 설정하고, 3월 28일에는 각 국에서 위기를 일으킨 주범인 G20에 맞서 투쟁하기로 결정했고, 이날을 맞추어 실질적인 행동이 조직된 것이다.

자료 민주노총 국제공동행동의 날 결의대회 모습 (2009. 3. 28)

국제공동행동에 발맞춰 세계 노동자들은 09년 3월 28일 유럽 각국에서는 수백 명에서 수만 명의 시위대가 모여 항의시위를 했는데, 경제위기 사태를 비판하면서 세계 지도자들에게 빈곤에 대처하고 일자리 보호에 주력해줄 것을 촉구했다.

런던에서는 150개 단체의 3만5천여 명이 하이드파크에 모여 집회를 연 뒤 도심 행진에 나섰다. 독일의 베를린과 프랑크푸르트에서도 각각 1만5천여 명의 시위대가 모여 거리 행진을 벌였다. 베를린 시위대는 시위 막판에 경찰과 충돌했으며, 이 때문에 일부 경찰차량의 유리가 파손되기도 했다. 오스트리아 빈에서도 6천500여 명이 도심 의사당 앞에 집결해 집회를 열었고 프랑스 파리에서는 400명이 도심에 모여 경제 위기에 항의했다. 한편, 민주노총은 G20 정상회담 시기에 개최되는 "세계 경제금융위기에 대한 G20 노동조합 지도자 회의"에 참가하기 위해 3월 31일~4월 1일까지 런던에 대표단을 파견했다.

제 4 절

국제노동조합기구 결성

국제노동조합기구에는 1901년에 형성된 국제노동조합연맹(IFTU), 제1차 세계대전 후 1919년 베르사유 평화조약에 의하여 설립된 국제노동기구(ILO), 1920년에 창설된 국제기독교노동조합연맹(IFCTU), 1945년에 창설된 세계노동

표 2-1 국제적 노동조합기구의 결성

노동조합 명	설립 연도	최초 가맹 회원 수	주요내용과 특기사항
국제노동조합연맹 (IFTU: International Federation of Trade Unions)	1901	2,300만 명 미AFL가맹	• 국제노동조합서기국(ITC)연합체 • 제1차 세계대전으로 1919년 창립대회 개최 • 사회주의지지 결의 • 8시간 노동요구 • ILO지지 결의(1920)
국제기독교노동조합 연맹 (IFCTU: International Federation of Christian Trade Union)	1920	336만 명	• 가톨릭 및 프로테스탄트 목사와 유대관계·보수적 조직 • 반공적 노동조합, 식민지 정책에 반대 • 전면적 국유화 및 집단적 소유제 반대 • 노동자와 사용자의 공동경영 주장
세계노동조합연합 (WFTU: World Federation of Trade Unions): 세계노련	1945	6,700만 명 56개국 미CIO가맹	• 국제연합의 여러 기관에 대표자 파견 • 구소련과 공산주의 제국의 노조대표들 미국의 마샬 계획 비난·반대 • 미국과 영국노조 충돌 • 1983년 66개국 가맹, 회원 수 1억 9천만 명
국제자유노동조합연맹 (ICFTU: International Confederation of Free Trade Union): 자유노련	1949	4,800만 명 51개국	• 창립대회 주목표 : 빵, 자유, 평화 • 1983년 87개국 가맹, 회원 수 6,900만 명 • 조합원의 교육활동, 아프리카·아시아 노동대학 설립 • 자유진영 모든 노동조합에 대한 재정지원과 기술지원 • 정치적 지배로부터 해방

자료 Allan M. Carter & F. Ray Marshall, *Labor Economics*, Richard D. Irwin Inc., Home-wood, Illinois, 1968, pp. 54~70.

조합연맹(WFTU), 1949년에 결성된 국제자유노동조합연맹(ICFTU) 등이 있다. 이러한 국제적 노동조합기구의 결성에 대해서 정리하면 〈표 2-1〉과 같다.

1. 국제노동조합연맹

국제적 노동조합 조직으로 처음 설립된 것은 국제노동조합서기국(International Trade Secretariats : ITS)이며, 이는 1889년 인쇄공들에 의하여 국제간에 정보와 통계를 상호 교환하기 위하여 설립되었다. 그 이후 이러한 조직은 방직공, 금속공 등의 여러 산업에 각각 국제노동서기국이 탄생하였고, 이들은 1901년 연합체를 형성하였으며, 1913년에는 이름을 국제노동조합연맹(International Federation of Trade Unions : IFTU)으로 바꾸었으며 미국의 AFL도 가맹하게 되었다.[18)]

제1차 세계대전으로 한 때 조직이 해체되기도 했지만 전쟁이 끝난 후 1919년 네덜란드 암스테르담에서 창립대회를 가졌고, 1931년까지 본부를 암스테르담에 두고, 줄곧 제2인터내셔널을 지지한 코민테른 소속의 프로핀테른(Profintern)과 대립하였다.

국제노동조합연맹의 전성기에는 2,300만 명의 조합원이 가입할 정도로 대규모였다. 창립대회에서는 전 유럽의 노동조합 대표가 출석하여 사회주의를 지지하는 결의를 다졌고 하루 8시간 노동을 요구했다. 그리고 1920년에 창립된 국제노동기구(ILO)를 지지하는 결의를 하기도 하였다.

이 연맹의 활동은 제2차 세계대전이 일어나기 전에 이미 모든 활동이 중단되었고, 1945년에 세계노동조합연맹(World Federation of Trade Unions : WFTU)이 창립된 이후 이 연맹은 정식으로 해체되었다.

2. 국제기독교노동조합연맹

국제기독교노동조합연맹(International Federation of Christian Trade Unions :

18) Allan M. Carter & F. Ray Marshal, *op. cit.*, p. 60.

IFCTU)은 1920년 헤이그에서 약 336만 명의 회원으로 창립하였다. 전통적으로 유럽 여러 나라에서 발달하였으나, 특히 네덜란드, 벨기에, 독일, 프랑스 등에서 강한 조직을 갖고 있었다. 그리고 네덜란드와 벨기에의 노동조합은 가톨릭과 프로테스탄트 목사와 긴밀한 유대를 갖고 있으며, 보수적 성격이 강하고 사회주의와는 적대관계에 있었다. 미국에서는 가톨릭노동조합협회는 있지만 가톨릭노동조합 자체는 설립되지 않았다. 한편, 이 연맹은 조직을 아프리카, 아시아, 남미지역에 일부 갖고 있었는데 모두 반공적인 노동조합이며, 다만 식민지정책에 반대하였다. 따라서 이 연맹의 지도이념은 전면적 국유화 및 집단적 소유제를 반대하고 노동자와 사용자의 공동경영을 주장하였다.[19)]

3. 세계노동조합연맹

세계노동조합연맹(WFTU 또는 세계노련)은 제2차 세계대전 중인 1945년 10월에 파리에서 열린 세계노동조합회의(World Trade Union Congress : WTUC)에서 파쇼에 투쟁하는 연합국 노동조합들이 협력하여 결성하였다. 제국주의·식민지주의·신식민주의에 반대하며 사회진보·민족독립·평화수호를 슬로건으로 내걸었다. 세계의 노동조합을 통일하고 사회체제의 차이를 극복하여 여러 나라의 노동조합 중앙조직을 결집하는 것을 목표로 삼았다.

처음에는 미국·영국 등 56개국에서 6,700만 명의 노동자가 참여하여 결성하였다. 그러나 1949년 유럽부흥계획(마셜플랜)을 지지하지 않는 세계노동조합연맹의 방침에 반대한 영국의 노동조합회의(Trades Union Congress : TUC), 미국 산업별 노동조합회의(Congress of Industrial Organizations : CIO), 네덜란드의 노동총동맹이 탈퇴하였다. 같은 해 11월 국제자유노동조합연맹(International Confederation of Free Trade Unions : ICFTU)이 결성됨으로써 세계의 노동조합은 2개로 분열하였다.

4년마다 세계노동조합대회, 2년마다 총평의회, 매년 평의회 집행위원회를

19) 이준범, 전게서, pp. 144~145.

열며 상설기관으로 정·부의장, 정·부서기장으로 구성되는 집행국과 서기국이 있다. 하부기관으로 WFTU의 목적에 따라 자주적으로 활동하는 산업별 노동조합 인터내셔널이 있다. 본부는 체코의 프라하에 있다.

4. 국제자유노동조합연맹

국제자유노동조합연맹(ICFTU)은 1949년 11월 세계노동조합연맹(WFTU)에서 공산주의 계열 노동조합과 심한 의견 충돌 끝에 탈퇴한 영국 노동조합회의(TUC)를 중심으로 미국의 산업별 노동조합(CIO), 미국노동총연맹(AFL : 후에 CIO와 합병) 등이 런던에서 결성한 국제노동조합 조직이다. 결성된 후 전 세계 자유민주노동조합운동 사이의 협력을 보장하는 것을 목표로 내세웠다.

그 후 10여 년 동안 반공산주의·노사협조주의의 경향이 강하였으나, 1960년대 후반에 들어와 유럽의 가맹 조합들로 인해 그러한 경향이 약화되자 1969년 이에 반발한 미국노동총연맹 산업별 노동조합회의(AFL-CIO)가 탈퇴하였다가 1982년에 다시 복귀하였다. 3년에 1번씩 세계대회를 개최하고 있다.

집행기구로 집행위원회와 집행소위원회가 있으며 지역별 조직은 남북 아메리카·아시아·아프리카 지역으로 나누어져 있다. ILO(International Labour Organization : 국제노동기구), WTO(World Trade Organization : 세계무역기구), IMF(International Monetary Fund : 국제통화기금) 등의 단체와 긴밀하게 협력하고 있다.

국제자유노동조합연맹은 주로 노동조합과 노동자의 권리를 보호하고 아동노동력 착취를 감시하며 여성 노동자의 권리를 보장하는 일을 한다. 해마다 6월에 『*Survey of Trade Union Rights*』를 발간한다. 2002년 현재 148개국에서 225개 노동조합이 가입해 있다. 한국은 1949년 12월 7일 가입하였으며, 한국노동조합총연맹(FKTU)과 전국민주노동조합총연맹(KCTU)이 가입해 있다. 본부는 벨기에 브뤼셀에 있다.

제 5 절

국제노동기구(ILO)

1. 설립

국제노동기구(International Labor Organization : ILO)는 노동조합의 국제적 조직은 아니다. 1919년에 베르사이유 평화조약에 의하여 국제연맹의 외각기구로 설치된 후 1946년 12월 국제연합과의 협정에 의거하여 국제연합의 전문기관의 하나로서 현재 근로자 대표·사용자 대표·정부 대표의 3자로 구성되어 있다.

국제노동기구는 1919년 전 세계적으로 사회 정의와 보다 나은 노동조건 개선 및 생활수준 향상을 목적으로 노·사·정이 대등한 차원에서 활동에 참가할 수 있는 3자 조직기구로 2011년에 회원국 수는 183개국에 달하고 있다.

오늘의 ILO는 1890년 베를린에서 열린 14개국 대표들이 참석한 국제회의가 첫출발이었다. 그들은 제안은 했지만 어떤 공약도 하지 않았다. 1897년에 브뤼셀에서 회의를 개최하였는데 근로자를 보호하기 위한 국제기구를 설치하자는 결의안을 채택하였다. 이 기구의 설립은 빛을 보지 못했으나 3년 후 파리에서 개최된 새로운 국제회의에서 국제노동법협회를 창설하는 데 성공하였다. 이것이 ILO의 전신으로서 스위스 브뤼셀에 본부를 두고 많은 국가의 노동법들을 번역 출판하는 업무를 수행했다.

미국은 국제노동기구에 1977년 탈퇴하였다가 1988년 6월 총회에 다시 복귀하였으며, 우리나라는 1983년 6월부터 공식적 옵저버단을 파견하여 오다 1991년 12월 9일 국제노동기구의 151번째 회원국으로 정식 가입하였다.

2. 국제노동기구의 조직

국제노동기구(ILO)의 대표적인 조직으로는 다음과 같다.

1 최고의결기구인 총회

2 사업의 집행기관인 이사회

3 국제노동사무국

(1) 총회

총회는 매년 6월 첫째 수요일에 3주간의 회기로 정기총회가 개최되고, 각 가맹국은 4인의 대표자로 구성되는데, 총회에 파견하는 가맹국의 대표단은 정부 대표 2인, 사용자 대표 1인, 노동자 대표 1인으로 구성된다. 그런데 구소련을 비롯한 공산국가에서는 모든 대표가 정부대표와 마찬가지이기 때문에 가끔 문제가 되기도 한다.

(2) 이사회

이사회는 통상적으로 매년 제네바에서 3회 개최되고 있으며, 이사회의 구성은 정부 대표 28명, 사용자 대표 14명, 노동자 대표 14명 모두 56명의 이사로 구성된다. 이사의 임기는 각각 3년이다. 상임이사회는 미국, 영국, 러시아, 캐나다, 프랑스, 중국, 이탈리아, 인도, 독일, 일본 등 선진국 10개 나라로 구성되며, 정부 대표가 아닌 사용자와 근로자의 대표자는 개인자격으로 선출된다.

이사회의 주요 업무는 다음과 같다.

1 총회의 의제 선정

2 사무총장 임명

3 사무국 기타 일반적 감독

4 ILO의 예산안 작성

(3) 국제노동사무국

ILO의 상설 사무국인 국제노동사무국(International Labor Office)은 총회의 의제에 관한 서류의 작성, 서류의 수집, 배포, 각국의 산업노동사정의 조사, 그에 따른 참고간행물의 발행 등의 일을 한다. 한편, 미주, 아시아, 아프리카, 유럽 등 4개 지역회의가 별도로 개최되고 있는데 아시아지역사무소는 태국의 방콕에 있다.

3. 국제노동기구의 주요 활동

국제노동기구의 주요 활동으로는 각국의 노동입법 수준을 발전·향상시켜 노동조건과 생활수준을 보장하고 개선하는 역할을 하며, 인적자원 훈련 및 활용에 대한 기술지원, 협동조직과 농촌공장 설립을 촉진한다. 또한 노동통계자료 수집, 국제경쟁, 실업과 불완전 고용, 노사관계, 경제발전, 자동화를 비롯한 기술변화 문제에 관한 연구를 수행한다. 뿐만 아니라 국제적인 계절노동자를 보호하고 노조의 권리와 인권을 보장하고, 사회경제정책 결정에서 노동자를 고려하도록 하는 선언 채택하며, 이 밖에 전 세계 정부·노동자·사용자 대표들 및 ILO 자체 요원들이 끊임없이 의견교환을 하도록 하게 한다.

1930년대에는 세계적인 실업과 경제 불황을 극복하기 위한 방안을 제시하기도 했으나, 이 제안은 시대에 너무 앞서 있어서 각국의 정책결정자들이 받아들여서 시행할 수가 없었다. 1969년에는 ILO의 이러한 활동이 인정되어 노벨 평화상을 받았다. 그리고 ILO는 설립 후 첫 10년간의 주요 활동은 입법 활동과 인구사업, 회원국들이 채택하기에 적합한 노동법 기준을 제정·발전시키는 사업가, 노동자·사용자·정부대표·ILO사무국 요원간의 협력을 중재하는 등 폭넓은 사업을 수행하였다.

세계 2차 대전이 종료된 후 식민지에 기반을 둔 유럽 제국주의가 무너지면서 발전하기 시작한 독립국들의 요청에 따라 ILO는 새로운 과제를 맡게 되었다. 이 당시 회원국의 상황은 유럽 국가가 대부분이었던 것이 새로 독립된 제3세계

국가가 늘어나는 쪽으로 바뀌기 시작했다.

국제노동기구의 집행기구는 국제노동사무국이며, 이사회에서 임원을 선출한다. 국제노동사무국은 국제노동기구의 사무국 겸 조사연구기관인 동시에 운영본부이며 출판물 발간기관이다.

국제노동사무국은 국제사무관과 기술지원전문가를 세계 여러 나라에 두어 일하게 한다. ILO의 다양한 활동은 자체 내에서 발간되는 간행물 목록을 통해 알 수 있으며, 가장 많이 사용되는 것은 월간 「국제노동평론」(*International Labor Review*)과 「노동통계연감」(*Year Book of Labor Statistics*)이 있다.

4. 정책결정과 기능

국제노동기구의 정책결정은 조약(convention) 및 권고(recommendation)의 형태로 이루어지며, 3분의 2 이상의 찬성을 요한다. 1919년 제1회 총회 이래 채택된 조약과 권고의 수는 현재 조약이 170여 건, 권고가 180여 건이다. 조약의 비준 여부는 각국의 자유이지만, 일단 비준이 되면 당해 국가를 구속하는 효력을 갖는다. 한편 권고는 국제협약을 발생시킨 것은 아니지만 회원국의 국내적인 입법 내지 행정활동에 기준과 지표를 제시한다는 데 큰 의의가 있다.

국제노동기구의 또 다른 기능으로는 조사와 정보, 기술원조가 있다. 사실 ILO의 전문 직원들은 전 세계에 걸쳐 회원국 정부 등을 통하여 노동조건에 관한 정보를 수집하고, 조사·분석, 편집·출간하여 각국에 배포한다. ILO는 UN과 제휴하여 각국에 전문가를 파견하여 기능공의 훈련, 노동시장의 발전, 사회보장제도의 개발 등에 관하여 각국을 지원하고 있다.[20]

20) Edwin E. Beal & James P. Begin, *The Practice of Collective Bargaining*, 6th ed., Homewood Illinois: Richard D. Irwin Inc., 1982, pp. 163~164.

5. ILO의 헌장

국제노동기구헌장은 ILO의 헌법으로 전문과 제1장 조직, 제2장 수속, 제3장 일반규칙, 제4장 잡칙 및 부속서류로 되어 있다. 1944년 5월 10일 미국의 필라델피아에서 개최된 제26차 ILO 총회에서 'ILO 목적에 관한 선언'을 채택하였고, 여기서 ILO의 목적과 목표를 재정립하였다. 이 필라델피아선언에서는 모든 사람은 자유와 존엄성, 경제적 보상 및 기회균등의 조건하에서 물질적 복지와 정신적 발전을 추구할 권리가 있음을 선언하고 있다. 그리고 어느 한 지역의 빈곤은 모든 지역의 번영을 위태롭게 한다고 규정하고 있다. ILO의 의무로서 다음 10항목이 제시되고 있다.[21)]

1 완전고용 및 생활수준 향상
2 숙련 및 기능을 최대한으로 발휘할 수가 있고, 또한 일반 복지에 최대의 공헌을 할 수 있는 직업에의 고용
3 직업훈련을 위한 편의, 또한 노동자의 이동을 위한 편의 공여
4 임금, 노동시간, 기타 노동조건에 관하여 모든 사람에게 진보의 성과를 공정하게 분배하는 보호 및 최저생활임금 보장
5 단체교섭권의 승인 및 생산능률의 부단한 개선에 관한 노사협력
6 사회보장 확장
7 모든 작업에 있어서 노동자의 생명과 건강의 충분한 보호
8 아동의 복리 및 모성의 보호를 위한 조직
9 충분한 영양, 주거, 레크레이션 및 문화시설 제공
교육 및 직업에 있어서 기회균등의 보장

이상의 ILO헌장은 세계 각국의 노동기구에 있어서 기본적 이념이 되고 있으며 노동조합운동의 기본적 철학이 되고 있다.

21) 大宮五郎, 前揭書, p. 69.

사례*

우리나라 ILO 협약 비준 128위 저조

우리나라의 국제노동기구(ILO) 협약 비준 실적이 국제 수준에 한참 뒤져 있다. 우리나라는 전체 ILO 협약 188개 가운데 비준한 것이 고작 24개에 불과한 것으로 나타났다. ILO 회원국의 평균 비준 건수는 38개로, 우리나라는 ILO 183개 회원국 중 하위권인 128위를 기록했다.

선진국으로 분류되는 경제협력개발기구(OECD) 회원국의 평균 비준 협약도 63개로 우리보다 훨씬 많았다. 민주주의가 성숙하고 경제가 발전한 나라일수록 ILO 협약을 더 많이 비준하는 경향이다. 우리나라는 ILO가 비준의 최우선 순위로 여기고 있는 8개 핵심 협약 가운데 '강제근로 폐지에 관한 협약'과 '결사의 자유에 관한 협약' 등 4개 협약에도 비준하지 않고 있다.

이에 대해 노동부는 "1991년 뒤늦게 ILO에 가입해 협약이 국내법과 일치할 때 비준해가는 것이 바람직하다"며 "ILO 협약은 유럽이 주축이 돼 만들어졌으며 유럽에는 원래 현지법과 협약이 상당 부분 일치했다"고 밝혔다. 또한 "개별 국가의 노사 상황이 다르고 제도 운용에 특수성이 있다는 점을 고려해야 한다"며 "ILO의 협약은 나아가야 할 방향을 제시하는 것으로 비준 전에 우리 제도의 특수성을 생각하지 않을 수 없다"고 강조했다.

최근 고용노동부는 4개의 국제노동기구(ILO) 협약 비준을 추진하고 있다. 그러나 국내·외 노동계가 요구해 온 '결사의 자유 및 단결권 보호에 관한 협약' 등 핵심협약은 추진 대상에서 빠졌다. 고용노동부는 2010년 12월 29일 국제노동기준을 준수하고 국격을 높이고자 외교부에 내년 중 국제노동기구(ILO)의 4개 협약을 비준해 줄 것을 의뢰했다고 밝혔다.

고용부가 의뢰한 협약은 실업협약(제2호), 주40시간협약(제47호), 주휴(상업과 사무)협약(제106

ILO 회원국 비준협약 수 순위

순위	국가	비준 협약 수
1	스페인	109
2	프랑스	102
3	이탈리아	92
4	노르웨이	91
5	룩셈부르크	85
6	불가리아	83
7	네덜란드	82
7	핀란드	82
9	브라질	81
⋮	⋮	⋮
127	잠바브웨	25
128	한국	24

호), 직업성암협약(제139호) 등이다.

정부는 법제처 검토 후 국무회의와 대통령 재가를 거쳐 4개 협약의 비준서를 ILO에 기탁할 예정이다. 협약은 비준서를 기탁한 날로부터 1년 후 발효돼 국내법과 같은 효력을 갖는다. 4개 협약과 함께 현재 비준 절차를 밟고 있는 방사선보호협약(제115호)의 비준이 완료되면 우리나라가 비준한 ILO 협약은 모두 29개로 늘어난다.

Chapter 3

한국노동운동

03

제 1 절 제1기(해방 이전)의 노동운동

제 2 절 제2기(1945~1960년)의 노동운동

제 3 절 제3기(1961~1971년)의 노동운동

제 4 절 제4기(1972~1979년)의 노동운동

제 5 절 제5기(1980~1987년)의 노동운동

제 6 절 제6기(6·29선언~1990년)의 노동운동

제 7 절 제7기(1990년대)의 노동운동

제 8 절 제8기(2000년대~현재)의 노동운동

제 9 절 21세기 신 노사관계 정립

한국 노동운동의 나아가야 할 길

우리나라의 노동운동은 일제강점기에 시작됐다. 부두와 광산노동자들을 중심으로 펼쳐진 노동운동은 처음 민족독립운동의 성격에서 출발했다. 그러다가 해방 후 사회민주화를 실현한다는 구실 아래 정권의 시녀노릇을 하기도 했다. 당시 자유당 정권과 미군정의 꼭두각시 노릇을 했던 우익 어용노동조합은 진보적 좌익 사회주의 정치사상을 가진 노동단체를 강제했다. 하지만 탄압은 오히려 투쟁을 부추겨 더 강한 진보와 더 강한 사회주의 정치사상을 가진 노동조합을 양산했다.

한국의 노동운동은 1987년 노동자 대투쟁이라는 엄청난 변화의 물결 속에서 거대한 생명력을 공급받았다. 이런 과정에서 노동운동은 전투적·변혁적 노선을 취할 수밖에 없었다. 그러나 1997년 IMF 경제위기는 민주적·자주적 노동운동의 역동성에 찬물을 끼얹었다. 정권 및 자본과의 투쟁을 통해 민주적·자주적 노동운동의 토양을 정착시킬 수 있는 수준 높고 선진화된 노동운동을 펼칠 수 있는 기회를 잃어버린 것이다. 이때부터 무기력해진 노동운동가들은 신자유주의 이념을 수용해 온건·합리적인 노동운동으로 방향을 선회하기 시작했다. 국가 부도위기를 표방하며 자본은 노동자들을 자기들 마음대로 주무르기 시작했다. 그 결과, 인력구조조정(정리해고), 비정규직 차별화, 노동조합 간부들의 각종 비리 등이 봇물처럼 터져 나오며 노동조합은 총체적 위기상황을 맞았다. 1997년 경제위기 이후 자본은 노동관계법의 주도권을 잡고 전임자 임금 지급 금지와 복수노조를 허용케 함으로써 교섭창구 단일화를 법제화했다. 여기에 정권은 기업별 교섭과 기업별 노조를 강요했다. 이러한 노동환경의 변화 속에서는 노동조합의 핵심사항인 단체협약이 해지될 위기에 놓여 노동운동의 존립 자체가 위태로워질 수 있다.

노총 지도부는 자신들의 의지만을 일방적으로 밀어붙이려 하지 말고 조합원인 공중들과 원활한 커뮤니케이션을 통하여 불신의 벽을 허물어야 한다. 한국 노동조합법의 근간인 사회개량주의의 본질은 인정하되 노동운동을 통해 조합이 발전하기 위해서는 변화도 필요하고 혁신도 필요하다. 정부도 자본만을 끌어안고 가려는 듯한 모습을 버려야 한다. 정부가 이런 모습을 보일수록 노동자 대중의 연대를 무서워하여 교묘하고 강제적인 방법으로 탄압한다는 의심을 살 수밖에 없다. 자본주의 사회에서 노동조합은 없어서는 안 될 필수기관이다. 노동조합의 노동운동을 무기력하게 만들면 결국 나라 전체 경제는 물론 국가 시스템의 총체적 위기를 맞게 될 것이다.

노동운동의 단결권과 자립성을 인정해 선진화된 노동조합을 만드는 데 정부가 앞장서야 한다. 자본과 노동이 균형을 이루는 데 정부가 앞장서 뚜벅뚜벅 걸음으로써 노동과 자본 모두가 상행할 수 있을 것이다.

우리나라의 노동운동은 1876년 개항과 더불어 봉건적 경제체제를 해체시키고 자본주의적 생산양식을 도입하기 시작한 일본자본의 침투와 더불어 발생했다고 볼 수 있으며 그 시기는 보통 1920년경부터라고 보는 것이 타당하다.[1] 따라서 1920년을 시작으로 하여 우리나라의 노동운동의 전개과정과 특성에 대해 살펴보기로 한다.[2]

제 1 절 제1기(해방 이전)의 노동운동

1876년 개항과 더불어 침투된 일본 자본주의의 영향과 1910년 한일합방 후 일본은 토지조사사업 및 산미증산계획 등을 통하여 조선에 대한 식민지수탈구조의 물적인 토대를 형성하였다. 이후 1920년대와 1930년대를 통하여 일본의 제국주의 자본은 중화학공업부문을 발전시켜 대륙병참기지화를 꾀하였다. 이러한 과정에서 우리나라의 근대적 노사관계는 싹트기 시작하였다.

우리나라 최초의 노동조합은 1906년 6월 평남 전남포에서 최봉진에 의해서 설립된 조선노동조합이다. 그러나 전국적 규모의 조직적인 근대적 노동운동의 효시는 1920년 4월 3일 박중화 외 240명의 발기인으로 설립된 조선노동공제회이며 이후 1924년의 조선노동연맹, 1927년의 조선노동총연맹 등과 같은 노동단체가 결성되었다.[3] 당시의 조직에는 임금근로자뿐만 아니라 자유노동자, 실업자에 이르는 여러 계층이 참가하였고, 또한 조직적인 활동 주동자가 지식청년층

1) 정종진, 이덕노, 노사관계론, 법문사, 1999, p. 47.
2) 구본장, 노사관계론, 형설출판사, 2000, p. 63.
3) 추현, "국제비교면에서의 한국노사관계의 제도론적 특징에 관한 연구", 중앙대학교 박사 학위논문, 1980, p. 24.

그림 3-1 원산 부두 노동자 총파업(1929년 1월 14일)

자료 원산 부두노동자들의 총파업 모습, 중앙일보사 제공

이었다는 점에서 일반적 노동단체와는 다른 특성이 있었다.[4] 1924년에는 182개 단체의 가맹으로 이루어진 조선노동총동맹이 탄생되었는데, 이 동맹은 1927년에 조선노동총동맹과 조선농민총동맹으로 분리되어 체계적으로 노동운동을 전개하였으나 공제조합의 성격을 크게 벗어나지 못하였다.

1920년대 후반기로 접어들면서 노동운동은 더욱더 조직적으로 진행되었는데, 1928년의 영흥총파업, 1929년의 원산 노동자 총파업과 같은 것은 지역적뿐만 아니라 인근 및 전국적 후원하에서 격렬한 투쟁을 전개하였다. 이에 대해 일제는 1925년에 치안유지법을 만들어 노동자집회를 금지시켰고 노동자들을 체포하여 투옥하는 등 노동운동을 탄압하자 1930년대에는 노동운동이 지하로 숨어들어 갔으며 이런 상태는 1945년까지 계속되었다.

따라서 일제하에서의 우리나라의 노동조합은 민족해방투쟁의 대상으로 일본 제국주의 세력으로 설정하고 정치투쟁을 감행하게 되었다.[5]

4) 탁희준, 임금제도와 노동경제, 대한상공회의소, 1972, p. 65.
5) 윤여덕, "한국노동운동을 투쟁이념으로서의 사회주의 영향", 현대사회, 1989, p. 98.

제 2 절

제2기(1945~1960년)의 노동운동

해방과 더불어 미군정 당국은 1945년 10월 30일 군정법령 제19호 국가긴급사태선언에서 "과거 35년간 존속해 온 절대적 억압상태로부터 노동자를 구출해야 한다"고 강조하면서 노동조합의 결성을 보장하고 파업·태업·직장폐쇄 등의 쟁의행위를 허용하였다. 이에 따라 1945년 11월 5일 좌익진영에 의해 조선노동조합전국평의회(全評)가 결성되었다. 전평의 행동강령은 주로 임금 및 노동조건에 관한 기본적 요구와 민주화에 대한 요구였지만 다소 한정적이긴 하지만 일제와 친일파 소유기업의 공장위원회에 의한 관리로 인해 사회주의적 요구를 포괄하는 것이었다.[6] 그러나 전평 주도의 노동운동은 실제상 정치투쟁을 경제투쟁에 선행시켰으며 총파업을 통하여 정치적 목표를 실현하려 하였다.

전평의 조직이 날로 확대되자 남로당의 전위로서 당시 노동 대중을 선봉으로 삼는 전평의 세력을 타도하기 위하여 새로운 노동운동단체로서 미군정의 지원을 받아 관·공영·대사업장을 중심으로 민주진영에 의해 1946년 3월 10일에 결성된 것이 바로 대한독립촉성노동총동맹(大韓勞總)이다.[7] 따라서 대한노총은 그 출발부터가 노동자의 자주적인 조직체라기보다는 하향적이고 반공정치단체로서의 성격을 강하게 띠고 있었다.

전평과 대한노총 사이에 치열한 싸움이 시작되는데 전평이 1946년 9월과 1947년 3월 두 차례의 총파업을 일으키자 1947년 3월 미군정은 포고령에서 이를 불법화로 규정하였으며 이에 따라 전평은 1949년 완전 해체될 때까지 지하로 잠입하고 말았다.

1948년 대한민국 정부가 수립되면서 국내의 정국은 안정되고, 사회, 경제, 문화의 여러 분야에서 새로운 출발을 시도하였다. 따라서 한국의 노사관계는 입

6) 한국노동조합총연맹, 한국노동조합운동사, 1979, p. 270.

7) 한국경제인협회, 노사관계와 경영의 근대화, 1965, pp. 148~149.

법보호하에 놓이게 되었다. 그러나 실제에 있어서는 당시의 노사관계는 정부수립 전·후의 정치, 사회적 혼란과 6·25동란의 수난 특히 임시수도 부산의 정치파동 속에서 방황과 분열을 거듭하였다. 이러한 시대적 상황 속에서 1947년 제정된 구헌법은 노동조건에 대한 규정과 단결권, 단체교섭권, 단체행동권, 즉 노동3권을 규정하였다.

정부수립 이후에도 최소한의 생활급의 보장, 체불임금의 지급, 감원반대 등을 요구하는 노동쟁의는 계속되었으며, 이는 6·25동란을 거치면서 노동입법의 현실적 필요성이 증대되어 1953년 3월 8일에 노동조합법, 노동쟁의조정법, 노동위원회법이 공포·실시되었고, 5월 10일에는 근로기준법이 공포되었다.[8] 그러나 이러한 입법은 현실적으로 기업능력을 감안하지 않고 노동자에 대한 과잉보호를 약속한 현실감이 결여된 이상적인 노동법으로 제정되었다. 따라서 법은 자연히 형식화될 수밖에 없었고, 이로 인해 노사 간에 준법정신이 약화되는 결과를 가져왔다. 그 결과 노동자들은 법에 제시된 사회개발목표가 혁신적으로 실천되지 않는 사실에 대해 정부에게 책임을 추구하는 위치에서 서게 되었던 것이다. 이렇게 노동권이 보장되자 근로자들의 기본권 보장에 대한 의식이 일깨워져 근로자들이 생활향상과 근로조건의 개선을 위한 노동쟁의가 점차 증가하는 양상을 보이게 되었다.[9]

이 당시의 노사관계는 근로자 자신의 경제적·사회적 요구보다는 전평과의 이데올로기 대립, 노동입법 등의 외부적 환경조건에 따라 노동운동의 이념을 규정하는 타율적 노사관계로서 독립적인 이데올로기를 정립하지 못하였다.

1950년대 노사분규의 발생과 그 원인을 살펴보면 한국전쟁 이후 노사분규의 방향은 정치적 쟁의에서 벗어나 근로자들의 생활문제에 중점을 두는 쪽으로 변하였다. 1953년 노동법 실시 이후 노동조합 수는 1955년 562개에서 1960년 914개로 증가하였고, 조합원 수는 1955년 205,511명에서 1958년 248,507명으로 증가하였다. 이러한 사실은 당시 근로자들의 조직력이 양적으로 크게 성장하였다는 점을 말한다. 이러한 노동조합의 성장을 토대로 1950년대 노사분규의 발생

8) 김윤환 "노동관계 35년의 회고와 전망", 노동경제연감, 1981, pp. 224~225.

9) 김형배, "노동법제정 35년의 회고", 노동경제연감, 1982, p. 196.

표 3-1 1950년대 노사분규의 발생 건수

연도	발생 건수(건)	참가인원(명)
1954	26	26,876
1957	45	7,394
1958	41	10,031
1959	95	47,813
1960	227	64,335

자료 보건사회부, 통계연보, 1968.

건수를 살펴보면 〈표 3-1〉과 같다.[10)]

1954년에는 26건에 26,876명이 참가하였으나, 1960년에는 277건에 64,335명으로 그 발생건수와 참가 인원수는 크게 증가하였다. 이러한 추세는 근로자들의 의식수준 향상과 노동조합의 성장을 반영하며 최저생계를 유지하기 위한 근로자들의 생존투쟁을 나타내주는 것이었다.

노사분규의 발생 원인을 〈표 3-2〉에서 살펴보면, 1954년 임금문제가 66.7%를 차지하던 것이 1960년에는 47.6%로 줄고 기타 제반사항에 대한 요구사항의 비중이 높게 나타났다. 노사분규의 원인 중 가장 높은 비중은 임금관계이며, 그 다음이 해고반대로 나타났다. 이러한 사실은 당시 노사분규가 저임금

표 3-2 1950년대 노사분규의 발생 원인별 구성 (단위: %)

연도	임금	근로시간	감독자 배척	해고반대	공장폐쇄 반대	조합에 대한 요구	기타
1954	66.7	–	–	25.9	–	3.7	3.7
1957	47.3	36.4	1.3	3.9	2.6	1.3	5.2
1958	51.2	–	–	31.7	–	2.5	14.8
1959	67.3	7.1	3.5	9.7	0.9	2.7	8.8
1960	47.6	2.3	3.9	12.9	1.6	–	29.7
평균	64.0	7.6	1.5	14.0	0.9	1.7	10.3

자료 보건사회부, 통계연보, 1962.

10) 김성수, 전게서, pp. 404~405.

표 3-3 1950년대 노사분규의 발생 유형별 구성 (단위: 건)

연도	총파업 건수	동맹파업	태업	공장폐쇄	기타
1954	26	10	1		15
1957	45			1	44
1958	41	2			39
1959	75	1			94
1960	227	44	2	1	180

자료 보건사회부, 통계연보, 1962.

과 체불임금 및 인플레이션으로 인한 실질임금의 하락에 기인한 쟁의의 제기와 고용수준의 절대적 저하 속에서 노동자 서서로가 자신들을 보호하기 위한 노력으로 그 주된 원인이 되었음을 알 수 있다.

〈표 3-3〉에서 보는 바와 같이 1950년대의 노사분규의 유형은 대체로 단순항의나 태업 등의 미약한 방법이었으나 근로조건이 점차 불리한 상황에 놓이게 되자 과격한 동맹파업의 형태가 주종을 이루게 되었다. 이에 사용자측도 직장폐쇄라는 과격한 방법의 조치를 취하기도 하였다. 노사분규가 과격해지는 요인은 노동환경의 불안정과 사용자들의 전근대적 사고방식 때문으로 불법해고와 위법행위 등 근로조건이 매우 불리한 여건에 있었기 때문이다.

이 시기의 노동운동의 특징을 살펴보면 다음과 같다.[11)]

1 노동자 자신의 요구보다는 '전평'과의 이데올로기의 대결, 새로운 정부수립과 노동입법 등 외부적 정치 환경조건이 노동운동의 이념 및 전략을 결정하는 타율적 발전과정을 밟았다.

2 독자적 이데올로기의 조직형태가 개발되지 못하고 당시 대한노총은 반공, 노사협조를 운동기조로 했고 조합 형태는 주로 기업별 조합 형태를 취하였다.

3 조합민주주의와 같은 이념에 주목할 여유가 없었고, 단지 노동입법에 따른 행정 지배하에 하향적 조직이 수행되었다.

11) 대한상공회의소, 한국자본주의 : 현상과 과제, 1990, p. 321.

4 당시의 정치적 특수성으로 말미암아 반공, 노사협조를 이념으로 하지 않는 노동운동은 허용되지 않고 주로 단일 조직체제가 유지되었다.

5 경제적 교섭에 역점을 두지 않고 근로조건은 단체협약보다는 취업규칙으로 결정되었다.

6 노동운동의 보수적 체질로 인하여 노동조건이 나쁜 환경에도 쟁의건수는 비교적 적었다.

제 3 절

제3기(1961~1971년)의 노동운동

이 시기는 이제까지의 자유기업주의 정책이 경제개발계획을 통하여 '지도받는 자본주의 체제'라는 이름 아래 정부주도형, 외자 의존형, 수출주도형, 저임금 의존형, 국력배양형의 개발정책으로 전환된 시기로 고도성장을 이룩하여 경제규모 확대 및 산업구조 고도화를 기했지만 사회·경제 전반에 유해한 충격을 가져다 줌으로써 노사관계는 새로운 시기를 맞게 되었다.[12)]

1961년 5·16혁명 이후 제3공화국이 출범하여 경제입국을 내세우며 경제자립을 목표로 투자재원조달을 위해 해외로부터 차관을 도입하여 1962년 제1차 경제개발 5개년 계획을 수립하여 한국의 경제는 고도성장의 기틀을 마련할 수 있게 되었다. 또한 5·16혁명 직후 혁명포고령 제6호에 의해 해체되었던 노동단체가 8월 30일 어용간부의 배제와 파벌지향 및 전국단일산업별노조의 형성을 주요 내용으로 하는 임시조치법이 공포됨으로써 11개의 산업별 노동조합이 결성되었으며, 현재의 한국노동조합총연맹(한국노총)이 조직되었다.

12) 임종철, "해방 후 한국의 공업발전", 경제논총, 서울대학교 경제연구소, 제14권, 제2호, 1975, pp. 1~21.

1963년 4월과 12월 두 차례에 걸쳐 노동조합법 및 노동위원회법이 개정되었는데 그 주요한 내용은 다음과 같다.[13)]

1. 기업별 노동조합에서 산업별 노동조합으로 전환
2. 노동조합의 설립 및 노동위원회의 결정에 국가의 개입 가능성
3. 노동조합의 단체 활동 제한
4. 노사협의제 적극 권장

이러한 규정은 노사협의제나 단체협약에 대한 제도적인 혼란을 가져다주었고, 집단적인 노사관계에서 단체교섭을 제한하고자 하는 의도가 있었던 것으로 생각된다. 1960년대는 정부의 정책목표가 경제발전을 통한 국가경제의 근대화에 있었기 때문에 노동법도 이런 국가적 목표를 달성하기 위해 조직의 활동을 제약하였다. 그리고 정부가 노사관계 내지 노동문제에 적극 개입하였다는 점이다. 1960년대 고도성장 속에서도 성장의 원동력이며 생산의 직접적인 주체인 근로자들의 근로조건은 매우 열악하였다.

1963년의 집단적 노사관계법의 개정은 정부의 개입강화, 이른바 공익 중심의 노동행정, 쟁의행위의 제한, 부당노동행위에 대한 구제제도 등으로 요약된다. 이러한 개정법은 노동문제 발생의 원인에 대한 해결보다 경제발전을 위하여 노동운동을 제압하는 것이라고 비판을 받았으며, 근로의 기본권보장이라는 헌법정신과는 배치된다는 비판을 받았다.[14)]

1969년 12월에는 외국자본의 유치를 위해 외국인 투자기관에서의 노동조합의 설립과 활동을 제한하는 임시특례법이 국회에서 통과되어 외국인 투자기업체에서의 노동쟁의가 제약을 받게 되었다. 1971년 12월 6일 국가비상사태의 선포와 함께 12월 27일 국가보위에 관한 특별조치법이 통과됨으로써 단체교섭과 단체행동권이 크게 제약 받아 사실상 합법적인 노동쟁의는 불가능하게 되었다.

〈표 3-4〉에서 노사분규의 발생 건수를 살펴보면, 1963년 분규발생 건수는

13) 이종법·류태모·윤대혁, 전게서, pp. 49~50.

14) 김진웅, "입법상으로 본 건국 이후의 노동정책의 변화, 우리나라 행정정책에 관한 연구", 고려대학교 법률·행정연구소, 1970, p. 70.

표 3-4 1960년대 노사분규의 발생 건수

연도	발생 건수	참가 인원
1963	89	168,843
1964	126	207,406
1965	113	103,707
1966	117	145,168
1967	130	183,490
1968	135	256,290
1969	94	157,631
1970	70	207,826
1971	109	154,544

자료 노동청, 노동통계연보, 1980.

89건, 1964년 126건, 1965년 113건이었던 것이 1966년에는 117건이었다. 이러한 발생 건수는 1968년 135건으로 가장 많았으며, 1970년 70건으로 가장 적었다. 참가인원은 1968년에 256,290명으로 가장 많았고, 1966년에 145,168명으로 가장 적었다. 상술한 바와 같이 1963년 노동관계법이 개정되면서 노동조합의 형태가 산업별로 전환하는 등 노사관계에도 변화를 가져왔다. 그러나 1960년대 후반기에 들어서면서 경제성장이라는 국가적 목표로 인하여 정부가 노사관계 내지 노동문제에 적극 개입하고 있었다.

1960년대의 노사분규의 발생원인은 〈표 3-5〉에서 보는 바와 같이, 임금관계가 73.8%로 가장 많았고, 권리분쟁이 18.6%로 두 번째 높았다. 이러한 경향은 근로자들이 생존권의 확보를 위한 경제적·물질적 투쟁의 영역을 1차적 과제로 삼고 있음을 단적으로 증명하고 있다. 다음으로 권리분쟁이 높은 비율을 차지한 것은 단체협약 체결, 조합결성 등 권리분쟁에 대하여 사용자들이 전근대적 노사관계에 사로잡혀 노동조합을 탄압하는 데서 기인한 것이다.

1960년대 이후 경제성장이라는 국가적 과제가 노동계층의 이익을 위한 주장보다 우선적이었으며 특히 미숙련 근로자가 절대 다수를 차지하고 있는 고용구조와 노동의 공급과잉 속에서 노사관계의 대등성은 이루어지기 어려웠다는

표 3-5 1960년대 노사분규의 발생 원인별 구성 (단위: %)

연도	임금관계	해고 반대	근로시간	권리분쟁	기타
1963	66.3	3.4	6.7	22.5	1.1
1964	80.0	4.8	1.9	12.4	0.9
1965	67.0	8.2	1.0	15.6	6.2
1966	75.8	0.9	3.8	13.5	3.0
1967	83.9		0.9	14.3	0.9
1968	69.6	6.2		22.3	1.9
1969	72.9	2.9		22.8	1.4
1970	70.0	2.5		25.0	2.5
1971	73.3	2.0		18.8	5.9
평 균	73.8	3.4	1.6	18.6	2.6

자료 노동청, 산업과 노동, 1968, pp. 3~4
고용노동부, 노동통계연감, 1980.

점이 그 특색이라고 하겠다.[15)]

1960년대 노동관계법의 특징으로는 노동보호와 사회보장에 관한 입법을 강화하고 노동조합 조직을 산업별 체제로 전환하였다는 것과 노동쟁의에 대한 제약을 가하는 대신에 노사협의제를 신설한 것 등을 들 수 있다.

이상과 같은 1960년대의 노동운동의 특징을 요약하면 다음과 같다.[16)]

1. 정부 의존적 체질의 산업별 전국연맹체와 일선노동자 사이의 의견·이해대립이 생겨나 노동운동조직의 이중구조가 형성되기 시작하였다.
2. 정부의 기업 우선적 노사관계정책이 기업의 인사·노무관리 합리화를 지연시킨 결과를 가져와 체불임금, 부당노동행위가 증대되었다.
3. 노사의 자율교섭보다는 노사협의회를 통한 산업평화의 유지와 단체교섭의 대행경향이 생겨났다.
4. 노동쟁의가 대량화·대형화되기 시작하였다.

15) 한국경영자총협회, 노동경제 40년사, pp. 30~33.
16) 대한상공회의소, 한국자본주의: 현상과 과제, 1990, p. 322.

제 4 절

제4기(1972~1979년)의 노동운동

1970년대의 노사관계는 정부의 노사협조정책과 노사문제의 해결을 위한 당국의 적극적 개입으로 외관상으로는 안정적이지만 근로자의 근로조건은 실질적으로 개선되지 못하고 구조적 모순이 표출되기 시작하였다.

닉슨 독트린을 비롯한 국제 정치·경제 환경의 악화는 국민경제의 어려움을 더욱 부각시켰다. 그 결과 사회 전반에 걸친 국가통제가 강화되었으며, 특히 에너지 파동과 무리한 중화학공업 육성책의 추진으로 인한 어려움과 국제경쟁력 등을 이유로 노동운동에 대한 통제는 더욱 심화되었다.[17)]

특히 1971년 12월 27일 '국가보위에 관한 특별조치법'의 공포로 단체교섭권 및 단체행동권이 사실상 유보되고 노동조합활동은 더욱 위축되었다. 즉 노조설립에 있어서 국가의 개입, 단체교섭 중 임금교섭에 있어서는 행정관청의 사전조정결정, 단체행동권은 사실상 금지, 공익사업의 범위확대 등에 의하여 노동기본권이 전면적으로 제약되었다.

이와 같이 노사관계가 정부주도형이 됨으로써 사용자측은 정부정책에 의존하여 노사문제를 자율적으로 해결하려는 경영전략을 수립하지 않고 노조의 결성이나 운동을 억압하는 데 초점을 맞추게 되었다. 경제개발 정책으로 산업화가 진전됨에 따라 노사분규가 격화될 가능성이 높았으나 1971년 '국가보위에 관한 특별조치법'의 시행으로 단체행동이 법으로 강력히 규제되어 합법적 노사분규가 불가능하였지만 노동쟁의 건수는 줄어들지 않았다.

〈표 3-6〉에 의하면 1972년 유신헌법이 공포되었음에도 불구하고 노사분규의 발생건수는 46건이었다. 이후 계속 증가추세를 보여 1974년 85건, 1975년 133건을 나타냈으며, 10·26사태가 발생한 1979년에는 105건이 발생하였다. 이

17) 한정현, "노동법의 구조와 문제점", 민족지성 12, 1987. p. 49.

표 3-6 1970년대 노사분규의 발생 건수

연도	발생 건수	증가율(%)
1972	46	–
1973	48	6.5
1974	85	77.1
1975	133	56.4
1976	110	−17.3
1977	76	−30.9
1978	102	34.2
1979	105	2.9

자료 고용노동부, 노동통계연보, 1980.

와 같은 추세는 1973년 10월의 석유파동과 뒤이은 1974년 경제성장 정체와 고물가, 1975년 불황의 심화에 기인한 것이다.

〈표 3-7〉에서 보는 바와 같이 1970년대 노사분규 발생의 주요 원인은 1960년대와 마찬가지로 임금관계가 58.3%로 가장 높고, 그 다음으로 권리분쟁이 쟁의의 구심점이 되었다. 또한 해고반대, 근로시간 등 노사관계와 관련된 문제가 높은 비율을 차지하고 있어 이 부문 역시 노사분규 발생의 쟁점이 되고 있음을

표 3-7 1970년대 노사분규의 발생 원인별 구성 (단위: %)

연도	임금관계	권리분쟁	해고반대	근로시간	기타
1972	49.2	21.3	11.0	17.1	1.4
1973	27.2	31.0	17.1	22.0	2.7
1974	55.6	16.0	7.8	6.3	14.3
1975	48.1	21.8	7.5	3.0	19.6
1976	61.8	18.2	2.7	3.6	13.7
1977	68.8	13.5	4.2	2.1	11.4
1978	70.6	11.8	1.0	4.9	11.7
1979	63.8	9.5	5.7	–	21.0
평균	58.3	16.6	6.5	6.7	11.9

자료 고용노동부, 노동통계연감, 1980.

표 3-8 1970년대 후반기 노사분규의 발생유형별 분포 (단위: 건)

연도	작업거부	농성	시위	기타
1975	49	44	10	30
1976	45	45	15	5
1977	58	30	5	3
1978	55	26	3	18
1979	60	43	3	–
1980	98	204	47	58

자료 고용노동부, 노동통계연감, 1980.

알 수 있다. 그러나 1970년대에는 노사분규가 제약되어 겉으로는 평온을 유지하지만 이러한 노사분규의 배제가 고도성장에 유리한 여건이 되었지만 노사분규의 원인을 근본적으로 해소한 것은 아니기 때문에 불평불만의 누적과 외세개입에 의한 노사분규를 보다 악화시키는 온상이 되었다.

〈표 3-8〉에 의하면 1970년대 노사분규의 유형은 대체로 작업거부, 농성, 시위 등으로 구분되는데 1975년 이후에는 대체로 작업거부와 농성이 높은 비율을 차지했다. 그러나 1970년대 행해진 노동법 개정으로 인하여 노동3권의 제약을 받게 되었고, 관주도의 노사관계정책이 대두됨에 따라 1979년 YH여공들의 신민당사 점거사건과 같이 노동운동이 극한 양상을 띠기도 하였다.[18)]

1970년대 우리나라 노동운동의 특징을 살펴보면 다음과 같다.[19)]

1 일선 노동운동이 극한적인 형태를 취했다는 점이다. 1970년 11월 13일 평화시장의 전태일 분신자살사건, 그해 11월 15일 조선호텔 이상찬 분신자살기도사건, 1974년 2월 대동 신철공업사 정세달 자살사건 등이 그 대표적 사례라 할 수 있다.

2 노동운동이 폭력적 행태를 취했다는 점이다, 한진상사 KAL빌딩 방화사건, 1974년 현대조선소 폭동사태, 동일방직사건, YH사건 등이 일어났다.

18) 김성수, 한국경제의 이해, 학문사, 1992, p. 361.

19) 김윤환, "한국노동자운동의 성격", 한국기독교 사회문제연구원, 노동운동과 산업민주주의, 민중사, 1983, pp. 75~81.

3 정상적인 노동운동이 이루어지지 않음에 따라 기존 노동조합운동에 대한 비판과 어용노조 시비가 일어나게 되었다. 1972년 한국모방 근로자의 어용노조 축출사건, 1973년 기존노조를 무시한 삼립식품 파업사건, 1977년 기존 노조활동과는 별도의 임금지급과 근로조건 개선을 요구한 방림방적사건 등이 있었다.

4 노동조합운동에 대한 사회로부터의 비판과 관심이 고조되었다는 점이다. 즉 1974년 동아일보·한국일보 기자를 중심으로 한 언론노조결성사건에 의한 지식인의 참여, 1973~1975년에 걸친 그리고 그 이후의 기독교 도시산업선교연합회나 신·구교 노동문제 공동협의회에 의한 한국노총의 노동운동방향에 대한 비난성명 등이 그 대표적인 예이다.

제 5 절

제5기(1980~1987년)의 노동운동

이 시기는 1979년 10·26사태 이후 사회불안과 제2차 석유파동으로 1980년대 초는 한국경제의 큰 위기에 직면하게 되었다. 1980년대에 5%의 마이너스 성장을 기록하면서 저성장, 인플레이션, 국제무역 수지적자의 3중고에 시달리게 되었다. 또한 구조적으로 불황업종에 속한 기업들이 도산하는 일이 속출하게 되자 노사분규도 증가하게 되었다. 그러나 이는 노조를 중심으로 한 체계적 운동이 되지 못하고 사업성장중심의 자연발생적 쟁의수준에 머물렀다. 1980년 5월 비상계엄의 전국 확대에 이어 국가보위입법회의에서 동년 12월 노동관계법의 개정이 이루어졌다. 주요 내용으로는 산업별 노조체제에서 기업별 노조체제로의 전환, 노동조합의 설립과 운영에 제3자 개입금지, 단체교섭의 위임금지, 노동조합 결성요건의 강화, 노조임원의 자격제한, 단체협약 유효기간의 연장, 유니온 숍(union shop)제의 불인정, 노동조합의 재무사항 공개의무 등 규제적 측면이 강조되었다.

제5공화국 시대에서 노사관계에 영향을 준 것은 1981년 노동청이 고용노동부로 승격한 것과 동년 12월 27일 '국보위에 관한 특별조치법'의 폐지를 들 수 있다. 그러나 노동관계법 개정에 제3자 개입을 금지한 조항, 단체교섭권한의 위임을 규제한 조항, 노동쟁의조정법상의 규제강화 등은 노동조합활동의 활성화에 많은 장애가 된다고 노동조합측뿐만 아니라 많은 사람들로부터 비판을 받았다.

1986년 말에 노동관계 법령을 일부 개정하여 1987년 1월 1일부터 시행된 내용을 보면, 제3자 개입 금지규정의 제3자 범위 완화, 교섭권한 상급노동단체 위임의 완화, 공익사업에만 직권중재허용 등이었다. 이것은 노사문제 해결의 자치주의에 다소 접근한 개정법이었다.

그러나 1987년 6·29선언 이후 이제까지 잠재되었던 근로자들의 욕구·불만이 한꺼번에 표면화되면서 선 행동 후 교섭의 비합리적인 노동쟁의라는 점에서 보면 다분히 투쟁적·대립적 노사관계였다. 6·29선언은 당시의 여건으로는 그동안 주로 정치적 이유로 노사문제가 제도권 내의 이해대상으로 취급되어 왔으나, 정치·경제·사회 각 분야의 민주화 과정과 자유화 물결을 가져와야 되겠다는 시대적 요청에 기인한 것으로 볼 수 있다.

1980년대 노사관계는 전반기 제5공화국시대로 노사분규의 발생건수, 발생원인, 발생유형별 분포 등으로 살펴보기로 한다.

〈표 3-9〉에서 보는 바와 같이 1981년부터 6·29선언이 발표된 1987년 이전

표 3-9 1980년대 전반기 노사분규의 발생 건수

연도	발생 건수	참가 인원
1981	186	34,586
1982	88	8,967
1983	78	11,100
1984	113	16,515
1985	265	28,652
1986	276	46,941

자료 고용노동부, 노동백서, 1987.

표 3-10 1980년대 전반기 노사분규의 발생 원인별 구성 (단위: %)

연도	임금관계	휴폐업·해고	권리분쟁	근로조건	기타
1981	57.5	10.8	2.7	19.4	9.6
1982	37.5	4.5	2.3	29.5	26.2
1983	42.9	15.3	6.1	19.4	16.3
1984	49.5	6.3	6.2	12.4	25.6
1985	46.2	12.9	4.6	15.5	20.8
1986	44.0	16.0	5.0	17.0	18.0

자료 고용노동부, 노동백서, 1987.

까지의 노사분규 발생건수를 살펴보면, 1981년 노사분규는 정치적 불안정과 사회적 혼란이 계속되었던 1980년의 407건에 비해 현저히 줄어든 186건으로 나타났다. 1982년에는 현저히 감소하여 88건을 기록하였는데, 1985년 265건, 1986년 276건으로 노사분규 건수가 급증하였다.

〈표 3-10〉에서 보면 1980년대 전반기 노사분규의 발생원인은 임금인상, 체불임금 등 임금관계가 주종을 이루고 있다. 1981년 노사분규의 원인은 임금체불이 중요한 비중을 차지하고 있었으며, 1982년에도 임금체불의 문제가 지속되고 있었다. 1984년부터는 노동운동이 다양하게 전개되었고 각급 노동단체의 활동이 확대되어 노동문제가 주요한 사회문제로 대두되었다. 1985년 노동쟁의도 임금인상과 임금체불이 주요인이었으나 근로조건개선 등 노사관계 전반에 걸쳐

표 3-11 1980년대 전반기 노사분규의 발생 유형별 분포 (단위: 건)

연도	작업거부	농성	시위	기타
1981	88	40	32	26
1982	67	16	3	2
1983	62	27	6	3
1984	62	46	3	2
1985	108	154	3	–
1986	138	112	21	5

자료 고용노동부, 노동백서, 1987.

분규가 발생하였다.

〈표 3-11〉에서 보면 1980년대 전반기 노사분규의 유형은 1980년에도 작업거부보다 농성 및 시위가 훨씬 많은 건수를 보여 그 양상이 과격하였으나 1982년에는 작업거부와 같은 소극적 방법에 많이 의존하였다. 이러한 경향은 1983년에도 계속되었으며 1984년 상반기부터 농성·시위 등 과격한 집단행동이 늘어났다. 그리고 1985년에는 쟁의행위가 과격해지면서 농성이 전체 절반 이상을 차지하는 등 그 형태가 대형화·정치화로 변하였다.

제 6 절 제6기(6·29선언~1990년)의 노동운동

6·29 이후 노사관계는 정치적 민주화에 발맞추어 노동쟁의의 양과 질, 조직형태와 규모 그리고 노동운동의 성격 등 모든 면에서 일대 획기적 변화를 맞이한 시기였다. 1987년 11월 28일 노동조합법을 비롯하여 노동쟁의조정법, 노사협의회법 및 근로기준법이 대폭 개정되었다. 노동관계법의 개정은 80년대 이후 사회 각 부문의 발전과 근로자들의 권리의식 및 욕구구조의 변화에 부응하고 자율적 노사관행의 조속한 정착을 위해 필요했다. 또한 6·29선언 이후 과거의 노동관계법들이 산업현장에서의 노동관계 및 노동쟁의를 규제할 수 없을 정도로 구체적 현실과 동떨어진 것에 직접적으로 기인했다. 6·29선언으로 이제까지 정부가 노사관계에 직접 개입과 간섭이 이루어지지 않게 됨으로써 노동운동을 억제할 근거와 명분을 상실하게 되었다. 그 결과 노동운동에 많은 변화를 가져오게 되는데 6·29선언 직후의 변화를 살펴보면 다음과 같다.[20]

20) 정종진·이덕노, 전게서, p. 66.

1 조직의 획기적 확대

노동조합의 조직욕구가 분출되어 노동조합조직이 급속도로 확대되었다. 1987년 11월 28일 개정된 노동조합법의 제반 규정이 노동조합의 설립형태를 자유화하고 설립을 보다 용이하게 하였으며 노동조합에 대한 정부의 관리·감독을 완화시켰기 때문에 그동안 각종 법률상의 제약이나 사용자의 방해로 억제되어 왔던 노동조합의 설립이 폭발적으로 증가하게 되었다.

2 노사분규의 급격한 증가

조직은 있었으나 활동이 극도로 억압되어 왔던 기존 노동조합과 신규 결성된 노동조합에서 모두 노사분규가 폭발적으로 발생하게 되었다.

3 재야 노동세력 부상

6·29선언 이후 노동운동에 있어 새로운 현상은 재야노동세력의 급부상이었다. 6·29선언 이전에는 재야노동세력은 활발한 활동을 전개하지 못하거나 지하로 잠복되어 있었다. 그러나 6·29선언 이후에는 이 재야노동운동 세력이 여러 군데의 분규에 영향력을 행사하고 막강한 힘을 발휘하였다. 특히 1999년 11월 23일 전국민주노동조합총연맹(민주노총)이 합법화되어 제도권에 진입하면서 상당한 영향력을 미치고 있다.

4 노동관계법 개정

우리나라의 노동관계 법령은 제3, 4공화국에서부터 점차 그 규제가 강화되어 왔지만 제5공화국 초기인 1980년 12월 31일에 특히 대폭적인 개악(改惡)이 있었고, 이에 대해 비등하는 불만과 비판을 극히 부분적으로 수용하여 1986년 12월말에 약간의 노동관계법 개정이 있었다. 그러나 대폭적인 노동관계법의 개정은 6·29선언 이후 본격적인 민주화 추진과정에서 이루어진 1987년 11월 28일자로 공포된 법 개정에서 이루어졌다. 개정법의 주요 내용으로는 노조의 설립요건과 노조형태를 근로자의 자율적 의사에 맡겨 자율성을 확보하고 설립신고절차의 간소화, 유니온 숍제도의 인정, 냉각기간의 축소, 알선기능을 행정관청에서 노동위원회로 이관, 임의조정제도의 도입, 공익사업의 범위축소, 쟁의금지대상의 부분적인 축소 등으로 노동운동의 활성화의 길을 열게 되었다.

6·29선언 이후 노사분규의 발생건수를 살펴보면 〈표 3-12〉와 같다.

표 3-12 1980년대 후반기 노사분규의 발생 건수

연도	발생 건수	참가 인원
1987	3,749	1,262,285
1988	1,873	279,455
1989	1,616	409,314
1990	322	133,916
1991	234	175,089

자료 한국노동연구원, 노동통계자료, 1992.

6·29선언이 공포된 1987년 노사분규의 발생건수는 3,749건으로 가장 많았으며, 1988년 1,873건, 1989년 1,616건 등으로 나타났으며, 1990년부터 322건, 1991년에는 234건으로 크게 줄어들었다.

1987년 노사분규발생 원인을 〈표 3-13〉에서 보면 임금인상에 관한 것이 가장 많았고 기타 휴폐업·해고, 근로조건개선 요구 등의 순으로 나타났다. 1987년부터 계속 임금인상이 분규의 주요인이 되었고 그 다음은 단체협약, 근로조건개선의 순으로 나타났는데, 임금인상에 관한 쟁의가 많은 것은 6·29 이후 경제

표 3-13 1980년대 후반기 노사분규의 발생 원인별 구성 (단위: %)

연도	임금관계	휴폐업·해고	권리분쟁	근로조건	기타
1987	71.3	1.7	1.7	15.0	10.3
1988	53.7	6.9	3.2	7.3	28.9
1989	49.6	6.9	0.6	1.3	41.6
1990	55.0	7.5	–	0.6	36.9
1991	58.5	3.0	–	0.9	37.6

자료 한국노동연구원, 노동통계자료, 1992.

의 안전성장을 위한 임금인상 억제에 대한 불만이 일시에 표출되었다는 점과 노조가 근로자의 호응도가 높은 임금문제를 주 이슈로 제기한 것이 그 원인이 되었다고 볼 수 있다.

1990년부터 노사분규의 원인은 역시 임금인상과 단체협약관계가 높았으며, 기타 항목의 분규비율이 상당히 증가하고 있는 것을 제외하고는 예년의 상황과 비슷한 추세이었다. 1991년의 경우 임금인상이 전체의 절반 이상을 차지하고 있었으며, 단체협약이 그 다음이었는데 이는 전년에 비해 임금인상관계 분규와 단체협약관계 분규의 비율이 증가하고 기타 항목의 분규비율이 감소하여 분규원인이 단순해지고 있음을 알 수 있다.

〈표 3-14〉에서 1980년대 후반기 노사분규의 발생유형별 분포를 보면, 1987년에 농성이 2,428건으로 작업거부 1,226건보다 배가 많았다. 그러나 전반적으로 분규가 전년에 비해 과격한 양상을 띠기는 하였지만 시위의 비율은 적은 편이며 주로 농성이었다. 1988년에는 농성이 1,178건, 작업거부가 675건, 시위 5건으로 전년에 비해 농성·시위 등의 과격한 행동이 다소 감소되었음을 알 수 있다. 그리고 1990년에 작업거부가 261건인 데 반해 농성은 43건에 불과하여 유형이 상당히 온화해졌음을 보여주고 있으며, 1991년의 양상도 작업거부 205건, 농성 24건, 시위 3건으로 나타났다.

1980년대 후반기 분규의 발생유형을 정리하면 1987년 농성이 주로 발생하였는데 반해 점차 그 비율이 큰 폭으로 감소하고 있는 것은 1987년 6·29선언의 영향으로 선 농성 후 협상의 논리가 지배적이었으나 점차 안정을 찾으면서 선

표 3-14 1980년대 후반기 노사분규의 발생 유형별 분포 (단위: 건)

연도	작업 거부	농성	시위	기타
1987	1,226	2,428	88	7
1988	675	1,178	5	15
1989	632	898	1	85
1990	261	43	1	17
1991	205	24	3	2

자료 한국노동연구원, 노동통계자료, 1992.

협상 후 농성으로 법의 준수측면이 강조되었기 때문이라고 볼 수 있다. 1980년대의 노사관계를 정리하면, 초기의 노사관계는 근로자의 의식수준은 높아졌지만 근로자의 힘이 부분적으로 약한 상태에 있고, 사용자는 합리주의적 관리를 발전시키고 있지만 아직도 완화된 전제적 성격을 갖고 있어 완화적 노사관계가 주류를 이루고 있었던 것이라고 볼 수 있다. 그러나 중반기로 접어들면서 노사문제의 이슈는 경제적인 측면보다는 정치적 측면에서 주로 전개되어 많은 근로자들이 올바른 노동쟁의 유도에서 이탈하였으며, 일부 노조에서는 주도권 다툼이 심하여 노사관계의 정상적인 발전을 저해하기도 하였다. 뿐만 아니라 지나치게 경제적인 관계법령들 때문에 합법적 정의가 어려워 오히려 비합리적이고 과격한 노사분규가 증가한 것이 이 시대의 분규 발생상의 특징이라 할 수 있다. 그리고 6·29이후의 노사관계는 정치적인 민주화에 발맞추어 노동쟁의의 양·질, 조직형태와 규모, 그리고 노동운동의 성격 등 모든 면에서 일대 획기적인 변화를 맞은 시기였다. 1987년의 노사분규를 정부와 기업이 실험해보지 못한 새로운 움직임과 문제점을 제기함으로써 이에 대한 대응책이 근본적으로 마련되지 않는다면 노사분규는 항상 고질적인 불만요인으로 남을 수밖에 없었다.[21)]

사례*

6·29 선언 내용

1987년 6월 29일, 격렬한 반정부시위로 시국이 극도로 혼란해지자, 당시의 노태우 민주정의당 대통령 후보가 시국수습을 위한 민주화조치 8개항을 선언했다.

1. 대통령직선제 개헌을 통한 1988년 2월 평화적 정권이양
2. 대통령선거법 개정을 통한 공정한 경쟁 보장
3. 김대중의 사면복권과 시국 관련사범들의 석방
4. 인간존엄성 존중 및 기본인권 신장
5. 자유언론의 창달
6. 지방자치 및 교육자치 실시
7. 정당의 건전한 활동 보장
8. 과감한 사회정화조치의 단행

21) 안율종, 전게논문, pp. 123~123.

제 7 절

제7기(1990년대)의 노동운동

1990년대 우리나라의 정치·사회적 상황에 있어 중요한 사건은 1990년 1월 22일 전국노동조합협의회의 창립과 민주자유당의 창당이다. 이는 지난 1980년대 사회적 갈등의 주요 당사자인 노·사·정 간의 세력관계가 재편되고 있다는 사실과 향후 노사관계에 중대한 영향을 주게 되는 노동정책의 변화를 포함하고 있기 때문이다. 1990년대에 들어 6·29선언 이후 지난 3년간의 급격한 임금인상이 국제경쟁력을 약화시키는 요인으로 작용하였다는 진단이 제기되면서 임금인상이 자제되는 분위기가 되었다. 따라서 합리적 임금결정, 기업규모 간 임금격차 해소 등이 중요한 임금정책의 방향이었다. 특히 기업과 정부는 대기업의 경우 3% 이내, 중소기업의 경우 생산성 범위 내에서 적정임금이 결정되도록 유도하였다. 이러한 정부의 임금억제정책은 1992년에 총액임금제의 도입으로 더욱 가속화되었는데, 당시 정부방침에 대해 비제도권의 노동운동과 노총까지 강력한 거부의사를 표명하여 노사 간의 갈등이 심화되었다. 하지만 당시 총액임금 적용대상 사업장의 다수가 5% 이내에 임금인상을 결정함으로써 일단 총액임금제가 성공한 것처럼 보였다.[22)]

1993년의 노사관계는 정권교체기의 불안정한 여건에도 불구하고 대체로 안정적 기조를 유지하였다. 이러한 안정적 노사관계는 과거 정권과는 달리 국민다수의 지지를 바탕으로 금융실명제 실시, 공직자 재산공개 등 과감한 개혁을 추진했던 정치적 측면뿐만 아니라 경기침체, 국제경쟁력 약화와 이에 따른 '고통분담론'에 근거한 경제주체들의 욕구억제 등과 같은 경제적 측면이 큰 영향을 끼쳤다.

이러한 정치적·사회적 배경하에서 전개된 1993년 노동운동의 특징을 요약하면 다음과 같다.[23)]

22) 한국노동연구원, 분기별 노동동향 분석, 1992. 4/4분기, pp. 40~50.

23) 한국노동연구원, 분기별 노동동향 분석, 1993. 4/4분기, pp. 49~50.

1 정부는 지금까지 많은 문제점이 노출되었던 노동관계법에 대한 개정을 추진하였다. 특히 ILO로부터 수차 권고를 받았던 제3자 개입금지조항, 복수노조금지조항 등에 대한 개정논의가 본격화되면서 정부는 '노동관계법 연구위원회'를 구성하여 현 헌법에 대한 구체적인 검토사업에 착수하기도 하였다. 특히 UR타결 이후 선진국으로부터 제기되는 사회조항(social clause) 내의 노동기준의 존중이 국제적 여론에 의해서 촉발되면서 기존의 노사 간의 이해가 첨예화되고 경기회복에 심각한 부담이 될 수 있다는 판단에 따라 노동관계법의 개정이 유보되었다.

2 4월 1일에 체결된 노총과 경총의 임금인상률에 대한 합의를 들 수 있다. 이것은 전국중앙노사단체 간의 최초의 임금인상폭에 대한 합의로서 노사관계에 대한 사회적 정당성을 제고시킬 수 있는 토대를 마련한 것으로 평가된다. 노총과 경총 간의 협의가 늦게 시작되어 합의가 도출되는 과정이 지연되었고, 노조와 기업에 대한 두 단체의 영향력이 미미했으며, 비제도권 노동조합의 반발이라는 문제가 있었지만 기업의 고용불안을 지지하는 여론에 의해 비교적 순조롭게 진행되었으며 실제임금인상률도 전년도에 비해 낮은 편이었다. 당시 현대정공의 실제 임금교섭의 양상을 보면, 1993년 6월에 직권조인사태로 불붙기 시작한 현대계열사 노동조합의 전면파업이 종결되면서 타결속도가 급진전되어 순조롭게 진행되었다. 당시의 현대계열사의 파업은 해고자 복직문제, 전국노동조합대표자회의의 노동법 개정 요구 등과 연관되어 장기화되었지만, '고통분담론'과 함께 국민적 여론이 노동조합에 불리한 방향으로 전개되었고, 정부의 긴급조정권의 발동으로 결국 종결되었다.

3 노조의 조직구조에 있어 중요한 변화가 일어났다. 즉 이전까지 비합법적 활동을 전개하던 언론노련을 비롯한 5개 산별 연맹이 신고필증을 교부받음으로써 한국산별연맹이 21개에서 26개로 증가하였고, 비제도권 노동조합을 대표하던 기존의 전노협, 업종회의, 현총련, 대노협 등이 전국노조대표자회의(전노대)를 결성하여 본격적인 활동을 전개하였다. 이러한 노동조합 내 조직구조의 변화는 현행 노동법상의 복수노조금지조

항과 관련하여 볼 때 큰 의미를 지닌다고 할 수 있다. 즉 비제도권 노동조합이 합법적인 절차를 거쳐 제도권에 진입하였다는 사실뿐만 아니라, 이러한 비노총계열의 산별연맹이 노총에 비판적인 시각을 가지고 있어 향후 제2노총의 건설을 계획하고 있는 전노대와 긴밀한 관계를 맺게 된 것이다.

1994년에 들어서면서 한국의 노동운동은 이전과 다른 특징을 보였는데 구체적으로 살펴보면 다음과 같다.

1 임금교섭의 경우 전반적으로 교섭 진도율이 전년도에 비해 빨라졌고 타결 인상률 또한 증가한 것으로 나타났다. 이는 경총과 노총 간에 합의를 본 임금인상 가이드라인보다 개별기업의 지불능력이 향상되었기 때문이다.

2 노사중앙단체 간의 임금 및 제도 정책개선에 관한 사회적 합의가 다시 추진되었고, 3월 30일 전년도와 달리 제도와 정책의 개선에 관한 합의까지 도출하였다. 하지만 이러한 노총·경총 간의 사회적 합의는 합의된 사항에 대한 구속력이 부재하다는 원인으로 인해 그 실효성을 의심받게 되었다. 이는 결국 노총의 조직적 위상이 약화되는 결과를 초래하게 되는 계기가 되었다. 이러한 노총의 딜레마는 결국 1994년 11월 17일 소집된 전국노조대표자회의에서 1995년에는 사회적 합의를 거부하겠다는 선언으로 이어지게 되었다.

3 1994년 초에 현대중공업을 포함한 6개 조선업종기업의 노조가 만든 조선업종노동조합협의회(조선노협)를 선두로 각 지역 업종 그룹이 연대조직을 형성하여 조직재정비를 강화하게 된다. 이는 비노총성향의 노조가 1990년 이후 지속되고 있는 조직적 한계와 퇴조현상을 막기 위해 내놓은 자구책인 동시에, 임금가이드라인에 대한 불만으로 누적된 일반노조원들의 반노총적 분위기를 몰아 노총 탈퇴운동, 나아가 제2노총의 건설이라는 조직적 과제를 성취하기 위한 사전 정지작업이라고 할 수 있다. 이런 과정의 결과로 1994년 11월 13일 민주노총 준비위원회라는 비노총계열의 전국중앙조직을 결성하게 된다.

1996년 4월 대통령의 '신노사관계 구상' 발표로 공동선의 극대화, 참여와 협력의 증진, 자율과 책임의식 제고, 교육중시와 인간존중, 제도와 의식의 세계화라는 노사관계 계획 5대 원칙이 제시되었고, 이후 1996년 5월 노사대표와 학계대표, 공익대표로 구성된 '노사관계개혁위원회'가 발족되어 약 6개월 동안 노동관계법 개정방안을 논의하였다. 그러나 노동계, 산업계 및 정부안이 서로 달라 합의에 이르지 못하자 정부는 국회에서의 충분한 논의를 거치지 않은 채 1996년 12월 26일 여당 단독으로 의결을 거쳐 공포하였다.

그러나 이 개정안에 대한 재심의를 요구하는 여론이 비등하고 노사분규가 빈발하자 1997년 초 국회에서 노동관계법에 대한 재개정 작업에 착수하여 1997년 3월 여·야 합의에 의하여 노동관계법을 신법제정의 형식으로 개정, 신노동관계법이 시행되기에 이르렀다.[24)]

90년대의 노사분규 현황에 대해 살펴보면 〈표 3-15〉와 같다. 〈표 3-15〉에서 보는 바와 같이 노사분규의 발생 건수가 1991년 234건, 1993년 144건으로 나타났던 건수가 처음으로 1995년 88건, 1996년 85건, 1997년 78건으로 줄어들었다. 그러나 IMF시대가 도래한 1998년에 다시

표 3-15 1990년대 노사분규 발생 건수

연도	발생 건수	참가 인원
1991	234	–
1993	144	–
1995	88	49,000
1996	85	79,000
1997	78	43,000
1998	129	146,000
1999	198	92,000
2000	250	178,000

자료 고용노동부, 노동백서, 2003. 8.

24) 정종진·이덕노, 인적자원관리, 제2판, 법문사, 1998, pp. 430~431.

표 3-16 1990년대 불법분규 발생비율과 근로손실일수

연도	불법분규 발생비율(%)	근로손실일수(천일)
1995	17.9	392
1996	15.2	892
1997	21.7	444
1998	42.6	1,452
1999	48.0	1,366
2000	23.4	1,893

자료 고용노동부, 노동백서, 2003. 8.

상승하여 129건, 1999년 198건, 2000년 250건으로 크게 증가하였다.

1990년대 불법분규 발생비율을 살펴보면 〈표 3-16〉과 같다. 1995년 17.9%, 1996년에 15.2%에 불과하였으나 IMF외환위기 때인 1998년 42.6%, 1999년엔 무려 48.0%까지 상승하여 불법적 노사분규 발생이 최악의 수준에 도달하였다. 따라서 근로손실일수도 1995년 392천일에 불과하던 것이 1998년 1,452천일, 1999년 1,366천일, 2000년 1,893천일로 크게 증가하였다.

1990년대 노사분규의 발생 원인별 구성에 대해 살펴보면 〈표 3-17〉과 같다. 〈표 3-17〉에서 보는 바와 같이 단체협약관계가 61.1%로 가장 많이

표 3-17 1990년대 노사분규의 발생 원인별 구성 (단위: %)

연도	임금관계	단체협약	휴·폐업/해고	구조조정 (정리해고 포함)	기타
1995	33.3	59.6	2.0	–	4.0
1996	24.1	71.3	1.1	–	2.3
1997	29.2	70.8	–	–	8.3
1998	42.9	47.9	2.5	6.7	8.4
1999	34.1	48.9	–	17.0	8.8
2000	22.0	68.2	0.8	9.0	2.0

주 임금관계(체불임금+임금인상)
자료 고용노동부, 노동백서, 2003. 8.

차지했고, 체불임금 및 임금인상 등 임금관계가 30.9%로 2위로 나타났다.

1950년대부터 1980년대까지 분규의 발생 원인별 구성에서 임금관계가 1위를 차지했으나 1990년대부터는 단체협약관계가 가장 큰 비중을 차지하였다. IMF외환위기의 가장 문제가 되었던 구조조정(정리해고 포함) 문제는 1998년 6.7%, 1999년 17.0%, 2000년 9.0% 등으로 높게 나타나고 있어 1997년 이전까지 없었던 노사분규원인의 새로운 형태를 보이고 있다.

제 8 절

제8기(2000년~현재)의 노동운동

1. 2000년대 노사관계의 목표

2000년대 노사관계[25]에 대해 살펴보면 2000년대는 세계경제의 침체 속에서 월드컵을 성공적으로 개최함으로써 사회·경제적으로 재도약의 계기가 되었다.

특히, 1998년 2월 6일 노사정위원회에서 '노사정 합의'는 21세기를 대비하여 국가경쟁력을 강화하고 근로자의 고용안정을 도모하며 IMF시대 경제위기극복을 위한 노사관계 개혁의 목표를 둔 사회적 합의를 선언하였다. 힘의 논리가 지배하는 분배우선의 노사관계에서 기업발전과 '사람'에 대한 투자를 중시하는 '생산적 노사관계'를 지향하는 데 목표를 두고 있다. 생산적 노사관계가 지향하는 목표에 대해 살펴보면 다음과 같다.

1. 국제기준에 부합하는 노사관계 제도 및 관행 확립
2. 신뢰를 바탕으로 한 노사파트너십 구축
3. 법과 원칙이 지켜지는 노사관계 정착

25) 김성수, 전게서, pp. 431~438.

4 근로기준제도의 유연성 제공

5 적극적 고용정책을 통한 일자리 창출

2. 2000년대 노사관계의 원칙

(1) 공동선 극대화의 원칙

글로벌시대의 새로운 노사관계는 각자가 자기 몫만을 극대화하려는 분배지상주의가 아니라 노사 공동의 몫 또는 공동선의 극대화를 추구하는 생산주의를 지향해야 한다. 힘의 논리가 지배하는 분배우선의 노사관계에서 근로자와 경영자간에 자율과 책임을 바탕으로 분배의 형평과 생산의 효율을 동시에 달성할 수 있는 관계이다.

분배주의 노사관계에서는 고정된 파이에 대해 노사 간 배분이 주요 쟁점이 되기 때문에 노사 간의 이해관계가 대립될 수밖에 없어 노사관계를 기본적으로 대립·투쟁관계로 인식하게 된다. 그러나 생산과 경쟁력을 지향하는 노사관계는 미래의 파이를 크게 함으로써 노사가 함께 현재보다 발전할 수 있는 길을 모색하는 것이 주된 관심이기 때문에 노사관계를 협력적 관계로 인식하게 된다.

(2) 노사자율과 책임의 원칙

지식경영시대의 노사관계는 노사가 대화와 협상을 통하여 모든 문제를 자율적으로 해결해 가는 노사자치주의를 지향해야 한다. 이는 우리 사회 전반에 뿌리를 내리고 있는 민주화와 선진화를 산업현장에서 실현시키기 위하여 반드시 구현하여야 할 원칙이다. 우리 사회를 구성하고 있는 근간인 근로자와 경영자, 그리고 국가사회의 기본질서인 노사관계가 타율과 규제에 의해 움직이는 상황에서는 진정으로 민주화되었다고 볼 수 없다.

따라서 노사자치주의가 정착되려면 노사가 각자 상대에 대하여 서로 책임있는 파트너가 되어야 하며 국가와 사회에 대하여도 함께 책임질 수 있는 성숙한 노사가 되어야 한다.

(3) 참여와 협력의 원칙

노사관계는 기업과 근로자의 관계를 기본적으로 대립이 아닌 상생의 관계로 이해하고 근로자와 경영자는 더 이상 이해가 대립되는 관계가 아니라, 노사가 서로 존중하며 협력하는 관계가 되어야 경쟁에서 살아남을 수 있다. 따라서 노사가 하나가 되어 높은 생산성을 달성함과 아울러 근로자의 만족을 이끌어 내어야 한다. 이를 위해 무엇보다도 투명하고 열린 경영이 요구되며 근로자들의 자발적 참여를 유도하기 위하여 경영·기술·노동 등 각종 정보를 노사가 허심탄회하게 공유하고, 각종 의사결정에 근로자의 참여의 폭을 확대하는 열린 경영을 구현하여야 한다.

(4) 제도와 의식의 지식정보화시대 대응의 원칙

노사관계와 관련된 각종 법과 제도, 의식과 관행이 지식정보화시대 적합한 대응을 요구하고 있다. 장기적 관점에서 새롭게 설계된 노사관계는 단순히 과거의 틀에서 벗어나는 데 머물러서는 안 된다. 국경 없는 무한경쟁시대에 적응하고 정보화시대에 대비하는 지식경영의 시대적 요청을 받아들이면서 발전의 원동력을 창출하는 것이 되어야 한다.

과거 산업화·근대화 시대에 만들어진 지나친 규제나 법과 제도는 지식경영시대에 걸맞게 보다 유연하고 탄력성 있게 바꾸어야 한다. 이를 위해 국제적으로 보편타당한 기준을 존중하는 가운데 다양한 고용조정을 능동적으로 수용하는 자세가 필요하다.

(5) 교육중시와 인간존중의 원칙

지식정보화시대에 대응하기 위한 노사관계는 노사공동발전을 위한 핵심전략으로서 근로자들의 지식·정보와 기술·기능 수준을 획기적으로 높일 수 있도록 사람에 대한 투자를 강조하고 21세기 지식경영, 고도산업화시대의 경쟁력의 요체는 사람임을 인식하고 근로자들에 대한 교육·훈련투자를 획기적으로 높일 때 기업의 경쟁력 향상과 근로자들의 고임금·고복지도 가능하게 된다.

따라서 21세기 새로운 노사관계는 사람에 대한 투자와 아울러 인간존중의 노사문화를 확립하고 교육훈련을 통해 양성된 우수한 인력이 보람과 열정을 갖고 신바람 나게 일에 전념할 수 있는 환경을 만들어 나가는 것이 기업경쟁력의 토대가 된다는 것을 인식해야 한다.

3. 노사분규의 발생건수와 원인

2000년대 노사관계의 주요 특징은 안정적 노사관계 유지, 공공부문 노사관계의 부각, 산별교섭관련 노사갈등 지속, 파업의 장기화 및 새로운 파업형태 발생(조합원 5~10명 단위 1개조 편성, 전국순회투쟁)등으로 나타나고 있다.

특히 2000년대 초에는 공기업의 민영화, 주5일제 실시, 공무원노조문제 등이 월드컵개최와 양대 선거, 임·단협 등과 맞물려 노사관계가 불안하였다. 특히, 2002년에 스위스 국제경영개발원(IMD)이 각국의 노사관계 부문 경쟁력 평가에서 우리나라는 49개 조사대상 국가 중 47위로 수치스러운 순위를 갖고 있다. 또한 IMD는 우리나라의 국가경쟁력이 2005년보다 2006년이 9단계 떨어진 38위로 평가하였는데 경쟁력의 추락 이유가 노사관계, 정부규제 및 대학교육의 질이 다른 국가에 비해 낮은 점수를 받았기 때문이다(조선일보, 06.9.28). 특히 세계경제포럼(WEF)의 2006년 9월 26일자 발표에 의하면 '노사협력'은 81위에서 114위로, '정부규제완화'는 14위에서 50위를 차지해 노사관계의 주변 환경은 오히려 나빠지고 있음을 보여주고 있다.

스위스 국제경영개발원(IMD)은 '2009년 세계경쟁력 평가' 보고서에서 한국의 국가경쟁력이 전체 조사 대상 57개국 가운데 27위로 나타났다고 발표했다. 2008년은 31위였다. 기업이 한국의 국가경쟁력을 4계단 끌어올렸다. 노사관계 생산성은 꼴찌를 기록해 경쟁력 향상을 가로막는 주범으로 꼽혔다. 2009년 국가경쟁력 순위를 끌어올리는 데 가장 크게 기여한 것은 기업 부문이었다. '기업 효율성' 부문 순위는 2008년 36위에서 2009년 29위로 7계단이나 상승했다. 노사관계 생산성은 2008년 55개국 중 55위로 최하위를 기록한 데 이어 2009년 57개국 중 56위에 그쳤다.

스위스 국제경영개발원(IMD)이 발표한 '2009년 세계경쟁력 평가'에서 우리나라가 평가대상 57개국 가운데 지난해보다 4단계 오른 27위를 차지한 것은 고무적이다. 글로벌 경제위기 속에서도 기업효율성 개선, 인프라 구축, 경제성과 등에 힘입어 우리나라의 경쟁력이 상승했다는 점에서 그렇다. 하지만 이번 평가 결과가 만족스런 것은 아니다. 2000년대 국가경쟁력이 줄곧 30위권에서 벗어나지 못한 채 그 주변에서만 맴돌고 있는 까닭이다. 아시아·태평양 지역의 13개국만을 비교할 경우 우리 뒤로는 이제 인도와 인도네시아, 필리핀 3개국만 남았다. 무엇보다 심각한 것은 꼴찌나 다름없는 노사관계 생산성 문제다. 2003년부터 2008년까지 6년 연속 최하위를 기록했고 조사 대상국이 2개 늘어난 2009년에는 55위에서 56위로 밀려난 것이다. 노사 관계 생산성은 만년 꼴찌 수준을 면

표 3-18 2000년대 노사분규의 발생 건수와 원인

연도	전체	체불임금	임금인상	해고	단체협약	구조조정	기타
2000	250(100)	7(2.8)	47(18.8)	2(0.8)	167(66.8)	22(8.8)	5(2.0)
2001	235(100)	6(2.6)	59(25.1)	–	149(63.4)	15(6.4)	6(2.6)
2002	322(100)	2(0.6)	44(13.7)	8(2.5)	249(77.3)	8(2.5)	11(3.4)
2003	320(100)	5(1.6)	43(13.4)	–	249(77.8)	3(0.9)	20(6.3)
2004	462(100)	3(0.6)	56(12.1)	–	386(83.5)	–	17(3.7)
2005	287(100)	–	36(12.5)	–	236(82.2)	–	15(5.2)
2006	138(100)	–	26(18.8)	–	97(70.3)	–	15(10.9)
2007	115(100)	–	24(20.9)	–	78(67.8)	–	13(11.3)
2008	108(100)	–	–	–	–	–	–
2009	121(100)	–	–	–	–	–	–
2010	86(100)	–	–	–	–	–	–
2011	65(100)	–	–	–	–	–	–
2012	105(100)	–	–	–	–	–	–
2013	72(100)						
2014	111(100)						
2015	105(100)	–	–	–	–	–	–
2016	120(100)						
2017	101(100)						
2018	134(100)						

자료 통계청, 노사분규 발생추이, 2008, 2010, 2014. 2015, 2016, 2017, 2018
한국노동연구원, KLI 노동통계

치 못하고 있음이 그대로 증명된 셈이다.

이와 같은 결과는 그간의 노동관계법 개정의 노력에도 불구하고 국제기준에 부합되는 노사관계의식의 낙후, 산업현장에서 노사관계의 질서를 규율하는 규범의 취약, 총체적 노사관계 교육의 부재, 대화와 타협의 기술부족, 자율과 책임이 존중되지 못하고 있다는 데 원인을 찾을 수 있다.

2000년 이후의 노사분규의 발생건수와 원인을 보면 〈표 3-18〉과 같다. 2000년 이후 노사분규는 2004년 462건을 정점으로 매년 감소하여 2007년에는 115건으로 크게 감소했다. 특히 2005년 이후에는 노사분규의 원인이 임금인상, 단체협약, 기타 등에 의해 발생하게 되어 이슈가 크게 줄어들었다는 것을 알 수 있다. 특히 2008년 9월에 리먼브라더스의 파산으로 인한 세계 경제위기로 인하여 노사관계에 큰 변화가 일어났다. 세계 대공항 이후 가장 큰 경제적 충격으로 경기가 침체하고 대규모 감원사태 등으로 노사가 위기감을 느끼고 있다. 특히 2009년에는 대기업을 중심으로 임금 삭감, 임금 자진반납 등 경영진들의 노력에 대해 노동조합은 임금동결을 결의하고 이로 인한 자금으로 새로운 일자리 창출에 동참하고 있다. 따라서 2000년대 후반 노사관계는 겉으로 보기에는 노사분규가 크게 줄어들고 노사가 협력적 노사관계를 구축하게 되는 모양이 전개되고 있다.

그 결과 2010년 노사관계는 뚜렷한 안정세를 보였다. 근로손실일수는 511천일에 불과하고, 근로자 1,000인당 근로손실일수는 30.2일(OECD 평균 이하)을 기록했다. 노사분규는 총 86건에 불과한 반면 노사협력선언은 총 4,012건으로 2007년 집계 이후 최대이다. 2011년에는 노사분규 발생건수가 65건(2006년 교섭단위 기준 집계 이후 최저 수준), 2012년 105건, 2013년 72건, 2014년 111건, 2015년 105건으로 매우 안정적인 관계를 유지하고 있다.

2010년대 노사분규 주요 특징으로는 다음과 같다.

첫째, 민주노총에서 다수 발생했는데, 특히, 금속노조 지침에 의한 중앙 및 지부 파업 빈발하였다.

둘째, 산업현장의 합리적 교섭관행 형성으로 노사분규 감소하였다. 완성차 3사, 철도 등 핵심 사업장의 임·단협 교섭이 무파업으로 마무리되는 등 사회적 파장이 큰 대형 노사분규가 현격히 감소하였다.

셋째, 대부분의 노사분규는 민주노총 소속 사업장에서 발생하였다. 상급단체별 분규 건수는 민주노총 76건(전체의 88.4%), 한국노총 9건, 미가맹 1건으로 민주노총 소속 노조가 대부분을 차지했다. 연맹별로는 민주노총 금속노조가 23건(26.7%), 공공운수연맹이 15건(17.4%)으로 다수, 기타 지역일반노조 12건, 화섬노조 4건 등이다.

규모별로는 근로자수 300인 미만 사업장에서 49건(57.0%), 300인 이상 대규모 사업장에서 37건(43.0%)이 발생하였다. 외국인 투자기업의 분규는 총 12건으로 전년(22건) 대비 45.5% 감소(다만, 민주노총 소속이 11건으로 압도적)하였다.

4. 노사분규발생 건수 및 근로손실 일수

2010년에 86건, 2011년에 발생한 파업은 65건, 2012년에는 105건, 2013년에는 72건, 2014년 111건, 2015년 105건, 2016년 120건, 2017년 101건, 2018년 134건이 발생했다.

그림 3-2 노사분규발생 건수 및 근로손실 일수 (단위: 건, 천 일)

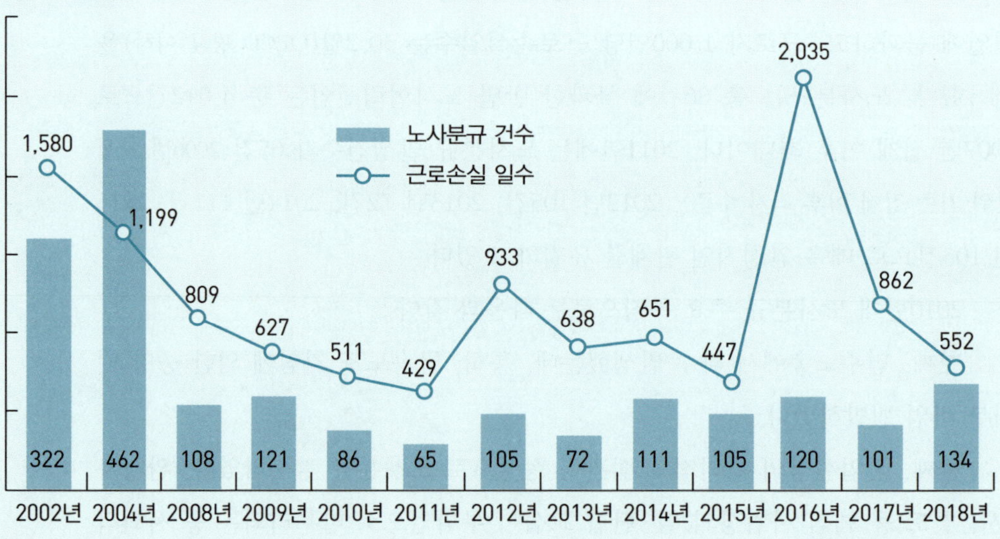

자료 고용노동부

고용노동부는 2011년도 우리나라 노사분규 현황을 분석한 결과 파업발생 건수는 65건, 근로손실 일수는 42만9천 일로 집계됐다고 밝혔다. 파업발생 건수는 전년 대비 24.4%, 근로손실 일수는 16% 줄었다. 고용노동부는 "노사분규 건수는 87년 민주화투쟁 이후 가장 적었으며, 근로손실 일수도 96년 관련 통계를 내기 시작한 이후 최저수준을 보였다"며 "노동자 1천 명당 근로손실 일수는 24.7일로 OECD 국가 평균(2008년 기준 26.8일)보다 낮았다"고 밝혔다. 2012년도에는 노사분규가 전년대비 크게 증가하여 근로손실일수도 93만3천 일로 늘어났고 특히 2016년도에는 203만5천 일로 크게 증가하였다가 2017년도 86만2천 일, 2018년에는 55만2천 일로 줄었다.

2000년대 들어 상승곡선을 그렸던 파업발생 건수는 2004년 462건으로 정점을 찍은 후 지속적으로 감소하는 추세다. 특히 전임자임금 지급금지 등을 담은 노동조합 및 노동관계조정법(노조법)이 개정된 2010년 파업 건수가 100건 아래로 뚝 떨어졌다. 2014년에 다시 111건, 2015년 105건, 2016년 120건, 2017년 101건이 발생했다.

2010년대 들어와서 파업건수가 특히 낮았던 이유는 최대 산별노조인 금속노조의 파업이 급감한 데서 찾을 수 있다. 현대·기아차 지부가 무분규를 이어가고 있는 가운데 2011년도 130개 사업장에서 벌인 금속노조 산별 총파업도 4시간에 그쳐 이번 통계에 포함되지 않았다. 고용노동부는 8시간이 경과한 파업만 집계한다. 그 결과 2011년도 금속노조 파업은 13건으로 전년 대비 43.5% 감소하고 근로손실일수도 15만일로 51.3% 줄었다. 이에 따라 민주노총 파업건수도 전년 대비 34.2% 감소한 50건으로 집계됐다. 한국노총은 10건이었는데, SC제일은행 장기파업으로 근로손실일수가 81.9% 증가한 14만9천일을 기록했다.

한편 복수노조 시행 이후 설립된 노조는 640개다. 이들 복수노조 3개 중 1개는 택시업종 노조(206개)였다. 신규노조는 69.5%가 양대 노총에서 분화했으며 85.9%가 상급단체를 선택하지 않았다.

제 9 절

21세기 신 노사관계 정립

이제 우리나라도 선진국형의 노사관계를 구축하여야 한다. 노·사·정이 뉴 패러다임을 정착시켜 나가야 한다. 21세기 신 노사관계 정립에 대해 살펴보고자 한다.[26)]

1. 노사관계의 발전좌표

(1) 목표

이제 우리나라도 선진국형의 산업평화적 노사관계 진입을 위해서 [그림 3-3]에서 보는 바와 같이 신 노사관계시스템의 좌표가 설정되어야 한다. 이 좌표는 D지점으로 향하는 방향이 되어야 하며, D지점만이 뉴 패러다임의 신 노사공동체의 목표라고 하는 의식을 정착시켜야 한다.

그림 3-3 노·사·정의 개혁방향

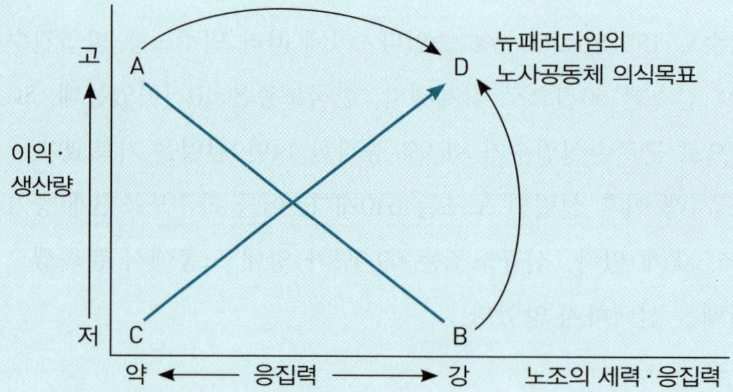

26) 김성수, 전게서, pp. 441~444.

(2) 환경

D지점으로 노사공동체 목표를 정착하기 위해 일본이나 독일 등 선진국들의 환경을 보면, 노사 간의 갈등은 제도와 관행에 따른 타협으로 해결하여야 하며 노사가 서로를 필요로 하는 노사공동체 인식이 중요하다.

노사 간에 있어 서로를 계급적·대립적 관계로 보지 않고 상호 협력적 합의형 노사관계를 정립하며, 사회풍토조성은 근로생활의 질을 보람 있게 갖도록 노력하는 환경으로 개혁되어야 한다. 국가 경제는 지속적으로 성장해야 하며 성장과 분배가 동시에 이루어지고 불로소득의 기회가 없어지는 경제 환경이 정착되어야 한다. 그리고 근로자는 자기능력과 공헌에 비례한 보상이 공정하게 이루어질 때 욕구가 충족되게 된다.

(3) 이데올로기

[그림 3-3]에서 A지점일 때 과거 한국은 남북 간의 이념적 대립과 냉전 속에 기업가와 보수정권의 조화로써 근로자의 정당한 권리까지도 좌익으로 매도하였으며, B지점일 때(1987년 6·29 이후)노동조합운동은 과격해지고 계급 투쟁적이며 무장노동운동가가 발생하고 노동조합운동은 경제적 목적보다 정치적 목적달성이 우선되었다. 노사분규조정에 전문가가 배제되어 임기응변적 노사분규를 대처하는 공권력 개입이 지배적이었다. D지점에서는 과거 대립의 이데올로기는 사라지고 노사는 환경보전과 근로생활의 질 향상을 통해 삶의 보람을 찾는 평화적인 노사관계가 되어야 한다.

2. 신 노사관계 정립을 위한 노·사·정의 역할

(1) 노동조합의 역할

근로자의 의식수준이 전반적으로 높아지고, 노조활동은 자유와 책임의식이 강하게 나타날 것이다. 따라서 노동조합에서 선출한 민주적 노조지도자는 신뢰성을 갖고 사용자에 대한 교섭 및 계약이 충실하게 이루어져야 할 것이다. 노동조합 수는 크게 증가하지 않을 것이며 노동쟁의 건수와 분규일수도 현저히 감소할 것이다. 노동조합원의 실직과 임금인상이라는 두 상반된 문제도 절충하는 지혜를 터득하고 서로 양보하는 미덕도 보여주어야 한다.

기술혁신은 계속되어야 하고 부당해고는 절대 없어야 하며, 근로자의 재교육과 훈련, 능력개발, 산업재해 예방, 직업병 예방대책 등 노동조합이 스스로 앞장서서 경영자를 설득하고 근로생활의 질 향상에 초점을 맞추어야 한다.

(2) 사용자의 역할

기업은 소유와 경영의 분리로 경영의 투명성이 제고되어야 한다. 사용자는 노동조합을 대등한 대상으로 인식하며, 기업의 중요한 의사결정을 단체교섭을 통해 풀어 나가야 한다.

사용자는 민주적 경영이념을 가지며 종업원을 자산·인격적 대우로 생각하면서 고객만족경영에 최선을 다해야 한다. 사용자는 사회적 책임을 다하며 고생산성, 고임금이 가능한 경영방식을 채택해야 한다.

(3) 정부의 역할

과거의 선 성장 후 분배, 노동조합의 억제정책보다 이제 정부는 성장과 분배가 동시적으로 이루어지도록 노사관계정책 개선에 노력해야 한다. 임금정책은 실질임금상승이 해외경쟁력을 상실하지 않고 노동생산성 범위 내에 이루어지도록 자율에 맡기고, 인적자산투자는 정부와 기업이 다 같이 증가하도록 해야 한다.

노사분쟁에 대해 정부는 불간섭주의로 나아가지만 만약 국가경제나 기간산업이 국민생활을 위협하게 되면 적극 국가가 개입하든가 중재조정을 나서는 성숙한 노사관계제도와 관행이 정착되어야 한다.

3. 산업평화적 노사관계의 정립

산업평화적 노사관계란 자본주의적 생산관계의 대립과 협력이라는 이중적 요소를 최대한 적절하게 조화시켜 줌으로써 사회 전체의 이익이 되며, 노사양측에 이익을 증대시켜 주는 상생의 사회적 합의가 이루어지게 하는 노사관계이다. 산업 평화적 노사관계의 제도와 이념이 정립되기 위해서는 다음의 조건이 갖추어져야 한다.

1 노·사·정은 글로벌사회를 위한 산업 평화적 노사관계관의 인식전환과 정신개혁의 교육을 전국적으로 실시해야 한다. 종래의 전근대적인 권위적·종속적 노사관계에서 평화적 계약관계인 민주적 노사관계관으로 인식을 바꾸어야 한다. 즉 노동의 유연성을 위해 단체교섭을 통해 모든 문제를 직접 조정·해결할 수 있도록 전국적으로 교육을 실시해야 한다.

2 기업구성원의 가치관과 행동양식의 전환이 있어야 한다. 근로자에게는 기업내 생산성 향상을 해주어야 하고, 또한 기업발전에 기여하도록 경영참가의 기회를 제공해 주고 노동조합에 대해서도 긍정적 인식으로 정리해고를 사용자 스스로가 조종자의 역할을 수행하도록 협력해야 한다.

3 산업 평화적 노동운동의 이념이 정립되어야 한다. 산업 평화적 노동운동이란 노동운동에 대한 새로운 국제적 감각과 자세 확립, 조직과 체제 정비, 그에 따른 개발성과의 공정분배, 공정분배를 위한 교섭력의 강화 등 노동운동의 정상화와 다양화를 의미하기 때문에 이 운동의 성공은 훌륭한 노동지도자의 자질 향상과 사명감, 그리고 기업의 충성심과 근로자의 사랑을 받도록 해야 한다.

4 정부는 사용자와의 긴밀한 관계에서 벗어나 중립적 견지에서 공정하게 노사관계를 처리해야 한다. 정부는 노사 간 대등한 입장에서 자율적 교섭을 통한 노동3권의 보장과 지식경영시대와 세계화의 시대적 환경에 맞는 제도개선을 강구해야 한다.

5 과학적인 경영관리 방식 및 제도의 전환이 필요하다. 경영관리방식의 전환이란 경영의 투명성과 결합재무제표의 합리화, 경영에 대한 근로자들의 참여가 이루어지도록 해야 한다.

6 근로자는 노동에 대한 보람에 대한 의식을 가져야 한다. 근로자들이 자신의 역할과 건전한 직업윤리에 대한 의미를 부여하며 근로 자체가 삶의 본질이고 노동에 의해 인간가치창조가 이루어진다는 것을 인식할 때 건전한 직업윤리가 형성되며 근로자의 자주성과 민주성이 확립된다.

우리나라도 세계화·정보화 시대에 대응하는 국제표준의 노사관계 인정제도를 정립하고 산업 평화적 노사관계 확립을 위해서 뉴 패러다임 좌표가 설정되도록 하여야 한다.

인간의 존엄성에 대한 권리 보장, 사용자는 경영의 투명성과 사회적 책임, 분배정의가 실현, 근로조건 향상, 정부는 경제정책에 노·사·정 위원회 등 3자의 대표회의를 공식화하고 정례화하여 노사관계의 발전을 위해 공동노력하여야 한다.

노·사·정은 공동체의식을 갖고 보람의 일터, 신나는 직장을 만들도록 노력하며 생산성 향상과 사회발전에 기여하도록 해야 한다. 21세기는 기술정보화 및 지식집약화시대로 이에 걸맞는 산업 평화적 노사관계를 정립해야 한다.

4. 합의형 노사관계의 구성

앞서 살펴본 [그림 3-3]에서 D지점에 도달하기 위해서는 노·사·정의 새로운 인식의 전환과 합의할 줄 아는 지혜가 필요하다. 노사관계의 선진화를 위해서 선진국은 100년이 걸렸지만 우리는 이 기간을 크게 단축하기 위한 공동노력이 필요하다. 따라서 노·사·정은 대타협을 통해 바람직한 합의형 노사관계를 구성해야 한다.

[그림 3-4]에서 보는 바와 같이 21세기 세계화·정보화 시대에 맞는 우리나라의 바람직한 노사관계형태는 뉴 패러다임의 '합의형 노사관계'이다.

합의형 노사관계를 형성하기 위해서는 노사관계의 3주역인 노·사·정이 다

그림 3-4 뉴 패러다임의 합의형 노사관계 모형

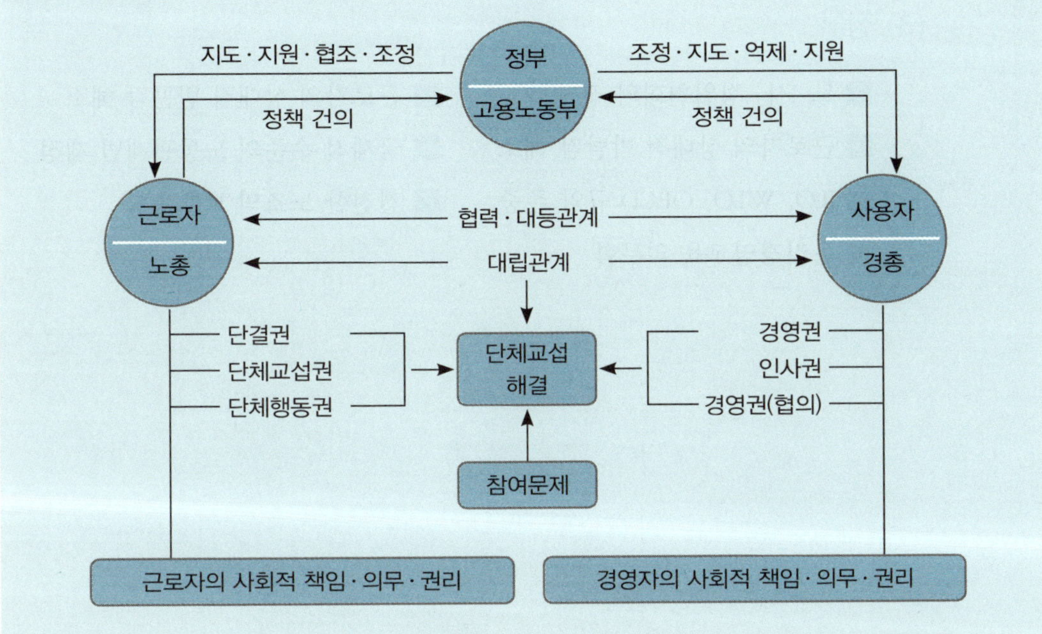

같이 개혁의지가 있어야 한다. 이 개혁의지를 실현하기 위해서는 3주역의 개혁 방향이 필요하다. 개혁방향의 내용은 다음과 같다.

(1) 근로자(노동조합)

1 준법정신의 확립
2 노조의 대내적 민주성 확보
3 조직률의 질적 제고
4 적절한 고용조건 제시
5 무조건 쟁의 자제
6 경제 · 경영 환경 분석
7 능력제고
8 근로자 애사심 정신교육 강화

(2) 사용자(경영자)

1 현대적 노조관 정립
2 신뢰성회복 및 인간존중
3 기업경영의 투명성 제고
4 윤리경영 실천
5 공정한 성과배분
6 사회적 책임 실현

7 국제경쟁력 제고
8 개혁에 대한 교육 지속적 실시

(3) 정부

1 노·사·정위원회의 정착
2 근로자의 상대적 빈곤감 해소
3 근로자의 상대적 박탈감 해소
4 국제적 수준의 노동관계법 제정
5 ILO, WTO, OECD 규약 존중
6 건전한 노조의 보호육성
7 윤리경영교육 의무화

Chapter 4

노동조합론

04

노사 간 첨예한 대립의 중심 "성과연봉제" 폐기 수순

노사갈등과 관련해 뜨거운 감자는 공공금융기관에 적용되는 "성과연봉제"이다. 성과연봉제란 임금을 근속연수와 직급을 기준으로 결정하던 호봉제가 아닌 한 해 개인별 능력과 성과에 따라 개인별 차등을 주는 제도이다. 일부에서는 생산성과 조직의 효율성을 높인다는 점에서 이 제도를 긍정적으로 바로 보고 있지만 다른 한편으로는 객관적 업무평가에 대한 모호함, 강제해고의 가능성 등의 비판의 목소리가 제기되고 있다.

금융당국과 금융노조는 성과연봉제 도입을 둘러싼 팽팽한 대립각을 세우고 있었다. 박근혜 정부가 밀어붙이기 식으로 추진했던 성과연봉제가 문재인 정부가 들어서면서 폐지 수순을 밟고 새로운 대안으로 '직무급제'가 거론되고 있지만, 금융권의 반발이 만만치 않을 전망이다.

금융권에 따르면 한국노총과 민주노총으로 이뤄진 양대 노총의 공공부문 노조 공동대책위원회에서는 최근 정부의 성과연봉제 폐지 결정을 반기면서 불법 탄압 사과 및 정부 출신 기관장 자진 사퇴, 성과연봉제 도입 인센티브 1,600억원 환수, 노정교섭 이행 등을 선결 과제로 제시했다.

정부는 공공기관운영위원회를 개최하고 '공공기관 성과연봉제 관련 후속조치 방안'을 의결했다. 성과연봉제 권고안의 이행 기간을 없애고 각 기관이 기관별 특성과 여건을 반영해 시행방안과 시기를 자율적으로 결정할 수 있도록 했다.

산업은행과 수출입은행, 기업은행, 자산관리공사, 신용보증기금, 기술보증기금, 예탁결제원 등 7개 금융공기업은 조만간 이사회를 개최하고 취업규칙 재개정 여부 등을 논의할 예정이다. 이들 금융공기업은 노조의 동의를 생략하고 이사회 의결이라는 우회로를 거쳐 도입을 강행한 바 있다.

성과연봉제 폐지가 결정되면서 직무급제가 대안으로 떠오르고 있다. 직무급제는 성과연봉제를 대신할 임금체계로 제시한 것이다. 업무 성격이나 난이도, 직무 책임성 등에 따라 급여에 차등을 둔다. 하지만 금융업계에서는 직무급제 도입에 난색을 표시하고 있다.금융공기업의 경우 성과연봉제 시행에 따른 인센티브 지급이 시행될 예정이었기 때문에 인센티브 반납에 대한 논란은 없다. 하

지만 금융공기업 관계자는 “공공부문은 그동안 정부 정책에 맞추느라 많은 갈등을 겪었고, 일부에서는 긍정적인 효과도 기대되던 상황”이라며 “성과연봉제 이전 수준으로 환원하는 데 드는 사회적 비용이 만만치 않아 당장 새로운 논의는 불가능하다”고 말했다.

금융산업노동조합도 직무급제 도입에 부정적인 입장을 보이고 있다. 금융노조는 직무급제 논의에 대해 “성과연봉제보다 더 갈등을 심화시킬 소지가 높다”고 평가했다. 특히, 은행 업무에서는 고객응대나 대금 회수 등 팀워크를 기반으로 이뤄지는 일이 많기 때문에 직무에 따라 직원을 평가하기가 쉽지 않다는 입장이다.

정부의 방침대로라면 직무급제 가이드라인이 나올 경우 노·사간의 협의가 필수적이다. 직무급제를 두고 노·사간 입장이 다른 만큼 논의가 이뤄지기까지 상당한 시간이 걸릴 것으로 보인다. 금융권 관계자는 “노·사간 임금체계를 보는 시선이 너무 달라 당분간 갈등이 예상된다”고 말했다.

제 1 절

노동조합의 의의

노동조합(trade union, labor union)이 탄생하게 된 원인과 상황적 배경은 자본주의 경제사회의 특수성과 산업화의 진전으로 인한 공업화에서 그 원인과 배경을 찾을 수 있다. 노동조합은 각국에서 합법적인 단체로서 법으로 인정되기 이전부터 일종의 자치적 단체로서 성장해 왔다. 초기에는 동업조합·공제조합 또는 친목단체의 성격으로 출발하였으나 점차로 경제적·정치적 목적을 가지는 단체로서 전환하는 등 각국의 상황과 사회의 여건 속에서 자연발생적인 조직체로서 발전되어 왔다.

영국의 노동조합 운동사를 쓴 웨브(S. B. Webb)는 그들의 공저인 「노동조합주의 역사」(*The History of Trade Unionism*)에서 "노동조합이란 임금생활자가 그의 노동생활의 제 조건을 유지 또는 개선함을 목적으로 하는 계속적인 단체"라고 정의하였다.[1] 그 후 많은 학자들에 의하여 노동조합의 정의가 내려졌으나 다양한 견해를 보이고 있다. 그러나 오늘날 자본주의사회에 있어서 노동조합의 성격은 여러 공통적인 것을 지니고 있다.

따라서 노동조합이란 노동력을 가진 근로자들이 노동생활의 조건을 유지하고 개선하기 위하여 조직한 항구적인 단체로서 근로자가 개별적·단독적 고용단계에서 오는 사용자와의 불리한 지위를 극복·개선하며, 독립된 근로자간의 조직화를 통하여 사용자와의 고용계약에 있어서 유리한 지위를 획득하며, 근로자들이 경제적·사회적인 지위를 향상시키기 위하여 설립한 자주적 집단조직체를 말한다.

"노동조합 및 노동관계조정법" 제2조에서 노동조합의 정의를 보면, "노동조합이라 함은 근로자가 주체가 되어 자주적으로 단결하여 근로조건의 유지·개선 기타 근로자의 경제적·사회적 지위의 향상을 도모함을 목적으로 조직하는

1) S. B. Webb, The History of Trade Unionism, rev. 1920, p. 1.

단체 또는 그 연합단체를 말한다"라고 규정하고 있다.

노동조합의 성격에 따라 정의를 내리면 다음과 같이 설명될 수 있다(노동조합의 일반적 정의).

1 근로자의 자주적인 단체

노동조합은 근로자의, 근로자에 의한, 근로자를 위한 조직체(organization of the employees, by the employees, for the employees)이다. 즉 근로자는 사용자와의 개별적인 교섭으로는 그들에게 유리한 근로조건을 획득할 수 없어 단결체를 조직함으로써 이를 배경으로 집단적으로 교섭하고자 한다. 이와 같은 목적을 달성하기 위하여 근로자가 자주적으로 조직한 단체가 노동조합이다. 따라서 노동조합은 근로자의 단체인 동시에, 근로자의 자주의사에 의하여 조직되고 운영되는 단체이며 제3자 특히 사용자로부터의 간섭을 받아서는 안 된다.

2 근로조건의 유지·개선을 목적으로 하는 단체

노동조합을 경제단체라고도 하는데 이것은 노동조합이 경제적인 목적, 즉 근로자의 노동조건의 유지 또는 개선과 근로자의 복지증진을 본래의 목적으로 하는 단체임을 지적하는 말이다. 노동조합이 아무리 근로자가 주체가 되어 자주적으로 조직한 단체라고 하더라도 그 목적으로 하는 바가 정치적·종교적인 목적을 실현하고자 하는 단체일 경우에는 그것은 노동조합이 아니라 정당이나 종교단체에 불과하며, 근로자 상호간의 공제만을 목적으로 할 경우 공제조합으로 볼 수밖에 없다.

이와 같이 노동조합은 사용자 또는 사용자단체와 그들의 근로조건의 유지·개선과 복지증진을 위하여 집단적으로 교섭하는 단체이며, 국가가 단결권의 승인에 의하여 노동조합을 법으로 인정하고 있는 것도 경제단체로서의 노동조합을 법으로 인정하는 것이다. 이와 같이 노동조합이 실현하고자 하는 1차적인 목적은 경제적 목적이며 그렇지 않는 경우에는 노동조합이라고 할 수 없다.

3 근로자의 계속적인 단체

노동조합은 근로자들의 일시적·한시적인 노동단체가 아니라 항구적이고 영속적인 단체이다. 노동조합은 근로자들의 경제적 목적을 달성하기 위해서 단체교섭을 실현하는 단체이며, 이를 실현하기 위해서 항구적·계속적인 단체로서 존속되어야 한다.

이와 같은 노동조합주의는 ILO(International Labor Organization, 국제노동기구)의 헌장 전문, 필라델피아 선언, 결사의 자유 및 단결권옹호에 관한 규약(1948년 규약 제87호), 단결권 및 단체교섭권에 관한 규약(제98호)과 같은 일련의 국제규약 등에 있어서도 강조되고 있다. 우리나라는 헌법 제 33조에 "근로자는 근로조건의 향상을 위하여 자주적인 단결권, 단체교섭권 및 단체행동권을 가진다"라고 선언하고 있다.

제 2 절

노동조합 가입방법과 조합비 징수

1. 노동조합 가입방법

노동조합이 조직을 강화하기 위해서 조합원수를 어떻게 용이하게 확보하느냐가 노동조합 발전의 가장 중요한 과제이다. 노동조합의 가입방법은 그 조직화의 유형에 따라 기본적 숍제도(shop system)와 변형적 숍제도가 있다.

(1) 기본적 숍제도

1 오픈 숍(open shop)제

고용관계에 있어서 고용주는 노동조합에 가입한 조합원이나 가입하지 않은 비조합원이나 모두 고용할 수 있는 제도이다. 이것은 노동조합의 가입이 고용조건이 아닌 제도라고 정의된다. 이 제도는 고용주에 의한 노동조합의 약화수단으로서의 역할도 커진다.

우리나라의 경우 노동조합 및 노동관계조정법 제81조 제2항에 근로자가 어느 노동조합에도 가입하지 아니할 것 또는 탈퇴할 것을 고용조건으로 하거나 특정한 노동조합의 조합원이 될 것을 고용조건으로 하는 행위를 부당노동행위로 규정함으로써 오픈 숍제도를 적용하고 있다. 그러나 미국의 경우는 와그너 법(Wagner Act, 1935)으로 오픈 숍제도를 불법화하고 있다.

미국이 오픈 숍제도를 불법화하고 있는 이유는 가령 1,000명의 조합원이 있는 기업에서 10%인 100명만 노조에 가입하고 90%인 900명은 비노조원인 경우에 이 회사는 10%의 노조원들이 열심히 투쟁하여 임금인상을 성공시켰지만 정작 임금인상은 전 종업원이 혜택을 받게 된다. 10%의 노조원의 투쟁결과는 비조합원인 90%까지 혜택을 받게 된다는 것이다.

2 유니온 숍(union shop)제

이것은 오픈 숍제나 클로즈드 숍제의 중간 형태이다. 이 방법은 고용주는 노동조합의 조합원 이외의 노동자까지도 자유로이 고용할 수 있으나 일단 고용된 근로자는 일정기간 중에 조합원이 되지 않으면 안 된다는 제도이다. 태프트-하틀리법(Taft-Hartley Act, 1947)에서는 고용 후 일정기간 내의 가입을 30일로 정하고 있다.

유니온 숍제가 클로즈드 숍제와의 다른 점은 클로즈드 숍제는 고용되기 이전부터 조합원이어야 한다는 데 대하여 유니온 숍제는 비조합원도 고용된 후 일정기간 이내에는 조합에 가입할 것을 규정하는 것이다.

따라서 조합이 제명 처분하거나 조합원 본인이 가입을 거부하면 해고를 당하게 된다.

3 클로즈드 숍(closed shop)제

기업의 근로자 또는 종업원의 고용요건이 노동조합원을 전제로 하는 것이다. 즉 노동조합의 가입이 고용조건의 전제가 되는 것으로 노동조합 측에 가장 유리한 제도이다. 따라서 회사와 노동조합의 단체협약으로서 종업원의 채용, 해고 등을 노동조합의 통제에 맡기고 노동조합원 이외에는 종업원을 채용하지 않고 반드시 조합원 중에서 채용해야 한다는 제도이다. 이 제도는 노동조합의 권리와 단결을 지키는 데 필요하다.

미국의 경우 이 제도는 와그너법(Wagner Act, 1935)에서 인정되었으나 노조의 지나친 권력남용을 우려하여 태프트 하틀리법(Taft-Hartley Act, 1947)에 의해 불법화되었으며, 다만 건축업에 한하여 1959년에 다시 합법화되었다.

(2) 변형적 숍제도

1 메인티넌스 멤버십 숍(maintenance of membership shop)제

조합원유지 숍제도라고 하며, 일단 단체협약이 체결되면 기 조합원은 물론 단체협약이 체결된 이후에 가입한 조합원도 협약이 유효한 기간 동안은 조합원자격을 유지해야 하는 제도이다. 따라서 노동조합에 가입이 되면 일정기간 동안 조합원으로서 머물러 있어야 한다는 제도이다.

2 에이전시 숍(agency shop)제

대리기관 숍제도라고 하며, 종업원들의 노조가입 여부가 강제적으로 규정되지는 않지만 비조합원(free-riders)들도 조합원들의 조합비에 상당하는 금액을 정기적으로 노동조합에 불입하도록 하는 제도이다.

이 제도는 근로자들이 비조합원으로서 조합비 납부의 임무를 회피하는 반면 타 조합원들과 동일한 혜택을 향유하려는 공짜 심리를 줄일 수 있으며, 동시에 노동조합은 조합원수를 늘리게 됨으로써 조합의 안정을 꾀할 수 있는 방법이다.

3 프레퍼렌셜 숍(preferential shop)제

우선 혹은 우대 숍제도라고 하며, 이 제도는 비조합원의 고용은 가능하지만 조합원에 대하여는 고용상에 있어 차별적인 우대를 가하는 제도이다. 따라서 이 제도의 효율성은 노·사 쌍방이 차별적 대우를 어떻게 적용하는지에 달려 있다. 예를 들면 고용 시 조합원에게는 우선순위를 두어 채용할 수 있도록 하는 것이다.

4 종업원 자격제

이는 클로즈드 숍제도와는 정반대되는 조합가입제도로서 클로즈드 숍제도가 조합원의 자격을 갖고 있어야 종업원이 될 수 있는 숍제도라면 조합원 자격제는 특정기업에 소속된 종업원에 한하여 당해 기업의 노조원이 될 수 있는 제도이다. 이 제도는 숍 조항에 규정되어 있지는 않지만 일본과 같이 서구에 비해 노조의 조직률(노동조합원수/전체고용노동자수)이 비교적 낮고, 기업별 조합 중심의 노사관계에서 흔히 찾아 볼 수 있다.

2. 조합비 징수 방법

노동조합이 조직체로서 세력과 힘(power)을 가지기 위해서 양적인 조합원수의 확보나 질적인 조합운영을 위한 재원을 어떻게 확보하느냐의 관심은 실제로 중요한 과제로 나타나고 있다.

노동조합은 조합비를 징수하기 위해서 조합원 개개인에게 조합비를 징수하는 방법과 회사의 급여 계산 시에 월급에서 일괄 공제하여 노동조합에 인도하는 방법이 있다. 이 때 후자를 체크오프제도(check-off system)라고 한다.

노동조합의 재원 확보방법으로서 대부분의 경우는 체크 오프제도가 시행되고 있다. 이는 사용주의 동의하에 조합원들의 급여에서 월조합비(경우에 따라서는 입회비, 벌금, 기타 특별 불입금)를 공제하여 노동조합에 전달하는 조합비징수 방법이다. 이 제도의 장점은 시간과 경비상의 절약이 있을 뿐만 아니라 노동조합의 제도적 지위를 강화한다는 데에도 있다.

우리나라 노동조합 및 노동관계조정법 제22조는 조합원의 권리와 의무조항에서 "노동조합의 조합원은 균등하게 그 노동조합의 모든 문제에 참여할 권리와 의무를 가진다. 다만, 노동조합은 그 규약으로 조합비를 납부하지 아니하는 조합원의 권리와 의무를 제한할 수 있다"라고 규정하고 있어 조합비 납부의무를 명백히 하고 있다.

그리고 구 노동조합법 제24조의 조합비 항목에서는 "노동조합의 조합비는 매월 그 조합원임금의 100분의 2를 초과할 수 없다"고 규정하여 조합원들에 대한 조합비 의무부담을 확실히 하고 있다. 이러한 규정은 근로자들의 조합비의 과중한 부담을 경감하고자 하는 의미도 담고 있다. 그런데 1997년 3월 13일 새로운 노동조합 및 노동관계조정법은 조합비의 상한규정을 삭제하였다. 그러나 세계 각국은 조합비를 대부분 0.8%~2%를 초과할 수 없도록 제한하고 있다.

제 3 절

노동조합의 기능

노동조합의 기능에는 전통적 기능과 오늘날과 같이 다변화된 경제사회에 대응하는 노동조합의 현대적 기능으로 분류할 수 있다.

전통적인 노동조합의 기능은 경제적 기능, 공제적 기능, 정치·사회적 기능으로 분류할 수 있다.[2] 이와 같이 노조의 기능을 셋으로 분류하는 것은 우선 간

2) 김성수, 지식경영사회의 노사관계론, 삼영사, 2000, pp. 120~127.

그림 4-1 노동조합의 기능

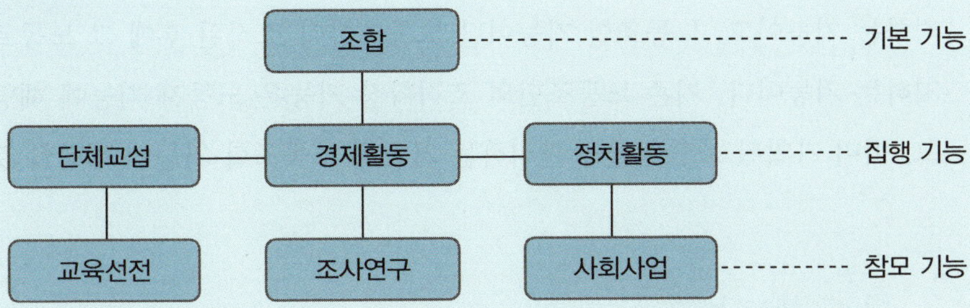

단명료하다는 장점이 있다. 그러나 이러한 분류는 과거의 조합 기능을 설명하는 데는 적합하지만 오늘날의 노동조합은 위의 세 가지 기능만으로는 이를 다 설명할 수 없는 여러 가지 기능을 수행하고 있다. 더욱이 노동조합으로서는 노동조합 자체를 조직하고 유지하는 기능이 가장 기본적인 기능인데도 불구하고 종래의 기능분류상의 개념에서는 등한시되고 있는 것이다. 따라서 노동조합의 기능을 기본기능, 집행기능, 참모기능으로 분류하는 방법이 합리적이라고 본다. 이들 기능의 상호관계를 도표로 표시하면 [그림 4-1]과 같다.

[그림 4-1]에서 기본기능이란 노동조합을 조직하고, 그 조직을 유지·확장하는 기능이며, 집행기능이란 조합이 결성된 후에 조합의 목적인 조합원의 근로조건의 유지·향상을 위해 활동하는 기능이며, 그리고 참모기능이란 조합의 기본기능과 집행기능을 보조하는 기능으로서 조합의 중요성을 인식시키는 데 크게 공헌하는 기능이다.

1. 기본 기능(제1차적 기능)

이 기능은 노동조합을 조직하고 그 조직을 유지·확장하는 기능을 말한다. 노동조합의 목적이 단체교섭을 통한 근로조건의 개선에 있다면, 노동조합을 조직하는 조직 기능은 가장 기본적인 핵심기능이라고 할 수 있다.

이러한 조직 기능은 다시 '노동자 기능'과 '노동조합 기능'으로 나눌 수 있다. 여기서 노동자 기능이란 노동조합을 형성하기 위하여 비조합원인 노동자를 조직하는 기능이고, 노동조합 기능이란 노동조합이 조직된 후에 그 노동조합을 유지하는 기능이다. 기존 노동조합의 조직확장 기능은 노동자 기능에 해당할 것이고, 이미 가입된 조합원들을 관리하는 기능은 노동조합 기능에 해당할 것이다.

2. 집행 기능(제2차적 기능)

집행 기능이란 노동조합이 결성된 후에 조합의 목적인 근로조건의 유지·개선을 위해 활동하는 기능으로 단체교섭 기능, 경제활동 기능, 정치활동 기능 등으로 분류할 수 있다.

(1) 단체교섭 기능

단체교섭 기능이란 사용자와 단체교섭을 통하여 근로조건을 유지·개선하는데 있다. 초기 노동운동에 있어서 노동조합은 사용자로부터 많은 탄압을 받아 단체교섭이란 도저히 생각할 수 없었다. 따라서 이 당시 노동조합은 대내적인 공제적 기능에 바탕을 두고 쟁의수단을 통하여 자신들의 목적을 달성하고자 하였다. 그러나 그 이후 노동3권이 확보됨에 따라 교섭을 중심으로 하는 경제적 기능, 즉 단체교섭 기능이 조합기능의 전면에 나타나고 공제기능은 후퇴하게 되었다. 따라서 노동조합은 단체교섭을 통하여 근로조건의 유지·개선을 꾀하며, 노사 간에 일치점에 도달하게 되면 그 결과가 단체협약으로 작성되어 양당사자를 구속하게 된다. 그러나 만약 의견이 일치되지 않는 경우에는 쟁의행위라는 수단을 통해 요구조건을 관철하기 위한 실력행사를 할 수 있다.

(2) 경제활동 기능

1 공제적 기능

공제적 기능이란 조합원 자신들이 어려움에 닥쳐 생계를 잃게 되었을 때, 조합이 행하는 경제적 보조역할의 일종으로서 자금 원조를 말한다. 즉 질병, 재해, 노령, 사망 또는 실업에 대비하여 노동조합이 먼저 공동기금을 준비하여 필요에 따라 조합원에게 지급하는 상호부조활동으로 이를 상호보험이라고 부른다.

공제적 기능의 이점으로는 조직적 관점으로서 이를 통하여 조합원과 조합과의 관계를 긴밀히 유지할 수 있다. 조합 재정적 관점에서는 공제기금의 설정으로 조합의 교섭력을 강화시킬 수 있으며, 조합원에게 노동력의 표준적 노동조건을 유지할 수 있다. 그러나 이와 같은 공제적 기능은 노동조합이 직업별 노동조합으로부터 산업별 노동조합이나 일반노동조합으로 전환되고, 사회보험 내지 사회보장제도의 발전에 따라 그의 중요성은 현저히 감소하고 있다.[3)]

2 협동적 기능

단체교섭 기능이 노동조합의 중심적인 기능으로서 역할을 하게 되자, 근로자의 보호문제로서 생산자의 보호문제뿐만 아니라 소비자 보호문제도 중요시 되는 것이다. 즉 단체교섭은 생산 공장에서 근로자를 보호하는데 주목적으로 하고 있는 데 반하여, 협동적 기능은 근로자가 취득한 임금을 보호하기 위해서 소비측면에서의 보호를 고려한 생산 공장 밖에서의 경제적 보호를 의미한다. 이러한 대표적 활동으로는 생산자협동조합, 소비자협동조합, 신용조합 또는 노동은행의 활동 등이 있다.[4)]

3 정치활동 기능

노동조합의 정치적인 활동, 즉 정치적 기능은 경제적 기능과 불가분의 관계에서 발생하는 기능이라고 할 수 있다. 즉 노동조합은 경제적인 목적을 달성하기 위하여 부득이 정치적인 활동을 전개하지 않을 수 없다.

근로자의 근로조건 개선, 경제적·사회적 지위의 향상 등은 국가가 제

3) 이준범, 전게서, p. 194.
4) 이준범, 전게서, p. 195.

정하는 노동관계법에 의하여 직접적으로 영향을 받게 된다. 그러므로 노동조합은 특정법률의 제정·개정의 촉구와 반대 등의 정치적인 발언권을 행사하고자 하며, 이의 실현을 위하여 특정정당을 지지하거나 반대하는 정치활동을 전개함으로써 경제적 목적을 달성하고자 한다.

그러나 여기서 유의할 것은 노동조합은 어디까지나 경제적 기능, 즉 단체교섭기능을 중추적인 기능으로 하는 단체라는 것이며, 오늘날 세계적 추세도 노동조합의 정치활동은 제한을 가하려고 하는 추세에 있다.[5)]

그러나 21세기 국제화시대에는 근로자나 노동조합도 노동조합 및 노동관계법에 규정하는 범위 내에서 정치활동을 허용하는 것이 바람직하다고 본다. 1998년 2월 6일 노사정위원회는 대타협에 따라 우리나라는 노동조합이 정치활동을 할 수 있다는 것에 합의점을 도출했다는 사회적 합의가 중요하다.[6)]

3. 참모 기능(제3차적 기능)

참모 기능이란 교육, 선전, 조사연구, 사회봉사활동 등으로서 이는 조합의 기본기능과 집행기능을 더욱 효과적으로 수행할 수 있도록 보조하는 기능이다.

1 교육 활동

교육 활동에는 조합간부에 대한 교육과 일반조합원에 대한 교육으로 나누어진다. 조합간부에 대한 교육을 실시함으로써 노동이론은 물론 경영전반에 걸친 지식을 넓혀 그들의 리더십을 개발하고 효과적인 단체교섭을 실시할 수 있게 한다.

조합원에 대한 교육을 통해서 노동조합을 바르게 인식시키고, 그들의 충성심을 배양하며, 또한 직업훈련을 통해서 변화하는 노동시장에 적응시키도록 힘쓰는 것이다.

5) D. Q. Mills, *Labor-Management*, 2nd ed., McGraw-Hill Book Company, 1982, pp. 207~213.
6) 김성수, 전게서, pp. 135~136.

2 선전 활동

선전 활동은 뉴스레터, 사내신문, 공식기관지 발간, 소책자 발간, 홍보지 등의 발간을 통하여 조합원들에게 조합정신을 중심으로 단결하게 하고, 적극적인 노동조합 활동을 유도하는 것이 1차적인 목표이다. 한편 사회홍보 활동을 통하여 일반여론을 노동조합에 유리하게 유도하도록 노력한다.

3 조사·연구 활동

이 활동은 조사부, 연구실, 기획실 등의 전문분야에서 노동조합 등 노동관계에 대해 조사·연구하는 기능을 말한다. 오늘날 단체교섭의 범위는 더욱 확대되고 복잡해져가고 있다. 또한 노사관계에 대한 공공정책 또한 광범위하게 확대되고 복잡해져가고 있다. 이러한 상태하에서 조사·연구 분야의 전문가를 확보하고, 경제동향에 관한 자료수집, 임금, 근로시간, 근로조건에 관한 조사와 연구, 타 조합이 획득한 조건에 대한 연구, 회사의 경영 상태에 관한 조사는 물론 노동정책의 방향과 내용에 대한 연구를 지속한다.

4 사회봉사 활동

현대 사회에서는 노동조합도 사회와 긴밀히 협력하면서 활동을 해야 한다. 따라서 사회봉사 활동의 일환으로 노동조합은 근로자의 어려운 문제를 상담해 주기 위하여 상담소를 설치하기도 하며, 지역사회에 대한 봉사활동을 통하여 조합 활동에 대한 인식을 새롭게 하는데 기여하며, 조합원과 그 가족들에 대한 휴양시설, 장학사업 등을 만들어 도와주는 등 각종 사회봉사활동을 하고 있다.

제 4 절

노동조합의 형태

노동조합은 형태상으로 직종별 노동조합에서부터 발달하여 산업별 노동조합으로 발전해 온 것이 일반적인 흐름이다. 그러나 나라마다 특수성에 따라서 독특한 형태를 이루어 발달하여 왔다. 그러나 노동조합의 형태를 규정짓는 일반적인 요인은 가입범위, 가입자격, 가입방법 등에 따라 구분된다.

노동조합의 일반적인 조직형태에는 직업별 노동조합(craft labor union), 산업별 노동조합(industrial labor union), 기업별 노동조합(company labor union), 일반노동조합(general labor union) 등이 있다. 그리고 결합방식에 의한 노조형태로는 단일조직과 연합체조직으로 구분할 수 있다.

1. 직업별 노동조합

직업별 노동조합(craft labor union)은 가장 오랜 역사를 가진 노동조합의 형태로서 초기 산업화 단계에서 일반화되었던 노동조합 형태이다. 직업별 노동조합은 직종 또한 직업을 같이하는 근로자가 조직하는 노동조합을 말한다.

기계적 생산방식이 널리 보급되지 않았던 수공업단계에서 산업·기계에 관계없이 동일한 직능을 갖는 숙련노동자들이 소속회사를 초월하여 자기들의 직업안정과 경제적 이익을 확보하기 위하여 횡적으로 조직한 배타적 노동조합이다. 따라서 직업별 노동조합은 고용관계에 있어서의 독점적 지위확보와 노동력의 공급제한을 활동지침으로 삼았기 때문에 미숙련 근로자의 가입을 철저히 제한하였다.

이러한 직업별 노동조합의 장·단점은 다음과 같다.

(1) 장점

1 동일한 직종의 근로자들로 조직되었기 때문에 단체교섭사항과 그 내용이 명확하다.

2 조합원은 모두 동일 직종에 종사하기 때문에 상호유대감과 단결력이 강하여 어용 노조가 될 위험이 매우 낮다.

3 직장단위의 조직이 아니므로 실업자라 하더라도 조합가입이 가능하고, 조합원의 실업을 예방할 수 있다.

(2) 단점

1 노조가 지나치게 배타적이고 독점적이어서 산업사회에 있어서의 전체 근로자의 분열을 초래할 가능성이 높다. 근로자 전체의 경제 및 사회적 지위의 향상을 위해서는 부적당하다.

2 기업을 초월한 조직이기 때문에 사용자와의 관계가 희박하다. 따라서 직업별 노동조합의 기본원리는 숙련공들의 기득권의 보호와 노동력의 공급제한에서 찾을 수 있는데, 이를 위해 노동조합에서는 도제제도(apprentice system)를 도입하여 직무자격자에 대한 규제를 강화하였다. 즉 노동조합은 엄격한 도제제도를 실시하여 도제의 수와 기능습득기간을 정하고, 그들의 임금수준을 낮게 함으로써 숙련근로자의 과잉공급을 방지함과 동시에 조합원의 높은 임금수준을 확보할 수 있었다. 그리고 도제기간이 경과하지 않는 자는 모두 무자격자로서 엄격한 규제대상이 되며 직장에서 배척되었다.

2. 산업별 노동조합

대량생산체제가 확립되면서 종래 부문작업을 수행하던 반숙련 근로자가 일반화되고 대량생산 산업은 반숙련 근로자들이 직종을 방대화하면서 발전하였다. 이에 따라 직업별 노동조합의 조합원이 유지하던 숙련은 분해되고 직종이나 계층, 기업에 관계없이 동일산업에 종사하는 모든 근로자가 하나의 노동조합을 조직하는 새로운 형태의 산업별 노동조합(industrial labor union)이 태동하게 되었다. 예를 들면, 전자산업, 자동차산업, 철강 산업 등에 종사하는 근로자가 자기가 종사하는 기업 또는 직종에 관계없이 자신이 속하는 산업을 중심으로 조합을 조직하는 형태를 말한다.

역사적으로 볼 때 산업별 노동조합은 직업별 노동조합이나 일반 노동조합보다 늦게 발달한 조합이며, 미숙련근로자가 노동시장을 수적으로 크게 차지하게 됨으로써 이들을 조직화하기 위해 발달한 조직형태이다.

우리나라는 1963년 개정된 노동조합법에 의해 종래 기업별 노동조합에서 산업별 노동조합으로 개편되었으나 대부분이 기업별 조직으로 되어 있어 명목상 산업별이라고 하는 일종의 연합체와 같은 형식을 유지해 왔던 것이다. 그러나 이것도 1980년 노동조합법의 개정으로 인하여 모두 실질적인 기업별 조직으로 다시 개편되었다. 그러다가 1987년 이후에는 근로자들의 자율의사에 맡기는 것으로 또다시 개정되었다.

기업별 노조가 산업별 노조로 전환하려면 기존 노동조합을 해산할 필요 없이 조합원 총회나 대의원회에서 과반수 참석에 3분의 2가 찬성하면 산업별 노조로 전환할 수 있다. 1997년 노동법 개정으로 기업별 노동조합이 산업별 노동조합으로의 전환이 가능해졌다.

최근 민주노총 산하 핵심 사업장인 현대자동차, 기아자동차, GM대우차 노조 등이 산별 체제로 전환키로 함에 따라 국내에서도 산업별 노조 시대가 본격화될 전망이다. 단일 사업장으로서 가장 많은 조합원을 보유하며 사실상 현재 한국 노동운동의 바로미터 역할을 해왔던 현대차노조 등이 산별노조로 전환함으로써 다른 대기업 노조는 물론 중소 노조들도 잇따라 산별로 전환할 가능성이 커졌기 때문이다.

노동조합의 조직체계가 기업별 노조에서 산별 노조로 전환되면 조합원 개개인은 기업별 노조에 가입하는 것이 아니라 단위조직인 산업별 노조 자체에 개인단위로 가입을 하게 되는 것인데 이렇게 되면 앞으로 초기업단위의 노동조합 조직과 노동운동이 일반화될 것이다. 기존의 기업별 노동조합은 산업별 노동조합의 지부 또는 지회의 형태로 자리매김하고 노사관계의 중심축은 기업내부에서 산업별, 지역별 차원으로 옮겨가게 된다. 그간 오랫동안 기업별 노사관계에 익숙해 왔던 노동계와 경영계 모두에게 산별체제는 엄청난 충격파가 될 것임은 분명하다.

노동계가 산업별 전환을 추진하고 있는 이유를 살펴보면 다음과 같다.

1 노조조직률 하락 등으로 인해 현재의 기업별 노조 구도로는 더 이상 투쟁 동력을 끌어올리기가 역부족이다.
2 노조 전임자 임금지급이 금지되고 복수노조가 전면 허용되면 기존의 노동조합 기반 자체가 흔들려 정부와 사용자를 대상으로 한 교섭력이 크게 떨어질 수밖에 없다.
3 심화되고 있는 비정규직 문제와 양극화 문제에 대해서도 기업별 체제로는 해결책을 찾기가 불가능하다.

산업별 노동조합은 현대 노동조합의 대표적인 형태로서 다음과 같은 장단점을 갖고 있다.

(1) 장점

1 산업별 노동조합은 기업과 직종을 초월한 조직이기 때문에 조합의 수적인면에서 거대한 조직이며, 단결력을 강화시켜 커다란 압력단체로서의 지위를 확보할 수 있다.
2 산업의 발전에 따른 자본의 집중화의 진행에 대응하여 교섭력의 산업적 통일화를 유지할 수 있다.

(2) 단점

1 각 산업별 조직의 내부에서 직종 간에 이해대립과 반목을 초래할 염려가 있다.
2 방대한 조직구조를 가지고 있기 때문에 조직이 형식적인 단계에 그치면 큰 힘을 발휘할 수 없다.

사례*

산업별 노동조합에서 기업별 노동조합으로 변경

산업별 노동조합의 지회 소속 조합원들이 적법한 절차를 거치지 않고 조합의 조직형태를 산업별 노동조합에서 기업별 노동조합으로 변경하기로 결의한 것은 무효이다

대법원 판결에 따르면 ○○지회 조합원들 대다수가 기업별 노조로의 조직형태 변경을 희망하면서 총회 소집을 원하고 있었다고 하더라도 지회 운영규칙상 지회장에게 총회의 소집을 요청하고 지회장이 위 요청을 거부할 경우 금속노조 위원장에게 지부장으로 하여금 소집권자를 지명하도록 승인하여 줄 것을 요청할 수 있을 뿐 그들 스스로 소집권자를 지정하여 총회를 소집할 수는 없으며, 금속노조 위원장이 지부장으로 하여금 소집권자를 지명하도록 승인하는 것을 거부 한다면 노동조합 및 노동관계조정법 제18조 제3항을 준용하여 행정관청에 소집권자를 지명하여 줄 것을 요구할 수 있으므로, ○○지회 조합원들이 이러한 절차를 거치지 않은 채 그들 스스로 소집권자로 지정하여 이 사건 총회를 소집한 후 ○○지회의 금속노조 탈퇴 및 지회를 기업단위 노동조합으로 조직형태를 변경하기로 결의한 것은, 특별한 사정이 없는 한 그 총회소집 절차에 중대한 하자가 있어 무효라고 보아야 할 것이다.

3. 기업별 노동조합

기업별 노동조합(company labor union)은 직능이나 직종의 차이를 두지 않고, 또 숙련도 등을 무시한 채 한 기업에 고용된 근로자를 다 같이 하나의 노동조합에 가입하게 하는 조직형태이다.

기업별 노동조합은 단체교섭의 상대자인 사용자에 대하여 보다 직접적인 영향력을 행사할 수 있고, 기업의 근로조건을 전반적으로 일정한 수준 이상으로 개선·향상하는 것을 기본목표로 한다. 그러나 기업별 노동조합은 개별기업을 존립기반으로 하기 때문에 노동시장에 대한 지배력이 전혀 없으며, 또한 조직으로서의 역량도 한계를 지니고 있다.

기업별 노동조합의 장·단점에 대해 살펴보면 다음과 같다.

(1) 장점

1 조합원이 모두 당해 기업의 종업원이기 때문에 근로조건을 통일적·종

합적으로 용이하게 결정할 수 있다.

2 노동조합이 평소 회사사정에 정통하므로 무리한 요구로 인한 노사분규가 발생하지 않는다.

3 사용자와의 관계가 밀접하기 때문에 노사공동체의식을 통한 노사협조에 공헌할 수 있다.

(2) 단점

1 조합원이 모두 사용자와 종속관계에 있기 때문에 노동조합이 쉽게 어용화 또는 반조합화를 꾀할 수 있다.

2 당해 기업 내에서 직종을 무시한 조직이므로 각 직종 간의 구체적인 요구조건을 공평하게 처리하기 어렵고, 이로 인하여 직종 간의 반목과 대립을 초래할 염려가 있다.

3 종업원만이 노동조합에 가입할 수 있으므로 유니온 숍(union shop)협정에 체결되어 있을 때에는 특정한 노조가 조직을 독점할 가능성이 있다.

우리나라는 해방 이후 노동조합의 생성과정에서부터 1960년대 초까지 계속 기업별 조합 형태로 나오다가 5·16 이후 산업별 조직체제에서 1980년에 기업별 조합으로 전환된 후 1987년 이후에는 근로자들의 자율의사에 맡기는 것으로 개정되었다.

기업별 노동조합은 일본에서 크게 발달하고 있다. 그 이유로서는 종신고용제, 만성적 실업, 노동시장의 이중구조, 그리고 가족중심의 화(和)·충(忠)의 사고방식에 기인한다. 그러나 미국은 이러한 기업별 노동조합을 기업지배조합(company dominated union)이라고 규정하면서 어용노동조합의 의미로 해석하는 학자도 있다.[7)]

이상과 같은 노동조합의 형태를 특성별로 정리하면 〈표 4-1〉과 같다.

7) E. F. Beal & J. P. Begin, *The Practice of Collective Bargaining*, 6th ed., Homewood, Illinois : Richard D. Irwin, Inc., 1982, pp. 64~65.

4. 일반노동조합

일반노동조합(general labor union)은 근로자의 숙련이나 직종의 특수성을 무시하고 어떤 하나의 산업 또는 2개 이상의 산업에 걸쳐 흩어져 있는 일정한 지역 내의 일반 근로자들을 폭넓게 규합하는 형태의 노동조합이다.

특히 초기단계에서는 직업별 노동조합에서 배제된 미숙련근로자들이 중심이 되어 자신들의 입장을 옹호할 목적으로 조직하였다. 또 다른 한편으로는 근대산업이 종래의 기능이나 숙련노동을 필요로 하지 않고, 점차 생산 작업의 분업화·단순화·표준화를 확대시킴에 따라 일반근로자들이 이른바 노동의 대체성을 보장 받으면서 점차 산업분야에서 주체의식을 확고히 하게 되어 일반노동조합이 생성되었다.[8)]

역사적으로는 산업별 노동조합과 같이 대량생산산업의 성립과 더불어 창출된 미숙련 근로자를 조직하기 위하여 19세기 말경부터 영국에서 발달하였으며, 미국의 노동기사단(knights of labor)을 비롯하여 AFL-CIO(American Federation of Labor and Congress of Industrial Organization) 산하의 일부 노동조합도 일반노동조합이다.[9)] 그리고 일본에서도 그 예를 찾아볼 수 있으며,[10)] 우리나라의 경우에는 종전의 연합노동조합이 이에 해당된다.

이러한 일반노동조합의 특징과 문제점에 대해 살펴보면 다음과 같다.

(1) 특징

1. 능률을 확보하는 데 필요한 최저한도의 권리, 즉 생활임금의 원리(최저생활권 보장)에 기초
2. 노동생활을 영위하기 위한 최저생활의 필요조건을 확보하는 것으로 안정된 고용의 확보, 근로시간의 최고한도규제, 임금의 최저한도규제

8) 이준범, 전게서, p. 198.

9) D. Q. Mills, *Labor and Management Relations*, 2nd ed., McGraw-Hill Books Company, 1990, p. 203.

10) 入江虎男, 勞使關係論, 日本生産性本部, 昭和41年, p. 81.

3 조직상 약체성 때문에 입법규제 중시

(2) 문제점

1 조합민주주의 희박

대부분 조합원이 극히 유동적이며 조직된 교육과 훈련을 거치지 않은 미숙련근로자를 결속시켜야 하기 때문에 강력한 지도체제가 요구된다. 이런 과정에서 중앙집권적 관료체제가 등장할 수 있는 요소를 배제할 수 없다는 점에서 조합민주주의가 희박해진다고 볼 수 있다.

2 단체교섭기능 미약

일반노동조합은 양적으로는 팽창할 수 있으나 통일과 단결이 약하며, 이해관계를 달리하는 여러 집단의 결합으로 인해 종합적·공통적 의견을 도출하기 어렵고, 특히 노사 간의 이해가 달려 있는 임금·근로조건 등 경제적·물질적 중요한 이슈단체교섭기능의 모든 역할을 다할 수 없

표 4-1 노동조합의 형태

특성 \ 형태	직업별 노동조합	산업별 노동조합	기업별 노동조합	일반노동조합
조직원리	• 1직업 1조합 • 횡단적	• 1산업 1조합 • 횡단적	• 1기업 1조합 • 종단적	• 전 산업 1조합원 • 횡단적
조직기반	• 숙련공	• 반숙련공 • 미숙련공	• 기업	• 미숙련공 • 잡업 근로자
조직성격	• 완전 폐쇄적 (클로즈드 숍)	• 개방적 (유니언 숍)	• 폐쇄적	• 완전 개방적
조직관리	• 공제활동 • 중앙집권화	• 조합민주주의	• 복지활동 • 조합민주주의	• 중앙집권적 관료주의
노동시장 통제방법	• 직업독점 • 도제제도	• 단체교섭 • 파업 • 경영참가	• 노사협의 • 단체교섭	• 입법규제 • 단체교섭 • 파업
조직의 시대적 적응	• 산업자본시대 • 초기공업시대	• 기계생산시대 • 작업 분업화시대	• 노사대립의 시대 • 노사갈등의 시대	• 미숙련 다수의 등장시대

자료 최종태, 현대노사관계론, 경문사, 1987, p. 83.

다는 단점이 있다. 따라서 입법규제에 의한 근로조건의 균일화를 도모하지 않을 수 없다.

5. 결합방식에 의한 노조형태

노동조합의 조직형태는 지금까지 고찰한 단위조직을 중심으로 그 조직에 참여하는 구성원의 자격유형에 따라 구분하게 된다. 일정한 지역이나 전국을 대상으로 노동조합을 조직할 경우, 조합구성원의 자격을 개별 근로자로 하느냐 노동조합에 한정하느냐에 따라 두 가지 유형, 즉 단일조직, 연합체조직으로 구분된다.

(1) 단일조직

단일조직(unitary organization)은 개별 근로자가 개인 가입의 형식을 취하는 노동조합으로서 지부 또는 분회(일정지역, 기업체 또는 사업장 단위로) 등 하부구조를 갖는 것을 말한다. 이때 각 지부나 분회는 하부조직일 뿐 상부단체의 구성원이 되는 것은 아니다. 따라서 지부나 분회는 의결권이나 집행권과 같은 자주적인 결정권을 행사할 수 없다. 그러나 각 지부나 분회가 어느 정도의 독자성을 가지느냐 하는 것은 조직 내부에 있어서의 규약에서 결정되는 것이 보통이다.

우리나라의 산업별 노동조합은 대개 개인자격으로 가입하고, 기업별 지부나 분회는 하부조직에 불과하므로 단일조직이라 할 수 있다.

(2) 연합체조직

연합체조직(federation)이라 함은 각 지역별 또는 각 기업의 노동조합이 독립된 노동조합의 자격을 가지면서 전국적인 연합조직의 구성원이 되는 조직형태를 말한다. 이 경우 전국적인 연합조직의 구성원인 노동조합을 '단위조합'이라고 하며, 지역적 또는 전국적 조직을 '연합조직'이라 한다. 따라서 연합조합의 구성원은 개개 근로자가 아니라 이 근로자를 조직하고 있는 독자적인 노동조합이다. 예컨대 우리나라의 노동조합의 조직형태는 단위노동조합을 기업별 조합으로 하고, 그들이 산업별로 17개의 전국연합조합을 구성하고 있었다. 한편 철도·전력·체신 및 전매사업에 있어서는 실질적으로 전국적인 단위노동조합으로서의 기능을 하고 있다. 이리하여 사무금융노련을 제외한 16개의 전국연합조합과 4개의 전국단위노동조합이 한국노동조합총연맹을 구성하고 있다.

미국의 AFL-CIO와 영국의 TUC 등은 모두 전국적 규모의 연합체조직인 것이다. 그러나 수개의 조합이 결집된 것이라고 하더라도 그것이 단순히 협의기관으로서의 기능을 갖는 데 그치고 통일적 단체로서의 성격을 갖지 못할 경우에는 연합체라고 볼 수 없다.

사례*

한국노동조합총연맹은 1919년 일제하에서 독립운동과 함께 지하노동운동을 전개하였다. 대표조직으로 근로회(1919)가 있었다. 한국노동조합총연맹의 주요 활동 및 연혁을 살펴보면 다음과 같다.

1946년	3월	대한독립촉성노동총연맹 결성을 하였다.
1947년	12월	ICFTU(국제자유노련) 창립회원으로 참가(런던, 75개국 참가)
1949년	11월	ICFTU(국제자유노련) 창립회원으로 참가(런던, 75개국 참가)
1954년	4월	대한노동조합총연합회(대한노총)로 개편
1960년	11월	한국노동조합총연맹(한국노총)으로 개칭
1961년	5월	노동단체 해산(최고회의포고 제6호)
	8월	한국노동조합총연맹(노총) 결성(산하 16개 산별노조와 1개 연합노조)
1977년	4월	한국노총 장학재단 설립
1980년	2월	산하 17개 회원조합(우전통신노련에서 통신노련과 체신노조로 분리)
	3월	산하 18개 회원조합(보험노련 설립)
	4월	산하 19개 회원조합(자동차노련에서 택시노련 분리)
	5월	산하 20개 회원조합(화학노련에서 고무산업노련 분리)
1989년	2월	90년부터 노동절 행사를 5월 1일에 거행할 것을 결의(대의원대회)
1990년	5월	5월 1일에 노동절행사 거행
1991년	12월	국제노동기구(ILO) 가입
1992년	5월	총액임금제 분쇄 결의대회
	11월	'노동자 은행' 평화은행 설립
1994년	11월	전국노조대표자대회 개최

1996년 3월 노총 위원장, ICFTU 집행위원 피선
6월 노동법 개악저지 총파업투쟁
11월 생존권 사수 및 노동악법 분쇄 결의대회
1997년 1월 날치기 노동법 무효화와 민주적 노동법 개정을 위한 전국노동자대회
4월 공공서비스노련 노총가입
9월 아파트노련 노총가입
1998년 2월 공공건설노련 노총가입
7월 정부투자기관노련 노총가입
1999년 8월 전국의료산업노련가입
8월 전국예능인노련 노총가입
8월 한국교원노조 노총가입
2000년 3월 전국식품산업노련 노총가입
7월 주40시간 주5일 노동제 쟁취, 일방적 구조개악 저지 총파업
2001년 11월 주5일 근무제 쟁취 전국노동자대회
2002년 5월 노동조건 개악 없는 주5일제 쟁취 결의대회
전국 30여 개 지역 10만여 조합원 참가
2003년 2월 노총개혁방안 대의원대회서 결의
6월 전국 488개 노조 6만 조합원 총파업
경제특구법 폐지, 주5일 노동제 쟁취 결의대회
10월 전국도시철도노련을 전국철도산업노조로 명칭 변경
2004년 7월 한국교원노조 제명, 전국예능인노련 제명
12월 사립대학연맹 노총가입
2006년 9월 국제노동조합연맹(ITUC) 가입
2007년 6월 한국노총 총력투쟁결의대회
10월 공무원연맹 노총가입
12월 대통령선거 정책연대 협약체결
2009년 2월 노사민정 대타협 선언
11월 노조법 개정 전국노동자대회
2011년 5월 전국노동자대회 역대 최대인 13만 명의 조합원이 모여 노조법 전면 재개정을 요구.
12월 한국노총–민주통합당 공식 출범에 참여
한국노총–시민사회세력–민주당 3세력이 민주통합당을 공식 출범
2012년 2월 한국노총–민주통합당 총선노동공약 발표
한국노총–민주통합당 총선 노동공약 발표
"노동이 존중되는 평등복지국가는 가능하다."
2013년 4월 kt노조 한국노총 가입
6월 근로시간면제심의위원회 합의실패, 표결로 결정
9월 "모든 임금은 노동의 대가", 통상임금투쟁 전개
12월 노동탄압 규탄 및 사회적 대화 중단 선언
2014년 1월 제25대 집행부 출범(김동만 위원장, 이병균 사무총장)

	2월	실노동시간 단축, 노동기본권 확대, 통상임금 정상화를 위한 국회 환경노동위 산하에 노사정 소위 논의(2개월 한시 운영) … 4.23 최종 합의 실패
	4월	세월호 참사 … 전조합원 서명운동 및 성금모금. 생명·안전분야 정규직 고용 정책 요구
	8월	공공부분에 대한 사회적 대화 틀 마련을 위해 한국노총 노사정위원회 복귀
	12월	노사정위원회 '노동시장 구조개선의 원칙과 방향' 합의
2015년	4월	노동시간 구조개선관련 협상 결렬 한국노총 중앙연구원 개원 20주년 기념 사업
	6월	쉬운 해고·임금삭감·근로조건 개악저지·임단투 승리를 위한 총파업 찬반투표
	7월	노동시장 구조개악 저지를 위한 천막농성(47일간)
	8월	노사정위원회 복귀
	9월	노동시장 구조개선을 위한 노사정합의 새누리당, 합의에 이르지 못한 비정규직 계약기간 연장(2+2), 파견확대를 포함한 5대입법안을 당론 발의
	11월	김동만 위원장 국회 앞 1인 시위 (11/30부터 약 1달여간)
	12월	정부, 쉬운 해고와 취업규칙 불이익변경 등 2대 지침 발표
2016년	1월	9.15 합의 파기 선언
	2월	쉬운 해고 및 취업규칙불이익변경 지침 국가인권위 진정
	3월	한국노총 창립 70주년 기념식 및 후원의 날
	4월	총선에서 노총출신 더불어민주당(이용득, 한정애, 김경협, 김영주, 어기구), 국민의당(김성식), 새누리당(김성태, 장석춘, 문진국, 임이자) 등 당선
	8월	일제강제징용 조선인 노동자상 일본 교토 단바망간기념관에 설치
	9월	불법 2대 지침 폐기 및 노동개악법 저지를 위한 천막농성
	11월	박근혜-최순실 국정농단 사태에 대한 시국선언… 박근혜 정권 퇴진 촉구 박근혜 퇴진 촛불집회 합류
2017년	1월	제26대 김주영 위원장-이성경 사무총장 당선
	4월	조합원 총투표. 더불어민주당 문재인 후보를 대선 지지후보로 결정
	5월	문재인 후보와 대선승리-노동존중 정책연대 협약
	7월	2018 적용 최저임금 역대 최고액(1,060원) 인상. 시급 7,530원
	8월	ILO핵심협약 비준 촉구 투쟁
	9월	과로사 근절 및 장시간노동 철폐 투쟁 새로운 사회적 대화를 위한 3단계 프로세스 제안

자료 한국노동조합총연맹 홈페이지(http://inochong.org)

제 5 절

노동조합의 자격

1. 노동법에 규제된 노동조합의 자격

노동조합 및 노동관계조정법 제2조 4항에 "노동조합이라 하면 근로자가 주체가 되어 자주적으로 단결하여 근로조건의 유지·개선 기타 근로자의 경제적·사회적 지위의 향상을 도모함을 목적으로 조직하는 단체 또는 그 연합단체를 말한다"고 규정함으로써 노동조합의 자격요건에 정의를 하고 있다. 또한 제2조 4항의 단서에 해당되면 노동조합의 결격요건으로 규정함으로써, 이에 해당하는 노동단체에 대해서는 노동조합이 아니다.

1 사용자 또는 항상 그 이익을 대표하여 행동하는 자의 참가 허용
2 경비지출에 있어 주된 부분을 사용자의 원조를 받는 경우
3 공제·수양 기타 복리사업만을 목적으로 하는 경우
4 근로자가 아닌 자의 가입을 허용하는 경우, 다만 해고된 자가 노동위원회에 부당노동행위의 구제신청을 한 경우에는 중앙노동위원회의 재심판정이 있을 때까지는 근로자가 아닌 자로 해석하여서는 아니 된다.
5 주로 정치운동을 목적으로 하는 경우

이와 같이 노동조합이 노동법상 적격한 노동조합으로 인정받기 위해서는 노동조합 및 노동관계조정법 제2조 노동조합의 실질적 제반요건을 갖추어야 하며, 또한 노동조합 및 노동관계조정법의 각 규정에 의한 신고증 교부, 서류비치 등 형식적 요건을 갖추어야 한다.

2. 노동조합의 실질적 요건

노동조합이 노동법상 조합으로 인정되기 위해서는 실질적 요건, 즉 노동조합 및 노동관계조정법 제2조 4항의 적극적 요건을 갖추어야 함을 물론 단서 조항의 소극적 요건에 해당되지 않아야 한다.

여기서 적극적 요건이란 노동조합으로 인정받기 위하여 「그렇게 되지 않으면 안 된다」고 하는 요건, 즉 적극적으로 갖추어야 할 요건을 말하고, 소극적 요건은 「그렇게 되어서는 안 된다」고 하는 요건, 즉 갖추어서는 안 된다고 하는 결격요건을 뜻한다.

(1) 적극적 요건

노동조합은 근로자가 주체가 되어 자주적으로 조직한 단체이어야 하는바, 이를 조직상의 요건이라 한다. 여기서 근로자라 함은 직업의 종류를 불문하고 임금·급료 기타 이에 준하는 수입에 의하여 생활하는 자를 말한다. 한편 근로자가 '주체가 되어' 조직하는 단체라고 함은 근로자로서 조직되고 제3자, 특히 근로관계의 당사자인 사용자로부터의 독립성을 유지하는 단체라는 뜻이다. 또한 '자주적으로' 조직하는 단체라고 함은 대내적으로 근로자가 스스로의 의사에 의하여 조직하고, 대외적으로는 그 운영에 있어서 사용자는 물론 행정관청, 정당, 또는 교회 등으로부터 독립할 것을 요건으로 한다.

노동조합은 위에서 말한 조직상의 요건을 갖추고 있는 단체로서 근로자의 근로조건의 유지·개선 등을 목적으로 하여야 하는바, 이를 목적상의 요건이라 한다. 이러한 목적을 달성하는 방법으로는 사용자와의 단체교섭·단체협약의 체결 그리고 쟁의행위 등이 있다. 한편 노동조합이 근로조건의 유지·개선이라는 경제적인 목적을 주목적으로 하는 한 부차적으로 공제·복지 기타의 문화적인 사업을 목적으로 하는 것은 무방하다.[11]

---

11) 박운성, 전게서, pp. 157~158.

(2) 소극적 요건(결격요건)

노동조합이 노동조합 및 노동관계조정법상의 조합으로 인정받고자 한다면 당연히 노동조합 및 노동관계조정법 제2조 단서조항에서 규정하는 다음과 같은 결격요건에 해당되지 않아야 한다.

1 사용자 또는 항상 그의 이익을 대표하여 행동하는 자의 참가를 허용하는 경우

이것은 노동조합의 결성·운영에 있어서 노동조합의 자주성을 확보하고, 어용화되는 것을 방지하자는 것이다. 여기서 사용자의 이익을 대표하는 자의 범위에 관하여는 각 기업에 있어서 노동운동의 실태에 따라 구체적으로 이를 판단할 수밖에 없다.

일반적으로 기업의 인사·급여·후생·노무관리 등의 근로조건의 결정이나 업무명령·지휘감독 등의 사항에 관하여 사업주로부터 직접·간접으로 일정한 책임과 권한이 부여된 자를 이익대표자라고 하는데, 보통 부장·과장급은 그 소속을 불문하고 모두 이에 해당되며, 인사과, 노무과, 기획과 등에 있어서는 주무급 이상, 그리고 중역실의 비서 등은 모두 포함된다고 보고 있다.[12)]

2 조합경비의 주된 부분을 사용자로부터 원조를 받지 않아야 함

이는 조합의 자주성을 확보하고 어용화되는 것을 방지하는 데 있다. 여기서 경비라고 함은 조합운영을 위한 경비이므로 조합사무소의 설비, 비품 등의 비용과 인건비, 즉 조합간부(전임자)를 비롯한 종업원의 급료, 출장비의 지급을 포함한다. 다만 근로자가 노동시간 중에 사용자와 협의 또는 교섭하는 것은 사용자가 허용하면 무방하고, 또한 근로자의 복리후생자금 또는 경제상의 불행 기타의 재해 방지와 구제 등을 위한 기금의 기부, 최소 규모의 조합사무실의 제공은 이에 해당하지 않는다.

12) 박상필, 한국노동법, 대왕사, 1981, p. 144.

3 공제·수양 기타 복리사업만을 목적으로 하지 않아야 함

노동조합은 경제적인 목적을 제1차적인 목적으로 하는 근로자의 단체이므로 이를 도외시하거나 이를 무시하고 공제·수양 또는 복리사업만을 목적으로 하는 경우에는 노동조합이라고 할 수 없다.

4 근로자가 아닌 자의 가입이 허용되지 않아야 함

여기서 근로자의 범위에 관해 실업 중인 근로자도 포함되느냐가 문제가 된다. 노동조합 및 노동관계조정법에서 근로자는 근로기준법에 있어서의 근로자와는 달리 실업중인 근로자도 포함하는 개념이다. 또한 직업별 노동조합 및 산업별 노동조합에 있어서는 실업 중인 근로자에게도 구성원의 자격을 부여하고 있는 것이 일반적이다. 그러나 우리나라에 있어서는 개정 노동조합법에 의하여 조합의 설립은 기업별 조직을 원칙으로 하기 때문에 실업 중인 근로자가 노동조합에 가입할 수 없다. 만일 가입하면 제3자의 개입이라는 문제가 제기될 수 있다. 다만, 해고된 자가 노동위원회에 부당노동행위의 구제신청을 한 경우에는 중앙노동위원회의 재심판정이 있을 때까지는 근로자가 아닌 자로 해석하여서는 안 된다.

5 주로 정치활동을 목적으로 해서는 안 됨

노동조합은 정치성을 띤 정치운동을 할 수 없도록 되어 있다. 노동조합 및 노동관계조정법 제2조 4항 마호에 의하면 주로 정치운동을 목적으로 해서는 안 된다고 규정하고 있다. 노동조합은 조합원의 공익을 위하여 정당에 가입할 수 없으며, 정당을 목적으로 조합비를 징수하는 행위 그리고 노동조합기금을 정치자금에 허용하는 행위는 금지하고 있다. 특히 특정 정당의 파당성을 띤 선거행위를 집단적으로 해서는 안 된다. 이는 자본주의 성격의 개인적 의사존중이 필요하다는 판단 때문이다.[13)]

13) 김성수, 전게서, p. 145.

3. 노동조합의 형식적 요건

노동조합이 노동법상의 보호를 받고자 한다면 실질적 요건 이외에 노동조합 및 노동관계조정법 제10조의 규정에 따라 작성된 노동조합 설립신고서와 제11조에서 규정한 필요 기재사항을 갖춘 규약을 첨부하여 관할 행정관청에 제출하여야 한다. 이를 노동조합의 형식적 요건이라고 하며, 이것은 노동조합의 대내적 민주적 운영을 촉진시키기 위한 것이다.

(1) 노동조합의 설립신고

노동조합 및 노동관계조정법 제2조의 실질적 요건을 갖춘 노동조합은 조합규약을 첨부하여 노동조합 설립신고서를 행정관청에 제출하여야 한다. 설립신고서는 연합단체인 노동조합과 2개 도 이상에 걸치는 단위노동조합은 고용노동부장관에게, 그 외의 노동조합은 서울특별시장·광역시장·도지사에게 제출한다. 그리고 근로조건의 결정권이 있는 독립된 사업 또는 사업장에 조직된 근로단체는 지부·분회 등의 명칭 여하에 상관없이 설립신고를 할 수 있다. 행정관청이 설립신고서류를 접수한 때에는 제12조 제2항 전단 및 제3항의 경우를 제외하고는 3일 이내에 신고증을 교부하여야 한다(1998. 2. 20 본 항 개정). 따라서 우리나라 노동조합 및 노동관계조정법 제12조 제4항의 규정에 따라 노동조합이 신고증을 교부받은 경우에는 설립신고서가 행정관청에 접수된 날에 설립된 것으로 간주한다.

(2) 노동조합의 규약

노동조합의 규약은 노동조합의 조직과 운영을 위한 헌법이라고 할 수 있다. 그러므로 노동조합은 그 조직의 자주적·민주적 운영을 보장하기 위하여 당해 노동조합의 규약에 노동조합 및 노동관계조정법 제11조에서 규정하고 있는 15개의 필요적 기재사항을 반드시 기재해야만 노동법상의 조합으로서 완전한 보호를 받을 수 있게 된다.

당해 노동조합규약에 기재할 구체적인 내용은 다음과 같다.

1 명칭
2 목적과 사업
3 주된 사무소의 소재지
4 조합원에 관한 사항
5 소속된 연합단체가 있는 경우에는 그 명칭
6 대의원회를 두는 경우에는 대의원회에 관한 사항
7 회의에 관한 사항
8 대표자와 임원에 관한 사항
9 조합비 기타 회계에 관한 사항
10 규약변경에 관한 사항
11 해산에 관한 사항
12 쟁의에 관한 사항
13 대표자와 임원의 규약위반에 대한 탄핵에 관한 사항
14 임원 및 대의원의 선거절차에 관한 사항
15 규율과 통제에 관한 사항 등이다.

4. 노동조합의 설립

(1) 노동조합의 설립신고

노동조합 및 노동관계조정법 제10조에 의하면 "노동조합을 설립하고자 하는 자는 다음 각호의 사항을 기재한 신고서에 제11조의 규정에 의한 규약을 첨부하여 연합단체인 노동조합과 2인 이상의 특별시·광역시·도에 걸치는 단위노동조합은 특별시장, 광역시장, 도지사에게 제출하여야 한다." 신고서에 기재할 사항은 다음과 같다.

1 명칭
2 주된 사무소의 소재지
3 조합원수

4 임원의 성명과 주소

5 소속된 연합단체가 있는 경우에는 그 명칭

6 연합단체인 노동조합에 있어서는 그 구성노동단체의 명칭, 조합원수, 주된 사무소의 소재지 및 임원의 성명·주소 등을 기재한다.

여기서 규정된 연합단체인 노동조합은 동종 산업의 단위 노동조합을 구성원으로 하는 산업별 연합단체와 전국규모의 산업별 단위 노동조합을 구성원으로 하는 총연합단체를 말한다.

(2) 노동조합의 규약

노동조합은 그 조직의 자주적·민주적 운영을 보장하기 위하여 당해 노동조합의 규약에 있는 모든 사항을 기재한다(노동조합 및 노동관계조정법 제11조(규약)).

1 명칭

2 목적과 사업

3 주된 사무소의 소재지

4 조합원에 관한 사항(연합단체인 노동조합에 있어서는 그 구성단체에 관한 사항)

5 소속된 연합단체가 있는 경우에는 그 명칭

6 대의원회를 두는 경우에는 대의원회에 관한 사항

7 회의에 관한 사항

8 대표자와 임원에 관한 사항

9 조합비 기타 회계에 관한 사항

10 규약변경에 관한 사항

11 해산에 관한 사항

12 쟁의행위와 관련된 찬반투표 결과의 공개, 투표자 명부 및 투표용지 등의 보존·열람에 관한 사항 [[시행일 2007.7.1]]

13 대표자와 임원의 규약위반에 대한 탄핵에 관한 사항

14 임원 및 대의원의 선거절차에 관한 사항

15 규율과 통제에 관한 사항

사례*

공무원노동조합

2006년 공무원노조법이 시행된 이후 공무원노동조합의 조직률이 일반 노조와 비교해 5배 이상 높은 것으로 나타났다. 공무원노조법 시행 첫해인 2006년 21.8%였던 공무원 노조 조직률은 2008년 72.1%로 정점에 달했다가 2009년 10월 전국공무원노조가 법외 노조로 되면서 53.1%로 하락한 바 있다. 공무원 조합원수는 2006년 6만3,275명에서 2008년 21만5,537명으로 급증했다가 2009년 15만8,910명으로 줄었다. 2011년도 공무원단체 가입현황을 보면 공무원단체 가입자는 195,086명으로 전체 가입대상 대비 66%, 이중 노동조합 조합원은 165,997명, 직장협의회(134개)회원은 29,089명으로 2010년 대비 큰 변화는 없는 편이나, 노조 및 직장협의회 가입률이 소폭 증가하였다.

공무원노조법은 노조에 가입할 수 있는 공무원을 6급 이하 중 지휘 및 감독업무를 제외한 업무일반·기능·고용·별정직 등으로 한정하고 있으며, 5급 이상 공무원이나 특정·정무·교정·현업(우체국)직이나 교원, 근로감독관 등은 노조에 가입할 수 없다.

공무원의 노조에 가입은 자유롭지만 노조활동에 있어 공무원들의 '공무 외 집단행위'를 금지하고 있는 국가공무원법은 합헌이라는 헌법재판소의 결정이 나왔다. 헌재는 2014년 8월 28일 시국선언에 참여했다 징계를 받은 교사들이 '공무 외 집단행위'를 금지하고 있는 국가공무원법 66조에 대해 제기한 헌법소원 심판청구 사건에서 재판관 7(합헌) 대 2(위헌) 의견으로 합헌 결정을 내렸다.

헌법재판소는 "우리 정치 현실을 감안하면 국가와 사회발전을 위해 이뤄진 공무원의 정치적 표현행위라고 정치적 편향성에 대한 의심을 제거하기 어려운 것이 사실"이라며 "공무원의 정치적 중립에 대한 요청을 충족시키지 못하는 한 허용되는 행위라고 볼 수는 없다"고 설명했다.

전국공무원노동조합 규약 제8조 (조합 가입과 탈퇴)에 의하면 ① 강령과 규약에 찬동하는 자는 조합원가입을 신청할 권리를 가지며, 소정의 절차를 거쳐 조합원이 된다. 기존 노조(또는 직장협의회)가 공무원노조에 가입할 경우 ① 노조운영위(또는 협의위원회의) → 노조 대의원대회(실무위원회의) → 총회를 통해 가입을 결정한다. ② 노조(또는 직장협의회) 조합원(회원) 및 직원을 대상으로 공무원노조 가입 신청서 받는다. ③ 공무원노조에 가입 승인 요청서 제출한다. 지역본부가 결성된 곳에서는 본부에 제출하고, 지역본부가 결성되지 않는 곳에서는 공무원노조 중앙에 제출한다. 공무원노조 승인 절차를 거쳐 가입 완료되고 지부가 구성된다.

노조(또는 직장협의회)가 설립되지 않았거나 노조(또는 직장협의회)가 있어도 노선이 달라 몇몇이 결의를 통해 공무원노조에 가입할 경우 할 경우 ① 공무원노조에 가입할 의사가 있는 사람을 결집, ② 공무원노조 가입 신청서 받음, ③ 공무원노조에 가입 승인 요청서 제출, 지역(또는 직능)본부가 결성된 곳은 본부에 제출, 지역(또는 직능)본부가 결성되지 않는 곳은 공무원노조 중앙에 제출한다. ④ 공무원노조 승인 절차를 거쳐 가입이 완료되고 지부가 구성된다.

조합비 납부 의무(규약 제9조 제3항)는 조합원 1인당 12,000원(본부 분담금 제외), 납부일은 당월 30일까지이며, 납부처는 지역(또는 직능)본부, 중앙(지역본부가 결성되지 않는 곳)에 납부한다.

(3) 신고증의 교부와 설립 신고주의

고용노동부장관 또는 특별시장·광역시장·도지사는 노동조합 및 노동관계조정법의 규정에 의한 설립 신고증을 접수한 때에는 3일 이내에 반드시 신고증을 교부하여야 한다. 이와 같이 설립 신고를 하고 신고증을 받도록 규정함으로써 우리나라는 노동조합의 설립에 대하여 설립 신고주의를 채택하고 있다.

그러나 이러한 설립 신고제도는 노동조합의 자유로운 설립에 대해 제한이 되어있다. 따라서 노동조합의 설립에 있어서는 자유설립제도인 자유설립주의를 원칙으로 하는 신고제도가 가미되어야 한다. 이 같은 사실은 설립 신고서 또는 규약에 기재사항의 누락 등 보완이 필요한 경우에는 대통령령이 정하는 바에 따라 20일 이내의 기간을 정하여 보완을 요구하도록 하고 있어 자유로운 설립에

사례*

복수노조 허용

2011년 7월부터 사업장단위 복수노조가 허용되는 가운데 노동조합이 규약 등을 통해 조합원 이중가입을 금지하거나 제한할 수 있게 된다. 고용노동부는 '사업(사업장) 단위 복수노조 업무매뉴얼'을 확정하고 각 지방노동관서에 배포했다. 지침에 따르면 현행 노동조합 및 노동관계조정법이 허용하는 근로자의 노조 이중 가입 문제와 관련, 노조가 내부 규약 등을 통해 조합원의 이중 가입을 금지하거나 제한할 수 있도록 했다.

또한 근로자가 입사하면 반드시 노조에 가입하고 탈퇴하면 회사가 해고토록 하는 '유니온 숍 협정'이 있더라도 근로자가 자유롭게 해당 노조를 탈퇴해 새로운 노조를 설립하거나 다른 노조에 가입할 수 있도록 규정했다.

따라서 복수노조가 허용되면 노조를 탈퇴해 새로운 노조를 조직하거나 다른 노조에 가입한 것을 이유로 신분상 불이익을 줄 수 없도록 했다. 이와 함께 일부 조합원들이 개별 또는 집단적으로 탈퇴해 다른 노조에 가입하거나 새로운 노조를 설립하더라도 기존 노조의 채권채무나 단체협약은 새로 가입하거나 설립된 노조에 승계되지 않는 것을 원칙으로 했다. 노조에서 탈퇴한 조합원이 재산분할에 관한 합의 등 별도의 법률행위가 존재하지 않는 이상 재산분할을 요구할 수 없도록 했다. 아울러 사용자가 단체협약에 명시된 유일 교섭단체 조항을 근거로 다른 노조와의 교섭을 거부하는 것을 부당노동행위로 해석했다. 노조법상 교섭단위 분리결정이 노동위원회의 전속 사항이기 때문에 노사 당사 간 합의에 의한 임의적인 교섭단위 분리를 허용하지 않는다.

이밖에 교섭창구 단일화 절차에 참여하지 않은 노조는 사용자와 교섭하거나 단협을 체결할 수 없으며 쟁의행위를 하거나 노동위원회에 조정신청을 못하도록 했다.

대하여 제한적 사항으로 지적되고 있다. 그리고 보완된 설립 신고서 또는 규약을 접수한 때에는 3일 이내에 신고증을 교부하여야 한다. 행정관청(고용노동부장관 또는 특별시장·광역시장·도지사 등)은 설립하고자 하는 노동조합이 노동조합의 결격요건이 있거나 기간 내에 보완을 요구하는 경우는 설립신고서를 반려하도록 규정하고 있어 자유설립제도를 제한하고 있다.

따라서 우리나라 노동조합 및 노동관계조정법 제12조 제4항의 규정은 노동조합이 신고증을 교부받은 경우에만 설립 신고서가 접수된 때로부터 노동조합이 설립된 것으로 본다.[14)]

제 6 절 노동조합의 관리

1. 노동조합의 기관과 재정

(1) 노동조합의 기관

노동조합의 기관의 구성과 운영에 대해서는 대폭적인 자주성을 인정하고 있다. 즉 조합의 운영은 원칙적으로 노동조합의 자주적 결정에 맡기고, 다만 노동조합의 규약이 법령을 위반하거나 공익을 해할 염려가 있는 경우에만 행정관청(고용노동부장관, 특별시장, 광역시장, 도지사 등)은 적절한 조치를 취할 수 있다.

노동조합의 기관에는 의결기관, 집행기관, 감사기관, 보조기관 및 특별기관이 있다. 이 중에 가장 중요한 기관은 의결기관인 총회와 대의원회이다.[15)]

---

14) 김성수, 상게서, pp. 148～149.

15) 이종법·류태모·윤대혁, 전게서, pp. 116～119.

1 총회

㉠ 총회의 소집

총회는 노동조합의 최고의결기관이다. 일반적으로 총회는 조합원 전원에 의하여 구성되지만 조합원 전원의 참가가 어려운 대규모의 조합에 있어서는 총회에 대신하여 대의원회를 둘 수 있다. 총회는 정기총회와 임시총회가 있는데, 정기총회는 단위노동조합은 매년 1회 이상, 연합단체인 노동조합은 3년마다 1회 이상 개최하여야 하며, 조합의 대표자는 총회의 의장이 된다.

임시총회는 노동조합의 대표자가 필요하다고 인정하는 때와 조합원 또는 대의원의 3분의 1 이상이 소집권자의 지명을 요구한 때에는 15일 이내에 노동위원회의 의결을 요청하고 의결이 있을 때에는 지체 없이 회의의 소집권자를 지명해야 한다. 노동조합의 대표자가 회의의 소집을 고의로 기피하거나 이를 해태한 경우에는 행정관청은 노동위원회의 승인을 얻어 소집권자를 15일 이내에 지명하여 임시총회를 소집하게 할 수 있다(제18조).

㉡ 총회의 의결사항

노동조합 및 노동관계조정법 제16조에서 규정하고 있는 결의사항은 다음과 같다.

ⓐ 규약의 제정과 변경에 관한 사항

ⓑ 임원의 선거와 해임에 관한 사항

ⓒ 단체협약에 관한 사항

ⓓ 예산·결산에 관한 사항

ⓔ 기금의 설치 관리 또는 처분에 관한 사항

ⓕ 연합단체의 설립·가입 또는 탈퇴에 관한 사항

ⓖ 합병·분할 또는 해산에 관한 사항

ⓗ 조직형태의 변경에 관한 사항

ⓘ 기타 중요한 사항 등이다.

총회의 의결사항은 원칙적으로 재적 조합원 과반수의 출석과 출석조합원 과반수의 찬성으로 의결한다. 다만 규약의 제정·변경, 임원의 해임, 합병·분할·해산 및 조직형태의 변경에 관한 사항은 재적조합원 과반수의 출석과 출석조합원 3분의 2 이상의 찬성이 있어야 한다. 그리고 임원의 선거에 있어서 출석조합원 과반수의 찬성을 얻은 자가 없는 경우에는 규약이 정하는 바에 따라 결선투표를 실시하여 다수의 찬성을 얻는 자를 임원으로 선출할 수 있다. 또 규약의 제정·변경과 임원의 선거·해임에 관한 사항은 조합원의 직접·비밀·무기명투표에 의하여 선출한다.

2 대의원회

대의원회도 노동조합의 최고의결기관이며, 노동조합 및 노동관계조정법 제17조 제1항에 노동조합은 규약으로 총회에 갈음할 대의원회를 둘 수 있다고 규정하였다. 대의원회를 두는 이유는 노동조합의 대규모화, 사업장의 분산, 조합업무의 전문화 등을 들 수 있다. 그리고 총회에 관한 규정이 대의원회에도 준용된다. 그리고 대의원의 임기는 규약으로 정하되 3년을 초과할 수 없도록 되어 있다.

3 임원의 선거

노동조합 및 노동관계조정법 제23조에서는 임원의 선거에 관한 사항을 총회의 결의사항으로 정하고 조합원의 직접·비밀·무기명투표에 의하고 있다. 그리고 동법은 노동조합의 임원은 그 조합원 중에서 선출하여야 하며, 일정한 결격사유에 해당되어서는 안되며 그 임기는 규약으로 정하되 3년을 초과할 수 없다. 그리고 2개 이상 노동조합의 전임임원을 겸할 수 없도록 하는 것은 삭제되었다. 한편 조합원은 균등하게 노동조합의 모든 문제에 참여할 권리를 가진다.

(2) 노동조합의 재정

노동조합의 자주성은 조합재정의 독립성 여하에 달려 있다. 노동조합이 사용자의 원조를 받거나 재정이 확립되어 있지 못하면 노동조합은 필연적으로 사용자의 지배를 받게 마련이다. 그러므로 조합재정이 사용자로부터의 독립은 조합운영의 자주성의 기반이라고 할 수 있다.

노동조합의 재정적 기초는 조합원의 정기조합비이다. 기타 수입으로는 기부금·노조가입비와 추징금·사업수입금 등을 들 수 있다. 우리나라에 있어서 조합원의 조합비는 매월 그 조합원의 임금의 100분 2를 초과하지 않는 범위 내에서 규약으로 정하도록 되어 있다. 그런데 1980년 12월의 개정 노동조합법에서는 조합비의 일정비율 이상을 조합원의 복지후생사업에 사용토록 하는 규정을 신설함으로써 노동조합의 기능을 조합원의 복지후생사업으로 확대하려는 의지를 나타내고 있다. 그러나 우리나라의 경우 노동조합의 재정수입 중 조합비의 비율이나 징수율, 재정자립도가 높지 않기 때문에 노조운영에 어려움을 겪고 있는 실정이다.

조합비의 부과방법에는 정률제와 정액제 두 가지가 있는데, 대부분의 노동조합에서는 전자를 택하고 있는 실정이다. 정률제의 징수 기준은 주로 기본급, 통상임금, 월급여액, 월급여액+상여금 등 여러 가지가 있으나 그중에서 기본급을 기준으로 하는 비율이 가장 높다.

노동조합의 재정적 기반이 튼튼할 때 건전한 발전이 있을 수 있고 나아가 조합원의 신뢰감이 높아질 수 있다. 그러므로 조합의 재정 및 회계에 대한 감사를 정기적으로 실시하고 이를 공개하여야 한다. 우리나라 노동조합 및 노동관계조정법 제25조 제1항에 "조합의 대표자는 그 회계감사원으로 하여금 적어도 6개월에 1회씩 당해 노동조합의 회계감사를 실시하여야 한다"고 규정하고 있고, 필요하다고 인정하는 때에는 회계감사원 스스로가 언제든지 회계감사를 실시할 수 있도록 되어 있다. 또한 행정관청은 필요하다고 인정하는 때에는 관계공무원으로 하여금 노동조합의 경리 상황을 조사하거나 기타 필요한 서류를 검사하게 할 수 있다고 규정하여 행정관청의 노동조합의 비민주적 운영에 대한 간섭규정을 두고 있다. 그리고 동법 제27조에서는 "노동조합의 대표자는 회계연도마다 결산결과와 운영상황을 공표하여야 하며, 조합원의 요구가 있을 때는 언제든지 이를 공개하여야 한다"고 규정하여 노동조합의 재정운영에 있어서 공개원칙을 제시하고 있다.

위와 같은 법 규정은 노동조합의 재정 및 회계에 있어서 공정하고 민주적인 운영을 통해서 건전한 노동조합의 발전을 위한 규정이다.[16)]

2. 조합원의 권리와 의무

근로자가 노동조합에 가입하게 되면 조합원으로서의 권리와 의무를 부담하게 된다. 자주적이고 민주적인 노동조합을 결성·가입하고 단체교섭권 및 단체행동권을 행사함으로써 근로조건의 개선 등 경제적·사회적 지위의 향상을 도모하기 위한 권리의 행사 및 의무의 이행을 말한다.

노동조합 및 노동관계조정법(제22조)은 노동조합원의 권리와 의무규정을 두고 있다. 노조의 조합원은 균등하게 노동조합의 모든 문제에 참여할 권리와 의무를 갖는다. 다만, 노동조합은 그 규약으로 조합비를 납부하지 아니한 조합원의 권리를 제한할 수 있도록 하였다.

조합원의 의무에는 조합이라는 단체의 운영이나 활동에 필요한 금전적 부담은 물론 조합의 운영·활동에 참가하는 것은 권리임과 동시에 의무이기도 하다. 조합원의 재정적 부담은 체크오프(조합비 공제)제도를 많이 채택하고 있기 때문에 조합비 체납문제는 임금의 지연지급의 경우를 제외하고는 생기지 않는다. 조합비 이외에 총회의 의결에 따라 임시조합비가 부과되면 조합원은 이를 납부해야 할 의무가 있다.

3. 노동조합의 전임자

노동조합 및 노동관계조정법 제24조에서는 “근로자는 단체협약으로 정하거나 사용자의 동의가 있는 경우에는 근로계약 소정의 근로를 제공하지 아니하고 노동조합의 업무에만 종사할 수 있다”라고 규정하고 있다. 그리고 제24조 제2항에서

16) 박경문·최승욱, 전게서, pp. 143~144.

는 이 규정에 의하여 노동조합의 업무에만 종사하는 자(이하 "전임자"라 한다)는 그 전임기간 동안 사용자로부터 어떠한 급여도 지급받아서는 안된다고 되어 있다.

그러나 노동조합 전임자에 관한 문제는 노동조합 및 노동관계조정법 부칙6조에 의한 노동조합 전임자에 관한 적용의 특례(개정. 2001년 3월 28일)규정에 따라 사용자는 노동조합 전임자의 급여를 지원하고 있는 사업, 또는 사업장의 경우에 2009년 12월 31일까지 유예기간을 두었다. 그러나 동법은 노동조합의 전임자는 전임기간 동안 사용자로부터 어떠한 급여도 받아서는 안 된다고 규정하고 있다. 만약 전임자 급여 지급 시 사용자는 처벌받도록 되어 있다. 대신 2009년 말 노사정(勞使政)은 타임오프제 도입에 합의했다. 타임오프제는 노조 전임자에 대한 사용자의 임금지급을 원칙적으로 금지하되 노사교섭, 산업안전, 고충처리 등 노무관리적 성격이 있는 업무에 한해서 근무시간으로 인정하여, 이에 대한 임금을 지급하는 제도다. 근무시간으로 인정되는 노조 활동에는 근로자 고충처리, 산업안전보건에 관한 활동, 단체교섭 준비 및 체결에 관한 활동 등이 있다. 2010년 5월 1일, 근로시간면제심의위원회는 새롭게 근로시간면제 한도를 결정하였다. 이 개정안에 따르면 조합원 49명 이하의 사업장의 경우에는 1,000시간, 99명 이하는 2,000시간이 주어진다. 민주노총은 해당 개정안에 대해 반발했다. 특히 이번 결정으로 거대 사업장 내 전임자들이 대폭 줄어들게 된다.

한편, 유급 근로시간 규제에 대해 강제적인 법을 사용하기보다는, 노사 자율에 맡기는 것이 바람직하다는 의견이 있다. 타임오프제는 노사정(勞使政)의 합의에 따라 2010년 7월 1일부터 시행되었다. 그러므로 사용자는 급여지원 규모를 점진적으로 축소하여야 하며, 노동조합은 재정자립에 노력하여야 한다.

노동조합 및 노동관계조정법 제24조 제2항에도 불구하고 단체협약으로 정하거나 사용자가 동의하는 경우에는 사업 또는 사업장별로 조합원 수 등을 고려하여 제24조의2에 따라 결정된 근로시간 면제 한도(이하 "근로시간 면제 한도"라 한다)를 초과하지 아니하는 범위에서 근로자는 임금의 손실 없이 사용자와의 협의·교섭, 고충처리, 산업안전 활동 등 이 법 또는 다른 법률에서 정하는 업무와 건전한 노사관계 발전을 위한 노동조합의 유지·관리업무를 할 수 있다. [신설 2010.1.1] [[시행일 2010.7.1]] 또한 노동조합은 노동조합 및 노동관계조정법 제

사례*

타임오프제 시행 전후 비교

2010년 7월 '유급 노조활동 시간 제한(타임오프)' 제도를 도입한 뒤 3년여 만에 노조 전임자 수가 3분의 2로 줄어든 것으로 나타났다.

전국민주노동조합총연맹(민주노총)과 한국노동조합총연맹(한국노총)이 두 노총 소속 306개 사업장 노조를 대상으로 진행한 실태조사 결과, 타임오프 제도 도입 이전 1개 노조당 3.8명이던 '풀타임' 전임자가 제도 도입 뒤 2.5명으로 줄어 34.2%나 감소하였다. 반면, 하루에 몇 시간만 노조 일을 하는 '파트타임' 전임자 수는 기존 1명에서 1.3명으로 늘었다. 이는 노조 활동에 전념하는 풀타임 전임자가 줄어들고 그 자리를 파트타임 전임자가 대신하고 있는 현상으로 노조 활동을 약화시킬 것이라는 노동계의 우려가 현실로 나타난 셈이다.

이번 조사에서 타임오프 제도 실시 이후 직접적으로 노조 전임자의 활동이 제약받고 있다는 응답은 78.3%, 제약받는 활동의 내용으로는 상급단체 활동(41.7%), 조합원 조직사업(24.2%) 순으로 나타났다.

근로시간 면제제도(타임오프) 도입 전후 평균 노조전임자 수 (단위 : 명)

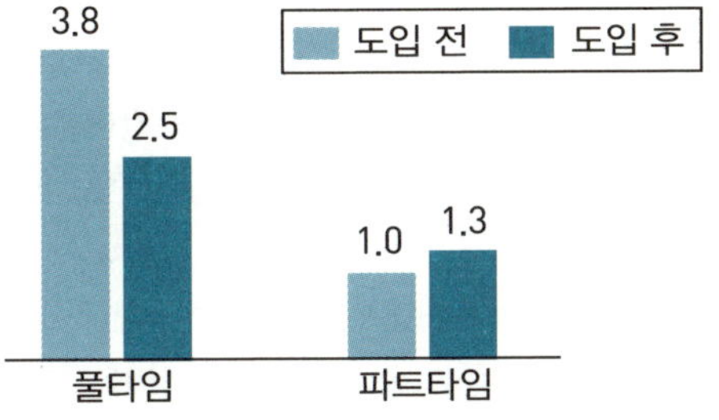

자료 한국노동조합총연맹·전국민주노동조합총연맹 공동조사 (양 노총 소속 306개 단위 사업장 노조 대상)

24조 제2항과 제4항을 위반하는 급여 지급을 요구하고 이를 관철할 목적으로 쟁의행위를 하여서는 아니 된다. [신설 2010.1.1] [[시행일 2010.7.1.]]

4. 노동조합의 해산

노동조합 및 노동관계조정법 제28조에서 규정하고 있는 노동조합의 해산 사유는 다음과 같다.

1 규약에서 정한 해산사유가 발생한 경우
2 합병 또는 분할로 소멸한 경우
3 총회 또는 대의원회의 해산결의가 있는 경우
4 노동조합의 임원이 없고 노동조합으로서 활동을 1년 이상 하지 아니한 것으로 인정되고 행정관청이 노동위원회의 의결을 얻는 경우 등이다.

그리고 노동조합이 해산되면 그 대표자는 해산할 날로부터 15일 이내에 행정관청에 해산을 신고해야만 한다.

사례*

1987년 7·8월에 유일한 전국조직이던 한국노총을 거부하고 자주성과 민주성을 가진 노동조합의 연대조직 건설하였다. 특히 여성, 제조업 중심의 노동조합에서 대공장, 사무전문직에도 많은 노동조합이 참여했다. 건설 노동자가 사회에서 차지하는 지위 향상을 위해 역량을 결집했다.

1990년 1월에 전국노동조합협의회(전노협)가 결성하여 14개 지역협의체와 2개 업종별 조직, 600여 개 노동조합 20여만 명의 조합원을 포괄하였다.

1990년 5월에 전국업종노동조합회의(업종회의)를 결성하여 14개 연맹 586개 노동조합, 200,197명 조합원으로 출발하였다.

1991년 10월에 ILO 기본조약 비준과 노동법 개정을 위한 전국노동자 공동대책위원회(ILO공대위)를 구성하였다.

1993년 6월에 전국노동조합대표자회의(전노대)를 결성하였다. 전노협, 업종회의, 현총련, 대노협이 주축이 되어 발족, 1,048개 노동조합 420,409명 조합원으로 구성되었다.

1994년 11월 13일 민주노총준비위를 결성하였다. 공동대표로 권영길(업종회의), 양규헌(전노협), 권용목(현총련)이 선임되었고, 집행위원장에는 허영구(전노대 집행위원장)가 선출되었다.

95년 상반기 사회개혁 투쟁을 임금인상 투쟁과 결합하여 주요한 사회적 쟁점으로 부각시키는 등 민주노조 진영의 전국중앙조직으로서 역할을 시작하였다. 7월부터 정책세미나, 단위노조 대표자수련대회를 통해 강령, 규약에 대한 토론을 시작으로 조직 건설 본격 시작하였다. 조합원 1인당 1만원의 민주노총 건설기금운동 전개하였으며 95년 10월 제12차 대표자회의에서 민주노총 강령·규약(안)을 확정하였다.

민주노총준비위는 1년 동안 13회의 대표자회의, 16회의 운영위원회, 40회의 집행위원회, 2번의 단위노조 대표자 수련대회를 가지면서 민주노총 창립을 준비하게 된다.

1995년 11월 11일 드디어 전국민주노동조합총연맹을 창립한다. 가맹 866개 노조, 41만여 명의 조합원의 조직으로 출발하였다.

1996년 12월 26일에 노동법 개악에 맞서 총파업 전개하고, 1997년 2월 말까지 총파업 돌입 노조 누적 집계 3,422개 노조, 3,878,211명, 1일 평균 파업 규모 163개 노조 184,498명이 참가했다.

1997년 외환위기 이후 강요된 정리해고제, 근로자파견제 법제화를 주요 내용으로 하는 노사정협약 잠정합의안을 거부하고 밑으로부터의 투쟁을 전개하게 된다.

1998년 은행 강제퇴출 반대 투쟁, 동아엔지니어링 퇴출 반대 투쟁, 현대자동차 정리해고 반대 투쟁, 만도기계노조 투쟁, 조폐공사 창 통폐합 반대 투쟁, 지하철 구조조정 반대 투쟁, 조폐공사 파업유도 사건 관련 투쟁, 한라중공업노조 파업, 자동차4사 노조 연대파업, 축협노조 투쟁, 신선대 우암 노조 투쟁, 철도 민주화투쟁, 롯데호텔노조 파업, 사회보험노조 파업, 금융노동자 파업, 대우자동차노조 정리해고 반대 투쟁, 항공사노조 파업, 발전노조·가스공사노조·철도노조의 국가기간산업 사유화 반대 파업에 돌입했다.

1999년 진보정당 추진위원회에 조직적 힘을 싣기로 결정하고 적극적으로 활동해 민주노동당 국회의원 원내 진출의 기반을 마련하였다.

2004년 민주노동당 국회의원 원내 진출의 기반을 마련하였다.

2006년 금속, 보건, 언론, 공공, 사무, 건설 등 가맹조직의 산별노조 건설을 향한 흐름을 형성하였다. 2006년 말 현재 629개 노조, 752,363명의 조합원을 포괄하는 조직으로 성장하였으며 산별노조 전환율(기업/산별) 75.60%, 대산별노조 가입율(기업/대산별) 67.67%로 새로운 산별 시대를 열었다. 민주노조운동의 정신인 자주성·민주성·연대성·투쟁성·현장성을 밑으로부터 복원하기 위한 활동을 전개하고 전 민중적 과제인 한미FTA 저지를 위한 투쟁의 전면에 나섰다.

2007년에 5기 지도부가 탄생되고 3월부터 8월까지 6개월 간의 현장대장정을 통해 지역과 산별조직의 현장 조합원들을 위원장이 직접 만났다. 민주노총의 어려움을 뚫고 나가는 방도는 오로지 현장 조합원의 힘을 세워내는 것에 있다는 믿음으로 출발해 시작한 현장대장정을 통해 전국을 돌며 조합원들의 역동성을 느낄 수 있었던 사업이었다.

2008년 5월부터 본격화된 광우병쇠고기 저지 촛불투쟁과 결합하여 운송저지투쟁, 총파업투쟁을 전개하면서 민주노총 지도부가 수배·구속되는 등 민주노총은 역사적인 범국민촛불투쟁에 적극 복무하기 위해 노력하였으며, 이 과정에서 민주노총의 사회적 위상을 재확인하고 그 역할을 높이기 위한 객관적 토대를 확대하였다.

2009년 상반기 언론노조 총파업을 시작으로 박종태 열사투쟁, 쌍용자동차 투쟁 등이 이어졌으며 최저임금투쟁을 연중 사업화하는 데 일정한 진전을 이뤘다. 또한 산별연맹의 자주적 투쟁 전개력과 지역별 투쟁이 일정하게 확장되었다. 하지만 연초 성폭력 사건 발생으로 민주노총에 대한 사회적 비판과 조합원들의 실망으로 내적 위기가 심화되었고 위기를 극복하기 위한 노력이 이어지는 과정이었다.

2010년 6.2지방선거에서 진보교육감 당선을 배경으로 학교비정규직 조직사업의 전국화와 지역적 결실이 큰 폭의 조직화로 이어졌으며 대법원 불법파견판결이 기폭제가 된 현대자동차 비정규직 투쟁을 통해 비정규직 조직화와 투쟁, 연대는 노동계급의 단결투쟁의 전망을 밝게 해 주었다. 11월 전국노동자대회를 앞두고 조직화의 일환으로 시작된 전태일 평전 읽기 운동은 현장의 요구와 교육 사업이 투쟁으로 이어지는 중요성과 가능성을 열어준 사업이었다.

2011년 한진중공업 투쟁이 희망버스와 결합되면서 내부의 완강한 투쟁과 일반 국민대중들의 적극적인 지지와 지원을 통한 노동운동 승리의 새로운 의미와 교훈이 담긴 투쟁이었다. 하반기 한미FTA 저지투쟁은 국회 진입투쟁과 확대간부 파업, 전국노동자대회 등을 통해 민주노총의 조직대오가 투쟁의 돌파구를 마련하는 역할을 하였다.

자료 전국민주노동조합총연맹 홈페이지 걸어온 길 참조

Chapter 5

단체교섭

05

타임오프제도

우리나라에서 사회적으로 문제가 되고 있는 갈등을 꼽으라면 최고 우선적으로 노사갈등이다. 노사갈등을 해결하기 위해 MB정부는 2010년부터 본격적으로 노조법 개정을 시작했고 이 과정에서 정착된 것이 '타임오프제도' 다.

타임오프제란 '유급 근로시간 면제제도'라고 볼 수 있다. 노조원들의 노무관리적 성격의 활동을 일종의 '근무시간'으로 인정해서 이에 대한 임금을 지급하도록 하는 제도이다.

세부적으로는 노조원들의 활동 가운데 단체교섭 활동시간과 고충처리 활동, 산업 재해 처리와 예방 활동 등 노무관리적 성격의 활동을 근무시간으로 인정해서 회사가 임금을 지급하게 되는 것이다.

이는 노조 전임자 급여를 회사 측에서 부담하던 기존의 관행에서 벗어나 노조가 자체 부담을 하되, 노사 공동의 이익 증진을 위한 노조 활동을 유급 처리하여 노사관계를 갈등이 아니라 협력의 관계로 만드는 것이다.

이와 더불어서 복수노조제도를 도입해서 경쟁과 책임의 노사관계를 정립하고, 노동운동의 자주성, 투명성 제고에 기여하도록 하였다.

실제로 타임오프제도는 2010년 7월 제도 시행 이후 지속적으로 도입률이 증가하여 2010년 64.1%에서 2011년 98.2%, 2012년에는 99.0%의 도입률을 보였다. 2011년 도입된 복수노조제도 역시 2012년까지 979개의 복수노조가 설립되었을 만큼 당시의 노동법 개정은 빠른 속도로 확산되어 나갔다.

실제로 연평균 노사분규 건수와 연평균 근로손실 일수를 부면 2010년부터 감소하는 추세를 보이다가 2012년 다시 증가하는 추세를 보인다. 그러나 노사갈등의 문제로 근로 손실 일수가 무려 1,201일에 달했던 2006년에 비하면, 노동법 개정으로 인해서 노사관계의 선진화가 어느 정도 진행된 것으로 보였다.

노동조합 전임자 등이 회사에서 받는 급여가 비슷한 호봉의 다른 근로자보다 현저하게 높다면 부당한 노조 지원이라는 대법원의 판결이 나왔다. 근로시간면제제도(타임오프제)에 따라 노조 일을 하면서 급여를 받을 수 있다 하더라도 그 금액이 협약으로 정한 소정근로시간이나 근로조건을 넘어 지급된다면 이 역시 노조의 자주성을 해치므로 인정할 수 없다는 취지다.

최근에는 이를 악용하는 사례가 나타나고 있다. 노사관계 선진화를 위해 마련되었던 노조법 개정이었으나, 몇몇 노조 지부장들은 이를 이용하여 회사 측으로부터 초과수당을 과하게 받아냈다.

이에 대한 조치로 대법원은 타임오프제라고 하더라도 근로자에게 초과급여 지급은 위법이라는 판결을 내렸다. 즉 노동조합 전임자 등이 회사에서 받은 급여가 비슷한 호봉의 다른 근로자보다 현저하게 높다면 부당한 노동지원이라는 판결이다.한 가지 문제를 해결하기 위해서 마련한 제도가 악용되는 경우가 허다하다.

노동법 개정과 타임오프제도는 노사 갈등 해결을 위해 출발했지만 제도에 대한 악용에 의해서 본래의 취지가 무색해졌다. 오직 자신의 이해관계에 입각해 자신의 이익만을 추구하는 이기주의 안에서는 어떠한 협상도 이루어질 수 없다. 타임오프제도가 이와 같은 사례라고 할 수 있다.

제 1 절

단체교섭의 개념

1. 단체교섭의 의의

최근 노사관계는 상호대립 관계에서 상호 협력적 관계로 인식이 전환되고 있다. 이러한 인식의 전환은 노사관계를 상호 동반자로 인식함으로써 상호 신뢰 기반을 구축하는 계기가 되고 있다.

단체교섭(collective bargaining)이란 용어는 영국의 포터(B. Porter)가 1891년 그의 저서 "*Cooperative Movement in Great Britain*(영국의 협동조합운동)"에서 처음 사용하였다. 그는 단체교섭에 대한 명확한 정의를 내리지는 않았지만, 근로자들이 사용자에 대한 교섭력을 강화하기 위한 전략의 하나로 보았고 이때 주 목적은 경제적 거래에 있다. 즉 개별교섭보다는 노동조합이라는 조직을 통하여 단체로 사용자와 교섭을 하는 것이 더욱 유리한 경제적 거래를 할 수 있다고 생각될 때 채택되는 전략이 바로 단체교섭이라고 보았다. 그러나 학자들에 따라서 약간씩 다른 개념들을 제시하고 있다.

예를 들면, 시드니와 웨브(Sidney & S. Webb)는 단체교섭을 노사대등의 입장에서 행하는 노동조건의 집단적 거래관계 내지 집단적 타협의 절차로 규정짓고 개별교섭에서 단체교섭으로 이행되는 과정을 경제적 절차로만 파악하였다.[1] 그리고 플랜더즈(A. Flanders)는 직무규제에 관하여 노사 간 공동규제의 과정으로 보았으며, 필요하면 실력에 호소하는 관계인 노사 간의 정치적 기구로 파악하였다.[2] 그리고 데즐러(G. Dessler)는 단체교섭은 경영자와 노동조합의 대표가 노동협약을 체결하기 위하여 교섭하는 과정이라 보았다.[3] 캔조와 로빈스(De

1) Sidney & B. Webb, *Industrial Democracy*, London, 1920, p. 173.

2) A. Flander, *Collective Bargaining : A Theoretical Analysis, Management and Unions*, Fab. 1970, p. 220.

3) G. Dessler, *Human Resource Management*, 6th ed., Prentice-Hall, 1944, p. 556.

Cenzo & Robbins)는 단체교섭은 일정기간 적용되는 노사 간의 성문협약을 양측 대표가 단체적으로 협의, 체결, 관리, 해석하는 것이라고 정의하였다.[4)]

일반적으로 단체교섭은 근로자의 단결체가 그들의 경제적 지위향상을 도모할 목적으로 사용자 또는 사용자 단체와 단결의 힘을 배경으로 교섭하는 것이라고 할 수 있다. 근로자 대표와 사용자 간에 고용조건을 결정하기 위해 하는 협상과정으로 단체교섭을 오늘날 노사관계에서 중요하게 여기는 것은 산업평화의 유지와 노사공존공영의 방향을 유도하는 데 필수적 요소이기 때문이다.

2. 단체교섭의 기능

헌법 제33조에 의해 보장된 단체교섭권은 근로자의 근로조건을 유지·개선하고, 근로자의 복지를 증진함으로써 그들의 경제적·사회적 지위향상을 도모하기 위한 수단이 된다. 따라서 단체교섭은 근로자들의 단체가 근로자들의 경제적 지위향상을 도모할 목적으로 사용자 또는 사용자단체와 단결의 힘을 배경으로 교섭하는 것이다.

단체교섭은 집단적 노사관계의 핵심과정으로서 통일적 노동조건의 결정을 가능하게 하고, 경영활동에 대한 견제와 자극을 통해 효과적이고 능률적인 기업경영을 유도하며, 노사 상호간 타협의 장으로서 의사소통 내지 노사자치 및 산업평화를 유지하는 원동력이 되기도 한다.

따라서 오늘날 기업경영에 있어서 단체교섭이 노사관계제도에 있어서 다음과 같은 중요한 기능을 갖고 있다.

1 근로관계의 규칙 제정·개정·관리

2 근로자에 대한 보상의 양 결정

3 근로조건의 통일적·일률적 개선

4 근로생활의 질의 향상을 통한 조직유효성 증대

4) De Cenzo & Robbins, *Human Resource Management*, 5th ed., John Wiley & Sons, p. 492.

5 근로자의 불만 조정

6 경영에 건전한 자극 또는 신선한 충격을 주는 기능

7 노사관계를 대등한 관계와 협동적 관계로의 발전에 대한 공헌

사례*

단체교섭 도중 새 노동조합이 생기면 …

2011년 7월부터 복수노조가 허용되었다. 상반기에 임금·단체협상을 진행하는 사업장 노사가 6월 말까지 임단협을 체결하지 못한 상황에서 새 노조가 생길 경우 단체교섭은 어떻게 진행될까. 기존 노조는 교섭대표권을 인정받을 수 있을까. 예컨대 노사가 과도하게 임단협 시기를 앞당겨 사업장 단위 복수노조가 허용되기 전에 단협을 체결하면 어떻게 될까.

고용노동부와 노동계·경영계 등에서는 이 같은 사례가 잇따를 것으로 예상했다. 현행 노동조합 및 노동관계조정법(노조법)과 시행령, 노동부 매뉴얼에 담긴 복수노조의 교섭창구 단일화 절차에 따라 적용된다. 따라서 기존 노조와 사측이 단협을 체결하면 복수노조가 생기더라도 협약이 만료될 때까지 창구단일화 절차를 밟을 필요가 없다.

그러나 노사 합의가 지연되어 단체협약을 체결하지 못하고 제2, 제3의 노조가 설립된다면 문제는 달라진다. 기존 노조는 종전대로 자신의 교섭대표권을 주장할 것이고, 새 노조는 창구단일화 절차 개시를 요구할 가능성이 크다. 새 노조가 생기더라도 기존의 노조를 제치고 과반수를 차지할 가능성은 현실적으로 크지 않다. 이 같은 사례가 현실화되면 창구단일화 절차를 개시해야 한다. 기존 노조가 설사 과반수를 차지하더라도 이후 안정적인 교섭대표권을 유지하고 단협의 효력을 유지하기 위해서는 노조법에 따라 교섭창구 단일화 절차를 밟아야 한다.

한국경총 조사에 따르면 기업의 85%는 올해 복수노조가 허용되기 전에 임·단협 교섭이 진행될 것으로 예상했다. 기존 노조 집행부가 제2의 노조설립 전에 교섭을 조기에 타결할 것이라는 분석이다. 노조법에는 2011년 7월부터 복수노조가 허용되어 단협 유효기간이 끝나기 3개월 전이 되는 날부터 교섭을 요구하게 돼 있다. 단협 유효기간이 1년 남았더라도 교섭을 요구하고 단협을 체결할 수 있다. 기존 노조와 사측은 신생노조의 교섭권을 봉쇄했다는 비판을 받을 수 있지만 현행법으로 제재할 방법은 없다. 그러나 신생노조가 노동기본권을 박탈당했다며 소송을 제기하면 얘기가 달라진다. 노사가 담합을 해 과도하게 임·단협 시기를 앞당겨 타결을 하면 신생노조의 권리가 박탈될 수 있다. 법적 분쟁으로 갈 경우 기존 노조와 사측이 법률적으로 불이익을 당할 가능성을 배제할 수 없다.

제 2 절

단체교섭의 주체와 범위

1. 단체교섭의 주체

노동조합 및 노동관계조정법 제30조 교섭 등의 원칙에 관한 규정을 보면, 노동조합과 사용자 또는 사용자단체는 신의에 따라 성실히 교섭하고 단체협약을 체결하여야 하며 그 권한을 남용해서는 안 되며 정당한 이유 없이 교섭 또는 단체협약의 체결을 거부하거나 해태해서는 안 된다고 규정하고 있다.

따라서 단체교섭의 주체는 노동조합, 사용자 또는 사용자단체라 할 수 있는데, 여기서 노동조합이라 함은 노동조합과 관련하여 근로자가 직접 그 구성원이 되는 단위 노동조합을 의미한다. 그리고 단체교섭의 주체로서 근로자집단은 단순한 근로자들의 모임 내지 집단 그 자체만으로는 부족하다. 즉 근로자들의 통일적 의사 형성이 가능해야만 된다. 다만 그 구성원인 근로자들은 사용자와의 사이에 직접적인 종속노동관계를 성립시키는 고용계약은 필요 없고, 노사 간은 이해대립의 관계뿐만 아니라 공존협력의 관계를 부정할 수 없으므로 대립적 노사관계의 존재가 인정되면 충분하다. 그러나 노동조합이 단체교섭의 주체로서 지위에 대해 많은 문제점이 제기될 수 있다.[5)]

1 근로자 단체가 노동조합으로서의 구비요건을 갖고 있으면 비록 법외조합이라고 하더라도 단체협약의 체결능력을 부여받고 교섭의 주체가 될 수 있다.

2 노동조합이 소수의 근로자로서 구성되어 있는 경우에도 단체교섭권을 가지며 단체교섭의 주체가 된다.

3 개개의 근로자가 직접 구성원이 되어 있는 직업별 또는 산업별 단일조

5) 이종법·류태모·윤대혁, 전게서, pp. 125~126.

합인 경우 그 단일조합이 교섭의 주체가 된다. 그리고 그 하부조직의 지부, 분회 등이 기초적 교섭의 주체가 될 수 있다.

4 노동조합은 사용자와의 단체협약에서 자기조합만이 유일한 교섭단체로 인정하는 유일교섭 단체협정을 체결하는 수가 있다. 그러나 사용자가 제2노조와의 단체교섭을 정당한 이유 없이 거부하거나 해태하는 것은 부당노동행위가 된다.

단체교섭에 있어 교섭담당자에 관한 내용은 노동조합 및 노동관계조정법 제29조에서 규정하고 있는데, 먼저 노동조합의 대표자 또는 단위노동조합으로부터 위임을 받은 자는 교섭할 권한이 있으므로 근로자 측의 단체교섭의 담당자가 될 수 있다.

그리고 사용자 또는 사용자단체의 대표자는 사용자측의 교섭담당자가 된다. 개인 기업의 사용자 내지 대표이사가 직접 단체교섭을 담당하는 경우에는 그들이 단체교섭의 주체가 되어 문제가 되지 않는다. 그러나 본부, 지점의 지배인이 단체교섭을 담당하는 경우에는 기업대리권으로서의 포괄적 대리권(상법 제11조) 또는 특별한 위임을 기초로 하여 단체교섭의 담당자가 될 수 있다. 주식회사의 경우 노무담당중역·이사·노무부장·과장도 일정한 범위의 대리권 또는

그림 5-1 현대자동차 단체교섭 조인식

특별한 전권위임을 근거로 단체교섭의 담당자가 될 수 있다.

따라서 사용자단체가 규약 내지 협약을 만들거나 또는 개별적인 위임을 받아 교섭의 담당자가 될 수 있다. 그리고 노동조합에 대한 단체교섭의 당사자가 되는 사용자는 근로계약에 의하여 근로자들을 채용한 계약상의 당사자이다. 그러므로 사용자는 개인인 경우를 비롯하여 주식회사 등의 영리법인인지 비영리법인지를 묻지 않는다.

사례*

기업 측 단체교섭 전략 수립을 위한 전략

최근 기업들의 임금교섭 단체교섭이나 임단협은 통상임금 판결 등의 변수가 도사리고 있는 등 험난할 것이라는 예상이 지배적이다. 이러한 어려운 환경하에서 우리 기업들이 합리적인 범위 내에서 임금교섭이나 단체교섭하기 위해서는 어떠한 전략 전술 기법들이 필요할까?

대기업들을 제외한 대부분의 기업들은 노사 간의 팽팽한 줄 달리기로 좀처럼 합리적 타결을 이끌어 내지 못하는 경우가 허다하다. 그 이유는 기업들이 임금교섭, 단체교섭을 합리적으로 타결하기 위한 핵심이 무엇인지를 파악하지 못하기 때문이다. 기업들은 교섭의 상대인 노동조합이나 노사협의회를 어떻게 하든 설득하고자 노력하지만 실제는 조합원(사원)들의 정서, 즉 마음을 읽을 줄 알아야 한다는 것이다.

기업들이 나름대로 임금교섭 단체교섭 준비에 많은 시간을 할애하고 있지만, 준비의 결과물인 회사 주장의 논리와 근거, 노조 측 주장에 대한 반박 논리와 근거들이 객관성, 합리성이 높지 못하고 특히 주장을 뒷받침할 근거(증거, 근거 자료 등)가 충분하지 못한 경우가 많기 때문에 교섭 석상에 마주 앉은 노조를 논리적으로 설득하지 못하고 있다는 현실이다.

많은 기업들이 임금교섭 단체교섭 전략을 입안하면서 상대인 노조의 인식을 오도하여 회사가 원하는 것을 얻어낼 수 있는 묘안이 있지 않을까 하고 관심을 기울이는 경우가 많다. 단체교섭에서 어느 한 쪽이 다른 한 쪽의 인식을 오도하고 기망하고 뭔가를 얻겠다는 것은 현실적으로 불가능하다. 간혹 한 쪽의 인식을 일시적으로 오도하여 원하는 것을 얻어내는 데 성공했다고 하더라도 '지속적 관계'를 전제로 하는 노사관계의 속성상, 오도됐음을 알게 되면 다른 한 쪽의 분노를 자아내어 노사관계를 해치게 되고 기망당한 상대는 반격을 가하게 되어 결국 얻은 것을 다시 상실하게 된다.

따라서 효과적인 임금단체교섭 전략은 상대를 협상의 파트너로 인식하고 모두가 공히 인정할 수 있는 객관적이고 합리적인 논리와 근거를 개발해서 교섭국면에서 조합원들의 정서가 회사 주장의 합리적 측면들에 대한 공감도를 높여나갈 수 있는 전략과 전술을 펼치는 것이 바람직하다.

출처 추병호 노무사 글 자료 재정리 구성

2. 단체교섭의 범위

단체교섭의 범위란 노사 간에 단체교섭을 할 때 단체협약을 체결하기 위하여 협의할 수 있는 교섭사항의 범위를 말하는데 단체교섭의 범위에 관해서는 보편화된 일반적인 기준을 설정하기가 어렵다. 노동조합의 요구사항이 단체교섭의 대상으로서 합당한 것이냐 아니냐 하는 것은 교섭거부라는 문제와 관련해서 노사 간의 분쟁이 되기도 하기 때문이다. 그러나 건전한 노사관계를 위해서는 노사 간의 정상적인 질서유지라는 목적에 따라 사전에 협의된 규칙을 근거로 하여 단체교섭이 진행되어야 한다. 단체교섭의 범위에 대해 살펴보면 다음과 같다.[6)]

1 단체교섭의 대상이 광의의 근로조건 전반으로 집단성을 띠고 있어야 한다. 근로자 개인에게 국한된 고충처리는 노사협의의 대상은 될 수 있어도 단체교섭은 될 수 없다. 따라서 조합원 전체에 관한 임금, 근로시간, 기타 근로조건 등은 물론 작업시설, 근로환경, 복리후생시설에 관한 사항, 조합 활동, 조합원확보제도 등은 단체교섭의 대상이 될 수 있다.

2 노사의 자주적 결정에 따라 단체교섭의 범위를 정할 수도 있다.

3 노동조합은 단체협약을 위한 단순한 교섭 그 이상의 기능을 수행해야 한다.

노동조합 지도자는 노동조합을 구성하는 일반근로자의 욕망에 대한 책임과 계속조직으로서의 조합의 필요성에 대한 책임을 모두 갖는다. 따라서 단순히 조합원의 요구사항을 성취시켜 주는 것만이 아니라 조합 자체의 장기적인 건전성과 발전을 동시에 고려하여야 한다. 따라서 책임 있는 노동조합 간부는 다음 사항을 고려해야 한다.

1 현재의 필요성과 미래에 관한 관심을 가져야 한다.

2 교섭단위 인사, 지부노조, 전국노조, 산업전체의 이해관계를 포함한 넓은 이해관계에 대한 관심이 필요하다.

3 단기적인 이해관계보다는 하나의 과정으로서의 단체교섭의 건전화에 대한 관심이 필요하다.

6) 이종범·류태모·윤대혁, 전게서, pp. 126~127.

제 3 절

단체교섭의 종류

단체교섭은 노사 간의 힘의 관계를 배경으로 하는 거래와 협상의 관계이다. 따라서 단체교섭의 방법 또는 형태는 노동운동의 성격과 노동조합의 조직형태에 따라 상이한 양상을 띠게 된다. 즉 노동조합이 전국적 지역적인 규모의 산업별 형태, 직업별 조직에 의해 노동시장에 정착하고 있는 경우, 기업별로 조직되어 있는 경우에 따라서 단체교섭방식도 다르게 된다.

기업의 규모에 따라서 노동시장이 단일적이냐 다원적이냐에 따라서 단체교섭방식이 달라진다. 또한 단체교섭이 행해지는 방향과 당사자의 수에 따라서도 단체교섭의 유형은 다르다. 이에 대해 구체적으로 살펴보면 다음과 같다.

1. 기업별 교섭

기업별 교섭(company bargaining)이란 특정기업 또는 사업장 단위로 조직된 독립된 노동조합이 단체교섭의 당사자가 되어 기업주 또는 사업주와 교섭하는 방식을 말한다. 우리나라 단체교섭의 전형적 유형에 해당되며, 일본에서도 많이 볼 수 있는 유형이다. 이는 노동조합의 조직형태가 기업별 노동조합으로 결합하고 있기 때문이다. 우리나라에서는 공무원 노동조합을 제외하고는 하나의 전형적인 형태로 되어 있다.

2. 통일교섭

통일교섭(multi-employer bargaining)이란 복수사용자교섭이라고도 하는데, 이는 전국적 또는 지역적인 산업별 또는 직업별 노동조합과 이에 대응하는 전국적 또는 지역적인 사용자단체 간에 이루어지는 교섭의 방식으로 이를 산업별 교섭이라고 한다.

이 교섭방식은 노동조합이 산업별 또는 직업별로 전국적 또는 지역적인 노동시장을 지배하고 있는 반면에 기업의 규모는 크지 않고 재정도 열악하고, 시장에서의 상호경쟁이 치열한 중소기업에서 흔히 볼 수 있는 방식이다. 이 교섭방식은 복수사용자 교섭이라고 하는데, 미국·영국을 비롯한 각국에서 가장 많이 사용하고 있다.

이 교섭방식은 해당 산업별 또는 지역별로 요구되는 임금 및 근로조건의 통일성을 높일 수 있으나, 반면 기업경영상 기업 간의 격차가 심한 경우에는 이 방식을 사용하기가 어렵다. 또한 이 교섭방식이 사용되는 경우에도 노사양측의 내부적 불만이 많다는 점이다.

우리나라에서는 현재 공무원 노동조합을 비롯하여 산업별 노동조합의 성격이 강한 21개 산업별 노동조합연맹 중에서 금융·철도·지하철·전력·체신·통신·담배·인삼·항운 등의 노동조합에서 통일교섭 방식의 단체교섭이 이루어지고 있다.

3. 대각선 교섭

대각선 교섭(diagonal bargaining)이란 산업별 노동조합이 개별기업과 개별적으로 교섭하는 방식을 말한다. 이것은 산업별 노동조합에 대응할 만한 사용자단체가 없거나 이러한 사용자 단체가 있더라도 각 기업마다 특수한 사정이 있을 때 이 방식이 사용된다. 하나의 노동조합이 둘 이상의 사용자 내지 그 단체와 교섭하는 것과 하나의 사용자나 그 단체가 둘 이상의 노동조합과 교섭하는 것으로서 미국에서는 거대기업의 경우에 흔히 볼 수 있는 방식이다.

우리나라와 같이 기업별 조합에서도 그가 소속하는 상부단체가 기업별 조합에 대응하는 개별기업과 개별적으로 교섭하는 대각선 교섭의 방식을 취할 수도 있다.

이 교섭의 장점은 개별기업과 산업별 상부단체와 대각적 교섭을 할 때에는 그 상부단체가 기업별 조합의 교섭에 관한 권한의 위임을 받아서 행해지므로, 노사 간의 대등성을 견지하고 요구조건을 산업별 또는 지역별로 통일할 수 있다. 그러나 사용자단체와 기업별 조합 간의 대각선 교섭은 사실상 이루어지지 않고 있는 실정이다.

우리나라에서는 섬유업체가 임금에 대하여는 전국 섬유노조와 방직협회가 통일교섭 방식을 취하고 있으나, 기타 사항은 단체협약 기준안을 작성하여 각 기업체별, 사업장별로 다시 협약을 체결하고 있어 이런 경우에는 통일교섭과 대각선 교섭이 혼재하고 있다고 볼 수 있다.

4. 공동교섭

공동교섭(joint bargaining)이란 노동조합이 기업별 노조로 구성되어 있는 경우 또는 산업별 및 직업별 노조의 경우에 있어서는 기업단위의 지부가 당해 기업과 단체교섭을 하는 경우 상부단체인 전국노동조합이 이에 참가하는 것을 말한다. 즉 상부조합과 지부가 공동으로 사용자와 교섭하는 방식이며, 이를 연명교섭(連名交涉)이라고 한다. 이 방식은 기업별 노조에 있어서는 기업별 교섭이 갖는 약점을 어느 정도 보완해 줄 수 있다.

이 방식은 우리나라에서 흔히 볼 수 있는 교섭형태이다. 산업별 또는 직업별 노조의 경우에 있어서도 지부에 인력이나 재정적 지원을 할 수 있고, 근로조건에 대한 전국적인 표준을 정하여 특정지부가 기업에 지나친 양보를 하지 못하게 하는 장점이 있는 반면, 기업의 규모가 영세한 경우 노동조합이 공동교섭에서 열세에 몰릴 가능성이 있기 때문에 이 교섭방식을 사용할 수 없다는 단점이 있다.

5. 집단교섭

집단교섭(united bargaining)이란 연합교섭이라고 하는데 수개의 노동조합지부가 공동으로 이에 대응하는 여러 기업집단과 집단적으로 교섭하는 방식을 말한다. 이것은 노동조합측이나 사용자측이 산업별로 연합전선을 형성하여 교섭하기 때문이다. 즉 노사쌍방이 모두 다수의 당사자가 출석하여 행하는 단체교섭을 말한다. 이러한 집단교섭은 통일교섭이 곤란한 경우에 사실상 통일교섭에 가까운 성과를 얻기 위해 행해진다.

집단교섭 방식은 노동조합측이나 사용자측이 집단적으로 교섭에 임하기 때

그림 5-2 단체교섭 방식

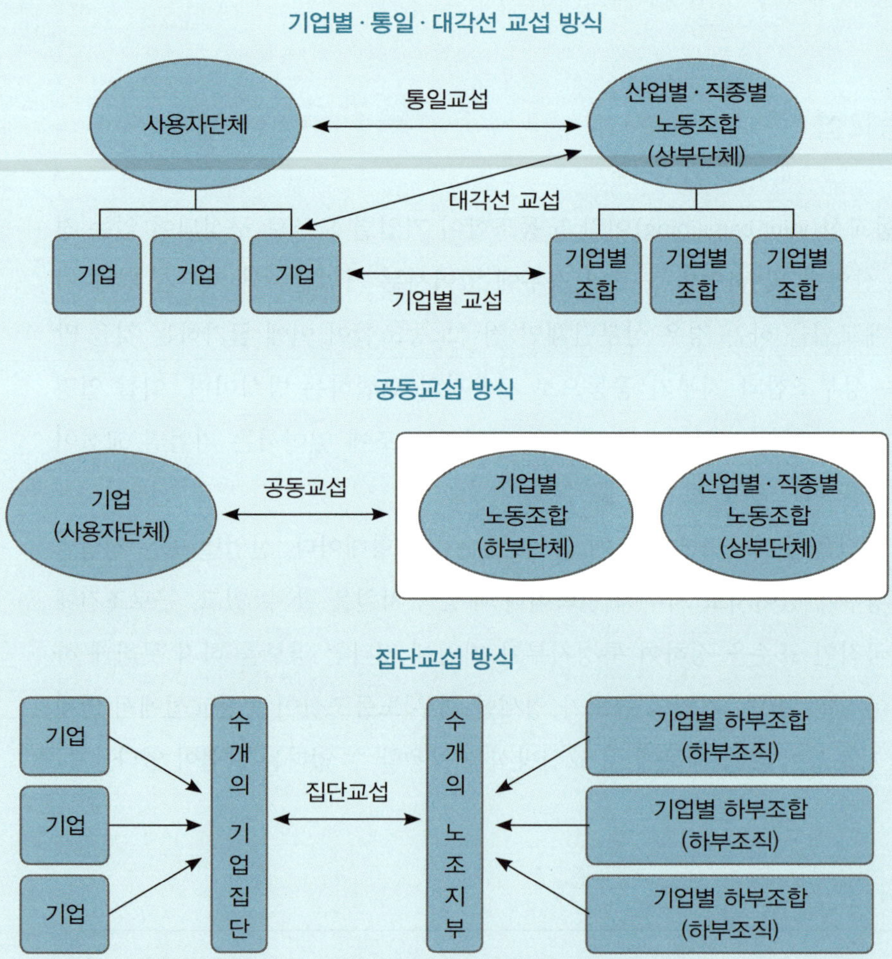

문에 교섭의 내용이 표준화되어 기업 간 또는 조합 간에 격차를 줄일 수 있으나 여러 노동조합 간 또는 여러 기업 간에 의견의 통일을 기하기가 어렵다.

이상의 다섯 가지 단체교섭의 방식을 그림으로 나타내면 [그림 5-2]와 같다.

제 4 절

단체교섭의 단계와 절차

노사 간에 단체교섭이 원활히 이루어지기 위해서는 여러 단계를 거치게 된다. 단체교섭의 절차로는 예비단계, 초기단계, 중간단계, 최종단계를 거쳐 합의에 도달하게 된다. 단체교섭의 절차에 대해 구체적으로 살펴보면 다음과 같다.

1. 단체교섭의 단계

(1) 예비단계

단체교섭이 본격적으로 진행하기에 앞서 노사당사자 간에 합의해야 할 몇 가지 사항이 있다. 단체교섭을 언제하고, 교섭담당자의 수는 몇 명으로 하고, 어디서 할 것인지 등에 대해 합의가 되어야 한다. 그 세부 내용은 다음과 같다.

1 단체교섭의 개최시기

단체교섭의 개최시기에 대해서는 단체교섭을 업무시간 내에 할 것인가가 문제가 되는데 이론적으로는 다음과 같은 기준을 생각할 수 있다.

㉠ 단체교섭의 개최시기는 취업시간의 내·외를 불문하고, 형편에 따라 개

최할 수 있는 체제가 바람직하다. 시간에 구속을 받거나 융통성이 없는 것은 좋지 않다.

㉡ 조합 측의 단체교섭 참가자에 대한 임금 보장에 대해 대립관계를 전제로 하는 전형적인 거래교섭의 경우에는 사전에 인원을 제한해야 한다.

㉢ 경영자측이 주최가 되어 노사협의기관을 개최하는 경우, 예컨대 노사협의회·생산위원회·복리후생위원회 등에 관해서는 취업시간 내에 개최하고 조합 측의 참석자에 대한 임금보장을 하는 것은 당연하다.

2 교섭담당자수의 결정

교섭에 참가하는 담당자는 보통 교섭진행의 신속성과 효율성을 위해 다수 보다는 소수로 하는 것이 바람직하다. 노동운동의 혼란기에는 교섭장소에 많은 노동자가 몰려들어 사용자에 대해 다수의 힘으로 압박하고 협박적인 언동을 하여 험악한 분위기를 연출하여 요구사항을 받아들이도록 강요하기도 한다. 그러나 단체교섭이 노사가 대등한 입장에서 행하는 거래로 다수의 힘으로 상대를 압박하는 일이 되어서는 안 되며, 노사 동반자의 관계에서 상대방의 입장을 존중하고 차분한 분위기에서 이루어져야 한다.

따라서 출석하는 교섭위원·사무담당자·방청자 등의 인원을 사전에 단체협약에 규정해둘 필요가 있다. 단체협약에 이런 규정이 없으면 교섭개최 전에 노사 대표자 간의 협의에 의해 미리 결정을 해두어야 한다.

교섭위원의 자격은 교섭사항에 따라 달라지지만 어느 경우에도 관리처분권한이 있는 자가 출석하는 것이 원칙이다.

3 교섭 장소

교섭이 이루어지는 장소는 기업 내 사무실 또는 회의실이 적당하며 테이블 모양도 사각형보다는 원형테이블이 좋고, 회의장 주변 환경을 부드럽게 꾸며 놓는 것도 원만한 교섭진행을 위해 필요하다.

(2) 단체교섭의 초기 단계

단체교섭이 개최되면 우선 노동조합 측으로부터 요구사항을 정식으로 제시받는 것이 관례이다. 이때 조합 측의 요구가 양적으로나 질적으로 엄청나게 많다는 것이다. 우선 조합측은 임금, 근로시간, 각종 수당 그리고 각종 복리후생제도 등 엄청나게 많은 사항의 실시를 요구한다. 뿐만 아니라 요구 정도가 커서 임금의 대폭적인 인상, 작업환경 개선 등 많은 사항에 대한 급격한 개선을 요구하게 된다. 그러나 능숙한 교섭자라면 노동조합의 속성을 잘 알기 때문에 당황하지 않는다.

단체교섭의 초기단계에는 먼저 각자의 요구안을 제시하고, 요구 이유와 근거를 설명하는 가운데 상대방의 진의를 파악하는 정보입수의 단계이다. 즉 노사양측이 상대방에 대한 선전적 내지 교육적 효과를 노리는 단계이다. 단체교섭 진행에 있어서 다음 사항이 반드시 고려되어야 한다.

1 노사양측의 각 1인이 단체교섭 진행에 있어 대표권을 갖는다.
2 노사양측은 교섭개시일 뿐만 아니라 교섭기간에 대해서도 서로 합의가 되도록 노력한다.
3 양측에서 제기된 교섭 안건들을 교섭일정에 맞춰 순서를 정하되, 노사대립이 첨예한 안건들은 뒤로 미루고 비교적 쉽게 합의할 수 있는 것부터 교섭대상으로 삼는다.
4 교섭위원들은 합의된 사항에 대하여 최종결정권을 갖는다.
5 노사가 공히 인정한 회사경영에 대한 경제적 자료를 이용한다.
6 복잡하거나 더 중요한 안건들은 경제적 비용이 수반되는 측면과 비경제적 요구로 나누어서 처리한다.
7 경제적 지출을 수반하는 안건들에 대해서는 개별적으로 처리할 것인지 아니면 묶어서 처리할 것인지를 결정한다.

(3) 중간단계

교섭 기간의 중간단계에서는 초기단계에서 파악된 상대방의 진정한 요구내용을 토대로 노사양측이 양보할 수 있는 최고 한도와 받아들일 수 있는 최저 수준을 설정하여 본격적으로 주고받기식의 협상에 돌입하는 단계이다.

이 단계에서는 실무회의, 축소회의, 조정위원회의, 소위원회회의, 정상회담, 분담위원회 등 여러 가지 회합방법이 활용되는데 단체교섭 기법으로는 다음과 같은 방법들이 있다.[7)]

1 교섭기한을 미리 설정

"교섭기한이 닥쳐오면 불안이 더욱 가중된다"는 심리를 이용하는 것으로서 교섭기한이 경과하면 상대방에게 중대한 불이익이 초래될 것이라는 점을 주지시켜야 교섭효과의 극대화를 도모할 수 있다.

2 상대방이 강할수록 소모적인 방법 사용

교섭력이 강한 일방은 상대방에게 대해 고압적인 자세를 취할 것이고, 그러한 여세를 몰아 교섭을 빨리 끝내려는 게 일반적인 특성을 가지고 있다. 이에 교섭력이 약한 측에서는 교섭을 수차례 나누어서 행함으로써 상대방을 조급하게 만들고 동시에 힘을 소모시키는 교섭전략을 구사하는 것이 효과적이다.

3 각본에 의한 연계플레이 실시

교섭대표 A와 B가 있을 경우 그중 A는 강경파, B는 온건파로 역할을 분담한 뒤 최초교섭에 A를 등장시켜 강경발언을 하고, 다음 교섭에는 B를 등장시켜 합리적이며 우호적인 태도를 보임으로써 A가 다시 등장하기 전에 B와 협상타결을 해야겠다는 생각이 들도록 만든다.

4 수집된 정보와 자료는 단계적 제시

만일 최초 교섭 시에 모든 자료와 정보를 제시하면서 일방의 요구를 관철하려고 노력했음에도 불구하고 교섭이 결렬되면 차후교섭부터는 일방의 의견을 뒷받침할 추가 자료나 정보가 고갈되어 상대방에게 약점을

7) 김규태, 전게서, pp. 229~230.

제공할 우려가 있기 때문에 최종합의 단계를 위해 결정적으로 중요한 자료나 정보는 감추어 둔다.

5 양보사항과 관철사항을 적절히 활용

예를 들어 높은 수준의 임금인상이 관철되었다면 그 밖의 요구사항들을 하나씩 양보함으로써 양보사항을 담보로 관철사항을 획득한다.

6 협상타결이 어려우면 의제 변경

하나의 교섭사항에 관한 의견접근이 어렵다고 판단되면 의제를 바꾸어 새로운 교섭분위기를 연출한다. 때로는 다른 의제 논의 시에 뜻밖에 종전의 의제에 대한 협상타결 돌파구가 열리는 수도 있으며, 교섭의 주도권을 쥐게 된다.

7 '가속력' 이용

많은 교섭항목 중 대부분이 타결되고 소수의 항목만이 남아 있을 경우, "다 된밥에 코 빠뜨리지 맙시다", "한 발짝만 더 가면 되는데"라는 화술로 교섭분위기를 타결하는 쪽으로 분위기를 몰아가야 한다.

8 언어구사 시 신중한 자세

교섭의 성패는 교섭자가 사용하는 언어에 결정적으로 좌우되므로 언어는 단순하고, 짧고 간결한 언어를 사용해야 한다. 또한 상대방이 이해하기 쉬운 용어를 선택하여 필요시에는 비유나 사례를 이용하고, 감정이 섞인 발언, 극단적인 표현이나 단언은 삼가고 항상 선택의 여지를 남긴다.

(4) 최종단계

그동안의 단체교섭 내용이 노사 쌍방 간의 기본목표에 근접했다고 판단되면 양측 교섭대표가 단체교섭을 최종 타결하는 단계로 그 결정체로써 단체협약서가 탄생된다.

이러한 단체교섭은 미리 정해진 교섭위원이 전원 출석하여 정식 교섭을 하는 것만을 뜻하는 것은 아니다. 교섭의 막바지 단계에서는 대표교섭뿐만 아니라 교섭대표로부터 위임받은 자 간의 막후교섭방법이 활용되기도 한다. 그러나 만약 양 당사간의 주장이 일치되지 못하고 합의점을 찾기 어렵게 되면 쟁의발생신고를 하게 된다. 즉 축소회의, 조정위원회의, 소위원회의, 정상회담 등을 하고 혹은 별실회의 또는 공동위원회의 등을 갖기도 한다. 그리고 이의 궁극적인 목적은 가능한 한 파업이나 직장폐쇄와 같은 노동쟁의의 발생을 방지하는데 있다.

끝으로 단체교섭이 타결되는 경우에는 그 내용을 문서화하여 확인해 두어야 한다. 뿐만 아니라 단체교섭의 결과는 가능한 한 속히 경영 내부의 각 부서 및 일반 종업원에게 주지시켜야 한다. 그 이유는 회사 내부에 있을 수 있는 오해와 혼란을 사전에 차단할 수 있기 때문이다.

2. 단체교섭의 절차

단체교섭을 어떻게 하며, 무엇을 해야 되는지에 대한 정확한 형식은 없다. 그러나 일반적인 단체교섭의 절차 모델은 [그림 5-3]과 같다.[8)]

(1) 제1단계(교섭의 준비)

노사관계에서 직면하고 있는 복잡한 이슈 때문에 단체교섭이 공식적으로 시작되기 전에 세심한 준비를 하여야 한다. 단체교섭의 이슈내용은 다음과 같다.

1 교섭의무 이슈

근로자에게 직접적 효과를 가져다주는 문제로 예를 들면 임금, 노동시간, 고용조건, 기타조건 등이 있다.

8) R. W. Mondy, R. M. Noe Ⅲ, *Personnel : The Management of Human Resources*, 2nd ed., Ally and Bacon, Inc., 1982, pp. 492~515.

그림 5-3 단체교섭의 절차 모델

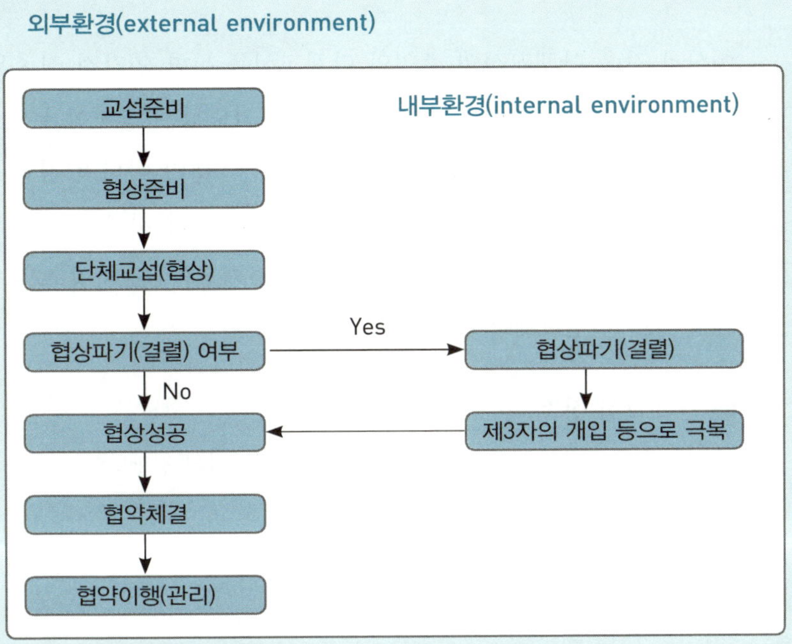

자료 R. W. Mondy, R. M. NoeⅢ, *Personnel : The Management of Human Resources*, 2nd ed.(Ally and Bacon, Inc., 1982), 재수정모델제시, pp. 492~515.

2 교섭허용 이슈

제기되고 있으나 교섭이 될 것이라고 할 수 없는 것으로 예를 들면 회사의 제품 가격결정에 노조의 참여, 해고근로자의 건강혜택 등이 있다.

3 교섭금지 이슈

클로즈드 숍(closed shop), 노조에 의해 제조된 제품만을 요구하는 것은 이슈가 될 수 없다.

유능한 교섭담당자는 단체교섭을 성공으로 이끌기 위해서 사전에 다음과 같은 준비를 한다.

1 제안하고자 하는 여러 문제를 순서대로 정리

2 모든 중요 대안을 준비하고 수용가능 이유와 수용불가능 이유 제시
3 모든 문제점을 상대방의 이해, 필요 및 욕망과 결부시켜 생각

이상과 같은 단체교섭의 준비와 단체교섭을 통한 인간적 접촉을 통해 상대방을 어떻게 설득할 것인가 그리고 상대방이 의도하는 방향이 무엇인가를 미리 분석하여 대응할 기본적 방법을 강구해야 한다.[9)] 뿐만 아니라 경험 많은 교섭자는 타 집단의 이해, 목표의 조직화, 순서적 사고 등 철저한 준비를 사전에 해두고 있는 것이 보통이다. 그리고 교섭을 개시하기 전에 노사양측은 다음 사항을 토의하여 합의에 도달해야 한다.

1 단체교섭 장소
2 단체교섭 대상항목과 협의순서(즉 단체교섭의 진행방안)
3 단체교섭 담당자
4 노사 중 어느 쪽의 안을 검토할 것인가?
5 교섭중의 절차
- 교섭기간
- 대표선출
- 교섭내용의 기록
- 비밀보장
- 교섭내용의 공개
- 완전 합의에 이르기 전 잠정적인 합의

(2) 제2단계(교섭의 문제)

단체교섭은 표준모형은 없지만, 일반적으로는 노조보장, 보상, 고충처리, 직무관계 요인 등의 문제를 중심으로 협상하게 된다.

(3) 제3단계(협상의 단계)

단체교섭은 문제해결을 위한 활동이므로 노사 간의 의사소통이 협상의 성공에 필수적이다. 그러므로 교섭의 내용에 대한 비밀 보장이 되는 곳에서 협상이 이루어지는 것이 좋다.

9) D. Q. Mills, *Labor-Management Relations*, 2nd ed., McGraw-Hill Book Company, 1982, p. 290.

(4) 제4단계(교섭파기(결렬))

단체교섭에서 협상의 내용에 대한 노사 간 합의가 이루어지지 않으면 단체교섭의 협상이 결렬되게 된다. 단체교섭이 결렬되는 것을 방지하기 위한 제도적 장치로는 조정, 중재, 알선 등의 제도가 마련되어 있다. 따라서 단체교섭의 파기는 제3자의 개입이나 노조의 전술 등에 의해서 효과적으로 극복할 수도 있다.

(5) 제5단계(단체협약)

단체교섭을 통해 교섭당사자간 합의가 이루어지면 서면상의 계약형식을 띤 단체협약을 체결하게 된다.

(6) 제6단계(단체협약의 실행)

단체교섭의 마지막 단계는 당사자 간의 협약내용을 협약당사자가 성실하게 이행하는 것으로서 단체교섭의 어떤 부문보다 더 중요하다.

제 5 절

단체교섭의 대책

1. 단체교섭의 대책의 필요성

단체교섭의 대책이란 노사가 단체교섭의 절차에 따라 성공적으로 교섭을 추진하기 위해 필요한 대책으로 교섭담당자를 선정·구성하고, 교섭사항을 정리하고, 구성원에게 교섭내용을 이해시키고, 교섭이 결렬되었을 때 필요한 대책을 세우는 것 등을 말한다.

단체교섭이 이루어지기 전에 단체교섭대책이 필요한 이유를 살펴보면 다음과 같다.[10]

1 단체교섭은 노사 간에 가장 중요한 노동조건에 관한 협상을 추진하기 때문에 노사 간에 일정한 기본입장과 전략수립이 필요하다.

2 단체교섭에 대한 사전 대책이 소홀하거나 교섭 시 양보점이 잘못 설정되어 타협점을 찾지 못하게 되면, 협상이 결렬되면 결국 노동쟁의에 들어가기 때문이다. 이렇게 되면 결국 노사쌍방은 모두 손실(비용)을 입게 된다. 따라서 사전에 충분한 대책을 수립함으로써 이러한 손실을 예방할 필요가 있다.

3 단체교섭에 대한 충분한 대책을 수립함으로써 노사쌍방은 교섭력을 충분히 발휘할 수가 있다. 교섭력이란 교섭당사자가 자신이 주장하는 조건을 상대방이 동의하도록 유도하는 합의유인을 말하는데, 이는 노사 간의 역학관계로서 작용하게 된다. 그러므로 단체교섭에 임하는 노사쌍방은 사전에 충분한 준비와 대책을 수립함으로써 합의점을 보다 쉽게 이끌어 낼 수 있다.

이러한 단체교섭의 대책에는 노동조합측과 사용자측의 대책으로 구분하여 살펴보고자 한다.

2. 노동조합측의 교섭대책

(1) 교섭위원회의 구성과 기능

노사 간에 단체교섭을 하려면 우선 교섭을 위한 자체 조직을 구성해야 한다. 노동조합측은 사용자측과 단체교섭을 진행시키기 위해서는 먼저 단체교섭을 수행할 교섭위원을 선정하여 교섭위원회를 구성한다. 교섭위원회의 구성은

10) 이종법·류태모·윤대혁, 전게서, pp. 132～133.

단위노동조합이 단체교섭을 담당하는 경우에 필요하며, 단체교섭이 지부 또는 분회에서 실시되는 경우에 더욱 필요하다.

이들 교섭위원들은 노동조합총회에서 선출하게 되며, 교섭위원으로 노동조합 임원이 참여하는 것은 당연하지만 일반조합원 중에서도 교섭위원을 특별히 선출하여 보충하는 것도 하나의 이상적인 방안이 되기도 한다. 왜냐하면 교섭위원의 선정은 조합 내부에서 하나의 정치적 과정이기 때문이다. 따라서 교섭위원회는 노동조합 내에서 여러 중요 이해집단의 대표를 참여시킬 필요가 있다.

단체교섭을 위해 구성된 교섭위원회는 다음과 같은 중요한 기능을 수행하게 된다.[11)]

1 조합의 요구사항을 사용자에게 제시
2 잠정적인 협약에 대한 협의
3 해결방법으로서 쟁취된 것과 쟁취되지 못한 것을 조합원에게 설명하고 그에 대한 조합원들의 동의를 받아야 한다.

우리나라 노동조합법에 단체협약은 노동조합총회의 의결사항이므로 교섭사항에 총회에서 지지를 받지 못한다면 단체교섭은 다시 시작해야 한다. 따라서 노동조합은 조합원총회를 통하여 조합원의 요구를 수렴하고, 요구사항의 완급과 취사선택을 통해서 노조 측의 요구사항을 최종 정리하게 된다.

(2) 요구사항의 정리

단체교섭을 노동조합 측에 유리하게 전개하기 위해서는 교섭 시 요구사항을 사전에 정리할 필요가 있다.[12)]

1 요구사항 목록 작성

교섭위원회는 먼저 노동조합총회를 통하여 노동조합의 요구사항을 수집하여 목록을 작성해야 한다. 노동조합이 요구사항을 정리하는 데 있

11) 박경문·최승욱, 전게서, pp. 169～171.
12) 이준범, 전게서, pp. 323～325.

어서는 몇 가지의 방법이 있다. 일반적인 방법은 조합원의 총회와 그를 통한 조합원의 희망사항을 수집하는 데서부터 시작한다. 총회에서 모든 조합원은 자신의 의견을 제안할 수 있으며 타 조합원과 상반된 의견이라도 희망목록에 수록된다. 이와 같이 총회에서 수록된 희망목록이 때로는 사용자와의 교섭에 그대로 상정되는 수도 있는데 가급적 삼가는 것이 좋다. 왜냐하면 교섭과정에서 합의점에 도달하는 데 노사쌍방이 지나치게 많은 시간을 소비하며, 노사쌍방에 감정대립과 조합측의 체면 유지의 문제가 있고, 한편으로는 조합원의 기대를 지나치게 상승시킬 염려가 있기 때문이다.

2 요구사항 선별

수록된 요구사항 목록을 그대로 사용자와의 교섭에 상정해서는 안 된다. 조합원의 요구사항을 조합대표자가 취사선택하여 사용자와의 교섭을 위하여 더욱 제한된 것으로 정리해야 한다. 예컨대 교섭위원회나 조합 사무국이 희망목록에서 우선순위를 정하고, 그를 다시 총회에 회부하여 조합원의 동의를 받는 것과 같은 것이다. 이 과정에서 요구사항을 축소하고 합리화하려고 할 때 조합 간부나 위원회는 정치적 위험에 처할 수 있는데 유능한 교섭위원일수록 무질서한 요구사항을 적절히 취사선택하여 사용자와의 단체교섭을 보다 효율적으로 이끌어 간다.

3 요구사항 개별화

요구사항에 대한 노조측의 정리과정에서 하나의 특징을 보면 요구사항이 어떠한 과정에서도 하나의 전체로서 비용계산이 되지 않는다는 것이다. 요구사항이 지나치다고 하여 일부 수정되는 것도 그 자체의 특성 때문이지 요구사항에 대한 총비용이 너무 많이 소요된다는 이유 때문은 아니다. 이에 반하여 사용자 측은 자신이 제공할 수 있는 총비용의 입장에서 문제를 처리하려고 하며 개별적인 항목에 대한 배분은 그다지 문제시하지 않는 것이 일반적이다. 따라서 노동조합은 문제를 항목별로 토의하려고 하는 반면 사용자는 전체를 총비용의 측면에서 다루려고 하는 경향이 있다.

(3) 파업 결정

파업의 결정은 조합지도부나 교섭위원회가 결정하는 사항 중 가장 중요한 사항이다. 노조지도자들은 단체교섭에서 교섭력을 강화시키기 위해 파업이라는 무기로 위협하기도 하지만 파업자체는 노사쌍방에게는 많은 위험을 수반하게 된다.

파업의 결정에 따른 문제점을 살펴보며 다음과 같다.

1 피켓 라인(picket line)에서 문제를 발생시킨다.
2 경찰과 법원이 개입될 가능성이 크다.
3 파업이 장기화되면 조합원에 대한 생계보조로 인하여 조합기금이 고갈되고, 파업이탈자가 발생한다.

이와 같은 위험과 어려움이 있음에도 불구하고 파업이 발생하는 이유는 조합원의 요구를 사용자에 의하여 일방적으로 받아들여지지 않는다는 감정적인 대립측면과 노사 간의 이해부족 및 상호 잘못된 판단에서 비롯되는 경우가 많다.

따라서 경험 있는 유능한 노조지도자는 반드시 파업 예상기간, 파업에 대한 비용, 파업상의 이득과 손실 등을 사전에 계산하는 능력이 있어야 한다.[13] 따라서 파업과정에서 문제해결을 지도하는 리더십을 가져야 한다.

3. 사용자측의 교섭대책

(1) 교섭담당자 선정

단체교섭은 일반적으로 노사관계의 전문가가 일선 관리자의 자문과 협조를 얻어 진행하는 것이 일반적이다. 그런데 최고경영자가 반드시 단체교섭담당자로서 참가해야 하느냐의 여부가 논란이 되고 있다. 대부분의 단체교섭은 최고

13) D. Q. Mills, *op. cit.*, p. 250.

경영자가 직접 참여하지 않고 위임받은 공장장이나 노사관계전문가팀이 교섭을 맡는 것이 더욱 합리적이라고 하여 최고경영자는 단체교섭의 모든 권한을 노사관계 전문가에게 위임하고 의사결정에 따르는 것이 일반적인 사례이다.

그러나 때로는 노동조합측에서 위임받은 공장장이나 노사관계 전문가를 불신하여 최고경영자가 직접 교섭에 참여하기도 하는데 이러한 기업은 경영합리화가 제대로 이루지지 못한 사례로 노사분규가 발생할 소지가 매우 높다. 그러나 중소기업에서는 노사관계전문가가 없는 경우가 많기 때문에 최고경영자가 직접 노사 간에 긴밀한 유대관계를 가질 수 있다면 교섭담당자로서 최고의 성과를 얻을 수 있다.[14)] 그리고 최고경영자는 단체교섭의 진행과정에서 다음과 같은 사항에 관심을 갖고 업무처리를 해야 한다.

1 비용문제

단체교섭의 결과는 회사에 막대한 비용부담을 가져오는 경우가 많다. 단체교섭 결과에 따라 단체협약이 체결되고 나면 최고경영자가 이를 번복하거나 수정하기 어렵다. 따라서 최고경영자는 노동조합과의 합의된 해결방안을 심의, 승인, 거절할 권한을 가지고 있어야 한다.

2 내부갈등문제

교섭과정에서 노사관계 참모와 회사 현장책임자 사이에 갈등이 일어날 가능성이 있으며, 만약 이러한 내부갈등이 일어날 때에는 교섭상대방에게 허점이 노출될 뿐만 아니라 교섭력이 약화되어 회사 측에 불리한 교섭결과를 가져올 가능성이 있다. 따라서 이와 같은 내부갈등이 야기될 조짐이 보일 때에는 최고경영자가 일선에 나서 중재·조정하여 해결해야만 한다.

3 회사목표

조직은 설립할 때 회사의 비전과 가치관이 밑받침이 된다. 또한 단체교

14) C. F. Eisele, "Organization Size, Technology and Frequency of strike", *Industrial and Labor Relations Review*, 27 : 4, July 1974, pp. 560~571.

섭을 할 때에도 일정한 목표수준이 있다. 최고경영자는 이와 같은 회사 목표를 반영하는 교섭이 되도록 해야 한다.

4 인적조직 유지

경영자는 관리자 및 종업원의 태도를 포함한 인적조직을 유지하는 것이 회사의 책임이라는 것을 명심하고 그의 유지에 노력해야 한다.

(2) 교섭준비

단체교섭을 원만히 추진하기 위해서는 사용자측에서도 사전에 철저한 교섭준비가 필요한데 구체적인 내용을 살펴보면 다음과 같다.[15)]

1 기본준비

사용자측도 노동조합 측과 같이 단체교섭에 대한 세밀한 준비를 하여야 한다. 그 이유는 단체교섭이 단순한 토론장이 아니라 노사 간 문제해결활동이기 때문이다. 단체교섭에 대비하여 사용자가 준비하는 데 있어 기초적인 것으로 다음의 세 단계가 있다.

㉠ 교섭 및 지원단 선정　이상적인 교섭팀의 구성은 이론적으로나 성격적으로 교섭에 적합한 사람으로 구성해야 한다. 그런데 이와 같은 이상적인 사람을 구하기 힘들 것이므로 두 가지 유형의 사람을 적절히 혼합시켜 구성할 필요가 있다.

㉡ 철저한 준비　회사는 지나칠 정도 철저히 준비를 해두어야 한다. 이를 위하여 연구하고, 회사 입장을 결정해야 하며 또한 파업의 발생 가능성에 대해서도 대비하여야 한다.

㉢ 단체교섭의 방향 결정　단체교섭의 방향이 결정되면 가능한 한 그 방향으로 단체교섭이 진행되도록 하여야 한다. 회사는 교섭에서 토의하고 싶은 사항을 미리 결정하고 교섭과정에서 수동적인 자세뿐만 아니라 능동적 자세를 동시에 취하는 것은 중요하다.

---

15) 이준범, 전게서, pp. 330~331.

2 준비사항

사용자측의 성공적인 단체교섭을 위한 준비 사항은 다음과 같다.

㉠ 노동조합 측의 단체교섭 진행과정을 종합하여 참고할 정보수집

㉡ 개별적으로 되어 있는 여러 단체협약을 수록할 책자 제작

㉢ 단체협약 조항에 따르는 인건비에 관련된 회사의 내부자료 정리

㉣ 노동조합의 역사·재정 상태·리더십 및 교섭에서의 노동조합의 역할에 관련된 특수 환경 등 파악

㉤ 노동조합의 예상요구사항 및 그것이 회사에 미치는 영향 파악

㉥ 제안된 단체협약의 변화가 회사의 운영 및 비용 측면에서 회사에 주는 영향을 정확하고 신속하게 파악할 수 있는 인재 확보

3 교섭준비의 일정표 작성

단체교섭을 준비하는데 많은 대상과 사람들이 포함된다. 따라서 이와 같은 모든 활동들을 소정 기간 내에 조정하고 통일된 교섭안을 완성하기 위해서는 일정표가 작성되어야 한다. 특히 단체협약의 유효기간이 장기화되고 교섭대상이 복잡해짐에 따라 단체교섭에 대비한 준비기간을 충분하게 잡아 세밀한 연구 분석을 할 필요가 있다.

교섭 안을 내부적으로 협의하는 데 특히 중요한 것은 일선관리자와의 의사소통이다. 일선의 과장·계장 또는 반장들과의 대화를 통해서만이 현 단체협약하에서의 문제점을 정확히 파악할 수 있고, 또한 새로운 교섭안에 이를 반영시킬 수 있다.

(3) 노동조합과의 일상적 의사소통

단체교섭이 행해지는 것은 특별한 문제가 없는 한 1년에 한 번 또는 몇 년에 한 번 이상은 개최된다. 그러나 노사 간의 문제는 결코 단체교섭이 개최되는 시점에서만 생각할 것이 아니고, 매일매일 계속적이며 모두가 서로 관련되고 있음을 알아야 한다. 왜냐하면 노동조합은 기업의 움직임에 대하여 끊임없이 그때그때의 문제에 대해 초점을 잡고, 그것에 조합원의 의식을 집중시키지 않으면

조직을 유지할 수 없다.

이와 같이 경영자측도 노동조합의 움직임에 대하여 항상 적절한 대책을 강구하여야 한다. 따라서 경영자측은 평소에 노동조합의 간부와 접촉하고, 문제점에 대하여 대화하고, 일반 조합원의 동향을 파악하며, 적절한 P·R을 하고, 조합의 요구 제출 이전의 단계에서 요구를 가능한 한 무리가 없는 것으로 통제하도록 노력을 할 필요가 있다.

현대적 노동조합은 평상시에도 다음과 같은 사항에 항상 관심을 가지고 있어야 한다.

1 근로조건
2 임금문제
3 직장환경
4 기업의 성과와 장·단기 전략
5 경기변동과 경영환경 변화
6 공제사업과 복리후생활동

따라서 기업경영의 활동성·수익성·성장성 등의 각종 정보를 수집하고 조사활동을 하면서 각종 행사를 통해 끊임없이 조합원에게 조직의식을 조합에 집중시키는 것을 잊지 않고 있어야 한다.

제 6 절

단체교섭의 기본적 조건[16]

1. 노사일체의 의식

단체교섭에 있어 기본이 되는 기초적인 첫째 조건은 노사 간의 신뢰를 바탕으로 하는 노사일체의 기업관에 바탕을 두어야 단체교섭을 자주적이고 적극적으로 이끌어 갈 수 있다.

자주적이고 적극적으로 단체교섭을 하기 위해서는 무엇보다도 단체교섭의 방식, 형태 등에 대한 내용을 정확히 이해하는 것이 가장 중요하다. 지금까지 노사관계에 있어 '단체교섭권'과 '단체행동권'은 언제나 떼어놓을 수 없는 일체적인 것으로 이해하고 있는 견해를 바로 잡아 수정해야 한다. 단체교섭권과 단체행동권 사이에 일정한 거리나 간격을 둘 필요가 있다. 즉 단체교섭의 '장'을 쟁의행위나 기타 실력행사의 울타리 밖에 두어, 독립적인 무대로 만드는 것이 바람직하다. 그렇게 하지 않으며 단체교섭이 경솔하게 다루어져서 단지 실력행사를 위한 예비절차가 되기 쉽기 때문이다.

단체교섭이 확연히 구분되는 독자적인 위치를 갖고, 단체교섭 자체의 완결과정이 정비되어 그로 인해 쟁의행위로의 이행이 복잡하고 어렵다면 그 만큼 단체교섭의 비중이 커져 대화를 위한 서로의 노력도 한층 더 강화될 것이다. 노사가 진지한 노력을 한다면 단체교섭권에 대한 독립된 위치와 기능을 부여하는 것은 어려운 것이 아닐 것이다.

2. 노사협의제의 활성화

노사협의제의 활성화를 통해 노사 간의 모든 문제를 원만히 해결하는 것이

16) 이종법·류태모·윤대혁, 전게서, pp. 137～140.

가장 바람직하다. 노사협의제도가 활성화되려면 노사협의가 진행되는 기간 중에는 노동조합은 '쟁의권'을 자제하고, 사용자는 '경영권'을 억제하는 가운데 쌍방의 협의 내지 교섭을 통해 문제의 결말을 얻으려는 성실한 노력을 하게 된다. 이렇게 노사가 열의와 성실로서 자주적 교섭을 진전시킨다면 쟁의행위 없이도 노사문제를 해결할 수 있는 실마리를 찾을 수 있다.

노사협의제도를 바람직하게 정비하고 충실히 운영하기 위해서는 노동조합으로 하여금 그 기업의 실체에 대해 올바른 인식과 이해를 갖도록 하는 일이 중요하다. 따라서 사용자는 경영내용에 대한 설명 내지 보고를 구체적이고 성실하게 해야 하며, 경영에 관한 노조의 의견이나 요망사항, 비판 사항에 대해서도 성실하게 귀 기울이면서 허심탄회하게 노사 간 문제를 논의할 수 있어야 한다.

기업에 대한 노사의 일체감을 조성하고, 나아가 생활공동체로서 기업을 의식하게 하기 위해서는 항상 기업경영의 실체나 기본 선을 충분히 이해할 만큼의 지식 내지 정보가 제공되어야 한다.

노동조합측의 의견이나 태도를 개선시키기 위해서는 사용자측이 먼저 진지한 반응을 보이고 또 적절한 구현수단을 강구하면서 일체의 감각을 견지하는 것이 매우 중요하다. 노동조합측의 사정도 마찬가지다. 노동조합의 주된 목적이 근로조건의 개선과 향상에 있다고 해서, 기업의 실정은 외면한 채 일방적 요구만을 내세우는 태도는 성실한 교섭이나 진지한 대화를 가능하게 하는 공통의 기저 또는 공통의 자료 자체를 얻을 수 없게 한다.

따라서 노동조합이 노사협의제도를 통해 경영에 참가하여 기업에 대한 충분한 이해를 갖게 된다면 자연히 노동조합은 무리하고 무모한 요구나 쟁의행위를 할 수 없게 된다. 그러므로 노사협의제도를 활성화시켜 노동조합의 경영참가 빈도를 높이면 높일수록 경영에 대한 노동조합의 책임도 확대될 것이고, 더 나아가 기업실정과는 동떨어진 위치에서 무책임하고 무모한 요구를 노동조합이 하지 않게 될 것이다.

3. 성실한 교섭태도

노사 간의 문제는 항상 진전과 향상을 도모하면서 장래의 희망과 전망을 찾는 것으로 이해되어야 한다. 노사문제는 복잡한 욕망과 불만의 실상을 무시해 버리느냐 그렇지 않느냐에 따라 상이한 양태를 보인다. 즉 사소한 욕망과 불만이 뭉쳐서 마침내 쉽게 해결할 수 없을 정도로 감정이 악화되는 경우가 많다. 많은 사용자들이 여러 가지 핑계로 일상적인 작은 문제들을 방치하는 경우가 많다. 그러나 노사문제가 아무리 사소하고, 상대방이 이해심이 없고 수준이 낮다고 하더라도 끊임없이 관심을 기울이고 최선을 다해 좋은 유대관계를 유지하도록 인내심을 가지고 노력해야 한다.

사용자는 종종 교섭에 즈음하여 “회사는 노조를 믿습니다” 또는 “보다 많은 애정을 갖고 최대한 협조하려는 것이 기본방침입니다”라고 하지만 그런 말들은 노사문제 해결에 큰 도움이 되지 않고 있음을 많이 보아왔다. 평상시 부단한 실천과 노력이 중요하지 하루아침에 급조된 노사협조의 구호만으로는 문제를 해결할 수 없다.

결국 노사 간의 신뢰관계나 노사 간의 일체감을 형성하도록 평소 성의 있는 자세를 견지하는 것이 중요하다.

4. 진실성의 확립

사용자는 노동조합의 의견이나 주장에 대해 언제나 진실한 태도로써 귀를 기울여야 한다. 뿐만 아니라 노동조합이 제시하는 문제에 대해 항상 성의를 갖고 해결책을 강구하는 자세가 중요하다.

사용자는 “보다 일하기 좋고, 생활하기 좋고, 미래에 대한 희망을 가질 수 있도록 노력하고 있다”는 것을 종업원들이 실감할 수 있을 때 기업이나 사용자에 대한 신뢰감이나 일체감은 다져지게 된다.

단체교섭이 일시적 묘책이나 임기응변적인 술수에 의해 좌우되는 측면은 아주 적다. 그렇기 때문에 평상시 사용자가 노사문제에 어떻게 대처하느냐가 매우 중요하다. 즉 단체교섭의 경위나 내용은 이미 그 기저를 이루고 있는 '노사관계의 특질'에 따라 대체의 성격이 규정된다고 할 수 있는 것이다.

제 7 절 단체교섭의 교섭력

1. 교섭력의 정의

단체교섭에서 노동조합측이나 사용자측은 서로 자기측이 유리한 방향으로 교섭을 진행시키려고 노력한다. 따라서 노사쌍방은 보다 강력한 교섭력을 갖기를 원한다.

카터(A. M. Carter) 등은 교섭력(bargaining power)이란 "자기가 주장하는 조건에 상대방을 동의케 하는 능력"이라 정의하고 있다.[17]

이 정의에 의하면 A의 교섭력은 A가 주장하는 조건에 대한 B의 태도, 즉 저항한다든가 혹은 수용한다든가에 의해서 평가된다. 그러면 A가 제시하는 조건에 대한 B의 교섭태도는 무엇에 의하여 결정되는가? 그것은 B가 A의 조건을 받아들이지 않음으로써 발생하는 코스트, 즉 부동의 코스트(cost of disagreeing)와 A의 조건을 받아들임으로써 생기는 코스트, 즉 동의 코스트(cost of agreeing)를 비교 계량하는 데서 정해진다.

17) A. M. Carter & Ray Marshal, *Labor Economics : Wages, Employment and Trade Unionism*, Homewood, Illinois : R. D. Irwin, Inc., 1967, p. 318.

2. 교섭태도와 동의 코스트

단체교섭에서 경영자측과 노동조합측의 교섭태도는 상대방의 교섭력을 결정하게 되는데 이론상 다음과 같이 수식화가 가능하다.

$$\text{조합의 교섭태도} = \frac{\text{사용자에 동의하지 않는 데 따른 코스트}}{\text{사용자에 동의하는 데 따른 코스트}}$$

$$\text{사용자의 교섭태도} = \frac{\text{조합에 동의하지 않는 데 따른 코스트}}{\text{조합에 동의하는 데 따른 코스트}}$$

'동의하는 데 따른 코스트'란 상대방에 양보하는 데 따르는 코스트를 의미하며, 그것은 상대방이 주장하는 조건과 자기의 목표의 차이에 의해서 계량된다. 예를 들어 회사는 50,000원 임금인상을 목표로 하고 있는 데 반하여, 조합은 70,000원의 인상을 주장할 경우, 회사가 조합의 요구를 받아들인다면 코스트(조합원 1인당 1개월)는 20,000원의 동의코스트가 생기는 셈이 된다. 조합원이 1,000명이면 단체협약의 유효기간은 1년이므로 회사의 동의 코스트는 20,000원×1,000명×12월=2억 4천만원이 된다.

'동의하지 않는 데 따르는 코스트'란 파업에 의하여 일어나게 되는 코스트를 말한다. 즉 회사는 파업 중의 영업손실이 발생하게 되고, 조합은 파업 중의 임금공제분이 파업에 따르는 쌍방의 직접코스트가 된다. 이러한 금액에 예상되는 파업일수 — 자기측이 주장하는 조건을 상대방에게 수락하게 하는 데 필요한 것으로 예상되는 파업일수 — 를 곱하면 파업코스트가 계산된다. 예컨대 파업에 의한 회사의 영업 손실이 하루에 6백만원이며, 회사의 목표(앞의 예에서는 50,000원의 인상)를 관철하기 위해서는 10일간의 파업이 불가피하다고 볼 때, 파업 코스트는 6천만원이 된다.[18)]

이렇게 파업 코스트와 동의코스트를 비교해서 동의코스트 쪽이 큰(앞의 식에서 분모 쪽이 분자보다 크다. 즉 1보다 작다) 경우 교섭태도는 강경해지며 따라서

18) 강석인, 노사관계관리론, 일조각, 1982, p. 110.

쉽게 상대방의 조건을 받아들이지 않는다. 반대로 파업의 코스트 쪽이 크면 교섭태도는 연화되며 상대방의 조건을 쉽게 받아들인다.

3. 교섭태도의 연화와 동의 코스트 및 파업 코스트

(1) 교섭태도의 연화와 동의 코스트

교섭력을 발휘하는 또 한 가지 방법은 상대방의 동의 코스트를 작게 하기 위해 상대방의 요구수준을 낮추게 하든지 혹은 자기 측의 요구수준을 스스로 인하할 수도 있다. 즉 어느 한쪽이나 쌍방이 다 같이 양보함으로써 동의코스트를 작게 하고, 또 교섭태도를 연화(軟化)하는 것이다.

교섭력은 쌍방이 주장하는 조건에 따라서 변하는 것이며, 양보는 교섭력을 발휘하기 위한 중요한 전술이 된다. 그러나 잘못하면 상대방으로 하여금 양보가 '허약의 결과'라고 오인하게 하여 오히려 상대방의 요구를 높여줄 가능성도 있다. 그렇게 되면 상대방의 동의 코스트는 작아지지 않고 교섭태도 역시 연화되지 않는다. 따라서 양보의 시기가 중요하다. 그것이 자기 측의 교섭력을 강화시켜줄 수도 있고 약화시켜줄 수도 있다.

교섭력을 결정하는 데 있어 중요 조건에 대해 살펴보면 다음과 같다.[19)]

1 정치적·법률적 측면을 둘러싼 노사 간의 역학관계
2 근로자의 생활수준
3 노동시장에서의 고용상태
4 경기의 호황과 불황의 국면
5 생산설비와 자본구성
6 제품시장의 성격
7 산업의 전략적 위치
8 단체교섭의 구조로서의 노조의 조직률 및 조직의 성격

19) 이준범, 전게서, p. 351.

9 근로자의 구성내용
10 작업과 직장의 성질
11 회사의 노무관리
12 쟁점이 되고 있는 문제의 성질

(2) 교섭태도의 연화와 파업 코스트

교섭과정에 있어서 노사 쌍방은 상대방의 교섭태도를 연화시키거나 자기 측의 요구를 상대방이 받아들이도록 하는 일에 힘을 쓴다. 즉 분자를 크게 하는 일로 파업 코스트를 크게 하는 일, 혹은 분모를 작게 하는 일로 상대의 동의 코스트를 작게 하는 일에 힘을 쏟게 된다.

예컨대 조합이 회사의 파업 코스트를 크게 하기 위해 조합의 파업능력을 강화하고, 그것을 상대방에게 확신시키도록 할 필요가 있다. 그러기 위해서는 파업자금이 충분하고, 조합원의 투쟁의욕 고조, 장기적인 파업체제가 갖추어져 있

사례*

파업 코스트

파업은 결국 노사 양측에 막대한 경제적 손해를 가져오게 된다. 먼저 노동자측의 사적 비용을 보면 무노동 무임금 원칙에 따라 임금을 지급 받지 못하는 소득 손실이 발생하게 된다. 기업 측의 사적 비용으로는 파업 기간 동안 제품 생산을 하지 못하게 되어 손실을 보게 되는 이윤의 감소가 불가피하게 된다. 따라서 파업비용의 사적 비용은 노동자측의 비용과 기업측의 비용을 합한 금액이 된다.

파업의 사회적 비용은 조그만 기업이 파업을 할 경우 사회적으로 큰 피해가 발생하지 않지만 금융산업노조 등의 경우에는 사회적 비용이 파업의 승패를 좌우하게 결정적 요인이 되기도 한다. 사회적 비용은 경제의 한 부문에서 발생한 파업으로 인하여 타 부분에서의 생산 및 소비의

감소를 초래하게 된다.

대표적으로 사회적 비용이 큰 부문은 전력, 상수도, 가스, 우편, 통신 등으로 파급력이 큰 기반분야와 서비스업종이다. 특히 서비스 부문의 경우 재고비축이 불가능하기 때문이다. 금융, 병원, 교원 등 공공적인 성격이 강한 부문의 파업은 사회적 비용을 급증시키게 된다.

음을 상대방에게 과시할 필요가 있다.

한편 회사가 조합의 파업 코스트를 크게 하기 위해서는 회사의 제품제고가 풍부하고 자금의 준비가 충분해서 장기간의 파업에도 능히 이겨낼 수 있음을 과시하고, 만일 장기적인 파업에 돌입하게 되면 조합원이 이탈하여 조합의 분열위험이 있음을 믿게 할 필요가 있다.

이와 같이 통상 노조 쌍방은 서로 다소 과장된 거동을 취하면서, 상대방에게 파업의 코스트를 크게 느끼도록 하여 그로 인해 교섭태도를 연화시키고자 한다.

Chapter 6

단체협약

06

단체협약의 유효기간과 자동연장협정에 대한 이해

현행법은 단체협약의 유효기간을 2년을 초과해 정할 수 없게 되어 있다. 유효기간을 정하지 않거나 2년을 초과하여 약정한 경우에라도 유효기간은 2년으로 본다. 유효기간의 제한이 없으면 급변하는 환경 변화에 대응할 수 있는 단체협약이 노사 모두를 만족시켜 주지 못할 수 있기 때문이다.

단체협약은 유효기간이 만료되면 효력을 상실하게 된다. 현행 노동조합 및 노사관계조정법(이하 '노조법')상 노사가 교섭을 계속하였음에도 불구하고 새로운 단체협약이 체결되지 못했을 경우 단체협약의 유효기간이 만료되었다면 별도의 약정이 하지 않은 경우에 종전의 단체협약의 효력이 3월간 유효하게 된다. 노조법상 규정과 별개로 노사는 단체협약 유효기간 만료 후 상황을 고려해 단체협약에 '자동연장협정'을 둘 수도 있다. 자동연장협정이란 단체협약이 만료되더라도 새로운 단체협약이 체결될 때까지 기존 단체협약의 효력을 그대로 존속시킨다는 내용의 협정을 하는 것이다. 그런데 자동연장협정의 효력을 무한정 인정하게 될 경우 어느 일방에서 교섭을 성실히 임하지 않는 경우가 발생할 수 있다. 즉 단체협약이 체결되지 않더라도 기존 단체협약이 계속 적용되기 때문에 어느 일방은 단체협약 갱신을 위한 교섭에 적극적으로 임하지 않으려 할 수가 있다. 이와 같은 상황을 예방하기 위해 노조법은 자동연장조항이 있는 경우, '당사자 일방이 단체협약을 해지하고자 하는 날의 6개월 전까지 상대방에게 통고함으로써 단체협약을 해지할 수 있다'고 규정하고 있다.

만약 자동연장협약 없이 단체협약 만료 후 3개월이 지났거나, 자동연장협정이 있다 하더라도 단체협약 해지통고 후 6개월이 경과했다면 단체협약의 효력은 어떻게 되는 것일까? 이 경우를 '무협약상태'라고 한다. 만약 무협약상태가 되면 단체협약의 규범적 부분은 유효하나, 채무적 부분은 실효된다는 것이 일반적인 해석이다. 즉 단체협약이 실효 또는 해지되더라도 임금, 퇴직금, 근로시간 기타 근로조건에 관한 내용 등 규범적 부분은 취업규칙이나 근로계약 내용의 일부로 간주되어 여전히 유효하게 된다. 만약 이를 변경하려면 새로운 단체협약 체결, 취업규칙 변경, 근로자의 개별적 동의 등의 절차를 반드시 거쳐야 한다.

회사마다 단체협약의 내용 및 체결과정이 상이하기 때문에 실제로는 단체협약의 규범적 부분과 채무적 부분을 구분하기가 쉽지 않다. 단체협약 해지 또는 실효를 이유로 단체협약 내용 중 규범적 부분의 일부를 위반할 경우에 체불, 부당노동행위 등의 문제가 발생할 수 있기 때문에 각별히 유의해야 한다.

노조는 단체협약 해지를 우려해 단체교섭에서 "어느 일방은 기존 단체협약의 해지를 해서는 안 된다"는 문구를 단체협약에 규정할 것을 요구하고 있다. 단체협약 해지권을 원천적으로 제한하고자 하는 것이다. 또한 단체협약 해지 후 채무적 부분이 실효될 것에 대비하여, '단체협약의 효력 만료 또는 단체협약의 해지 등 어떠한 경우라도 기존의 근로조건 및 조합 활동 보장 등 단체협약 일체를 저하시켜서는 안 된다'고 요구하는 경우가 있는데 이런 부분에 대해서는 노사가 합리적인 방안을 마련해서 조정해 나가야 한다.

제 1 절

단체협약의 개념

1. 단체협약의 의의

단체협약(collective agreement, collective contract, labor contract)은 노동조합과 사용자간의 단체교섭을 통한 합의에 의해 성립되는 것으로 근로조건, 기타 근로자의 대우에 관한 기준을 정하고, 협약당사자 상호간에 채권 채무를 설정하는 것을 목적으로 한다.

단체협약은 협약당사자인 노동조합과 사용자가 체결하는 서면상의 계약형식을 띠고 있으나(노동조합 및 노동관계조정법 제31조 제1항) 그 내용은 여러 가지 상이한 구성요소로 되어 있다. 예컨대 임금·근로시간·근로자의 대우에 관한 사항, 조합원의 범위, 숍(shop)제, 노동조합 활동을 위한 절차와 요건, 단체교섭 절차, 쟁의행위에 관한 사항 등이 그것이다.[1)]

이러한 내용들은 단체협약의 적용을 받는 근로자들의 규범적 부분으로서 근로조건, 기타 근로자의 대우에 관한 기준, 채무적 부분으로써 협약당사자인 사용자와 노동조합 사이의 노사관계에 대한 권리·의무를 규율하는 부분, 조직적 부분으로서 노사관계에 관한 권리·의무를 규율하는 부분과 경영 내의 제도에 관한 부분으로 나눌 수 있고 이러한 내용들은 각각 상이한 효력을 가지고 있다.

자본주의사회에서 근로자의 고용은 사용자와 근로자 간에 개별적인 고용계약을 통해서 이루어지는 이른바 사적 자치목적을 기반으로 하는 계약자유의 이념을 기초로 한다. 따라서 근로자가 고용된 후 어떤 노동을 할 것인가 하는 것은 계약 당시 또는 그 이후에 양당사자 간의 합의에 따르도록 되어 있다. 이와 같이 개인으로서의 근로자와 사용자 사이의 합의·계약을 좁은 의미의 노동계약이라

1) 김성수, 전게서, p. 182~183.

고 한다.

그러나 경제적으로 약자인 개별근로자가 사용자와 대등한 입장에서 계약을 체결한다는 것은 현실적으로 기대할 수 없다. 그러므로 근로자들은 노동조건의 유지·개선을 목적으로 단결하고 그 단결과 투쟁의 위력을 배경으로 하여 사용자와 단체교섭을 행하고, 평화적인 교섭에 실패할 때에는 쟁의행위를 통해 자신들의 임금과 기타 근로조건에 대해 관철시킴으로써 실질적인 평등을 도모하려고 한다. 이와 같이 평화적인 교섭이나 쟁의행위를 배경으로 하여 쟁취한 유리한 근로조건을 협약이라는 형태로 문서화한 것이 바로 단체협약이다.

그런데 좁은 의미의 근로계약은 그 당사자가 개인으로서의 근로자와 사용자 사이에 체결되는 것인데 반해, 넓은 의미의 근로계약, 즉 단체협약은 그 당사자가 노동조합이라는 단체와 사용자 내지 사용자단체 사이에 체결된다는 점이 다르다. 또 이들 계약으로 인하여 생기는 권리·의무도 좁은 의미의 근로계약에 있어서는 개인으로서의 근로자와 사용자 사이의 것인 데 반해, 넓은 의미의 근로계약인 단체협약에는 근로자단체인 노동조합과 사용자 또는 사용자단체 사이에서 이루어진다는 점이 다르다. 예컨대 단체협약은 평화의무가 수반되는데, 이 평화의무는 노동조합이라는 단체가 지는 것이며 개별조합원이 부담하는 의무는 아니다.[2)]

단체협약을 노동3권과 관련지어 보면, 단체협약은 단체교섭권 행사의 산물이며, 단결권과 단체행동권은 단체교섭권의 행사를 위한 수단으로서의 의미로 볼 때 단체협약은 노동3권 행사의 결정체라고 할 수 있다.

근로자의 근로조건이나 기타 근로자의 대우 등을 규율하는 규범에는 개별노동자와 사용자간에 체결하는 근로계약이나 사용자가 임의로 작성·변경하는 취업규칙과 기타 회사의 제반 규정 등이 있지만, 이러한 것들은 단체협약이 체결되면 모두 단체협약의 영향을 받게 된다. 따라서 단체협약에 반하는 근로계약이나 취업규칙 등은 그 부분에 관해서 무효로 되고 무효로 된 부분은 자동적으로 단체협약에서 정한 기준이 적용된다.

---

2) 박경문·최승욱, 전게서, pp. 178～179.

그러나 단체협약이 모든 노사관계규범을 대체할 수 있는 것은 아니고 단체협약이 규율하는 노사관계 영역이 확대되는 것이 반드시 바람직한 것은 아니다. 단체협약에서 규율되는 적정한 범위는 개개의 단체협약이 설정되는 사회·경제적인 여건과 노사관계의 구조에 따라 다르게 된다.

[그림 6-1]을 보면 노사관계에 있어서 단체교섭은 협약의 체결(계약의 체결)과 협약의 관리(계약의 관리)로 분류되는데, 전자는 임금·근로시간 및 작업조건 등에 관한 근로자와 사용자 간의 협약체결을 위한 협상과정이고, 후자는 체결된 협약을 관리하는 단계로서 주로 고충처리 및 조정을 하는 과정이다.[3)]

[그림 6-1]에서 보면 ①, ②, ③, ④는 협약체결, 즉 협상과정이 되고, ⑤는 협약관리, 즉 고충처리 및 조정과정이 된다.

그림 6-1 단체협약의 체결과 관리과정

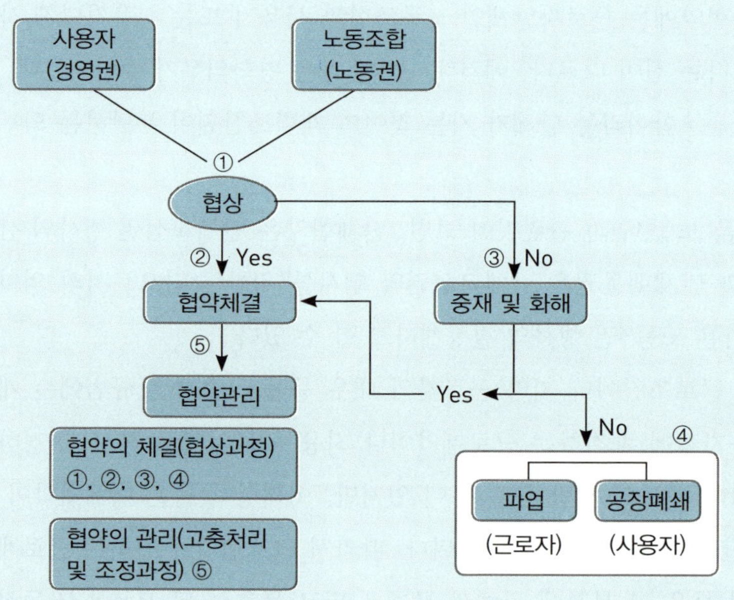

3) 최종태, 현대노사관계론, 경문사, 1981, p. 155.

2. 단체협약의 성격 및 기능

(1) 단체협약의 성격

단체협약의 성격을 형식면, 내용면, 사회면으로 나누어 살펴보면 다음과 같다.[4)]

1 형식면

형식면에서 본 단체협약의 특징은 노사 양측에 의한 단체적인 약속으로, 즉 합의라는 성격을 들 수 있다. 이와 유사한 성격의 근로계약(고용계약)은 노사가 합의에 의해 결정한다는 점에서는 동일하나, 그 당사자가 근로자 집단이 아닌 개인과 사용자라는 점에서 단체협약과 다르고, '취업규칙'은 그 대상이 다수 근로자임은 단체협약과 유사하나 그 결정을 사용자가 미리 일방적으로 결정하는 것이 다르다.

결국 단체협약은 다수의 근로자와 사용자 혹은 사용자단체 간의 상호협의에 의해 합의된 사항이라는 성격을 갖는다.

2 내용면

단체협약의 성격을 내용면에서 보면 규범적 부분과 채무적 부분으로 대별할 수 있다. 규범적 부분은 노동력의 가치를 얼마로 평가할 것인가 하는 문제로 주로 임금과 근로조건에 관한 부분으로 강제적 효력을 가지는 부분을 말한다. 채무적 부분은 노동조합과 사용자 사이의 관계에 대한 약속에 관한 부분을 말한다. 이는 단체협약의 이중성을 나타내고 있다.

3 사회면

사회적 측면에서 본 단체협약은 노사 간의 일시적인 합의, 즉 휴전조약과 같은 성격을 가지고 있다. 노사 간의 대립된 이해관계 때문에 노사 간에는 분쟁의 소지가 항상 내재하고 있는데, 이 분쟁을 앞으로 얼마동

4) 노동조합사전편찬위원회, 노동조합의 기초 활동, 형성사, 1985, pp. 613~616.

안 중지하고자 하는 일종의 협약(휴전협약)을 단체협약의 한 특성이라고 할 수 있다.

(2) 단체협약의 기능

단체협약은 노사관계에 있어서 어떤 능력이 있으며, 또 어떤 영향력을 갖고 있는가에 대해서 살펴보면 다음과 같다.

1 노동조건의 개선기능

단체협약은 노사관계에 여러 가지 기능을 하고 또한 이익을 가져다주고 있는데, 그 하나가 근로자에 대한 노동조건의 개선기능이다. 즉 단체협약은 근로자가 한 사람 한 사람이 개별적으로 사용자와 교섭해서는 얻을 수 없는 보다 좋은 노동조건이 단체협약의 유효기간 중 확보된다는 것이다. 단체협약이란 노동조합의 단결력이나 쟁의행위라는 투쟁력을 배경으로 하여 이루어진 것이므로, 협약에서 정해진 근로조건상의 기준은 개인근로자와 사용자 간의 교섭에는 기대할 수 없는 보다 좋은 근로조건을 확보할 수 있게 된다.[5)]

2 평화적 기능

단체협약이란 사용자가 협약에서 설정된 근로조건상의 기준에 따라서 협약의 유효기간 중 조합원인 종업원을 사용할 것을 노동조합에 대해서 약속한 것으로, 그 약속대로 조합원을 다루어야 함은 사용자에게 부과된 당연한 의무이다. 만약 사용자가 약정한 소정의 근로조건 기준에 따라 종업원을 사용하지 않는다면 사용자는 조합에 대해서 약속위반의 책임이 뒷따른다.

단체협약의 내용을 성실히 준수해야 할 의무는 사용자에게만 있는 것은 아니며, 그러한 의무는 노동조합 내지 근로자에게도 있다. 즉 사용자측이 협약으로 규정한 근로조건의 기준에 따라 조합원인 종업원을 사

5) 이준범, 전게서, p. 355.

용하고 그 밖의 협약을 지켜가는 한, 협약의 유효기간 중에는 근로자측도 새로운 분규나 쟁의를 일으켜서는 안 된다. 이와 같이 단체협약에 의해 일정 기간 동안 근로조건 등에 관하여 일정한 기준을 설정해 놓으면 그 기간 내에는 무의미한 분쟁을 회피할 수 있을 뿐만 아니라, 그 기준을 유지하기 위하여 노사는 서로 협약내용을 성실히 준수할 의무를 지게 된다. 이것을 단체협약의 평화적 기능이라 한다.

3 경영안정화의 기능

단체협약은 유효기간 중에는 조합원인 근로자의 임금, 기타 급료, 근로조건 등 근로자의 대우에 관한 사항 등이 일정수준으로 유지·고정되므로 기업의 입장에서 볼 때 근로자에게 지불되는 비용이 예측 가능하므로 경영의 안정화를 도모할 수 있다.

단체협약이 산업별로 이루어질 경우 당해 산업에 속해 있는 기업 간의 노동조건의 평준화를 통하여 기업 간의 불필요한 경쟁을 방지할 수 있다. 이는 단체협약이 노사관계에 있어서의 일정한 질서를 형성하고 안정화를 가져오는 기능을 하게 되는 것이다.

4 민주화 기능

단체협약은 노사의 공동의사에 의한 새로운 기업 질서로서 근로계약이나 취업규칙에 우선하는 것(단체협약의 우위성)으로서 기업에 있어서의 소유권의 전제를 막고 근로자의 권익신장과 경영참여 확대로 기업을 민주화하는 기능을 하게 된다.

3. 단체협약의 성립

(1) 단체협약의 당사자

유효한 단체협약을 체결할 수 있는 법률상의 능력을 협약체결능력이라고 한다. 이러한 협약체결능력을 가진 자를 단체협약의 당사자라고 한다.[6] 단체협약의 당사자에는 근로자측에는 노동조합이, 사용자측에는 사용자와 사용자단체가 있다. 그리고 단체협약은 집단적 성격을 가지기 때문에 개인 근로자인 조합원은 단체협약의 당사자가 될 수가 없다.

1 노동조합측의 당사자

노동조합 및 노동관계조정법상의 노동조합, 즉 노동조합 설립의 실질적 요건과 형식적 요건을 갖춘 적격조합이 단체협약의 당사자가 될 수 있다. 그러나 노동조합이 단체협약의 당사자가 되기 위해서는 반드시 법인격을 취득할 필요는 없다.

단체협약의 당사자와 관련하여 문제가 되는 근로자의 조직에는 다음과 같은 것이 있다. 일본이나 우리나라에서는 노동조합 설립의 형식적 요건을 갖추지 못한, 소위 헌법조직 또는 법외조합 등의 근로자단체도 단체협약의 당사자가 될 수 있다. 이들이 체결한 단체협약도 노동조합에서 말하는 단체협약이라고 할 수 있다. 그러나 일부 학자들은 근로자단체는 단체협약의 당사자가 될 수 없다고 본다. 근로자단체가 체결한 협약에는 규범적 효력, 일반적 구속력 및 지역적 구속력 등 노동조합법이 단체협약에 부여하는 법적 효력이 인정되지 않는다. 한편 노동조합 설립의 실질적 요건을 갖추지 못한 비조합 또는 쟁의단체도 단체협약의 당사자가 될 수 없다고 보는 견해도 있다.

단위노조의 상부단체인 연합단체가 단체협약의 당사자로서 단체협약을 체결할 수 있느냐 하는 문제이다. 현행법상으로 연합단체 역시 독립한 노동조합법상의 노동조합이므로 단체협약의 당사자가 될 수 있다. 그러나 단위노조의 지부·분회는 독자적인 노동조합으로서의 성립요건을 갖추지 않았기 때문에 단체협약의 당사자가 될 수 없다. 즉 단위노조의 지부·분회는 단위노조로부터 위임을 받거나 조합규정으로 정하고 있는 경우 그 범위 안에서 단체교섭을 행할 수는 있으나 단체협약의 체

6) 박경문·최승욱, 전게서, pp. 180～182.

결은 단위노조의 명의로 해야 한다.

2 사용자측의 당사자

단체협약의 사용자측 당사자는 사용자 또는 사용자단체이다. 기업별 조합인 경우에는 단체교섭도 자연히 기업별 교섭의 형태가 될 것이므로 당해 기업의 개인인 사용자가 단체협약의 당사자가 된다. 그리고 산업별 또는 직종별 조합인 경우에는 사용자단체가 협약의 당사자가 된다. 따라서 개인기업의 경우에는 개인이, 법인 내지 회사형태의 기업의 경우에는 그 법인 내지 회사가 사용자가 된다.

단체협약의 당사자가 될 수 있는 사용자단체는 구성원인 사용자에 대해서 조정 또는 규제할 수 있는 권한을 가진 단체이어야 한다. 즉 구성원인 사용자를 위하여 통일적 단체교섭을 행하고 단체협약을 체결할 수 있다는 것이 구성원간의 합의 또는 관행상으로 당연히 예정되어 있는 단체이어야 한다. 그러나 우리나라에서는 기업별 조합을 원칙으로 하고 있으므로 당해 사업장의 사업주인 사용자가 당사자가 되는 것이 통례이며, 사용자단체가 단체협약의 당사자가 되는 경우는 거의 예외적인 일이다.

(2) 단체협약의 작성

단체협약은 서면으로 작성하여 당사자 쌍방이 서명·날인하여야 한다(노동조합 및 노동관계조정법 제31조). 그리고 협약당사자는 협약체결 후 15일 이내에 이를 행정관청에 신고하여야 한다(노동조합 및 노동관계조정법 제31조 제2항). 그리고 행정관청은 단체협약의 내용 중 위법한 내용이 있는 경우에는 노동위원회의 의결을 얻어 그 시정을 명할 수 있다(노동조합 및 노동관계조정법 제31조 제3항).

1 서면 작성

단체협약은 반드시 서면으로 작성하여야 한다. 노사관계의 전체에 걸치는 총괄적인 협정과 임금·퇴직협정과 같은 개별적 협정을 막론하고 모두 서면으로 작성하여야 한다. 서면의 형식·명칭 등은 불문한다. 즉 어떠한 형식을 취하든 어떠한 명칭을 사용하든지 간에 협약이 서면으로 작성되어 있는 한 단체협약으로서의 효력은 발생된다.

이와 같이 단체협약에 대하여 서면작성을 요구하는 것은 법률상의 효력을 부여하고 있는 한, 협정의 설립·내용 등이 명확하지 않으면 당사자 간에 무용한 분쟁을 일으키게 하고 노사관계의 안정을 방해할 우려가 있기 때문이다. 따라서 서면으로 작성하지 않은 협정은 일체의 법률상의 효력을 인정하지 않는다.[7)]

2 당사자의 서명과 날인

단체협약서에는 양당사자가 서명·날인이 있어야 한다. 서명·날인이 없는 단체협약은 서면으로 작성되지 않은 협약의 경우와 마찬가지로 노동조합법상의 효력이 발생하지 않는다. 서명·날인은 당사자를 명백히 함과 동시에 양당사자의 최종적인 의사를 확인하기 위한 것이다.

3 신고

단체협약은 행정관청에 신고하여야 한다. 즉 노동조합 및 노동관계조정법 제31조 제2항에서 "단체협약의 당사자는 단체협약의 체결일로부터 15일 이내에 이를 행정관청에 신고하여야 한다"고 규정하고 있다. 그러나 행정관청에 신고가 단체협약의 효력요건은 아니다.[8)]

행정관청은 단체협약의 내용 중에 위법, 부당한 것이 있을 경우에는 노동위원회의 의결을 얻어 그 시정을 명할 수 있다(노동조합 및 노동관계조정법 제31조 제3항). 단체협약은 노사자치에 의하여 이루어지는 것이므로 협약의 내용 중에 위법, 부당한 것이 있을 때에는 협약당사자들이 이를 스스로 시정하거나 무효·취소를 주장할 수 있는데, 구태여 행정관청에 대하여 변경·취소권을 준다는 것은 별 의미가 없다.

---

7) 심태식, 노동법개론, 법문사, 1989, p. 176.
8) 김형배, 노동법제, 노동경제 40년사, 한국경영자총협회, 1989, p. 411.

(3) 단체협약의 유효기간

단체협약의 기간이라 함은 단체협약이 유효하게 존속될 것으로 예견되는 기간, 즉 유효기간을 규정한다. 노동조합 및 노동관계조정법 제32조 제1항에 의하면 "단체협약에는 2년을 초과하는 유효기간을 정할 수 없으며," 제32조 제2항에서는 "단체협약에 그 유효기간을 정하지 아니한 때 또는 제1항의 기간을 초과하는 유효기간을 정한 때에는 그 유효기간은 2년으로 한다"고 규정하고 있다. 또한, 제32조 제3항에서는 단체협약 유효기간 만료시를 전후하여 쌍방이 새로운 단체협약을 체결하고자 단체교섭을 계속하였음에도 불구하고 새로운 단체협약이 체결되지 아니한 때에는 종전의 단체협약은 그 만료일로부터 3개월까지 계속 효력을 갖는다. 다만 그 유효기간이 경과한 후에도 새로운 단체협약이 체결되지 아니한 때에는 새로운 단체협약이 체결될 때까지 종전 단체협약의 효력을 존속시킨다. 단 별도의 약정이 있는 경우에는 그에 따른다. 그러나 당사자 일방이 해지하고자 할 때에는 6개월 전까지 상대방에게 통고함으로써 종전의 단체협약을 해지할 수 있다.

최근에는 단체협약 유효기간을 자유롭게 하되, 3년 경과 뒤 일방이 6개월 전 통보하면 해지하는 방향으로 개선하는 것이 바람직하다는 견해도 제기되고 있다.

사례*

76년 삼성의 무노조 경영 신화를 깨고 첫 단체협약

금속노조 삼성전자서비스지회가 2014년 6월 28일 노사 합의서에 대한 조합원 총투표를 실시해 합의안을 가결했다. 이로써 삼성의 무노조 경영 76년의 신화를 깨고 처음으로 단체협약을 맺게 됐다. 삼성전자 서초동 사옥 앞에서 노숙 농성을 벌인 지 41일 만이다.

앞서 삼성전자서비스지회 양측은 실무교섭 끝에 주요쟁점 사안에 대한 의견 접근안을 도출한 바 있다. 노조 측은 의견접근안을 수용할지

여부에 대한 조합원 총투표를 실시할 예정이었으나, 협력업체 기준단협 세부 항목 실무교섭을 확실히 매듭지은 뒤 투표를 진행하기로 했다.

기준협약 실무교섭 끝에 의견일치안이 도출됐고, 이날 삼성전자서비스지회 대의원대회에서 수용하기로 해 서초동 삼성전자 본관 앞 농성장에서 조합원 찬반 투표를 진행해 가결했다.

쟁의권 조합원 982명(총 985명 사고 3명) 중 610명이 투표에 참여해(투표율 62%) 534명이 찬성(투표자 대비 찬성률 87.5%)했다

주요 쟁점사항 중 첫 번째 사항인 '염호석 열사 관련'해서는 원청인 삼성전자 측이 고인에 대한 애도와 유감, 재발방지를 위한 노력 등을 담아 보도 자료를 내기로 했고, 책임자 처벌 문제는 노사협의에 따라 적절한 방안을 강구하기로 했다.

폐업 센터와 관련해서는 가급적 2개월 이내에 신설 또는 인근회사에서 특별한 사유가 없는 한 조합원을 우선 고용토록 하고 업체 신설 이전에는 본 합의체결일로부터 10일 이내에 인근업체 제휴인력으로 등록해 근무하도록 했다.

노조 활동을 보장하기 위해 타임오프 9천 시간을 6명 이내로 분할 사용할 수 있도록 하고 3인의 임원에 대해 무급휴직 처리를 요청할 경우 회사가 보장하기로 했다. 노조사무실 개소를 위해 사측이 초기비용으로 1억원을 지원하고, 정기총회, 정기대의원대회를 유급으로 보장하며, 교섭위원 2인에 대해서도 유급을 인정하기로 했다.

지역 센터별로 임금체계가 상이하고 사측에서조차 정확히 계산하기 어려워했던 임금 및 수당과 관련해서는 '투명성, 안정성, 독립성, 향상성'을 원칙으로 했다. 성과급은 외근사원기준 실건수 60건을 초과하는 1건당 경비를 제하고 평균단가 2만5천원(편차인정)을 지급하며, 명시하지 않는 내용은 기준대로 시행해 중수리 및 장거리 기사가 피해보지 않도록 했다.

이외에도 단체협약을 체결함에 있어 기존의 복리후생수당 수준이 저하되지 않도록 했고, 성수기(7, 8월)에 협정근로자를 두되, 범위와 인원은 노사 합의로 단협에 명기하도록 했다. 단체협약 적용일은 7월 1일부터 하기로 했으며 단협이 종료되는 2년 뒤에는 향후 금속노조 임단협 시기인 4월 1일로 조정할 계획이다.

주요 쟁점사항에서도 노사 양측이 의견이 팽배했던 제20조(징계사유)는 사규와 단협 기준 모두 기재하는 것으로 타협했다. 노조 측이 4:4 동수로 제안했던 징계위원회 구성은, 사측이 3:2로 맞서면서 기준단협 조항에서 양측 의견 모두 기재하지 않기로 했지만 징계위를 공정하기 구성하기로 한다는 점을 명시했다. 또한 제26조(경영상 이유에 의한 해고의 제한)에서는 '노사는 상호 폐업이 발생하지 않도록 성실히 노력한다'는 내용을 노조 측의 요구로 명시됐다.

금속노조 전규석 위원장은 찬성 가결 직후 삼성전자서비스지회 조합원들에게 "동지들이 가열차게 싸웠기 때문에 좋은 결과가 나왔다"며 "하지만 이제 시작이다. 삼성 무노조 경영을 끝장내기 위해 지금의 투쟁성을 갖고 지역에 내려가 미조직된 조합원과, 아직 조직되지 않은 센터를 조직하라"고 말했다. 그리고 "우리의 조직률이 과반수가 될 때, 그리고 모두가 조직될 때 거대 자본인 삼성과 진정으로 맞짱을 뜰 수 있을 것"이라며 "금속노조 동지들과 함께 이 땅의 간접고용과 미조직된 노동자들의 희망과 전망을 만들어낼 수 있는 투쟁을 계속 진행하겠다"고 밝혔다.

제 2 절

단체협약의 효력

노사관계에 있어서 단체협약 체결 후 경영자에 의해 위반사례가 자주 발생하게 되자, 국가가 이를 방지하고 원활한 노사관계를 유지하기 위해 단체협약이 단체협약으로서의 본래의 기능을 발휘할 수 있도록 뒷받침하는 역할을 수행하게 되었다. 이것이 단체협약의 법적 효력에 관한 문제이다. 그리고 국가가 단체협약을 보호해 주는 정도와 방법은 영·미형과 대륙형으로 구분할 수 있다.

영·미형의 단체협약은 신사협정이라고 하는데, 이는 가능한 한 국가가 법률적으로 간섭하지 않는 형태이다. 이런 유형의 국가들은 노조의 형태가 기업별 조직이 아니라 전 산업적 조직이기 때문에 힘이 막강하여 기업측이 협약을 위반할 때는 노조가 실력행사로 이를 저지할 수 있는 경우가 보통이다. 1947년 이전의 미국과 1971년 이전의 영국을 그 예로 들 수 있다.

대륙형의 단체협약이란 국가가 법률로서 단체협약에 일정한 효력을 부여하여 보호하는 형태를 말한다. 그 예로서 독일, 프랑스, 오스트리아, 스위스 등의 경우를 들 수 있다. 하지만 미국의 경우 1947년 Taft-Hartley법에서 단체협약의 법적 효력을 인정하였고, 영국의 경우에는 1971년 이후부터는 단체협약의 법적 효력을 인정하게 되었다.

이상과 같은 단체협약의 법률상 효력에 대해서 좀 더 구체적으로 살펴보면 다음과 같다.[9)]

1. 규범적 효력

단체협약의 규범적 효력이란 단체협약이 강제법규와 같이 근로자 개인의

9) 박경문·최승욱, 전게서, pp. 188～189.

근로조건을 규율하는 효력이 있음을 의미한다. 노동조합 및 노동관계조정법 제33조 제1항에서는 "단체협약에 정한 근로조건 기타 근로자의 대우에 관한 기준에 위반하는 취업규칙, 또는 근로계약의 부분은 이를 무효로 한다"라고 규정하고 있고, 제2항에서는 "제1항의 경우에 무효로 된 부분은 단체협약에 정한 기준에 의한다. 근로계약에 규정되지 아니한 사항에 대하여도 또한 같다"라고 규정하고 있다. 단체협약의 규범적 부분은 강행적 효력, 직접적 효력, 유리원칙의 효력, 질서원칙의 효력 등이 있고 실무의무가 부과된다.

(1) 강행적 효력

강행적 효력이란 노동조합 및 노동관계조정법 제33조 제1항에 규정된 효력을 말한다. 즉 단체협약에 정해진 기준을 위반하는 근로계약 또는 위법규칙을 무효로 하는 효력으로써 보다 구체적으로는 다음의 경우를 예로 들 수 있다.

1 사용자와 조합원 사이에 체결한 근로계약이 단체협약의 규범적 부분에 위반될 때
2 단체협약의 규범적 부분에 위반하는 근로계약이 새로 성립될 때
3 기존의 근로계약을 단체협약에 위반하여 변경하는 경우

이 밖에도 사용자가 탈법행위 등에 의하여 단체협약의 기준에 위반하는 행위를 하는 경우에도 강행적 효력이 미친다.[10)]

(2) 직접적 효력

직접적 효력은 단체협약이 개별적 근로관계에 관하여 직접 지배적인 효력을 미치는 것을 말한다. 즉 개별적 근로계약에 아무 약정이 없는 경우 또는 단체규약의 강행적 효력에 의하여 개별적 근로계약의 일부가 무효로 된 경우에 이를 직접적으로 보충하는 효력을 말한다. 따라서 직접적 효력은 협약의 구속을 받는 근로자가 이에 대한 동의나 인식을 전제로 하지 않는다. 우리나라 노동조합 및 노동관계조정법 제33조 제2항에 이에 대한 규정을 두고 있다.

10) 박상필, 한국노동법, 대왕사, 1989, p. 442.

이와 같은 강행적 효력과 직접적 효력은 근로계약관계에 대하여 동시에 발생하는 것이 보통이지만, 경우에 따라서는 그중의 하나만이 발생하는 경우도 있다. 또한 이 강행적 효력과 직접적 효력은 근로계약에 있어서는 이를 배제할 수 없으며, 어떤 상황에서도 근로계약을 지배한다는 의미에서 이를 집단협약의 직접적 또는 불가변적 효력이라고 한다.

(3) 유리원칙의 효력

단체협약의 규범적 부분, 즉 '근로조건이나 근로자의 대우에 관한 기준이 다른 협정, 예컨대 노동계약이 단체협약보다 더욱 유리하게 규정되어 있을 때에는 이를 우선하여 적용하게 하는 원칙 또는 효력'을 말한다. 이를 유리한 조건의 우선원칙이라고도 한다.

단체협약의 규범적 부분은 강행적 효력을 가지므로 근로계약 내의 근로조건에 관한 조항이 이에 위반될 때에는 무효가 되나 근로계약이 단체협약 내의 기준보다 유리할 때에는 그 조항에 따르도록 함으로써 근로자를 보호하기 위한 것이다.

(4) 질서원칙의 효력

단체협약의 규범적 부분의 질서원칙이란 '새로운 단체협약이 종전의 단체협약을 대체할 경우, 즉 하나의 집단적 질서가 다른 집단적 질서를 대체할 경우에는 유리원칙의 효과가 있다고 하더라도 새로운 단체협약이 그대로 적용되는 효력'을 말한다. 이러한 질서원칙이 적용되는 근거는 신법이 구법에 우선한다는 법의 원칙이 적용되기 때문이다.

(5) 규범적 부분의 실행의무

단체협약의 규범적 부분에 관한 근로조건 등은 사용자와 조합원 간에 있어서 실행될 것을 목적으로 하고 있으며, 그 구체적인 실현은 사용자와 조합원 간의 노동계약에 의해 이를 보장한다. 그러므로 만일 협약의 기준 이하의 근로계약에 의해 임금을 받고 있는 조합원이 있을 때에는 협약기준에 의한 임금을 청구할 수 있는 권한이 있다.

2. 채무적 효력

단체협약의 채무적 부분에 대한 효력은 협약당사자인 노동조합과 사용자 또는 사용자단체와의 사이에 그 이행을 청구하고 이행해야 할 채권·채무의 효력이 있다. 즉 채무적 효력은 협약당사자인 노동조합과 사용자 또는 사용자단체가 합의한 사항을 계약으로서 이행해야 할 의무가 있음을 전제로 그 위반에 대하여 채무불이행의 책임으로 처리된다. 이들 채무에는 자기의무와 영향의무로 구분된다.

(1) 자기의무

단체협약의 채무적 부분에 대한 자기의무란 '단체협약에서 규정한 조항들을 협약당사자가 스스로 준수해야 할 의무'를 말한다. 이 자기의무는 협약체결당사자가 당연히 부담해야 할 의무이기 때문에 평화의무와 같은 것이라고 할 수 있다.

(2) 영향의무

단체협약의 채무적 부분에 대한 영향의무란 '조합원들이 단체협약 내에 규정된 준수사항을 그대로 지키도록 노력해야 할 의무'를 말한다. 즉 노동조합이 그 조합원에게 단체협약의 내용을 정확히 알리고 조합원이 단체협약에서 규정한 준수사항을 제대로 지키지 않을 때에는 적절한 조치를 취해야 할 의무를 말한다. 예컨대, 몇 사람의 조합원이 단체협약에 위반하여 불법적 파업을 했을 경우에 노동조합이 그 조합원들에게 징계처리를 하는 경우와 같다.

(3) 채무이행청구 및 손해배상청구

단체협약 당사자의 일방이 협약상의 채무, 즉 의무를 이행하지 않을 경우에 상대방 당사자는 의무이행청구를 할 수 있다. 예를 들면, 법원에 대하여 강제이행청구, 위반행위가 심할 때에는 협약해제청구 등의 권한도 있다. 뿐만 아니라 평화의무·평화조항·쟁의조항 등을 이행하지 않음으로써 발생하는 손해배상책임도 발생하게 된다.

3. 조직적 효력

조직적 효력은 제도적 효력을 말하는 것으로 원칙적으로 규범적 효력을 인정하고 있다. 이는 조합원인 종업원의 해고에 관한 협의·동의조항·경영협의회와 고충처리기관 등의 조직과 운영에 관한 조항 내지 협정을 말한다.[11)]

우리나라는 1997년 3월 13일 노사협의회법을 "근로자참여 및 협력증진에 관한 법률"의 개정으로 근로자의 복지증진, 교육훈련, 노사분규예방, 고충처리 등에 관한 사항뿐만 아니라 이와 관련하여 징계, 해고 등 인사에 관한 협의기관의 구성 및 운영도 노사협의 대상이 되므로 단체협약에서 조직적 부문의 효력은 약화되고 있다고 볼 수 있다. 그러나 사용자에 의한 징계해고권의 남용을 견제하기 위하여 해고협의 조항을 설정할 수 있다.

원래 인사에 속하는 근로자의 채용, 배치전환, 해고 등은 사용자의 전권적 사항이지만 근로기준법 제23조(해고 등의 제한)에 의하면 사용자는 근로자에 대하여 정당한 이유 없이 해고, 휴직, 정직, 전직, 감봉 기타 징벌은 정당한 이유가 없이는 이를 행할 수 없다. 따라서 단체협약 내에 해고협의(또는 동의)조항을 노동조합과 사용자가 약정한다는 것은 근로기준법의 규정을 전제로 해서 이루어지는 것이다. 따라서 정당한 이유, 동의 및 협의에 대해서는 전문가적 입장에서 법률적으로 해석하는 것이 타당하다.

11) 김성수, 전게서, p. 190.

제 3 절

단체협약의 구속력

단체협약의 효력확장(일반적 구속력)이란 협약체결의 당사자뿐만 아니라 협약 당사자의 구성원이 아닌 자(비조합원)에게까지 그 적용이 강행되는 것을 말한다.

1. 사업장단위의 일반적 구속력

노동조합 및 노동관계조정법 제35조는 "하나의 사업·사업장에 상시 사용되는 동종의 근로자의 과반수 이상의 근로자가 하나의 단체협약의 적용을 받게 된 때에는 당해 사업·사업장 기타 직장에 사용되는 다른 동종의 근로자에 대하여도 당해 단체협약이 적용된다"고 규정하고 있다.

사업장단위의 일반적 구속력제도는 주로 기업별 노동조합이 체결한 단체협약의 효력을 사업장 내의 비조합원에까지 확장·적용시킴으로써 그들의 근로조건을 단체협약의 그것과 동일하게 하자는 것이다. 만일 단체협약에서 정한 기준 이하의 근로조건으로 이를 고용하려고 하면 조합원을 배척하고 비조합원으로 대체하고자 할 것이다.

이와 같은 단체협약의 사회적 기능을 약화시키고 조합원의 지위를 불안하게 하는 것을 막고 협상당사자의 조합원이 아닌 소수의 근로자에게도 협약을 적용하자는 데 목적이 있다. 노동조합 및 노동관계조정법 제35조 규정의 법적 효력에 대하여 살펴보면 다음과 같다.

1 확장적용범위는 당해 사업 또는 사업장에 상시 사용되는 다른 동종의 근로자에 대하여 당해 단체협약이 적용된다.

2 확장적용을 받아야 할 소수 근로자 또는 비조직근로자의 근로조건이 조직근로자보다 불리한 경우에는 당연히 확장적용을 받아야 하나, 유리한

경우에는 확장적용은 효력이 없고 유리원칙의 효력이 적용된다고 보아야 한다.

3 동일한 사업장에 소수 근로자가 제2노동조합을 결성하고 단체협약을 체결하고 있는 경우에는 확장적용이 되지 않는다고 보아야 한다. 그것은 노동조합에게 자주적 단체교섭권과 단체협약체결권이 보장되어 있기 때문이다.

2. 지역적 구속력

지역적 구속력제도는 소수 근로자의 보호와 동일지역에 있어서 근로자 상호간의 경쟁으로 인한 근로조건의 저하를 방지하고 사용자가 종래에 많이 채용해 왔던 근로조건을 인하시키는 불공정경쟁을 배제하기 위하여 동일지역의 일정한 노동조합의 단체협약기준을 동일지역 타 근로자에게 적용하는 것이다.

노동조합 및 노동관계조정법 제36조 제1항은 "하나의 지역에 있어서 종사하는 동종의 근로자의 3분의 2 이상이 하나의 단체협약의 적용을 받게 된 때에는 행정관청은 당해 단체협약의 당사자의 쌍방 또는 일방의 신청에 의거하거나, 그 직권으로 노동위원회의 의결을 얻어 당해 지역에서 종사하는 다른 동종의 근로자와 그 사용자에 대하여도 당해 단체협약을 적용한다는 결정을 할 수 있다"고 규정하고 있다. 그리고 행정관청이 제36조 1항의 규정에 의한 결정을 한 때에는 지체 없이 이를 공고하여야 한다. 제36조 1항을 좀 더 구체적으로 살펴보면 다음과 같다.

1 하나의 지역에 종업하는 동종의 근로자 3분의 2 이상이 하나의 단체협약의 적용을 받고 있는 경우에 한한다.

2 단체협약의 일방 또는 쌍방의 신청이 있거나, 신청이 없어도 행정관청이 직권으로 노동위원회의 의결을 얻어 확장적용을 결정 공고해야 한다.

3 그 법적 효력은 당해지역에서 종업하는 동종의 근로자에게 그 단체협약의 조항이 확장 적용되는 것이다.

제 4 절

단체협약의 내용 및 관리

1. 단체협약의 내용

단체협약의 내용은 모든 산업·기업 등에서 형성되는 노사관계의 실태와 실제상 필요에 따라 매우 다양하게 나타나고 있다. 그러나 이러한 단체협약의 내용도 법률상의 효력과 관련시켜 살펴보면 몇 가지 유형으로 구분할 수 있는데, 그 내용을 정리하면 〈표 6-1〉과 같다.

현재 우리나라에서 많이 사용하고 있는 단체협약의 내용을 살펴보면 다음과 같다.[12)]

표 6-1 단체협약의 내용에 따른 유형

유형	기준	내용
규범적 부분	• 근로조건 기타 근로자의 대우에 관한 기준(개별적 근로관계에 있어서 실현되는 부분)	임금, 임금지급방법, 근로시간, 유급휴일, 유급휴가, 상여금 지급, 경조금지급 및 기타 후생에 관한 협정, 재해보상의 종류 및 그 산정, 누진퇴직금의 지급협정, 정년제에 관한 협정 등
채무적 부분	• 사용자와 노동조합의 관계를 정하는 부분, 즉 협약당사자의 권리 의무에 관한 사항(집단적 노사관계에 있어서만 적용되는 부분)	평화의무 및 평화조항, 단체교섭의 임금지급조항, 유일교섭단체조항, 조합 활동 조항, shop조항, 단체교섭의 절차·인원 등에 관한 조항, 시설이용에 관한 조항, 노동쟁의에 관한 조항 등
조직적 부분	• 제도·기관의 조직과 운영에 관한 단체협약 부분(집단적 노사 관계에 적용되면서도 개별적 노사관계와 관련되는 부분)	조합원의 해고동의협정, 경영협의회, 고충처리기관 등의 조직과 운영, 근로자의 복리증진, 교육훈련, 노사분규예방, 징계, 해고 등 인사에 관한 협의기관구성 및 운영 등

12) 이종법·류태모·윤대혁, 전게서, pp. 156~164.

(1) 노동조합의 안정과 경영권

노사 간에 협약체결의 목적은 각각 상이하다. 사용자측은 노사협조, 평화협정 등을 내걸어 일방적인 협조 쪽으로 협약목적을 유도하려고 하는 한편, 노동조합측은 진정한 노사대등의 입장확보를 하려고 노력하면서 뜻이 모호하거나 불필요한 어구를 사용하지 않으려고 노력한다. 이 규정 자체는 규범적인 효력을 갖는 것은 아니지만, 양당사간의 관계나 자세를 표현하는 것이다.

일반적으로 노동조합은 그 활동의 안정과 보장을 기할 수 있는 조건에 대해 살펴보면 다음과 같다. 조합원수를 어떻게 용이하게 확보하는가? 조합원의 활동을 보다 자유스럽게 할 수 있는 방안을 모색하고 있다.

사용자는 만일 노동조합이 경영자의 의사결정영역에 점점 더 많은 참여를 요구하게 되면 반대로 경영권을 보호하는 데 관심을 갖게 된다. 이와 같이 노사 쌍방이 스스로의 권익을 보호하고 안정된 지위확보를 위해 노력하고 있는 내용을 살펴보면 다음과 같다.

1 유일교섭단체

유일교섭단체 조항의 의미는 협약을 체결한 조합만을 교섭의 상대로 인정하고 다른 조합과는 교섭하지 않을 것을 서로 정하는 것을 말한다. 이 조항은 유니온 숍 협정 등과 함께 조합의 단결·강화를 목적으로 규정된 것이다.

이 조항은 처음에는 사용자에 대하여 교섭권을 확인시키고 또한 개별 노동자들에게 대해서는 노동조합을 무시한 채 교섭하는 것을 저지하기 위한 것이었으나 점차 조합의 분열이나 제2조합의 결성에 대처하여 배타적인 교섭권을 확보하기 위한 것으로 바뀌었다.[13)]

2 숍제도

숍(shop)제도는 비조합원의 존재로 인한 노조활동의 불이익을 막기 위하여 취해지는 것이 보통이다. 우리나라는 1987년 11월 28일 개정된 노

13) 정재훈, 노사관계의 이해, 대명문화사, 1989, pp. 278~288.

동법에서는 지금까지 금지해왔던 유니온 숍제도를 부분적으로나 허용하고 있다. 노동조합이 당해 사업장에 종사하는 근로자의 3분의 2 이상을 대표하고 있을 때는 유니온 숍에 의한 고용을 부당노동행위의 예외라고 규정하여(노동조합 및 노동관계 조정법 제81조) 협약내용에 유니온 숍 제도를 규정할 수 있게 되었다.

3 노동조합 활동 조항

㉠ 조합 활동 보장

조합 활동은 헌법 제33조와 노동조합 및 노동관계조정법 제5조에 의하여 보장되고 있으나 대부분의 단체협약은 '조합 활동의 자유' 또는 '조합 활동의 자유 및 불이익 처우의 금지' 등의 규정을 설정하고 있다. 이는 노조의 사용자에 대한 힘의 상대적 열세에 기인한 실태라고 할 수 있다.

㉡ 근무시간 중 조합 활동

기업별 노동조합의 경우 조합원이 동시에 종업원이기 때문에 종업원은 근로계약에 기초하여 취업 중에는 사용자의 지휘명령하에 노무를 제공할 의무가 있기 때문에 당연히 노동조합 활동은 근무시간 외에 행하는 것이 계약상의 원칙으로 간주된다. 그러나 노동조합은 단결의 유지·강화를 위한 일상 활동과 필요한 기본활동을 취업시간 중에 추진할 필요가 제기될 경우가 있는데, 이에 따라 취업시간중의 조합 활동에 대하여 노사 간의 협의와 교섭이 필요하게 된다. 특히 노동조합 비전임자인 노조원들이 근무시간 중에 노조업무를 수행하거나 노조업무로 인한 출장을 가야 할 경우, 이를 유급으로 인정하느냐가 주요 쟁점이 되고 있다.

㉢ 기업시설물 이용

노조사무실, 게시판, 통신기구, 조합집회를 위한 회의실 사용, 기타 시설, 비품을 노조가 사용할 수 있도록 하는 조항이다.

㉣ 조합비 공제 편의제공

조합비일괄공제제도(check-off system)를 규정하는 것으로 조합재정의 안정을 위해 거의 모든 조합이 이를 채택하고 있다.

㉤ 조합전임자

기업별 노동조합이 지배적인 현재 노동조합의 형태에 있어서는 노동조합의 활동이 기업 테두리를 그 근거지로 하고 있으나 조합 활동의 진전이나 규모의 확충에 따라 조합 활동에 전임할 수 있는 임원이나 간부를 필요로 한다. 이에 따라 기업별 조합에서는 노사 간의 협정에 의해 종업원으로서 신분을 가지면서도 조합업무에 전임할 수 있는 조합전임제를 두게 된다. 이 때 주요 쟁점이 되는 것은 전임자의 수, 인선에의 부당한 간섭배제, 전임중의 급여와 노동조건에 관한 사항, 전임소멸 후 직장복귀시의 처리, 전임기간 등에 대한 규정들이다.

4 경영권과 노동권

경영권이란 사용자가 가진 회사운영과 노동력 지휘 등에 관하여 사용자가 가진 전통적인 기능인 인사권이나 관리권을 통틀어 말하는 것으로, 우리나라의 경우 경영권을 사용자의 고유권한이라 하여 노조가 간섭할 수 없도록 규정하고 있는 경우가 많다. 그러나 오늘날 기업의 발전과 노동운동의 진전으로 노동조합의 경영참가를 확대하는 경향이 세계적인 추세라고 할 수 있다. 대표적인 경영권의 내용으로는 생산과 노동력 수준의 결정권, 적절한 이유에 의한 징계 또는 면직, 관리자 및 경영자 선발, 작업일정 그리고 작업방법 등의 항목을 들 수 있다.

(2) 인사조항

종업원이 기업에 채용된 후부터 퇴직할 때까지의 기간 중 신분이나 대우 등을 규정하고 있는 것이 인사조항이다. 이 인사조항은 일반적으로 사용자측이 행사하고자 하는 이른바 경영권, 또는 인사권에 관하여 조합원으로서의 입장을 확보하고자 하는 노동조합측과 경영효율을 높이고 직장질서를 유지함과 동시에 가능한 한 능률적이고 적절한 인사를 실현하고자 하는 사용자측의 의도의 접점으로서 주요한 의미를 가진다. 일반적인 인사조항으로는 다음과 같은 사항들이 있다.

1 수습기간

채용 후 일정한 수습기간을 규정하고 있는 협약인데, 대체로 우리나라에서는 취업규칙에 위임하거나 이 조항에 명시가 없는 경우가 많다. 그러나 수습기간을 두고 있는 경우에는 대체로 3개월 이내로 규정하고 있다.

2 승진 및 승급

승진과 승급은 근로자에게 가장 민감한 관심사항이다. 이러한 승진 및 승급이 경영자의 전권에 의해 무질서하고 불공평하게 이루어지거나 기준 없이 행하여져 근로자 스스로가 자기의 미래를 설계할 수 없다면 근로자의 사기는 저하되고 말 것이다. 우리나라의 경우 승급·승진을 규정하고 있지 않은 협약이 전체의 70%를 차지하여 사용자측이 이른바 경영권과 인사권을 지나치게 일방적으로 행사하고 있으며, 노동조합측은 교섭력의 취약으로 인해 이에 대한 개선의 노력을 소홀히 하고 있음을 보여주고 있다.[14)]

3 해고

해고에 대해서는 "조합의 동의를 요한다"라고 규정하고 있는 경우가 많다. 일반적으로 해고에는 보통해고, 징계해고 그리고 정리해고가 있다. 어느 경우든 단지 조합의 동의 내지는 조합과의 협의만을 거쳐 실시하는 것은 객관적 타당성을 확보하지 못할 우려가 있으므로, 사전에 구체적이고 합리적인 해고기준을 정해 놓고, 그에 해당하는지의 여부를 같이 심사한 뒤에 결정하는 것이 바람직하다.

㉠ 보통해고

저능률 내지 근무성적불량 등을 이유로 하여 단행되는 해고이다.

㉡ 징계해고

시장질서의 문란을 이유로 하여 단행되는 제재이다.

14) 정재훈, 전게서, p. 296.

ⓒ 정리해고

경영난을 이유로 하는 인원정리(감원)를 위한 해고이다.

(3) 보수

임금을 비롯하여 일시금(상여금 또는 기말수당)과 퇴직금에 관한 사항은 단체협약에서 가장 중심이 되는 부분이다. 그러나 우리나라의 단체협약에서 보수에 대해 구체적으로 규정하고 있는 협약은 매우 적은 편이다. 그 대신 구체적인 부분에 대해서는 별도로 정한 임금협정, 임금협약 또는 취업규칙에서 다루고 있으며, 단체협약에서는 그 골격이 되는 원칙적 사항이 주로 규정되고 있다.

1 임금조항

임금조항을 규정하고 있는 협약은 비교적 드문 편이다. 대체로 임금협정을 별도로 정하도록 규정한 협약이나 취업규칙, 또는 회사의 임금규정에 위임하고 있는 경우가 많다.

임금의 지급방법과 종류 등을 명시한 협약 역시 매우 적고, 별도의 협약이나 취업규칙 등에 위임하고 있거나 "근로기준법에 따른다"고 명시된 협약이 많다. 임금지급 형태는 회사 사정에 따라 월급·주급·일급·시간급 중 어느 것을 선택할 것인지를 결정하면 된다.

임금공제항목은 조세공과금, 본인부담 각종 보험료, 본인부담 각종 대부상환금, 본인부담 각종 저축금과 상환금, 회사가 지출한 각종 채무상환금, 기타 회사와 노조가 합의한 항목 등이 있다.

그 밖에 단체협약에 본인의 청구가 있을 때 급료지급일 전이라도 기근로일수에 대한 임금을 미리 지급할 수 있는 비상지불에 대한 조항 및 휴일수당에 관한 조항을 명시할 수 있다.

2 상여 및 일시금 조항

노동조합은 생활보조금 또는 생활일시금의 성격을 갖는 상여금을 요구하는데, 그 수준이나 금액은 단체교섭을 통하여 결정되는 것이 일반적이다.

상여금 지급을 명시하고 있는 경우에 우리나라에서는 대체로 상여금의 지급액, 지급방법과 지급시기에 대하여 회사의 경영실적에 따라 지급한다고 규정한 경우가 비교적 많다.

3 퇴직금 조항

근로기준법 제34조(퇴직급여 제도)에 의하면 사용자가 퇴직하는 근로자에게 지급하는 퇴직급여 제도에 관하여는 「근로자퇴직급여 보장법」이 정하는 대로 따른다.

근로자퇴직급여보장법 제8조(퇴직금제도의 설정) 제1항에 퇴직금제도를 설정하고자 하는 사용자는 계속근로기간 1년에 대하여 30일분 이상의 평균임금을 퇴직금으로 퇴직하는 근로자에게 지급할 수 있는 제도를 설정하여야 한다. 제2항에서는 제1항의 규정에 불구하고 사용자는 근로자의 요구가 있는 경우에는 근로자가 퇴직하기 전에 당해 근로자가 계속 근로한 기간에 대한 퇴직금을 미리 정산하여 지급할 수 있다. 이 경우 미리 정산하여 지급한 후의 퇴직금 산정을 위한 계속근로기간은 정산시점부터 새로이 기산한다.

동법 제9조 퇴직금의 지급에 대해 사용자는 근로자가 퇴직한 경우에는 그 지급사유가 발생한 날부터 14일 이내에 퇴직금을 지급하여야 한다. 다만, 특별한 사정이 있는 경우에는 당사자간의 합의에 의하여 지급기일을 연장할 수 있다. 동법 제10조 퇴직금의 시효에 대해서는 퇴직금을 받을 권리는 3년간 행사하지 아니하면 시효로 인하여 소멸한다.

(4) 근로조건

1 근로시간

근로시간에는 사용자의 지휘명령하에서 노무를 제공하는 시간만을 가리키는 경우와 노무의 제공에서 벗어나는 휴식시간을 포함시키는 경우가 있는데, 전자를 실무시간이라 하고 후자를 구속시간이라고 한다.

근로기준법과 산업안전보건법은 근로기준시간의 범주를 셋으로 나누어 성인노동자에 대하여 1일 8시간, 1주 40시간의 기준근로시간, 유해·위험작업에 종사하는 근로자에 대하여 1일 6시간, 1주 34시간의 근로기준시간을, 연소근로자에 대해서는 1일 7시간, 1주 40시간의 기준근로시간을 규정하고 있다. 그러나 근로기준법 제50조에 의한 탄력적 근로시간제 및 제51조에 의한 선택적 근로시간제에 관한 규정과 제52조에 의한 '당사자 간 합의가 있는 경우' 및 '특별한 사정이 있는 경우'의 시간외 근로에 관한 규정에 따라 근로시간의 연장이 가능하도록 되어 있다.

2 휴일

휴일은 근로자가 사용자의 지휘명령으로부터 완전히 이탈하는 날을 말한다. 따라서 휴일은 근로자의 건강유지와 문화적 생활의 향상을 위하여 마련된 것이다. 우리나라에서는 대부분의 기업이 주휴일, 국경일 기타 공휴일을 단체협약으로 규정하고 있으며, 이 중 60일 이상이 전체의 3분의 2를 차지하고 있다.

3 휴가

단체협약에서 규정하고 있는 유급휴가에는 연·월차 휴가, 하기휴가, 생리휴가, 산전·산후 휴가 및 기타 휴가 등이 있다. 그리고 근로기준법에 규정하고 있지 아니한 기타휴가로는 특별 경·조 휴가가 대부분이다.

(5) 작업안전·건강 조항

산업재해가 급증하면서 산업안전과 보건문제가 노동조합의 중대 관심사항이 되고 있다. 따라서 노동조합으로서는 단체교섭과정에서 작업환경 및 시설의 개선, 임금·노동조건의 개선, 관리체계의 합리화, 산업안전, 보건에 대한 교육기회의 확대 등을 중요하게 다루고 있다.

1 안전·보건위원회 구성

산업안전보건법 제19조와 동법 시행령 제25조에 의하면 산업안전보건위원회를 설치·운영하여야 할 사업은 다음 각 호와 같다. [개정

2010.7.12 제22269호(고용노동부와 그 소속기관 직제)]

산업안전보건법 시행령 제25조 1항에 의하면 상시 근로자 100명 이상을 사용하는 사업장. 다만, 건설업의 경우에는 공사금액이 120억원(「건설산업기본법 시행령」 별표 1에 따른 토목공사업에 해당하는 공사의 경우에는 150억원) 이상인 사업장과 동법 제25조 2항에 의하면 상시 근로자 50명 이상 100명 미만을 사용하는 사업 중 다른 업종과 비교할 경우 근로자 수 대비 산업재해 발생 빈도가 현저히 높은 유해·위험 업종으로서 고용노동부령으로 정하는 사업장(이하 "유해·위험사업"이라 한다)이다.

2 안전·건강교육

산업안전보건법 제31조와 동법 시행규칙 제3장 제3절에 사업주는 당해 사업장의 근로자에 대하여 고용노동부령이 정하는 바에 의하여 정기적으로 안전·보건교육을 실시하여야 하고, 채용, 작업내용의 변경 시 당해 근로자에 대하여 고용노동부령이 정하는 바에 의하여 당해 업무와 관계되는 안전·보건에 관한 교육을 실시하여야 한다고 규정하고 있다.

그 밖에 유해·위험사업장 기준설정과 보건위생시설, 안전보건장비 등에 대하여 노사 간에 주요 협약규정 대상이 될 수 있다.

3 안전·보건관리자

산업안전보건법 제15조 및 제16조와 동법 시행령 제15조 및 제16조에 의하면, 상시 50인 이상의 근로자를 사용하는 사업장과 상시 50인 미만의 근로자를 사용하는 사업장으로서 고용노동부령이 정하는 사업장에는 안전 관리자와 보건관리자를 두도록 규정하고 있다.

4 건강진단

산업안전보건법 제43조에서는 사업주는 정기적으로 근로자에 대한 건강진단을 실시하여야 한다. 근로자를 채용 시에도 마찬가지이다. 이 경우 근로자대표의 요구가 있을 때에는 건강진단에 근로자대표를 입회시켜야 한다고 규정하고 있다(2010년 7월 5일 개정).

2. 단체협약의 관리

(1) 협약관리의 중요성

단체협약의 내용은 일반적으로 산업의 성격과 규모, 조합의 규모와 성격, 그리고 경영의 태도와 목적에 따라 많이 차이가 난다. 따라서 단체협약의 체결은 노사분규를 예방하는 좋은 방법이다. 그러나 무엇을 어느 정도 얻어낼 것인가 혹은 양보할 것인가 하는 것이 어려운 문제일 뿐만 아니라 무엇을 단체교섭의 대상으로 할 것인가를 둘러싸고 새로운 분규가 일어나기도 한다. 그러므로 단체교섭의 대상과 범위를 정하는 것은 매우 중요한 과제이다.

단체협약의 관리에 있어서 근본적으로 문제가 되는 것은 단체협약에서 경영자가 확보되고 있다고 믿는 권리와 노동조합이 획득했다고 생각한 권리에 대한 해석 내지 집행상에 있어서의 차이에서 나오는 분쟁이다. 우리는 이것을 권리분쟁이라고 하며, 이를 단체교섭에서 이익으로 쟁취하려고 하는 이익분쟁과 구분하고 있다. 이익분쟁이란 임금 및 근로조건에 관한 새로운 계약을 체결하기 위하여 노사가 단체교섭을 하는 과정에서 합의에 도달하지 못함으로써 일어나는 분쟁을 말한다. 권리분쟁은 협약체결 이후 근로계약의 이행이나 계약문구의 해석 및 집행과정에서 일어나는 분쟁을 말한다.[15)]

단체협약의 집행은 기업의 일상운영에서 발생하는 수많은 세부적 사항에 그를 적용해야 하는 문제를 안고 있다. 흔히 사용자는 단체교섭 과정보다도 단체협약의 운용과정에서 더 많이 양보해 버리는 경향이 있다. 그러나 이와 반대로 노동조합은 협상에서 획득했다고 생각하는 권리를 적용면에서 상실하고 있다고 생각하는 경우가 더 많다. 이리하여 단체협약의 관리는 노사 모두 다 같이 관심사이기 때문에 매우 중요하게 다루어져야 한다.

---

15) D. Q. Mills, *Labor-Management Relations*, 2nd ed., McGraw-Hill Book Company, 1982, p. 328.

(2) 단체협약 관리상의 문제

우리나라에서 노사분규의 주요 쟁점은 임금을 중심으로 한 경제적 및 물질적 문제와 단체협약체결을 비롯한 권력적 쟁점을 지적할 수 있다. 1987년 6·29 선언 이후 노사분규가 폭발적으로 발생하였다. 그것은 그동안 억눌러 있던 근로자들의 불만이 민주화의 분위기를 타고 노사분규로 나타났기 때문이다. 그러나 노사분규의 양상이 과격화하고 폭력화되자 그 원인에 대한 분석이 노사 간에 달리하고 있다.

노동조합측에서는 근로자들이 과격하고 격화된 주된 원인으로 사용자들의 권위주의적 태도와 저임금의 문제를 지적한 데 반하여, 사용자측에서는 외세개입의 불순분자의 역할에 동조하고 있다는 지적을 하고 있다. 이러한 상반된 원인들을 노사쌍방 모두가 어느 정도 수긍하고 있다는 점이다.

이러한 문제는 결국 노사 상호간의 불신에 기인하는 경우가 많다. 따라서 단체협약을 한 번 체결하였을 때는 사용자는 많은 손실이 따르더라도 이를 지켜서 근로자의 신뢰를 얻는 것이 중요하다.

우리나라의 단체협약은 단체교섭의 절차, 또는 유니온 숍 제도와 같은 노사관계 제도의 설정을 중심으로 한 것도 있으나 임금, 퇴직금, 연월차 수당과 휴일, 휴무, 근로시간, 복지관계 등에서 구체적인 내용을 규정하고 있으므로, 이에 대한 관리상의 문제에 있어서도 노사분쟁을 신속히 처리할 수 있는 고충처리제도 같은 것을 통해서 해결하는 방법을 찾아야 한다.

(3) 협약관리의 개선대책

협약관리의 개선대책을 살펴보기에 앞서 협약위반의 효과에 대해서 살펴보아야 한다. 단체협약 당사자가 단체협약을 위반한 경우에 노동조합 및 노동관계조정법에 규정된 벌칙 규정을 제외하고는 노동법상 아무런 제재수단이 없다. 이 경우 민법상의 계약위반에 대한 제재수단을 유추 적용할 수 있으나, 단체협약의 위반은 민법상의 계약불이행과는 그 성질을 달리하므로 민법원리의 단순적용은 부적당하다. 그러므로 단체협약 위반의 경우 이에 대한 제재수단으로서 노동법상의 새로운 법리의 정립이 요구된다.

미국의 경우에는 단체교섭문구 속에 경영권과 노동조합의 권한 및 노조의 대표적 범위에 관한 조항이 반드시 포함되어 왔지만, 우리나라에서는 노조의 유일단체교섭조항을 비롯해서 노조가 얻어낸 조항만이 다수 있을 뿐, 경영권 보호규정은 별로 찾아 볼 수 없다.[16)]

이러한 내용을 감안하여 단체협약체결 관리운영상의 개선책을 살펴보면 다음과 같다.

1 협약의 내용을 명백히 하고 협약조항의 합법성과 타당성을 충분히 검토해야 한다.

2 단체교섭의 체결과 운용에 있어서는 이에 관한 일정한 지식과 자질이 요구되는 만큼 노조간부들의 교섭과 관련된 자질을 향상시켜야 한다.

3 단체교섭 기능과 노사협의 기능을 구분하여, 노사당사자가 단체협약 기능을 바르게 이해하도록 해야 한다.

4 체결된 단체협약을 둘러싸고 분쟁이 야기되는 경우가 있기 때문에 분쟁의 예방과 해결방법을 보다 구체화하는 일이 필요하다.

제 5 절 고충처리제

1. 고충처리제의 개념

고충처리제(grievance procedure)란 원래 미국에서 발생한 제도로 이는 고충처리기구라고도 한다. 즉 단체협약의 해석·적용 또는 단체협약 등에 의해서 일

16) 김수곤, 한국노사관계론, 2001, p. 361.

정한 기준이 설정된 경우, 설정된 기준의 해석이나 구체적인 적용에 관해서 개개의 조합원에 고충·불평·불만이 있는 경우, 이것을 일일이 단체교섭에 의해서 해결하는 것은 적당하지 않고 또한 불가능하다. 따라서 고충이 발생할 때마다 간단한 절차에 의해서 신속하게 처리하기 위하여 당사 간에 자주적으로 해결할 것을 목적으로 노사쌍방의 대표로 구성된 고충처리기관이 성립된다. 이 방식은 개인적인 고충이 자칫 집단적 분쟁으로 발전함으로써 노사관계의 안정이 파괴되는 것을 방지함과 동시에 건전한 직장을 조성하는 기능을 갖고 있다.[17)]

노사관계에 있어서 근로자들이 갖는 불만에 대해서는 두 가지로 구분되는데 고충과 불평이 그것이다. 고충은 보다 집단적이며 공식화된 불만인 데 대하여, 불평은 개인적이며 비공식적인 불만이다. 다시 말하면 한 근로자가 구두로 다른 한 근로자에게 표명한 불만은 불평이며, 개인적 성격보다는 업무와 집단에 관련된 불만이 사용자측에 제시될 때 이는 고충이 된다.

밀즈(D. Q. Mills)는 고충을 근로자의 직무상의 권리에 대한 위반으로 보고 고충의 유형을 다섯 가지로 구분하였다.[18)]

1 단체협약의 위반
2 법규의 위반
3 관행의 위반
4 사규의 위반
5 경영자의 책임회피

등에 의해 고충을 받는 것으로 구분하였다.

근로자가 사업장에서 불평·불만을 가지고 있으면 능률이 저하되고 질서가 문란해져 조직명령이 합리화되지 못한다. 따라서 근로감독관이나 외부기관에 진정·고발 등 신고사건이 늘어나게 된다. 그렇기 때문에 근로자의 고충을 신속하고 공정하게 해소시키는 것은 근로자의 인간성을 존중하여 조직의 분위기를

17) H. W. Davey, M. F. Bognanno & D. L. Estenson, *Contemporary Collective Bargaining*, 6th ed., Englewood Cliffs, new Jersey : Prentice-Hall, Inc., 1982, pp. 160~161.

18) D. Q. Mills, *op. cit.*, p. 201.

평화적으로 해결하는 중요한 요소이며, 산업평화와 노사관계 개선에 중요하다.

우리나라에서는 고충처리 제도를 근로자참여 및 협력증진에 관한 법률에서 규정하고 있는 것과 동일시하는 경우도 있으나, 이들은 그 성격과 설치되는 목적에 있어서 근본적으로 차이가 있다. 즉 단체협약에 있어서의 고충처리제도는 단체협약을 전제로 노동조합 또는 조합원과 사용자 간에 권리분쟁을 신속히 처리하기 위한 제도인 데 반하여, 근로자참여 및 협력증진에 관한 법률상의 고충처리제도는 노사협조를 전제로 일상 경영활동에 있어서 근로자의 고충을 처리하기 위한 제도이다.

우리나라에서 고충처리제도가 발달되지 않고 있다. 그 이유는 노동조합이나 조합원이 아직 이 제도에 익숙하지 못하다는 것과 근본적으로 노사 간의 불신과 단체협약 자체의 미발달이 주된 원인이라고 볼 수 있다.

2. 고충의 원인과 영향

근로자들이 주로 겪게 되는 고충의 원인에 대해 살펴보면 다음과 같다.

1 적은 임금과 승진기회의 지연
2 노력·공헌에 대한 대가 부족
3 이윤분배의 불균형
4 상사의 인사고과 편애와 자질 부족
5 근로조건의 불량과 과도한 작업
6 장래에 대한 기대감과 만족감의 결여

그리고 이들 고충에 대한 영향에 대해 살펴보면 다음과 같다.

1 근로자의 사기저하
2 타인의 불평불만 증가
3 노사문제의 원인
4 품질의 저하와 국제경쟁력 악화

등을 들 수 있다.

특히 고충의 징후가 나타나는 지표는 대부분 종업원의 능률저하가 발생하기 시작하여 작업의 계획차질, 빈번한 지각과 계획적 결근, 근로자간의 알력, 종업원과 감독자의 불화, 작업의 기피 등에서 찾아 볼 수 있다.

3. 고충처리 방법

고충처리에 대한 해결방법은 제3자의 중재에 의한 방법과 노사 간 직접 해결하는 방법 등이 있다. 특히 고충처리의 방법으로는 미국이나 유럽의 경우와 같이 이를 단체교섭의 연장이라는 차원에서 취급하는 방법도 있고, 독일과 일본의 경우처럼 노사협의회에서 다루는 방법도 있다. 그러나 일반적으로 어떤 고충처리기관을 설치할 것인가 하는 것은 당사자의 자유로서 협약 내지 노사 간의 협의에 의해 결정되는 것이 보통이다. 제3자에 의한 고충중재기관으로서는 상임중재자, 임시중재자, 중재위원회 등이 있다.

직접해결기관 내지 제도로는 직장위원회제도, 직장 내지 공장위원회, 경영협의회, 고충처리위원회 등이 있는데, 일반적으로 직접해결기관을 통해 처리되고, 여기서 해결이 안 되는 경우에는 제3자에 의한 중재기관을 통해 해결하도록 한다.

4. 고충처리기구 및 절차

(1) 고충처리기구

오늘날 모든 단체협약은 어떤 형태이든 고충처리기구를 갖고 있다. 그리고 이 기구의 목적은 다음과 같다.[19]

19) 김성수, 전게서, pp. 196～199.

표 6-2 고충처리기구 5단계

단계	조합대표	회사대표	경영자의 결정을 위한 제한시간	조합승인을 위한 제한시간
1단계	작업자와 조합위원	감독자	3일	3일
2단계	조합·공장위원	부장 또는 공장장	5일	5일
3단계	고충처리위원회 대표	인사담당이사	5일	5일
4단계	고충처리위원회대표 및 전국노조대표	최고책임자	10일	10일
5단계	중립자에 의한 중재			

자료 D. Q. Mills, *Labor-management Relations*, 2nd ed., McGraw-Hill Book Company, 1982, p. 338.

1 협약기간 중 발생한 분쟁 해결

2 분쟁을 처리하기 위한 질서 확립

3 개개 종업원의 고충을 처리하는 데 있어서의 조합의 역할 규정

4 양 당사자로 하여금 고충협의의 결과가 최종적이며 또한 구속력 있는 결정에 도달할 때까지 단계적으로 항소할 수 있도록 허용

밀즈(D. Q. Mills)에 의하면 미국은 고충처리기구로서 가장 완전하고 정교한 형태를 표시한 것으로 〈표 6-2〉와 같이 5단계 절차를 두고 있다.

〈표 6-2〉에서는 각 단계에서 경영자 측 및 조합측이 의사결정을 하는 데 소비할 수 있는 최고 제한시간을 표시하고 있다. 그러나 실제에 있어서 고충처리기구의 단계를 5단계까지 두고 있는 경우는 많지 않으며, 일반적으로 3단계이고, 그 다음은 중재의 단계를 두고 있다.

통계적으로 고충처리단계의 빈도는 전체적으로 3단계가 45%로 가장 많고, 2단계 및 4단계가 각각 20%, 1단계가 8%, 5단계까지 두고 있는 경우는 4%에 불과하다. 여기까지 해결되지 않는 경우는 마지막 단계로서 중립적인 중재자에게 의뢰하고 있다.[20]

전형적인 세 단계의 고충처리기구의 예를 보면 [그림 6-2]와 같다.

20) D. Q. Mills, *op. cit.*, p. 339.

그림 6-2 고충처리기구 및 절차

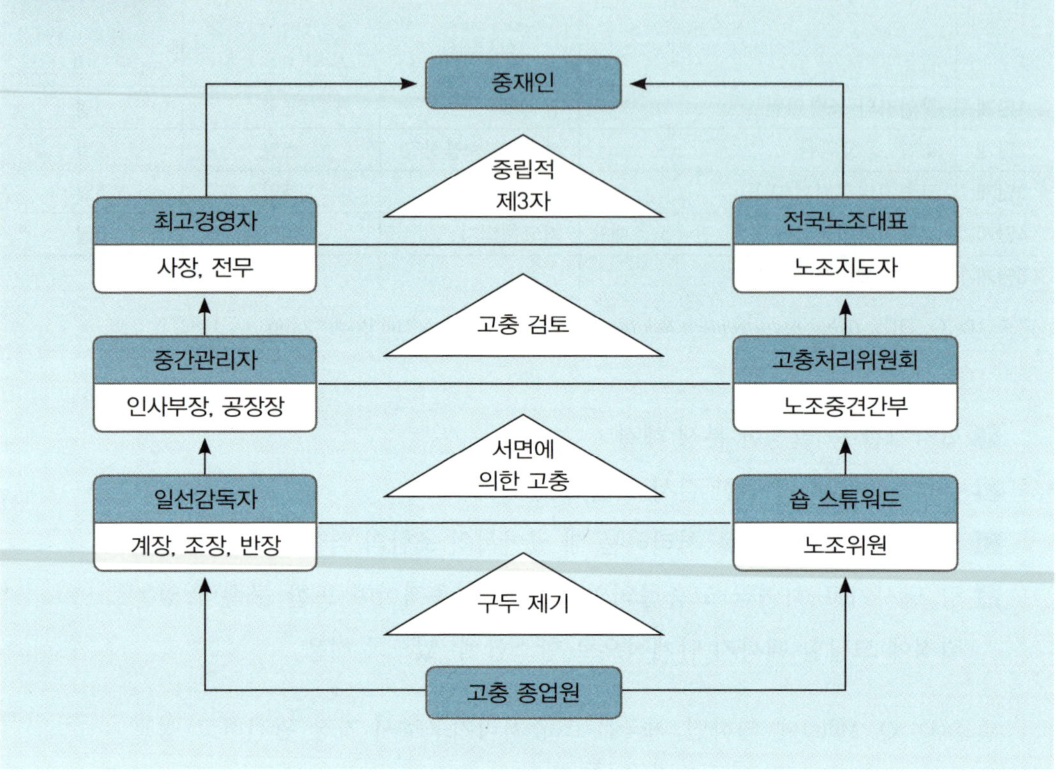

(2) 고충처리위원

우리나라는 '근로자 참여 및 협력증진에 관한 법률'에서 모든 사업 또는 사업장에 고충처리위원을 두도록 규정하고 있다(25조). 단, 상시 사용 근로자가 30인 미만인 경우는 예외로 한다(동법 시행령 7조). 그 역할은 개인의 신상과 관계되는 각종 애로사항 등 근로자의 고충을 구두 또는 서면으로 접수하여 처리하는 것이다(동법 시행령 8조).

노사협의회가 설치되어 있는 사업장에서는 협의회의 위원 가운데 고충처리위원을 선임하고, 노사협의회가 없는 경우에는 사용자가 고충처리위원을 위촉한다(동법 26조 1항). 임기는 3년이고 연임할 수 있다(동법 26조 2항). 고충처리위원은 근로자로부터 고충사항을 청취한 때는 10일 이내에 조치 사항 등의 처리결과를 해당 근로자에게 통보해야 하고, 처리하기 곤란한 사항은 노사협의회에 부의하여 협의·처리한다(동법 27조).

고충처리위원은 비상임·무보수로 한다(동법 시행령 9조 1항). 사용자는 고충처리위원으로서의 직무수행과 관련하여 고충처리위원에게 불이익한 처분을 해서는 안 된다(동법 시행령 9조 2항). 고충처리위원이 협의 및 고충처리에 소요한 시간에 대해서는 근로한 것으로 간주한다(동법 시행령 9조 3항). 고충처리위원은 고충사항을 접수하고 처리한 것에 관한 사항을 시행규칙에서 정한 서식의 대장에 작성하여 비치하고 1년 동안 보존해야 한다(동법 시행령 10조). 사용자가 고충처리위원을 두지 않는 때에는 200만원 이하의 벌금에 처한다(동법 32조).

(3) 고충처리절차

고충처리기구와 고충처리절차에 관해서는 반드시 단체협약에 세부적으로 규정해 두는 것이 바람직하다. 그리고 고충처리절차는 [그림 6-2]에서 볼 수 있듯이 단계적으로 이루어지는 것이 일반적이다.

1 고충처리의 제1단계

제1단계 고충처리는 단체협약의 위반에 대해 불만이 있는 종업원이 그것을 고충으로 정식 제기하는 데서부터 시작된다. 그는 자신이 속해 있는 부서의 일선감독자에게 직접 제기할 수도 있고, 조합위원을 통하여 제기할 수도 있는데, 후자의 경우가 일반적이다. 고충을 제기 받은 조합위원은 이를 일선감독자에게 정식으로 제기하고 해결을 위하여 협의한다.

2 고충처리의 2단계 이상

만일 문제가 제1단계에서 해결되지 않으면, 다시 조합측은 제2단계 절차를 밟아 공장위원 또는 기업위원을 통하여 제기하며, 다시 고충처리위원회 등 절차를 밟아 위로 올라가게 된다. 그리고 고충처리에 있어 이와 같이 여러 단계를 두는 이유는 문제를 더 높은 차원에서 또는 새로운 측면에서 다각적으로 신중하게 검토하자는 데 있다.

3 고충이 노사고위계층에서 해결되지 않을 경우

고충이 노사 간 최고위계층에서 해결되지 않을 경우는 다음 세 가지의 대안이 있게 된다.

㉠ 노조가 일시적 또는 영구적 문제가 되는 고충 포기

㉡ 단체협약이나 법규상의 한도 내에서 파업과 같은 실력행사 발동

㉢ 제3자인 중재자에게 조정 의뢰

이 가운데 중재에 의한 경우는 1인의 중재자 또는 노사대표 각 1인과 제3의 중재자 1인으로 구성하는 것이 일반적이다.

우리나라는 독일이나 일본 같이 노사협의회를 통하여 고충처리가 이루어지고 있다. '근로자참여 및 협력증진에 관한 법률' 제26조에 의하면 "모든 사업 또는 사업장에는 근로자의 고충을 청취하고 이를 처리하기 위하여 고충처리위원을 두어야 한다"고 규정하였다.

동법 제27조에 의하면 그 구성 및 임기에 대한 규정으로서 "고충처리위원은 노사를 대표하는 3인 이내의 위원으로 구성하되 협의회가 설치되어 있는 사업 또는 사업장의 경우에는 협의회가 그 위원 중에서 선임하고 협의회가 설치되어 있지 않은 사업 또는 사업장의 경우에는 사용자가 위촉한다"고 하였다. 고충처리위원의 임기는 3년으로 하되 연임할 수 있다.

그리고 동법 제28조 제1항의 고충처리규정에는 "고충처리위원은 근로자로부터 고충사항을 청취한 때에는 10일 이내에 조치사항 기타 처리결과를 당해 근로자에게 통보하여야 한다"라고 규정하고 있으며, 제2항에는 "고충처리위원이 처리하기 곤란한 사항에 대해서는 협의회에 부의하여 협의처리 한다"고 규정하고 있다.

따라서 우리나라에서는 신고한 고충을 처리·심의하는 유형에는 협의결정형, 사용자결정형, 제3자 중재형, 혼합형을 취하고 있다.

Chapter 7

노동쟁의 및 쟁의행위

07

일제 강점기의 파업의 역사

우리나라에서는 개항 이후 19세기 말엽에 광산과 부두의 노동자들이 벌인 집단적 쟁의행위가 첫 파업으로 기록되고 있다. 1898년 당현광산(堂峴鑛山)과 1901년 운산광산(雲山鑛山)에서 채광권이 외국인에게 넘어간 것에 반대하여 광부들이 채굴을 거부하는 파업을 일으켰고, 1898년 9월부터 1903년 12월에 이르는 기간에는 목포항의 부두노동자들이 근로조건의 개선을 요구하는 파업을 벌였다. 이 당시 노동자 파업은 자연발생적이거나 산발적인 성격을 띠었다. 20세기 들어 일본 식민지 경제하에서 여러 근대적 산업들이 등장, 확대되면서 노동자의 수도 점차 증가하였으며, 이들을 조직한 노동조합이나 노동단체가 1919년 3·1운동 이전에 이미 약 30여 개가 결성되었다. 이들 노동단체를 중심으로 3·1운동 직후에는 정치파업이 활발하게 전개되었다.

1920년대에 들어 일제의 식민지공업이 발전, 확장됨에 따라 노동자계급의 성장과 더불어 노동자의 임금인상과 근로조건 개선은 물론 민족독립과 사회혁명을 지향하는 노동운동이 조직화됨에 따라 노동자들의 파업건수도 1920년대 전·후반기에 걸쳐 점차 증가하였다. 1920년대 전반에 발생한 파업건수는 1920년 81건, 1921년 36건, 1922년 46건, 1923년 72건, 1924년 45건, 1925년 55건이었다. 노동운동이 위협적으로 성장하자 일제당국은 1925년 「치안유지법」을 공포하여 공산주의운동으로 간주하며 탄압을 강화하였다. 하지만 1920년대 하반기에는 노동쟁의 건수가 더욱 늘어났다. 1926년에는 81건의 노동쟁의가 일어났고, 1927년 94건, 1928년 119건, 1929년 102건으로 증가하여 1930년에는 160건으로 늘어났다. 일제시대에 발생한 대표적인 노동쟁의는 1928년과 1929년에 걸쳐 전개된 원산부두노동자들의 총파업이다. 원산부두의 파업은 대규모 노동쟁의로 80일간이나 지속되었으며, 특히 전국적인 지지와 성원을 받았을 뿐만 아니라 당시 노동자계급의 정치의식을 고취시킴으로써 이후 항일투쟁 과정에 새로운 발전을 가져왔다는 점에서 그 의의가 매우 크다.

1930년대에 들어 일본 제국주의는 만주침공을 감행하여 중국 대륙에 대한 침략전쟁을 벌이면서 우리나라를 병참기지로 삼기 위해 노동운동을 철저히 탄

압하였다. 또한 산업합리화라는 미명으로 임금인하, 노동 강화, 부담금 강제징수 등의 방법을 동원하여 노동자들의 열악한 생활을 더욱 파탄으로 이끌었다. 이러한 수탈과 착취에 대항하여 노동자들은 파업투쟁을 더욱 치열하게 전개하여 그 이전보다 쟁의건수가 훨씬 늘어나 1931년 201건, 1932년 152건, 1933년 176건, 1934년 199건, 1935년 170건, 1936년 138건이 일어났다. 하지만 그 이후 일제의 가혹한 탄압에 의하여 노동쟁의 건수는 1937년 99건, 1938년 90건으로 점차 감소하였다.

그 이후 1945년 8·15광복 때까지 일제의 탄압으로 인하여 노동쟁의가 크게 감소하는 가운데 노동운동이 공산주의를 지향하는 적색노동조합 중심으로 지하화하여 유지되었다. 광복 후에는 1945년 11월 5일 공산주의 체제개혁을 목표로 하는 조선노동조합전국평의회(약칭 전평)가 결성되어 산업별노조체계를 구축하여 조직활동을 전개하였다. 전평은 당시 미군정의 정책에 반대하는 정치파업을 연이어 주도하였으며, 특히 1946년 9월에 철도총파업을, 1947년 3월에는 전국총파업을 일으켰다. 전평은 1947년 3월 미군정 당국의 포고령에 의해 불법화되어 그 조직이 와해될 때까지 총 2,388건의 파업투쟁을 일으켰다.

제 1 절

노동쟁의의 개념

1. 노동쟁의의 의의

노동조합 및 노동관계조정법 제2조 제5항에서는 노동쟁의(labor dispute)에 대해 노동조합과 사용자 또는 사용자단체 간에 임금·근로시간·복지후생·채용·해고·기타 대우 등 근로조건의 결정에 관한 주장의 불일치로 인하여 발생한 분쟁상태를 말한다. 이 경우 주장의 불일치라 함은 당사자 간에 합의를 위한 노력을 계속하여도 더 이상 자주적 교섭에 의한 합의의 여지가 없는 경우를 말한다고 규정하고 있다.

따라서 노동쟁의는 노사대립관계에서 생기는 분쟁이며, 이 대립관계는 근로자가 노동조합 또는 기타의 집단을 조직하는 경우에만 가능하기 때문에 쟁의의 당사자는 노동조합이나 기타 근로자의 단체와 이에 대립관계에 있는 사용자가 된다. 따라서 근로자 개인과 사용자 간의 분쟁은 노동쟁의라고 하지 않는다.

노동쟁의는 노사 당사자 간에 자주적 해결이 가장 바람직하다. 그러나 노사 당사자 간의 자주적 해결에 일임할 경우 자주 쟁의행위가 발생할 염려가 있고 장기간 계속될 가능성이 크기 때문에 정부는 노동쟁의에 대해서 제한을 가하고 있다. 현행 노동조합 및 노동관계조정법 제5장에 노동쟁의의 조정규정을 두고 있으며 동시에 특별기관을 설치하여 쟁의의 사전적·평화적 해결을 도모하고 있다.

노동쟁의는 단체교섭이 실패하면 사실상 발생한 것과 마찬가지지만 법적으로는 관계당사자가 행정관청과 노동위원회에 신고한 때에 발생한 것으로 본다. 우리나라에서는 1997년 3월 13일 노동조합 및 노동관계조정법을 제정하여 노동쟁의의 평화적 해결을 도모하는 한편 노동위원회로 하여금 그 조정을 담당하도록 하고 있다.

근로자는 상대적으로 사용자에 대하여 약자의 입장에 있기 때문에 이를 노동3권을 행사할 수 있도록 보장하고 있다.

2. 쟁의행위와 단체행동의 구분

(1) 쟁의행위의 정의

노동쟁의·쟁의행위의 정의는 "노동조합 및 노동관계조정법"(제2조 제5항)에 규정되어 있다.

1 노동쟁의와 쟁의행위의 구별은 평화적인 단체교섭이 결렬되어 분쟁상태(노동쟁의)가 발생한 다음 다시 실력행사인 투쟁 상태(쟁의행위)에 돌입하는 시기를 확정하여 노동법상의 제반규정을 적용하는 데 있다.

노동쟁의는 평화적인 단체교섭이 실패하면 사실상 발생하는 것이지만 노동조합 및 노동관계조정법에서는 노동관계당사자는 노동쟁의가 발생한 때에는 어느 일방이 상대방에게 서면으로 통보하여야 한다. 그리고 행정관청이나 노동위원회에 신고하고 이를 상대방에게 통고한 때부터 존재하게 된다. 그리고 쟁의행위는 이상의 신고가 노동위원회에 접수된 날로부터 과거에는 일정한 기간의 냉각기간이 경과하지 않으면 이를 행할 수 없었으나, 현행 노동관계 법률상으로는 냉각기간을 두지 않고 있어 노동쟁의와 쟁의행위는 그 발생시기가 같다.

2 노동조합 및 노동관계조정법 제2조 6항에서 "쟁의행위라 함은 파업·태업·직장폐쇄 기타 노동관계 당사자가 그 주장을 관철할 목적으로 행하는 행위와 이에 대항하는 행위로서 업무의 정상적인 운영을 저해하는 것을 말한다"고 규정하고 있다.

사례*

노동쟁의와 쟁의행위 비교

노동쟁의는 근로조건의 결정에 관한 노사 간의 주장의 불일치로 더 이상 자주적 교섭에 의한 합의의 여지가 없는 "상태"를 말하며, 쟁의행위란 노동조합이 노동쟁의의 상태에서 사용자에게 자신의 주장을 수용하도록 하기 위하여 근로제공의무를 집단적으로 거부함으로써 "정상적인 업무운영을 저해하는 행위"를 말한다.

쟁의행위에 대한 저해대상이 되는 "정상적 업

무"의 개념에 대하여 판례는 합법적인 업무뿐만 아니라 기업 운영에 있어 관행상 존속되어오던 업무로서 특별한 사유가 없는 한 기대될 수 있는 업무를 포함하는 것으로 본다.

사례로는 ① 휴가의 집단적 행사, ② 관행적으로 실시되어오던 시간외 근로나 휴일근로의 집단적 거부, ③ 작업규칙의 엄격한 준수(운송업체에서의 정시출발 등 소위 준법투쟁)로 정상적인 업무운영을 저해하는 쟁의행위에 해당하여 관계법령에 의해 쟁의행위에 해당되고, 반면 유인물 배포 및 부착, 평상복 근무, 집단적 조끼착용 또는 리본패용은 정상적인 업무운영을 저해하지 않으므로, 비록 사용자에 대한 주장의 관철을 목적으로 하더라도 쟁의행위에 해당치 않는 조합활동에 해당된다.

쟁의행위가 정당한 경우의 효과는 헌법상 보장된 단체행동권의 정당한 행사로서 민형사상 책임이 면제되고, 노조법에 의한 조정대상이 된다. 쟁의행위의 적법한 쟁의행위는 실질적 의미에서의 정당성이 인정될 뿐만 아니라 절차와 개시와 관련한 현행 실정법 규정을 준수한 경우를 의미한다. 쟁의행위가 정당하나 단속규정을 위반한 경우에는 노동법규 소정의 벌칙과 제재가 부여될 뿐, 민형사상 책임은 면하게 된다.

쟁의행위의 정당성 판단의 4가지 요소에는 ① 주체의 정당성 : 단체교섭의 주체로 될 수 있는 자에 의하여 행해져야 함, ② 목적의 정당성 : 근로조건 등 단체교섭 대상과 관련하여 주장의 관철을 목적으로 하여야 함, ③ 절차의 정당성 : 노동위원회 조정절차 및 파업찬반 투표 등의 절차를 거쳐야 함, ④ 방법의 정당성 : 폭력이나 파괴행위가 아닌, 근로제공의무와 이행거부라는 소극적 방법에 국한되어 이루어질 때 정당성을 인정받게 된다.

(2) 단체행동의 정의

단체행동이란 근로자 또는 사용자의 집단적 행위로서 쟁의행위를 포함하여 가두시위, 집회, 완장·리본착용 등의 공동행위가 포함된다. 쟁의행위와 단체행동에 관한 구별의 실익은 다음과 같은 데 두고 있다.

헌법에 보장한 근로자의 단체행동권에 의한 쟁의행위뿐만 아니라 업무의 정상운영을 저해하지 않는 모든 집단적 공동행위도 폭넓게 보호되고 있다. 그러나 쟁의행위 이외의 단체행동은 노동관계조정법상의 제한을 받지 않는다.

3. 쟁의권 보장의 근거

쟁의권이라 함은 근로자가 사용자에 대하여 근로조건에 대해 자기 측의 요구를 관철하기 위하여 단결력을 배경으로 각종 쟁의행위를 할 수 있는 권리를 말한다.

이러한 쟁의권은 경제적으로 우위에 있는 사용자와 열세에 있는 근로자를 1:1의 대등한 입장으로 유지하도록 하기 위해서 인정된 것으로 헌법의 기본권은 “단체행동권을 가진다”고 명백히 쟁의권을 보장하고 있다.

노동조합 및 노동관계조정법 제39조(근로자의 구속제한)에는 근로자는 쟁의행위기간 중에는 현행범 이외에는 이 법을 위반한 이유로 구속되지 아니한다. 그러나 동법 제42조(폭력행위 등의 금지) 규정에서는 어떠한 경우에도 폭력이나 파괴행위는 금지된다고 규정하고 있다. 동법 제43조는 사용자의 채용제한을 규정하고 있어 사용자는 쟁의기간 중 그 쟁의행위로 중단된 업무의 수행을 위해 당해 사업과 관계 없는 자를 채용하거나 대체할 수 없도록 제한을 규정하여 쟁의권의 정상적인 행사를 뒷받침하고 있다.

노동조합 및 노동관계조정법 제81조 제1항은 정당한 쟁의행위를 이유로 한 해고 및 기타의 불이익 대우를 금지하고 있어 쟁의행위에 대해 보장을 하고 있다.

우리나라에서는 쟁의행위에 대해 자유를 보장하고 있지만, 쟁의행위의 자유를 보장한다고 해서 이를 무제한 인정하는 것은 아니고 법에 의해 보장을 받는 쟁의행위는 어디까지나 정당한 쟁의행위에 한한 것이며 한편 노동조합 및 노동관계조정법 제41조에는 쟁의행위에 대해 제한과 금지를 하고 있다. 따라서 쟁의행위의 정당성을 판단하는 기준에 대한 견해들을 살펴보면 다음과 같다.

(1) 목적설

쟁의행위가 경제적 목적을 위한 것이라면 정치적 목적이 첨가되더라도 그 정당성은 유지되지만, 경제적 목적을 위한 정당한 이유가 없는 정치적 목적의 쟁의행위는 정당한 것이 될 수 없다는 견해이다.

(2) 방법설

쟁의행위의 성질상 상대방에게 손해를 주지 않는 행위는 그 의의가 없다. 쟁의행위는 위압과 손해가 그 본질을 이루고 있지만 그런 위압이 상대방의 경제적 자유나 영리의 자유에 대한 위압에 한할 때에는 그 정당성이 유지될 수 있지만 인간 활동의 자유를 침해하는 협박의 방법을 사용하면 위법이 된다는 견해이다.

(3) 절충설

절충설은 목적과 수단사이에 균형을 상실하지 않은 경우에만 정당성이 인정된다는 견해이다. 따라서 쟁의행위의 목적이 경제적 목적에 관한 한 경제적 손실을 주어도 위반은 아니지만 아무리 목적이 정당하다 해도 방법이 지나칠 경우에는 위법이 된다는 것이 통설로 되어 있다.

● 지금 산업현장에서는 …

전경련이 회원사 390개사를 대상(202개사 응답)으로 실시한 '노사관계 전망과 과제' 조사에 따르면 주요 기업의 인사·노무 관리자들은 올해 노사관계 최대 이슈로 '경제위기에 따른 고용불안'(52.0%)을 꼽았다. 이어 '비정규직, 복수노조·노조전임 등 법 개정'(32.2%), '임금 인상과 동결을 둘러싼 갈등'(14.9%) 등이었다.

전반적인 노사관계에 대해선 응답기업의 41.1%가 '불안정할 것'이라고 답했다. 하지만 개별기업의 노사관계에 대해서는 42.6%가 '안정될 것'이라고 응답했다.

전경련 관계자는 이에 대해 "정치투쟁 등으로 상급단체 차원에서는 불안한 노사관계가 지속되겠지만 개별기업 차원에서는 경제침체 상황 등을 감안해 협력적 노사관계가 이어지는 이원화된 구조가 지속될 것이라는 전망이 반영된 결과"라고 말했다.

기업들이 노동계 상급단체 차원의 고용보장 요구 및 노동법 개정 현안에 대한 투쟁 등이 전개될 것으로 예상하지만, 개별 사업장 차원에서는 경제위기 극복과 노사상생을 위한 분위기가 확산될 것으로 예상한다는 의미다.

또 개별기업 노사관계 전망에 대해 한국노총에 가입한 노조가 있는 기업의 경우 안정(46.1%)될 것이라는 응답이 불안(13.8%)할 것이라는 응답보다 많았다. 반면, 민주노총에 가입한 노조가 있는 기업의 경우 불안(30.2%)하게 보는 응답이 안정(28.3%)될 것이라는 응답보다 많았다고 전경련을 전했다.

주요 기업들은 노사관계 안정요인으로 '경기침체에 따른 노동운동 약화'(28.9%), '노동문제에 대한 국민여론 변화'(21.3%), '합리적 노사문화의 확산'(18.5%) 등을 꼽았다. 또한 '경제위기에 따른 고용불안'(31.0%) 문제와 함께 '노조전임자·복수노조 문제'(22.7%), '비정규직 문제'(22.1%) 등을 노사관계 불안요인으로 꼽았다.

노조전임자가 있는 기업의 대부분은 사측이 노조전임자 임금을 전적으로 부담(91.7%)하고 있으며, 노조 측이 전적으로 부담한다는 경우는 5.1%에 불과했다. 이는 노조활동에만 전념하는 노조전임자가 사측으로부터 임금을 지급받는 잘못된 관행이 지속되고 있으며, 내년부터 시행되는 노조전임자 임금지급 금지에 대비한 노조의 재정자립 노력이 미흡하다는 것을 시사한다고 전경련은 해석했다.

복수노조가 허용될 경우 바람직한 교섭창구 단일화 방안으로는 과반수 노조에 배타적 교섭권을 부여하는 방식(53.3%)을 가장 선호하는 것으로 조사됐다.

노사관계 안정을 위한 노사정의 과제로 기업들은 경제계는 고용안정에 노력(60.5%)하고, 노동계는 과도한 임금인상 및 근로조건 개선요구를 자제(38.4%)하며, 정부는 불법행위에 엄정하게 대처(55.4%)해야 한다고 응답했다.

한편 정부가 가장 역점을 두어 추진해야 할 노동정책은 일자리 창출·유지(36.0%)와 노동시장 유연성 제고(22.3%) 순으로 나타났다.

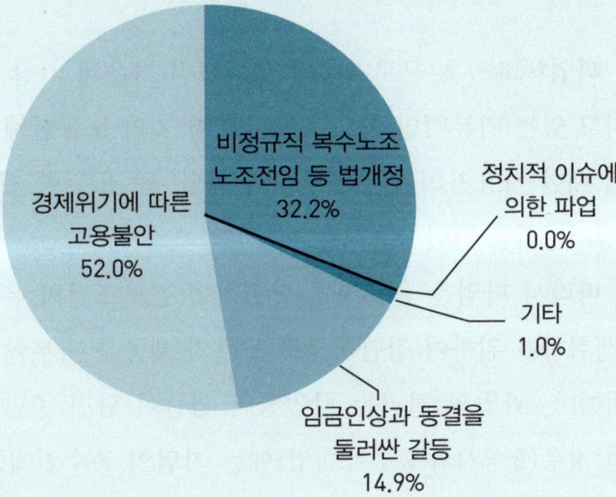

제 2 절

노동쟁의의 유형

1. 근로자측의 쟁의행위

(1) 파업

파업(strike)은 근로자측의 쟁의행위 가운데 가장 역사가 오래되고 널리 행해지고 있는 기본적인 형태로 노동조합 기타 노동단체와 사용자 간에 있어 노동력에 대한 사용자의 지배로부터의 이탈, 즉 노동력 제공의 정지를 내용으로 하는 쟁의행위를 말한다.[1]

따라서 파업은 근로자가 단결하여 근로조건의 유지 또는 개선이라는 목적을 쟁취하기 위하여 집단적으로 노무의 제공을 거부할 것을 내용으로 하는 쟁의행위이다. 파업의 결과는 사업장의 생산이 완전 중단되는 경우가 대부분이고, 어떤 경우(항공사의 승무원 파업)에는 기업의 총수입에는 큰 타격을 주지 않으면서 관리자들이 생산을 대신하는 경우도 있다.

파업이 발생하게 되면 기업뿐만 아니라 소비자에게도 피해를 주게 된다. 예를 들면 버스의 파업, 식품회사의 파업 등이 그 좋은 예가 될 수 있다. 이들 파업에 대한 국민여론은 노동조합을 동정하지 않고 오히려 국민의 편익을 위해 정부가 개입할 것을 요구하기도 한다. 이런 경우에는 오히려 파업이 근로자에게 손실을 줄 수도 있다.

파업의 합법성에 대해서는 이론이 없다. 그러나 그 형태에 있어서 몇 가지 유의해야 할 점이 있다.

1 파업은 폭력이나 파괴행위로서 이를 행할 수 없다(노동조합 및 노동관계조정법 제42조).

1) 김규태, 전게서, pp. 368～370.

2 파업의 행위가 공장, 사업장, 기타 직장에 대한 안전보호시설의 정상적인 유지·운영을 정지·폐지 또는 방해하는 행위는 쟁의행위로서 허용되지 않는다. 따라서 민사상·형사상 책임을 면할 수 없다.

3 노동조합 및 노동관계조정법에 따르면 쟁의조정은 노사 당사자 중의 일방이 행정관청에 조정의 신청이 있은 날부터 일반 사업에 있어서는 10일, 공익사업에 있어서는 15일 이내에 종료하여야 한다(동법 54조 1항). 그리고 만일 관계 당사자 간의 합의가 있을 때에는 일반사업은 10일, 공익사업은 15일 이내에서 연장할 수 있다(동법 54조 2항).

파업은 기준 여하에 따라 여러 가지로 나누어진다. 다음은 파업이 발생하는 원인을 분류기준으로 한 것이다.[2)]

1 정치적 파업

정부의 정책이나 활동에 영향을 미칠 것을 목적으로 하는 파업을 말한다. 이와 같이 정치파업은 정부를 상대방으로 한다는 점에서 사용자를 상대로 그 권한에 속하는 일정한 조치를 요구하는 경제파업과는 구별된다.

노동조합 기타 근로자 단체는 자신들의 정치적 주장을 관철 또는 표명하기 위하여 건의, 청원, 교섭, 선전, 시위 각종 심의기관에 참여, 공직선거에 대한 영향력의 행사, 정당과의 제휴 등 다양한 정치적 활동을 전개하게 되는데, 정치파업은 파업을 수단으로 한다는 점에서 그 밖의 정치적 활동과 구별된다.

독일의 경우의 독일 노동조합 총연맹이 사업장 조직법을 근로자 측에 유리하게 제정할 목적으로 1952년 5월 27일~29일에 일으킨 신문파업이 주목할 만하다. 이 파업에 대한 일련의 손해배상 청구사건에 대하여 법원은 단체협약의 체결을 목적으로 하지 않았다는 점과 민주적 헌법질서에 위반된 행위라는 점을 들어 정치파업의 부당성을 선언

2) K. Thomas, "Freedom to strike is in the Public Interest", *Harvard Business Review*, 서울대학교 경제연구소, Selected Articles in Labor Economics, 1979, pp. 407~420.

하고 이에 대하여 법적인 책임을 인정하였다.[3)]

2 조직관련 파업

노동조합이 사용자로 하여금 종업원의 대표권을 인정하도록 요구하기 위하여 일으키는 파업을 말한다. 1935년 이전에 미국에 이런 종류의 파업이 많았으며 시위도 격렬하였다.

최근 조직관련 파업은 전체 파업 건수 중에서 1% 미만으로 줄었다. 우리나라도 과거에는 노조의 신규조직과 관련하여 각종 마찰과 분쟁이 있었다.

파업을 조직상 구분으로 보면 노동조합의 주도로 행해지는 조직파업과 비노조원 또는 노조원의 주도로 행해지는 비조직파업이 있다. 비조직파업을 영국에서는 'Unofficial strike'로, 미국에서는 'Wildcat strike'로도 불렀는데, 우리나라 노동조합 및 노동관계조정법 제7조에는 노조가 아니면 쟁의조정이 불가능하므로 비조직파업은 쟁의행위라고 볼 수 있다.

3 관할권 관련 파업

두 개 이상의 노조가 어떤 특정 종류의 작업을 자신들의 노조가 담당해야 한다고 주장할 때 발생한다. 우리나라의 경우 컨테이너 야적장 근로자의 조직을 둘러싸고, 당시에 분리되어 있던 항만노조와 운수노조가 서로 관할권을 주장하면서 파업을 벌인 예가 있다.

4 고충파업

승진, 징계, 작업할당량 등에 이르기까지 일상적인 사업장 현장에서의 관리자의 노무관리에 대해 근로자들이 불만을 품거나 고충을 느끼는 데서 발생하는 파업이다. 이 경우는 언제든지 발생할 가능성이 상존한다.

5 계약파업

노조와 사용자가 새로운 단체협약의 체결에 성공하지 못할 때 발생하는

3) 김규태, 전게서, p. 316.

파업이다. 이는 계약갱신이라는 전형적인 이익분쟁의 하나이기 때문에 선진국에서 발생하는 파업의 거의 대부분이 계약파업이다.[4)]

6 동정파업(연대파업 또는 지원파업)

사용자에 대한 독자적인 고유의 요구는 없지만 다른 근로자의 투쟁을 지원할 목적으로 행하는 파업을 말한다. 지원하려는 근로자가 쟁의행위를 하는 경우도 있지만, 쟁의행위를 아직 하지 않거나 이미 끝낸 경우도 있다.

동정파업[5)]은 노사당사자 사이에 직접적으로 구체적인 대립관계가 없으므로 정당하지 못하다고 한다.[6)] 그러나 쟁의행위는 단체교섭을 위해서만 허용되는 것이 아니라, 근로조건의 향상을 위하여 허용되는 것이므로 다른 근로자를 지원한다는 목적만을 이유로 정당성을 부정할 수는 없다. 오히려 산업자본주의의 진전과 더불어 유기적인 관련을 가지는 대기업의 출현으로 근로자단체 상호간의 연대 없이는 근로조건의 향상을 기대할 수 없기 때문에 이를 법적 평가 시 고려되어야 한다.

또한 파업은 특정기준에 따라 달리 구분되기도 한다.[7)] 그 예는 다음과 같은 분류가 있다. 참가자 범위에 따른 분류하면 부분파업, 지명파업, 전면파업 혹은 전체파업, 총파업이 있다.

1 부분파업

특정 산업의 일부 또는 기업의 핵심이 되는 중요 부서 일부를 파업에 참가하도록 하여 근로자들의 희생을 가능한 최소화하고, 기업에게는 최대의 타격을 주기 위해 실시하는 파업을 말한다.

2 지명파업

부분파업의 극단적인 방식으로서 조합원 한 사람 한 사람을 수시로 지

---

4) 김규태, 전게서, p. 317.

5) 동정파업은 당해 사용주에 대한 어떤 요구를 관철시키기 위해 행하는 쟁의행위가 아니므로 노동법상 쟁의행위가 아님.

6) 심태식, 노동법개론, 1989, p. 274.

7) 박운성, 전게서, pp. 216~217.

명하여 작업을 금지시키는 파업을 말한다.

3 전면파업 혹은 전체파업

특정 산업 또는 기업의 모든 근로자가 파업에 참가하는 파업을 말한다.

4 총파업

전국적 노동조합 연합체 또는 전국적 규모의 근로자가 일제히 공동의 요구를 내걸고 전국적으로 파업에 참가하는 것, 혹은 산업별 노조 산하의 전 노조가 전국적인 규모로 일제히 파업에 들어가는 것을 말한다. 산업별 노조들의 전국적인 일제파업을 산업별 총파업이라고 하고, 한 지방의 전체 노동자가 파업에 참가하는 것을 지방적 총파업이라고 한다.

다음으로 조직상의 구분에 따른 파업형태로는 조합원파업과 비조합원파업이 있다.

1 조합원파업(조직파업)

노동조합의 조직하에서 행하여지는 파업을 말한다.

2 비조합원파업

비조합원은 물론 조합원들의 파업이라 하더라도 노동조합이 주도하지 않는 것은 모두 이에 포함된다. 특히 노동조합에 의해 주도되지 않거나 소수 조합원에 의하여 행해지는 파업을 불법 혹은 무모한 파업(out-law or wild-cat strike)이라고 한다.

다음으로 투쟁목적에 따라 파업의 형태를 구분해보면 투쟁파업과 시위파업, 경제파업과 부당노동행위파업 등이 있다.

1 투쟁파업과 시위파업

파업이 상대방의 주장을 꺾고 자기 자신의 주장을 관철하려는 목적을 가지고 행해질 때 이를 투쟁파업이라 한다. 사용자에 대한 직접적인 투쟁목적이 없을 때 이를 시위파업이라고 한다.

2 경제파업과 부당노동행위파업

경제파업은 그 목적이 임금 등의 근로조건에 관한 자신의 주장을 관철하여 단체협약을 체결시키기 위한 파업이며, 부당노동행위파업은 사용자의 단체협약 위반을 시정할 목적으로 행하는 파업이다.

이 밖에도 다른 기업 내지 조직에서 벌이고 있는 쟁의를 지지하는 동정파업과 어떤 노조원이 경고도 없이 갑자기 일을 중단하고 쟁의를 벌이는 돌발파업 등이 있다. 동정파업은 연대파업이라고도 하는데 근로쟁의조정법상의 쟁의행위로는 보지 않는다.

그리고 파업은 다음과 같은 사항을 갖추었을 때 적법한 파업으로 인정받고, 노동조합 및 노동관계조정법 제3조 및 제4조에 의한 형사상·민사상의 면책을 받게 된다.

1 쟁의의 내용이 노동조합과 사용자 사이의 문제로서 경제적 지위의 향상에 관한 것이어야 한다.

2 사회적 통념에 비추어 부당하거나 불가능하거나 과대한 요구를 내세운 쟁의가 아니어야 한다.

3 파업결정을 위해서는 노동조합 조합원의 직접·비밀·무기명 투표에 의한 과반수의 찬성을 받아야 한다.

4 살인·상해·협박·불법감금 등 시민법상의 개인의 법익을 침해하는 행위 가 아니어야 한다(동법 제4조).

(2) 태업

태업(soldiering)이란 불완전한 형태의 노무를 제공하는 것을 말하는 것으로 근로자들이 단결해서 의식적으로 작업능률을 저하시키는 것을 말한다. 이론적으로는 작업을 계속하고 있지만 실제로는 작업을 하지 않거나 또는 필요 이상의 완만한 작업 또는 조잡한 작업을 하는 것을 말한다.

이에 비해 사보타지(sabotage)는 생산 또는 사무를 방해하는 행위로써 단순한 태업에 그치지 않고 의식적으로 생산설비를 파괴하는 행위까지 포함하는 개념으로서 적극적인 기업의 업무방해를 포함하는 넓은 의미로 사용되고 있다.

파업이 사용자의 노동력에 대한 지휘·명령으로부터 근로자들을 완전히 벗어나게 하는 것이라면 태업 또는 사보타지는 사용자의 지휘명령의 범위 내에 있으면서 이에 따르지 않는다는 데 그 특성이 있다.

태업은 사실상 동맹파업에 관한 제한을 회피할 목적으로 행해지는 경우가 많다. 즉 단체협약으로 동맹파업에 대해서 어떤 제한이 가하여진 경우라든지 또는 동맹파업 그 자체가 사회여론에 나쁜 영향을 주는 경우에 동맹파업을 피하고, 이를 대신해서 태업이 행해지게 된다.

그리고 실제로는 동맹파업이 법으로 금지되던 시대에는 이러한 금지를 탈피할 목적으로 태업이 행해지는 경우가 있었다. 태업은 사용자로부터 가해지는 동맹파업의 파괴를 방지할 수 있는 이점이 있다. 반면에 생산수단의 소유자인 사용자가 받는 손해 내지 고통은 동맹파업의 경우보다 심각하기 때문에 사용자의 관계에 있어 법률상의 책임문제는 동맹파업에 비해 특별하게 고려하지 않으면 안 될 것이다.

사보타지는 원료·기계·제품 등을 손괴 또는 은닉하는 쟁의수단이라고 보는 태업이다. 사보타지는 일반적인 태업과 달리 적극적으로 사용자의 생산시설 및 경영에 관여하기 때문에 그 정당성이 부정되거나 제한된 범위 내에서만 인정되는 것이 원칙이다. 사보타지 중에서도 원료·기계·제품 등의 생산수단에 직접적인 영향력을 행사하여 물건을 손괴하거나 임의로 처분함으로써 업무의 정상운영을 저해하는 경우에는 사용자의 소유권 자체를 부정하는 것이므로 정당한 쟁의행위로 볼 수 없다. 그러나 일반적인 태업을 실시하면서 결과적으로 평상시보다 불량품이 많이 나오게 되면 정당성을 상실하지는 않는다.

일반적으로 사보타지는 기계·제품 등의 손괴·은닉처럼 적극적인 수단을 강구하는 적극적 사보타지와 사용자의 비밀을 폭로하거나 험담 따위를 고객에게 알리는 폭로 사보타지, 단순히 작업의 능률을 저하시키는 데 그치는 소극적 사보타지를 총칭하는 개념으로 사용된다.

태업이 동맹파업에 비하여 노동조합에 얻을 수 있는 이점을 살펴보면 다음

과 같다.[8)]

1 태업은 취업상태를 지속시키는 쟁의행위이지만 그것은 사용자에게 손해를 주는 행위이다. 그리고 동맹파업의 경우와 같이 피케팅(picketing)을 필요로 하지 않는다. 또한 취업상태를 지속하게 되므로 쟁의기간에도 임금을 받을 수 있다.

2 태업은 동맹파업에 비하여 사회적으로 불안감을 피할 수가 있고, 법이나 단체협약이 동맹파업에 제약을 가하고 있는 경우에 태업을 이용하게 된다.

3 태업은 사용자로부터 가해지는 동맹파업의 파괴행위를 방지할 수 있으며, 사용자가 입는 손해와 고통은 동맹파업보다 그 강도가 크다.

이와 같이 태업은 동맹파업에 비하여 많은 장점이 있지만 이에 대항하여 사용자가 직장폐쇄(lock-out)를 행하는 것이 상례이기 때문에 태업의 실효성은 많지 않다.

태업은 다음과 같이 크게 세 가지 기준으로 구분할 수 있다.[9)]

1 정상적인 작업속도보다 느리게 작업하는 태업(속도제한 태업), 또는 특정한 업무에 관한 사용자의 명령에 불복종하는 파업(명령 불복종 태업)으로 나누는 방식이다.

2 그 효과 면에서 단순히 일의 능률을 떨어뜨리는 소극적 태업, 태업에 수반하는 파생되는 특수한 효과를 일으키는 적극적 태업으로 나누는 방식이다.

3 태업이 개별 근로자의 노무제공 그 자체에 대해서 행해지는 경우(개별적 태업)와 개별 근로자로서는 약속한 노무를 제공하지만 노동조합 단위로 보아서는 일부의 근로자가 파업에 들어가거나(부분적 파업) 또는 태업을 하고 있기 때문에 전체로서 능률이 크게 저하되는 경우로 나누는 방식이다.

---

8) 김진목, 노사관계론, 법문사, 1983, p. 226.

9) 박운성, 전게서, pp. 218~219.

(3) 준법투쟁

준법투쟁(work-to-rule struggle)은 노동조합의 통제 아래 다수의 근로자들이 근로기준법 및 노동조합법 등 관련 법령에 규정된 권리를 동시에 행사하거나, 의무를 동시에 이행하여 파업이나 태업과 같은 효과를 발생하는 것을 말한다.

이것은 법규대로 노동을 수행함으로써 근로자측으로 보면 “업무의 정상적 운영”을 수행하지만 경영성과는 노무제공방식의 전환에 따라 다른 방법으로 노무를 제공함으로써 실적저하를 초래하게 한다. 평상시보다 어떤 형태로든지 생산성이 현저히 저하되는 쟁의행위를 말한다.

예를 들면 전원 동시휴가, 일제 휴직, 안전운동 등의 안전투쟁, 잔업거부, 근로시간 준수, 동시이행의 항변권, 집단사표, 조기퇴근, 사무직 등에 있어서의 지나친 확인 작업 등이다. 이 준법투쟁은 법을 지키면서 경영성과를 저해하는 노동쟁의 방법이다. 이러한 쟁의행위는 법제에 의하여 전반적으로 노동쟁의가 금지되어 있거나, 아니면 부분적으로 공익사업 등과 같이 법률에 의해 쟁의행위를 취하는 데 제약을 받는 분야에서 채택되고 있는 유형이다.

(4) 보이콧

보이콧(boycott, 불매동맹)은 노조가 사용자에게 압력을 가할 목적으로 사용자의 상품을 사지 말거나 시설을 이용하지 말 것을 널리 호소함으로써 사용자를 상품시장에서 고립시키는 쟁의수단을 말한다.

노동쟁의에 돌입한 근로자단체나 그 동맹자가 쟁의의 상대방인 사용자에게 타격을 줄 목적으로 사용자의 생산, 판매상품의 불매운동을 결성해서 대항하는 것을 말한다. 불매동맹이 일반적으로 특정인의 거래를 방해하는 행위로서 상품시장에서의 제품의 유통과 관련된 투쟁행위인 데 반해 파업은 노동력의 판매거부라는 점에서 차이가 있다.

사용자에 대하여 사용자의 제품의 구매나 시설의 이용을 거부함으로써 압력을 가하는 것을 1차적 보이콧이라고 하는데 폭력적인 행위를 수반하지 않으면 정당성이 인정된다. 한편 사용자에게 거래관계에 있는 제3자와의 거래를 단절할 것을 요구하고 이에 응하지 않을 때에는 제품의 구입이나 시설의 이용 또는 노동력의 공급(근로계약의 체결)을 중단하겠다는 압력을 가하는 것을 2차적 보이콧이라고 한다. 이와 같은 보이콧은 실제에 있어서는 파업을 지원하기 위한 부수적인 수단으로 행하여지는 경우가 많다.

보이콧은 주로 미국에서 그 예를 찾아볼 수 있으나 대체로 금지되고 있는데, 그 이유는 근로자 자신이 생산한 제품을 불매한다는 행위 자체는 생산자 윤리상 문제가 되며 글로벌시대에서는 보이콧 같은 쟁의행위는 기업의 국제적 신인도를 떨어뜨려 국제경쟁력을 약화시키는 결정적 요인이 되기도 한다.

이러한 보이콧이 쟁의행위로서의 성과를 거두기 위해서는 노동단체의 강력한 통제력과 근로자의 연대적 공동체의식이 충분해야 한다. 따라서 근로자의 상호 공동 운명적 책임감이 강하지 못하고 조합원으로서의 연대감보다는 종업원으로서의 소속감이 크게 작용하고 있는 우리 사회에서는 쟁의행위로서의 보이콧제도가 큰 효과를 거두기는 어렵다.[10]

(5) 피케팅

피케팅(picketing)은 파업을 효과적으로 수행하기 위하여 근로희망자들의 사업장 또는 공장의 출입을 저지하고 파업참여에 협력할 것을 구하는 행위로 노조대표가 표지를 들고 노동쟁의의 진행을 알리는 행위를 말한다. 즉 피케팅은 파업을 성공시키기 위한 부수적 쟁의행위로서 파업을 파괴하는 일체의 행위를 방지하는 것이 목적이고 파업이탈자들의 근로제공을 저지하거나 작업장 부근을 감시하고 파업이탈자들을 설득하는 행위이다.

피케팅의 수단으로서는 파업에 가담하지 않고 근무하려는 자에 대하여 구두·문서·팸플릿 등을 통해서 평화적 설득을 하는 경우에만 정당성이 인정되며, 폭행·협박 또는 위협에 의한 물리적 강제는 부당한 쟁의행위가 된다.

피케팅은 쟁의행위의 여러 양태 중에서 가장 문제가 많은 것 중의 하나이며, 최근에는 그 정당성의 한계를 엄격하게 규제하고 있다. 피케팅의 정당성의

10) 김진목, 전게서, p. 227.

한계를 보면 다음과 같다.[11)]

1 피케팅은 평화적인 설득의 방법이어야 하며, 결코 위협적인 언동이나, 폭력을 사용하여 파업참가 또는 보이콧에 동참할 것을 요구할 수 없으며, 고함을 치거나, 비웃거나 위협을 해서도 안 된다.

2 피케팅은 피케팅을 하는 사람이 작업하는 공장·사무실 등 당해 사업장에서만 허용되며, 기타의 장소에서 하는 것은 위법이다. 또한 같은 사업장에 있어서도 당해 사업장의 현관 또는 정문과 같은 출입문에서의 피케팅은 정당하나 사업장 내에서 각 출입문에서의 피케팅은 허용되지 않는다.

3 피케팅에 다수인이 참여하는 것은 매스 피케팅(mass picketing)이라고 하여 정당성을 상실한다. 심지어 영국의 경우 1개 출입문에서의 인원은 6명 이내로 제한하고 있다.[12)]

4 피케팅은 설득을 통하여 쟁의행위에 동조할 것을 요구하는 것으로 출입문을 봉쇄하고 사람과 차량의 출입을 방해하는 것은 위법이다. 따라서 사용자가 출하업무를 비조합원으로 하여금 실행하려고 할 때 이를 저지하려는 것도 정당한 행위가 아니다.

한편 파업기간 중이라 하더라도 사용자는 특히 비조합원인 조합원을 이용하여 조업을 계속하는 것은 자유인데 노동조합측에서 이를 방해하는 것은 위법이 된다. 다만 사용자는 노동조합 및 노동관계조정법 제43조 제1항에 의하여 쟁의기간 중 쟁의에 관계없는 자를 채용 또는 대체할 수 없다.

(6) 생산관리

생산관리(arbitrary production)란 쟁의 유형 중의 노동조합이 사용자의 통제와 지휘·명령을 무시하고 자의적으로 별도의 지령을 내려 현재의 시설이나 원

11) E. F. Beal&James P. Begin, *The Practice of Collective Bargaining*, 6th ed., Homewood, Illinois : Richard D. Irwin, Inc., 1982, pp. 238~239.

12) G. S. Bain, *Industrial Relations in Britain*, Oxford, U. K : Basil Blackwell, Ltd., 1989, p. 386.

자재를 이용하여 단독으로 노동력을 제공하여 생산 활동을 계속하는 적극적인 쟁의행위로 일명 생산성 교섭이라고 한다. 그러나 이 경우에도 종래의 경영방침을 그대로 따르면서 근로자측의 요구를 수락하도록 압력을 가하는 소극적 생산관리방식과 종래의 경영방침을 변경하면서까지 생산자재의 임의처분, 회계수입의 임의처리를 행하는 적극적 생산관리로 구분할 수 있다.

이와 같은 생산관리제도는 동맹파업과는 달리 임금을 받아가면서 행하는 쟁의행위로서 경제사정이 불안정하고 노사관계가 정상화되지 않은 조건하에서 많이 이용될 수 있는 쟁의행위이지만 아직 우리나라에서는 선례가 없다.

(7) 점거·농성

점거·농성(sit down strike)은 근로자가 요구를 실현하기 위하여 직장에 버티고 앉아 사용자로부터의 취업이나 퇴거요구를 거부하는 행위이다. 이를 직장점거라고도 하는데 동맹파업의 경우에 단순한 직장의 이탈만으로는 쟁의의 성과를 거두기 어렵기 때문에 대부분의 동맹파업은 농성시위를 병행하고 있다.

파업행위가 집단적 노동판매의 거부를 뜻하는 것이라면 노동을 판매하지 않을 것을 전제로 한 근로자들이 사업장의 생산시설을 점거하고 농성을 하여 생산 가동을 못하게 한다는 것은 사유재산에 대한 주거침입이라고 할 수가 있고, 생산을 방해하는 행위 자체가 불법으로서 단체행동권의 행사라는 명목으로 헌법적 보호를 받을 수 없다.

2. 사용자측의 대항행위

노동조합 및 노동관계조정법 제46조에서는 노동조합 측의 쟁의행위에 대응하여 사용자가 자신의 주장을 관철할 목적으로 직장폐쇄 등의 대항행위를 인정하고 있다. 사용자가 취할 수 있는 대항행위에는 직장폐쇄(lock-out)와 조업계속 및 임금지급 등이 있다.

(1) 직장폐쇄

1 직장폐쇄의 의의

직장폐쇄는 사용자에 의하여 사용되는 전형적인 쟁의행위로서 가장 널리 사용되는 방법이다. 근로자는 단결권, 단체교섭권, 단체행동권을 통해 자신들의 권익을 보호한다면 이에 대한 사용자의 대항적 쟁의행위가 인정되어야 하는 것은 당연하다.

직장폐쇄는 사용자가 자신의 주장을 관철하기 위한 수단으로서 근로자를 직장으로부터 집단적으로 차단하고 근로자가 제공하는 노무의 수령을 총괄적으로 거부하는 쟁의행위이다. 이러한 직장폐쇄를 통해 사용자는 근로자에 대한 임금 지불의무의 면탈과 쟁의중인 노조의 쟁의거점을 상실시키고자 하는 데 목적이 있다.

직장폐쇄는 일반적으로 해고의 예고 없이 조합원을 직장으로부터 차단시키는 방법에 의하여 행해지고 있지만 직장폐쇄가 쟁의방법의 하나이고 쟁의가 종식되면 다시 직장으로의 복귀를 전제로 하고 있기 때문에 직장폐쇄가 곧 해고를 의미하는 것은 아니다(노동조합 및 노동관계조정법 제43조), 즉 노동계약관계는 존속하는 것이다. 직장폐쇄가 종료된 후에는 단체협약 당사자는 가능한 한 신속하게 그리고 광범위하게 사업장에 안정을 회복하는 데 노력해야 한다.

그러나 직장폐쇄가 위법일 경우 사용자는 민법상의 채권자의 귀책사유로 인한 이행불능에 대한 책임(민법 제538조)을 지기 때문에 근로자들에게 임금 전액을 지급해야 할 의무가 있다.

직장폐쇄는 그 행사시기에 따라 선제적 직장폐쇄 및 대항적 직장폐쇄가 있으며, 행사목적에 따라 공격적 직장폐쇄와 방어적 직장폐쇄가 있으며, 규모에 따라 전면적 직장폐쇄와 부분적 직장폐쇄로 구분한다.

2 직장폐쇄의 근거

근로자의 쟁의행위에 대해서는 헌법 제33조와 노동관계법상으로 이를 보장한다는 구체적인 규정이 있으나, 사용자의 쟁의행위에 대해서는 아무런 실질적인 규정은 없다. 그러나 1997년 3월 13일 노동조합 및 노동관계조정법 제46조 제1항에 사용자 쟁의행위로서 근로자 측의 동맹파업 등과 함께 직장폐쇄를 규정하고 있다. 따라서 직장폐쇄의 정당성을 인정하고 있다고 볼 수 있다. 따라서 노동관계조정법에서는 직장폐쇄를 합법적으로 보고 있다. 이와 같이 노동관계조정법상의 직장폐쇄에 대하여 이를 합법으로 보는 주장에는 노사 대등설과 대항 행위설이다.

㉠ 노사 대등설

노사 대등설은 직장폐쇄는 노사 간의 형식적인 대등관계 내지 형평의 원칙에 의하여 그 합법성을 인정하여야 한다는 견해이다. 이 견해의 주장은 근로자에게 쟁의행위를 인정한다면 사용자에게도 당연히 대항수단을 인정해야 한다는 것이다.

노사 대등설은 형평설이라고도 하는데 이는 노사 간의 분쟁관계에서 근로자에게 단체행동권을 인정하면서 사용자에게 실력행사를 전혀 인정하지 않는 것은 투쟁수단의 형평이라는 관점에서 부당하기 때문이다. 이 설에 따르면 특히 근로자들이 부분파업, 태업 또는 생산관리를 단행하여 사용자의 직장을 점거한 상태에서 사용자가 직장을 폐쇄하는 집단적 투쟁조치를 취할 수 있도록 하는 것은 형평의 원리상 당연하다는 것이다.[13)]

㉡ 대항 행위설

대항 행위설은 실질적인 노사의 대등 내지 형평이라는 관점에서 직장폐쇄의 합법성을 찾고자 하는 견해이다. 이러한 견해는 근로자에 대한 쟁의행위의 보장으로 노사 대등의 실현을 보장하는 반면 노동법은 노사가 교섭과정에서 대등한 지위를 확보할 것을 이념으로 하기 때문에 집단적 근로관계 속에서 근로자에게 쟁의권을 인정한다면 그에 대한 대항행위의 한도 내에서 직장폐쇄는 당연히 면책을 받아야 한다.[14)]

13) 김형배, 노동법, 박영사, 1982, p. 386.

14) 박상필, 한국노동법, 대왕사, 1981, p. 242.

3 직장폐쇄의 한계

㉠ 기업의 사회적 책임 의무에 의한 한계

직장폐쇄는 기업의 사회적 책임 의무라는 측면에서는 문제가 있다. 오늘날 기업은 사회적 책임이 강조되고 있다. 적어도 기업은 존속되어야 하고 중단할 수 없으며 계속 유지되며 발전해야 한다는 사회적 책임이 그 첫째 의무이다. 다음으로 종업원에 대한 인간적 만족을 충족시켜 주는 종업원 복지후생이라는 의무를 두 번째로 강조하고 있다. 끝으로 기업은 소비자·근로자·투자자·주주·지역사회·정부 등 많은 이해관계 조정자들의 이해조정책임의무가 세 번째이다. 이와 같은 사용자의 사회적 책임의무는 모든 법이나 제도에 우선해야 한다는 기업 윤리경영의 가치기준이 형성되고 있다. 따라서 사용자의 직장폐쇄는 산업평화를 위해 합법화될 수 없다는 것이다.

㉡ 목적에 의한 한계

직장폐쇄는 부수적이며 수동적인 형태에 있어서만 용인되는 것이므로 근로자의 쟁의행위를 전제로 하지 않고 쟁의의 주도 권을 얻을 목적으로 행해지는 공격적 직장폐쇄는 허용되지 않는다.

따라서 직장폐쇄는 근로자의 쟁의행위에 대한 방어적이고 또한 최소한도에 그칠 때에만 정당성이 인정되는 것이다. 그리고 사용자의 윤리경영의 실천이라는 측면에서 문제가 있다.

㉢ 방법에 의한 한계

부분파업에 대해서는 일반적으로 이에 대응하는 부분적 직장폐쇄만이 용인되고, 부분파업이 기업 전체를 정지시키는 등 예외적인 경우를 제외하고는 전면적인 직장폐쇄를 하는 것은 문제가 있다. 또한, 전체파업에 대하여 일부에 한해서만 직장폐쇄를 하는 것은 차별대우로서 부당노동행위가 될 수도 있다. 단체협약상의 평화의무나 평화조항에 따라 행해지는 직장폐쇄가 문제시되는 것은 당연한 것으로 보아야 한다.

4 직장폐쇄의 정당성 인정 요건

직장폐쇄는 사용자에게 방어적 수단으로 인정된 쟁의행위이기 때문에 부득이한 경우에 한해 인정된다. 따라서 다음과 같은 직장폐쇄는 정당성을 인정받기 어렵다.

㉠ 임금 또는 휴업수당의 지급 의무면제 목적

㉡ 조합의 파괴를 목적으로 조합원에 대해서만 실시

㉢ 근로자측의 직장복귀 의사가 명백하고, 직장폐쇄를 지속할 긴급성이 없음에도 불구하고 부당하게 장기간에 걸쳐 이를 계속할 경우

그러나 선제적·공격적 직장폐쇄가 위법이 아니라면 직장폐쇄의 정당성은 사용자의 행위가 정당한지 여부를 판단해야 한다.

5 직장폐쇄의 법적 효과

직장폐쇄가 적법하게 이루어지게 되면 사용자는 다음과 같은 법적 효과를 누릴 수 있다.

㉠ 직장폐쇄는 적법한 노무의 수령거부로서 임금지불의 의무를 면하게 된다.

㉡ 부분파업 또는 일부파업에 대해 정당하게 직장폐쇄를 한 경우에는 파업에 불참한 근로자에 대해 임금지불의무가 면제된다.

㉢ 직장폐쇄에 따라 근로자 등의 사업장에 출입 저지가 가능하다. 단, 노조사무실이 사업장 내에 있는 경우에는 노조간부나 조합원의 노조사무실 출입을 위한 정문출입은 허용해야 한다.

직장폐쇄의 법적 효과 중 사업장 출입 저지에 대해 논란이 있는데 구노동쟁의조정법 제12조 제3항에서는 “쟁의행위는 당해 사업장 이외의 다른 장소에서는 행할 수 없다”라고 규정하고 있어 사업장의 출입을 금지시키는 것은 쟁의행위 자체를 불가능하게 하는 것이고, 이는 헌법에 보장되어 있는 단체행동권을 부정하는 것이 된다. 그런데 노동조합 및 노동관계조정법에서는 이 문제를 다루고 있지 않고 있어 노사 간 갈등이 생길 수 있다.

(2) 조업계속 및 임금지급

노동조합이 동맹파업을 강행할 때 사용자는 조업을 의무적으로 중지해야 하는지의 문제가 발생할 수 있다. 그러나 쟁의행위의 당사자인 노동조합의 조합원 이외의 근로자와 근로 희망자를 사용해서 조업을 계속하는 것은 어느 규정에서도 금지하고 있지 않다. 그러나 노동조합의 운영에 개입해서 조합으로부터의 탈퇴를 종용하는 등 불법한 행위를 통해서 사용자가 조업을 계속하는 것은 단결권 침해에 해당된다.

이때 문제가 되는 것은 파업에 참가한 근로자와 참가하지 않은 근로자의 임금지급에 대한 것이다. 이 경우 파업에 참가한 근로자는 파업기간 동안에는 임금지급이 정지되지만 참가하지 않은 근로자는 근로를 명할 수 있고 또한 임금을 지급해야 한다. 따라서 이를 어겼을 때 사용자는 이에 대한 책임을 져야 한다. 따라서 사용자는 파업이 발생하게 되면 쟁의기간 중에 조업활동을 계속할 것인지의 여부를 결정해야 한다. 만일 조업을 계속하고자 할 때에는 내부인력을 활용하는 문제와 외부 인력을 새로이 고용할지의 문제가 발생하게 된다. 내부인력으로 충당할 경우에는 관리직이나 감독자들을 동원하여 작업을 계속하게 되는데 이 경우 기계화나 자동화가 잘 되어 있을 경우에는 인력이 많이 필요하지 않아 가능하다.

그러나 대체인력이 많이 요구될 때에는 신규로 채용되는 외부인력이 아니면 곤란한 경우도 있다. 이때 영구적으로 대체고용을 할 것인지, 일시적으로 대체고용을 할 것인지를 결정해야 한다. 만일 영구적으로 대체고용을 할 때에는 쟁의행위가 끝난 이후에도 신규근로자가 계속 고용되겠지만, 임시직으로 일시적으로 대체고용을 했을 경우에는 쟁의행위가 끝나면 해고된다.

현재 미국에서는 대체고용이 인정되고 있지만 우리나라는 노동조합 및 노동관계조정법 제43조에 “사용자는 쟁의기간 중 쟁의에 관계없는 자를 채용 또는 대체할 수 없다”고 명시하고 있어 대체고용이 금지되고 있다.

부분파업의 경우 경영 장애의 원인이 근로자측에 있으므로 경영위험은 근로희망자가 부담하게 되어 근로희망자는 임금을 청구할 수 없다. 그러나 부분파업의 경우에 근로희망자가 임금을 청구할 수 없는 것은 취업이 불가능하든가, 사용자로 하여금 그들의 취업을 기대할 수 없는 경우에 한정되는 것이므로 사용자가 파업에 의하여 하등의 영향을 받지 않는 경영부문에서 일하는 근로자들의 노무제공의 수령을 거부하면 수령지체의 책임을 면할 수 없다.[15)]

근로희망자의 노무를 수령하여 조업을 할 수 있는 경우라도 이들에 대하여 임금지급을 적법하게 거부할 수 있으려면 사용자는 직장폐쇄에 의한 집단적 투쟁조치를 취하지 않으면 안 된다.

쟁의기간 중 대체노동에 대한 노동계와 경영계는 견해를 달리하고 있다. 이에 대한 입장은 다음과 같다.[16)]

1 노동계 주장

사용자는 파업기간 중 근로자를 채용, 대체 또는 하도급을 통하여 생산을 계속함으로써 노조의 단체행동권을 침해하고 있다.

쟁의기간 중에는 하도급 또는 휴·폐업을 할 수 없도록 하는 조항을 노동조합 및 노동관계조정법에 삽입할 것을 주장하고 있다(1998년 2월 20일 개정된 동법 제43조 제2항에 노동계의 입장 수용).

2 경영계 반응

사용자는 쟁의행위로 인한 손해를 감소시키기 위한 대응조치를 강구할 수 있어야 한다. 노동조합 및 노동관계조정법 제43조에서 "채용 또는 대체할 수 없음"을 "채용할 수 있다"로 개정하여 대체는 가능하도록 해야 할 것을 주장하고 있다.

만일 동법 제43조를 개정한다면 다음 내용을 고려하는 것이 바람직하다.

기업이 파업을 하게 되면 그 해당 기업은 물론 사회 전체적으로도 분명한 손실이며, 그 손실을 최소화하기 위한 조치는 바람직하다. 또한 파

15) 김형배, 전게서(증보판), p. 493.

16) 김규태, 전게서, pp. 377~378.

업 중에 생산 활동을 계속 한다 하더라도 노조의 단체행동에 관한 효력은 약화될 수 있어도 단체행동권 그 자체는 침해되지 않는 것으로 생각된다.

또한 파업기간 중에 채용이나 대체를 제한하는 문제는 사회적 손실의 극소화와 단체행동권의 실효성을 조화시킨다는 차원에서 생각해야 한다.

쟁의기간 중에 대체근로를 한다고 해도 사용자는 정상 시에 비하여 상당한 비용을 추가지출하게 되므로 단체행동의 실효성이 반드시 저하된다고 볼 수 없다.

이상과 같은 측면을 고려해 볼 때 채용은 허용하지 않더라도 대체노동은 가능하도록 하는 것이 바람직하다고 생각된다.

3. 쟁의행위의 제한과 금지

(1) 쟁의행위의 제한과 금지에 대한 의의

헌법에서 단체행동권을 보장하고, 이의 구체적인 보장을 위하여 노동조합 및 노동관계조정법에서 쟁의행위에 대한 민·형사상 면책을 보장하고 있다. 한편 쟁의행위는 노사 간에 대한 경제적 손실은 물론이고 기업의 정상적 운영을 저해하여 국민경제와 일상생활에 직·간접적으로 중대한 영향을 미칠 뿐만 아니라 사회적인 불안감을 조장하게 된다. 따라서 각국에서는 노사 간의 분쟁에 대해 국가가 개입하여 이를 방지하고 조정하는 제도를 마련하고 있다.

더욱이 노동운동의 역사가 짧고, 노사관계가 원만하지 못한 국가일수록 개입이 비교적 많다. 헌법 제33조 제2항은 공무원인 근로자에 대해 법률이 정하는 자에 한하여 단결권·단체교섭권 및 단체행동권을 가진다고 되어 있고, 또한 동조 제3항에서는 법률이 정하는 주요 방위산업체에 종사하는 근로자의 단체행동권은 법률이 정하는 바에 따라서 이를 제한하거나 인정하지 아니할 수 있다고 규정하고 있다.

한편 우리나라의 노동조합 및 노동관계조정법에서는 다음과 같이 쟁의행위에 대한 제한과 금지규정을 두고 있다.

1 노동조합 및 노동관계조정법 제41조 제1항에서는 쟁의행위는 그 조합원의 직접·비밀·무기명투표에 의한 조합원 과반수의 찬성으로 결정해야 한다. 만약 그렇지 아니한 경우에는 쟁의행위를 할 수 없다.

2 방위산업에 관한 특별조치법에 의하여 지정된 주요 방위산업체에 종사하는 근로자 중 전력, 용수 및 주로 방산물자를 생산하는 업무에 종사하는 자는 쟁의행위를 할 수 없으며, 방산물자의 생산에 종사하는 자의 범위는 대통령령으로 정한다(동법 제41조 제2항).

3 근로자는 쟁의행위 기간 중에는 현행범이 아닌 한 구속되지 아니한다(동법 제39조).

4 사용자는 쟁의행위 기간 중 그 쟁의행위로 중단된 업무의 수행을 위하여 당해 사업과 관계없는 자를 채용 또는 대체할 수 없다(동법 제43조 1항).

이외에도 제42조 폭력행위 등의 금지, 제44조 쟁의행위기간 중의 임금지급 요구의 금지 등이 행해지고 있어 노동조합의 지도와 책임이 중요하다.

이와 같은 쟁의행위에 대한 제한·금지에 관해서는 헌법에서 보장하고 있는 단체행동권과의 관계에서 여러 가지 기본적인 문제가 제기될 수 있으며, 또한 노동운동의 기본원리와 관련하여 여러 가지 문제를 검토할 수도 있다.

(2) 방위산업체에 종사하는 근로자에 대한 쟁의행위의 금지

구노동쟁의조정법 제12조 제2항은 헌법 제33조 제3항의 규정을 받아 국가·지방자치단체 및 특별법에 의하여 지정된 방위산업체에 종사하는 근로자는 쟁의행위를 할 수 없다고 규정하고 있다. 이런 사업장에 종사하는 근로자 중 공무원도 있으며, 공무원이 아닌 자도 있을 것이다. 공무원의 단체행동권은 공무원인 신분과 관련하여 제약이 가해지는 것이지만, 일반근로자의 단체행동권에 대한 제약은 별개의 제약근거가 있을 때 비로소 가능한 일이다.

여기에서 구노동쟁의조정법은 제12조 제2항에서 국가·지방자치단체에 종사하는 근로자는 단체행동을 할 수 없다고 하여 제한하고 있는바, 근거규정은 헌법 제33조 제3항에서 찾을 수 있다. 따라서 노동조합 및 노동관계조정법 제41조 제2항이 지칭하는 국가·지방자치단체에 종사하는 근로자 중 공무원의 범위에는 사실상 노무에 종사하는 자는 배제하는 것으로 봐야 한다.[17] 그리고 공공기관에 근무하는 자라 하더라도 공무원이 아니면 헌법상의 단체행동권이 인정되고 있다. 원래 개정 전의 헌법 제31조 제2항에서 공무원인 근로자에 대하여는 법률로 인정된 자를 제외하고는 단결권·단체교섭 및 단체행동권을 금지하고 있으며, 동조 제3항에서 국가·지방자치단체·국공영기업체·방위산업체·공영사업체 또는 국민경제에 중대한 영향을 미치는 사업체에 종사하는 근로자의 단체행동권은 법률이 정하는 바에 의하여 이를 제한하거나 인정하지 아니할 수 있다고 규정하고 있다. 그리고 그 이론적 근거는 공공의 복지 내지 사업의 공공성에 두었다. 사실 오늘날 국가·지방자치단체는 물론 국영기업을 비롯한 공공부문의 근로자에 대해서는 민간부문의 근로자에 비하여 노동3권의 행사에 상당한 제한을 가하고 있는 것이 각 나라에서 볼 수 있는 공통된 현상이다.

그러나 공무원을 비롯한 공공부문의 종업원도 임금·급료 기타 이에 준하는 수입에 의하여 근로자이기 때문에 노동3권을 지나치게 제한할 수는 없고, 현행 헌법에서 단체행동권의 제한대상을 오늘날과 같이 축소한 취지도 바로 여기에 있다. 그리고 일반적인 이론에서는 근로자들이 국가적 기능을 행사하거나 필수적 생존배려의 활동을 행사하는 경우가 아닌 범위 내에서는 단체행동권이 인정되어야 한다. 그러나 현재로서는 공무원은 노동3권이 제한되고, 현업공무원은 단결권과 단체교섭권이 인정되고 있을 뿐 단체행동권은 제한되고 있으며, 위반하는 경우에는 벌칙이 적용된다.

(3) 공무원에 대한 쟁의행위 금지

헌법 제33조 제2항에 의하면 “공무원인 근로자는 법률이 정하는 자에 한하여 단결권·단체교섭권 및 단체행동권을 가진다”고 한다. 이러한 헌법의 규정을

17) 김형배, 전게서, p. 478.

기초로 하여 국가공무원법 제66조와 지방공무원법 제58조는 "사실상 노무에 종사하는 공무원" 이외에는 "노동운동 기타 공무 이외의 일을 위한 집단적 행위"를 할 수 없다고 규정하고 있다. 따라서 공무원도 근로기준법 제4조 근로자의 정의에서 "임금·급료 기타 이에 준하는 수입에 의하여 생활하는 자"라는 점에서 근로자이지만 현업공무원 이외의 모든 공무원은 쟁의행위는 물론 노동조합을 조직하거나 이에 가입할 수 없다.

그러나 구노동쟁의조정법 제12조 제2항에 의하면 국가·지방자치단체에 종사하는 근로자는 쟁의행위를 할 수 없다. 국가·지방자치단체 및 방위산업에 관한 특별조치법(제2조 Ⅰ·Ⅱ, 제18조)에 의하여 지정된 방위산업에 종사하는 근로자는 쟁의행위를 할 수 없으므로 현업공무원도 실질적으로 쟁의행위를 할 수 없다. 따라서 현업공무원은 현행법상 단결권과 단체교섭권만을 가지고 있을 뿐 단체행동권을 갖지 못하게 된다.

여기서 사실상 노무에 종사하는 공무원이라 함은 우정사업본부 및 철도청 소속의 현업기관과 국립의료원의 작업현장에서 노무에 종사하는 기능직 공무원과 고용직 공무원을 말하며(공무원 복무규정 제28조 본문), 서무·인사 및 기밀업무에 종사하는 자, 경리 및 물품출납사무에 종사하는 자, 노무자의 감독사무에 종사하는 자, 보안업무규정에 의한 보안목표시설의 경비업무에 종사하는 자 및 승용자동차의 운전에 종사하는 자는 여기에서 제외된다(공무원 복무규정 제28조 단서). 이 외에 현역군인, 군무원·경찰관리·형무관리와 소방관리인 공무원도 노동3권을 가질 수 없으며(군인 복무규율 제38조; 군무원인사법 제29조; 경찰공무원 복무규정 제12조; 국공법 제66조; 공무원 복무규정 제27조) 쟁의행위를 할 수 없다. 그리고 교육공무원에게도 국가공무원법 제66조가 준용되므로(교육공무원법 제43조) 노동3권이 부인되고, 따라서 쟁의행위를 할 수 없다.[18] 따라서 공무원에 대한 노동3권은 지극히 제한된 범위 내에서만 인정되고 있다.

---

18) 사립학교의 교원은 교육공무원이 아니지만 사립학교법 제55조는 사립학교 교원의 복무에 관한 국·공립학교의 교원에 관한 규정을 준용하고 있음.

(4) 기타 쟁의행위 제한

1 단체협약에 의한 쟁의행위 제한

쟁의행위는 노사의 자주적인 단체협약에 의해 제한할 수 있다. 단체협약에 의한 쟁의행위의 제한은 단체협약의 체결에 의해 나타나는 평화의무에 의한 제한을 비롯하여 단체협약의 내용에 따라 제한된다.

단체협약의 당사자는 단체협약의 유효기간 중 단체협약의 내용을 변경할 것을 주장하여 쟁의행위를 할 수 없다. 즉 단체협약의 당사자는 협약을 준수하여야 할 평화의무가 있는데, 이 평화의무위반의 쟁의행위는 민사상의 책임이 면제될 수 없다.

단체협약의 일종으로서의 평화협정 또는 단체협약 중의 평화조항에 의하여 노사는 단체교섭이 결렬되더라도 즉시 쟁의행위를 하지 않고, 일정한 조정절차를 거친 후에 쟁의행위를 할 것을 약정할 수 있다. 이 경우 일정기간 또는 소정의 조정절차를 거치지 않는 협약위반의 쟁의행위는 민사상의 책임이 면제될 수 없다.

쟁의행위를 하기 일정기간 전에 상대방에게 예고한다고 하는 '예고협정'을 체결하는 경우가 있다. 만약 예고협정을 위반하고 예고의무를 이행치 않는 쟁의행위는 민사상의 책임이 면제될 수 없다.

2 제3자 개입금지

구노동쟁의조정법 제13조의2는 "직접 근로관계를 맺고 있는 근로자나 당해노동조합 또는 사용자 기타 법령에 의하여 정당한 권한을 지닌 자를 제외하고는 누구든지 쟁의행위에 관하여 관계당사자를 조정·선동·방해하거나 기타 이에 영향을 미칠 목적으로 개입을 하는 행위를 해서는 안된다"고 규정함으로써 쟁의행위에 있어서 제3자의 개입을 금지하고 있다.

이 규정의 취지는 당해 쟁의행위와는 직접적인 관계가 없는 정당·종교단체 또는 기타 사회단체가 쟁의행위에 개입하여 그의 자주적 해결을 방해함은 물론, 그를 더욱 악화시켜 사회적·경제적 불안을 조성하는 것을 방지하는 데 목적이 있다. 다만 현행 노동조합이 기업별 노조를 주축으로 하고 있어 "법령에 의하여 정당한 권한을 가진 자"의 범위를 어떻게 설정하느냐가 문제가 된다. 그 범위를 너무 좁게 해석하면 당해 노동조합 또는 사용자 이외의 자는 모두 제3자가 되며 또한 노동조합이나 사용자의 요구에 의하여 자문을 하는 데 그쳤을 때에도 제3자로 처벌(구노동쟁의법 제45조의2)한다면 노동조합을 지나치게 위축시키는 결과가 된다.

이 점을 고려하여 1987년 구노동쟁의조정법 개정 시 제13조 제2항에 단서를 신설하여 "총연합단체인 노동조합 또는 당해 노동조합이 가입한 산업별 연합단체인 노동조합의 경우에는 제3자 개입으로 보지 아니한다"고 규정함으로써 제3자의 범위를 다소 축소한 바 있다.

제 3 절

노동쟁의의 조정

1. 쟁의조정제도의 의의

근로자는 사용자와 대등한 입장에서 자신들의 지위를 향상시키기 위해 노동조합이 단결하여 조합원의 총회에서 형성된 집단적 의사를 관철시키기 위해 사용자에게 단체교섭을 요구할 수 있다. 이때 단체교섭에서 자신들의 주장을 사용자가 수용하지 않으면 근로자는 실력이라는 수단에 호소하여 자신들의 주장을 관철하려고 한다. 이때 근로자의 단결권 및 단체행동권이 권리로서 법적으로 인정이 되기 때문에 노동쟁의는 당연히 허용되며 이와 함께 쟁의에 대한 조정도 법적인 제도로서 등장하게 되었다.

노동쟁의조정제도는 노사 당사자의 자율적인 해결을 조정하는 한편, 노사 분쟁이 노사 간에 큰 손실을 입지 않도록 공정한 위치에 있는 제3자가 합리적인 해결을 도모하기 위하여 노력하는 데 그 본래의 의미가 있다.

쟁의행위는 사용자측에는 생산정지의 타격을 주게 되고, 근로자에게는 임금지불정지의 아픔을 주게 되어 쌍방이 모두 손해를 보게 된다. 따라서 쟁의행위가 발생하거나 노사의 분쟁을 자주적으로 해결하기가 불가능할 때에는 국가가 이에 개입해서 분쟁을 해결해야 할 필요가 생긴다. 그러므로 국가는 쟁의조정기관으로 노동위원회를 설치하고,[19] 노동관계 당사자의 주장이 일치하지 못해 쟁의행위가 발생한 상태, 또는 발생할 우려가 있는 상태(노동조합 및 노동관계조정법 제2조는 이런 상태를 노동쟁의로 규정)에 놓여 있을 경우 조정수속을 발동하도록 되어 있다.

노동쟁의의 조정규정(노동조합 및 노동관계조정법 제5장)에 의하면 통칙에 동법 제47조(자주적 조정의 노력), 제48조(당사자의 책무), 제49조(국가 등의 책무), 제50조(신속한 처리), 제51조(공익사업 등의 우선적 취급), 제52조(사적조정·중재) 등으로 구성되어 있다.

노동3권의 보장 내지 협약자치와 관련하여 노사의 이해관계의 대립을 조정하는 방법이 어느 정도까지 양당사자에게 만족스러운 결과를 가져올 수 있느냐 하는 것은 매우 중요한 문제이다. 노사쌍방이 수긍할 수 있는 합리적인 해결을 모색하기 위해서는 국가의 법률이나 행정관청이 주도적으로 개입하는 것은 바람직하지 못하며, 노사의 자주적인 해결이 요청된다.[20]

노동쟁의의 조정에 대한 노사의 자주적 해결의 정신은 선진국의 경우 오래전부터 발달해오고 있다. 예컨대 미국·영국과 같은 나라는 노사의 분쟁을 자주적인 조정기관에 의하여 해결하도록 하는 이른바 'voluntarism'이 일찍부터 지배해 왔다. 그리하여 국가적인 입장에서 본 중대한 분쟁이라 하더라도 국가기관에 의한 조정은 최종적 방법으로서만 동원될 수 있다는 인식이 깊이 뿌리를 박고

19) 우리나라 노동위원회법은 1963년 4월 17일 제정, 2007년 5월 17일에 개정을 했으며 내용은 총칙, 조직, 회의, 권한, 보칙과 벌칙으로 되어 있음.

20) 대한상공회의소, 노사관리, 1989, p. 62.

있다.[21)]

2. 쟁의조정의 목적 및 유형

(1) 쟁의조정 목적

계약자유의 형식하에 형성되고 있는 종속적 노사관계를 지양하기 위해서는 근로자에게 단결권을 인정하고, 그 단결을 통한 경제적 투쟁의 여지를 합법적으로 존치해 두지 않으면 안 된다. 이때 이러한 노사관계는 국가권력의 간섭을 떠난 사적 자치관계로 이해되는 것이다. 노사 간의 투쟁은 때에 따라서는 국가경제면에 악영향을 끼치게 되고 때로는 제3자에게도 위해를 주게 되며 그 결과 양자 모두 재기불능에 처하는 결과를 초래할 수도 있다. 그러므로 쟁의권의 보장을 전제로 하면서도 노동쟁의를 사전에 원만히 예방하고 사후에 공정히 조정할 필요가 있다. 노동조합 및 노동관계조정법은 이러한 목적하에 제정된 것이다. 이러한 목적을 실현하기 위해 노동관계당사자에게 단체협약에 노동쟁의의 조정을 위한 기관의 설치 및 그 운영에 관한 사항을 규정하도록 요구되며, 또한 노동쟁의가 발생했을 때에는 성의를 가지고 자주적으로 해결하도록 노력해야 하며 정부도 자주적 조정에 적극 조력해야 한다.

(2) 쟁의조정 유형

노사관계에서 발생되는 분쟁 내지 불만은 크게 두 가지 유형으로 분류할 수 있다. 첫째, 새로운 단체협약상의 조건에 대한 분쟁이며, 둘째, 기존 단체협약하에서 제기되는 고정에 관한 분쟁이다.

전자는 이익에 대한 분쟁으로서 이익분쟁이라고 하며, 후자는 권리에 대한 분쟁으로서 권리분쟁이라고 한다. 따라서 여기에서 말하는 노동쟁의의 조정이란 원칙적으로 이익분쟁에 대한 조정을 말한다.

21) 김형배, 전게서, p. 436; L. G. Reynolds, Labor Economics and Labor Relations, 8th ed., Englewood Cliffs, N. J. : Prentice-Hall, Inc., 1982, p. 314.

노동쟁의의 조정방법에는 임의조정제도(사적 임의조정제도)와 공적 조정제도(노동위원회의 조정제도)로 대변할 수 있으나, 여기서는 공적 조정제도에 해당되는 조정, 중재, 긴급조정 등에 대해서 구체적으로 살펴보기로 한다.

1 조정

노동관계 당사자 간에 근로조건의 결정에 관한 주장의 불일치로 노동쟁의가 발생한 경우 당해 노동쟁의를 신속·공정하게 해결하여 쟁의행위로 인한 노동관계 당사자의 손실을 방지하고, 국민경제의 안정과 발전에 기여하기 위해 행해지는 일련의 절차로 분쟁당사자들이 협상을 통해서 스스로 해결방안을 찾을 수 있도록 도와주는 제3자, 즉 조정자가 노사분쟁에 따른 합의를 도와주는 노력들을 의미한다.

조정은 노사 및 공익을 대표하는 위원 또는 특별조정위원회에 의하여 조직되는 3인 구성의 조정위원회가 쟁의당사자의 사이에서 관계당사자 간의 의견을 듣고 공정하고 적절한 판단에 의해 작성된 조정안을 쌍방에 제시하여 그의 수락을 권고하여 쟁의를 해결하려는 조정방법이다.

한편 조정절차가 진행 중이라도 냉각기간이 지나면 당사자는 언제라도 쟁의행위를 할 수 있다. 다만 당사자가 조정안을 수락하여 조정서에 서명 날인하여 확정되면 그때부터는 쟁의행위는 위법이 된다.

㉠ 조정 개시

노동조합 및 노동관계조정법 제53조에서 "노동위원회는 관계 당사자의 일방이 노동쟁의의 조정을 신청한 때에는 지체 없이 조정을 개시하여야 하며, 관계당사자 쌍방은 이에 성실히 임하여야 한다"고 규정하고 있다. 즉 노동쟁의의 직접적 당사자 중 어느 쪽이든 관계없이 어느 일방이 조정신청을 요구할 때가 바로 조정의 개시시점이 된다.

조정을 요구할 때는 사업장 개요, 단체교섭 경위, 당사자 간의 의견불일치사항 및 이에 대한 당사자의 주장내용을 첨부하여 신고하여야 하며, 조정신청을 받은 노동위원회는 그 내용을 고용노동부장관 또는 지방노동관서의 장에게 지체 없이 통보하여야 한다.

Kerr(1954)는 조정을 통해서 당사자들이 분쟁의 성격을 보다 정확하게 파악할 수 있도록 도와주어야 하며, 너무 늦게 시작하면 조정의 성공 가능성이 낮기 때문에 조기에 조정을 시작해야 한다고 주장하고 있다. 반면 Wall(1981)과 Rubin(1981)은 당사자들이 조정의 필요성을 크게 느낄 때까지 기다릴 때 조정의 효과가 커지며 빨리 조정을 시작하면 협상이 오히려 지연될 수 있다고 주장하고 있다. Hiltrop(1989)은 조정의 성공과 조정의 시작 시점의 관계는 협상이 어떤 단계에 놓여 있느냐에 따라 달라진다고 주장하고 있다.[22)]

ⓛ 조정위원회 구성

노사당사자들로부터 노동쟁의에 대한 조정신청이 있을 경우 노동위원회는 근로자위원, 사용자위원, 공익위원 각각 1인씩 3인으로 조정위원회를 구성할 수 있다. 이때 근로자를 대표하는 조정위원은 사용자가, 사용자를 대표하는 조정위원은 노동조합이 추천을 하며 노동위원회 회원 중에서 지명하여야 한다. 다만 조정위원회의 회의 3일 전까지 당사자의 지명이 없는 경우는 위원장이 지명할 수 있다(노동조합 및 노동관계조정법 제55조). 또한 동법 제52조(사적 조정·중재)에 의해 노사쌍방의 합의나 단체협약이 정하는 바에 따라 노동위원회가 아닌 제3자에게 조정을 의뢰할 수 있다. 또한 필수공익사업에서의 노동쟁의가 발생할 경우에는 조정을 위하여 노동위원회는 공익위원 3인으로 특별조정위원회를 구성할 수 있다. 여기서 특별조정위원회 위원은 노동조합과 사용자가 기피하는 위원을 순차적으로 배제하고 남은 3인 내지 5인 중에서 노동위원회위원장이 지명한다. 단 관계당사자의 합의로 노동위원회 위원이 아닌 사람을 추천하는 경우 그 추천된 자를 특별조정위원으로 조정을 의뢰할 수도 있다(동법 제72조).

ⓒ 조정위원의 역할

노동쟁의에 대한 조정을 하기 위해 구성된 조정위원회는 노사쌍방이 내

---

22) 김태기, "노사분쟁조정에 관한 연구", 한국노동연구원, 1999. p. 9.

걸고 있는 주장의 내용을 명백히 조사하는 역할과 조정자로서 분쟁해결을 위한 공정한 조정안을 작성하여 제시하는 역할 등이 있다. 동법 제58조에 의하면 조정위원회 또는 단독조정인은 일정한 기일을 정하여 노사쌍방의 관계자들을 출석하게 하여 분쟁에 따른 주장의 요점을 확인하여야 한다고 규정하고 있다. 또한 관계당사자와 참고인 외에 다른 자에 대한 출석을 금할 수 있다(동법 제59조). 노사쌍방의 주장 내용을 조사한 후에는 조정안을 작성하여 이를 당사자에게 제시하고 그의 수락을 권고하여야 한다(동법 제60조 제1항 참조). 또한 조정안의 제시와 함께 그 조정안에 대한 이유를 붙여 공표할 수 있으며, 필요하다면 신문 또는 방송에 보도 등 협조를 요청할 수 있다. 조정안이 노사쌍방에 의하여 수락된 후 그 이행 또는 수락방법에 대하여 관계당사자 간에 의견이 불일치할 경우 당사자는 조정위원회 또는 단독 조정인에게 그 해석 또는 이행방법에 관한 명확한 견해의 제시를 요청하여야 하며(동법 제60조 제3항 참조), 요청이 있을시 요청받은 날로부터 7일 이내에 명확한 견해를 내려야 한다(동법 제60조 제4항). 단 조정위원회나 단독조정인의 해석 또는 이해방법이 제시되기 전까지는 관계당사자는 당해 조정안의 해석 및 이행에 관하여 쟁의행위를 할 수 없다(동법 제60조 제5항).

㉣ 조정 효력

조정위원회 또는 단독 조정인에 의한 조정안이 관계당사자에 의하여 수락된 때에는 조정위원 전원 또는 단독조정인은 조정서를 작성하고 관계당사자와 함께 서명 날인하여야 하며, 이를 당사자에게 각각 서면으로 통지하여야 한다. 조정서의 내용은 단체협약과 동일한 효력을 가지며, 조정위원회 또는 단독 조정인이 제시한 해석 또는 이행방법에 관한 견해는 중재재정과 동일한 효력을 갖는다(동법 제61조). 여기서 중재재정과 동일한 효력을 갖는다 함은 조정위원회 또는 단독조정인의 해석과 이행방법에 대한 견해가 위법이거나 월권에 의한 것이라고 인정된다고 함으로써 재심신청이나 행정소송을 제기하지 않는 한, 그 해석과 견해가 확정된다는 것을 말한다(동법 제69조).

2 중재

발생된 노동쟁의에 대하여 조정의 방법으로 쟁의를 해결하도록 하고 있다. 이 과정에서 양당사자가 조정위원회나 단독 조정인이 제시한 조정안에 대해 자발적으로 함께 수락하면 쟁의는 종결된다. 그러나 반대로 조정이 실패하면 쟁의조정의 마지막 단계[23]인 중재로 넘어가게 된다. 중재(arbitration)라 함은 당사자의 합의에 의하여 선출된 중재인의 중재결정에 의하여 당사자 간의 분쟁을 해결하는 절차를 말한다. 여기서 중재는 당사자의 의사에 따라 결정되는 알선이나 조정과는 달리 당사자의 의사와 관계없이 중재기관이 당사자를 구속하는 결정을 내리는 조정수단이다.

우리나라에서의 중재제도는 당사자의 의사에 따라 개시되거나 일반사업장인 경우에는 임의중재를, 공익사업장에서는 당사자의 의사와 관계없이 행정관청의 요구나 노동위원회의 직권에 의해 행해지는 강제중재로 나누어진다. 그리고 강제중재는 행정관청이 노동위원회에 중재의 개시를 요구한 경우와 노동위원회가 스스로 중재에 회부한다는 결정을 한 경우가 해당한다. 여기서 임의중재는 노사자치주의 원칙에 위배되지 않지만, 강제중재는 노사자치의 원칙에 위배된다고 본다. 따라서 노동위원회 위원장이 강제중재를 결정하는 것은 필수공익사업[24]에서의 쟁의행위가 국민경제에 중대한 영향을 미치는 예외적인 경우에 국한되어야 한다. 중재절차가 개시되면 그날부터 15일간 쟁의행위를 할 수 없다(동법 제63조). 중재를 하게 된 때에는 지체 없이 이를 서면으로 관계당사자에게 각각 통지하여야 한다(노동조합 및 노동관계조정법 시행령 제25조).

23) 중재는 관계당사자의 쌍방이 함께 중재를 신청한 때 또는 당사자 일방이 단체협약에 의하여 중재를 신청한 때 노동위원회는 중재를 행한다(노동조합 및 노동관계조정법 제62조).

24) 노동조합 및 노동관계조정법 제71조에서는 공익사업에 대한 형식적 요건과 실질적 요건을 제시하고 있다. 형식적 요건으로는 정기노선여객운수사업, 수도·전기·가스·석유정제 및 석유공급사업, 공중위생 및 의료사업, 은행 및 조폐사업, 방송 및 통신사업 등 어느 하나에 속해야 하며, 실질적 요건으로는 위 사업에 해당되면서 그 업무의 정지 또는 폐지가 공중의 일상생활을 현저히 위태롭게 하거나 국민경제를 현저히 저해하고 업무의 대체가 용이하지 않아야 함.

㉠ 중재 기관과 활동

중재는 중재위원회가 담당한다. 중재위원회는 공익을 대표하는 노동위원회의 위원 중에서 관계당사자의 합의로 선정한 자에 대하여 당해 노동위원회의 위원장이 지명한 3인의 위원으로 구성된다(동법 제64조 : 시행령 제28조). 다만 관계당사자의 합의가 이루어지지 않은 경우에는 노동위원회의 위원장이 이들 중에서 지명한다(동법 제64조 3항 단서). 공익위원만으로 구성하게 한 것은 중재재정(仲裁裁定)이 법률상 당사자들을 구속하기 때문에 이해관계의 중립을 지키기 위한 것으로 이해되며, 공익위원 중에서도 당사자의 합의에 의하여 선정된 자를 임명하는 것은 관계당사자의 의사를 최대한 반영하고자 하는 것이다. 그리고 관계당사자가 지명한 노사대표위원은 중재위원의 동의를 얻어 회의에 출석하여 의견을 진술할 수 있다(동법 제66조 2항). 중재위원회의 위원장은 중재위원 중에서 호선되며(동법 제65조 2항), 회의는 전원출석과 출석위원 과반수 찬성으로 의결한다(노위법 제17조).

중재절차가 개시되면 조정의 단계를 이미 거친 후이기 때문에 사실관계에 대해서는 분쟁해결을 위한 충분한 자료가 준비되어 있는 것이 보통이다(노동조합 및 노동관계조정법 제53조, 제71조 2항 및 제58조). 따라서 관계당사자의 의견을 직접 청취하는 절차를 마련하지 않고, 간접적으로 관계당사자가 지명한 노동위원회의 노사대표위원을 통하여 의견을 진술할 수 있는 기회를 부여한다(구 노조법 제35조). 그러나 관계당사자가 수긍할 수 있는 공정한 중재재정을 내리기 위해서는 중재위원회가 직접 관계당사자의 의견과 자료를 제공받을 수 있는 기회가 입법적으로 마련되는 것이 바람직하다. 현행법에서는 이 점을 감안하여 중재위원회는 기일을 정하여 관계당사자 쌍방 또는 일방을 중재위원회에 출석하게 하여 주장의 요점을 확인해야 한다는 규정을 신설하였다(노동조합 및 노동관계조정법 제66조 1항).

중재위원회의 위원장은 회의의 공정한 진행을 위하여 관계당사자와 참고인 이외의 자의 출석금지를 명할 수 있는 권한을 가진다(동법 제67

조).[25)]

㉡ 중재재정 효력

중재재정은 서면으로 작성되어야 하며, 그 서면에는 효력발생 기일을 명시하여야 한다(노동조합 및 노동관계조정법 제68조 1항). 중재재정서는 지체 없이 관계당사자에게 송달되어야 한다(동법 시행령 제29조 1항).

중재재정은 중재재정서가 관계당사자에게 도달되면 단체협약과 동일한 효력을 가진다(동법 제70조 1항). 그러나 관계당사자는 중재재정이 위법이거나 월권에 의한 것이라고 인정되는 경우에 한하여 소정기일 내에 중앙노동위원회에 재심을 청구하거나 또는 행정소송을 제기할 수 있다(동법 제69조). 재심신청이나 행정소송의 제기를 '위법이거나 월권에 의한 것이라고 인정'되는 경우에 한정한 것은 중재재정의 실질적 내용의 타당성에 대해서는 다시 문제 삼지 못하도록 하여 분쟁을 조속히 종결하고자 하는 데 그 취지가 있다. 중재재정에 대해서 재심신청을 하거나 행정소송을 제기하더라도 재정의 효력에는 아무 영향이 없으므로 관계당사자는 여전히 구속된다. 중재재정이나 재심결정이 확정되면 관계당사자는 이에 따라야 하며(동법 제69조 4항), 이를 위반하면 2년 이하의 징역 또는 2천만원 이하의 벌금에 처한다(동법 제90조).

중재재정의 효력기간에 관해서는 법에 규정이 없으나 2년을 초과하여 정할 수 없으며, 그 효력기간을 정하지 않을 때에는 2년으로 본다. 왜냐하면 중재재정서는 단체협약과 동일한 효력을 가지므로 단체협약의 유효기간에 관한 규정(동법 제32조)이 준용되기 때문이다.

3 긴급조정

㉠ 긴급조정(emergency adjustment) 의의

쟁의행위에 대한 긴급조치 방식으로는 긴급조정제도가 있다. 특히 오늘날의 고도산업사회에 있어서 노동쟁의는 그 쟁의행위가 발생하게 되어

---

25) 김식현·정재훈, 노사관계론(2판), 학현사, 1999, pp. 420～422.

장기화될 경우, 노사양측은 물론 지역경제와 협력업체에 막대한 영향을 주게 되며, 인근 기업에도 영향이 파급될 뿐만 아니라, 결국은 국민경제 생활에도 큰 영향을 미치게 된다.

이러한 중대 사태에 대처함을 목적으로 하여 등장한 것이 바로 긴급조정제도이다. 즉 쟁의행위가 공익사업에서 행해지거나, 그 규모나 성질이 특별히 크거나 중대하여 국민경제를 해치거나, 국민의 일상생활을 위태롭게 할 위험이 있는 경우에는 행정관청이 직권에 의하여 강제적으로 일반조정절차와는 별도로 특별한 조정절차, 즉 긴급조정이 행해질 수 있다. 이것은 예외적 조정조치라고 할 수 있다.

그러나 우리나라 노동조합 및 노동관계조정법 제76조에서는 긴급조정을 규정하여 쟁의행위가 공익사업에 관한 것이거나, 그 규모가 크거나 그 성질이 특수한 것으로서 현저히 국민경제를 해하거나 국민의 일상생활을 위태롭게 할 위험이 현존하는 때에는 긴급조정을 할 수 있으며, 고용노동부장관이 긴급조정을 결정하면 중앙노동위원회에 의하여 강제조정과 강제중재가 개시되며, 이와 함께 쟁의행위는 즉시 중지해야 하고 공표일로부터 30일이 경과하지 않으면 쟁의행위를 재개할 수 없다고 되어 있다.

이와 같이 긴급조정절차는 당사자의 의견과는 상관없이 고용노동부장관의 결정에 의하여 강제적으로 개시되고 쟁의행위가 이미 행해진 후에도 이를 중지할 수 있으므로 쟁의권에 대한 중대한 제한을 가져온다. 따라서 긴급조정제도의 운영에 있어서는 쟁의행위가 비합리적으로 제한·금지되는 일이 없도록 법의 해석 및 적용을 엄격하게 하여야 한다.

ⓛ 긴급조정 요건

비록 고용노동부장관이 긴급조정을 결정하지만 실질적으로는 중앙노동위원회가 조정과 중재를 하게 된다. 긴급조정제도는 헌법에서의 노동기본권에 대한 중대한 제한이 될 뿐만 아니라 노동쟁의의 자주적 결정의 원칙을 배제하는 것이기 때문에 그 결정을 하기 위해서는 일정한 요건, 즉 형식적 요건과 실질적 요건이 충족되어야 하며 결코 남용되어서는 안 된다.

긴급조정의 형식적 요건을 명시한 것으로 노동조합 및 노동관계조정법 제76조 제2항 "고용노동부장관은 긴급조정의 결정을 하고자 할 때는 미리 중앙노동위원회 위원장의 의견을 들어야 한다"라고 규정하고 있다. 즉 긴급조정을 하기 위한 실질적 요건이 구비되었다 하더라도 바로 긴급조정을 시작하는 것이 아니라, 그에 앞서 중앙노동위원회의 의견을 듣고 난 후 결정하여야 한다는 것이다. 이는 바로 당해 의견에 구속된다는 것은 아니며, 단지 의견을 존중하여 참조한다는 의미로 해석할 수 있다. 그 이유는 고용노동부장관이 법률적으로 긴급조정개시의 결정권을 가지고 있기 때문이다.

긴급조정을 발동하기 위한 실질적 요건으로는 첫째, 공익사업에 관한 것이거나 그 규모가 크거나 그 성질이 특별한 것이어야 한다. 둘째, 현저히 국민경제를 해하거나 국민의 일상생활을 위태롭게 할 위험이 현존해야 한다(동법 제76조 1항). 즉 노동쟁의가 공익사업이면서 그 규모가 크며 특별한 성질을 가지고 있는 것만으로 긴급조정을 할 수 없으며, 함께 현존하는 위험이 반드시 있어야만 한다.

ⓒ 긴급조정 절차

고용노동부장관이 긴급조정의 결정을 한 때에는 이를 공표함과 동시에 중앙노동위원회와 관계당사자에게 각각 통고하여야 한다(동법 제76조 3항). 중앙노동위원회는 고용노동부장관의 통고를 받으면 지체 없이 조정을 개시하여야 하며(동법 제78조), 조정이 성립될 가망이 없다고 인정한 경우에는 긴급조정 통고를 받은 날로부터 15일 이내에 중재에의 회부여부를 결정하여야 한다(동법 제79조 1·2항). 중재는 중앙노동위원회가 중재회부의 결정을 한 때나 관계당사자 쌍방 또는 일방으로부터 중재신청의 요청이 있을 때 행해진다.

긴급조정의 결정이 공표된 때에는 관계당사자는 즉시 쟁의행위를 중지하여야 하며, 공표일로부터 30일이 경과하지 않으면 쟁의행위를 재개할 수 없다(동법 제77조).

㉣ 긴급조정과 쟁의행위 금지

긴급조정의 결정이 공표된 때에는 관계 당사자는 즉시 쟁의행위를 중지하여야 하며, 공표일로부터 30일이 경과하지 않으면 쟁의행위를 재개할 수 없다(동법 제77조).

㉤ 긴급조정 효과

긴급조정에 의하여 조정안이 관계당사자에게 의하여 수락되거나 또는 중재재정이 내려지면 조정안과 중재재정서는 단체협약과 동일한 효력을 가진다. 이와 같은 긴급조정제도는 미국의 태프트-하틀리법(Taft-Hartley Act)의 국가긴급조항을 모방한 것으로서 쟁의당사자의 의사와 관계없이 공익사업에 관한 것이거나 그 규모가 크거나 그 성질이 특별하여 국민경제나 국민생활에 중대한 영향을 미치는 쟁의행위를 정지시켜 중앙노동위원회에 의하여 강제적으로 쟁의의 조정을 행하는 제도이다.

㉥ 타국과 비교

긴급조정제도는 미국의(Taft-Hartley Act) 제206조 , 제210조의 국가긴급사태조항을 모방한 제도로 국민경제와 국민생활에 크게 영향을 미치는 쟁의행위의 장기화를 예방하기 위한 것에서 발생되었다. 우리나라를 기준으로 하여 미국과 일본의 긴급조정제도에 대해 살펴보면 〈표 7-1〉과 같다.

표 7-1 긴급조정제도의 국제비교

구분	한국	일본	미국
결정권자	• 고용노동부장관	• 내각총리대신	• 대통령
요건	• 공익사업, 규모가 크거나 성질이 특별한 것 • 국민경제 및 국민의 일상생활을 위태롭게 할 위험이 현존	• 한국과 동일	• 국민의 건강과 안전 위협
효과	• 30일간 쟁의행위 금지 • 강제조정 및 강제중재	• 50일간 쟁의행위 금지 • 알선, 조정, 임의중재 • 사실조사 및 공표	• 80일간 쟁의행위 금지 • 사실조사, 조정 • 조정안의 조합원 찬반투표

그림 7-1 쟁의조정 과정 및 절차

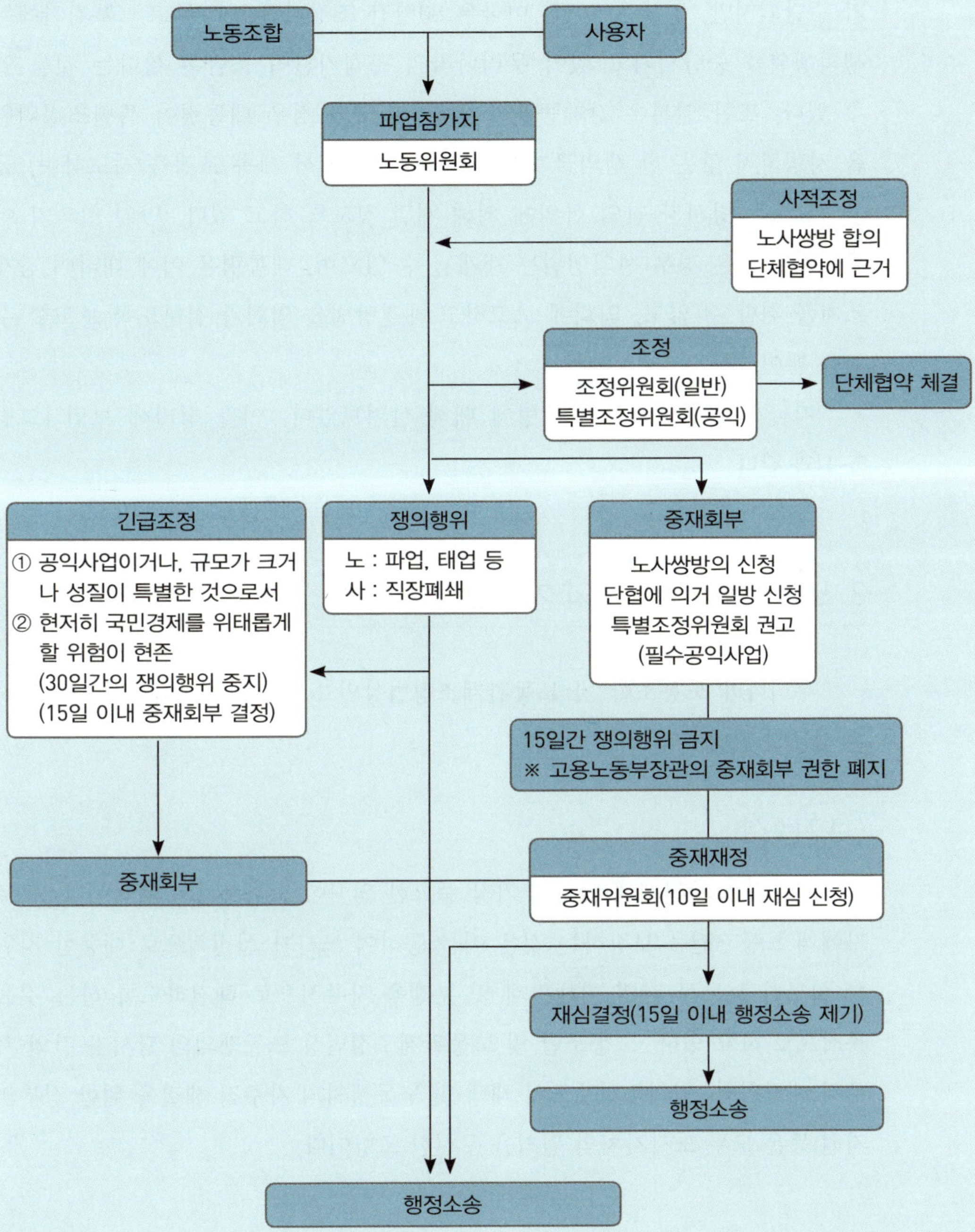

긴급조정의 특징은 일반조정과는 달리 조정기간을 길게 정하고 있다. 그러나 〈표 7-1〉에서 보는 바와 같이 우리나라는 조정기간 30일 동안 쟁의행위가 중단되지만, 일본은 50일, 미국은 80일간 조정기간으로 두고, 그 기간에는 쟁의행위를 중단시키고 있어 우리나라의 조정기간이 조금은 짧다는 것을 알 수 있다. 또한 일본은 강제중재가 없고, 미국의 경우 대통령이 특별조정위원을 지명하지 않는 한 쟁의금지기간 동안 FMCS에서 계속 조정을 시도하며, 궁극적으로는 당사자 간의 합의에 의해 채결 짓도록 하고 있다. 만일 합의가 이루어지지 않은 경우 쟁의행위는 재개될 수 있으며, 대통령은 이에 대하여 강제조치를 취할 수 없고, 의회에 보고하고 해결방법을 의회가 취하도록 보고할 수 있을 뿐이다.

지금까지 쟁의조정의 유형에 대해 살펴보았다. 이를 정리해 보면 [그림 7-1]과 같다.

3. 노동쟁의조정제도의 기본원칙

우리나라 노동조합 및 노동관계조정법상의 노동쟁의조정제도의 기본원칙은 다음과 같다.[26)]

(1) 자주성

집단적 노사관계에 있어서 가장 중요한 원칙이 노사자치의 원칙이다. 근로자에게 노동 3권을 보장하는 것은 이를 통하여 노사가 실질적으로 대등한 지위를 확보하고 노사 간의 이해관계 및 분쟁을 자주적으로 해결하도록 하는 것을 목적으로 하고 있다. 노동조합 및 노동관계조정법상 노동쟁의의 당사자 간의 자주적 해결원칙, 임의조정제도의 채택 및 노동쟁의의 자주적 해결을 위한 정부의 지원 등은 모두 노사자치의 원칙을 구현한 조항이다.

26) 박경문·최승욱, 전게서, pp. 324~326.

(2) 공익성

노동쟁의는 당사자뿐만 아니라 국가경제 등의 공익에도 영향을 미치고 있다. 따라서 노동쟁의조정에는 당사자의 사적이익뿐만 아니라 국가적인 공익의 측면을 고려하여 양자의 조화와 균형이 이루어져야 한다. 노동조합 및 노동관계조정법 제1조에서 산업평화의 유지와 국민경제의 발전을 노동관계조정의 목적으로 삼고 있으며, 노동위원회의 위원에 공익위원을 포함시키는 것도 이러한 취지라고 볼 수 있다.

(3) 공정성

노동쟁의는 노동관계당사자의 이해가 대립되는 사항에 관해 서로의 주장이 일치하지 않아 발생한 것으로 그 조정은 당사자가 모두 납득할 수 있도록 공정하게 행해져야 한다. 당사자 및 국민경제에 미치는 부정적 영향을 최소화하기 위해 공정성을 희생시킨다면 이는 노사 간의 분쟁을 재발시킬 우려가 있다. 더구나 노동쟁의조정이 당사자의 임의적인 의사에 상관없이 강제로 채택되는 경우에는 이 공정성의 실현이 더욱 중요하게 된다. 노동조합 및 노동관계조정법은 공정한 조정을 노동쟁의조정의 목적으로 하고 있고, 정부의 공정한 해결을 의무화하고 있는 것은 노동쟁의조정의 공정성을 도모하고자 하는 것이다.

(4) 신속성

노동쟁의조정제도의 중요한 목적 중의 하나가 당사자는 물론 국민경제에 미치는 부정적 영향을 방지하는 데 있으므로 조정의 절차는 신속히 진행되어야 한다. 노동쟁의조정이 지연됨으로써 쟁의행위가 발생하는 경우에는 산업평화의 유지라는 노동쟁의조정의 기본목적을 상실하게 된다. 노동쟁의조정법상 당사자의 신속처리의무 및 당사자와 노동위원회 기타의 관계기관의 신속한 사건처리의무 등은 신속성의 원칙을 규정하고 있다.

4. 노동쟁의조정제도의 적용범위

우리나라 노동조합 및 노동관계조정법에서 노동쟁의조정제도의 대상이 되는 노사분쟁의 범위에 대한 의문점이 제기되고 있다. 일반적으로 개별분쟁·집단분쟁 또는 권리분쟁·이익분쟁의 구별이 정립되어 있지 않고, 노사분쟁의 조정을 담당하는 기구의 관할 역시 명확하지 않다. 그러나 일반적으로는 개별분쟁은 민사재판에 의한 사법절차에 의하여 처리하고, 집단적 이익분쟁은 노동쟁의조정법상의 알선·조정 또는 중재 등의 노동쟁의조정제도로 해결하며 집단적 권리분쟁은 민사재판으로 처리한다는 기본체계를 취하고 있다.

(1) 권리분쟁

노사분쟁에 관한 일반법원의 재판 관할권은 권리분쟁에 국한되며, 이익분쟁은 소송대상이 될 수 없다. 권리분쟁의 경우 개별분쟁 및 집단분쟁 모두에 대하여 일반법원이 관할권을 갖는 것이 원칙이다. 법원조직법 제2조 제1항은 "법원은 헌법에 특별한 규정이 없는 경우를 제외하고는 일체의 법률상의 소송을 심판하고, 기타 법률에 의하여 법원에 속하는 권한을 가진다"라고 규정하고 있다.

그러므로 일반법원이 관할권을 갖는 노사분쟁은 일차적으로 권리 또는 법률관계이어야 하며 또한 심판의 대상인 소송물은 법적 판단에 적합한 성질·내용을 가진 분쟁인 권리분쟁이어야 한다. 권리관계의 주장이 아닌 단순한 사실의 존부의 다툼인 이익분쟁은 일반법원에서의 소송대상이 될 수가 없다. 다만 노동쟁의조정법상 노동위원회도 권리분쟁에 관한 노동쟁의조정을 할 수 있는지의 여부에 대하여 견해가 나뉘어져 있다.

(2) 이익분쟁

집단적 이익분쟁에 대하여는 노동위원회가 일반적인 관할권을 갖고 있으며, 일반법원은 관할권을 가질 수 없는 것이 원칙이다. 분쟁당사자가 사법적 해결을 위하여 법원에 소송제기를 하는 경우에 민사소송법은 일반적 소송요건으로서 우선 '법률적 소송'일 것을 요구한다. 단순한 사실의 존부의 다툼이라든지,

새로운 단체협약의 체결을 위한 이익분쟁은 원칙상 일반법원에의 소송의 대상이 될 수 없으므로 노동쟁의조정법은 이러한 이익분쟁을 노동위원회의 관할로 규정하고 있다.

개별적 이익분쟁의 경우 그 사례는 많지 않지만 대부분 노동위원회의 관할 대상이 된다. 근로자 개인에 의한 이익분쟁은 거의 무의미하기 때문에 개별분쟁은 언제나 권리분쟁이고, 이익분쟁은 언제나 집단분쟁이라고 하는 견해도 있으나 노동조합이 결성되어 있지 아니한 경우에는 개별 근로자와 사용자 간의 노동계약이 노사관계를 형성하는 경우 개별적 이익분쟁은 중요한 의미를 갖는다고 할 수 있다.

5. 특별조정위원회

(1) 특별조정위원회의 구성

노동조합 및 노동관계조정법 제72조는 공익사업의 노동쟁의의 조정을 위하여 노동위원회에 특별조정위원회를 두도록 하고 있다. 특별조정위원회는 특별조종위원 3인으로 구성되는데, 노동위원회의 공익을 대표하는 위원 중에서 노동조합과 사용자가 순차적으로 배제하고 남은 4인 내지 6인 중에서 노동위원회의 위원장이 지명한다. 다만, 관계당사자가 합의로 당해노동위원회 위원이 아닌 자를 추천하는 경우에는 그 추천자를 지명한다(동법 제72조 1·2·3항).

(2) 특별조정위원회의 위원장

노동조합 및 노동관계조정법 제72조 제1항에는 특별조정위원회에 위원장을 두도록 하고 있으며 제2항에서는 위원장은 공익을 대표하는 노동위원회의 위원인 특별조정위원 중에서 호선하고, 당해 노동위원회의 위원이 아닌 자만으로 구성된 경우에는 그중에서 호선한다. 다만, 공익을 대표하는 위원인 특별조정위원이 1인인 경우에는 당해 위원이 위원장이 된다.

제 4 절

노동위원회

1. 노동위원회의 의의

노동위원회는 노동쟁의를 조정할 뿐만 아니라 부당노동행위의 판정·구제를 비롯하여 노동조합 및 노동관계조정법·근로기준법 기타 법률에서 정한 사항의 심사결의는 물론 근로조건의 개선에 관하여 행정관청에 건의할 수 있는 등 여러 권한을 가지고 있는 하나의 행정규제위원회로서 노동위원회법에 의하여 설립된 기관이다.

노사 간의 대립과 분쟁의 처리는 당사자 간에 자주적 해결을 하는 것이 가장 이상적이다. 그러나 노사 간의 대립이 지속되면 국민경제 및 사회생활에 지대한 영향을 미치므로 신속하고 합리적인 해결이 요망될 경우 기존의 재판제도가 담당하기에는 한계가 있고, 관료적인 노동행정기관에 노사관계문제의 처리를 일임하는 것도 단체자치의 원리에 반하므로 법원의 기능을 보충하여 노동분쟁의 평화적 해결을 촉진하며 나아가서는 노동행정의 민주화를 기하기 위해 노동위원회가 설립된 것이다.

한편 노사문제를 순수한 관료기관에서 분리하여 독립된 행정위원회인 노동위원회에서 담당하도록 한 이유는 다음과 같다.[27]

1 관료주의적 노동정책을 지양하고 자주적 기관으로서의 노동위원회를 설치함으로써 노사문제의 민주적인 처리가 가능하다.

2 국가기관에 의한 간섭과 개입을 방지하기 위하여 독립된 위원회제도가 바람직하다.

3 이상과 같은 목적을 실현시키면서도 노사관계의 실체가 행정에서 완전

27) 박상필, 전게서, p. 341.

히 유리되는 것을 피하고자 하는 데 있다.

노동위원회는 근로자대표·경영자대표·공익대표 등 3자로 구성되며 일종의 행정위원회의 성격을 가지는데 이는 정치적 영향에 좌우되지 않고 노사자치에 함부로 간섭하는 것을 회피하는 것으로 일정한 행정상 권한을 부여하여 노사관계에 대한 일종의 통제적 기능을 완수하려는 것이다. 노동위원회는 3자 구성을 택함으로써 통제적 기능과 봉사적 기능을 가지게 된다. 또한 노동위원회는 노사관계의 원만한 운영을 도모하기 위해 일정의 사건에 관하여 합목적인 결과를 얻으려고 노력하는 기관이며, 정치권력의 대행자가 아니라 공익봉사기관으로서의 성격을 가지고 있다.

3자로 구성된 노동위원회는 회의제 운영을 원칙으로 하며 노동쟁의의 중재에 있어서는 법적 구속력을 가지며 부당노동행위의 여부를 판정하는 준사법기관으로서 기능을 갖는다. 따라서 이와 같은 기능을 공익위원뿐만 아니라 노사위원에게 동일하게 부여한다면 여러 문제가 발생할 수 있다.

미국에서는 1935년의 와그너법에 의하여 우리나라와 같이 전국노동위원회(National Labor Relations Board : NLRB)가 설치되고 부당노동행위의 판정과 교섭단위의 결정에 관한 사무를 관리하고 있는데, 그 구성은 오직 대통령에 의해서 임명된 5명의 위원만으로 구성된다.[28]

우리나라에서는 노동위원회법이 수차례에 걸쳐 개정되면서 노동위원회의 기능을 공익위원중심으로 이행시켜가고 있으며,[29] 일본의 노동위원회는 우리나라와 거의 동일하다.

28) D. Q. Mills, *op. cit.*, p. 60.

29) 김형배, 전게서, p. 537.

2. 노동위원회의 구성과 회의

(1) 노동위원회 구성

노동위원회에는 중앙노동위원회, 지방노동위원회, 특별노동위원회가 있다.

중앙노동위원회에는 고용노동부, 지방노동위원회는 서울특별시, 각 직할시와 각 도에 각각 설치되는데 그 관리는 고용노동부장관이 한다. 다만 부산광역시(울산광역시 포함)를 제외한 광역시의 경우에는 따로 지방노동위원회를 설치하지 아니하고 인접도에 설치된 지방노동위원회로 하여금 사건을 통합 관장하게 할 수 있다. 특별노동위원회는 필요한 경우에 특정한 사항을 관장하게 하기 위하여 당해 특정사항을 관장하는 중앙행정기관 또는 그 소속기관에 설치된다. 현재 특별노동위원회에는 선원법 제6조에 의하여 항운 항만청장 관할 아래 선원특별노동위원회를 두고 있다.

노동위원회는 근로자위원, 사용자위원, 공익위원 각 10명으로 구성한다(노동위원회법 제6조 1항). 특별위원회에 두는 위원의 수는 3자 동수로 하되 대통령령으로 정한다. 근로자위원은 노동조합에서, 사용자위원은 사용자단체에서 추천한 자 중에서, 중앙노동위원회의 경우에는 대통령이, 특별위원회의 경우에는 중앙행정기관의 장이, 지방노동위원회 경우에는 고용노동부장관이 위촉한다.

노동위원회 위원의 임기는 3년이며 연임할 수 있다. 상임위원의 임기도 3년이며 연임할 수 있다. 노동위원회의 기능이 준사법적이며 더욱이 한정적인 기능까지 수행하고 있는 데 비해 법원의 법관에 대한 신분보장과 비교할 때 너무 균형이 맞지 않다는 반론이 있다. 노동위원회가 노사 간의 자주적 노동관행을 형성해 가고자 하는 데 있어서 후견적 역할을 한다고 볼 경우 노동위원은 다년의 경험을 거쳐 얻은 전문지식이 요구되기 때문에 임기가 연장되어야 한다.

미국의 노동위원의 임기는 5년으로서 우리나라의 경우보다도 더 길고, 그것도 5명을 일시에 교체시키지 않고 매년 순차적으로 교체시키며, 위원들의 연방정부에서의 근속기간은 평균 35년이나 되고 있다고 한다.[30)]

30) Daniel Quinn Mills, *op. cit.*, pp. 61~62.

(2) 노동위원회 회의

1980년 노동위원회법의 개정에서 노동위원의 수가 노·사·정 각 10명으로 대폭 증가되었다. 이에 따라 회의의 능률성을 도모하고, 종래 많이 문제되었던 공공성을 확보하기 위하여 노동위원회의 구성에 있어서도 큰 수정이 이루어졌다. 우선 노동위원 전원이 참석하는 '전원회의'는 위원회의 운영 중 일반적인 사항을 결정하는 경우에 한정시켰고, 한편 공공성 내지 특히 중립성이 강조되는 사항에 대해서는 공익위원만으로 구성되는 소위 '공익위원회의'에서 처리하도록 하였다. 따라서 노동위원회에 부의되는 사항 중 나머지의 사항은 소위 '3자위원회의'에서 처리되는데 그 구성은 위원회의 위원장이 지명하는 근로자위원, 사용자위원 및 공익위원 각 1명으로 구성한다. 한편 공익위원회는 위원장이 지명하는 3명의 공익위원으로 구성한다(동법 제9조의2). 각종 위원회 회의의 부의사항 내용들은 동법 제6조에 잘 나타나 있는데 전원회의 부의사항, 공익위원회 부의사항, 3자위원회 부의사항 등에 대한 세부내용이 수록되어 있다.

노동위원회는 의안에 따라 심의·의결 및 결정의 권한을 행사하게 되는데, 그 회의는 전원회의, 공익위원회의 또는 3자위원회의에서 처리하고 있다. 그러나 3자위원회의와 공익위원회의에 부의될 사항을 구분하는 기준이 명확히 구분되지 않으며, 또한 3자 구성의 원리에 대한 예외를 인정하는 경우도 명백하지 않다는 것이 지적되고 있다.[31)]

노동위원회의 위원장은 공익위원회의 및 3자위원회의 구성원에 대한 지명권을 가지며(동법 제9조의2), 회의의 의장으로서 대표권과 가부 동수인 경우 결정권을 가진다(동법 제11조의2). 따라서 이러한 위원장의 권한이 의결이나 결정에 있어서 과도한 영향을 미치지 않도록 신중을 기함으로써 위원회의 관료화 가능성을 방지하여야 한다.

또한 부당노동행위의 판정이라는 준사법적 기능을 현행 노동위원회에서 담당하는 것에 대한 법 이론상의 모순을 지적하는 사람도 있다. 그러나 미국에서는 이러한 기능을 전국 노동위원회(NLRB)에서 1935년 이래 지금까지 담당하고

31) 김형배, 전게서, p. 540.

있다. 다만 미국에서는 노동위원회가 특정 문제에 대한 판정이라는 판사로서의 성격과 당해 문제에 대한 조사와 기소라는 검사와 같은 성격을 다 같이 갖고 있는 것에 대한 이론상의 모순이 지적된 바 있다. 그 결과 국회는 1947년 태프트-하틀리법에서 위원회로부터 반 독립적 위치에 있는 사무총장을 두고 노동위원회 지방사무소 등을 총괄하게 하고 있다. 그러나 노동위원회의 위원장이 이 새로운 기구를 포함한 노동위원회 전체를 총괄하고 있다.[32)]

3. 노동위원회 운영

노동위원회의 회의는 노동위원 전원이 참석하는 전원회의, 심판위원회, 조정위원회, 특별조정위원회 및 중재위원회를 두고 있다.

회의는 일반적 회의의 통례대로 노동위원회의 위원장이 회의를 소집하고 그 의장이 되며, 의원의 과반수가 회의소집을 요구한 때에는 이에 따라야 한다. 그리고 노동위원회의는 구성원 과반수의 출석과 출석위원 과반수의 찬성으로 의결하며, 의장은 표결권을 가지며 가부동수인 때에는 결정권을 가진다. 공익위원만이 행하는 권한의 경우를 제외하고는 노동위원회의에서 의결을 한 때에는 근로자위원과 사용자위원 각 1인 이상의 출석이 있어야 한다. 그러나 근로자위원 또는 사용자위원이 위원장으로부터 2회 이상의 출석통지를 받고 정당한 이유 없이 출석하지 아니한 때에는 예외로 한다. 회의는 원칙적으로 공개하나, 다만 위원회의 결의에 의해 공개하지 아니할 수 있다.

심의의 판정과 결정은 구제명령·기각·각하를 내용으로 하며, 처리기간은 접수된 날로부터 30일 이내로 되어 있고, 부득이한 경우에는 1차에 한하여 연장할 수 있다. 초심기관인 지방노동위원회의 결정에 불복이 있는 관계당사자는 10일 이내에 중앙노동위원회에 재심을 신청할 수 있고, 또한 이에 불복하면 재심판정서를 받은 날로부터 25일 이내에 행정소송을 제기할 수 있다. 전술한 기한내에 재심을 신청하지 아니한 때에는 위원회의 결정사항이 확정되며 관계당사

32) D. Q. Mills, *op. cit.*, pp. 60～63.

자는 이에 따라야 한다.

4. 노동위원회의 권한

노동위원회의 권한은 조정 권한과 판정 권한으로 나눌 수 있다. 조정 권한은 노동관계의 조정에 대한 이른바 서비스 권한으로 노동쟁의의 대한 조정·중재 등의 권한을 의미하며, 판정 권한은 준사법적 권한으로서 부당노동행위의 해당 여부 및 노동쟁의에 대한 적법성 여부에 관한 판정 및 구제명령권과 기타 노동조합의 자격요건, 노동조합 운영상의 제반 법률문제에 대한 심사권과 근로기준법상의 제 법률적 문제에 대한 심사결정권을 의미한다.

사례*

노동위원회 구제신청 시 유의점

부당해고 시 효과적으로 대응할 수 있는 방법인 '노동위원회 부당해고 구제신청'에서 알아야 할 핵심 사항은 다음과 같다.

첫째, 시기가 매우 중요하다.

부당해고 구제신청 법적인 기한은 해고일로부터 3개월로 돼 있으나, 부당해고의 증거가 구체적으로 뚜렷하게 확보되어 있는 경우를 제외하고는 가능한 빨리 제기하는 것이 근로자 측에게 유리하다. 실제 구제신청 사건의 승패를 좌우하는 주요 포인트 중, '사실관계 입증(규명)' 부분도 매우 중요하기 때문이다. 따라서 시간이 많이 지난 후 구제신청을 제기하는 것은 현명하지 못하다.

둘째, 기본적으로 '법리'에 의해 판결된다는 사실이다.

근로자들은 노동위원회는 법원과 달리 노동자편을 잘 들어주므로 억울하다고 생각하는 내

용들만 자세히 적어다주면 노동위원회가 알아서 유리하게 판단해 줄 것이라는 막연한 기대나 고정관념하에 사건을 제기했다가, 허무하게 패소하는 경우가 많다. 노동위원회도 법원과 마찬가지로 법리에 의해서 사건을 판단한다는 사실을 정확하게 인식해야 한다. 그럴 수밖에 없는 것이 '판단'이란 것은 어느 한 쪽에 불이익, 이익을 주

기 마련이고 그러한 판단은 매우 신중해야 하기에 명확한 기준에 따라 객관적인 기준 중 가장 보편적인 것이 바로 '법리(법률)'이기 때문이다.

또한 노동위원회 자체가 준사법기관이며, 그 설치 취지가 법원에 비해 신속한 법률판단을 통해 해고나 불이익 인사처분에 대한 근로자의 권익을 실질적으로 보호하기 위한 것이기 때문이다. 따라서 노동위원회에 구제신청을 해서 승소하려면 '법리'를 정확하게 알고 있어야 한다.

셋째, 서면(이유서)은 승소를 위해서 가장 중요한 수단이다.

노동위원회에 제출하는 서면은 매우 중요한 판단의 근거가 되기 때문에 제대로 잘 작성하여야 한다. 노동위원회에 제출하는 서면은 기본적으로 법률서면이다. 법률서면이 갖춰야 할 기본적인 요건은 아래와 같다.

① 정확한 법리의 선정(및 복잡하고 희소한 법리일 경우, 그 법리에 대한 근거판례, 판정례, 행정해석 등의 제시 등)

② 그 법리의 부합 정도를 높게 제시할 수 있도록 당해 사건의 사실관계 중 '그 법리 충족의 필요충분조건이 되는 주요 요건사실(사실관계의 편린들)'들을 최대한 많이 확보해 제시해야 한다.

③ 상대가 주장하는 법리가 당해 사건에 적용되지 않는다거나, 적용될 근거가 미흡하다고 주장할 수 있도록 하는 데 필요한 법리적 근거(판례, 판정례, 행정해석 등)와 당해 사건의 사실관계들 중 상대의 법리에 부합하지 않는 요건사실들의 최대한 발굴, 제시

넷째, 법리에 부합하는 진술은 승소 여부를 결정하는 데 매우 중요하다.

일부 일반인들은 서면의 중요성을 잘 모르는 경향이 많다. 노동위원회 조사나 심문회의 시에 조사관이나 공익위원들이 묻는 사항에 대해 별 생각이 없이 진술하시는 경우가 많다. 그런데 자신이 진술한 내용들이 모두 불리한 결말(패소나 불리한 조건으로의 합의)로 이어질 수 있다는 사실을 정확히 인식해야 한다.

출처 노동위원회 구제신청 승소 핵심요건에 관한 추병호 노무사의 글 재정리

Chapter 8

부당노동행위

08

부당노동행위

부당노동행위는 사용자가 헌법상 보장된 근로자의 노동3권(단결권, 단체교섭권, 단체행동권)과 관련된 행위를 침해하거나 방해하는 행위를 말한다. 사용자의 '부당노동행위'에 대한 법적 제도는 처음 미국의 와그너법(1935년)에 의하여 체계화되었다. 이후 태프트-하틀리법(1947년)에서는 노동조합의 사용자에 대한 부당노동행위도 추가되었다. 우리나라도 1953년 노동조합법 제정 시 사용자의 부당노동행위와 노동조합의 부당노동행위를 모두 규정하였으나, 이후 사용자의 부당노동행위만을 인정하고 있다. 사용자의 부당노동행위에는 불이익 대우, 반조합계약, 단체교섭의 거부, 지배 개입 행위가 있다. 불이익 대우는 근로자의 노동조합 조직, 노동조합 가입, 노동조합 활동을 이유로 해고, 전출 등 불이익을 주는 행위와 근로자의 정당한 단체행동 참가, 부당노동행위 신고 등과 관련하여 해고, 전출 기타 불이익을 주는 행위를 말한다. 반조합계약(황견계약)은 근로자를 고용할 때 노동조합에 가입하지 않을 것 또는 노동조합에서 탈퇴할 것을 고용조건으로 하는 경우 또한 특정한 노동조합의 조합원이 될 것을 고용조건으로 하는 경우(일명 유니언숍)에도 부당노동행위가 된다. 다만, 그 노동조합이 그 사업장에 종사하는 근로자의 3분의 2 이상을 조합원으로 두고 있는 경우에는 근로자가 그 조합의 조합원이 될 것을 고용조건으로 하는 단체협약을 체결하는 것은 부당노동행위가 아니다. 단체교섭의 거부는 사용자가 노동조합의 대표자 또는 노동조합으로부터 위임을 받은 자와의 단체협약체결, 기타의 단체교섭을 정당한 이유 없이 거부하거나 자꾸 연기하는 경우를 말한다. 지배·개입 행위는 노조운영에 지배·개입·기타 운영비를 원조하는 행위로 노조결성을 비난하거나 중지할 것을 설득 강요하는 경우, 노조의 각종 총회가 단체교섭·쟁의행위를 방해 감시하는 경우, 노조 내에 대립집단이 있는 경우에 일방에 대한 지원이나 불이익을 주는 경우 등이 해당된다. 사용자의 부당노동행위에 의하여 피해를 입은 노동자와 노동조합은 부당노동행위가 있은 날로부터 3개월 이내에 사업장 소재지를 관할하는 지방노동위원회에 부당노동행위 구제신청을 할 수 있다. 노동위원회는 부당노동행위가 성립한다고 판정한 때에는 사용자에게 구제명령을 내린다. 구제명령은 원상회복명령(원직복직, 임금 상당액 지급, 단체교섭 의무이행, 지배·개입 금지 등)이 주된 내용이다. 지방노동위원회의 결정에 불복하는 경우에는 결정서를 송달받은 날로부터 10일 이내에 중앙노동위원회에 재심을 신청할 수 있고, 다시 중앙노동위원회의 재심판정에 불복하는 경우에는 15일 이내에 행정법원(지방법원)에 중앙노동위원회 위원장을 피고로 하여 행정소송을 제기할 수 있다. 사용자가 소송을 수단으로 구제명령을 회피하는 것을 예방하기 위하여 중앙노동위원회(중노위)는 사업주에게 긴급이행명령을 내릴 수 있다. 중노위가 긴급이행명령을 신청하여 법원의 이행명령이 떨어졌는데도 이를 지키지 않으면, 과태료 부과신청을 할 수 있으며 과태료는 500만원 이하이다. 또한 부당노동행위를 한 사용자는 2년 이하의 징역 또는 2,000만원 이하의 벌금에 처해지며 확정된 부당노동행위구제명령을 위반한 사용자는 3년 이하의 징역 또는 3,000만원 이하의 벌금에 처해진다.

제 1 절

부당노동행위의 개념

1. 부당노동행위의 의의

부당노동행위(unfair labor practice)란 사용자가 근로자의 노동3권을 침해하는 행위를 말하는 것으로 사용자의 부당노동행위로부터 근로자의 노동3권을 보호하기 위해 국가가 정책적으로 설정한 공법상의 권리구제제도이다. 즉 부당노동행위는 사용자가 근로자의 정상적인 노동운동이나 노동조합의 정상적인 활동을 방해하는 행위를 말한다.

대한민국 헌법 제33조 제1항에 "근로자는 근로조건의 향상을 위하여 자주적인 단결권·단체교섭권·단체행동권을 가진다"라고 규정하여 근로자의 노동3권을 헌법에서 보장하고 있다. 그러나 현실적으로 노동3권이 헌법상 기본권으로 되어 있음에도 불구하고 사용자에 의하여 침해를 받을 가능성이 많고 그런 사례는 각국의 노동운동사에서 자주 찾아볼 수 있다. 따라서 단결권 등의 실질적인 보장은 사용자로부터 침해가 배제됨으로써 실현될 수 있다.

만약 사용자로부터 단결권 등의 침해를 받았을 경우, 이는 헌법상 기본권으로서 노동3권의 침해행위가 되므로 근로자나 노동조합은 법적 절차에 의하여 구제받을 수 있다. 그러나 법원에 의한 법적 구제는 단결권 등의 보장책으로서는 적절한 방법이 될 수 없다. 그 이유는 사용자의 침해행위에 대한 법원의 무효조치 등이 노사관계에 어느 정도 실효성을 줄지는 의문이기 때문이다.

더욱이 불법 행위로 인한 손해배상청구권을 인정하더라도 단결권 등의 침해는 경제적으로 환산될 수 없는 성질의 것이므로 손해액의 산정도 매우 어려운 문제이다. 그러나 사법적 심사를 조건으로 행정기관에 의한 구제방법인 부당노동행위제도를 채택함으로써 근로자의 노동3권에 대한 사용자의 부당한 간섭·압박으로부터 근로자 개인 및 노동조합을 보호할 수 있고, 나아가 노사 간에 공정한 관계도 유지할 수 있다.

이와 같이 국가 행정기관이 노사관계에 적극적으로 개입함으로써 노동3권을 실질적으로 보장하고자 하는 이유는 단순히 헌법상의 보장된 근로자의 권리에 대한 사용자의 참여를 방지하고자 하는 소극적인 목적뿐만 아니라, 근로자의 단결권 등을 구체적으로 보장함으로써 단결권 등을 부인하고자 하는 사용자와의 마찰을 제거하여 노사 간의 안정을 도모하고 나아가서는 산업평화를 확보하는 데 있다.

미국의 경우 사용자의 부당노동행위는 근로자들의 집단적 교섭력을 약화하려는 관점에서 노동력의 자유로운 거래에 있어서의 실질적 평등성을 침해하는 행위로 이해되고 있는 데 반해, 우리나라에서는 사용자의 부당노동행위는 근로자에 대한 노동3권 침해행위로 이해되고 있어 서로 차이가 있다.

2. 부당노동행위의 특징

부당노동행위의 특징은 노동위원회 및 기타의 행정기관의 개입에 의하여 근로자의 단결권 등의 권리를 보장하는 데 있다. 따라서 구제 방법도 법적인 구제방법이 아니라 간편하고 신속하게 구제의 실효를 가져오게 하기 위하여 행정적 구제방법을 택하고 있는 것이 특색이다. 구제방법에서도 법적인 구제방법에 비하여 특이성이 있다. 즉 부당노동행위에 대한 구제는 시민법 질서에서의 '손해의 배상'과 같은 사후적 구제에 목적이 있는 것이 아니고, 정상적인 노사관계의 회복에 있다. 따라서 부당노동행위에 대한 구제는 사용자의 반조합적 침해행위를 배제하고 그 재발을 방지하는 원상회복의 행정 구제를 특징으로 한다.[1)]

그러나 원상회복의 구제만으로는 실질적인 부당노동행위의 방지 및 재발의 실효성이 의심스러워 현행 노동조합 및 노동관계조정법 제84조에서는 구제명령을 위반할 경우에는 벌칙을 부과함으로써 원상회복주의와 더불어 처벌주의를 채택하고 있는 것이 특색이다.

1) 이준범, 전게서, p. 176.

우리나라의 경우 중소기업의 비중이 높은 산업구조를 가지고 있고 노동조합은 기업 중심으로 조직되어 있고, 노사관계의 성격도 전근대성을 벗어나지 못하고 있기 때문에 미국보다도 부당노동행위제도의 필요성은 더 크다고 할 수 있다. 실제로 우리나라의 부당노동행위사건은 수는 매우 많은 실정이다.[2)]

3. 부당노동행위의 연혁

부당노동행위제도는 최초 노동조합의 어용화를 방지하기 위하여 1935년 미국의 와그너법(Wagner Act)에 의해 처음으로 입법화되었다. 와그너법에서는 사용자의 조합 활동에 대한 간섭, 조합지배, 차별적 대우, 산업발전의 위협 등을 부당노동행위로 금지하는 조항을 두었다.[3)] 이후 입법적 보호를 받게 된 노동조합의 조직이 비대하여 산업발전의 안정을 위협받게 되자 1947년 태프트-하틀리법(Taft-Hartley Act)에서는 노사의 균형을 취하고자 노동조합측의 부당노동행위를 새로 추가하였다. 이것은 노사 간의 힘의 균형을 유지하기 위한 것이지만 오히려 노사 간의 자유로운 거래의 제약을 배제하려는 데 그 목적이 있다. 그 후 이 제도는 인도·일본·멕시코·캐나다·우리나라 등 여러 나라에서 채택하였으나 선진국에서는 오히려 이 제도는 폐지되었다.[4)]

우리나라는 1953년 노동조합법을 제정할 당시부터 이와 같은 부당노동행위제도를 도입하였고, 현행 노동조합 및 노동관계조정법 제81조에서는 불이익대우, 황견계약·단체교섭거부, 지배·개입 및 경비원조, 보복적 불이익취급 등을 부당노동행위로 규정하고 있다.

1953년에 제정된 최초의 노동조합법에서는 사용자에 의한 부당노동행위와 근로자측의 부당노동행위를 함께 규정하고, 이에 대한 처벌 규정까지 제정하였다. 그러나 1963년 개정된 노동조합법에서는 사용자에 의한 부당행위의 장을 신

2) 노동위원회판례집, 제2권 제20호, 1986, p. 338.

3) 김치선, 노동법강의, 박영사, 1981, pp. 379~380.

4) 박경문·최승욱, 전게서, pp. 352~353.

설 확대하였고, 반면에 노동조합측의 부당노동행위 규정을 삭제하였다. 뿐만 아니라 부당노동행위의 구제명령 제도를 신설하여 실시함으로써 헌법에 규정되어 있는 노동3권이 현실적 보장으로 받게 되었다.

현행 노동조합 및 노동관계조정법 제81조(부당노동행위)부터 제86조(구제명령 등의 효력)도 이와 맥락을 같이하고 있는데, 특히 우리나라와 같은 노동조합주의에서는 노동조합운동의 강화에 대한 필연적인 국가 정책적 표현이라고 생각된다. 또한 우리나라의 부당노동행위제도는 헌법의 노동3권의 내용을 구체화한 것으로 노동조합 측의 부당노동행위는 존재할 수 없다고 생각된다.

우리나라의 부당노동행위제도의 입법 연혁을 정리해보면 〈표 8-1〉과 같다.

표 8-1 우리나라 부당노동행위 제도의 입법연혁

연도	입법 내용
53년 3월 8일	• 노동조합법 제정, 부당노동행위에 대한 직벌주의를 규정
63년 4월 17일	• 노동위원회에 의한 원상회복주의로 전환 (1차개정)
86년 12월 31일	• 원상회복주의에 처벌규정을 가미하되 반의사불벌죄로 규정, 원상회복주의와 직벌주의를 병행 (7차개정)
97년 3월 13일	• 노동조합법과 노동쟁의조정법을 통합하여 노동조합 및 노동관계조정법 제정, 원상회복주의와 직벌주의 병행 • 노조전임자의 급여지원을 부당노동행위로 규정(제81조 제4호 시행은 2009년 12월 31일까지 유보) • 구제명령에 대한 법원의 긴급이행 명령제도 도입 (제85조 제5항)
07년 4월 11일	• 확정된 구제명령을 따르지 않은 사용자에게 형벌을 부과하고 있음에도, 구제명령을 이행하지 아니한 사용자에게는 이행 강제금을 부과하는 근로기준법(2007. 4. 11. 법률 제8372호로 전부개정) 제33조 제1항 및 제5항(이하 '심판대상조항'이라 한다)은 행정상 간접적인 강제집행 수단의 하나로서, 과거의 일정한 법률위반 행위에 대한 제재인 형벌이 아니라 장래의 의무이행 확보를 위한 강제수단일 뿐이어서, 범죄에 대하여 국가가 형벌권을 실행하는 과벌에 해당하지 않음 • 부당해고 등이 있으면 근로자는 생계의 곤란을 겪게 되어 신속한 구제가 필요한 반면, 이행강제금과 같은 강제수단이 없다면 사용자는 분쟁기간이 길어지더라도 실질적인 불이익이 크지 않아 구제명령을 이행하지 아니하거나 이행을 지연할 개연성이 높음 • 행정상 강제집행수단의 선택에는 입법재량이 인정되고, 심판대상조항은 이행강제금의 금액을 2천만원 이하로 정하면서 부과횟수는 연 2회, 최장 2년간 부과할 수 있도록 한도를 정하고 있으며, 사용자는 집행정지신청을 통하여 구제명령의 효력을 정지시켜 이행강제금이 부과·징수되지 않도록 할 수 있음

제 2 절

부당노동행위의 유형

부당노동행위에 대해 각 나라마다 특색 있게 규정하고 있으나 그 내용은 거의 비슷하다고 할 수 있다. 비슷하다는 의미는 부당노동행위는 산업평화와 노동3권의 현실적 보장이라는 근본취지가 같기 때문이다.

우리나라의 노동조합 및 노동관계조정법 제81조에서는 사용자가 다음 각호의 어느 하나에 해당하는 행위를 할 수 없다.

1 근로자가 노동조합에 가입 또는 가입하려고 하였거나 노동조합을 조직하려고 하였거나 기타 노동조합의 업무를 위한 정당한 행위를 한 것을 이유로 그 근로자를 해고하거나 그 근로자에게 불이익을 주는 행위(동법 제81조 1항)

2 근로자가 어느 노동조합에 가입하지 아니할 것 또는 탈퇴할 것을 고용조건으로 하거나 특정한 노동조합의 조합원이 될 것을 고용조건으로 하는 행위. 다만, 노동조합이 당해 사업장에 종사하는 근로자의 3분의 2 이상을 대표하고 있을 때에는 근로자가 그 노동조합의 조합원이 될 것을 고용조건으로 하는 단체협약의 체결은 예외로 하며, 이 경우 사용자는 근로자가 그 노동조합에서 제명된 것 또는 그 노동조합을 탈퇴하여 새로 노동조합을 조직하거나 다른 노동조합에 가입한 것을 이유로 근로자에게 신분상 불이익한 행위를 할 수 없다.(동법 제81조 2항)

3 노동조합의 대표자 또는 노동조합으로부터 위임을 받은 자와의 단체협약체결 기타의 단체교섭을 정당한 이유없이 거부하거나 해태하는 행위(동법 제81조 3항)

4 근로자가 노동조합을 조직 또는 운영하는 것을 지배하거나 이에 개입하는 행위와 노동조합의 전임자에게 급여를 지원하거나 노동조합의 운영

비를 원조하는 행위. 다만, 근로자가 근로시간중에 제24조 제4항에 따른 활동을 하는 것을 사용자가 허용함은 무방하며, 또한 근로자의 후생자금 또는 경제상의 불행 기타 재액의 방지와 구제 등을 위한 기금의 기부와 최소한의 규모의 노동조합사무소의 제공은 예외로 한다. [[시행일 2010.7.1]](동법 제81조 4항)

5 근로자가 정당한 단체행위에 참가한 것을 이유로 하거나 또는 노동위원회에 대하여 사용자가 이 조의 규정에 위반한 것을 신고하거나 그에 관한 증언을 하거나 기타 행정관청에 증거를 제출한 것을 이유로 그 근로자를 해고하거나 그 근로자에게 불이익을 주는 행위(동법 제81조 5항)

1. 불이익대우

(1) 불이익대우의 원인

노동조합 및 노동관계조정법 제81조 제1항은 불이익대우의 원인이 되는 요건은 제시하고 있는데 다음과 같다.

1 근로자가 노동조합에 가입 또는 가입하려고 한 것

2 노동조합을 조직하려고 한 것

3 노동조합의 업무를 위해 정당한 행위를 한 것

4 정당한 단체행위에 참가한 것

불이익대우의 성립요건으로는 위에 제시한 네 가지의 행위를 근로자가 했다는 이유로 사용자가 근로자에게 불이익을 주는 것이다. 이때 주의할 것은 사용자의 불이익대우와 그 원인이 되는 행위 사이에는 상당한 인과관계가 있어야 한다는 것이다.

불이익대우는 현실적인 행위나 조치가 나타날 때 그 의미가 있다. 또한 불이익대우는 상대적인 개념으로서 종래의 통례와 비교하여 과도한 불이익을 준다든가 또는 근로자들에게 부여한 이익을 주지 않는 것은 모두 불이익대우에 해당한다.

사례*

정당한 조합 활동의 판단기준

노동조합 활동의 정당성은 사용자의 일정한 제재조치 (불이익 취급)가 타당한가를 판단하기 위한 전제로서, 그 행위의 성질이나 목적, 수단이나 방법, 당해 노사관계의 정황 등 제반사항을 종합하여 판단하게 된다.

노동조합의 활동이 근무시간 중 또는 기업 시설 내에서 이루어지는 경우에 정당한 활동으로 인정되기 위해서는

첫째, 그 행위가 우선 노동조합의 활동으로 볼 수 있어야 하고

둘째, 그 목적이 근로조건의 유지·개선, 단결 강화를 위한 것이어야 하고

셋째, 단체협약, 취업규칙에 별도의 허용규정이 있거나 관행, 사용자의 승낙이 없는 한 취업시간 외에 하여야 하며

넷째, 사용자의 노무지휘권이나 시설관리권에 바탕을 둔 합리적인 규율이나 제약에 따라야 하며, 사회상규에 반하지 않아야 함

【대판 1992.4.10. 91도3044)】

(2) 불이익대우의 유형

불이익대우의 유형으로 해고는 불이익대우의 전형적인 형태이며, 전근, 배치전환, 출근정지, 휴직, 복직거부, 계약갱신거부, 고용거부, 차별적 승급, 강등 및 복지시설의 차별적 이용, 공장폐쇄 등이 있다. 다만 이들이 불이익대우로 성립되기 위해서는 이들이 노동조합 및 노동관계조정법 제81조 제1호의 조합 활동 등의 소정의 사실을 이유로 한 것이어야 한다. 즉 근로자의 조합 활동과 사용자의 불이익대우 사이에 인과관계, 다시 말하면 사용자의 부당노동행위 의사 내지 반조합적 의사가 존재하여야 한다. 따라서 반드시 불이익대우임을 입증하기 위해서는 충분한 증거가 제시되어야 한다.

사례*

승진 등 인사상 불이익

승진, 전보 등 인사상 불이익은 승진탈락 등 외형상의 불이익뿐만 아니라 노동조합에 가입할 자격이 부여되지 아니한 직급으로의 승진 등의 행위까지 포함된다. 인사상 불이익 조치의 부당노동행위 해당여부는 아래 제시한 내용을 보고 판단한다.

- 인사기준·관행의 부합 여부
- 인사시기와 조합 활동과의 관련성
- 업무상 필요성
- 인사의 합리성
- 조합원과 비조합원 간의 균형이나 형평성
- 조합 활동에 미치는 영향

2. 황견계약

노동조합 및 노동관계조정법 제81조 제2항에서는 "근로자가 노동조합에 가입하지 아니할 것 또는 탈퇴할 것을 고용조건으로 하거나 특정한 노동조합의 조합원이 될 것을 고용조건으로 하는 행위"를 부당노동행위로 규정하고 있는데, 이 규정을 비열계약(卑劣契約) 또는 황견계약(黃犬契約 : yellow dog contract)이라고 하여 금지하고 있다.

황견계약은 조합의 조직을 부인하거나 약화시키기 위하여 혹은 단체교섭을 회피하기 위한 수단으로서 조합에 가입한 자는 그 조합으로부터 탈퇴할 것을, 또는 특정한 노동조합, 즉 어용조합을 만들어 새로 고용되는 자나 이미 고용되어 있는 자는 그 조합에 가입할 것 등의 내용을 갖는 계약이며 이에 대한 대가로서 고용기회를 제공하는 것이다.

황견계약은 반드시 문서로서 체결될 것을 요건으로 하지는 않는다. 예를 들어 조합으로부터 탈퇴하지 않은 근로자를 해고하는 조치가 취해진 경우에 그 해고가 황견계약의 실행으로서 행해진 것이라고 인정되는 한 부당노동행위가 된다.

불이익대우는 종업원이 된 자의 노동3권에 대한 보장활동을 억압하기 위한 것이라면 황견계약은 종업원이 되기 전에 단결권활동을 봉쇄하려는 것으로 불이익대우와 구별된다. 또한 이와 같은 반조합적 조건을 고용조건으로 하는 것은 반드시 근로계약의 체결 시에 약정될 필요는 없으며, 종업원이 된 이후에 고용계속의 조건으로 약정한 것이라면 황견계약으로 보아야 한다. 또한 노동조합에 가입하더라도 조합 활동은 하지 않는다는 것을 고용조건으로 하는 경우에도 이는 단결권에 대한 침해행위이므로 당연히 황견계약에 해당된다.

3. 단체교섭 거부

노동조합 및 노동관계조정법 제81조 제3항에서는 "노동조합의 대표자 또는 노동조합으로부터 위임을 받은 자와의 단체협약체결, 기타의 단체교섭을 정당한 이유 없이 거부하거나 해태하는 행위"를 부당노동행위로 규정하고 이를 금지하고 있다.

노동조합은 근로자의 단결에 의하여 사용자와 실질적으로 대등한 지위에 서서 노동조건을 결정하고 근로자의 지위를 향상시키려는 목적에서 조직되었기 때문에 단체교섭은 노동조합의 중요한 기능이며, 단결권도 단체교섭을 떠나서는 생각할 수 없다. 그러므로 사용자가 정당한 이유 없이 단체교섭을 거부하는 것은 조합의 존재를 부인하는 것으로 노동조합의 실질적 존재 의의를 해하는 것이 되며 나아가서는 단결권의 침해가 되므로 이것을 부당노동행위로서 금지하고 있다.

미국의 전국노동위원회(NLRB)는 단체교섭의 대상을 법원의 동의하에 3가지 유형으로 분류하고 있는바, 이는 강제협의사항, 임의협의사항, 협의금지사항이 있다.[5] 우리나라의 노동조합법에서는 이와 같은 강제적 교섭사항을 명문으로 규정하고 있지 않아서 미국의 제도에 비하여 더욱 융통성이 있으며, 또한 교섭당사자의 재량에 위임되어 있다고도 볼 수 있다. 그러나 이로 인하여 교섭사항을 둘러싸고 노사 간에 불필요한 분쟁이 야기될 가능성이 많다는 점이 지적되고 있다. 또한 교섭사항에 대한 명문규정이 없어서 이를 광의로 해석하여 그 대상에는 다음과 같은 것이 될 것이다.

1 임금·수당·퇴직금
2 근로시간·휴식시간·휴일·휴가
3 해고·휴직·전근·배치전환·승진·강등·정년제·징계
4 안전·보건
5 재해보상
6 후생·복지시설 등

노동조합 및 노동관계조정법은 사용자에게 단체교섭에 응할 의무를 규정하고 있는 동시에 사용자가 정당한 이유가 있을 때에는 단체교섭 또는 단체협약

5) D. Q. Mills, *op. cit.*, pp. 101~102. Taft-Hartley Act에서는 제2차적 boycott을 노동조합의 부당노동행위로 규정.

의 체결을 거부할 수 있음을 규정하고 있다. 우선 단체교섭의 응낙의무는 사용자가 단체교섭에 성의를 가지고 임할 것을 의미하는 것뿐이며, 교섭사항을 반드시 타결해야 할 의무까지를 포함하는 것은 아니다. 따라서 단체교섭이 타결되지 않아서 단체협약을 체결하지 못하는 것은 무관하나, 타결 후에도 단체협약의 서명·날인을 거부하는 경우는 부당노동행위가 된다.

한편 정당한 이유의 존재 여부는 조합측 교섭담당자의 수가 부당하게 많다든지, 통상적인 근무시간을 정상 이상으로 초과하는 경우, 관행적인 단체교섭의 규칙을 무시하는 경우 등 양측의 교섭태도를 종합적으로 파악하여 판단하게 된다.

사례*

단체교섭의 거부

사용자가 노동조합의 대표자 또는 노동조합으로부터 위임을 받은 자와의 단체협약체결 기타의 단체교섭을 정당한 이유 없이 거부하거나 자꾸 연기하는 경우는 부당노동행위로서 금지하고 있다(제81조 3호).

대표적인 예를 보면 다음과 같다.

① 사용자가 아무런 이유를 제시하지 않고 교섭을 거부하거나
② 단순히 회사의 내부사정을 이유로 교섭을 거부하는 것
③ 조합원 수가 소수라는 이유로 교섭을 거부하는 행위
④ 사용자가 노동조합을 통하지 않고 직접 개별조합원과 교섭하는 것
⑤ 문서로만 교섭을 하려고 하는 행위
⑥ 단체교섭 시 일방적으로 휴업을 하는 행위
⑦ 노조측의 교섭담당자를 해고하거나 전근시키는 행위
⑧ 사용자란 근로관계상의 여러 이익에 실질적인 영향력 내지 지배력을 가질 수 있는 지위에 있는 자를 의미하므로 실질적인 지배를 하는 모기업, 사실상 사용하고 있는 기업 등에서 단지 근로계약관계가 없다고 하여 교섭을 거부하는 것
⑨ 사용자측이 교섭의 일시, 장소, 인원 등을 일방적으로 정하여 이를 따르지 않을 때는 단체교섭에 응할 수 없다고 하는 것은 특별한 사정이 없는 한 성실교섭의무위반
⑩ 쟁의 중에도 사용자는 성실하게 단체교섭에 임해야 할 의무가 있음
⑪ 임금의 지급액에 관한 다툼이 생겨 인사고과에 사용된 사정자료의 공개가 필요한 경우 이것을 거부하는 것도 성실교섭의무에 위반됨

4. 지배 · 개입 및 경비원조

노동조합 및 노동관계조정법 제81조 제4항에는 "근로자가 노동조합을 조직 또는 운영하는 것을 지배하거나 이에 개입하는 행위와 노동조합의 전임자에게 급여를 지원하거나 노동조합의 운영비를 원조하는 행위"를 부당노동행위라 하여 이를 금지하고 있다. 이것을 금지하는 이유는 노동조합의 자주성과 독립성을 보호하기 위한 것이다. 따라서 노동조합의 자주성을 침해할 가능성이 있는 행위이면 지배 · 개입이 된다.

근로자가 단결을 보호받기 위해서는 '자주성'이란 요건을 갖추어야 하지만 이 자주성은 사용자에 대한 관계에 있어서 보통 '순수성'과 '독립성'을 의미하는 것이다. 여기서 지배 · 개입이란 바로 이 독립성을 침해하는 행위를 포괄하는 개념이다. 그런데 지배 · 개입은 불이익취급이나 황견계약처럼 사용자가 근로자 개인에 대하여 행하는 행위가 아니라 근로자의 단결체인 노동조합 자체에 대하여 행하는 것이다. 근로자 개인은 물론 단결체 자체도 단결권의 주체인 이상, 노동조합 자체에 대한 사용자의 지배 · 개입으로부터 노동조합이 보호되어야 하는 것은 당연하다. 사용자의 조합에 대한 지배 · 개입이 단결권 침해로서 부당노동행위가 되는 이유는 여기에 있다. 이런 의미에서 지배 · 개입의 금지는 단결권 보장의 구체화인 부당노동행위 규정의 핵심을 이루는 것이다.

사용자의 지배 · 개입의 양태를 보면, 조합조직에 대한 지배 · 개입으로서 노동조합의 설립행위 자체를 방해하고 억압하는 행위를 하는 것과, 조합설립과 관련하여 간섭하는 행위를 말한다.

조합운영에 대한 지배 및 개입으로는 조합 활동에 대한 사용자의 일반적인 간섭과 방해, 쟁의행위의 교란과 억압, 2개의 조합이 있는 경우 어용노동조합을 우대하는 등 조합 간의 차별대우를 들 수 있다.

한편 노동조합의 운영비를 원조하는 행위 또는 부당노동행위로 규정하여 이를 금지하고 있는데, 이는 대항관계에 있는 노동조합이 사용자로부터 그 운영을 위하여 경비의 원조를 받는 것은 대항단체로서의 자주성을 잃게 되고 어용화의 가능성이 많기 때문이다. 그러나 노동조합 및 노동관계조정법 제81조 제4호에는 다음과 같은 예외적 범위를 규정하여 이러한 원조행위는 허용하고 있다.

1 근로자가 근무시간 중에 사용자와 협의 또는 교섭하는 것을 사용자가 허용하는 것은 무방하다.

2 근로자의 후생자금 또는 경제적인 불행, 기타 재앙의 방지와 구제 등을 위한 기금의 기부와 최소한의 규모의 노동조합 사무소의 제공은 예외로 한다.

경비원조에 해당되는 유형으로는 조합의 전임자에 대하여 급여를 지급하는 것 등이다. 조합운영경비의 지급, 조합간부의 출장비 지급, 조합대회의 경비지원, 쟁의행위기간 중의 임금상당액의 지급 등을 들 수 있다. 그리고 이러한 것이 바로 사용자의 경비원조라 하더라도 노동조합이 이를 투쟁하여 쟁취한 것이라면 부당노동행위가 되지 않는다고 보는 견해도 있으나, 조합간부의 급여나 조합의 경상비를 사용자가 계속 지급하는 것은 노동조합의 자주성을 해칠 우려가 크기 때문에 1998년 개정된 노동법에서 이러한 행위를 부당노동행위로 명문화하였다.[6)]

우리나라의 경우 7,159개 조사대상 노조 중에서 전임간부가 있는 노조는 3,946개(55.1%)이며, 평균전임자수는 1개 노조당 2명이고, 노조전임자 1명당 평균조합원수는 219명으로 나타났다. 또한, 조합전임자에 대하여 급여지급 상황은 회사가 전액 지불하는 노조가 83.4%이고, 노조가 일부수당을 보충하는 노조가 8.1%, 기타 8.1%이다. 그러나 일본은 전임자의 급여는 조합에서 부담하는 것이 원칙이고 만약 그 원칙에 위배되면 일본노동조합법 제7조에 의거 사용자의 부당노동행위가 된다.[7)]

개정된 노동관계법(1998. 2. 20)을 통해 복수노조를 허용하고 배타적 교섭제도를 도입 운영할 경우에 노동조합 및 노동관계조정법 제81조 제4호에서 최소규모의 노동조합 사무소의 제공은 소수노조가 간판을 내려놓지 않는 한 문제로 남을 수 있다. 그러나 이점은 과반수를 얻은 제1노조가 교섭을 통해서 사

6) 김형배, 전게서, p. 535.

7) 박덕제·박기성, 한국의 노동조합, 한국노동연구원, 1990, p. 41.

무실 제공을 약속받게 하고 그렇지 않은 일체의 노조(과반수를 얻기 이전의 제1 노조나 기타 2·3노조)에 대해서는 사용자가 사무실 제공의 의무가 없음을 확실하게 할 필요가 있다. 기타 사업장 내에서의 노조활동에 대해서도 사용자의 재량권에 맡기는 것이 바람직하며, 사업장 밖에서 행해지는 일체의 노조활동에 대해서는 사용자는 일체 간섭 또는 지원을 할 수 없음이 원칙으로서 지켜져야 한다.

사례*

지배개입 행위

노동자가 노동조합을 조직 또는 운영하는 것을 지배하거나 이에 개입하는 행위는 금지된다.(제81조 4호)

① 넓은 의미의 조합 활동에 대한 사용자의 지배개입행위만 있으면 부당노동행위가 인정되고, 노조약화 등 현실적인 결과가 발생하여야 하는 것은 아님
② 노조결성의 비난 또는 중지의 설득 내지 강요
③ 노조결성 중심인물에 대한 해고, 전근 등의 조치
④ 노조창립총회의 방해
⑤ 조합 활동방침에 대한 비난이나 변경의 요구
⑥ 외부강사를 통해 노조활동을 비난하는 행위
⑦ 활동가의 매수, 향응제공 등 이익제공의 약속
⑧ 노조의 각종총회의 방해, 감시
⑨ 단체교섭, 쟁의행위 기타 노조의 사용자에 대한 활동에 대한 간섭이나 방해
⑩ 임원선거나 노조의 내부운영에 대한 개입이나 방해
⑪ 노조에 보장되던 각종 편의제공의 중지
⑫ 노조 내에 대립집단이 있는 경우에 일방에 대한 지원이나 불이익 취급하는 행위

5. 보복적 불이익취급

노동조합 및 노동관계조정법 제81조 제5항은 보복적 불이익취급을 근로자가 정당한 쟁의행위에 참가한 것을 이유로 하거나 또는 노동위원회에 사용자의

부당노동행위를 신고 또는 증언하거나 기타 행정관청에 증거를 제출한 것을 이유로 그 근로자를 해고시키거나 그에게 불이익을 주는 행위를 말한다. 이것은 미국의 보복적 차별대우를 계승한 것으로서 특수한 유형이다.

이 보복적 불이익취급도 불이익대우와 같이 해고·전직·감봉 등의 대표적 사례로 반드시 사용자측의 그럴듯한 구실과 타당성 있는 이유가 뒤따르게 되므로 보복적 불이익취급임을 증명할 수 있는 증거를 제시하는 것이 중요하다. 그리고 불이익 대우의 취급기준은 동법 제81조 제1항의 경우와 동일하다.

제 3 절 부당노동행위의 구제제도

1. 구제제도의 의의

부당노동행위의 구제제도란 사용자의 부당노동행위로 인하여 근로자 또는 노동조합의 노동3권, 즉 단결권의 행사가 침해되거나 단체교섭이 거부되거나 또는 단체행동이 억압될 경우, 그리고 개별근로자가 신분상·경제상의 불이익처분을 당할 때에 이를 구제하는 제도를 말한다. 다시 말하면 사용자의 부당노동행위를 통해서 근로자가 피해를 입었을 경우, 노동사회정책적인 입장에서도 이는 구제되어야 한다. 따라서 정부는 이와 같은 일이 발생하였을 경우 근로자를 보호할 수 있도록 행정위원회의 성격을 띠는 노동위원회를 설치하여 이들로 하여금 부당노동행위의 재정 등 노사분규의 해결에 임하도록 하고 있다. 이와 같이 부당노동행위제도는 사용자의 부당행위 및 조합 활동의 방해를 제거하는 데 근본목적이 있으므로 사용자로 하여금 일정한 행위를 하지 못하도록 법률로써 금지하는 것만으로는 불충분하며, 침해행위가 일어났을 경우에는 이에 대한 신

속하고도 적절한 대책이 필요하다.[8)]

사용자의 부당노동행위에 대한 구제대책에는 처벌주의와 원상회복주의가 있다. 현재 취하고 있는 방법은 피해자 구제를 용이하게 하기 위해서 원상회복주의를 채택하고 있다. 왜냐하면 처벌주의를 택할 경우에는 사용자를 처벌하게 되는데, 이것은 상호 관련된 노사관계를 오히려 악화시킬 뿐만 아니라 부당해고를 당한 근로자의 입장에서는 해고 무효확인소송을 거치지 않고서는 당연히 복직될 수 없으므로 시간과 비용의 부담이 제기될 수 있기 때문이다.

처벌주의는 부당노동행위를 범죄로 규정하여 그 행위자를 처벌함으로써 부당노동행위의 발생을 막는다는 입장이다. 원상회복주의는 부당노동행위 자체를 범죄로 보지 않고 그 행위가 있기 전의 원상회복을 중요시하여 원상회복을 하도록 일단 명령을 내리고 이 명령에 위반할 때는 이를 범죄로 보아 처벌한다. 양 제도에는 일장일단이 있지만 노동자의 구제라는 측면에서는 처벌주의보다는 원상회복주의가 더 적합하다고 보는 것이다.

또한 사용자의 부당노동행위로 인한 근로자의 침해당한 권리를 보호하는 차원에서 시간이 오래 걸리는 사법 절차보다는 신속한 처리를 위해서 노동위원회에 의한 구제절차가 법제화된 것이다. 우리나라에서는 행정위원회인 노동위원회를 설치하고 부당노동위원회의 재정 등 노사관계 분규해결의 임무를 수행하도록 하고 있다.[9)]

현행 우리나라 노동조합 및 노동관계조정법은 부당노동행위에 대하여 당초의 처벌주의로부터 원상회복주의로 전환된 것을 1986년도 노동조합법 개정 시에 처벌주의로 다시 바뀌었다. 즉 현행제도는 구제제도와 처벌제도를 동시에 규정하고 있다. 또한 구제절차에 있어서는 당사자주의를 채택하여 구제절차의 개시를 당사자인 근로자 및 노동조합으로 하고 있다는 것이 특색이다.

8) 박경문·최승욱, 전게서, p. 360.

9) 황병준, 인사관리론, 법문사, 1981, p. 396.

2. 노동위원회에 의한 구제

(1) 부당노동행위의 관할권

부당노동행위는 지방노동위원회 및 중앙노동위원회가 심사를 달리하는 2심제를 기본으로 하는데, 그 위에 행정소송을 인정하여 형식상 3심제를 이루고 있다. 1심은 부당노동행위가 발생한 사업장의 소재지를 관할하는 지방노동위원회가 관장하며, 2심에 해당하는 중앙노동위원회는 재심사건, 관장이 경합된 사건, 기타 중요한 사건 등을 관장하는 것을 원칙으로 한다.

이상 지방노동위원회와 중앙노동위원회는 상설기관이지만, 특정한 사항을 관장하게 하기 위하여 비상설기관으로서 특별노동위원회를 설치할 수 있다. 둘 이상의 서울특별시·광역시 또는 도에 걸친 사건 및 특히 전국적으로 중요하다고 인정되는 사건에 대해서는 중앙노동위원회가 초심으로서의 관할권을 가진다. 중앙노동위원회의 결정에 대하여 불복하는 경우에는 행정소송을 제기할 수 있다.

(2) 구제절차

1 구제 신청

노동위원회는 부당노동행위사건을 심사할 권한이 있으나 그것은 신청주의에 의해 당사자의 신청이 있을 때 행사할 수 있고, 직권으로 그를 발동할 수는 없다. 구제신청은 부당노동행위가 있은 날로부터 3개월 이내에 서면 및 구두로 해야 한다. 구제신청의 상대방은 부당노동행위를 실제로 행한 자연인으로서의 사장이나 중역이 아니라 구제의무를 부담하는 기업 자체가 된다(제82조 2항).

2 심사

부당노동행위의 구제신청이 각하되지 아니한 경우 부당노동행위의 성립 여부를 판정하기 위한 심사절차가 진행된다. 심사절차는 조사와 심문으로 나누어 진행된다. 부당노동행위의 성립에 대한 결정과 구제명령은 공익위원만이 행사하는 권한에 속하지만, 조사와 심문의 경우에는 노동자위원 또는 사용자위원도 이에 관여할 수 있다.

㉠ 조사

노동위원회는 부당노동위원회의 구제신청을 받았을 때에는 지체 없이 필요한 조사를 해야 한다. 조사는 신청인이 주장하는 사실·내용 및 쟁점 등을 정리하고 당사자의 견해를 명확히 하여 사실인정의 자료로 하기 위해 행해진다. 그러므로 조사는 어디까지나 심문의 전단계로서의 의미를 갖는다.

㉡ 심문

노동위원회가 부당노동행위의 구제신청을 받았을 때에는 지체 없이 관계당사자를 심문하여야 하며, 위원장이 심문하고자 할 때에는 심문통지서를 당사자에게 발송해야 한다. 심문은 노동위원회의 공익위원이 행하지만, 사용자위원과 노동자위원도 이에 관여할 수 있다. 심문을 할 때에는 당사자의 신청 또는 직권으로 증인을 출석하게 하고 필요한 사항을 질문할 수 있다. 그리고 관계당사자에 대해서는 당사자의 심문과 신청이유는 소명하는 증거의 제출과 증인에 대한 반대심문 등의 조사를 하여 부당노동행위의 성립 여부를 가려내고 적절한 조치(구제명령 또는 기각결정)를 취하게 된다. 가능하면 판결을 내리기에 앞서 이해관계를 상호 조정함으로써 화해를 하도록 노력하고, 이것이 불가능할 경우 확정판결을 내려 문제를 해결한다. 이러한 부당노동행위의 판정이 노사 당사자의 권리·의무에 중대한 영향을 주는 것이므로 당사자 쌍방에게 충분히 변론의 기회를 공평하게 보장하고 공개주의를 채택함으로써 처리에 공정을 기하고 있다. 이러한 조사와 심문에 관한 절차는 따로 중앙노동위원회가 자체적으로 규정하도록 하고 있다.

3 판정

노동위원회가 심사를 종료하고 나면 부당노동행위의 성립 여부를 판정하고 구제명령을 하거나 또는 구제신청을 기각하는 결정을 하여야 한다. 이때 판정에는 노동위원회의 공익위원만이 참여하므로 합의재판에 비교될 수 없다. 여기에서 말하는 판정에 있어서는 문제된 행위의 민법·형법상 법률효과에 구애되지 않으며, 반대로 노동위원회의 판정이 그 행위의 법률효과를 좌우하는 것도 아니다. 예컨대, 법적으로는 유효하게 성립된 근로계약의 해고라 할지라도, 그것의 노동관행으로 보아 부당하다고 판정할 때에는 노동위원회는 사용자에 대하여 원상회복(복직명령 등)을 명할 수 있다.

4 구제명령

심사절차가 끝나고 노동위원회는 제83조의 규정에 의한 심문을 종료하고 부당노동행위가 성립한다고 판정한 때에는 사용자에게 구제명령을 발하여야 한다. 그리고 그것이 성립되지 않는다고 판정한 때에는 구제신청을 기각하는 결정을 하여야 한다(노동조합 및 노동관계조정법 제84조 제1항). 이와 같은 판정과 명령은 공익위원만이 행한다.

구제명령을 위반한 자는 3년 이하의 징역이나 3천만원 이하의 벌금을 받게 된다(노동조합 및 노동관계조정법 제89조). 구제명령의 내용은 부당노동행위의 침해된 상태를 회복하는 데 필요하다고 생각되는 적절하고 구체적인 조치로 나타난다. 예컨대, 해직의 경우 원직에의 복귀와 그 때까지의 임금상당액의 소급지급, 단체교섭거부시의 교섭사항, 교섭담당자, 교섭시기 등을 명령할 수 있다. 또한, 조합에의 불가입, 조합탈퇴, 특정조합에의 가입을 조건으로 한 계약은 그 계약의 파기를 명한다.[10)]

소급지불에 있어서는 임금전액의 지불을 명하는 것이 보통이나 해고된 후 그 근로자가 다른 곳에 취업하여 얻은 수입을 공제할 것인가 하는 것이 문제가 된다. 부당노동행위의 구제는 원상회복에 있음을 고려하면 구제명령은 그에 필요하고 충분한 한도 이상의 것이 되어서는 안 되기 때문에 그 금액을 공제하고 소급지불을 명하는 것이 이론상 타당한 것

10) 김성수, 전게서, p. 206.

으로 본다.[11)]

단체교섭거부에 대한 부당노동행위의 판정에서는 즉시 교섭을 재개할 것을 명한다거나 교섭사항도 명할 수 있으나 대부분 화해로 끝나는 것이 보통이다. 황견계약의 경우에는 해고조건으로 된 조합에의 불가입, 조합탈퇴, 특정조합에의 가입을 위한 계약서의 파기를 명하면 된다. 그리고 지배·개입 내지 경비원조에 있어서의 구제는 대단히 곤란한 것으로 형식적인 의미에서 원상회복은 불가능한 경우가 많다.[12)] 따라서 그 성질로 보아 사과문이나 서약문을 공고하게 하는 정도가 보통이다.

중앙노동위원회의 재심판정에 불복할 경우에는 관계 당사자는 그 재심판정서의 송달을 받은 날부터 15일 이내에 행정소송을 제기할 수 있다. 만일 이 기간 내에 행정소송을 제기하지 않으면 구제명령, 기각판정 또는 재심판정은 확정되며, 관계 대상자는 이에 따라야 한다. 또한 중앙노동위원회의 구제명령 등의 효력은 행정소송의 판결에 의해 취소된다. 그리고 노동위원회의 처분이나 명령에 대하여는 이러한 불복절차가 아니더라도 행정처분 일반에 관한 소원법과 행정소송법의 적용이 있으므로 위법하거나, 부당한 처분에 대한 구제의 길이 없는 것은 아니다.[13)]

지능적이고 상습적인 부당행위를 예방하기 위하여 피해자가 명시한 의사에 따라 부당노동 행위자에게는 2년 이하의 징역 또는 2,000만원 이하의 벌금에 처하도록 하였다(노동조합 및 노동관계조정법 제90조). 부당노동행위제도는 노동자와 노동조합을 보호할 뿐만 아니라 노사관계 질서를 확립하여 산업사회의 발전에 이바지하도록 그 구제제도의 실효성이 높아져야 한다.

5 행정소송

중앙노동위원회의 구제명령이나 기각결정 또는 재심판정에 대하여 관계 당사자는 그 명령서·결정서 또 재심판정서를 송달받은 날로부터 15일

11) 김규태, 전게서, p. 298.
12) 김치선, 전게서, p. 405.
13) 황병준, 전게서, p. 400.

이내에 행정소송을 제기할 수 있다. 이 기간 내에 행정소송을 제기하지 아니한 때에는 그 구제명령·기각결정 또는 재심판정은 확정된다(노동조합 및 노동관계조정법 제85조 2항, 법 제85조 3항). 그리고 행정소송이 제기된다고 해도 초심명령, 초심기각명령, 또는 재심판정의 효력은 영향을 받지 않으며 행정소송의 판결에 의하여 비로소 취소된다.

3. 법원에 의한 구제

일반적으로 권리가 침해되었을 경우에 이를 배제하는 방법은 경우에 따라 여러 가지로 생각할 수 있으나, 이에 대한 국가의 최종적 보장은 재판에 있는 것이다. 근로자의 단결을 둘러싼 노사의 권리에 대해서도 마찬가지이다. 가령 부당노동행위가 해고와 같이 사용자의 일방적 의사표시에 의하여 행하여질 경우에는 해고자는 법원에 제소하여 해고의 무효를 주장함으로써 종업원으로서의 대우를 사용자에게 청구할 수도 있고, 또한 부당노동행위로 인하여 손해를 받은 근로자 또는 노동조합은 그 배상을 청구할 수도 있다. 이러한 소송은 일반소송과 별 차이가 없으며 민사소송의 일종인 것이다.

그런데 민사소송에 의한 구제에는 본소(本訴)에 의한 구제와 본소가 확정될 때까지의 가처분제도에 의한 구제가 있다. 노동사건은 그 본질이 지극히 유동적이고 탄력적인 것이기 때문에 많은 시일과 비용을 필요로 하는 본소에 의한 구제는 시간적·경제적 여유가 없는 근로자에게 적절하지 못하고 가처분에 의한 구제가 많이 이용되고 있다.

그러나 본소와 가처분의 경우를 불문하고 법원의 민사재판에 의한 구제에는 다음과 같은 난점이 있다. 즉 우리나라 법원에는 노동문제만을 전담하는 재판부가 없기 때문에 법관들이 노동문제라는 특수 분야에 정통하지 못하며, 또한 재판이 가처분절차라 할지라도 상당한 시일과 비용을 요하고 가처분의 필요성, 즉 본안소송을 기다릴 수 없다는 것이 문제가 된다. 또 재판은 불이익취급 중에서도 근로자에 대한 의사표시에 의해서 행해지는 법률행위(예컨대 해고)만을 무효로 하고 그간의 임금지불을 명할 수 있지만, 사용자에 대하여 단체교섭에 응할 것, 해고된 근로자를 출근시키는 것 등의 사실행위를 명한다 해도 이것을 강제 집행할 방법이 원칙적으로 없다. 따라서 이상과 같은 난점이 있기 때문에 현 단계에서는 민사재판에 의한 구제는 노동위원회에 의한 구제보다는 실효가 적고 이용가치도 적다. 그러나 이러한 소송이 필요한 경우도 있을 것이다.[14)]

사례*

부당해고 구제신청과 법원 소송의 차이

부당해고 구제신청을 소송과는 크게 다른 절차로 잘못 알고 있는 경우가 많다. 그러나 구제신청과 소송은 적어도 본질적으로는 크게 다르지 않다. 구제신청도 철저히 법률적인 관점에서 판정을 내린다. 정확한 법률내용과 다른 논리로 주장하면 심문회의 때 공익위원들로부터 '호통'을 듣게 되는 경우도 가끔 발생한다. 즉 구제신청이나 소송 양자 모두 법률판정 절차이기 때문에 노동위원회에서는 법률이 아니라 떼를 써도 괜찮고 근로자측을 위한 제도이기 때문에 법률에 어긋나도 근로자 편을 들어줄 것이라는 생각을 가지고 있다면 완전히 '착각'이다.

법원이 있음에도 불구하고 노동위원회를 또 설치한 것은 법원 소송의 비용(시간적, 금전적)부담으로 인해 근로자들이 권리구제의 기회에 쉽게 접근하기 어렵다는 이유 때문이다. 소송은 1심만 6개월에서 그 이상, 비용도 인지대 등 기본적이 소송비용에 고액의 변호사 선임비용까지 투여돼야 한다. 이에 비해 노동위원회 구제신청은 1심(지방노동위원회)은 2개월~2개월 반, 2심(중앙노동위원회)은 1개월 반~2개월 정도로 짧다. 또한 월 급여 170만원 이하의 근로자들은 노동위원회에 신청하기만 하면 무료로 '국선 노무사'를 선임 받을 수 있다. 물론 급여가 그 이상이라면, 노무사 선임비용을 지불해야 하지만, 적어도 평균적으로 따질 때 법원 소송 시 변호사 선임비용의 50~60% 정도에 불과한 비용만으로 신속하게 권익 회복을 꾀할 수 있게 된다. 소송은 현실적으로 혼자 진행하는 것이 번거로운 절차가 많기 때문에 어렵다고 봐야 하지만, 구제신청은 서면 2회 제출, 조사관의 조사, 심문회의만으로 바로 법률판정이 내려지기 때문에 번거롭지 않다. 그런데 최근 노동위원회가 법원의 판결 경향을 면밀히 검토하여 엄격히 법률적으로 판단하고 있다는 점에서 정확한 법률 취지와 내용의 파악 및 적용은 매우 중요하다.

노동위원회 구제신청에서는 중노위보다 지방노동위원회 심판이 훨씬 더 중요하다. 지노위에서 패소하더라도 중앙노동위원회에 재심을 신청할 수 있으나, 중앙노동위원회 재심 절차는 사실상 지노위에서 인정된 사실관계를 다시 판단하려 하지 않고, 법률판단을 위주로 다시 검토한다는 점에서 처음에 지방노동위원회 구제신청을 어설프게 잘못 진행해 놓으면 중앙노동위원회 재심에서의 승리의 기회마저 놓쳐버리는 상황을 만들 수 있다는 점에서 매우 유념해야 한다.

14) 김치선, 전게서, p. 391.

4. 경영상 이유에 의한 해고의 제한

(1) 해고의 제한

근로기준법 제24조는 경영상 이유에 의한 해고의 제한을 하고 있다.

1 사용자가 경영상 이유에 의하여 근로자를 해고하려면 긴박한 경영상의 필요가 있어야 한다. 이 경우 경영 악화를 방지하기 위한 사업의 양도·인수·합병은 긴박한 경영상의 필요가 있는 것으로 본다.

2 제1항의 경우에 사용자는 해고를 피하기 위한 노력을 다하여야 하며, 합리적이고 공정한 해고의 기준을 정하고 이에 따라 그 대상자를 선정하여야 한다. 이 경우 남녀의 성을 이유로 차별하여서는 아니 된다.

3 사용자는 제2항에 따른 해고를 피하기 위한 방법과 해고의 기준 등에 관하여 그 사업 또는 사업장에 근로자의 과반수로 조직된 노동조합이 있는 경우에는 그 노동조합(근로자의 과반수로 조직된 노동조합이 없는 경우에는 근로자의 과반수를 대표하는 자를 말한다. 이하 "근로자대표"라 한다)에 해고를 하려는 날의 50일 전까지 통보하고 성실하게 협의하여야 한다. [[시행일 2007.7.1]]

4 사용자는 제1항에 따라 대통령령으로 정하는 일정한 규모 이상의 인원을 해고하려면 대통령령으로 정하는 바에 따라 고용노동부장관에게 신고하여야 한다. [개정 2010.6.4 제10339호(정부조직법)] [[시행일 2010.7.5]]

5 사용자가 제1항부터 제3항까지의 규정에 따른 요건을 갖추어 근로자를 해고한 경우에는 제23조 제1항에 따른 정당한 이유가 있는 해고를 한 것으로 본다.

(2) 해고 등의 제한

근로기준법 제23조에서는 해고 등의 제한을 두고 있다.

1 사용자는 근로자에게 정당한 이유 없이 해고, 휴직, 정직, 전직, 감봉, 그 밖의 징벌(懲罰)(이하 "부당해고 등"이라 한다)을 하지 못한다. [[시행일 2007.7.1]]

2 사용자는 근로자가 업무상 부상 또는 질병의 요양을 위하여 휴업한 기간과 그 후 30일 동안 또는 산전(産前)·산후(産後)의 여성이 이 법에 따라 휴업한 기간과 그 후 30일 동안은 해고하지 못한다. 다만, 사용자가 제84조에 따라 일시보상을 하였을 경우 또는 사업을 계속할 수 없게 된 경우에는 그러하지 아니하다.

(3) 해고의 예고

근로기준법 제26조는 사용자는 근로자를 해고(경영상 이유에 의한 해고를 포함한다)하려면 적어도 30일 전에 예고를 하여야 하고, 30일 전에 예고를 하지 아니하였을 때에는 30일분 이상의 통상임금을 지급하여야 한다. 다만, 천재·사변, 그 밖의 부득이한 사유로 사업을 계속하는 것이 불가능한 경우 또는 근로자가 고의로 사업에 막대한 지장을 초래하거나 재산상 손해를 끼친 경우로서 고용노동부령으로 정하는 사유에 해당하는 경우에는 그러하지 아니하다. [개정 2010.6.4 제10339호(정부조직법)] [[시행일 2010.7.5]]

(4) 해고사유 등의 서면통지

근로기준법 제27조는 ① 사용자는 근로자를 해고하려면 해고사유와 해고시기를 서면으로 통지하여야 한다. ② 근로자에 대한 해고는 제1항에 따라 서면으로 통지하여야 효력이 있다.

(5) 부당해고 등의 구제신청

근로기준법 제28조는 ① 사용자가 근로자에게 부당해고 등을 하면 근로자는 노동위원회에 구제를 신청할 수 있다. ② 제1항에 따른 구제신청은 부당해고 등이 있었던 날부터 3개월 이내에 하여야 한다. [[시행일 2007.7.1]]

(6) 해고된 근로자의 우선 재고용

근로기준법 제25조는 ① 제24조에 따라 근로자를 해고한 사용자는 근로자를 해고한 날부터 3년 이내에 해고된 근로자가 해고 당시 담당하였던 업무와 같은 업무를 할 근로자를 채용하려고 할 경우 제24조에 따라 해고된 근로자가 원하면 그 근로자를 우선적으로 고용하여야 한다. [[시행일 2007.7.1]]

② 정부는 제24조에 따라 해고된 근로자에 대하여 생계안정, 재취업, 직업훈련 등 필요한 조치를 우선적으로 취하여야 한다.

Chapter 9

경영참가제

제1절 경영참가제의 개념

제2절 경영참가의 유형

제3절 종업원지주제

제4절 스캔론 플랜

제5절 노사공동의사결정제

제6절 경영참가제도의 문제점과 긍정적 사상

09

경영참가에 대한 이해

경영참가는 기업경영상의 각종 의사결정 및 운영에 근로자 혹은 노동조합이 직접 참여하는 것을 말한다. 경영참가제도가 발전하게 된 배경에는 자본과 노동의 대립이 심화되면서 기업의 운영과 발전을 위해서는 노사협조가 필요하다는 인식이 자리 잡게 되면서부터이다. 사용자는 조직을 효율적으로 운영해 나가기 위해서는 강제적인 규율이나 규제가 아니라 근로자들의 자발성과 창의성을 바탕으로 한 사고의 전환이 절실히 요구되고 있다. 근로자들의 자발적 참여와 협력이 기업의 경쟁력을 향상 시킬 수 있기 때문이다. 글로벌 경쟁심화 등으로 산업현장에서는 근로자들의 자발적인 참여 협력의 필요성은 더욱 커지고 있다.

경영참가 유형에는 의사결정 참가, 자본참가, 이익참가 등으로 나눌 수 있다. 먼저 의사결정 참가는 근로자 혹은 노동조합으로 하여금 경영의 의사결정과정에 직접 참가하도록 하는 것이다. 노동조합의 협조를 얻고 근로자의 창의성과 자발성을 제고하기 위해서는 의사결정에 근로자 혹은 노동조합을 참여시켜주는 것이 바람직하다. 이를 협의의 경영참가라 한다. 경영참가의 대표적인 형태로 독일의 공동의사결정제도, 우리나라에서는 근로자 참여 및 협력에 관한 법률로써 노사협의 및 공동결정에 관한 사항들을 정하고 있다.

두 번째로 자본참가가 있다. 기업의 소유에 관한 참가로서 근로자들이 주식을 보유하는 형태로 이루어진다. 그러나 기존의 주식시장에서 자신이 소속된 회사의 주식을 취득하는 것은 자본참가로 보기 어렵고, 근로자가 취득하고 보유할 때 각종 혜택이나 편의를 제도적으로 보장받을 때 자본참가라 할 수 있다. 우리나라에서는 우리사주제도를 통하여 근로자가 기업주식을 우선하여 취득하게 하고 일정한도 이상을 보유하는 것을 지원하고 있다.

마지막으로 이익참가가 있다. 노사공동의 노력에 대한 결과로 얻은 이익에 대해 그 이익의 배분에 참가하는 제도이다. 이익참가는 보너스 등의 형태로 근로자에게 직접 지급되거나 주식이나 사내근로복지기금 등의 형태로 간접적으로 지급되는 형태로 구분할 수 있다. 이익참가제도의 대표적인 형태로 성과달성에

대하여 노사가 미리 정한 바에 따라 일정 금액을 지급하는 집단성과 배분제도로 스캔론 플랜, 럭커 플랜 등이 있다.

경영참가에 대해 경영자는 근로자들의 경영참가로 자신의 경영권의 침해가 될 수 있다는 불안감을 가질 수 있다. 이러한 우려를 불식시키기 위해서는 노사 당사자는 상대방을 인정하고 적극적인 협력의 자세를 가져야 한다. 또한 노동조합은 경영에 대한 참여 및 협조가 노동조합 고유의 정체성을 훼손하여 노동조합 기능을 약화시킬 수 있다는 불안감을 가질 수 있다. 실제로 노사협조만 강조하고 근로조건 향상, 근로자의 고용안정, 노동조합 본연의 역할과 기능을 상실하지 않도록 세심하게 접근해야 한다. 경영참가제도는 노사관계를 보다 안정시키고 기업의 경쟁력을 제고할 수 있는 방향으로 운용을 보다 슬기롭게 해야 한다.

제 1 절

경영참가제의 개념

1. 경영참가의 의의

경영참가(workers participation in management)는 광의의 경영참가와 협의의 경영참가로 구분할 수 있다. 먼저 광의의 경영참가는 근로자 또는 노동조합이 개별기업의 경영상 문제에 관해 어떤 형태로든 참가함을 의미한다. 따라서 이윤참가·종업원지주제도 또는 노동주제도 등을 통해 자본의 소유 측면에 참가하는 자본참가까지도 포함된다.

협의의 경영참가는 근로자 또는 노동조합이 경영방침·경영조직·생산계획·생산방법·안전위생 등 기업경영상의 제 문제에 대한 결정이나 실시에 관해 그 의견과 건의를 반영하는 것을 의미한다. 즉 산업사회의 발전과정에서 발생하는 노동의 인간성 소외문제를 해결하고, 기업의 생산성 향상을 도모하며, 산업민주화를 확립하기 위해서 근로자 또는 노동조합이 경영자와 공동으로 기업의 경영에 참가하여 경영관리기능을 수행함을 말한다. 즉 근로자 자신 또는 노동조합이 기업의 경영권에 참가하여 경영자와 함께 경영상의 권한과 책임을 분담하는 것이다.

근로자의 경영참가라는 용어는 그 의미가 다양하고 참가의 내용이나 그 범위도 각국의 정치, 경제, 사회시스템에 따라 상이하다. 그러나 일반적으로 사용되는 개념은 1967년 국제노동기구(ILO)가 '노동조합의 대표권 및 근로자의 경영 내의 의사결정에 참가하는 데 관한 전문회의'에서 그 개념을 명확하게 규정하고 있다.

'참가'라는 용어는 심리학적인 측면에서는 개입 및 영향력과 동일한 개념으로 사용되며,[1] 경영참가란 근로자 또는 노동조합이 기업의 제 계층적 수준에

1) E. Chell, *participation and Organization : A Social Psychological Approach*, The MacMillian Press, Ltd., 1985, p. 1.

서 경영상의 의사결정에 참가하여 영향력을 행사하는 과정을 말한다.[2] 즉 근로자의 경영참가란 종래 경영자의 권한이라고 생각되어 온 경영권에 대하여 종업원이나 근로자를 대표해서 그들의 이익을 지키고, 증진시킬 목적으로 노사 간에 공동으로 경영관리기능을 수행함을 뜻한다.[3] 구체적으로는 근로자 또는 노동조합이 임금이나 근로조건 등의 문제 이외에도 경영방침이나 경영조직, 투자·생산계획 및 방법, 기타 경영의 능률증진 등 기업경영상의 여러 가지 문제에 대하여 발언권을 갖는 것에서부터 종업원지주제도와 같이 주식의 소유를 통한 자본참가, 미국의 스캔론 플랜(Scanlon Plan)처럼 기업의 경영성과배분에 의한 기업이윤 측면에서 참가하는 이윤참가제도까지도 널리 포함된다.

결국, 경영참가 그 자체가 노사 간의 권한 공유와 협조적 관계의 증진이라는 두 가지 기본적인 이슈를 강조하고 있는바, 경영참가는 근로자를 어떤 방식으로든 기업경영에 참가시켜 기업의 권력을 어느 정도 공유함으로써 산업화 과정에서 야기된 노동의 비인간화 문제를 극복하고, 노사 간의 협력증진 및 생산성 향상, 나아가 산업평화를 구현하는 데 그 목적이 있다.

경영참가제도가 발전하게 된 배경은 자본과 노동의 대립관계를 완화하고, 한편으로는 경영민주주의 내지 산업민주주의의 등장으로 노사협조의 필요성이 증대된 데 있다고 할 수 있다. 따라서 미국·영국과 같은 나라에서는 노사관계의 기본을 단체교섭에 두고 있으면서도, 또 한편으로는 여러 가지 형태의 경영참가제도를 통하여 노사협력과 생산성증진을 도모하고 있다. 다만 여기서 경영참가가 사용자와 근로자 또는 노동조합 간의 자율적 결정에 의해 이루어진다는 것이다. 한편 독일·프랑스와 같은 나라에서는 입법적인 조치를 통하여 기업에게 경영참가제도의 채용을 강행하고 있다는 점에서 차이가 있다. 이와 같은 경영참가제도는 국가에 따라 자율적인 권장에 그치고 있는 나라와 입법적인 지시로 강요하고 있는 나라의 두 가지 유형이 있다. 우리나라는 1963년 노동조합법의 개정에서부터 노사협의제도의 도입을 규정하였고, 더욱이 1980년에는 노사협의회법이 제정된 바 있다. 또 한편으로는 1969년 자본시장육성법을 제정하여 종업원지

2) H. C. Jain, *Worker Participation*, New York, Preager Publisner, 1980, p. 4.

3) D. Q. Mills, *Labor Management Relations*, New York, McGraw-Hill Co., 1986, p. 370.

주제도를 도입하였고, 1974년에는 우리사주조합제도를 통하여 종업원지주제도를 더욱 적극적으로 유도·발전시키고 있다.

그러므로 경영참가의 특징은 다음 세 가지로 설명할 수 있다.[4)]

1 산업에 대한 자본가 지배 내지 경영자 지배를 대신하여 소위 근로자 지배를 확립하자는 의미는 아니다. 자본주의 시장경제하에서 역사적으로 근로자 지배는 성립하지 않으며 또한 성립된다고 해도 그것은 지속되지 않는다. 다만, 경영에 참여하여 의사결정을 하는 데 의미가 있다.

2 경영참가는 기본유형에 따라 자본참가(종업원지주제), 이익참가(이윤분배제), 관리참가 등이며, 소유참가와 구별하지 않으면 안 된다. 왜냐하면 소유참가는 생산수단의 소유기능에 대한 하나의 수단이며, 생산수단의 운영과는 하등의 변화가 없기 때문이다. 다만, 광의의 경영참가유형에는 이들을 포함시키는 것이 일반적이다.

3 단체교섭과 경영참가는 구별해야 한다. 단체교섭은 임금이나 근로조건의 결정에 노동조합의 대표가 참가하지만, 그것은 생산된 경제가치의 분배에 관한 공동결정이기 때문이다. 따라서 생산수단의 운영에 관한 의사결정인 경영참가와는 성격이 다르기 때문에 양자는 구별되어야 한다.

그러나 최근 근로자들의 의식제고와 인간성 소외현상이 심각하게 제기됨에 따라 노동의 인간화, 노동의 민주화를 도모하기 위하여 경영참가가 적극적으로 광범위하게 실시되고 있다.

2. 경영참가제의 목적

기업의 경영권은 소유경영자 내지 자본가의 수중에 있는 것이 현실이다. 그러나 주식회사제도의 발달과 더불어 소유와 경영의 분리현상, 노동조합의 발달로 인한 노동조합의 경영에 대한 도전현상 때문에 점차 경영권의 성격도 변화되

4) 김성수, 전게서, pp. 238~239.

고 있다. 즉 그 성격변화의 하나는 소유경영의 사적 성격이 강한 것에서 사회적 제약을 갖지 않을 수 없는 것으로 전환되었고, 또 다른 하나는 노동조합 내지 종업원의 경영권에 대한 참가이다. 뿐만 아니라 현대 근로자는 그들이 받는 임금만이 유리한 근로의 동기는 아니다. 즉 근로자는 임금만으로 만족하지 않는다는 것이다. 그러므로 그들로부터 조직에 대한 최대의 협력을 유발시키며 그들을 경영에 직·간접으로 참여하게 함으로써 그들의 경영참가에 대한 욕구를 가능한 한 충족시켜 주기 위한 노사협력제도가 경영참가제도이다.

이러한 경영참가제도를 실시하는 목적은 다음과 같이 설명될 수 있다.[5)]

(1) 산업민주주의의 실현

정치적 측면에서 볼 때 경영참가의 목적은 산업 내 민주주의를 실현하는 데 있다. 인간은 자기가 관계하는 문제에 대해 자기의 의사와 이해관계를 표명할 기회를 원한다. 이러한 욕구의 표현이 인간욕구라 할 수 있고, 이의 실현이 곧 '민주주의'라고 할 수 있다.

그러나 처음에는 전제군주주의의 절대권을 부정하는 정치적인 민주주의로 시작되어 의회제도로서 구체화되었던 것이 뒤에 노동조합 및 기타 근로자단체의 발달에 따라 산업에까지 미쳐서 근로조건의 결정에 대한 자본가 및 경영자의 절대권이 노사대등의 원칙에 입각하는 노동조합과의 단체교섭으로 발전한 것이다. 그 결과 근로자는 근로조건의 결정에만 그치지 않고 자신들에게 밀접한 관계를 가지는 작업방식이나 생산체계 등에 대해서도 발언권을 요구하게 되었다.

이에 따라 노사의 자주적 협정에 의하거나 또는 국가의 입법에 의하여 공장위원회나 경영협의회·노사협의회 또는 노사공동결정제도 등과 같은 노사협력기구가 발달되기에 이르렀다. 이러한 노사협력은 단지 근로자뿐만 아니라 노동조합도 기업 내 활동을 강화하고 경영관리에 대한 영향력을 요구하였으며, 또한 그것의 실현을 보게 되었다.

---

5) 이종법·류태모·윤대혁, 전게서, pp. 200~202.

(2) 경영의 효율화

근로자가 경영에 참여하게 되면 새로운 창의적 아이디어를 제시하여 경영 개선에 기여할 수 있고, 또한 참여의식의 제고를 통해 성취동기를 유발시킴으로써 생산성 향상 등의 경영효율화를 기할 수 있다. 따라서 경영참가를 통해 기업 경영과 관련된 여러 문제가 제시되어 노사 간에 진지하게 연구·검토될 뿐만 아니라 직장에 대한 애사심과 충성심 등이 증대되어 경영효율성을 높일 수 있다. 그 결과 경영참가는 근로자에게는 생산성 향상에 대한 의식의 고취, 사용자에게는 인간성 존중을 통한 동반자 의식, 그리고 국가에는 노사협력이 필수요건이라는 인식을 갖게 하는 계기가 되었다.

(3) 인간성 소외의 극복

산업화의 진전과 노동의 분화로 대기업이나 관료주의 조직체에서 발생하는 노동소외 현상이 발생하게 되는 경우는 다음과 같다.[6)]

1. 직무수행과정에서 자주적 결정권이 없고, 자신이 처한 환경과 상황에 따라 구속과 통제를 받을 때
2. 노동소외는 인간과 규범과의 격리에서 나타난다. 조직과 직무에 대하여 사회적으로 인정받을 수 있는 목표와 이에 따른 행동규범이 없는 경우나 그것을 수행할 능력이 없을 때 무규범의 노동소외가 나타난다.
3. 자신이 수행하는 직무가치가 미미하다고 생각될 때 자신의 위치나 역할의 의미를 상실하게 되어 무의미감을 느끼게 된다.
4. 고립은 인간과 집단 간의 격리감에서 오는 소외감으로서 자신이 집단으로부터 떨어져 나간다고 느낄 때 사회적 고립감을 느낀다.
5. 자기소외는 현재의 자기와 미래의 자기가 격리될 때 나타나는 소외현상으로 정체된 조직의 계층구조 속에서 답답한 자신의 장래를 예상할 때 조직구성원들은 자기소외감에 빠지게 된다.

---

6) M. Seeman, "On the Meaning of Alienation", *American Sociological Review*, Vol. 24, pp. 783~791.

이처럼 파생되는 노동소외를 극복하기 위해서는 근로자의 경영참가를 통한 적극적인 상호작용이 요망된다. 즉 근로자 또는 노동조합이 경영에 참여하여 그들의 의사를 반영시킴으로써 노동에 대한 소외를 극복하고 상실된 인간성을 회복할 수 있다. 근로자가 소외를 느끼지 않고 만족과 보람을 느끼기 위해서는 노동자체가 만족의 가치를 부여할 수 있는 내재적 가치를 지녀야 하는데 이를 위해서는 다음과 같은 노력이 선행되어야 한다.

1. 노동이 경영참가를 통한 조직공동체 형성의 기본매체가 되도록 해야 한다. 노동이 조직공동체 형성의 핵심 모체로서 기능을 할 때 그 노동은 내재적 가치를 가질 수 있고, 또한 근로자는 노동과 기업에 대한 소외를 느끼지 않는다.
2. 노동이 참가를 통한 근로자의 자아실현의 욕구를 충족시켜 주는 기본수단이 되도록 해야 한다. 노동 자체가 근로자의 자아실현과 자기발전의 수단이 될 때 그 노동은 내재적 가치를 지니게 되며, 내재적 가치를 지닌 노동은 근로자에게 목적달성의 욕구충족과 생활의 희망을 주게 되어 궁극적으로는 구성원에게 창조적 행동을 유발시킨다.

(4) 노동복지의 실현

근로자들의 다양한 형태로의 경영참가가 행해지고 노사협의가 이루어지면 생산성향상에 의한 근로자에 대한 배분은 단순히 임금인상뿐만 아니라 근로시간이나 근로일수의 단축, 복리후생시설의 확충, 정년연장 등과 같은 근로자 복지를 증진시키는 형태로 배분되기 쉽다. 이러한 의미에서 노사협의회의 근로복지 실현효과는 매우 크다고 할 수 있다.

(5) 노사 간의 협조

경영참가를 통해 사용자와 근로자 사이의 경직성을 해소하고 상호이해로써 노사협조의 기풍을 조성하며, 애사정신을 촉진시키는 데 있다. 특히 지식정보화 시대 노사 간의 협조는 기업경쟁력 제고의 기본이 된다.

제 2 절

경영참가제의 유형

근로자의 경영참가 방식은 정치·경제·사회문화적 환경에 따라 다양하게 나타난다. 따라서 경영참가제는 근로자가 경영에 간접적으로 참가하느냐 직접적으로 참가하느냐 하는 것과, 근로자가 수행하는 역할에 따라서 [그림 9-1]과 같이 분류된다.

[그림 9-1]에서 보는 바와 같이 경영참가제는 간접참가로서의 자본참가와 직접참가로서의 이익참가 및 경영참가로 구분할 수 있다. 한편 근로자의 경영참가는 광의와 협의로 구분된다. 여기서 광의의 경영참가는 자본참가·이익참가 및 협의의 경영참가를 모두 포함한다. 한편 협의의 경영참가는 노사협의제와 노사공동결정제만을 포함하며, 일상적으로 경영참가라고 하면 협의의 경영참가를 의미한다.

경영참가의 분류에 대한 여러 학자의 견해를 살펴보면 다음과 같다.

1 스트라우스(G. Strauss)는 근로자의 경영참가를 조직수준(개인, 소집단, 부서, 공장, 기업, 산업, 국가수준), 통제의 정도(공동협의, 공동결정, 자주관

그림 9-1 경영참가제의 유형

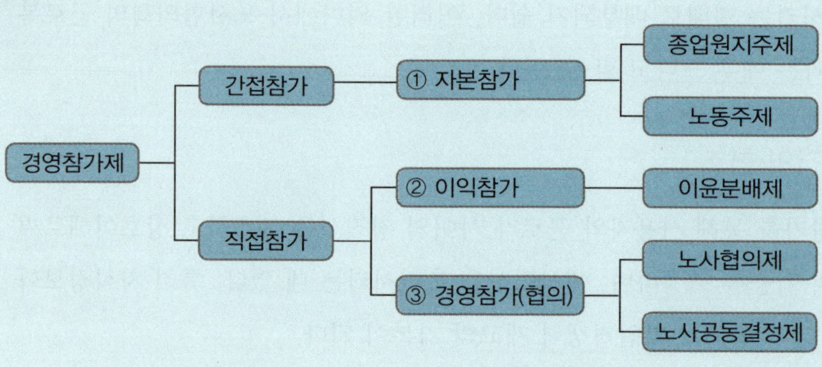

리), 이슈(임금, 인사문제, 복지문제, 생산방법 및 직무내용, 주요투자결정 등) 그리고 소유권의 정도(근로자 비소유·일부소유, 근로자 완전소유)를 기준으로 경영참가를 다양한 형태로 분류하고 있다.[7)]

2 제인(H. C. Jain)은 조직의 의사결정수준과 근로자가 이에 개입하는 방식을 기준으로 경영참가의 형태를 구분하고 있다.[8)]

3 ILO(국제노동기구)의 노사관계 부장인 슈레글(J. Schregle)[9)]과 워커(K. F. Walker)[10)] 교수는 근로자의 경영참가 방식을 단체교섭, 노사협의회, 근로자 중역제, 작업현장참가의 4가지 유형으로 구분하고 있다.

1. 자본참가

자본참가란 근로자들이 자기회사의 주식을 소유함으로써 자본의 출자자로서 기업에 참가하는 동시에 경영에 대하여 발언권을 행사하는 것을 말한다. 근로자의 자본참가는 근로자로 하여금 기업을 자본가 또는 사용자의 전유물로 보지 않고 노사공유의 실체로서 보는 것이며, 기업에 대한 애사심을 고취시키고 경영공동체를 형성시키는 데 중요한 역할을 하게 된다. 이는 근로자로 하여금 기업을 오로지 자본가의 독점물이 아닌 노사의 공존공영을 기하는 하나의 실체로서 인식하도록 하며, 노사 간의 계급투쟁이 아닌 운명공동체이며 이익공동체적인 조직풍토를 형성시켜 준다.[11)]

자본참가의 주된 형태로는 종업원지주제(employee stock ownership system)와 노동주제(actions de travail)가 있다. 종업원지주제에 대해서는 제3절에서 자

7) G. Strauss, Workers Participation in *Management : an International Perspective Research in Organizational Behavior*, Vol. 4, 1982, pp. 183~186.

8) H. C. Jain, *Worker's Participation*, New York : Preager Publisher, 1980, pp. 183~186.

9) J. Schregle, "Workers Participation on Decisions within Undertaking" *International Labor Review*, Vol. 113, No. 1, Jan.~Feb. 1776, pp. 6~13.

10) K. F. Walker, "Toward the participatory Enterprise : A European Trend", *Annuals of AAPSS*, Vol. 431, May 1977, pp. 1~3.

11) 박운성, 현대노사관계론, 형설출판사, 1989, p. 314.

세히 살펴보기로 한다.

노동주제는 특수한 주식회사에서 일정한 조건하에 근로자가 노동을 제공하는 것을 일종의 노무출자로 보고 그들에게 주식을 부여하는 제도이다. 일찍이 프랑스(1917)와 뉴질랜드(1924) 등에서 채택되었던 예가 있다. 이를 통해 근로자의 협력적 지위를 높이고 노동임금의 관념을 노동보수의 사상으로 바꾼다는 뜻이 있다. 이는 하나 이상으로서 뜻이 있지만 실제로는 특별한 효과가 없어 오늘날에는 거의 실시되지 않고 있다.[12)]

2. 이익참가

경영의 능률증진에 대해 노동조합이 적극적으로 참가하고 협력한 대가로서 기업이 원료비, 임금, 이자, 감가상각비 등을 계산한 후, 그 이윤의 일부를 임금 이외의 형태로 근로자에게 배분하는 제도가 이윤분배제도이다.

이 제도는 1891년 영국에서 처음으로 실시되어 유럽에서도 변동성 임금의 형태로 급속히 확대되어 왔으며, 다음과 같은 목적에서 시행되고 있다.[13)]

1. 종업원들에게 파트너십과 기업운영에 함께 동참하는 의식을 고취시킨다.
2. 낮은 이직률과 함께 높은 성과의 수준을 자극해서 기업의 이윤을 더욱 증대시키기 위하여 추가적인 노력과 상상력을 촉진시킨다.
3. 종업원들의 경제적인 안정을 증대시키는 데 그 목적이 있다.

전통적인 이윤분배제에는 다음과 같은 세 가지 유형이 있다.

1 현금분배제

이는 이윤의 일정액을 1년 또는 그 이내에 현금으로 종업원에게 분배하는 제도이다.

12) 최종태, 전게서, p. 314.
13) 이종법·류태모·윤대혁, 전게서, p. 205.

2 거치분배제

이는 이윤의 일정액을 일단 종업원의 계정에 가산해 두었다가 퇴직, 사망 혹은 해고 시에 현금으로 지급하는 제도이다.

3 복합제

이는 현금 분배제와 거치분배제를 복합한 것으로 이윤의 일부는 즉시 현금으로 종업원에게 지급하고 나머지는 퇴직, 사망, 해고 시에 지급하는 제도이다.

이 제도의 대표적인 것으로는 미국의 스캔론 플랜(Scanlon Plan)과 럭커 플랜(Rucker Plan)이 있다.[14)] 이 제도는 이윤의 확인, 분배율의 결정 등에 어려움이 있고 그 이외에도 임금을 저수준에 묶어둔 채 노동 강화에 의해 개인수입을 높이도록 악용되어질 가능성이 있다는 비판도 받고 있다.[15)] 스캔론 플랜에 대해서는 제4절에서 구체적으로 살펴보고자 한다.

오늘날 이익참가제는 근로자의 성취동기유발, 경영공동체 형성의 조장, 탄력적 임금정책의 실현, 노동시장에서의 경쟁우위성 확보, 근로자의 재산형성과 기업자금 확보, 종업원에 대한 공정한 보상의 실현 등에서 중요성이 크다.

3. 협의의 경영참가

협의의 경영참가에는 근로자 또는 노동조합이 경영결정권을 갖고 있느냐 여부에 따라 노사공동결정제와 노사협의제로 구분한다.

노사공동결정제는 경영에 대한 의사결정권이 노사공동으로 행해진다는 것이 특색이다. 이와 같은 공동경영모델은 근로자 및 조합의 대표자가 경영에 참가하여 의견교환 및 문제 제기뿐만 아니라 경영에 공동결정을 하는 행위까지도

14) H. G. Heneman Ⅲ, D. S. Schwab, J. A. Fossum & L. D. Dyet, *Personnel Human Resource Management*, Rev. ed., Richard D. Irwin, Inc., 1983, p. 413.

15) E. B. Plippo, *Personnel Management*, 5th ed., McGraw-Hill, 1980, pp. 319～320.

행한다. 이것의 대표적인 모델로서는 독일의 공동의사결정제를 들 수 있다.

노사협의제란 근로자와 경영자가 대등한 입장에서 노사쌍방이 이해관계를 공통으로 하고 있는 생산·경영 등의 문제에 대하여 대화하고 상호이해를 통하여 경영에 협력하는 것을 말한다. 노사협의제는 주로 산업합리화와 노사협조를 목적으로 한다. 이것은 오늘날 경영참가의 방식으로 가장 기본적이고 효과적인 것으로 인정되어 ILO는 1952년 제35회 총회에서 기업별의 노사협의제를 각국에 권고한 바 있다. 오늘날 노사협의제는 영국·미국·일본 등 세계 여러 나라에서 실시되고 있다.[16] 협의의 경영참가는 이 제도의 운용을 가리키는 것으로까지 해석하고 있는 실정이다. 이 제도를 실시하고 있는 경우에는 보통 협동생산위원회, 종업원대표제 또는 합동자문회의 등이 설치되며, 우리나라와 일본에서는 노사협의회라는 명칭이 일반적이다. 어떤 명칭을 사용하든 이 제도의 특색은 근로자 내지 노동조합의 대표가 경영에 참가하여 정보제공, 의사교환, 적극적인 문제의 제기 등 경영에 영향을 주는 행위는 하지만 최종결정은 어디까지나 경영자들이 행한다는 것이다.

경영참가에 관련된 모형으로서는 독일의 공동의사결정, 영국의 조인트 컨설테이션, 프랑스의 기업위원회 등을 들 수 있으나, 독일의 공동의사결정 모형이 가장 대표적이다. 경영참가의 관련 모형은 〈표 9-1〉과 같다.

위에서 살펴본 자본참가·이익참가·협의의 경영참가 등은 일반적으로 경

표 9-1 경영참가의 관련 모형

구분 / 참가구분	관련 모형	대표적인 모형
자본참가	• 종업원지주제 • 노동주제도(프랑스)	• 종업원지주제
이익참가	• 스캔론 플랜(미국) • 럭커 플랜(미국)	• 스캔론 플랜
경영참가	• 조인트 컨설테이션(영국) • 기업위원회제도(프랑스) • 공동의사결정	• 공동의사결정모형

16) 入江虎南, 勞使關係管理, 日本生産性本部, 東京, 昭和41年, p. 197.

영참가 유형 중 수평적 분류에 속하고, 근로자의 경영참가제를 수직적으로 분류하면 공동협의 모형, 공동경영 모형, 자치경영 모형 등이 있다.[17)]

1 공동협의 모형

공동협의 모형은 영·미식 단체교섭유형에서 취하는 방식으로서 이는 근로자가 경영에 참여하여 정보제공·의사교환·적극적인 문제제기 등 '경영에 영향을 주는 행위'는 하지만, 최종결정은 어디까지나 경영자가 한다. 대표적인 모형으로서는 영국의 조인트 컨설테이션제도와 미국의 스캔론 플랜 및 럭커 플랜 등이 있다.

2 공동경영 모형

공동경영 모형은 독일식 공동의사결정유형에 의한 방법으로서 근로자가 경영에 참여하여 의사교환 및 문제의 제기뿐만 아니라, 경영에 '공동결정을 하는 행위'까지 행한다. 대표적인 모형으로서는 독일의 공동의사결정제도를 들 수 있다.

3 자치경영 모형

자치경영 모형은 유고식 자치관리유형 및 이스라엘의 기브츠·모샤브 유형의 방식으로 이는 근로자가 자치적으로 '경영을 담당하는 행위'로 규정하고 있다. 대표적인 모형으로서는 유고의 근로자자치관리제도를 들 수 있다.

위에서 언급한 수직적 분류는 근로자의 경영참가 정도에 따라 그 단계를 설정한다면, 1단계가 공동협의 모형, 2단계가 공동경영 모형, 3단계가 자치경영 모형이다. 그러나 3단계가 가장 좋다고 말할 수는 없다. 그 이유는 각 모형마다 장·단점이 있고, 그 국가와 산업의 노사관계 형성의 기본시스템에 따라 차이가 있기 때문이다.

17) 박경문·최승욱, 전게서, pp. 219~220.

제 3 절

종업원지주제

1. 종업원지주제의 의의

종업원의 경영에 대한 간접적 참여의 일환으로서의 종업원지주제(employee stock ownership plan)는 원래 노사관리상의 대책으로서 또는 안정적인 주주의 확보라는 기업방어적인 관점에서 강조되었던 것이다. 그러나 최근에는 근로자의 재산형성촉진의 일환으로 장려되고 있다. 그 결과 오늘날 이 제도는 근로자의 참여에 의한 협조적 노사관계의 형성과 경제성장에 따른 부의 격차현상의 해소책으로 이용되고 있다.

종업원지주제는 회사가 종업원에게 특별한 조건, 예컨대 저가격, 배당우선, 공로주, 의결 및 양도권의 제한, 성과배분제도 등에 의한 주식의 분배 등으로 자사의 주식을 분양하고 그것을 보유시키는 제도를 말하는데, 일반적으로는 회사의 경영방침으로서 특별한 편의를 제공하여 종업원이 자사 주식을 취득·보유하도록 추진하는 제도이다. 따라서 이 제도는 투자자가 자사의 종업원이고, 투자대상이 자사주식이며, 회사가 이를 위하여 어떤 제도적인 지원책을 마련하여 제공한다고 하는 세 가지 점에서 그 특징이 있다. 그러므로 종업원지주제는 다음과 같은 몇 가지 요건을 구비하여야 한다.

1 회사의 경영방침으로 종업원에게 자사 주식을 보유토록 추진하는 것이다. 종업원이 독자적으로 자기의사에 의하여 자사 주식을 구입한 경우에는 그 종업원이 주식을 소지하고 있을지라도 이를 종업원지주제로 볼 수는 없다.[18] 따라서 정기적이며, 계속적으로 주식을 취득하도록 제도를 강구하여야 한다.

18) 山上一夫, 從業員持株制度, 東京, 日本經營出版會, 2000, pp. 1~5.

그림 9-2 자사주식취득에 따른 회사 편의의 종류

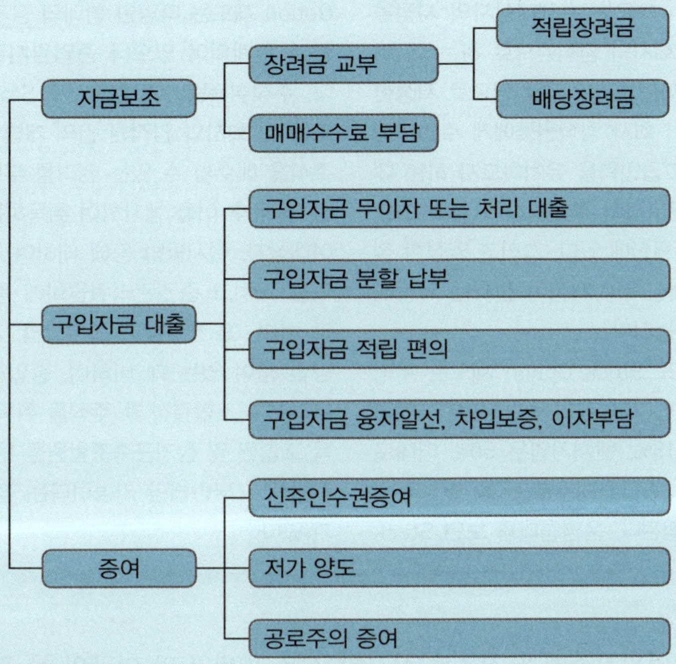

출처 최종태, 현대노사관계론, 경문사, 2000, p. 318.

2 회사가 특별한 편의를 제공할 때 하나의 제도로 될 수 있다. 자사 주식을 취득함에 있어서 회사가 자금을 보조하거나 구입자금을 대부하거나 증여를 해야만 종업원지주제가 성립한다.

3 자사 주식의 취득 및 장기보유를 목적으로 하는 것이어야 한다. 함부로 이것을 타인에게 양도하지 않는 것을 목적으로 하는 것이어야 한다. 이는 종업원의 재산형성정책과 동시에 주주안정정책으로서의 기능을 갖게 하는 것이다.

4 자사주식의 취득·보유가 일시적인 것에 그치지 않고 자사 주식투자회사와 같은 항구적인 것이어야 한다.

사례*

Stock Option과 종업원지주제와의 차이

Stock Option 제도는 수혜대상자의 지정을 원칙적으로 회사의 임직원으로 하는 데 비하여 종업원지주제는 회사의 종업원으로 지정한다. 이것은 전자가 회사 임직원들에게 주인의식을 고취하고 또 고급인력을 유치하고자 하는 데 비하여 후자는 근로자의 주인의식 고취와 그들의 재산형성을 지원함에 있다. 그리고 일정한 절차에 의한 수혜대상자의 지정이 전자는 가능하지만 후자는 불가능하다.

주식부여 규모도 Stock Option 제도는 우리나라는 주권상장법인과 협회등록법인은 1인당 총 발행 주식의 15%, 벤처기업은 50% 이내로 다양함에 비하여 종업원지주제는 총 발행주식의 20% 내로 한정된다. 운영형태를 보면 Stock Option 제도는 다양한 형태의 장기 보상 프로그램과 연계되어 있으나 종업원지주제는 단순하다. 주식취득방법에 있어서도 Stock Option 제도는 ① 회사와 임직원 간의 개별약정에 의하여 주식을 매수할 수 있는 권리를 부여받아 일정기간 경과 후 이를 행사하여 취득하는 방법, ② 부여대상자, 실시방법 등에 대하여 주주총회의 결의를 거치고 증권관리위원회에 등록·공시하여야 하며, ③ 신주발행 교부방법, 자기주식 교부방법 등이 있는 데 비하여, 종업원지주제는 ① 우리사주 조합결성 후 주식을 취득하고, ② 저소득 조합원 및 장기근속조합원을 우대하고, ③ 신주발행 교부방법만 가능하다는 점 등에서 차이가 있다.

종업원지주제가 최초로 실시된 것은 18세기 말 영국의 한 광산회사에서 종업원이익참가제를 도입한 것에서 비롯되었다. 그러나 그 후 영국에서는 별다른 진전이 없으나, 독일에서는 이것이 근로자의 재산형성을 촉진시키는 목적으로 이용되고, 또한 미국에서는 경영민주화사상이 고양됨에 따라 크게 발전을 보게 되었다. 1930년대에 불경기로 인해 이 제도가 미국에서도 크게 위축되었던 적이 있었으나, 제2차 대전 이후부터는 연금제도나 저축계획과 결부시키거나 투자대상에 확정이자 보장증권을 결부시켜 할부계획으로 주식을 구입하는 등 주가하락에 의한 위험방지책이 고려된 결과 다시 발전하게 되었으며, 세계 여러 나라에서 이 제도를 도입·실시하고 있다.[19]

19) D. Q. Mill, *op. cit.*, p. 429.

2. 종업원지주제의 중요성 및 문제점

종업원지주제는 자사주의 취득 면에서도 경영권의 안정에서부터 노사관계 및 재무관리의 측면에서도 중요한 의의를 갖고 있다. 특히 주식의 분산 및 자본시장의 발달은 경영권의 위협에 대한 우려가 가중되는 측면에서 그 중요성이 더해가고 있다. 종업원지주제는 중요성도 갖고 있지만, 문제점이 있다는 점을 간과해서는 안 된다.

(1) 종업원지주제의 중요성

종업원지주제의 중요성에는 노사관계, 재무관리 측면에서 중요한데 이에 대해 살펴보면 다음과 같다.[20)]

1 노사관계 측면에서의 중요성

㉠ 노사협조와 주인의식　모든 종업원에게 주주의 지위를 부여함으로써 종업원이 경영과 분배에 참여를 가능하게 하여 노사협조를 촉진시킬 수 있으며, 종업원이 자기회사라는 주인의식을 고취시킬 수 있다.

㉡ 종업원의 애사정신의 함양　회사의 경영이 자기의 이익과 직결됨으로써 근로의욕을 증진시키고 생산성 향상과 애사정신을 함양시킬 수 있다.

㉢ 재산형성　종업원의 자사주 구입을 위한 저축을 증대시키고, 자사주의 보유는 종업원의 재산형성을 촉진시킨다.

㉣ 노동력의 정착화　자사주 보유의 기회를 제공함으로써 새로운 노동력을 쉽게 확보할 수 있다.

㉤ 노동력의 획득　자사주 보유의 기회를 제공함으로써 새로운 노동력을 쉽게 확보할 수 있다.

2 재무관리 측면에서의 중요성

㉠ 자본조달의 수단　자기자본의 확충을 통해 타인자본의존도를 완화시킴

20) 이준범, 전게서, pp. 508~509.

으로써 기업의 자립적인 재무구조를 확립하게 된다.

㉡ 안정성의 도모 기업은 자사 내의 주주를 확보함으로써 주식의 이동에 따른 주주의 불안정을 방지하고 기업의 안정을 도모할 수 있다.

㉢ 주가의 안정 종업원의 자사주의 확보는 투기적인 주식매매에서 오는 주가의 불안정을 막게 된다. 한편 주가안정이라는 것이 뒷받침해주어야 종업원지주제도는 성공할 수 있다.

㉣ 기업지배의 방지 외부자본에 의한 자사의 지배를 방지함으로써 경영자의 지위안정에 도움이 될 수 있다.

이상에서 살펴본 바와 같이 종업원지주제가 갖는 중요성은 많지만, 한편으로는 이 제도는 다음과 같은 문제점을 지니고 있다.

(2) 종업원지주제의 문제점

회사 측에서 본 문제점에 대해 살펴보면 다음과 같다.

1 이 제도가 반드시 노사협조를 보장해준다고는 말할 수 없으며, 그 목적의 다양성으로 인하여 그 효과가 약해질 수 있다.

2 주식소유 종업원과 비소유 종업원 간에 갈등이 생길 수 있고, 그로 인해 오히려 생산성 향상을 저해할 수도 있다.

3 종업원의 발언권이 커짐에 따라 경영자의 지위안정에 역효과를 가져올 수도 있다.

종업원측에서 본 문제점에 대해 살펴보면 다음과 같다.

1 종업원이 임금과 저축의 양면으로 회사에 의존하는 결과가 되어 노동조합의 회유책 내지 분열책으로 이용될 수 있다.

2 주가 하락 시 재산형성에 역효과를 가져오며, 고용관계가 그로 인해 불안정해질 우려가 있다.

3. 종업원지주제의 형태

종업원지주제의 유형은 분류기준에 따라 몇 가지 형태로 분류할 수 있으나, 각 나라마다, 회사마다 각기 환경과 사정에 따라 약간씩 다른 형태로 실시되고 있다. 종업원의 주식매입 및 참가형태, 주식구입자금의 조달원천 그리고 관리운영주체라는 세 가지 관점에서 그 기본적인 운영형태를 살펴보기로 한다.[21]

(1) 주식매입 및 참가형태에 따른 분류

종업원지주제의 운영형태에 관해서는 종업원의 주식구입 및 참가형태에 따라 단체취득형인 개별취득형인 개별참가방식과 공동참가방식으로 구분된다.

1 개별참가방식

이는 종업원이 각자 개별적으로 독립해서 주식을 구입하는 형태로서, 회사는 이것에 보조금을 내든가, 융자를 하든가, 싼 가격으로 구입할 수 있도록 하는 등의 편의를 제공한다.

2 공동참가방식

이는 종업원들이 자사주 투자회를 결성하여 그 회원이 되고, 회원의 공동출자로 자사주를 구입하는 형태로 회사는 각종의 편의를 제공하여 협

표 9-2 개별참가방식과 공동참가방식의 비교

	개별참가방식	공동참가방식
장점	• 원칙적으로 양도에 관한 간섭을 하지 않으므로 환금이 용이하다.	• 종업원의 연대의식이 높아진다. • 양도제한이 용이하다. • 사무처리가 간편하고 획일적이다.
단점	• 양도제한이 어렵다. • 공동참가방식의 경우만큼 종업원의 연대의식이 높아지지 않는다. • 사무처리가 복잡하다.	• 종업원의 이동이 많을 때에는 계산이 어렵다. • 세금문제 등이 한층 복잡해진다.

21) 한국증권금융(주), 종업원지주제도 –실무안내–, 1988, 12, pp. 12~19.

력한다. 이때 주식은 그 투자회의 재산이 되며 회원 각자는 그 재산에 대한 지분을 갖게 된다.

이 두 방식의 장단점을 비교하여 보면 〈표 9-2〉와 같다.

(2) 자금조달원천에 따른 분류

종업원의 자사주구입자금이 어떠한 원천에서 조달되는가 하는 측면에서 이를 분류해 보면 다음과 같이 구분할 수 있다.

종업원의 자기자금에 의한 것으로는 주식 구입형, 저축 장려형, 이익 분배형이 있다.

1 주식 구입형

주식 구입형은 종업원이 자기자금으로 자사 주식을 구입하고, 회사 측에서는 여러 가지 편의를 제공함으로써 종업원의 자사주취득을 용이하게 하는 데 특색이 있다. 회사 측이 제공하는 편의에는 다음과 같은 것이 있다.

㉠ 시가보다 낮은 가격으로 자사주 제공

㉡ 구입자금의 일부를 대부하여 줌

㉢ 주식취득에 따르는 매매수수료 등의 비용을 부담해주는 것 등

종업원에게 제공되는 주식은 증자신주를 배정하는 경우, 금고주를 이용하는 경우, 공개시장에서 매입하는 경우 등이 있다.

주식 구입형이 일반적으로 많이 이용되고 있는데, 이 형의 장·단점을 비교하면 〈표 9-3〉과 같다.

표 9-3 주식 구입형의 장·단점

장점	단점
• 내용이 간단해서 실시가 용이하다. • 운영비용이 적게 든다. • 단기간의 참가가 가능하다. • 종업원의 희망에 따라 자금을 추가해서 주식을 더 많이 살 수 있다.	• 종업원의 자금력이 한정되어 있기 때문에 실제상 많은 효과를 기대하기 어렵다. • 기업의 수익성이 안정되어 있지 않는 한 종업원은 투자를 주저한다.

2 저축 장려형

저축 장려형은 종업원으로 하여금 그들의 급료에서 일정액을 제공하거나 또는 기타의 방법으로 계속 저축을 행하게 하여 이것을 국채나 자사주에 일정비율로 투자하도록 하는 것이다.

이 형의 중요한 특색은 종업원의 저축에 비례하여 장려금이나 무상주를 분배해 주는 데 있다. 이 경우 종업원이 저축을 계속해야 하는 기간은 대개 5년 정도이며, 만약 이 기간이 경과하기 전에 탈퇴하면 회사로부터 받은 장려금이나 무상주는 반환하여야 한다. 이 제도는 임의주식구입제도에 비해 종업원 재산형성에의 기여도가 크기 때문에 기업 측에서는 비용이 많이 드는 단점이 있지만 종업원으로서는 매우 선호하는 제도이다.

이 형의 장·단점은 〈표 9-4〉와 같다.

표 9-4 저축 장려형의 장·단점

장점	단점
• 회사와 종업원의 공동투자형태로 된다. • 참가기간이 장기간이다. • 저축액과 투자방법을 종업원이 자유로 선택할 수 있다. • 회사가 종업원의 장기적 복리증진에 깊은 관심을 갖고 있다는 표시가 된다. • 종업원의 애사심을 함양한다.	• 회사 측에서는 장려금 또는 무상주 지급 등 높은 비용이 발생된다.

3 이익 분배형

이는 이익 참가형이라고도 하는데, 회사에서 이익의 일부를 종업원에게 분배하고 이를 회사 내에 종업원 명의로 적립하였다가 자사주 또는 기타 유가증권에 투자하도록 하는 방법이다. 이 형은 참가기간이 가장 길어서 대개 10년을 만기로 하며, 이 기한 이전에 탈퇴하게 되면 종업원은 분배된 자기 몫을 상실하게 된다. 소위 공로주도 이 범주에 속하는 것이라고 할 수 있다.

표 9-5 이익 분배형의 장·단점

장점	단점
• 종업원의 자기부담을 요하지 않는다. • 종업원의 애사심을 함양한다. • 장기간 적립하게 되면 퇴직금의 대체효과가 나타난다.	• 기업의 이익을 분배하는 것이기 때문에 수익성의 안정성이 요구된다. • 종업원에 대하여 과세문제가 생긴다.

이 제도는 임의주식구입제도나 저축 장려제도와는 달리 자기자금을 필요로 하지 않는다는 것이 특징으로 진정한 노사협조에 큰 기대를 걸 수 없다.

이 형의 장·단점은 〈표 9-5〉와 같다.

(3) 관리운영주체에 따른 분류

종업원지주제는 그것을 관리·운영하는 기관에 따라서 회사 관리형, 종업원단체형 및 외부기관 관리형으로 분류할 수 있다.

1 회사 관리형

이 형은 종업원들의 소유주식을 회사가 직접 보관 관리하는 제도이다. 이 제도는 개별종업원들이 자기가 구입한 주식을 본인이 관리하는 것이 아니라 회사에 위탁관리(구입자금의 관리, 주권 및 구좌관리, 의결권 행사 등)시키기 때문에 회사의 정책에 말려들 위험이 크다는 단점이 있지만 반면, 절차가 단순하고 비용이 절약된다는 장점도 있다.

2 종업원단체형

이 형은 종업원이 직접 만든 단체가 자사주 구입자금과 주권의 관리, 기타 관련된 일체의 사무를 담당하는 것을 말한다. 예컨대 우리사주조합과 같이 종업원들이 직접 조직을 만들어 관리하는 것이다. 이 제도는 회사로부터 완전히 독립적으로 관리할 수 있다는 장점이 있는 반면, 비용이 많이 들고 절차가 복잡하다는 단점도 있다.

3 외부기관 관리형

이 형은 일정한 금융기관, 즉 외부기관(은행, 신탁회사, 증권회사 등)을 정하여 주식의 관리업무를 포괄적으로 위임하는 제도이다. 이는 자사 주식을 취득시키느냐, 관련기업체의 주식을 취득시키느냐에 따라 직접적 참가제도와 간접적 참가제도로 구분할 수 있다. 이 제도는 금융기관에 위임 관리함으로써 안정성이 유지될 수 있다는 장점이 있지만 반면 비용이 많이 소요된다는 단점이 있다.

이상과 같은 여러 형태는 실제에 있어서 상호 혼합되어 사용되고 있다. 예컨대 우리나라 기업에서는 저축 장려형·회사 관리형·개별 참가형·직접 참가형을 채택하고 있다.

위 세 가지 형의 장·단점은 〈표 9-6〉과 같다.

표 9-6 회사 관리형·종업원단체 및 외부기관 관리형의 비교

구분	회사 관리형	종업원단체 및 외부기관 관리형
장점	• 종업원의 주식취득에 관하여 그 시기, 주식 수 및 구입 가격결정에 있어서 회사가 이니시어티브'를 잡을 수 있다. • 주식의 보관까지 행할 때에는 실질적으로 양도를 제한하는 것이 가능하다.	• 지주회 등의 방침에 의해서 주가가 낮을 때 구입하는 등 취득의 시기 기타 사항에 관해서 유리한 재량을 할 수 있다. • 자금 및 주식이 기업 활동에 이용될 위험이 없기 때문에 종업원의 권리보전을 할 수 있다.
단점	• 자사주구입자금과 주식이 회사 자산의 일부가 되어 회사의 경영활동에 이용될 위험이 있다. • 자사주의 취득 및 보관관리가 회사 측에 치중되어 종업원의 권리보전이 어렵게 될 우려가 있다.	• 회사가 관리·운영을 할 경우에는 그 비용이 회사의 부담이 되지만, 종업원단체 또는 외부기관에서 관리할 때에는 이러한 비용을 스스로 부담하지 않으면 안 된다.

4. 우리나라의 종업원지주제

우리나라에 종업원지주제가 처음으로 소개된 것은 1950년대 후반으로 이 제도가 본격적으로 기업에 도입된 것은 기업공개의 확대실시와 더불어 1970년대 중반부터가 된다.

정부는 초기단계인 1968년 11월 22일에 자본시장을 육성하고 국내저축을 증대함은 물론 자본과 경영의 분리에 의한 기업의 건전한 발전을 위하여 '자본시장 육성에 관한 법률'을 제정하였고, 동법률에 상장법인의 종업원에 대한 신주의 우선배정에 관한 조항이 설치됨에 따라 종업원지주제는 처음으로 법률상 근거를 마련하게 되었다. 그 후 1972년 12월 동법이 개정되고, 함께 제정된 '기업공개촉진법'에서도 동제도를 보다 보완, 발전시키려는 제도적 조치가 있었지만 법률의 규정 외에는 구체적인 실시방법이나 기업의 자발적인 도입·실시를 유도할 수 있는 여건 등이 충분히 달성되지 못했기 때문에 제도의 보급은 여전히 부진하였다.

우리나라에서 종업원지주제가 본격적으로 보급되기 시작한 것은 1974년에 들어서면서부터이다. 1974년 5월 29일의 '기업 공개와 건전한 기업풍토 조성을 위한 대통령특별지시'에 따른 자본시장 수용태세의 보완시책으로 동년 7월 13일에 '종업원지주제 확대실시 방안'이 발표되었는데, 이 방안에서 종업원지주제의 추진방법과 이에 대한 지원책 등이 구체화됨에 따라 '우리사주조합'이 본격적으로 조성되기 시작하였다.

1987년에는 정치·경제·사회적 여건의 변화와 함께 근로자의 욕구도 질적으로 변화되고 다양화해짐에 따라서 근로자의 주인의식을 제고하고 기업이익에의 참여를 가능하게 하며 재산형성을 촉진하기 위하여 근로자의 자사주 소유를 확대하고자 1987년 9월 1일 '종업원지주제의 확충방안'이 마련되었다. 이에 따라 우리사주조합원에 대한 주식의 우선배정비율 및 금융·세제상의 지원이 확대되었다.

그러나 종업원소유주식의 대외유출 등 종업원지주제도가 본래 의도한 효과를 달성할 수 없게 됨에 따라 1988년 6월 22일에는 주식의 장기보유 유도, 우리사주조합의 건전한 운영 등을 내용으로 하는 '종업원지주제의 개선방안'이 마련되었다.

우리나라의 종업원지주제는 회사의 종업원만으로 구성되는 우리사주조합을 통한 자사주 구입에 대해서만 여러 가지 혜택을 제공하므로 주식구입은 집단적 참가방식을 택하고 있다. 또한 주식취득재원의 측면에서 보면 직접구입방식에 저축촉진방식을 절충하는 형태를 택하고 있다. 종업원이 자사주식의 구입자금을 부담하고 회사에서는 자사주 구입에 편의를 제공하는 데 그치는 측면에서 직접구입방식의 성격을 갖고 있으며, 우리사주조합을 통하여 급여의 일정액을 공제하고 저축하여 이 자금으로 자사주를 구입하는 방식을 씀으로써 저축촉진방식의 성격을 가미하고 있다.

관리측면에서는 종업원조직 관리방식과 외부기관 관리방식을 절충한 형태를 취하고 있다. 우리사주조합에서 조합원의 주식을 관리하며 종업원이 취득한 자사주는 한국증권금융에 예탁하도록 되어 있다.

우리나라의 종업원지주제는 1974년 '종업원지주제도 확대실시방안'의 발표를 계기로 우리사주조합을 통해서 꾸준한 증가추세를 보여 왔다. 1974년 이후 우리사주조합의 결성추이를 살펴보면, 1974년 말에 8개 조합에 불과하던 것이 1978년 말에는 380개 조합으로 급격한 증가를 보였다. 1979년 이후에는 기업공개의 부진 등으로 침체를 보이다가 1986년 이후 기업공개가 활기를 띰에 따라 다시 크게 증가하였다. 또한 기업공개 시에 공모주의 10%를 종업원 지분으로 하여 자사종업원에게 분배하고 있다. 2006년 12월 말에는 2,514개 조합으로 크게 증가하였다.

자사주구입자금을 조달하는 방법에는 다음과 같은 방법이 있다.

1. 매월 급여에서 일정액 또는 일정률을 공제하여 한국증권금융(주)이나 은행 등에 적립하는 방법
2. 한국증권금융(주)이나 국민은행으로부터 신주의 청약자금을 일괄 차입한 후 분할 상환하는 방법
3. 신주청약을 위하여 회사로부터 대여를 받고 후에 상환하는 방법

우리나라의 종업원지주제는 사회·경제적 여건의 성숙과 노동자들의 자발적 필요에 의해 생성된 것이 아니라, 정부가 주로 기업공개와 자본시장의 육성을 도모하고자 주도적으로 강제하였기 때문에 많은 문제점이 제기되고 있다. 그 문제점들은 다음과 같다.[22]

22) 박경문·최승욱, 전게서, pp. 231～232.

1 대부분의 종업원들이 종업원지주제에 대한 이해가 부족하고, 사업주도 기업의 공개기피 및 관심도가 저조하다는 점을 들 수 있다. 제도의 성공 여부는 운영하는 사람에게 달려 있음으로 종업원지주제도에 대한 올바른 이해가 가장 중요하고 시급하다.

2 종업원들의 출자능력이 부족하다. 대부분의 종업원들이 장래의 생활안정을 위한 재산형성 수단으로서의 금전적인 여유가 부족한 점이 문제이다.

3 주가 및 증권시장이 불안정하다. 따라서 주가하락 및 기업도산시의 위험방지장치 대책이 미흡하다.

4 자사주에 대한 투자기회의 제약이 있다. 따라서 자사주투자에는 환금성의 제약이 따를 수 있다.

제 4 절

스캔론 플랜

1. 스캔론 플랜의 의의

스캔론 플랜(Scanlon Plan)은 미국 철강 노동조합의 지역조합장이던 스캔론(J. N. Scanlon)에 의해 창안된 조직체수준의 집단인센티브제로서 오늘날 이익참가의 대표적인 모델로 손꼽히고 있다. 이 제도는 기업의 생산성 향상을 노사협조의 결과로 보고 총매출액에 대한 인건비 절약분으로서의 이윤을 인센티브 임금, 즉 상여금으로 종업원들에게 배분하는 이윤분배제도를 말하며, 1947년 이후 미국의 많은 기업체에서 적용되어 좋은 성과를 거두었다. 그 후 스캔론 플랜

의 기본원리는 현재 미국을 비롯한 여러 나라에서도 활용되고 있다.[23)]

스캔론 플랜은 종업원의 참여를 원동력으로 해서 기업 혹은 공장 전체를 하나의 팀으로 팀워크를 창출하여 노사 간의 협력증대로 산업평화를 유지하고 인건비 절감에 의한 생산성 향상을 주된 목표로 한다.

스캔론 플랜의 원형은 기업 또는 공장의 전체 종업원을 대상으로 하지만 생산직 종업원 또는 일정수준의 관리층 종업원만이 그 대상으로 적용되지만 노조가 결성되어 있지 않는 기업체에서도 널리 이루어지고 있다.

스캔론 플랜은 노사관계의 협력증진과 생산성 향상 등 긍정적인 효과가 있으나, 이의 성공에는 경영자와 종업원의 의지가 중요하다. 결과적으로 스캔론 플랜은 종업원의 진정한 참여를 통하여 노사협력을 증진하고 분쟁을 예방할 수 있고, 합리적인 상여금의 결정으로 노사협조를 통하여 생산성향상을 이룰 수 있다.

2. 스캔론 플랜의 배경

스캔론 플랜은 근로자의 경영참가제도 중에서도 이익참가의 대표적인 제도이며, 노사 간의 공동협의를 통하여 생산성을 증대시키고, 그로 인하여 증대된 이윤의 분배에 근로자도 참여하는 이윤분배제도의 일종이다.

이 제도는 미국 MIT대학 교수였던 스캔론[24)]에 의해 창안된 제도로서 그의 기원은 1930년대 미국철강업계의 침체에서 찾아볼 수 있다. 당시 스캔론은 철강회사의 경리사원으로서 철강노조에 가입하여 조합원이 되었다. 그는 1936~37년에 철강노조의 조직부장이 되어 동료들로부터 신임을 얻어 노동운동을 결속하는데 성공하였다. 그러나 스캔론은 임금인상이나 근로시간의 단축 같은 투쟁적인 이슈로는 노동운동의 전개에 한계가 있다는 것을 깨닫게 되었다.[25)]

23) 박운성, 전게서, p. 347.

24) F. G. Lesieur(ed.), *The Scanlon Plan : A Frontier in Labor-Management Cooperation*, New York and Cambridge : John Wiley and The Mit Press, 1958.

25) L. R. Sayles & George Strauss, *Managing Human Resources*, 2nd ed., Englewood Cliffs,

그 이유는 1930년대에는 세계적인 공황으로 미국경제가 위기에 봉착하고 있었기 때문에 노조가 기업과 대립상태에서 노동운동을 계속할 경우 기업이 도산하게 되고, 그 결과 근로자들이 직장을 잃게 되기 때문이다. 여기에서 스캔론은 노조가 기업과 대립투쟁하기보다는 협상을 통한 노사관계 개선을 통해 이 난국을 타개할 수 있다고 보고 철강회사의 사장을 설득하여 난국타개를 위한 노조와의 공동협력의 길을 모색하게 되었다. 여기서 그는 노사생산계획을 전개시켰는데, 이는 제안제도를 통해 모든 종업원의 지식을 총동원하여 활용함으로써 위기를 극복하고 나아가 이익을 얻고 그 이익의 일부는 근로자에게 보너스로 지급하는 것이다. 그리고 계획의 결과는 대성공이었다. 그 후 스캔론은 맥그리거(D. McGregor)의 권고로 MIT에 초청되어 대학교수가 되었다.[26] 그는 MIT에서 대학교수로 재직하는 10년 동안 스캔론 플랜회의(Scanlon Plan Conference)를 개최하였는데, 이 회의는 많은 기업과 노조간부들이 서로의 의견과 경험을 교환하는 곳이 되었다. 1956년 스캔론이 죽은 후에 그의 업적은 레슈(F. G. Lesieur)에 의해 계승되었으며, 그의 이름과 아이디어는 널리 알려지게 되었다.

3. 스캔론 플랜의 특징 및 효과

(1) 스캔론 플랜의 특징

스캔론 플랜은 공식적인 경영참가 프로그램과 상여금 지급을 통하여 조직의 유효성을 증대시키는 체계적인 접근법으로 이 계획에 참가한 전 종업원에게는 생산성 향상의 노력과 그 성과증대에 대하여 심리적 보상(참여감 및 소속감·자아실현욕구의 충족)은 물론 경제적 보상이 집단적으로 주어짐으로써 종업원의 추가적인 노력을 자극하게 된다. 이러한 점에서 스캔론 플랜은 일종의 조직개발계획이며 조직체 수준의 집단인센티브제도로서의 성격도 아울러 갖는 이윤분배제도라고 할 수 있다.

New Jersey : Prentice-Hall Inc., 1981, p. 45.

26) 김성수, 전게서, pp. 253~255.

표 9-7 스캔론과 전통적 제안제도의 비교

전통적 제안제도	스캔론의 제안제도
• 개별제안제도	• 집단제안제도
• 종업원 개개인의 아이디어 포착	• 경영위원회제도 확립 – 모든 제안은 받아들여서 토론하고 검토한 다음 가치 있는 제안을 선택하는 방식
• 개별적 기여에 개별적 보상	• 생산위원회(production committee)와 적격심사위원회(screening committee)를 둠
• 개별경쟁과 이기주의적 분위기 형성	• 생산위원회 • 각 부문의 장과 부문의 구성원이 선발한 대표로 구성 • 매월 최소 2회 이상 소집 • 제안이 토의·검토·동의 등의 과정을 거쳐 선택되면 효력발생 → 채택 • 모든 제안은 채택 여부에 관계없이 회의록에 기재 • 상위기구인 적격심사위원회에 넘김
• 상급자와 하급자의 경계심 조성	• 적격심사위원회 • 기업고위층의 대표와 동수의 종업원 대표로 구성 • 매월 1회 개최되는 회의에서 경영성과와 보너스 결정 토의 • 생산위원회에서 넘어온 회의록을 토대로 제안 재심의 • 시장예측, 거래처선정, 제품개발, 조직변화 등 사업상 중요한 문제 토의
• 조직 전체의 개선안은 기대할 수 없음	• 조직 전체의 개선안을 기대할 수 있으며, Bonus제도로 배분함

이와 같은 스캔론 플랜은 종업원의 참여의식을 고취시키고 그들의 지식과 상상력을 충분히 활용할 수 있는 새로운 형태의 제안제도와 기업의 성과(이익)을 종업원과 합의한 기준에 따라 공정하게 배분하는 상여금제도(bonus plan)를 양대 지주로 해서 운용되고 있다.

1 제안제도

스캔론이 고안한 이 제도는 기본적으로 노사협력 제도로서 참가를 방법 원리로 하고 있으며 그 전제로서 독특한 제안제도를 방법으로 하고 있다. 일반적으로 제안제도는 개인단위 내지 개인중심으로 행하게 되나 이 제도에서의 제안제도는 집단단위 내지 집단중심으로 행하게 된다. 이 외에도 서로 다른 점이 있는데 이를 요약하면 〈표 9-7〉과 같다. 스캔론 플랜론의 제안제도는 경영위원회가 중심이 되어 모든 제안을 받아들여 토의하고 검토의 과정을 거쳐서 가치가 있다고 생각되는 제안을 선택하여 생산위원회와 적격심사위원회를 거치면서 제안에 대한 평가와 더불어 새로운 의사결정의 최종단계의 역할을 하게 한다.

2 보너스제도

스캔론은 보너스를 노동과 경영의 효과적인 결합의 결과로 보았다. 따라서 보너스를 증대시키기 위해서는 첫째, 기업의 최고경영자로부터 종업원에 이르기까지 적극적으로 참여하며, 배분에 있어서도 모두 참여시킨다. 한편 보너스 배분의 전제가 되는 경영성과의 측정기준을 생산제품의 판매량에 두었다. 보통 1개월 정도의 일정한 기간마다 판매 가치를 계산하여 이를 노사협조의 결과로 보는 동시에 그 성과로 본다.

둘째, 스캔론은 과거 일정기간 보통 1년간의 임금지불총액과 그 기간에 생산된 경영성과로서의 판매 가치총액의 비율을 계산하여 허용노무비비율을 계산한다. 따라서 생산의 판매 가치에 허용노무비를 곱하면, 당해기간의 허용임금이 계산되며 여기에서 실제임금을 공제하면 보너스로 지급할 수 있는 소위 보너스 풀(bonus pool)이 나오게 된다. 이 보너스 풀에서 결손 월에 대비하여 사전에 정해진 비율에 따라 일정액을 정립하고 보너스 잔액은 회사와 종업원 간에 일정비율로 배분한다.

이상이 보너스 산정방식이다. 이 방식의 특징은 산정 및 배분이 수시로 성과활동과 관련되어 이루어진다는 것이다. 즉 전통적인 이익배당방법은 1년에 1회씩 일방적으로 결정되어 지급되는 데 반하여, 보통 1개월에 1회 정도로 이루어진다는 것이다.[27] 스캔론의 보너스 결정의 사례를 살펴보면 〈표 9-8〉과 같다.

㉠ 총매출액은 898,780달러로서 운임 12,268달러, 매출환입 3,465달러를 공제하면 순 매출액은 883,047달러가 된다. 여기에다 재고품이나 완제품의 재고량을 가감하여 생산물의 판매 가치를 계산하여 생산성 향상 여부를 결정할 기준으로 삼는다. 〈표 9-8〉에서 생산물의 판매 가치는 950,123달러가 된다.

27) D. Q. Mills, *Labor-Management Relation*, 2nd ed., New York : McGraw-Hill Book Company, 1982, p. 454.

표 9-8 스캔론 보너스결정의 사례

항목	금액($)	금액($)
1. 총매출액		898,780
① (−)운임	12,268	
② (−)매출환입	3,465	
	(계) 15,733	(−) 15,733
2. 순매출액		883,047
③ (+)재고품		(+) 67,076
3. 생산의 판매가치		950,123
4. 허용임금 (노무비비율 38.2%) (950,123의 38.2%)		362,947
5. 실제임금(④+⑤+⑥)		307,650
④ 공장임금	206,674	
⑤ 사무직봉급	88,574	
⑥ 휴가자봉급	12,402	
	307,650	
6. 보너스풀(4−5)		55,297
7. 결손월을 위한 적립금(25%)		13,824
8. 보너스 잔액		41,473
회사분(25%)		10,368
종업원분(75%)		31,105
9. 휴가자봉급을 제외한 실제임금에 대한 보너스 비율(%) (31,105 ÷ 295,248)		10.5%

자료 E. S. Puckett, "Measuring Performance under the Scanlon Plan", in: Frederick G. Lesieur(ed.), *The Scanlon Plan*, MIT, Cambridge mass, 1968, pp. 65~73.

㉡ 일정한 기간 동안의 평균치로서 허용노무비비율을 산정한다. 여기서는 (총임금÷생산의 판매가치) 38.2%가 허용노무비비율이기 때문에 판매가치의 38.2%는 362,947달러가 된다. 따라서 이것이 허용노무비가 되는 셈이다.

㉢ 실제임금을 책정한다(공장임금+사무직봉급+휴가자봉급). 여기에서 허용임금은 362,947달러이고 실제임금은 307,650달러로, 그 차액은 55,297달러이다. 이것이 보너스풀이다.

㉣ 실제임금이 허용임금을 초과하는 결손달(월)을 위하여 보너스풀에서 일정률 25%를 적립한다(13,824달러가 적립된다)

㉤ 보너스 잔액은 41,473달러가 되는데 여기에서 회사분 25%, 종업원분 75%로 나누면 회사분 10,368달러, 종업원분 31,105달러가 된다. 이때 종업원분은 총임금에 대한 본인의 상대적 중요도에 따른 자신의 실제 임금의 기준에 따라 보너스를 지급받게 되는데 10.5%가 된다[공장임금(206,674달러)+사무직 봉급(88,574달러)=295,248달러, 보너스비율(%)은 31,105÷295,248=10.5%].

이상과 같은 보너스 측정의 기본원리는 다음 4가지를 들 수 있다.[28)]

㉠ 비율은 개인보다는 집단조직에 해당된다는 점이다.

㉡ 기업에 결정적으로 중요한 영향을 미치는 변수에 대한 종업원의 주의를 집중시키게 한다는 점이다.

㉢ 측정의 기준이 종업원 자신에 의해서 설정된다는 점이다.

㉣ 측정은 생산성 증진의 계획수립에 필요불가결한 요소라는 점이다.

(2) 스캔론 플랜의 효과

스캔론 플랜은 일반적으로 협조적인 노사관계를 구축하고 생산성을 향상시키는 등의 긍정적인 효과를 기업에 가져다준다. 스캔론 플랜을 실시한 10개 회사를 연구한 결과에 따르면 첫 2년 동안에 10.3~39.2%, 평균 23.1%의 생산성 향상이 되었고,[29)] 이 외에도 종업원들의 고정이 크게 감소하고, 종업원들의 제안의 활성화와 상여금 배분에 따른 동기부여효과 등이 있었던 것으로 밝혀졌다.

스캔론 플랜을 실시한 기업체에 대한 사례연구를 통해서 이 제도의 효과를 보다 구체적으로 살펴보면 다음과 같다.[30)]

28) E. S. Puckett, *op. cit.*, pp. 73~76.

29) E. S. Puckett, "Productivity Achievement-A Measure of Success", in Lesieur, (ed)., *op. cit.*, pp. 112~115.

30) T. H. Patten, Jr., *Pay : Employee Compensation and Incentive Plans*, New York, Free

1 종업원들이 유용하고 원가절감을 가져올 아이디어들을 자발적으로 제안하려고 노력한다.
2 종업원들이 기술변화에 대한 수용성이 증대되었고, 새로운 설비와 작업방법을 기꺼이 활용하려고 노력한다.
3 종업원들이 작업태만에서 벗어나 작업속도 및 작업분위기를 개선하였다.
4 종업원들이 품질에 대한 관심이 증가하였다.
5 종업원 간의 상호협력이 증대되고 보다 나은 작업방법에 대한 지식을 기꺼이 공유하려고 한다.
6 종업원들이 회사의 능률증진에 조력하기 위하여 승진·이동 등에 있어서 연공서열조항을 탄력적으로 운영하고 초과노동시간이 감소하였다.
7 종업원이 효율적 경영을 강조한다.
8 종업원들의 보다 현실적인 단체교섭이 이루어질 수 있다.
9 종업원들의 고정이 감소하였다.

그러나 스캔론 플랜의 실시가 모두 성공적인 것은 아니다. 무엇보다도 경영자와 종업원의 의지가 중요하다. 스캔론 플랜은 1,000명 내외의 종업원을 가진 공장에서 가장 많이 활용되고 있는데, 대규모 공장에서는 종업원들이 원가관리에 대한 자신의 책임의식을 상실할 우려가 있다. 그리고 총매출액에 대한 노무비의 비율을 계산하는 데 있어서 과거의 기간설정문제와 이 비율을 제품믹스·시장 조건들의 변화에 어떻게 조정할 것인가 등에도 문제점이 있다.

스캔론 플랜이 성공적인 효과를 거두기 위해서는 다음과 같은 조건들이 조성되어야 한다.

1 최고경영층과 노조지도자들의 공동목표달성에 대한 정신적 지지와 적극적 참여
2 경영자와 노동조합 및 근로자 간의 상호신뢰 형성
3 상호이해와 수용을 확실히 하기 위한 주의 깊은 계획과 제도 도입

Press, 1977, pp. 420~421.

4 제도의 운용을 위한 모든 당사자들의 진지한 노력

5 모든 수준에서 노조간부, 종업원, 경영자들의 생산문제에 대한 광범위하고도 실제적인 참가가 이루어지고 또한 모든 당사자들이 건설적이고 협조적인 문제해결에 따르는 책임을 맡아야 한다.[31)]

요컨대 사례연구의 결과는 스캔론 플랜은 안정적인 제품라인과 원가-가격 비율, 효율적인 감독, 협조적인 노사관계, 최고경영자의 적극적인 관심과 참여, 특히 종업원으로부터의 비판을 수용하고 회사의 문제를 논의할 경영자의 의지가 있는, 소규모 조직에서 가장 성공적이었음을 보여주고 있다.[32)]

4. 스캔론 플랜의 문제점

스캔론 플랜이 수익성을 향상시키고 노사관계를 개선한다는 점에서 많은 공헌을 한 것은 사실이지만 스캔론 플랜의 비판자들은 다음과 같은 문제점을 지적하였다.

(1) 보너스 산정의 문제점

스캔론 플랜에 있어서는 경영성과의 측정기준을 생산물의 판매 가치에 두고 있어 그 측정이 비교적 단순하고 간단하여 이해하기 쉽다는 장점이 있다. 그러나 모든 기업 활동에서 판매 가치만이 경영성과의 유일한 측정기준이 될 수 없으며, 그것과 노무비를 직결시켜 보너스 지급액을 산정하는 것이 타당한지에 대해서는 문제가 있다. 왜냐하면 경영성과에 대한 측정도구는 각각의 상황에 따라서 적절하게 조절될 수 있도록 융통성을 가질 수 있어야 하기 때문이다.[33)]

31) W. L. French, *The Personnel Management Process*, 5th ed., Boston, Houghton Mifflin Company, 1982, p. 489.

32) J. K. White, "The Scanlon Plan : Causes and Correlates of Success", *Academy of Management Journal*, Vol. 22, No. 2, 1979, pp. 296~311.

33) 이준범, 전게서, pp. 515~516.

(2) 적용 기업의 규모

스캔론 플랜은 대부분 소규모 기업에 적용되어 왔다. 따라서 대규모 조직에 적용하면 단점이 있을 수 있다는 것이다. 특히 공장자동화(FA), 사무자동화(OA)가 잘된 기업이나, 기술이 발전하여 개선의 여지가 없는 첨단기업과 컴퓨터 및 인터넷의 활용으로 지식정보화 경영을 하고 있는 기업에서는 적용하기가 곤란하다는 것이다.

(3) 경기변동시의 문제점

스캔론 플랜은 파산 중에 있는 또는 파산할 것 같은 그런 기업에 있어서, 즉 불경기가 극심한 때 나타났다. 그리하여 스캔론에 대한 비판자들은 스캔론 플랜은 심각한 경제적 불경기 속에서 그 효능을 발휘한다고 결론짓고, 호황기에는 그렇지 못하다고 한다. 즉 이 제도의 적용에서 나타나는 노사 간의 협력관계는 오로지 기업이 위기에 처했을 때, 즉 기업이 도산하게 되면 종업원들이 직장을 잃어버릴지도 모른다는 공포감에서 나타난 결과라는 것이다.[34)]

그러나 호황기에도 다수의 기업이 이 제도를 채택하여 성공을 거둔 예가 있다. 맥그리거(D. McGregor)가 스캔론 플랜을 평가하기로 종업원의 물리적인 필요뿐만이 아니라 자아실현 및 사회적인 협력에 대한 욕구충족의 필요성에서 더욱 중요하다고 결론짓고 있다.[35)]

---

34) 최종태, 전게서, p. 105.

35) D. McGregor, *The Human Side of Enterprise*, McGraw-Hill Inc., 1960, p. 120.

제 5 절

노사공동의사결정제

1. 노사공동의사결정제의 의의

노사공동의사결정제(co-determination or joint-decision making)는 산업민주주의를 실현하기 위한 제도로서 경영상의 의사결정이 노사공동으로 이루어지는 경영참가방식을 말한다. 경영조직 면에서 볼 때 공동의사결정을 통한 산업민주화는 근로자 및 노조가 기업의 전략적 의사결정과 관리적 내지 업무적 의사결정에 참여함으로써 근로자의 경영참가를 신장시키는 것이다.[36)]

이러한 공동의사결정제도는 근로자 및 그의 대표가 기업의 모든 레벨의 의사결정에 참여하여 경영자와 의사교환 및 협의는 물론 최종적인 결정을 공동으로 행하고 나아가 이의 실행에도 공동으로 책임을 지는 것이 특색이다. 따라서 이 제도하에서는 노사쌍방이 합의에 도달하지 못하면 경영상의 의사결정이 이루어지지 못한다. 이 제도의 대표적인 모형은 독일의 공동의사결정제도를 들 수 있다.

특히 공동체원리를 기반으로 한 공동의사결정방식은 영국과 미국의 단체교섭방식과는 대조적인 것이어서 노동조합을 경영과 대립된 힘으로 보지 않고 노조가 경영에 참가하여, 의사결정의 권리와 책임을 지는 경영참가의 형태라는 데 특색이 있다. 그러나 이 제도를 실현하는 데 많은 문제점이 제기되어 독일 이외의 국가에서는 경영참가제도의 실험적 형태로만 실시되고 있다. 여기에서는 독일식 공동의사결정모형을 중심으로 하여 살펴보고자 한다.

36) 최종태, 전게서, p. 250.

2. 공동의사결정제의 도입과정

독일에서는 제2차 세계대전 후 연합국의 점령하에 있으면서도 상당히 활발한 노동운동이 전개되었다. 그리고 노동조합의 활동목표 가운데에는 자주적인 경영협의회운동이 포함되어 있었다.[37)]

이러한 움직임 속에서 1946년 4월 경영협의회에 관한 관리위원회법 제22호가 제정되었다. 이 법은 불과 13개조의 간단한 내용으로 되어 있지만 경영협의회의 구성 및 기본기능 등을 규정하고 있는데, 특히 각 경영에 있어 근로자의 직업적·경제적·사회적 이익을 보호하기 위하여 경영협의회를 조직·운영하는 일은 이 법에 의거 전 독일을 통해 이를 허가한다고 규정하고 있다.[38)]

이와 같이 경영협의회를 제정·실시하였으나, 계급적 성격이 강하게 느껴져 영·미 점령군에 의한 규제가 취해지기도 하였다. 또한, 1951년에는 철강·석탄 등의 주요 산업들이 대규모의 분규로 파업이 선언되고 심각한 노동분쟁이 발생하자 독일정부는 독일노동총동맹 및 기업경영자단체와 협의하여 공동결정법을 제정하였고, 1952년 10월에는 경영조직법을 제정하였다. 그리고 독일의 공동의사결정제도와 관련된 법률의 내용은 〈표 9-9〉와 같다.

표 9-9 독일의 공동의사결정제

제도	제정 연도	내용
공동결정법	1951	• "광업 및 제강법의 감사역회 및 이사회에 있어서 피고용자의 공동결정에 관한 법률"이다. 이 법은 철강 및 석탄 산업에서 종업원 1,000명 이상을 가진 사업장에 적용된다.
신공동결정법	1976	• 철강·석탄 이외의 민간 기업으로서 2,000명 이상 종업원을 가진 사업장에 적용된다.
경영조직법	1952년 제정 1972년 개정	• 종업원 5명 이상을 고용하고 있는 모든 기업체에 적용된다.

주 독일에서는 Montan산업이라 하여 광산업일반(광업 및 제강업)을 총칭함.

37) 강석인, 노사관계관리론, 일조각, 1899, p. 280.

38) 김형배, 전게서, p. 515.

3. 공동의사결정제의 기본사상

영·미식의 단체교섭제도와는 반대되는 공동의사결정제가 독일에서 발달하였는데 그 나름대로의 독특한 기본사상이 존재하고 있다. 즉 독일의 노동조합은 그들의 활동영역이 기업의 경영층 내부에 있다고 생각한다. 즉 그들은 미국 노조와는 달리 경영층의 대항세력으로 존재하는 대신에 그들은 경영층의 일부로 남아 있기를 원한다. 한편 독일에서는 기업수준의 단체교섭은 없으며, 그는 산업별 노조대표와 산업별 기업가대표 사이에 이루어진다. 따라서 기업수준에서는 노조와 경영자 사이에서 대항관계가 존재하지 않을뿐더러, 오히려 노조가 경영층과 함께 기업을 대표하고자 하는 사고를 갖고 있다.

이와 같은 기본사상의 내용을 구체적으로 살펴보면 다음과 같다.[39)]

1. 노동조합의 활동영역이 기업의 경영층 내부에 있다고 생각한다.
2. 노조와 경영자 사이에는 대립관계가 아니라 노조가 경영층과 함께 기업을 대표한다는 사고이다.
3. 의사결정은 산업별 노조대표와 산업별 기업가대표 사이에 이루어지는 것을 신뢰한다.
4. 기업에 불행이 닥쳐왔을 때 노동조합도 책임을 진다는 근로자의 사회적 책임이 존재한다.
5. 경영정책을 결정하는 데는 반드시 노조대표가 참가함으로써 이루어진다는 경영층의 생각이다.

이상과 같이 노동조합이 경영층의 대립·투쟁세력이 아니라 공동체 의식을 지닌 독일의 노사관계를 보면서 세계적 노사관계전문가들은 이를 친권적 노사관계형이라고 한다.

39) 김성수, 전게서, p. 259.

4. 노사공동의사결정제의 기구와 기능

공동의사결정제는 독일의 노사협의제인 공동의사결정제가 대표적이다. 독일의 공동의사결정제의 기구로는 감사역회, 경영협의처, 경제위원회, 경영총회로 구성되며 그 기능에 대해서는 제10장의 독일의 노사협의제에서 상세하게 다루고자 한다.

5. 노사공동의사결정제의 효과와 문제점

(1) 노사공동의사결정제의 효과

이 제도는 근로자들에게 기업의 현재 및 장래에 관한 보다 충분한 정보를 제공해 줌으로써 근로자들이 회사 측의 사정을 보다 폭넓게 이해할 수 있게 되었으며, 경영자들은 기업의 제반문제에 대한 종업원들의 견해를 파악할 기회를 갖게 되었고, 근로자들을 기업발전의 동반자로서 보다 진지하게 생각할 수 있게 되었다. 그리고 근로자대표의 이사회참가는 이사회를 덮어 놓고 찬성만 하는 기구라고 보기보다는 오히려 실질적인 의사결정기구로 전환시켰고, 노사가 각기 이익집단으로서의 상대방의 요구에 신속한 반응을 보인다는 점에서도 호의적인 반응을 보이고 있다. 뿐만 아니라 근로자의 고용 및 근로조건에 직접·간접으로 큰 영향을 미칠 정책결정(새로운 공정도입, 생산의 합리화, 합병 등)에 근로자들이 사전에 참여하고 의견을 개진할 수 있어 사후적 성격이 강한 단체교섭에 비해 훨씬 효과적이고 불필요한 노사분규를 사전에 방지할 수 있다는 이점이 있다.[40)]

(2) 노사공동의사결정제도의 문제점

노사공동의사결정제도는 근로자들에게 불리한 결정, 예를 들면 인원감소

40) 박운성, 전게서, pp. 359~360.

계획 등에도 참가하게 되어 결국 책임의 분담, 고통의 분담까지 요구하게 된다. 이런 견지에서 미국의 AFL-CIO는 사용자와의 단체교섭상에서 힘의 대등이 이미 확보되어 있는 이상 구태여 근로자중역제에 의존할 필요가 없을 뿐만 아니라 비록 참가한다 해도 근로자에게 유리한 결정을 얻어내기보다는 불리한 결정에 참가하여 책임만 분담하게 될 것을 우려하고 있다.[41)]

노사공동의사결정제도는 근로자대표가 기업과 노조에 대한 이중충성의 딜레마에 빠질 위험이 있으며, 뿐만 아니라 근로자대표가 경영자화되어 일반근로자의 이해관계를 충분히 대변하지 못할 가능성도 있고, 또한 공동결정에 대해 책임을 당연히 져야 하므로 오히려 노조의 대항력기능이 약화될 우려도 있다는 점 등이 비판받고 있다.

이상과 같은 노사공동의사결정제는 선진국의 경우 특히 스웨덴(1972), 노르웨이(1972), 덴마크(1974), 네덜란드(1970) 등에서 상당히 활발히 실시되고 있다. 스웨덴에서는 1972년 12월에 제정되어 1976년에 개정된 "주식회사 및 협동조합조직에의 종업원 이사회 참가법"에 의해 25명 이상의 종업원을 가진 주식회사 및 협동조합에서는 이사회에 2명의 근로자대표를 참가시키고 2명의 대리대표를 지명할 수 있다. 덴마크에서도 1974년 신회사법에 따라 종업원 50명 이상을 고용하고 있는 기업의 이사회에 2명의 근로자대표를 참가시키고 있다. 한편, 개발도상국에 속하는 인도, 이라크, 파키스탄, 페루 등에서는 이 제도가 대체로 정부나 공기업 등의 공공부문을 중심으로 실시되고 있다.

41) 박세일, 노사협의제 연구 －문제점과 개선방향－, 서울, 한국개발연구원, 1983, p. 50.

제 6 절

경영참가제도의 문제점과 긍정적 사상

1. 경영참가제의 문제점

근로자의 경영참가제는 산업평화를 위한 기본적 제도로서 세계 각국에서 도입하여 실시하고 있다. 그러나 이 제도에도 많은 문제점이 있다. 가장 일반적

표 9-10 경영참가의 문제점

문제점	주요 논쟁점
경영권의 침해문제	• 경영권은 원래 경영자의 특권에 속하는 것이기 때문에 근로자의 경영에 대한 참가는 일종의 월권이며 경영권의 침해이다. • 경영고유의 직능인 지휘, 통제, 기업경영의 최종책임마저도 빼앗는 결과가 된다는 견해로서 기업의 최종책임은 경영자에게 있다고 하는 원칙을 무시해서는 안 된다. • 근로자나 조합은 경영에 참가한 범위 내에서의 책임을 지며, 그 이상의 책임을 지지 않는다. • 만약 한계를 넘어서 경영에 참가한다면 경영참가가 아니라 경영권의 쟁취인 동시에 조합의 목적에 위배된다. 노동조합은 경영을 담당하기 위한 조직이 아니며 노동자를 위한 조직이다.
노동조합 약체화의 문제	• 노동조합의 목적은 임금 등에 대한 분배의 투쟁에 있으며 자신들은 경영층과 협상 및 투쟁을 임무로 하는 대항·투쟁세력으로 보아야 한다. • 근로자대표들이 임금 및 근로조건 이외의 경영상의 문제에 대하여 사용자와 빈번한 접촉을 가지면 이들과 긴밀하게 제휴할 수도 있어 결국 조합의 단결력·단체교섭력 등을 약화시키고 조합도 어용화되기 쉽다. • 노동조합이 만약 근로자가 노조와는 전혀 무관한 별개의 기구(예 : 노사협의회)를 통해서 경영에 참가하는 것을 허용할 경우, 근로자들의 충성심이 양분되거나 혹은 양자택일을 강요당할 가능성이 많고, 노동조합의 입장에서 볼 때 경쟁자가 되어 전통적으로 노동조합이 담당해 왔던 일을 장차 대신할 우려가 있다. • 노동조합의 역할을 강화하기 위해서 경영참가의 필요성이 있다면 왜 경영자는 근로자의 경영참가를 반대하는가의 견해이다.
근로자의 경영참가 능력문제	• 근로자들은 경영에 대한 지식과 경험은 물론 경영자의 이념과 철학이 같을 수 없다. • 근로자들은 경영자와 같은 자격과 조건들을 가질 수 없으며 설사 가지고 있다 하더라도 경영정책과 전략들을 수립하는 방향이 기업성장을 주도한다는 책임감과 능력이 못 미친다는 견해이다. • 근로자는 경영자의 사회적 책임, 즉 기업의 발전과 존속·유지 책임의 결여, 주주·소비자·종업원·지역주민·투자자·원료공급자, 국가의 경제발전 등 상호 이해 조정 책임의식 등의 차이가 많이 난다.

인 문제점은 이 제도가 도입됨으로써 경영권의 침해문제, 노동조합 약체화 문제, 근로자의 경영능력문제 등이 우려된다. 이러한 문제점들을 요약·정리하면 〈표 9-10〉과 같다.[42)]

2. 경영참가제의 긍정적 사상

경영참가제는 여러 문제점을 가지고 있지만, 다음과 같은 긍정적 측면이 많기 때문에 더욱더 발전시킬 필요가 있다.[43)]

(1) 산업민주주의 사상

민주주의의 기본원리인 자기통치, 자기결정, 자기규율을 산업사회에 적용하여 경영민주화를 촉진하고자 하는 사상이다. 초기 자본주의 단계에서는 생산의 결정은 배타적으로 경영자에 속하고 고용조건마저도 근로자의 발언권이 허용되지 못하였다. 그 이후 근로자의 단체교섭권이 승인됨에 따라 근로조건에 대해 근로자의 자기결정이 허용되면서 산업민주주의제도가 확립되었다. 이러한 사상이 경영참가제를 정당화하는 이론이 되었다.

(2) 노사동반자 사상

노사는 분배 측면에서 대립적 입장에 있으나 생산 측면에서는 공통목적을 가진 동반자로서 이해가 일치됨을 강조하는 사상이다. 더욱이 노사 간의 상호신뢰나 상호협조를 촉진하는 수단으로서 경영참가가 허용되고 그와 함께 경영성과에 대한 참가도 승인하는 사상이다.

(3) 자주관리 사상

경영참가제는 근로자의 자주관리제가 가능하다는 사상으로서 경영 내에 근

42) 김성수, 전게서, pp. 244~245.

43) 박경문·최승욱, 전게서, pp. 222~223.

로자의 자치를 달성하기 위한 수단으로 경영참가를 정당화하였다. 이러한 근로자의 자주관리 사상은 경영참가제의 기초이론으로서 영국·프랑스·이탈리아·유고 등의 경영참가를 정당화하는 사상으로 받아들이고 있다.

(4) 노무관리 사상

경영자는 경영참가제를 노무의 효율적 이용의 수단으로 보고 근로자의 욕구충족과 생산관리를 통한 이윤추구의 실현을 조화시킬 수 있는 제도라고 보아 이를 긍정적으로 인정하는 사상이다.

Chapter 10

노사협의제

10

일자리위·한국노총 "노동존중 사회 실현 공감대 형성"

"이제는 노사가 조금씩 양보하고 배려해야 노동존중 사회를 만들 수 있다고 생각한다." 이용섭 일자리위원회 부위원장은 "새 정부가 출범한 후 가시적인 성과가 없어 아쉽고 더 노력해야겠다고 생각한다. 그러나 다행스럽게도 노사가 조금씩 배려하는 상생의 바람이 불고 있어서 다행이라고 생각한다"고 한국노총 대표단과의 일자리 정책간담회에서 밝혔다. 그는 롯데그룹과 신세계백화점, SK브로드밴드, LG유플러스 등 일반기업들이 신규채용을 늘리고 비정규직의 정규직 전환을 약속한 사례를 꼽았다. 노동계도 바람직한 바람이 불고 있다. 민주노총과 한국노총의 공공부문 정규직 노동조합에서 좋은 일자리를 만들기 위해서 기득권에 연연하지 않고 모든 방안을 열어두고 협의 및 협조하겠다고 밝혔다. 정부는 일자리의 질을 높이기 위해서 비정규직의 정규직화, 최저임금 인상, 근로시간 단축을 적극적으로 추진하고 있다. 하지만 저임금 근로자들의 처우개선을 위한 조치들이 소상공인과 자영사업자에게 큰 부담이 되는 게 사실이고 자식들의 일자리를 뺏는 결과를 가져올 수 있다는 염려도 있다"고 설명했다.

일자리위가 범정부 차원에서 소상공인, 자영사업자에 대한 지원 대책을 마련하고 있지만 한국노총도 이들의 어려운 처지를 헤아려 주고, 청년들이 일자리가 없어서 좌절과 고통에 시달리고 있다는 것을 인식하고 있고, 일자리 창출이 중요하다는 데 공감하고 있다. 김주영 한국노총위원장은 "일자리위 구성과 과제 등 준비 단계부터 노동계 참여를 실질적으로 보장했어야 하는데 그렇지 못한 것이 사실이다. 현재도 일자리위 진행 상황을 언론을 통해서 접하고 있는 현실이고 일방적으로 통보를 받고 있다는 느낌을 지울 수 없다"고 털어놨다. 한국노총의 일자리 정책에 대한 입장을 밝혔다. "한국노총의 일자리 정책에 대한 입장은 확고하다. 노동이 중심이 돼 비정규직 감소와 차별철폐로 일자리 질을 높이고 기존의 일자리는 지켜 고용안정을 이뤄내고 좋은 일자리를 더 만드는 것"이라고 강조했다. 이는 정부의 좋은 일자리를 늘리고 노동시간과 비정규직은 줄이며 고용의 질을 높이겠다는 정책과 일맥 상통한다. 그는 "일자리 만드는 것은 매우 어려운 문제이지만 기존의 일자리도 지키는 것도 중요한 문제라고 생각한다. 지

금부터라도 일자리위와 한국노총이 머리를 맞대고 함께 한다면 분명 새로운 길을 만들 수 있다. 정부측과 노총의 만남의 장이 노동존중 사회를 만드는 데 새로운 출발점이 되어야 한다고 양측의 주장이다.

제 1 절

노사협의제의 개념

1. 노사협의제의 의의

노사협의제(joint labor-management conference system, joint consultation system)는 근로자가 경영상의 의사결정에 발언권을 가지는 경영참가의 한 유형이다. 일반적으로 기업의 경영관리기능은 경영자에 의해서 수행되는 것으로 인식되어 경영활동의 결과에 대한 책임도 경영자에게 귀속되었다. 이때 경영자의 권한을 경영권이라고 한다.[1)]

ILO는 노사협의제도에 대해 "기업체의 양 당사자인 경영자와 근로자가 대등한 입장에서, 단체교섭에서 취급되지 않았거나 또는 근로조건의 결정을 위한 다른 제도에서 보통 취급하지 않은 사항으로서, 노사쌍방의 이해관계를 같이하는 사항에 대해 협의함으로써 서로의 이해를 두텁게 하고 상호 협력하는 기능을 갖는 제도"[2)]라고 정의하고 있다.

한편, 우리나라의 근로자 참여 및 협력증진에 관한 법률에서는 "노사협의회란 근로자와 사용자가 참여와 협력을 통하여 근로자의 복지증진과 기업의 건전한 발전을 도모함을 목적으로 구성하는 협의기구"(근참협법 제3조 제1항)라고 정의하고 있다.

따라서 노사협의제도는 단체교섭 사항에 해당되지 않는 근로조건, 인사, 생산계획, 작업공정에서부터 기업의 경제적 상황, 기타 기업경영 전반에 이르기까지 노사가 대등한 입장에서 자문, 협력, 협의 등을 행하고 경우에 따라서는 공동결정을 행함으로써 근로조건의 개선, 생산성 향상, 산업평화 및 기업의 민주화 등을 이룩해 가는 노사 간의 의사소통제도라고 할 수 있다. 즉 경영상의 문제

1) D. Q. Mills, *op. cit.*, 2nd. ed., p. 106.

2) 1952년 6월 ILO 총회(제35회), '기업에 있어서의 노사의 협의 및 협력에 관한 권고' 제94호

에 관하여 기업의 경영자와 근로자 대표가 협의하는 제도가 되는 것이다.

노사협의제는 각 나라마다 경제발전단계가 상당한 차이가 있기 때문에 그에 관한 통일적인 정의를 내리기는 곤란하다. 일반적 의미의 노사협의제란 근로자가 경영조직상의 지휘·명령계통을 넘어서 기업의 경영상의 의사결정에 발언권을 가지는 경영참가의 방법으로 널리 기업경영에 대해 근로자를 참가시키는 것을 말한다.[3)]

중요한 의사결정에 근로자의 참여에는 노사협의제도와 단체교섭이 있는데 그 차이에 대해 살펴보면 다음과 같다. 단체교섭은 노사의 이해가 상반되는 문제를 노사가 대립적인 입장에서 논의하는 것으로 그 목적은 노사 간의 합의에 도달하는 데 있지만, 노사협의제도는 노사가 서로 대등한 입장에서 끊임없는 대화를 함으로써 생산성 향상과 근로자의 복지향상 등에 관하여 서로의 이해를 증진시키는 데 그 목적이 있다.

또한 단체교섭은 노사쌍방이 실력을 배경으로 하여 노사문제 특히 근로조건에 관계되는 사항에 대해 타협이 이루어지면 단체협약의 형식을 통해 공동결정하고, 타협이 이루어지지 않으면 노사 간에 실력행사가 이루어지는 데에 반하여 노사협의제도는 노사쌍방이 공통으로 관심을 가지는 사항에 대해 충분히 의사를 소통하고 상호이해를 도모하여 가는 협의의 방법이다. 즉 노사협의제도는 기업이 능률적인 생산 활동을 통하여 기업의 성장·존속·안정을 도모하고 기업 내외 이해관계자들의 생활수준의 향상과 복지증진, 사회와 국민 전체의 복지에 공헌한다는 기업목적의 달성을 위한 공동운명체로써 경영자는 노사협의회를 통해 종업원에게 경영의 목적과 방침을 이해시키고 협력을 구하는 데 필요한 제도이다.

노사협의제도를 실시하면 다음과 같은 바람직한 결과를 얻을 수 있다.[4)]

1 노동조합과 대화를 통해 경영자와 관리자의 책임감이 증대되고 훨씬 더 신뢰감을 갖게 된다.
2 기업과 경영자에 대한 조합원의 이해가 깊어져 사기가 올라간다.

---

3) 박세일, 노사협의제 발전방향, '노사관계제도 발전방향' 노동부, 1985, p. 5.
4) 加藤譲治·小池伴緒, 生産性と勞使關係, 東京, 生産性本部, 1978, p. 104.

3 노사협의 과정에서 경영자의 이해가 충분이 되면 단체교섭이 원활하게 추진되어 노사관계의 안정에 기여한다.

4 조합원과 종업원들의 자기개발의욕이 높아지며, 창조적으로 일을 하게 된다.

5 생산성이 높아져 기업이 성장하고 노동조건이 향상되며 나아가 사회의 공헌도도 높일 수 있게 된다.

위와 같은 성격을 지닌 노사협의제는 각국의 역사와 전통, 산업구조와 경제성장 단계의 따라서 시행되는 제도의 모습이 다르고, 근로자가 구체적으로 기업경영에 참가할 수 있는 정도와 범위에도 많은 차이가 있다. 그러므로 이 노사협의제의 유형에는 다음과 같은 것이 있다.[5)]

1 단체교섭

2 근로자대표가 참가하는 노사협의회 및 기업위원회 제도

3 근로자 중역제

4 작업현장에 직접 참가

5 근로자 자주관리제도

이런 기준은 근로자의 참가정도 및 협의 안건의 범위 등에 따라서 다양하게 분류할 수 있는데, 모두가 초기에는 근로자의 복지 및 작업환경의 개선에 그 목적이 있었으나, 점차 경영참가의 폭이 확대되면서 공동협의, 공동결정의 단계로 발전되고 있다.

2. 노사협의제의 목적

노사협의제도의 목적은 노사 간의 이해와 협조로 상호이익을 증진하고 산업평화를 유지하기 위한 것으로, 노사 간에 발생하는 문제를 노사 간 협의와 대

5) 박세일, 노사협의제의 의의와 외국의 경험, 노사협의제연구, 한국개발연구원, 1983, p. 34.

화를 통해 해결할 수 있는 협조적 노사관계로 발전시키는 데 있다. 노사협의제도는 다음과 같은 여러 요소들이 내포되어 있다.

1 조직 내 효율성을 증진시키는 수단이 되며, 경영 측면에서의 목적은 조직의 효율적 운영과 경영의사결정의 수행에 있어 종업원의 협력을 구할 수 있다.

2 노사협의회에서 표출된 종업원들의 욕구와 이해가 경영자의 의사결정에 반영될 경우 노사 간 화합분위기 조성

3 조직 내의 산업민주화의 수단이 될 수 있다. 지금까지 노동조합이나 종업원대표들에게 가장 관심이 있는 부분이나 실질적으로 의사결정과정이 민주적 과정이라고 보기 어렵다. 비록 노사 간의 동반자 관계에 근거해서 의사결정이 이루어진다는 것이 산업민주화의 저변에 깔린 생각이지만 노사협의회의 특징은 경영자가 일방적으로 주요 의사결정을 할 수 있는 권한을 갖고 있어 노사협의회는 조직 내에서 산업민주화를 도모하는 데 제한적인 역할만을 수행한다.

4 공식적 협상에 적합하지 않은 종업원들의 개인적 불만이나 고충의 처리를 위해 활용될 수 있다. 공동이해와 갈등은 모두 노사관계에 내재된 요소이며, 서로 다른 방법으로 처리될 필요가 있다는 개념이 노사협의와 단체교섭의 비교에 있어서 기본이 된다.

   교섭은 서로 다른 이해를 조정하는 수단이며, 협의는 뚜렷한 갈등이 없는 상황에서 바람직한 행동을 추진시키는 수단이라고 할 수 있다. 이런 점에서 단체교섭은 대립적 성격을 갖고 있는 데 반해, 노사협의는 협조적 성격을 갖고 있다고 볼 수 있다.

노사협의제 목적에 따라 설립된 것이 영국의 공장위원회이며, 독일의 경영협의회, 일본의 노사위원회 등이 있다.

3. 노사협의의 방법

노사협의에는 협의에 의한 방법, 중간 자문기관을 통한 방법, 설명 내지 보고방법, 전반적인 경영에 의한 방법 등이 있다.[6)]

(1) 협의에 의한 방법

노사협의의 방법은 협의하려는 의제에 따라 다음과 같은 것이 있다. 근로조건에 준하는 노동환경, 즉 복리후생, 안전위생, 교육훈련 등에 대해서는 협의에 의한 방법으로 서로 합의하게 된다.

(2) 중간자문기관을 통한 방법

생산방식의 변경과 같은 것은 노사의 중간자문기관을 통하는 방식을 취한다. 그러나 일반적으로 생산·경영문제에 대한 협의사항은 그 최종결정권은 경영자 측에 있으며, 다만 결정과정에서 근로자와 대화를 통해 의견이 반영되어 쌍방이 납득할 수 있는 점에서 결정·실행되게 된다.

(3) 설명·보고 방법

경영 방침·경영 내용 등의 경영권에 관한 것은 설명 내지 보고 방법으로 한다.

(4) 전반적인 경영

경영의 최고방침은 노사 양 대표가 공동으로 결정하게 되는데, 그 대표적인 것이 독일의 공동결정법(1951년), 경영조직법(1952년), 감사회제도(이사회)가 유명하다.

이상과 같이 노사협의제는 노사의 상호이해를 돈독하게 하며, 나아가서는 생산성 향상에도 기여하는 등의 효과가 있는 것으로 평가되고 있다. 그러나 이

6) 김성수, 전게서, pp. 253~254.

노사협의제가 노조결정의 방해가 된다는 것이 문제점으로 지적되고 있다. 특히 노조가 없는 사업장에서 노조를 만들 수 없도록 하고, 노조가 있는 곳은 조합을 약체화시키기 위한 노사협의회로 악용되는 사례도 있다.

4. 노사협의제의 발달 배경

노사협의제도는 본래 서구에서 근로자들의 경영참가에 대한 방식으로 전개되었다. 즉 기존의 근로자에 대한 기계론적 인간관에 대한 모순 및 문제에 대해 호손실험 이후 종업원에 대한 인간적 배려가 생산성 향상에 더 많은 영향을 미친다는 사상이 대두되어 근로자들의 교육수준 향상과 더불어 노사 간의 대등관계 사상의 고조 및 인간 관계론에 의한 노사공존공영 의식의 팽배로 경영자들은 근로자들을 협력자로서 보고 자발적·능동적으로 경영에 참가하게 하여 기업의 목표를 달성해야 한다는 사고를 갖게 되었다.[7)]

노사협의제도는 1956년 영국 스탠다드 자동차회사의 자동화에서 비롯된 해고문제에 직면해 전국기계노조가 사전 협의 없이는 기술혁신을 추진하지 못하며, 정리해고가 불가피한 경우에는 일정한 금전적 보장을 해 줄 것, 자동화의 성과를 공평하게 분배할 것, 자동화 도입 시 사전에 충분한 기술훈련을 행할 것 등을 요구한데서 시작되어 민주주의 국가의 노조에 있어 공통된 요구로 확산되었다.[8)] 그러나 1975년 오슬로 회의에서 노사협의제도에 대한 불만이 제기되었다. 즉 노사협의제도는 제한된 상담 기능만을 갖고 있고, 효율적인 강제기능을 갖고 있지 않다는 것이다. 또한 안건도 중요하지 않은 사항만을 다룬다는 것이다. 그 후 노사관계의 중요성, 노사 간의 공동체 의식 확대, 대화를 통한 산업평화의 유지·발전을 인식함에 따라 노사협의제의 역할과 기능이 대폭 강화되었다.

우리나라에서는 1963년에 개정된 노동조합법 제6조에 사용자와 노동조합은 노사협조를 기하고 산업평화를 유지하기 위해 노사협의회를 설립해야 한다

7) 이규창, "우리나라 노사협의제의 전개와 경영문화상의 문제", 노사협의제의 연구, KDI, 1983, pp. 6~9.

8) 강석인, 노사관계관리론, 일조각, 1990, pp. 200~210.

고 규정함으로써 노사협의제의 법적 근거가 마련되었지만 개념적, 선언적으로만 규정되어 있어 구체적인 내용이 포함되지 않았다.

1973년에 노동조합법이 개정되어 제6조 1항과 2항으로 나누어졌으며, 제2항에서 노사협의회는 단체협약 또는 취업규칙의 범위 내에서 생산, 교육, 훈련, 작업환경, 불만처리, 협의회의 운영 등에 관해 필요한 사항을 협의한다고 규정하여 노사협의회의 협의사항을 구체화하였다. 그리고 1974년에 노동조합법이 개정되어 제6조 2항에 노사협의회의 협의사항으로 노사분규의 예방이 추가되었다.

1980년에는 노사협의회법이 처음 제정되어 노사협의제도가 강화되었다. 1987년에는 노사협의회법이 개정되어 노사협의회의 자율성을 확대하고 그 기능을 활성화하기 위해 위원의 결격사유, 관계 공무원의 의견진술서, 노사협의회 해산 및 위원개선명령권 등을 각각 삭제하고, 사용자에게 근로자위원의 선출방해를 금지하였으며, 사용자가 노사협의회의 정기회의에서 보고, 설명하는 사항을 보완하였다.

1988년에는 노사협의회법 시행령이 개정되어 노사협의회를 의무적으로 설치해야 하는 사업장의 범위가 확대되었고, 근로자위원의 선출방식을 간접 선거방식에서 직접 선거방식으로 전환하고 사업의 특수성에 의해 부득이한 경우에는 간접선거로 선출할 수 있도록 하였다. 그 이후 1997년 3월 노사협의회의 기능강화를 통해 근로자의 경영참가를 촉진하기 위해 기존 노사협의회법을 근로자참여 및 협력증진에 관한 법률로 개정하였다.[9)]

노사관계는 대체로 전제적 노사관계로부터 출발하여 가부장적·온정적 단계를 거쳐 민주적 노사관계로 발전되고 있다. 이와 같은 노사관계의 단계적 변화는 사회변화와 맥을 같이하는데 노사관계의 민주화는 흔히 산업민주화라고 한다. 즉 정치적 근대화 이후 전통적 권위의 지배구조가 무너지고 계층 간의 평등의식이 성장하면서, 기업주에게 종속적 위치에 있던 근로자들도 그들의 위치를 새롭게 인식하고 기업 내의 주체적 지위를 확보하려고 했다.[10)] 이러한 산업민주화에 의한 민주적 노사관계가 요청되고 촉진되게 된 데에는 몇 가지 사회적

9) 김석현·정재훈, 노사관계론, 학현사, 1999, pp. 469~470.
10) 박운성, 전게서, pp. 364~367.

배경이 깔려 있다.[11)]

1 근로자 입장에서의 상황 변화

종래 근로자들을 하나의 노동계급으로 결합시켜 온 것은 노동의 동질성과 근로자의 빈곤 및 공통적인 불평·불만 등이었으나, 그러한 것들이 오늘날은 많이 변화하고 있다. 노동은 전문화되고, 다양화해져 전에 없이 이질성을 띠고 있다.[12)]

불평·불만도 과거와 같이 그것을 토로하거나 호소할 길이 없는 것이 아니고 여러 가지 방도로 그들의 의사를 발표하고 반영시킬 수 있게 되었다. 뿐만 아니라 과거에는 근로자는 평생을 일반근로자로 지내야 할 처지에 있었지만, 오늘날 근로자는 노력만 하면 감독자 → 관리자 → 경영자로 점차 높은 지위로 올라갈 수 있는 기회가 늘어가고 있다.

2 사용자 입장에서의 상황 변화

사용자측에서도 사정이 달라지고 있다. 즉 종래 사용자의 기업목표는 낮은 수준의 노동코스트를 통해 이윤 극대화를 도모하였으나, 경제적·사회적 환경 변화에 따라 적정이윤 중시주의로 기업목표를 전환시키지 않을 수 없게 되었다. 따라서 임금제도 개선을 통해 노동생산성을 높일 수 있다면 구태여 저임금을 고집하지 않는다. 즉 고생산성·고임금의 정책으로의 방향전환이 이루어지고 있다. 또한 과거에는 노사관계에 있어서도 노동조합이 주로 공세에 서고, 사용자는 수세에 섰지만, 지금은 유능한 노동문제 전문 스태프를 두고 사용자가 노사관계를 리드할 만큼 발전하였다. 그 결과 대부분의 사용자는 노동조합의 위치를 이해하고, 적대적 존재가 아니라 파트너로서의 역할을 인정하여, 적극적으로 공존관계를 이루어 가고자 노력하게 되었다.

---

11) 이준범, 전게서, pp. 381~388.

12) 강석인, 전게서, p. 233.

3 노동조합기능 확대

노사관계 자체의 변화와 더불어 노동조합도 여러 가지 면에서 그 성격을 달리하고 있다. 우선 노동운동이 상당한 정도로 성장하고 원숙해지자, 노동조합의 기능도 종래의 경제적 지위 향상에만 머물지 않고, 정치·사회 분야에까지 확대되고 있다. 이와 같이 노동조합의 활동범위가 확대됨에 따라 근로자의 경영참가 요구를 자극하게 되었고, 그로 인해 자연스럽게 받아들여지게 되었다.

4 기술혁신에 따른 문제점에 대한 노사공동대처의 필요성 증대

기술혁신과 생산성 향상은 근로자의 적이라 여겨 극렬한 반대에 봉착했던 것이 일반적인 현상이었다. 그러나 노사가 근본적으로 반대해야 할 성질의 것은 아니다. 왜냐하면, 그것은 궁극적으로는 노사에 이익을 가져다 줄 뿐만 아니라 사회 전반에 대해서도 이익과 번영을 가져다주기 때문이다. 따라서 기술혁신은 우리가 다 같이 노력해서 바람직한 방향으로 발전시켜 나가야 한다. 그러나 이것도 하나의 혁명인 이상 과도기적으로 어떤 희생이 뒤따르게 된다. 문제는 그 희생을 최소한 줄이고, 또 사회전체가 이것을 어떻게 공평하게 양성하고 신속하게 대처해 나가느냐에 있다.

기술혁신에 의해 가장 먼저 그 이익을 누리는 사람이 사용자라고 한다면, 가장 먼저 많은 희생을 입을 수 있는 자는 근로자가 될 수 있다. 왜냐하면 기술혁신은 인력의 절감과 기술의 진부화 등으로 인하여 실업, 배치전환, 더 나아가서는 노동 강화 등의 현상을 초래하게 된다. 결과적으로는 격렬한 노사분쟁을 유발하고, 생산성 향상에는 오히려 역효과를 초래하게 된다. 이와 같은 문제해결을 위해서는 노사 간에 충분한 대화가 필요하다. 그리고 문제해결을 위한 대화로는 전통적인 단체교섭의 방식은 적당하지 않다. 왜냐하면 단체교섭은 노사 간에 이해가 상반되는 문제를 다루기 위해 마련된 제도이기 때문이다. 한편 생산성 향성이란 노사 간에 이해를 같이하는 협조관계에서만이 가능한 것이다. 따라서 '상호화해'가 아니라 '상호이해'를 목표로 하는 대화를 통해 기술혁신과 생산성 향상을 통해 증대된 경영성과를 노사 간에 공정하게 배분할 수 있는 성과배분의 길이 마련되어야 한다.

5 기계적 인간관에서 사회적 인간관으로 변화

1930년대에서부터 등장한 인간관계론은 경영관리제도에 중대한 변형을 가져오기 시작했다. 즉 종전의 과학적 관리론에서는 인간의 기본적인 작업 동기는 임금에 있다고 가정하고, 그들에게 필요한 것은 관리자에 의한 철저한 과업관리와 감시·감독이라 생각하였다. 그러나 호손실험을 계기로 생산성을 좌우하는 것은 종업원의 사기와 직무에 대한 만족감이라는 것이 인식되었다. 여기에서 생산의 협력자인 근로자가 자발적·능동적으로 경영에 참가할 때에 사기와 만족도가 고양되고, 생산성이 향상되어 기업발전에 기여한다는 것이 입증되었다.

6 사회적 책임에 대한 중요성 인식

조직규모가 거대해짐에 따라 사회적 책임이 중요하게 대두되고 있다. 당초 노사 간의 문제는 그들 상호간의 이해에 관계된 일종의 사적 문제로 여겨져 그 해결은 당사자들의 자유의사에 맡겨졌다. 그러나 오늘날 기업이 대규모화되고 거기에 대응해서 조합 역시 규모가 커짐에 따라 노사관계가 국민경제에 미치는 영향이 더욱 커지게 되어 노사 간의 노사분쟁은 단순히 어느 당사자 간의 사적분쟁으로만 볼 수 없게 되었다. 따라서 노사쌍방은 각기 자신의 사회적 책임을 인식하고, 필요 이상의 분쟁행위를 가능한 한 회피하고, 노사 간의 문제를 될 수 있으면 이성에 입각한 대화를 통해서 평화적으로 해결하지 않을 수 없게 되었다.

위와 같은 사회적 배경 속에서 산업민주화가 성장해 왔으며, 이러한 성장과정에서 노사협의제 역시 발달하였다. 이렇게 성장한 산업민주화의 노사관계는 크게 두 가지 형태로 발달하였다. 하나는 '경쟁적 형태'로서 노사는 상호 대등한 입장의 경쟁의식 속에서 교섭하는 것으로 영국과 미국에서 발달하였다. 다른 하나는 노사가 경쟁·대립이 아닌 협력관계를 가지며 '공동의사결정'의 형식을 통하여 기업 내 노사문제를 해결하는 형태로서 주로 독일을 중심으로 하여 발달하였다.[13)]

노사협의제도의 목적과 정신은 노사의 공동체원리를 기반으로 하고 있기 때문에 투쟁적 성격보다는 협동적 성격을 내포하고 있다.

우리나라의 노사관계는 전통적으로 전제적 노사관계와 가부장적 노사관계가 혼재해 오다가 1970년대 이후 경제성장에 따른 산업의 국제화와 사회구조의 변화에 따라 민주적 노사관계의 수용과 정착에 진통을 겪어 왔다고 할 수 있다.

제 2 절

각국의 노사협의제

1. 영국의 노사협의제

산업혁명이 제일 먼저 일어난 영국은 노사관계의 역사도 가장 오래된 나라이다. 1824년에 '단결금지법'이 폐지되고, 1833년에 최초로 공장법이 성립되었으며, 1871년에는 노동운동을 용인하는 '노동조합법'이 제정되는 등 수많은 법과 제도에 의해 19세기 말에 이미 노사관계가 정착되었다.[14)]

종래 영국에서는 단체교섭이 산업별노조와 사용자 간에 행해지고, 기업수준의 단체교섭이나 분쟁처리는 어용조합주의라는 비난을 받아 기업수준에서 노사협의제를 기대하기가 어려웠다.[15)] 노동조합은 협의에 의한 노사 간의 책임분

13) 최종태, 전게서, pp. 150~152.

14) M. Derber, Collective bargaining : The American Approach to Industrial Democracy, *Annals*, *AAPSS*. 431. May, 1977, p. 83.

15) 末元進一郎, 勞動組合と經營參加, 東京, 森山書店, 1986, p. 44.

담이 노동조합의 기능과 활동에 장애를 초래할 것을 우려하여 외부에서 기업에 대한 비판의 자유를 확보하고 그들의 단체 교섭력을 활용하여 자신의 이익을 지키려 하였다.

제1차 세계대전 중에 공식적으로 개개의 기업에 설치되었던 노동조합이 일시적으로 쟁의권을 포기했기 때문에 노동조합을 대신하여 근로자의 생활보호를 추진하기 위해서 비공식의 투쟁담당기관인 직장위원회가 직장마다 설치되고, 어떤 산업에서는 이러한 직장위원회가 노동협약에 따라 노동조합의 말단 조정기구가 되었다.

제1차 세계대전 중에 기계공장, 조선소나 조병공장을 중심으로 대규모 파업이 발생했는데, 이 파업은 직장위원회가 주도했다. 이 파업은 조병공장에서 전국협약에 의해서 결정된 임금인상이 공장의 사정에 의해 지연된 것이 원인이 되었다. 여기에 영국의 전통적인 단체교섭의 결함이 나타났던 것이다. 결국 횡단적인 단체교섭은 산업별·직종별의 어느 것을 막론하고 임금이나 근로조건은 전국 또는 지역 수준에서 노동조합과 사용자 단체사이에 단체교섭이 이루어지지만 거기에는 개별기업의 특수한 임률이나 근로조건은 결정할 수가 없는 것이다. 이 파업을 계기로 각 공장단위에는 숍 스튜워드의 손에 의해서 직장위원회나 공장협의회 등이 설치되어 공장별로 단체교섭을 하게 되었다. 그와 동시에 1917년의 러시아혁명의 영향을 받아 공장협의회에 의한 참가를 통해 산업민주주의를 실현하려는 움직임이 일어났다. 이런 사태에 대처하기 위해서 휘트리위원회(Whitley Committee)가 조직되었다. 휘트리위원회는 노사대표로 노사협의회를 구성하여 노사의 이해가 공통하는 문제를 협의하고 노사협의회를 전국단계·지역단계·기업단계에 설치할 것을 제안했다.

그 후 제2차 세계대전 중에는 근로자의 불만을 해결하고 군수산업을 육성시키기 위해 합동생산위원회가 설치되었는데 전후에도 그 필요성을 느껴 전국합동자문회의는 합동생산위원회를 미설치한 기업에 합동협의기구의 설치할 것을 제안하였다.[16] 이들 노사협의기구는 임의적, 자문적 성격이었으나 국유산업

16) H. A. Clegg & T. E. Chester, "Joint Consultation" in Allen Flanders and H. A. Clegg(ed.), *The System of Industrial Relations in Great Britain*, 1969, pp. 342～343.

에는 법령에 의해 협의기구를 의무적으로 설치하도록 하였다.

1950년대 이후에는 생산성교섭이라고 하여 직장의 생산성과 임금이 교섭의 대상이 되었다. 1965년에는 노동조합과 고용단체에 관한 왕립위원회가 임명되어 1968년에 보고서를 제출하였다. 이 위원회는 도노반 경을 비롯한 노사문제에 대한 경험자 12명의 명의로 통칭 '도노반 리포트'(Donovan Report)라고 부르는 보고서를 제출하였다. 이 보고서는 근로자중역제를 민간 기업에 법제화할 것을 제안했다.

1975년 8월 쇼아(J. P. Shoar) 상무장관이 사기업에 있어서 취재역회에의 대표제에 관한 문제의 자문위원회를 설치할 것을 하원에 발표했다. 그래서 브록크(Bullock)를 위원장으로 하여 사용자측 위원 3명, 근로자 측 위원 3명, 중립적 입장의 학자 출신의 경험자 3명이 각각 위원으로 임명되었다.

브록크위원회는 노동당 정부가 노동조합의 이사회에 대표자 참가를 희망하는 것을 인정해서 그 방법을 정부에 자문을 한 것이다. 결국 브록크위원회는 민간 사기업에 노동자중역제를 도입하기 위한 구상을 검토한 것으로 볼 수 있다. 이 브록크위원회는 1977년 1월에 산업민주주의에 관한 조사위원회 보고서가 제출되었다. 이 보고서는 통칭 '브록크 리포트'(Bullock Report)라고 부른다.

결론적으로 영국의 노사협의제도는 자유방임주의의 전통에 따라 거의 모든 노사관계제도가 비법률적 유형으로 발전되어 왔다. 국유화사업법에 노사협의기구가 규정되어 있으나 설치 여부는 단체협약에 일임하고 있고 위틀리형 노사협의제도 같다. 따라서 영국에서는 국유화사업과 공동기관의 노사협의제도는 상당히 진전되었으나 사기업에서는 활발하지 못하였다. 특히 1950년대 이래 직장교섭의 발전에 따라서 공식적 기구를 통한 노사협의제도는 약화되고 있다. 특히 공장수준에서의 임금 기타 근로조건, 작업방식, 직장환경 등의 변경을 단체협약의 방식으로 일괄하려는 생산성 교섭의 기능이 강조되면서 단체교섭과 노사협의에 대한 종래의 구별이 점차로 불명료해지고 실질적으로 단체교섭의 범위가 확대되는 경향이 나타나게 되었다.

심지어 맥카시(W. E. McCarthy)는 '노사협의제는 조직의 효율적 운영에 따라 더 이상 존속할 수 없다'라고 단언하고 있으며,[17] 일반여론 또한 노사협의제도보다는 단체교섭(특히 직장교섭)의 확대 강화에 찬성하고 있다. 도노반 보고서(Donovan Report)에서도 적절한 단체교섭은 근로자들의 권익을 옹호하는 가장 효과적인 수단이기 때문에 단체교섭의 범위와 노조 조직을 확대하는 것이 중요하다고 지적했다.

영국에서는 일찍부터 노동조합이 노사협의제도에서 능동적인 역할을 수행하고자 노력했고 실제로 크게 성공하였다. 전국단위나 지역단위의 노동조합의 경우는 그것이 다분히 형식 기구화하여 기업 일선의 근로자들과는 상당한 거리가 있는 까닭에 각 직장의 근로자나 노조의 하위단위의 요구를 충실히 반영하지 못하는 문제도 있다. 따라서 산업수준에서 이루어지는 단체교섭을 기업의 실정에 맞도록 운영하기 위해 노사협의제를 두고 있다.[18] 그리고 영국에서도 노동조합의 힘이 약한 기업에서는 노사협의제가 제대로 역할을 하지 못하고 있다. 그러나 영국의 노사협의제도는 근로자들의 고충을 해결하는 기구로서 단체교섭에서 불가능한 영역에 대한 경영참가기구로서 그리고 기업 목적달성을 위해 근로자들의 기업에 대한 관심과 필요한 인식을 갖게 하는 기구로서 역할이 기대된다.

2. 미국의 노사협의제

미국에서는 노사협의제 형태는 거의 찾아볼 수 없고 대신 단체교섭을 중심으로 행해졌기 때문에 근로자의 경영참가는 다른 나라에 비해 발전하지 못했다.[19]

즉, 미국은 기업경영에 있어 노사 간의 문제는 대화보다는 단체교섭을 통해

17) W. E. McCarthy, "The Role of Shop Steward in British Industrial Relations" in Royal Commission on Trade Union and Employers Associations, *Research Paper*, No. 1, 1978, p. 33.

18) G. David Garson(ed.), *Worker Self-Management in Industry-The West European Experience*, New York, Prager Publishier, 1977, pp. 99~102.

19) G. S. Wakins, *The Management of Personnel and Labor Relation*, 2nd ed., New York, 1950, p. 855.

노동협약의 범위 내에서 처리하려고 한다.[20)]

만일 대화를 하려고 생각한다면, 단체교섭을 통해서 노동협약의 범위 내에서 처리할 수 있다고 생각하는 것이다. 노동조합측도 마찬가지로 근로자의 고용조건에 영향이 있는 경영상의 결정에 단체교섭을 통해 이의를 제기할 수가 있다.

요컨대 경영은 경영자에게 전적으로 맡긴다는 사고가 미국의 노사 간에 일반화되어 있다. 노사가 이와 같이 생각하게 된 원인 중에 하나는 1920년대 초기에 신디칼리스트에 의해 서구형의 공식적인 경영참가와 비슷한 것이 제창되었는데, 그의 급진적 주장은 이 방식에 대해 극도의 혐오감을 노사에 주었다. 특히 근로자중역제에 대한 거부반응을 노사가 갖게 했던 것이다. 미국에서 처음으로 도입된 경영참가의 형태는 종업원대표제(employee representation plan)이다. 미국에서는 19세기 말 이래 건설·인쇄·철도·석탄·철강·기계공장 등의 분야에 노동조합의 형성이 급속히 진전되어 노동운동이 발전하였다. 그 당시에는 조합운동, 특히 단체교섭에 대해 법적인 보호가 인정되어 있지 않아 경영자의 노동조합에 대한 억압이 심했다. 그러나 제1차 세계대전 중 전시생산의 확보를 위해서 노동조합의 협력을 얻지 않으면 안 되었다. 이와 같이 높아가는 노동운동이나 노동조합의 세력을 막으면서 근로자대표에게는 호의를 보이고 근로자의 협력을 얻으려는 안건이 제안되어 종업원대표제가 실행된 것이다.

이 종업원대표제는 '어용조합'이라고도 불리어졌다. 이와 같은 경영자 측의 속셈은 노동조합을 배제하려고 했기 때문에 본래의 의미에서의 경영참가라고 할 수 있는지의 여부에 의문이 남아 있다.

미국에서는 다른 국가와는 달리 노사협의제 등 별도의 제도가 없어 단체교섭제도와 고충처리기구를 통해 경영참가와 노사협조를 기대할 수 있다고 생각했다. 더버(M. Derber)는 "단체교섭은 생산민주주의(경영참가)를 실현시키기 위한 미국적 방식"이라고 하여 결국 경영참가는 단체교섭, 혹은 단체교섭을 중심으로 해서 충분히 달성할 수가 있다고 보았다.

20) 최종태, 전게서, pp. 377~382.

1933년에는 전후의 대공황의 타개책으로 국가산업부흥법(National Industrial Recovery Act)이 제정되어 최저임금제, 최장근로시간제, 노동3권의 법 등에 힘입어 노동조합의 조직이 활발하여졌는데, 1935년 '와그너법'(National Labor Relation Act)이 사용자의 부당노동행위를 금지하는 입법을 제정함으로써 '어용노조'를 해산시켰다. 그러나 노동조합의 공세가 강화되고 쟁의행위가 증가함에 따라 쟁의회피를 위하여 노사협의제의 기능이 중시되고 특히 사용자측이 그 보급을 촉진하는 경향이 나타났다. 반면 근로자 측은 단체교섭제도의 확립과 유리한 단체협약의 체결에 노력하고 노사협의의 문제에는 별 관심을 가지지 않았다.

미국에서는 노사의 기본적인 사고방식은 노사가 상호간에 존중하고 상호불가침의 원칙을 전제로 하여 노사의 문제를 단체교섭만으로 처리할 수가 있고, 처리하려고 했다. 더욱이 단체교섭을 보강하는 것이 고충처리기구(grievance machinery)이다. 단체교섭에 있어서 협상을 통한 협의체결은 노사협약을 성립시키기 위해 활동하는 입법적 활동이라고 본다면 기업의 고용관계관리(협의의 인사관리)는 협약실시를 위한 행정적 활동이며, 협약의 해설적용에 관한 동법적 활동은 고충처리 및 중재를 주축으로 한 협약처리가 된다. 이와 같이 체결된 협약을 어떻게 해석·적용하며 관리할 것인가, 즉 단체협약의 해석과 적용을 둘러싼 개인적인 불평·불만 등 분쟁해결을 위하여 단체교섭과는 별도의 기구로서 설치된 제도가 고충처리제도이다. 이 고충처리절차는 노동협약의 해석을 둘러싸고 일어나는 노사분규를 평화적으로 해결하며 노사 간의 오해를 바로 잡아 원만한 노사관계를 유지하는 기구로서 중요한 역할을 수행하는 것이다.

미국의 노사협의 제도를 종합적으로 평가해 볼 때 미국의 노동조합이나 근로자들은 이데올로기의 체취가 나는 근로자의 경영참가 방식에 대해 부정적이기 때문에 근로자의 경영참가에 대한 확대가 노동조합의 단체교섭 기능을 확대하는 것으로 생각하고 있다. 따라서 미국의 노사협의제도는 노사 간 자율적 합의, 즉 단체협약에 기초하여 설치·운영되는데 전쟁이나 불황과 같은 위기의 시기에 활발하였으며 주로 노사의 공동관심사인 특정 문제를 공동으로 협의, 연구, 건의하기 위한 위원회조직으로 운영되었다.

미국의 노사관계가 단체교섭과 고충처리라는 두 가지 제도를 근간으로 하는 소위 two-way system을 발전시켜 가면서도 단체협약의 대상이 새로운 공장의 설치, 시설의 기계화, 작업과정의 변경, 직무분석, 배치전환, 재훈련계획 등으로 확대되고 있는 것은 미국식의 협력적 노사관계의 발전현상으로 볼 수 있다.

3. 독일의 노사협의제

독일은 제1차 세계대전 말 러시아 혁명의 영향을 받아 사회화운동이 일어나기 시작하였다. 그 사회화운동이 과격한 방향으로 나아가는 것을 저지하기 위하여 노사 간에 협정이 체결되었는데, 그러한 노사 간의 협력정신은 1919년의 바이마르헌법에서 보다 구체적으로 제도화하였다.[21]

이 바이마르헌법의 근거에 따라 1920년에 경영협의회법이 제정됨으로써 부분적이기는 하나 경영협의회에 대해 공동결정제가 법적으로 인정되었지만 나찌 정권에 의하여 폐지되고 말았다. 경영협의제도는 산업민주주의 이념과 노사 협력적 경영공동체사상을 함께 구현하려는 제도로서 매우 획기적으로 독일 노사관계제도에 큰 영향을 미쳤다.

1952년에는 다시 경영조직법이 제정되었는데 이것은 사실상 1920년의 경영협의회법을 계승한 것으로 종업원 5명 이상의 모든 기업에서는 경영협의회를 설치하고 감사역회에 근로자대표의 3분의 1이 참가하는 형태로서 근로자의 경영참가가 크게 진전되었다. 그 후 1972년에는 경영조직법의 전면 개정이 이루어졌는데 이 경영조직법에서 근로자 경영참가의 내용이 더욱 확대되었다.

1976년에는 신공동결정법이 성립되었는데 이 법률에 의해서 종업원 2,000명 이상을 고용하는 모든 기업에 있어서는 감사역회의 구성을 노사 동수로 하게 하였다. 독일의 감사역회에서의 근로자 참가방식은 석탄·철강업의 근로자 1,000명 이상의 기업에서의 감사역회에 근로자 대표가 2분의 1로 참가한다. 석탄·철강업 이외의 근로자 2,000명 이상의 기업에서는 감사역회에 근로자대표가 2분의 1로 참가한다. 주식회사 및 근로자 500명 이상의 기타의 기업에서는

21) 占部都美, 經營參加と日本的勞使關係, 白桃書房, 昭和52, p. 9.

감사역회에 근로자 대표가 3분의 1로 참가하는 등 세 가지 방법이 있다.

독일의 공동의사결정제는 근로자를 경영과 대립된 힘으로 보지 않고, 근로자가 경영에 참여하여 의사결정의 권리와 책임을 지는 경영참가의 제도라고 할 수 있다. 이와 같이 노사공동의사결정을 수행하도록 하는 경영조직상 기구로는 다음과 같은 네 가지를 들 수 있다.[22)]

1 감사역회(Aufsichtstrat)
2 경영협의회(Betriebsrat)
3 경영(제)위원회(Wirtschaftsausschub)
4 경영총회(Betriebsversammlung)

이 중에 근로자의 경영참가에 의한 산업민주화의 핵심적인 기구는 경영의 전략적 의사결정에 참여하는 감사역회와 관리·업무적 의사결정에 참여하여 경영참가제도를 확립시키는 경영협의회라고 할 수 있다.

(1) 감사역회

공동의사결정의 가장 핵심적인 기능을 담당하는 기구가 바로 감사역회이며, 그 밑에 이사회가 있어 일상 운영업무를 담당한다. 이를테면 독일의 기업은 영·미의 기업과는 달리 감사역회라는 최고의 결정기구가 경영을 담당하는 이사회(중역회) 위에 있고, 이는 노사양측에서 원칙적으로 동수의 비율로 구성된다는 데 특징이 있다. 즉 독일식 주식회사는 주주총회, 감사역회, 이사회(중역회)의 세 통치기구로 구성된다.[23)]

이 세 기구의 기능과 권한은 법에 의하여 명확히 규정되어 있다. 즉 경영의 실무를 담당하는 이사회는 기업의 일상적인 운영에 책임을 지고, 감사역회의 감사를 받아야 하며, 감사역회에 대해 경영 상태와 계획된 활동에 관한 정보를 제공해야 한다.

감사역회는 기업 활동을 조사하고 평가하여 질의에 대한 특별보고서와 회

22) 김규태, 전게서, pp. 566~570.

23) 岸田尙友, 經營參加の社會構造, 東京, 廣文社, 昭和53年, p. 187.

답을 제출할 것을 이사회에 명령할 권한을 갖는다. 감사역회는 일상적인 업무를 담당하지는 않지만, 중대한 투자와 같은 중요한 기업 활동은 감사역회의 동의 없이는 이루어질 수 없다. 만약 감사역회가 승인을 보류하는 경우에는 이사회는 주주총회에서 4분의 3 이상의 찬성을 얻어야 수행할 수 있고, 이사회는 동시에 감사역을 맡을 수 없다.[24)]

따라서 감사역회의 주요 업무는 이사의 선임(임기 5년), 주요 경영전략(예를 들어 투자·재무·인사 등)의 결정, 경영에 대한 조사 및 평가 등 세 가지로 요약할 수 있다.

독일의 기업은 종업원 수 및 업종에 따라 공동의사결정의 유형 및 감사역회의 구성을 달리하고 있다. 1차적 분류로는 광산 및 철강 산업으로서 공동결정법의 적용을 받는 기업과 일반기업으로 분류된다. 그 다음 2차적으로 일반기업을 다시 종업원 수에 따라 2,000명 이상으로 신공동결정법의 적용을 받는 대기업과 500~2,000명 사이의 중소기업 및 500명 이하의 영세기업으로서 경영조직법의 적용을 받는 기업으로 분류된다. 따라서 감사역회의 구성도 광산 및 철강기업·대기업·중소기업에 따라 그의 내용을 달리하며 영세기업에는 적용되지 않는다.

(2) 경영협의회

감사역회 이외에 경영참가에 중요한 역할을 담당하는 기구가 경영협의회이며, 경영조직법의 규정에 따라 상근 근로자 5명 이상인 사업장에서는 모두 경영협의회를 설치하여야 한다.[25)]

다만 이 기구는 노사쌍방이 모여 공동으로 구성하지 않고 종업원들이 선출한 그들의 대표, 즉 종업원들로서만 구성되고 또는 노동조합과는 별개라는 데 특색이 있다. 위원의 임기는 3년이며, 위원의 수는 경영규모에 따라 다르나, 어느 경우에 있어서도 이해관계를 달리하는 그룹별로 각기의 대표자를 선출하도록 되어 있다.[26)]

24) 이준범, 전게서, p. 520.
25) 경영조직법 제1조.
26) 경영조직법 제21조, 이준범, 전게서, p. 522.

한편 감사역회가 경영의 상위의사결정단위인 전략적 의사결정에 적극적으로 참여하는 조직인 데 반하여 경영협의회는 경영의 하위의사결정단위인 관리 및 업무적 의사결정에 참여하는 기관이다. 따라서 경영협의회는 경영에 관계된 종업원들의 의견 내지 요구를 종합하여 사용자측에 제시한다. 그러므로 경영협의회의 역할 중 첫째의 기능은 종업원의 복지향상과 더불어 경영생산성 향상을 위한 제안 및 공동결정을 하는 것이다. 즉 주로 종업원의 고용 및 사회복지 및 인사문제에 대하여 경영층에게 제안하고 협의하며 또 공동으로 결정한다. 물론 경영, 사회 및 인사 문제 이외에 경제적 사항, 즉 생산 증진을 위한 새로운 작업방법의 도입, 업무차원의 조직변경 등에 대한 협의와 공동결정도 한다.

사용자는 기업경영에 있어서 법에서 정하고 있는 네 가지 사항, 즉 사회적 사항, 인사적 사항, 경제적 사항 및 기타 사항에 관해서 협의를 하도록 하고 있으며 그중에서도 특히 사회적 사항과 인사적 사항에 관해서는 경영협의회와 협의를 반드시 하도록 되어 있다.

경영조직법은 사용자와 경영협의회는 단체협약의 범위 내에서 신의를 가지고 노동조합과 사용자 단체와 협력하여, 경영과 종업원의 이익을 위하여 공동으로 노력해야 한다는 규정을 두어 경영 내의 노사관계에 있어서 노사공동의 기본원칙을 밝히고 있다. 따라서 사용자와 경영협의회는 분쟁의 문제에 대해 성의를 가지고 이견을 좁혀 합의에 도달하도록 노력해야 하며, 양자 간에는 쟁의행위가 허용되지 않고 있다. 사용자와 경영협의회 간에 견해의 차이가 해소되지 않을 경우 자율적으로 설치된 중재기구 또는 노동법원을 통해 이를 해결하도록 되어 있다.[27)]

(3) 경제위원회

경영협의회와 기업자 간의 신뢰성에 입각한 협동을 촉진하고 경제적 사무에 관한 상호통보를 확보하기 위해 상시 종업원이 100명 이상 되는 기업체에서는 경영협의회와는 별도로 경제위원회가 설치되며, 4~8명의 근로자 수로 구성된다. 이는 경영자와 경영협의회 간의 상호신뢰 및 협력관계를 촉진하기 위하여

27) 최종태, 전게서, pp. 466~469.

매월 1회의 회합을 갖고 기업의 경제적 사항, 즉 제조공정, 작업공정, 생산계획, 기업의 경제상황, 생산 및 판매상황 그리고 종업원에게 중대한 영향을 주는 문제에 대한 기초 자료의 보고를 듣는다.

(4) 경영총회

경영총회는 근로자들이 전체적으로 모이는 것을 말한다. 경영협의회는 매 4분기마다 경영총회에 활동보고서를 제출하여야 하는데, 경영총회는 종사하는 모든 종업원이 참가하여 이루어진다. 현재 독일 전 산업에서 절대적으로 중요한 위치를 차지하고 있는 기업의 유형은 신공동의사결정법(1976년 제외)의 적용을 받는 종업원 2,000명 이상의 일반기업이다.

4. 프랑스의 노사협의제

프랑스는 서구에서 가장 먼저 근로자의 경영참가를 법제화한 나라이다. 그리고 근로자의 경영에 대한 참가형태는 특히 국유산업에 있어서 고도화되어 있고 협력기구에 대해서는 사회 각 방면의 분야에까지 광범위하게 전개되어 있다. 국유·사유의 모든 산업을 통해서 행해지고 있는 경영참가 혹은 노사협의제는 모두 법률에 의하여 제도화되고 있다.

프랑스의 노사협의기구의 대표적인 것은 종업원대표제와 기업위원회이다.

(1) 종업원대표제

프랑스에서 종업원대표제(Employee Representation)의 사상이 생긴 것은 19세기 말로 그 당시에는 노사의 접촉기관으로 노동조합과는 관계없이 설치·운용되었지만 그 후 조합의 지배하에 들어오게 되었다.

종업원대표제는 상시 10명 이상의 종업원을 고용하는 경우에 강제로 설치되었고, 위원의 수는 사업장에서 사용되고 있는 종업원의 수에 의하여 각각 법률에 의하여 정해졌는데, 종업원 11명 내지 25명인 경우에는 1명의 위원을, 종업원 501명 내지 1,000명인 경우에는 9명의 위원, 그 이상은 50명을 초과할 때마다 1명을 추가하도록 되어 있다.

종업원대표제의 권한사항을 살펴보면 다음과 같다.[28)]

1 근로조건 및 법령의 적용에 관하여 개인적 또는 집단적 불만이 있을 때 이를 사용자에게 전달한다.
2 근로감독관에게 법률적용상의 불만 및 의견을 통보한다.
3 사업장에 경영협의회가 설치되어 있을 경우에는 경영협의회에 주어진 모든 권한 내의 사항에 대하여 종업원의 의견 및 제안을 전달한다.
4 공장위원회가 없을 때에는 이를 대신하여 생산증강 및 기업 내의 조직 전반에 관하여 문제를 제안한다.
5 월 1회 이상 사용자와 정기적으로 회합할 권한을 가지며, 위원의 신분에 대하여 특별보장규정이 있다.

(2) 기업위원회(경영협의회)

기업위원회제도는 1945년 대통령령으로 제정되어 1946년에는 법률로서 제도화되었고, 그 뒤 1966년에 개정으로 기업위원회의 권한이 확대되었다. 이 위원회는 법률상 노동조합과는 구별되며, 50명 이상의 근로자를 고용하는 공업·상업·관공서·자유업·국영기업·산업의 성격을 지닌 농업 및 기타 단체에 강제로 설치된다. 기업 내에 여러 개의 공장 및 사업장이 있을 때에는 50명 이상의 근로자를 가진 각 공장 및 사업장에 기업위원회를 두고, 각 독립된 기업위원회의 대표로 구성되는 중앙기업위원회를 설치하게 된다. 50명 이하의 근로자를 고용하고 있는 사업장에서는 경영자와 근로자의 협정에 의하여 기업위원회를 설치할 수 있고 그 이외에 관계 장관의 명령이 있을 때에는 의무적으로 이를 설치해야 한다.

기업위원회는 기업주와 근로자대표로 구성되는데 기업주 자신 또는 그 대리인이 의장이 된다. 근로자대표위원의 수는 근로자 50명의 경우 3명을 정위원

28) 박경문·최승욱, 전게서, pp. 293~294.

으로 하고, 1만 명 이상 근로자가 있을 경우에는 11인의 정위원을 둘 수 있다. 그리고 동수의 부위원을 둔다. 그리고 1966년 이후부터 근로자대표위원의 수는 단체협약으로 이를 증가시킬 수 있다.

기업위원회는 사회적 사항에 대하여는 결정권을 갖지만 기술적 사항 및 경제적 사항에 대해 협의권만 갖기 때문에 기업위원회의 권한이 가장 광범하게 미치는 것은 근로조건과 복리후생시설의 전반에 관한 사회적 사항이다. 이 기업위원회의 권한은 다음과 같다.[29]

1. 사회적 사항에 대한 주요 권한은 복리후생시설, 즉 매점, 탁아소, 보호소의 설치관리, 스포츠시설, 협동조합 공동관리, 공제조합, 사택, 양성공을 위한 훈련원, 직업훈련시설에 대한 관리·감독 등이다.
2. 기술적 사항에 대한 권한은 경영주 또는 종업원에 의해 제안된 모든 생산기술 개선에 관한 사항을 검토·협의할 수 있는 권한이다.
3. 경제적 사항에 대한 권한은 협의권만 갖고 있기 때문에 기업경영에 관한 문제를 기업주와 협의할 수 있고, 최소 연1회 경영성과와 다음 연도의 사업계획에 대해 보고서를 받고, 생산제품의 개선안 검토 또한 주식회사인 경우 기업주는 주주총회 전에 손익계산서, 대차대조표 등을 위원회에 제출하여야 한다.

5. 일본의 노사협의제

일본은 노사협의제에 대해서 노동법에는 아무런 규정을 두고 있지 않다. 따라서 노사협의제의 설치는 노동조합과 사용자 사이의 단체협약에 의해 마련되고 있다. 따라서 일본에서의 노사협의는 노동조합의 활동인 단체교섭과 엄격하게 구별하기 곤란하다. 일본의 노사협의기관은 각 사업장에 따라 여러 가지 이름으로 불리고 있는데, 경영협의회·노사협의회·노사간담회·생산협의회·생산

29) 이종법·류태모·윤대혁, 전게서, p. 251.

위원회·공장위원회 등이 그것이다.

일본에서 노사협의제가 경영참가제도의 일환으로서 활발하게 논의된 시기는 1950년대의 고도 성장기였는데, 이 때 일본생산성본부가 발족되면서 생산성 향상에 관련된 노사 간의 문제처리는 노사가 협의해서 해결한다는 방침에 따라 단체교섭과는 명확히 구별된 노사협의제가 새로 탄생하였다.

오늘날 '일본형 경영참가'로 정착되고 있는 일본의 노사협의제도는 오랜 역사적 기초 위에 세워졌다고 할 수 있다. 그러나 당시의 공장위원회는 근로자들의 관심이 높지 않았고, 제2차 대전 중에는 산업 보국화에 흡수됨으로써 단명으로 끝나고 말았다. 따라서 본격적인 노사협의제는 제2차 대전이 끝난 후부터 시작된다고 할 수 있다. 노사협의제도가 하나의 노사관계제도로서 제대로 기능을 발휘하기 위해서는 제도적 존재로서의 노동조합이 있어야만 하는데 일본에서는 제2차 세계대전 전까지 노동조합 자체가 법제도상으로 확립되어 있지 않았기 때문에 노사협의제도가 제대로 발전할 수 없었던 것이다.[30)]

일본의 노사협의회는 노사 간의 유일의 협의결정기관으로서 협의사항은 노동시간, 임금지불방법 및 그 결정기준, 그 외의 노동조건의 적정화에 관계있는 사항, 인사에 관한 사항, 사무의 개선 및 능률에 관한 사항 등 경영 전반에 미치고 있고, 그것은 단체교섭적인 기능까지를 포함한 것이었다.

일본의 노사협의제는 독일·프랑스와 같이 근로자의 경영참가법에 의하여 규정되지 않고 단체협약 내의 사용자와 근로자가 노사협의제에 관한 조항을 규정하여 그 특징 및 개념이 기업별 단위로 통일되어 있지 않다. 이 노사협의회의 규정을 보면 다음과 같다.

1 노사 간의 원만한 관계유지를 위해 노사협의회를 설치한다.
2 노사협의회는 회사와 노동조합 쌍방을 대표하는 각 10명 이상의 위원으로 구성한다.
3 노사협의회는 월1회 정기적으로 회의를 개최할 수 있으며, 회사 또는 노

30) 加藤讓治, "勞使協議制の今日的 意義と課題", 參加社會の勞使協議制, 東京, 日本生産性本部, 1980, p. 93.

동조합의 일방적인 신청에 의해 수시로 개최가 가능하다.

4 노사협의회는 부의사항으로는 협의결정사항 및 고충처리사항 등이 있고 또한 임금 기타 노동조건에 관하여 협의할 수 있을 뿐 아니라, 근로자의 복리후생·안전보건과 나아가 경영문제에까지 광범위하게 협의할 수 있다.

5 회사와 노동조합은 노사협의회의 원만한 운영을 위해 하부기관으로 전문위원회를 둘 수 있다.

6 노사협의회의 협의사항은 필요한 부분을 기록하여 회사와 노동조합이 기명 날인하고 이를 협정서로 할 수 있으며 그 효력은 단체협약과 동일하다.

그러나 일본에서 단체교섭 담당자와 노사협의 담당자는 서로 중복되는 경우가 많아 단체교섭과 노사협의제도는 명확히 구분할 수 없는 상태이다.[31] 일본 노사협의제의 특징은 곧 일본식 경영의 특색이라고 해도 좋을 만큼 경영과 노사협의제도는 상호 밀접한 관련성을 가지고 있다. 일본 경제의 고도성장 요인을 분석한 서구의 연구들도 전후 일본의 신화적 발전은 일본 고유의 협력적 노사관계에 그 원인이 있다고 하였다.[32]

이익 사회적 성격이 강한 유럽의 기업과는 달리 운명공동체적인 성격의 일본기업에서는 노사가 하나의 생활공동체적인 유대감으로 연결되어 있고, 특히 일본의 단체교섭과 노사협의 제도를 사용자와 근로자들이 그 기업 내의 문제를 대항적인 위치에서 협상하는 과정이라는 점에서는 동일하게 인식하게 되었다.

노사협의제의 협의내용으로는 인사적 사항(정원, 채용, 배치, 승진, 훈련, 해고, 징계 등)과 사회적 사항(안전, 위생, 복지후생 등)은 말할 것도 없고, 단체교섭 사항이 되어야 할 임금, 노동시간, 휴일, 휴가, 해고, 정년제 등 노동조건에 관한 사항과 단체협약의 해석과 적용, 고충처리 등에 이르기까지 협의내용이 매우 광범위하다.

31) 김형배, "서독의 경영협의제와 공동결정제도", 한국노동문제연구소, 1977.

32) C. Johnson, *MIT and Japanese Miracle*, Stanford, CA : Stanford Univ. Press, 1982 p. 104.

일본의 노사협의제는 짧은 역사에 비해 성과가 크다는 것에 자만하지 않고 그동안의 경험을 살려 변화하는 상황에 발전적으로 대응해 나아가고 있는 전통적인 가치나 관습을 현대적인 변화에 잘 조화시켜 나가고 있다. 따라서 일본의 노사협의제는 산업민주주의의 보편적 이념을 확대 적용해가면서도 일본적 노사관계의 특성인 공동체원리를 바탕으로 한 협력적인 노사관계의 성공적인 모형으로 계속 발전해 가고 있다.

제 3 절

한국의 노사협의제

1. 연혁

우리나라의 노사협의제는 1963년에 노동법이 처음 개정될 때 노동조합법 제6조 내에 노사협의회제에 관한 규정이 신설되었다. 그 이후 1973년과 1974년의 노동조합법 개정 시에는 동규정이 확대·구체화하였다. 1980년 12월 31일의 노동조합법 개정 시에는 노사협의회법의 독립법률로 제정되었다. 그리고 1987년 11월 28일에는 동법의 개정이 있었다.[33)]

이와 같이 노사협의제가 노동관계법의 개정이 있을 때마다 강화·확대되었는데 그 이유는 노동관계법의 개정 이유 및 배경과 관련해서 이해가 필요하다. 즉 1963년, 1973년, 1974년 및 1980년의 노동법개정의 기본적 동기는 각각 경제성장, 안보 우선정책 등에 따른 사회 안정, 정치적 안정의 확보 등에 있었으며, 노동법의 개정 내용은 어느 경우를 막론하고 투쟁적 노사관계의 지양(쟁의행위

33) 박운성, 전게서, pp. 368~372.

의 제약)을 의도하는 것이었다. 그러나 노사 간의 대화 통로 내지 교섭을 차단할 수는 없기 때문에 평화적인 교섭형태인 노사협의제가 도입·강화되었다. 따라서 우리나라의 노사협의제는 노동법사적 관점에서 볼 때는 투쟁적 노사관계의 제약의 반대급부로서 생성되었다고 할 수 있다. 그 결과 우리나라의 노사협의제는 그동안 단체교섭과의 구별이 명확하지 않은 채 이론상·실제상의 문제에 많은 혼란을 야기되었다. 예컨대 1963년에 개정된 노동조합법 제33조 제4항은 "노사협의회의 대표자는 제1항의 규정에 의한 단체교섭의 대표권을 위임받은 것으로 본다"고 규정함으로써 단체교섭과 노사협의를 확실하게 분리·구별하지 않고 있다. 그러나 동 조항은 1973년에 노동조합법이 개정될 때 삭제되었다. 그러나 1973년의 개정 노동조합법 제6조 제2항은 "노사협의회는 단체협약의 범위 안에서 생산·교육·훈련·작업환경·불만처리·협의회의 운영 등에 관하여 필요한 사항은 협의 한다"고 규정함으로써 여전히 노사협의는 단체의 테두리를 벗어

지금 경영현장에서는 …

상시 근로자 30인 이상 사업장은 노사협의회를 의무적으로 설치하여야 하며, 협의회는 그 조직과 운영에 관한 규정을 제정하고 협의회를 설치한 날부터 15일 이내에 협의회 규정을 제출해야 한다. (협의회규정 미제출시 200만원 이하의 과태료 처분)

▶ **구비서류**

① 협의회 규정 제출서

② 협의회 규정 1부

▶ **제출방법 : 우편 및 방문 또는 인터넷 접수**

〈고용노동부 홈페이지(www.moel.go.kr)
→ e-고객센터 → 민원신청 → 서식민원신청
→ '노사협의회'라고 검색 → 신청 클릭〉

근로자참여 및 협력 증진에 관한 법률(이하 '근참법') 제12조 제1항에 따라 노사협의회는 3개월마다 정기적으로 회의를 개최해야 하고, 사용자가 이를 이행하지 않을 경우에는 근참법 제32조에 따라 200만원 이하의 벌금에 처하도록 규정되어 있다.

나지 못하고 있으며, 동 조항은 1980년의 노사협의회법의 제정과 더불어 삭제되었다. 그리고 1987년 11월 28일의 개정 시 노사협의회의 자율성을 도모하고, 그 기능을 활성화하기 위하여 근로자위원에 대한 결격사유, 관계공무원의 협의회에서의 의견 진술권 그리고 노사협의회의 해산 등을 삭제하여 행정관청의 개입 범위를 축소하고, 근로자위원의 선출시 사용자의 개입·방해 행위를 금지하며, 노사협의회의 협의사항 및 보고사항 등을 보완·확대하였으나 근본적인 문제점은 해결되지 않은 채 상존하고 있다. 이에 따라 노사협의회법은 1997년 3월 13일 "근로자참여 및 협력증진에 관한 법률"로 명칭까지 바꾸어가면서 개정되었다. 그러나 일부 조항이 2010년 6월 4일 개정되어 현재까지 지속되고 있다.

2. 성격 및 특징

(1) 성격

노사협의제는 근로자와 사용자 쌍방이 참여와 협력을 통하여 노사공동의 이익을 증진함으로써 산업평화를 도모하고 국민경제 발전에 이바지함을 목적으로 한다고 근로자참여 및 협력증진에 관한 법률 제1조에 명시되어 있다. 즉 노사협의는 이해와 협조를 바탕으로 하는 노사의 협동적 관계를 수립하기 위한 것이므로 투쟁적 대립구조와는 구별되는 것이며, 참여와 협력에 의한 노사공동의 이익을 증진하는 것이어야 한다. 그러므로 근로자와 사용자는 상호 신의를 바탕으로 성실하게 협의에 임해야 하며(근참협법 제2조), 또한 동법 제3조 1항에는 노사협의회는 한편으로는 근로자의 복지증진과 기업의 건전한 발전을 도모해야 한다고 명시되어 있다.

따라서 노사협의는 단체교섭과 구별되어야 한다. 그러므로 노사협의가 단체교섭화해서도 안 될 것이며 단체교섭이 노사협의에 의하여 영향을 받아 변질되어서도 안 된다. 노사협의회의 노사협의와 노동조합의 단체교섭은 각각 독립해서 각자의 기능을 성실히 수행해야 된다.

(2) 특징

우리나라의 노사협의제는 다음과 같은 특징을 가지고 있다.

1. 법령에 의하여 사업 또는 사업장 단위로 그 설치와 운영이 강제되며(근참협법 제4조 시행령 제2조)
2. 경영관리적 내지 경영참가적 성격을 가짐
3. 근로조건의 결정권이 있는 사업 또는 사업장에는 반드시 노사협의회를 설치하고, 노동조합이 없는 사업 또는 사업장은 근로자를 대표하는 근로자위원을 선출하고, 노동조합이 있는 경우에는 그 노동조합이 위촉하는 자로 하여금 근로자대표위원이 되도록 함으로써 노동조합의 2원적 기능을 전제하고 있으며(근참협법 제4조, 제6조)
4. 노사협의회의 조직과 운영에 관해서는 행정지도와 감독
5. 노동조합과의 관계를 보면 노동조합의 단체교섭 기타 모든 활동은 이 법에 영향을 받지 않는다(근참협법 제5조). 즉 우리나라의 노사협의제도는 경영관리 내지 경영참가적 성질을 띠고 있으면서 노동조합의 단체교섭 기타 모든 활동은 이 법에 의하여 영향을 받지 않다.

3. 설치 및 구성

상술한 바와 같이 노사협의의 목적은 노사쌍방이 상호 협력함으로써 노사공동의 이익을 증진하고 산업평화를 유지하며 국민경제발전을 도모하는 것에 있다. 노사협의회는 노동조합과는 달리 임금 기타 근로자의 대우에 관한 사항을 직접적으로 쟁취하는 것을 목적으로 한다. 이러한 목적을 갖고 있는 노사협의제도의 설치와 구성에 대하여 살펴보고자 한다.

(1) 설치

노사협의회는 근로조건의 결정권이 있는 사업 또는 사업장 단위로 법률에

의하여 그 설치가 강제된다(근참협법 제4조 1항). 그리고 설치 범위는 30명 이상의 근로자를 사용하는 사업 또는 사업장으로 한다(동법 시행령 제2조 1항). 따라서 사용자가 정당한 사유 없이 협의회 설치를 거부하거나 방해를 할 때 벌칙이 적용된다(동법 제30조, 제31조). 그러나 노사협의회를 설치하지 아니할 수 있는 사업 또는 사업장의 범위에 관해서는 시행령으로 정할 수 있도록 규정하고 있으며(근참협법 제4조 1항 단서), 시행령은 그 범위를 정하고 있다(동법 시행령 제2조).

(2) 구성

1 노사동수의 위원으로 구성

노사협의회는 근로자와 사용자를 대표하는 동수의 위원으로 구성되며 그 수는 각 3인 이상 10인 이내로 한다(근참협법 제6조 1항). 그리고 노사협의회의 구성은 노사 양자의 협의체이며, 근로자위원과 사용자위원을 동수로 한 것은 노사대등의 원칙에 입각하여 민주적으로 운영하기 위함이다.[34] 또한 협의회를 대표하는 의장을 두며, 의장은 근로자위원과 사용자위원 중 각 1인을 공동의장으로 할 수 있다(동법 제7조 1항). 노사쌍방은 회의의 기록 등의 사무를 담당하는 간사 1인을 각각 둔다(동법 제7조 3항).

2 위원의 선출

근로자를 대표하는 위원은 노동조합이 조직되어 있는 사업 또는 사업장에서는 노동조합의 대표자와 그 노동조합이 위촉하는 자로 한다(동법 제6조 2항). 그러나 노동조합이 설치되어 있지 않은 경우에는 근로자의 투표에 의하여 선출한다(동법 제6조 2항).

사용자는 근로자위원의 선출에 개입하거나 이를 방해해서는 안 되며(동법 제10조 제1항), 사용자가 이를 위반하는 때에는 시정명령 및 벌칙이 과해진다(동법 제11조, 제31조). 또한 사용자는 근로자위원들이 업

34) 김성수, 전게서, pp. 268~270.

무를 수행함에 있어서 필요한 장소 사용 등 기본적인 편의를 제공해야 한다(동법 제10조 2항). 향후 근로자위원의 선출시 파견, 하청노동자들의 참여기회가 부여되도록 개선되어야 한다.

3 위원의 임기와 신분

위원의 임기는 3년으로 하되 연임할 수 있다(동법 제8조). 그러나 사업 또는 사업장의 대표자 또는 최고책임자는 사실상 임기에 구애받지 않는다. 위원은 비상임, 무보수로 한다(동법 제9조 1항). 사용자는 협의회위원으로서의 직무수행과 관련하여 근로자에게 불이익 처분을 해서는 안 된다. 이는 임금을 비롯한 모든 근로조건에서 객관적으로 형평성을 잃은 처분을 받아서는 안 된다는 것을 의미한다. 따라서 위원의 협의회 참석에 소요되는 시간에 대해서는 근로한 것으로 본다(동법 제9조 3항).

사례*

노사협의제에 대한 이해

1. 노사협의회 협의사항 중 이미 시행되고 있는 인사관리규정에 의거한 개별 근로자의 채용 여부도 근로자 측과의 협의사항에 해당되는지?

▶ 근로자참여 및 협력증진에 관한 법률 제20조에 의한 협의사항은 노사공동이익의 증진을 위하여 노사협의회에서 협의해야 할 사항으로서 노사일방 또는 쌍방이 협의안건을 제시함으로써 협의회의 협의의제로 다루어지게 되는 것이므로 각 협의사항의 구체적인 범위는 일반적인 원칙·기준 등을 중심으로 노사가 자율적으로 결정할 사항이다 따라서 개별근로자 채용과 같은 개별사안에 대하여 사용자가 반드시 노사협의회의 사전 협의를 거쳐야 할 의무를 지는 것은 아니다.

2. 상시 근로자수가 5,000명인 전자부품 제조업체로서 82.11월 기능직으로만 구성된 노동조합과(조합원 3,900명) 노사협의회를 구성·운영하고 있었으나 98.4월 사무직 노조(조합원 100명으로 추정) 설립인가가 나서 노조활동을 하고 있는 경우 노사협의회를 사무직 노조와 별도로 운영해야 하는지? 아니면 기존의 노동조합과 이미 운영해 온 노사협의회만 운영해도 되는지?

▶ 노사협의회는 노동조합과는 그 설립취지를 달리하여 노동조합 유무·복수노조 여부에 관계없이 근로자수가 30인 이상인 경우에는 이를 설치·운영하는 것이므로 기왕에 노사협 의회가 설치·운영되었다면 사무직 노조의 설립과 관계없이 기존 노사협의회를 그대로 활용하면 된다.

3. 해고의 효력을 다투고 있는 자가 노사협의회 위원으로 활동할 수 있는지?

▶ 사업주가 근로자를 해고하였다면 해고가 당연 무효인 경우와 같은 특별한 사정이 없는 한 그 근로계약 관계는 해지되었다고 할 것이고 해고된 자가 그 해고의 효력을 다투고 있다 하여 그 사실만으로 근로계약 관계의 해고의 효력이 달라지는 것은 아니다. 또한 노동조합법 제2조 제4호 단서는 해고의 효력을 다투고 있는 자를 근로자가 아닌 것으로 해석하여서는 아니 된다고 규정하고 있으나 이는 노동조합의 구성원이 될 수 있는 자격에 관하여 규정한 것일 뿐 사용자와 근로자의 근로관계에 관하여 규정한 것은 아니다. 따라서 사업주에 의하여 해고된 자는 그 해고의 효력을 다투고 있다 하더라도 실제로 근로계약 관계에 있는 근로자에 해당하지 아니한다고 할 것이므로 노동조합이 그 해고된 자를 노사협의회의 근로자위원으로 위촉하였다 하더라도 노사협의회의 근로자위원이 될 수는 없다.

4. 운영 및 임무

(1) 운영

1 노사협의회는 3개월마다 정기적으로 개최되어야 하며(동법 제12조), 이를 위반한 때에는 벌칙이 적용된다(동법 제32조).

2 의장은 협의회의 회의를 소집하여 회의를 주재한다. 그리고 의장은 노사일방의 대표자가 회의의 목적사항을 문서로 명시하여 회의의 소집을 요구한 때에는 이에 응해야 하며, 회의개최 7일 전에 회의일시, 장소, 의제 등을 각 위원에게 통보해야 한다(동법 제13조).

협의회는 회의의 개최일시 및 장소, 출석위원, 협의내용 및 합의사항, 기타 토의사항 등을 기록한 회의록을 작성·비치해야 한다(동법 제19조).

3 협의회는 조직과 운영에 관한 규정을 제정하고 이를 협의회 설치일로부터 15일 이내에 고용노동부장관에게 제출해야 한다. 이를 변경 시에도 같다(동법 제18조).

(2) 임무

근로자 참여 및 협력증진에 관한 법률에 명기된 노사협의회의 임무에 대한 조항을 살펴보면 다음과 같다.

제20조(협의사항) 협의회가 협의하여야 할 사항은 다음 각 호와 같다.

1. 생산성 향상과 성과배분
2. 근로자의 채용·배치 및 교육훈련
3. 근로자의 고충처리
4. 안전·보건 그 밖의 작업환경 개선과 근로자의 건강증진
5. 인사·노무관리의 제도개선
6. 경영상 또는 기술상의 사정으로 인한 인력의 배치전환·재훈련·해고 등 고용조정의 일반원칙
7. 작업 및 휴게시간의 운용
8. 임금의 지불방법·체계·구조 등의 제도개선
9. 신기계·기술의 도입 또는 작업공정의 개선
10. 작업수칙의 제정 또는 개정
11. 종업원지주제와 그 밖에 근로자의 재산형성에 관한 지원
12. 직무 발명 등과 관련하여 해당 근로자에 대한 보상에 관한 사항
13. 근로자의 복지증진
14. 사업장 내 근로자 감시 설비의 설치
15. 여성근로자의 모성보호 및 일과 가정생활의 양립을 지원하기 위한 사항
16. 그 밖의 노사협조에 관한 사항

협의회는 위 각호의 사항에 대하여 제14조의 규정에 따라 의결할 수 있다.

제21조(의결사항) 사용자는 다음 각 호의 어느 하나에 해당하는 사항에 대해서는 협의회의 의결을 거쳐야 한다.

1. 근로자의 교육훈련 및 능력개발 기본계획 수립
2. 복지시설의 설치와 관리

3 사내근로복지 기금의 설치

4 고충처리위원회에서 의결되지 아니한 사항

5 각종 노사공동위원회의 설치

제22조(보고사항 등) 사용자는 정기회의에 다음 각 호의 어느 하나에 해당하는 사항에 관하여 성실하게 보고하거나 설명해야 한다.

1 경영계획 전반 및 실적에 관한 사항

2 분기별 생산계획과 실적에 관한 사항

3 인력계획에 관한 사항

4 기업의 경제적·재정적 상황

근로자위원은 근로자의 요구사항을 보고하거나 설명할 수 있다. 근로자위원은 사용자가 위 규정에 의한 보고와 설명을 이행하지 아니하는 경우에는 각호에 관한 자료를 제출하도록 요구할 수 있으며 사용자는 그 요구에 성실히 따라야 한다.

제23조(의결 사항의 공지)에서는 협의회는 의결된 사항을 신속히 근로자에게 널리 알려야 한다. 제24조(의결 사항의 이행)에서는 근로자와 사용자는 협의회에서 의결된 사항을 성실하게 이행해야 한다. 제25조(임의중재) 협의회는 다음 각 호의 어느 하나에 해당하는 경우에는 근로자위원과 사용자위원의 합의로 협의회에 중재기구를 두어 해결하거나 노동위원회나 그 밖의 제3자에 의한 중재를 받을 수 있다.

1 제21조에 규정된 사항에 관하여 협의회가 의결하지 못한 경우

2 협의회에서 의결된 사항의 해석이나 이행 방법 등에 관하여 의견이 일치하지 아니하는 경우

제25조(임의중재) 사항에 따른 중재결정이 있으면 협의회의 의결을 거친 것으로 보며 근로자와 사용자는 그 결정에 따라야 한다.

5. 노사협의제의 문제점

노사협의회법이 1997년 3월 13일 국회에서 근로자참여 및 협력증진에 관한 법률로 개정되고, 1999년 12월 31일, 2001년 8월 14일, 2007년 12월 27일자로 일부 조항이 개정되어 노사의 참여와 협력을 통해 근로자의 복지증진과 기업의 건전한 발전을 도모할 목적으로 노사협의회를 설치할 수 있다고 규정하고 있다.

이와 같이 우리나라의 노사협의제는 제도와 운영 면에서 많은 변화와 발전을 거듭해 왔지만, 사회구조의 변화, 경제성장, 소득분배구조의 불균형 등 거시적 변수들의 변동으로 새로운 문제점들을 안고 있다.

노사협의회가 원래의 목적대로 노사가 상호 협조하여 근로자의 복지증진과 기업의 건전한 발전을 도모하여 노사 공동의 이익을 증진하는 방향으로 운영되고 있는가에 대해서는 여러 가지 문제점이 있다. 그러나 여기에서는 우리나라 노사협의제도의 과거실태를 토대로 하여, 현행 우리나라 노사협의제도가 안고 있는 제도 및 운영 면에서의 문제점을 살펴보고자 한다.

(1) 단체교섭과 노사협의회의 기능상 문제

단체교섭과 노사협의회의 기능이 중복될 우려가 있다. 현행 근로자 참여 및 협력증진에 관한 법률 제5조와 노동조합 및 노동관계조정법 제10조에 의해 두 제도는 그 기능과 조직기반을 명백히 달리하고 있다. 그러나 이와 같은 법 규정에도 불구하고 현실적으로 두 제도의 성립기반이 사실상 기업단위로서 동일하고 또 노동조합이 조직되어 있는 사업장에서는 노동조합이 노사협의회의 근로자 대표를 지배하기 때문에 사실상 기능면에 혼동이 일어날 수도 있다.

(2) 법률 불이행시 벌칙 강화

근로자 참여 및 협력증진에 관한 법률 제4조 1항, 제24조, 제25조 2항에 해당하는 자는 1천만원 이하의 벌금에 처한다(근참협법 제30조).

노사협의회의 기능이 일정한 사항에 관한 협의와 사용자의 보고·설명만으로 되어 있던 과거의 법에 대해, 신법은 그 기능을 담보하는 장치가 충분한 까닭에 사실상 이 제도의 성공확률이 강제되어 있다. 또한 협의안건도 비교적 범위가 확대되어 있으므로 협의사항의 범위확대의 문제는 고려되지 않는다.

(3) 경영실태의 보고사항 미흡

사용자측에서 기업경영실태를 근로자에게 알리는 것은 경영에 대한 근로자의 이해와 참여를 높이고, 소속감을 주어 생산성을 제고할 수 있음에도 불구하고 사업주들은 계획누설 등을 우려하여 경영공개를 기피하고 경영의 어려운 점만 강조하여 노사협의회에서의 경영상태 보고가 지극히 형식적인 면이 있다.

(4) 의결된 합의사항의 처리문제

노사협의회에서 의결된 합의사항은 근로자 참여 및 협력증진에 관한 법률 제20조 협의사항, 제21조 의결사항, 제22조 보고사항 등 이행의무와 불이행시 벌칙규정을 규정하고 있으나, 합의사항의 문서화, 그 효력 및 이행방법에 관한 규정의 보완이 필요하다. 그러나 합의사항에 대한 해석상의 분쟁은 노동쟁의도 아니고, 더구나 개별적 고충처리의 대상도 아니기 때문에 누가 어떻게 해결할 것인가를 명확히 규정할 필요가 있다. 또한 노사가 합의에 이르도록 보장하는 규정이 전혀 없는 것도 그 기능을 사실상 형식화할 우려가 있다.

(5) 설치 사업장 규모 문제

근로자 참여 및 협력증진에 관한 법률 제4조 제1항에 노사협의회는 근로조건의 결정권이 있는 사업 또는 사업장 단위로 설치하게 되어 있다. 그리고 시행령에는 종업원 30인 이상으로 되어 있기 때문에 10인 이상으로 더 낮추어야 한다는 의견이 지배적이다.

(6) 협력과 분배에 대한 부조화

노사협의제도는 근본적으로 근로자의 경영발전을 위한 '개선에 대한 협력'과 그에 상응하는 '최선의 분배'가 사용자에 의해 보장됨으로써 그의 바람직한 기능이 발휘될 수 있다. 그럼에도 불구하고 현행 노사협의회법은 분배에 대하여 특별한 규정이 없고, 기업일반의 관행도 협력과 분배의 문제가 충분히 연루되어 있지 않다.

(7) 장기적 구상의 미흡

향후 우리나라 노사관계가 나아가야 할 방향, 그 속에서 노사협의회가 차지할 위치·역할 등에 대해 통일된 장기적 구상과 비전이 확립되어 있지 않다는 점이다. 우리나라에 왜 노사협의제를 도입해야 하는가? 협조적 노사관계의 수립이 목적이라면 그 정책목표달성에 노사협의제는 과연 효과적인 정책수단인가? 우리나라와 같은 권위주의적 문화권 속에서 대등주의에 입각한 노사협의제의 정착가능성은 있는가? 현행 기업별 노동조합과 기업별 노사협의제는 앞으로 어떤 관계로 발전시켜 나갈 것인가? 등의 몇 가지 기본적 문제에 대하여 노동정책 당국의 통일된 지도원칙과 이론이 필요하다.

6. 노사협의제의 개선방향

(1) 노사 간의 신뢰성 회복

성공적인 노사협의회의 정착을 위해서는 무엇보다도 먼저 노사 간 협력이 필수요건으로 상호간의 신뢰회복이 전제되어야 한다. 기업 활동이 특정 경영자에 의하여 지배·운영되고 종업원은 일방적으로 결정된 의사를 기계적으로 수행하는 관계가 아니라 인간적 믿음에 의해 관계가 유지되어야 한다. 노사통합의 원리하에서 노력, 희생, 봉사, 성과분담의 논리가 나온다.

또한, 이러한 공동노력, 성과에 대한 분배의 공정성·합리성이 전제될 때 노사 간 신뢰성은 점차 회복될 것이다. 이를 위해서는 우선 노사 간에 보다 밀접한 의사소통기구가 수평·수직적으로 다양하게 형성·발전되어야 한다. 경영자의 권위가 강요되는 것으로만 그치지 않고, 근로자들이 상사의 명령을 제대로 수용할 때 조직은 원활히 돌아간다. 이를 위해서 의사소통은 일방적이어서는 안 되고 쌍방적이어야 한다.

(2) 노사 상호간 올바른 이해의 정립

산업사회에서의 근로자와 사용자 사이에 서로 상대방의 존재가치에 대한 올바른 인식은 물론이고 상호 밀접한 의존관계에 있다는 사실에 대한 올바른 이해가 필요하다. 노동과 경영은 별도로 존재하는 것이 아니라 상호의존적이고 노동과 경영이 함께 하는 공동체를 형성해야 한다.

(3) 새로운 리더십의 확립

우리나라 기업의 실정에 맞는 새로운 '리더십'의 확립이 필요하다. 권위주의가 아니라 화합에 기초한 '리더십'이 필요하다. 우리의 전통가치 속에는 이러한 '리더십'의 형태를 찾을 수 있다. 전통적으로 우리나라에서 가정의 화합의 근원인 효는 가장의 일방적 권위에서 이루어지는 아니다. 효란 부자자효(父慈子孝)라는 쌍무적 논리에 기초한 것이다. 충·효 등은 결코 일방적인 종속논리가 아니라 부자(父慈) 없는 자효(子孝)는 있을 수 없다는 쌍무적이고 쌍방적인 윤리가 있어야 된다.

(4) 노사관계 전문 인력 부족

노동행정에 대한 전문성을 가진 전문 인력이 부족하다. 대학은 물론이고 고등학교의 정규 교과과정 속에 노사관계·노무관리·인간관계론 등에 대한 이론과 실습을 포함시켜 전문 인력을 양성해야 한다. 이렇게 양성된 전문 인력을 산업현장에 광범위하게 배치·활용해야 한다.

(5) 노사협의제를 단체교섭의 연장으로 운영

단체교섭제도가 가지고 있는 경직성을 보완하기 위해 노사협의회의 설치를 권장하는 경우에는 이를 원칙적으로 임의조직으로 하고, 우리나라는 기업단위별 노동조합체계를 가지고 있으므로 노사협의제를 기업별 단체교섭의 연장으로서, 혹은 그 결과로서 단체교섭권에 종속시켜 운영해야 한다. 그 결과 양자가 상호 경쟁적·선택적 관계로 발전될 위험성이 없고 상호보완적 관계로 운영될 수 있다.

(6) 기타 개선사항

노동조합이 없는 사업장의 경우에도 노사협의제 도입의 의의를 찾을 수 있도록 해야 한다. 이 경우 노사협의제를 전 종업원으로 하여 그 성격을 확실히 하고 구성원도 생산직뿐만 아니라 사무직·관리직까지 광범위하게 대표하도록 해야 한다. 또한 원칙적으로 노사교섭의 협의기구로 이해하여, 임금 등의 기초적 근로조건 사항(노조가 있는 경우의 단체교섭사항)에 대해서도 노사협의회에서 노사 간의 협의 및 합의권 만을 인정해야 한다.

그리고 노사협의제 및 고충처리위원회의 하급조직이 대폭 강화되어야 한다. 또한 노사 간 의견대립으로 자체 내의 합의가 어려울 때는 쌍방 혹은 일방의 신청으로 노동위원회 조정 및 판정을 요구할 수 있고, 노사일방의 노사협의회법을 위반했을 경우 행정관청에 제소하여 시정명령이나 의법 조치를 받을 수 있게 한다.

결론적으로 노사관계는 자본주의 경제의 3분면 중 생산과정과 분배과정에서 나타난다. 즉 생산과정에서의 협력, 분배과정에서의 대립의 양면적 성격이 공존하는데 분배과정에서 감정대립이 생기게 되면 생산과정에서도 영향을 미치게 되고 나아가서는 경제·사회 전반에까지 큰 손실을 가져올 수 있어 기업 내 노사관계의 안정이 중요하다.

우리나라 노사협의제의 정착화를 위해서는 다음과 같은 사항들이 요청된다.

1 이념 측면의 정착 방안

노사협의제의 경영참가를 통한 산업민주주의의 실현과 노사협력을 통한 경영의 효율증진 이념에 대한 노사관계 당사자들의 확고한 인식과 이에 대한 법률상의 명확한 근거 규정이 마련되어야 한다.

2 제도 측면의 정착 방안

노사협의 제도를 단체교섭제도와 보완적인 관계에서 노사협의 지향의 노사관계로 발전시켜 나아가야 한다. 일반근로자들의 의사를 효과적으로 반영할 수 있는 협의기구의 설치 및 협의기능의 확대가 요구된다.

3 운영 측면의 정착 방안

노사의 올바른 인식과 성숙된 태도를 바탕으로 인간관계요인을 중시하고 노사 커뮤니케이션 기능을 활성화시켜 나아가야 한다. 특히 기업별로 실정에 맞는 성공적 운영 경험을 꾸준히 축적해 나가야 한다. 그리고 노사협의제의 정착화를 위해 노사쌍방이 상대방의 존재를 충분히 인정하고 대등한 관계에서 협력을 모색하는 민주적 노사관계에 대한 올바른 인식과 노사협의회의 운영에 대한 자발적 참여 동기의 확립이 선행되어야 한다.

Chapter 11

근로생활의 질

지속 가능한 좋은 일자리 창출

문재인 정부가 출범하면서 현 정부는 일자리 정부를 자임하고 있다. 대통령 취임 이후 국무회의에서 가장 먼저 통과시킨 안건도 '일자리위원회' 신설이었다. 정부가 경제를 바라보는 시각이 과거 정부와 크게 다르다. 과거의 수출 대기업이 경제를 선도하고 성장과 일자리를 책임지던 낙수효과가 이제는 작동하지 않는다고 보고 있다. 대기업보다는 중소기업과 벤처기업의 일자리 창출이 대부분을 차지하고 있다.

2008년 글로벌 금융위기 이후 세계은행, 국제통화기금(IMF)조차도 소득 주도 성장과 포용적 성장을 권장하고 있다. 정부가 소득을 늘리고 일자리를 만들어서 소비를 이끌어내는 적극적인 역할을 하겠다는 것이다. 정부가 일자리와 소득을 늘려서 소비를 증진하고 성장을 이끌어내며 성장이 다시 일자리를 만드는 식의 역발상을 시도하고 있다. 그 사이에서 정부와 재정이 마중물의 역할을 하겠다는 것이다.

세계 경제의 회복과 연결돼 우리나라의 수출도 상대적으로 좋지만 내수가 부진하다. 소득 증가율이 낮은 데다 가계부채 증가율이 높아 쓸 돈이 별로 없다. 신규 일자리도 크게 늘어나지 않고 저성장이 지속되다 보니 자영업 경기도 어렵다. 일자리의 양과 질 모두 선진국에 비해 떨어진다. 일자리 문제는 저소비, 저성장과 맞물려 있고 저출산과도 연결된다.

일자리는 곧 복지다. 편안한 일상생활과 경제적 행복을 위해 일자리는 필수불가결하다. 게다가 일자리는 소속감, 자존감, 자아실현과도 연결된다. 정부가 나눠주는 복지 지출보다 스스로 벌어서 쓰는 돈이 훨씬 더 뿌듯하다. 그래서 '일자리가 최고의 복지'라는 말이 공감을 얻는 것이다.

현대경제연구원이 발표한 '경제행복지수'는 100점 만점에 38.4점에 불과해 최저치를 기록했다. 열아홉 번의 조사 결과 중에서 네 번째로 낮은 점수다. 국민의 경제적 행복감을 떨어트리는 가장 큰 요인으로 불안한 고용, 불편한 노후, 소득 불평등 심화로 꼽았다. 세 가지(3불 경제)에서 벗어나는 것이 바로 경제적 행복감을 끌어올리고 '행복한 경제'를 만드는 지름길이다라고 김동열의 『고용절벽의 시대, 어떤 경제를 만들 것인가』에서 주장했다.

제 1 절

근로생활의 질(QWL)의 개념

1. 근로생활의 질(QWL)의 의의

QWL(quality of working life)은 '근로생활의 질' 또는 '근로생활의 보람'으로 표현할 수 있는데, 이는 직무만족의 수준향상과 노동환경의 민주화를 통한 근로생활에 있어서 인간성 회복운동이라고 할 수 있다.

오늘날 기업은 고도로 발달된 현대사회의 병리현상을 잘 나타내주고 있는데 기술진보, 생산성 및 경제성장에만 집착한 결과 환경적 가치와 인간적 가치를 무시하는 오류를 범하게 되었다. 이러한 오류를 시정하고자 하는 입장, 즉 산업사회에서 잃어버린 인간성을 회복할 목적으로 구성원 각자에게 일을 통한 인생의 희망과 보람을 찾고자 하는 움직임이 바로 '근로생활의 질', 즉 '직장생활의 보람'인 것이다. 다시 말해서 QWL운동이란 직장생활의 객관적 내지 주관적 조건이 직장인으로서 근로생활에 대한 보람을 느끼도록 해주려는 전략이다.

최근 근로자들의 기본적 욕구가 충족되고 생활에 여유가 생겨난 것이 이러한 변화를 가져오게 된 근본원리이며, 공해의 심각화, 인간소외문제, 범죄와 폭력의 증가, 소비지상주의의 등장 등이 이러한 변화를 표면화시키는 동기가 되었다고 할 수 있다.[1] QWL운동은 근로의 인간화와 근로생활의 질적 향상이라는 두 가지 측면을 가지고 있다.

QWL의 직접적인 생성요인은 대량생산체제에 따른 능률 위주의 관리시스템에 대한 인간적 반성과 산업화의 촉진으로 근로자수의 증가는 근로자계층의 사회적 비중 증대, 참여적 경영문화의 대두와 나아가 산업민주주의 사조의 도래에서 찾을 수 있다.[2]

1) 한국사회개발협회, 사회개발: 90년대를 향한 기본구상, 1980, p. 418.

2) 이규창, "Quality of Working Life에 관한 연구", 산업연구, 제6집, 단국대부설산업연구소, 1983, pp. 28~32.

2. 근로생활의 질(QWL)의 생성배경 및 역사

(1) QWL의 생성배경

자본주의의 전개는 분업을 통한 능률을, 능률을 통한 생산성의 향상을, 생산성을 통한 이윤의 극대화를 자극하는 한편, 귀족적 사슬로부터 노동을 해방시킴으로써 노동의 상품화를 가져왔고, 화폐경제에 입각한 교환관계·계약관계의 테두리 속에서 노동을 매매할 수 있게끔 만들었다. 공업화는 이러한 자본주의 경제체제가 요구하는바 생산성 향상을 테크놀로지와 관료조직체를 통해 추구하려는 변동과정의 모습이며, 그 결과는 노동의 기계종속성·조직종속성의 증대라 할 수 있다.[3] 결국 근로자들은 노동생산물로부터, 노동활동으로부터 소외되어, 극도의 노동 분화의 결과로 과업에 대한 파워가 없어지고, 무의식하며, 조직과 직무에 대한 규범을 느끼지 못하고, 혼자 고립된 활동을 하며 자기소외를 느끼게 하여 노동소외현상이 초래된다. 이에 따라 오늘날 대부분의 조직구성원은 자기과업에 대한 흥미와 의무감이 상실되어 가고 있다.

이러한 자본중심주의는 생산적인 노동을 위한 설계에 대한 관심에서 뚜렷이 나타난다. 한마디로 사람의 정신적·육체적 능력의 한계를 인정하고 기계나 그 밖의 조건을 설계함으로써 사람인 근로자의 능력을 최대한으로 활용하자는 의도로 추진되었다. 그뿐만 아니라, 경영학이나 조직행동에 관하여 탐구하는 사회과학·행동과학 분과의 연구 및 이론들도 본질적으로는 '인간중심' 혹은 '근로자 중심'이라기보다는 오히려 '능률중심' 혹은 '자본중심주의'로 쏠렸던 것이 사실이다.

이상과 같이 QWL의 개념은 노동소외문제를 해결하기 위한 하나의 방안으로서 생성되어, 조직을 자본중심주의의 사고에서 근로중심주의 사고로의 인식전환의 계기를 제공하고 있다.

또 다른 요인으로는 근로자의식의 변화와 이에 따른 참가적 경영문화요구

3) 김경동, "일하는 삶의 질: 새 시대의 노사관계를 위하여", 임종철·배무기 편, 한국의 노동경제, 문학과 지성사, 1980, p. 375.

의 대두라 할 수 있다. 산업사회의 발전에 따른 근로자수의 증가는 근로자 계층의 사회적 비중을 높임으로써 산업사회에 있어서의 노동조건 및 생활환경에 관심을 표명하는 압력계층으로 대두되었다. 한편 산업사회의 발전에 따른 상대적인 실업위험의 해소, 사회보장에 의한 질병과 노후 불안으로부터 해방, 소득의 상승에 따른 중류생활수준에의 도달, 교육의 보급 등은 근로자의 의식변화를 가져왔다. 그 하나로서 민주시민으로서의 권리의식의 범위는 점차 확대되어 일의 진행에까지 발언권을 갖는 소위 근로자의 경영참가라고 표현되는 일련의 동향을 보이기 시작했다.[4)]

(2) QWL의 역사

QWL활동의 시작은 1950년대 트리스트(Trist)가 주도한 영국의 Tavistock연구소의 연구에서 찾을 수 있다. 이것은 뒤에 작업조직개선에 관한 연구인 사회기술 시스템이론으로 발전되었다. 이 이론의 기본논리는 기술이 근로자의 신체적·심리적 특성에 맞게 개발되어야 한다는 것이다. 이런 연구조류 속에서 1960년대에는 유럽에서 열악한 노동환경이 인간에게 주는 피해에 대해서 사회적 관심이 고조되어 노르웨이, 스웨덴, 독일, 덴마크, 프랑스와 같은 서유럽과 체코, 헝가리, 유고와 같은 동유럽에서 구체적 활동이 시작되었다. 미국과 일본의 경우도 이 시기에 시작되었다.

ILO는 1971년에 임금이 높은 직무에서도 근로자의 소외와 직무불만이 존재한다고 보고 QWL에 의한 개선의 필요성을 강조하였다. 또한 1972년에 수립한 1974년부터 1979년까지의 장기계획에 주요항목의 하나로 QWL을 포함하였다. 미국에서는 1974년에 포드재단의 후원으로 데이비스와 천스(L. E. Davis, & A. B. Cherns)가 주관한 근로생활의 질에 관한 세계회의가 개최되어 QWL에 관심 있는 사람들의 국제적인 네트워크가 형성되었으며 2권의 책도 발간되었다.[5)] 이러한 과정을 거쳐서 QWL에 대한 관심은 세계적으로 매우 높아졌다.

4) 이규창·이영희·박세일, 노사협의제 연구, 한국개발연구원, 1983, p. 124.

5) L. E. Davis & A. B. Cherns, *The Quality of Working Life*, Vol. 1, New York, Free Press, 1974.

각국별 QWL의 발전양상을 보면, 그 나라의 문화적 환경 속에서, 그 나라의 가치관과 철학의 영향을 받아 작업환경의 구조변화를 지향하는 과정들의 집합으로 QWL활동을 간주하고 있다. 그 결과 QWL활동은 노조에 의해 촉진되는 경우도 있고 경영자들에 의해 주도되는 경우도 있다. 또한 QWL활동이 생산성 향상을 위한 실질적인 접근방법으로 간주되기도 한다. 한국에서는 1986년 QWL활동과 그 뜻을 같이하는 '보람의 일터'운동이 한국경영자총협회의 주관으로 일어났다. 이 운동은 종업원에게 참가의 보람, 성취의 보람, 대가의 보람을 증진시킨다는 행동원칙하에서 실시되었다.[6]

우리나라의 QWL수준의 향상을 위해 선진 산업국가와 다른 각도에서 추진되어야 한다. 그것은 우리의 산업화 내지 경제성장 과정에서 QWL을 소홀히 했던 점에다 초점을 맞추는 데서 출발된다. 다시 말해서 지금까지 우리 사회가 추구해 온 사회적 목표나 사회적 가치의 우선순위에서 근본적으로 잘못된 생각들을 바로 잡는 방법으로 접근하는 것이다. 예를 들면 '선 성장 후 분배', '균형보다 능률', '생산성의 강조', '환경오염이나 공해방지보다는 경제성장 우선', '고도성장을 위한 자유 유보', '물질적 성장에 희생된 정신문화' 등은 잘못된 생각들이다.[7]

3. 근로생활의 질(QWL)의 내용

바람직한 근로생활의 질(QWL)을 구성하는 8가지 광범위한 고용조건을 제시한 월튼(R. E. Walton)의 견해를 살펴보면 다음과 같다.[8]

1 적절하고 공정한 보수

근로생활의 질에 관한 기본적인 내용은, 그 일이 근로자 개인과 그의 부

6) 한국경영자총협회, 보람의 일터, 1986, pp. 273~274.

7) 김경동, 전게논문, p. 365.

8) R. E. Walton, "Quality of Working Life : What is it?" *Sloan Management Review*, Vol. 15, No. 1(Fall 1973), pp. 11~21.

양가족의 기본적인 욕구를 충족시켜 주는 것이어야 한다. 여기서 핵심이 되는 것이 보상이다. 그리고 기본적인 욕구란 사람으로서 사람답게 유기체를 유지하고 성장시킬 수 있는 물질적인 삶을 누린다는 것을 뜻한다. 이를 위해서 고려하여야 할 요소는 적절한 보상이며, 반드시 추구하여야 할 가치는 공평의 원리이다.

2 안전하고 위생적인 작업환경

사람다운 삶의 요건은 일하는 사람의 건강과 관련된 것이다. 삶의 질이 물질적인 측면에서 건강한 삶을 누릴 수 있는 바탕이 마련되려면 충분한 소득이 있어야 하지만, 일하는 사람의 입장에서는 근로환경과 근로조건에서 오는 건강상의 문제가 최대한 고려되어야 한다.

3 인간능력을 활용하고 개발할 수 있는 기회

근로자 각자는 스스로의 능력, 기능, 지식, 창의력, 상상력, 판단력 등을 마음껏 발휘할 수 있는 기회도 주어져야 한다. 이러한 여건의 조성은 단순히 근로자의 일에 대한 만족, 헌신몰입 등의 증대만을 촉진시키는 것이 아니라 나아가서는 인간으로서의 자아존중과 일을 통한 자아실현의 기회를 얻는 조건이 되어 주기도 한다.

자율성과 복합적 기술을 요하는 작업, 정보와 예견, 전반적인 업무, 계획 등이 이 항목에 포함된다.

4 계속적인 성장과 안전성을 위한 미래의 기회

개인의 능력신장, 새로운 지식과 기술을 이용할 수 있는 기회, 승진기회, 도움이 되는 직업과 수익의 안정성 등이 포함된다.

5 작업조직에 있어서의 사회적 조정

편견으로부터의 자유와 평등주의, 지지받는 근로집단, 공공사회에 대한 지각, 인간 상호간의 개방이 포함된다.

6 작업조직에 있어서의 입헌제도

사생활과 언론의 자유에 대한 권리를 포함하며, 종업원에 대한 적절한 처우와 종업원의 관리 및 합리적인 공소절차가 포함된다.

7 근로생활과 전체생활과의 관계

근로와 비근로 및 가족생활과의 균형 있는 관계를 주장한다.

8 근로의 사회적 관련성

고용기관은 사회적으로 유익한 방법에 따라 일을 수행하여야 한다.

이상의 내용에서 살펴보았듯이 적절한 보수와 안전한 근로조건을 근로자들에게 제공함으로써 보람찬 근로생활의 풍토를 조성토록 하여야 한다. 어떤 회사들은 흥미롭고 매력적인 업무와 능력개발을 위한 훈련과 자기성장을 위한 기회를 제공하기도 하지만 월튼 교수의 8가지 기준을 만족시키는 근로생활의 상황을 찾기에는 아직 미흡하다. 우리가 근로생활의 질을 높이기 위한 목표로써 상기의 8가지의 내용을 고려해야 한다.

종업원은 근로생활에서 스스로가 보람을 찾아야 하며, 인간이 인간답게 사는 것이 어떤 것인지를 일상생활에서 경험했기 때문에 근로생활에서도 인간으로서의 보람을 찾도록 노력해야 한다. 오늘날 근로생활은 인간이 기계로부터의 해방감을 부단히 추구하고 작업장의 톱니바퀴 속에서 소외당한 인간의 가치를 조직의 가치나 환경의 가치보다 우월시 함으로써 잃어버린 인간성을 회복하고 이를 통하여 한 인간으로서의 생활의 질을 높이려는 하나의 움직임이다.[9)]

9) 김석회, 인사관리론, 이구출판사. 1982, p. 278.

사례*

『출산휴가, 육아휴직』 단축근무는 1년 이내

출산휴가 단축근무는 1년 이내로 한다. 출산휴가 단축근무 근로시간은 주당 15시간 이상이어야 하며, 30시간을 넘어서는 안 된다. 출산휴가 확인서는 고용보험 사이트에서 다운받을 수 있고, 온라인에서 개인 신청인이 급여신청서를 접수하면 된다. 단, 온라인에서 사업주가 확인서를 접수한 후 가능하다. 육아휴직 단축근무는 2년 이내의 기간으로 신청할 수 있다. 근로시간은 주당 15시간 이상~35시간 이하로 가능하며 육아휴직 확인서는 고용보험 사이트에서 다운받으면 간편하다.

육아휴직 4대 보험은 국민연금은 납부하지 않는다. 워킹맘이라면 회사 복지팀 또는 인사담당자에게 연금보험납부예외신청서를 제출하면 된다. 고용보험과 산재보험 역시 납부하지 않는다. 육아휴직 건강보험료는 휴직기간 중에는 납부하지 않지만 복직 후 60% 경감된 금액으로 한꺼번에 납부해야 된다. 육아휴직 4대 보험 중 부담해야 되는 부분은 건강보험료다. 출산휴가 4대 보험은 기존 보험료를 100% 납부해야 하지만, 국민연금은 납부 예외 신청을 할 수 있다. 나머지 보험료는 복직 후 한꺼번에 납부해야 한다. 출산휴가 건강보험료는 꾸준히 납부해야 한다.

단축근무는 2년 이내의 기간으로 사용할 수 있다. 자녀 1명당 육아휴직과 육아기 근로기간 단축을 합산하여 최대 2년까지 사용할 수 있다. 근로시간은 주당 15시간 이상~35시간 이하여야 한다. 단축근무 신청 시기는 1개월 내부터 매월 단위로 신청해야 된다. 육아휴직 확인서는 고용보험 사이트에서 다운받을 수 있고, 온라인에선 사업주가 확인서를 접수한 후 신청인이 급여신청서를 접수하면 된다. 센터방문을 해서 신청할 수 있다. 출산휴가 단축근무는 1년 이내로 해야 하며, 단축근무 근로시간은 15시간 이상~30시간 미만이다. 출산휴가 확인서는 고용보험 사이트에서 다운받을 수 있다.

퇴직금은 육아휴직기간 중 받은 임금과 기간은 평균임금 산정기간에서 제외한다. 육아휴직 퇴직금은 정상적으로 월급을 지급 받은 3개월 평균임금을 기준으로 작성된다. 육아휴직 급여는 시작일부터 3개월까지는 통상임금의 100분의 80(상한액 : 월150만원, 하한액 : 월70만원)을 육아휴직 급여액으로 지급하고, 육아휴직 4개월째부터 육아휴직 종료일까지 통상임금의 100분의 50(상한액 : 월120만원, 하한액 : 월70만원)을 육아휴직 급여액으로 지급한다. 출산휴가 퇴직금은 휴직 또는 휴가 종료 시점까지의 근속기간 전부다. 평균임금 산정대상기간에는 제외 된다는 것을 주의해야 한다. 출산휴가 급여는 최초60일(쌍둥이 75일)분에 대해 사업주가 통상임금 전액을 지급하여야 된다. 이후 30일(쌍둥이 45일)분에 대해서는 고용보험에서 지급한다.

영 · 유아가 있는 근로자가 그 영유아의 양육을 위하여 사업주에 신청하는 휴직을 말한다. 육아휴직 신청 및 신청방법은 육아휴직 급여 신청서, 육아휴직 확인서, 급여명세서를 관할 고용센터에 제출하면 된다. 근로자는 사업장의 소재지 관할 직업안정기관의 장에게 신청하면 된다. 육아휴직은 인터넷 고용보험 페이지>모성보호>육아휴직급여 신청 메뉴에서도 신청 가능하다. 육아휴직기간은 1년 이내다. 자녀 1명당 1년 사용가능하므로 자녀가 2명이면 각각 1년씩 2년 사용할 수 있다. 출산휴가 신청 및 신청방법은 해당 서류(출산전후휴가 급여 신청서, 출산전후 휴가 확인서, 통상임금 확인서 사본1부, 사업주로부터 금품 지급받았는지 유무)를 준비해 휴가확인서를 발급받아 관할 고용센터에 제출하면 된다. 출산휴가 기간은 출산 전후 동안 90일(쌍둥이 120일)이다.

제 2 절

근로생활의 질(QWL) 향상을 위한 노사협력관계

1. 노사협력의 새로운 이슈

20세기부터 지속적으로 발전되어온 산업화에 따른 고도의 분업화·기계화·자동화는 근로자에게 직무에 대한 불만과 소외감을 초래하였으며, 생산성 증가율을 현저하게 둔화시켰다. 또한, 노조는 '근로생활의 질'(quality of working life)을 얻지 못한 근로자들의 노조에 대한 태도가 과거의 적극적이고 투쟁적인 데서 벗어나면서 선진국들은 노조의 조직률이 저하하고 불법적 파업(wild cat strike)의 증가도 사실상 줄어들고 있다.[10]

산업사회를 지향하는 21세기 노사관계는 새로운 방향전환이 요구되고 있다. 즉 방향전환의 자체는 근로자들의 가치관의 변화와 기업 간의 국내외적 경제 환경과 시장경쟁의 심화로 볼 수 있다.

앞으로의 노사관계는 노사공동체로서 산업평화를 위하여 개발해야 하는

10) 이종법·류태모·윤대혁, 전게서, pp. 326~328.

표 11-1 노조지도자의 이슈별 선호 취급방법

이슈 형태	취급방법		
	협력	단체교섭	불관여
생산성 이슈 협의의 생산성, 작업부하/속도, 작업장 안전, 직무진행절차	52%	29%	19%
QWL 이슈 직무책임, 흥미 있는 작업, 작업방법 선택의 탄력성, 적절한 도구와 장비, 감독자와의 관계	63%	21%	16%
전통적 이슈 복리후생, 임금, 직무 안정성, 작업시간, 고충처리	23%	73%	4%

것이 보람의 직장운동이며, 근로생활의 질 또는 근로생활의 보람 향상이라는 QWL운동이다. 결국 삶의 보람 또는 생활의 질, 인생의 보람(QL: Quality of Life)을 찾는 쪽으로 방향이 전환되어야 한다.

QWL 향상을 위한 노사협력을 원하는가에 대한 2가지 연구결과를 살펴보고자 한다. 먼저 노조지도자를 대상으로 한 조사에서 생산성 관련 이슈, QWL 관련 이슈, 전통적 이슈 등으로 분류해서 단체교섭이 아닌 다른 방법으로 노사협력 프로그램 실시, 공식적 단체교섭을 통한 개선, 노조 불관여 등 세 가지 이슈 취급방법과의 관계에 대한 연구결과는 〈표 11-1〉과 같다.

〈표 11-1〉에서 보는 바와 같이 노사협력 프로그램에 대한 노동조합 지도자의 지원 정도는 취급하는 이슈에 따라 다르며, 지원은 QWL 이슈와 가장 관계가 깊으며, 생산성 이슈는 중간 정도이고, 전통적 이슈는 가장 낮게 나타났다. 여기서 우리가 관심을 갖게 되는 분야가 QWL 이슈와 생산성 이슈에 대해서는 노사협력프로그램이 타당하다고 노조지도자들이 생각하고 있다는 것이다.[11] 그러나 실제로 경영의사결정에 참가(노사협력)하는 경우에 발생하는 문제는 노조지도자들이 참가를 하면 조합의 단결력과 단체교섭력이 약화될 것이라고 생각하는 경우가 많다는 것이다. 이것을 해결하기 위해서는 참가와 단체교섭을 명확히 구분하고, 참가자들이 프로그램에서 언제든지 철수할 수 있도록 해 주어야 하고, 참

11) A. M. Ponak and C . R. P. Fraser, “Union Activists support for Joint Program”, *Industrial Relations*, Vol. 18, No. 2, Spring 1979, pp. 197～209.

표 11-2 노조구성원의 이슈별 선호 취급방법

이슈 형태	취급방법		
	협력	단체교섭	불관여
생산성 이슈 협의의 생산성, 작업부하/속도, 작업장 안전, 직무진행절차	44.2%	36.6%	19.2%
QWL 이슈 직무책임, 흥미 있는 작업, 작업방법 선택의 탄력성, 적절한 도구와 장비, 감독자와의 관계	58.3%	30.6%	11.1%
전통적 이슈 복리후생, 임금, 직무 안정성, 작업시간, 고충처리	15.1%	83.3%	1.6%

가자의 의견이 의사결정에 확고한 영향력을 발휘할 수 있도록 해주어야 한다.

다음으로 노동조합 구성원을 대상으로 조사한 내용은 〈표 11-2〉와 같다.[12)] 본 연구의 결과도 앞의 〈표 11-1〉과 비슷하다는 점이다.

이 두 표에서 보는 바와 같이 노조지도자와 노조구성원의 생각이 비슷하다는 점을 알 수 있다. 즉 노조의 지도자와 구성원은 생산성 이슈와 QWL 이슈 등에 대해서는 노사협력 프로그램으로 운영하는 것이 타당하다고 생각하고 있다는 점이다.

2. 근로생활의 질(QWL) 수준을 높이기 위한 직무설계

QWL 수준을 높이기 위한 새로운 직무설계의 내용을 살펴보면 다음과 같다.[13)]

1 작업과정의 연장

전통적으로 하나의 작업이 1~2분 정도의 시간이 소요되었다. 이 작업

12) W. H. Holley, H. S. Field and J. C. Crowley, "Negotiating quality of working life, Productivity and Traditional Issues: Union Members Preferred Role of Their Union", *Personnel Psychology*, Vol. 34, 1981, pp. 309~328.

13) 이종법·류태모·윤대혁, 전게서, pp. 329~330.

을 여러 개 통합해서 10~15분 정도의 작업공정으로 연장하여 그것을 한 사람의 근로자에게 담당시킨다. 이렇게 함으로써 세분화된 작업의 단조로움을 적게 한다.

2 책임 · 권한의 위양

작업집단에는 1주간의 생산목표만 부여해서 그 목표를 어떻게 달성하는가는 모든 작업집단 자신이 결정하도록 하여 관리기능의 일부에 근로자를 참가시켜서 자치 · 자율의식이 생겨날 수 있다.

3 보조 작업의 통합

정기적인 점검, 윤활유의 보급, 일상적인 파손의 수리 등 보조 작업은 기계의 조작원이 하도록 한다. 그것에 의해서 작업내용을 다양화하여 사소한 사고에 의한 기계의 중단을 적게 한다.

4 직무전환

1시간당, 반나절당, 1주당으로 일정하게 정해진 순서에 따라서 직무를 전환해 가면 단조로움을 피할 수 있다.

5 작업집단 내에서의 직무전환

작업집단 내에 있는 다양한 직무를 개개의 근로자가 습득하는 것에 따라 결근이나 작업의 정체에 대응할 수 있게 한다. 그러므로 노동의 탄력적인 운영을 가능하게 한다.

6 생산과 수리의 매트릭스 조직구축

전통적 직업분류의 틀을 넘어서 필요한 수리를 모두 행할 수 있는 완전서비스 시스템을 형성한다.

7 '도'(island)의 형성

공장 내 공장(factory within factory), 생산세포(production cell)라고도 불리며, 대기업의 기술적 우위와 소기업의 인간관계적 이점을 통합하려는

표 11-3 전통적인 직무설계와 QWL 직무설계의 원리비교

전통적 직무설계	QWL 직무설계
• 개인의 작업내용을 명확히 하는 원칙 – 기술의 전문화 – 필요기술의 최소화 – 근로자의 훈련시간 최소화 – 모든 작업부하의 균등화 – 근로자에 대한 만족 제공 – 노조 요구에의 적합성 • 개인 작업을 특정 직무에 결합시키는 원칙 – 직무중의 작업의 수 및 다양성을 제약할 것 – 반복 작업을 최대한으로 할 것 – 훈련시간을 최소한으로 할 것	• 작업사이클(공정)의 연장 • 보조 작업의 통합 • 책임·권한을 직접작업자에 위양 • 직무전환 • 작업조직 내에서의 직무전환 • 생산과 수리의 매트릭스 조직의 형성 • 공장 내 공장, '島'의 형성
1人 1직무 원칙(one-man, one-job)	1직무 1팀 원칙(one-task, one-team)

자료 L. Davis and J. C. Taylor, ed., *Design of Jobs: Selected Readings*, Baltimore, Penguin Books, 1977, pp. 305~306.

새로운 공장조직이다. 이것은 75~200명 정도의 근로자 집단으로 성립되어 그 집단에 관리상의 권한이 대폭 위양되어져 그 권한위양에 의해서 작업집단은 마치 독립된 공장처럼 운영된다.[14)]

위와 같은 QWL직무설계가 아닌 전통적인 직무설계의 원리는 어떠했는가를 상호 비교하여 보면 〈표 11-3〉과 같이 된다.

〈표 11-3〉에서 보는 바와 같이 종래의 직무설계의 원칙은 근로자를 위한 것이 아니고 다만 조직을 위한 것이었다. 즉 기본적으로 각 직무를 수행할 수 있도록 하는 것이었다. 또 1인 1직무의 원칙하에 1인의 근로자에게 하나의 직무만을 부여하고, 직무의 경계는 엄밀히 정해지고 개인적인 책임의 범위를 명확히 알 수 있게 하였다. 이러한 직무설계의 원리를 처음으로 추구한 사람이 테일러(F. W. Taylor)였다.[15)]

이 원리를 실천한 것이 포드(H. Ford)의 컨베이어 시스템(conveyor system)

14) Swedish Employer's Confederation, *Job Reform in Sweden*, Translated by D. Jenkins, Stockholm, 1975, pp. 72~76.

15) 박운성, 전게서, pp. 574~580.

이다. 여기에서는 교육수준이 낮고 근대적인 공장의 직장질서에 미숙한 이민 근로자를 사용하였으므로 그 당시로서는 고도의 생산성을 달성할 수 있었던 것이다. 더욱이 높은 생산성 때문에 이 포드의 대량생산방식이 자동차산업뿐만 아니라 현대의 모든 산업에서 생산조직 원리로 되어 작업조직의 설계원리로 보급된 것이다. 그러나 오늘날에는 노동의 소외, 비인간적인 노동으로서 사회의 비난을 받게 되었다. 그리하여 테일러리즘의 직무설계 원리는 사라지고 QWL 방식의 새로운 직무설계원리가 대두하게 되었다.

3. 근로생활의 질(QWL) 수준의 측정항목 설정

QWL 수준의 측정항목을 설정하기 위한 기존의 문헌연구를 살펴보고자 한다.

찌래지와 위래스(Szilagyi & Wallace)는 QWL이 경영자인 '우리'가 관용을 가지고 '너희들' 종업원에게 시혜를 베풀어 준다는 식이 되어서는 안 되며, 만약 그렇게 된다면 1960년대에 반짝했던 직무충실화(job enrichment)처럼 수명이 짧

그림 11-1 QWL의 구성요소

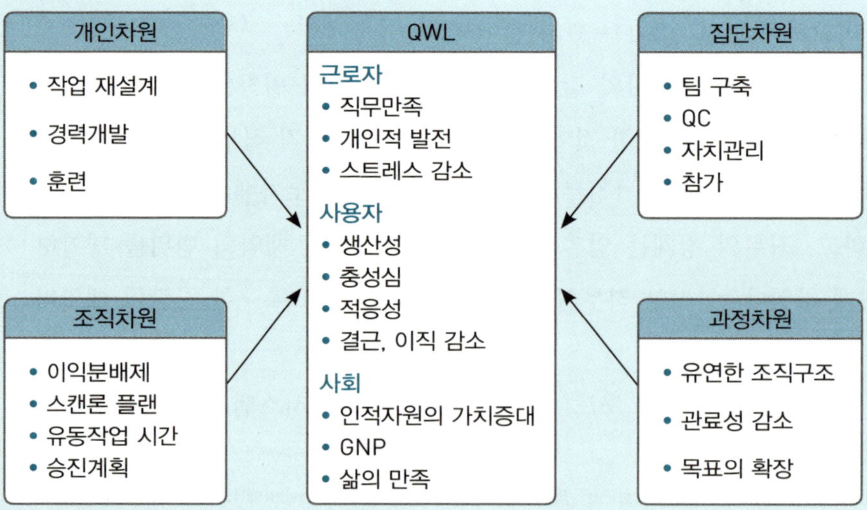

자료 Szilagyi & Wallace, 1983, p.589.

아질 것이라고 강조하고, QWL 프로그램의 수립에는 근로자들이 충분한 발언권을 가지고 참가하여 경영자와 종업원 및 노조의 협력체제하에 그 프로그램이 수행되어져야 한다고 주장한다.[16)]

찌래지와 위래스가 제시한 QWL의 요소는 [그림 11-1]과 같다.

또 천스(Chernes)는 QWL의 평가요소를 다음과 같이 주장하고 있다.

1 합리적으로 요구되는 직무내용
2 근로자로 하여금 배우는 것을 허락하고 계속해서 배우게 하는 직무
3 근로자들이 진실로 참여해 왔다고 느낄 수 있는 경영의사결정의 최소의 영역
4 직장에서의 사회적 지지와 인정에 대한 최소한의 정도
5 종업원들로 하여금 그들이 행하는 것과 그들이 생산하는 것을 그들의 사회적 삶(life)과 연결시켜 주는 직무
6 바람직한 미래에 대한 약속을 제공해 주는 직무(반드시 승진만이 아닌)

알부랙트(Albrecht)는 QWL을 "한 조직의 QWL은 그 조직의 구성원으로서의 종업원들이 지각하고 있는 조직의 모든 측면에 관한 질"이라고 정의하고 그 수준을 측정하기 위한 항목으로 다음과 같이 제시하고 있다.[17)]

1 직무의 유의미성

종업원으로 하여금 그가 지닌 숙련과 지식, 잠재능력을 발휘하여 조직의 목표달성에 가치 있는 기여를 하도록 만들어 준다.

2 적절한 작업조건

직무수행과 직접적으로 관련된 육체적, 심리적 조건을 보다 안정적이고 인간적인 것으로 구성되도록 한다.

---

16) A. D. Szilagyi Jr. and M. J. Wallace, Jr., *Organizational Behavior and Performance*, 3rd ed.(Ill. : Scott, Foreman co., 1983), p. 588.

17) K. Aibrecht, *Organizational Development*, Prentice-Hall, 1983, pp. 76~78.

3 적절한 임금과 부가금

작업에 대한 보상

4 직무안정

자기만 원만하다면 언제까지나 일할 수 있다는 확신

5 능숙한 감독과 공정성

상사의 능동적이고 지원적이며, 긍정적인 지도와 공정하고 공평한 대우

6 작업결과의 피드백

조직목표의 달성에 있어서의 개인의 공헌에 대한 인정과 칭찬

7 숙련과 책임상의 성장과 발전을 위한 기회 제공

보다 다양한 숙련을 개발하고 구사할 수 있도록 도전적인 작업의 제공

8 승진에 대한 공정한 기회

승진을 위한 훈련기회나 상위관리직으로서 승진희망의 제시

표 11-4 QWL의 측정기법

기준 접근법 (Walton)	동기적 접근법 (Herrick & Maccoby)	수준 접근법 (Seashore)
• 적절하고 공정한 보상 • 안전하고 건전한 근무조건 • 능력개발의 기회 • 지속적 성장과 안전을 위한 기회 • 작업조직에서의 사회적 통합 • 작업조직의 제도화 • 직장생활과 사생활의 조화 • 직장생활의 사회적 유익성	• 안정의 원칙 안전, 고용안정 등의 걱정 제거 • 공평성의 원칙 성과에 따른 공평한 보상 • 개체화의 원칙 노동자의 자기 개발 • 학습능력의 원칙 • 민주주의의 원칙 생산, 투자, 사회적 목표 등의 의사결정에의 노동자 참가 허용	• 노동자 : 직무만족 개인적 발전 자존 생리적 상태 : 스트레스 감소와 건강증진 • 고용주 : 생산성, 적응성, 충성심, 이직·결근·지각의 감소 • 사회 : GNP 인적가치의 증대 소비자 태도, 삶의 만족

자료 Szilagyi & Wallace, *OBP*, 2nd ed., Goodyear Publishing Co., 1980, p. 591.

9 긍정적인 조직분위기

작업구성의 가치관이나 대인관계 측면에서 안정적이고 인간적이며 심리적인 강화를 제공

그리고 70년대의 QWL 측정과 관련된 주요연구를 보면 〈표 11-4〉와 같이 정리할 수 있다. 즉 개별 종업원 중심의 미시적 접근방법으로 측정기준 접근법과 동기적 접근방법을 들 수 있으며, 이와는 달리 QWL의 수혜범위에 개별 종업원, 고용주와 사회 전체를 포함시키는 거시적 접근방법으로 수준 접근방법을 들 수 있다.

4. 근로생활의 질(QWL)에 대한 견해

근로자의 노동소외 극복과 기업 측의 생산성 향상을 위한 QWL 활동에 대한 엇갈린 주장이 나오고 있다. 즉 QWL 활동은 일시적인 유행이라고 주장하는 견해와 영원히 계속될 것이라는 견해가 있다.[18)]

기업이나 학자들은 조직 활성화 방법으로서 QWL을 극찬하면서 QWL 자문기관이나 연구소가 급증하였다. 그러나 실제 각 기업이 진정으로 QWL을 향상시키려고 하는 것인지, 혹은 당면한 생산성문제와 종업원 문제를 단기적으로 해결하려는 방안으로 QWL을 사용하는 것으로 보는 사람들은 QWL이 일시적인 것이라고 주장하고 있다.

QWL이 일시적인 유행이라고 주장하는 사람들의 근거는 다음과 같다.

1 종업원 불만과 완전한 노동에 대한 요구는 언론매체나 학자들에 의해 과장되고 있다는 것이다. 평상적인 직무를 수행하는 근로자들은 학자들이 주장하는 것보다는 덜 불만을 느끼고 있다. 그들은 그런 상황에 적응하며, 현재의 직무에 어느 정도 만족을 느끼고 있다는 것이다. 따라서 근로자들의 QWL에 대한 요구는 실제로 있는 것이 아니고 단지 상상일 뿐이다.

18) 최종태, 전게서, pp. 758~760.

2 대부분의 기업이 관료제적, 지시적 경영방식을 채택하고 있다는 것이다. 현재 QWL 활동을 실시하는 기업은 많지 않고, 대부분의 경영자들은 자기들이 잘 알고 있는 전통적 직무와 경영방식을 선호하면서, 상당한 압력이 없는 한 이 방식을 바꾸지 않으려 한다. 현재 기업이 바라는 생산성문제는 일시적인 현상이며, 이것은 기술개발이나 경제·통상법의 개정에 의해 해결될 수 있다고 믿기 때문에 QWL을 실시해야 할 압력은 높지 않다는 것이다.

3 QWL 활동 실행에 대한 잘못된 인식이다. QWL 활동은 실행방법이 잘 규정되어 있어서 실행이 용이하다고 생각하는 사람이 많다는 것이다. 그런 사람들은 QWL 활동이 각 기업의 상황에 알맞도록 조정되어야 하는 일반적인 처방일 뿐이라는 것을 인식하지 못한다. 자기 기업의 상황에 맞게 조정하기 위해서는 많은 학습과 실험이 필요하다. 이런 어려운 과정을 잘 견디지 못한 기업의 QWL 활동은 실패하게 마련이다. 이런 이유 때문에 높은 의욕을 가지고 QWL 활동을 시작한 기업이 초기에 실패하는 경우가 많다고 한다.

반면에 QWL 활동이 장래에도 영원히 계속될 것이라고 주장하는 근거는 다음과 같다.

1 많은 기업과 근로자가 QWL 활동에 관심을 보인다는 것이다. 노사쌍방이 작업방법개선과 조직개선을 위해서 서로 협력하는 '새로운 노사관계'(new industrial relations)의 정립이 필요하며, 이를 위해서는 근로자의 경영참가가 절실히 요청된다는 것이다. 이와 같은 맥락에서 근로자에게 외재적 보상(extrinsic reward)만이 아니라 내재적 보상(intrinsic reward)이 주어져야 한다. 새로운 노사관계, 근로자의 경영참가, 내재적 보상 등은 QWL 활동에 의해서 달성될 수 있다는 것이다.

2 QWL이 성공한 기업의 가치관과 문화를 잘 나타내준다는 것이다. 성공적인 기업은 종업원의 제안을 경청하고, 그들의 창의성을 존중한다. 성공적인 기업은 종업원이 의미 있는 직무를 맡을 권리가 있다고 생각하

며, 인적자원의 개발에 최선을 다해야 한다고 생각한다. QWL은 위와 같은 성공적인 기업의 가치관에 따라 성립된 것이기 때문에, 성공적인 기업이 존재하는 한 QWL 활동도 계속될 것이라는 주장이다.

3 QWL 활동이 성숙해 간다는 것이다. 초기의 QWL 활동에서는 생산성만 강조 하거나, 종업원 복지만을 강조하는 경향이 있었지만, 지금은 위 두 가지 목적을 동시적·통합적으로 달성하려는 것이 성숙의 한 예이다. 또 연구경향에 있어서도 성공사례만 제시하지 않고 실패사례도 함께 제시해서 양쪽에서 교훈을 얻으려 하며, QWL 활동의 프로그램은 점점 장기화하고 실제적인 목표와 기대를 가지게 한다.

위와 같이 살펴본 QWL 활동에 대한 상반된 견해는 나름대로의 타당성을 갖고 있다. 그러기 때문에 어느 주장이 옳은 것인가는 기업경영 및 노사관계 상황에 따라 다르다. 그러나 전반적인 경향은 노사 간의 자율적 교섭에 의한 QWL을 적극적으로 실현하고자 노력하고 있는 실정이다. 그러므로 무엇보다 더 중요한 것은 QWL에 대한 노사쌍방의 관심과 그들의 적극적인 상호작용의 필요성을 느끼는 것이라고 하겠다.

제 3 절 근로생활의 질(QWL) 활동에 대한 태도 및 전략

QWL 활동이 기업에 일반화되지 않았지만, 최근 노조와 경영층은 하부로부터의 많은 변화의 요구를 받음으로써 기존의 대립적 노사관계와 그 대응방안으로서의 QWL 향상에 대한 유효성이 부각되고 있다. 본 절에서는 그러한 변화요구에 대한 노사의 태도 및 대응전략에 대해서 살펴보고자 한다.[19)]

19) 박운성, 전게서, pp. 562~567.

1. 노조측의 태도 및 전략

작업조직의 변화에 따라 나타날 수 있는 노조의 불리한 점은 다음과 같다.[20]

1. 노조의 전통적 기능은 통일된 단체적 규칙과 그 보장책의 설정에 있으므로 직무의 개편과 재설계는 작업조건에 대한 노조의 통제력을 약화시킬 수도 있다.
2. 직종별 노조의 경우 직무충실화를 통한 교육훈련과 승진은 전통적 방법에 의해 장기간에 걸쳐 기술을 습득한 근로자들에게 위협이 될 수 있다.
3. QWL의 도입에 따라 근로자들의 작업조건에 대한 불만이 줄어들 경우 근로자들은 기업측에 지지자가 되며 노조에 대한 지지도는 낮아질 수 있다.
4. QWL을 향상시키기 위한 기술혁신은 일자리 감소를 초래할 수도 있다.

이와 같은 문제에 직면한 노조도 이제는 수수방관만 할 수 없게 되었다. 그것은 하부로부터의 변화에 대한 압력이 너무도 거세어 노조의 리더십에 대한 '둔감성'과 '부적합성'의 비판에 직면하고 있기 때문이다.

2. 경영자측의 태도 및 전략

경영자측에서는 근로자의 의사결정참가와 자율적 작업집단과 같은 새로운 형태의 작업조직의 도입은 경영권의 침해라고 생각한다. 즉 개별근로자나 근로자집단이 주도권을 갖고 그들의 노동생활에 대한 자율성을 갖게 되면, 경영층에 의해 행사되었던 통제력이 감소된다는 것은 자명한 이치이다. 또한 중간 관리층의 경우도 표면적으로는 작업조직의 변화에 대하여 지지를 표명한다고 하더라도 그들은 이러한 변화에 의해 자신들의 통제력이 상실되고 심지어는 조직계층상에 있어서의 지위와 신분이 위협을 받게 된다고 느끼는 사람이 많다.[21] QWL

20) H. C. Jain, *Worker Participation*, New York, Preager Publisher, 1980, pp. 192~193.

21) L. A. Schlesinger and B. Oshry, "Quality of Working Life and the Manager: Muddle in the Middle", *Organizational Dynamics*(summer 1984), pp. 8~11.

프로그램 도입에 따라 나타난 중간관리층의 고충은 다음과 같다.

1 상사의 작업독촉과 작업집단과의 협의에 따른 작업속도의 차질
2 최고 경영층이나 작업자들로부터의 인정과 지원의 부족
3 작업자의 미래욕구(교육훈련, 신기술습득)와 최고경영층의 현재적 욕구(성과)간의 갈등
4 권한과 책임 감소
5 부문 간 단절에 따른 소외감

그러나 이직률 및 불법적 파업에 따른 비용이 증가함에 따라서 경영층은 고생산성과 함께 개별 근로자들의 직무만족과 인간적 욕구충족을 실현할 수 있는 대안을 강구해야만 한다.

여기에서 경영층과 전문가는 물론 작업자가 직접 참여하여 작업현장을 대상으로 생산문제의 분석, 작업방식이나 작업조건에 대한 개선, 새로운 직무설계의 개설, 새로운 설비의 배치계획 및 생산방식의 변화가 이루어졌으며 그 결과로 반자율적 작업집단이나 공동위원회 등이 나타나게 되었다. 그런데 경영자 측에 의해 주도되는 이러한 계획은 가끔 노조의 영향력을 강화시키고 또한 종업원들의 노조가입을 저지할 목적에 이용되기도 한다는 점이 지적되고 있다.[22)]

3. 근로자측의 반응

기업 내에 QWL프로그램이 도입되어 현장근로자들의 자율성과 의사결정권이 증가할지라도 이는 곧 작업부담의 증가를 의미할 수도 있다. 이러한 경우 노령 근로자와 저학력 근로자는 작업변화와 관련된 작업부담(여러 가지 기능의 습득, 확대된 작업형성에의 적용)에 대응하기가 어렵게 되며, 어떤 근로자들의 경우는 업무가 더욱 복잡화된 데에 따른 육체적·정신적 긴장감에 대해 불평하게 된다.

그리고 이러한 변화에 적응할 수 없는 근로자는 노동시장으로부터 배제될

22) D. Q. Mills, *Labor-Management Relations*, pp. 168~169.

위험성이 있고, 사업장 내의 작업집단 간에는 경쟁이 야기되어 작업집단 내에서 평균 성적 이하의 구성원은 퇴출될 가능성도 있다.

노르웨이의 경우 숙련직종, 반숙련직종 및 미숙련직종의 구분이 불분명해진다는 우려로 숙련근로자들은 QWL 프로그램의 도입에 대하여 저항을 나타내었으며, 또한 직장(職長)의 경우도 자율적 작업집단이 그들이 가졌던 책임의 많은 부분을 떠맡게 되었다는 이유로 거부반응을 나타내었다.[23)]

제 4 절

근로생활의 질(QWL) 프로그램의 실행절차

QWL 활동을 실행하는 과정에서는 3S(spirit, structure, study)의 세 관점이 필요하다. 이 내용을 살펴보면 다음과 같다.[24)]

1. QWL 활동은 성숙, 존경, 각 개인에 대한 관심 등과 같은 기품(spirit)을 일으킨다. 이것은 적대감, 저항, 노사 간의 갈등 등과 같은 일반적인 조직에서 있을 수 있는 기풍과는 반대되는 것이다. 이러한 활동을 이끄는 원리가 수익성이나 생산성에 있지 않기 때문에 근로자를 표준화된 대체할 수 있는 부품으로 생각하는 것과는 거리가 멀다. QWL 활동의 원리에는 안정성, 공평성, 민주성, 개인성 등이 있다. 이러한 원리가 성숙, 존경, 각 개인에 대한 관심과 같은 기풍을 일으킨다.
2. 새로운 기풍을 발전시키기 위해서는 새로운 조직구조와 의사결정과정이 필요하다. 새로운 구조는 노동생활의 질 위원회와 공장, 현장, 부위원회

23) J. Mir, "Trade Unions and Worker Participation in Management" in L. E. Davis et. al., *op. cit.*, p. 426.

24) 최종태, 전게서, pp. 755~758.

를 말하는데 이는 적대적인 관계에서 전개되는 전통적인 단체교섭과는 달리 노사 간에 협조적인 관계를 유지하는 것이다. 이 새로운 구조는 모든 종업원이 의사결정과정에 참가할 수 있게 하는 것이다. 또 종업원이 의사결정을 하기 전에 상담을 받을 수 있는 것이다. 이에 따라 협조와 커뮤니케이션의 개선이 이루어진다.

3 QWL 활동에는 많은 지식이 필요한데 이것은 연구에 의해서 얻어진다. 이러한 연구는 참가자에게 기술적·경제적 측면뿐만 아니라 인간적·사회적 측면에 대한 이해를 높여준다. 여기서의 연구는 수동적인 것이 아니라 능동적인 것이어서 서로가 서로를 배우는 학습이 된다. 현장에서의 학습의 경우에 현장감독은 학생의 발전을 바라는 훌륭한 선생의 자세가 되어야 한다.

이와 같은 기풍, 구조, 연구 등의 세 가지 기본관점에 따라 QWL 활동의 절차는 진행된다.[25] 근로자나 경영자 어느 한 편에서 QWL 활동의 필요성을 인식하고 이에 대한 문제제기를 상대편에게 하게 된다. 일반적으로 경영자들은 종업원들이 기업에 대한 일체감이 약화되고 있다고 느낄 때 이 문제를 해결하기 위한 방안으로 QWL을 제기하게 된다. 노조지도자들은 단체교섭과 같은 대립적인 관계에서는 문제를 해결할 수 없는 부분이 많다는 것을 느낄 때 이 문제를 제기한다. 문제제기가 있게 되면 노사 양측의 지도자는 합의를 위한 여러 번의 접촉을 가지게 된다. 여기서 합의가 이루어지면 본격적인 절차가 시작된다. 이러한 시작을 위한 절차, 즉 최고경영자와 노조지도자 간의 합의는 매우 중요하다. 이들의 후원에 의해서만이 프로그램들이 적극적으로 실시되기 때문이다. 이에 따라서 다음의 절차가 진행된다.

---

25) S. H. Fuller, "How Quality of Working Life Projects Work for General Motors" and I. Bluestone, "How Quality of Working Life Projects Work for the united Auto Workers" and B. Maccy, "The Quality of Working Life Projects at Bolivar: an Assessment", *Monthly Labor review*, July 1980, pp. 37～44.

1. 1단계 : 최초 교육과 위원회 구성

노사양측의 QWL 활동을 이끌어 갈 사람들에 대해서 교육을 실시해서 QWL에 대해 이해시키고 이론적인 틀을 제공하게 된다. 교육을 담당하는 사람은 공정을 유지하기 위해서 제3자가 되어야 한다. 교육이 실시된 후에는 최고경영층과 노조지도자들로 구성되는 근로생활의 질 위원회를 구성한다. 근로생활의 질 위원회는 QWL 활동에서 지켜야 할 원칙을 이 단계에서 정하게 되는데, 일반적으로 안정성, 공평성, 민주성, 개인성 등과 같은 내용이 포함되어야 한다.

안정성과 공평성 원칙은 노조의 일반적인 목표를 반영한 것이다. 민주성원칙은 현재의 상태를 연구·분석하고 대체안을 개발하는 사람은 그 결과에 따라서 살아갈 사람이라는 것으로 의사결정의 과정에 개인의 참가를 의미한다. 그리고 개인성 원칙은 직무충실화나 조직개발 이상의 것을 의미하고 있어서 이들을 싫어하는 근로자, 즉 의미 있는 작업, 경력개발 등을 싫어하는 사람들은 여기에 포함시키지 않아야 한다는 것을 의미한다.[26)]

2. 2단계 : 정보수집과 계획

근로생활의 질 위원회에서는 QWL 활동을 본격적으로 실시하기 전에 정보수집을 실시한다. 이 정보수집에 있어서도 공정성을 유지하기 위해서 외부조사기관을 이용한다. 관찰, 면접, 질문지 등의 방법으로 정보를 수집한다. 관찰과 면접이 일차적으로 실시되고, 이 결과를 확정하기 위해 질문지를 사용한다. 질문지는 종업원이 그들의 직무와 관련해서 접하는 정보, 유연성, 기회, 문제 등을 측정할 수 있도록 작성한다.

질문의 항목과 척도, 조사에서 나타난 결과의 분석과 진단 등은 근로생활의 질 위원회 참가자들의 의견이 충분히 반영되어야 한다. 이 결과를 바탕으로 기업 전체적인 QWL 활동 실시방법을 확정한다.

26) M. M. Duckles, R. Duckles and M. Maccoby, "The Process of Change at Bolivar", *Journal of Applied Behavioral Science*, Vol. 13, 1977, p. 389.

3. 3단계 : 현장위원회 구성

QWL 활동은 기업 전체가 한꺼번에 실시하게 되면 예상하지 못한 문제가 발생할 수 있다. 이 활동이 생소하기 때문에 근로자와 감독자들은 서로가 자기네들이 불리하지는 않을까 하고 의구심과 반발을 보일 수 있다. 이런 것을 방지하기 위해 기업의 조그만 부분에서부터 매우 조심스러운 활동을 하여야 한다.

QWL위원회는 기업 내의 부서나 공장 중에서 가장 실시가 용이한 곳을 선정하고, 여기에 현장위원회를 구성한다. 현장위원회는 실시부서나 공장의 경영자, 근로자대표, 노조대표 등으로 구성한다. 이 위원회는 종업원들과 감독자들에게 QWL 활동을 설명하고 여기에 참가할 지원자를 모집한다. 지원자들을 직무가 같거나 비슷한 사람으로 3~10명씩을 모아서 몇 개의 집단으로 나눈다. 이 집단들이 QWL 활동을 직접 계획하고 실시하며 현장위원회는 이 집단들을 지원한다.

4. 4단계 : 세부계획 작성 및 실시

QWL위원회에서는 모집한 지원자들로서 감독자와 근로자가 현장, 공장, 부위원회를 구성한다. 기업의 규모가 큰 경우에는 양 위원회를 연결하는 중간위원회를 구성하기도 한다. 현장위원회에서는 QWL위원회의 추천을 받은 몇 명의 컨설턴트의 도움을 받아서 현장위원회가 실시할 사업의 내용을 결정한다. 이렇게 결정된 사업을 실시하는 과정에서 위원회에게 기회와 파워를 느끼도록 해야 한다.

5. 5단계 : 의미해석 및 홍보

현장위원회의 시험적인 실시가 근로자나 경영자에게 어떤 의미를 주는가에 대해 판단한다. 여기서 파악된 내용에 따라서 다음의 행동계획을 또 작성하게 된다. 한편, 시험 집단에서의 QWL 활동 진행을 기업 내의 다른 집단의 구성원에게 홍보하고 이 활동의 지원자 혹은 지원집단에 확산시켜 나간다. 이런 과정을 거쳐 기업 전체에 QWL 활동이 확산되도록 한다.

사례*

근로생활의 질 향상을 위한 주 52시간 근무에 대한 이해

최근 어떤 일을 하든 워라벨이 중요하게 여겨지고 있다. 그렇기 때문에 근무시간을 많이 하고 돈을 많이 받는 것보다 적당한 일을 하고 적당한 월급을 받는 것을 대체로 선호하고 있다. 그래서 정치권에서도 주52시간 근무제를 시행하는 것에 대해서 주목하고 벌써 법안이 통과 되어 2018년도 7월부터 300인 이상 사업장과 공공기관을 대상으로 시행되고 있다. 구체적으로 주 40시간 + 연장근로시간 12시간 = 52시간은 50~299인 사업장의 경우 2020년 1월부터, 5~49인 사업장의 경우 2021년 7월부터 시행된다. 강행규정이기 때문에 노사가 합의를 해도 주52시간을 초과할 수 없으며 이를 어길 시 사업주는 징역 2년 이하 또는 벌금 2,000만원 이하로 처해진다.

그런데 주 52시간을 시행하는 것이 기업에게는 엄청난 부담이 되어 이를 조금이라도 들어주기 위한 방안으로 국회환노위에서 새롭게 마련한 보완대책을 보면 2020년 1월부터 주52시간제를 적용받는 영세기업에 일괄적으로 1년의 계도기간을 부여하는 것이다. 또한 고용부는 기본 계도기간 1년 외에도 최대 6개월에 이르는 시정기간을 추가적으로 부여하기로 했다.

특히 고용부는 고소·고발 사건에 대해서 법 위반 사실과 사업주의 법 준수 노력 정도, 고의성 등을 함께 조사해 검찰에 송치, 이런 부분들을 참고해 사건을 처리하기로 검찰과 협의를 했다고 발표했다.

고용부는 자연재해, 재난 등에 국한했던 인간요건을 응급환자의 구조·치료, 갑작스럽게 고장난 기계 수리, 대량 리콜 사태, 원청의 갑작스런 주문으로 촉박한 납기를 맞추기 위해 일시적 연

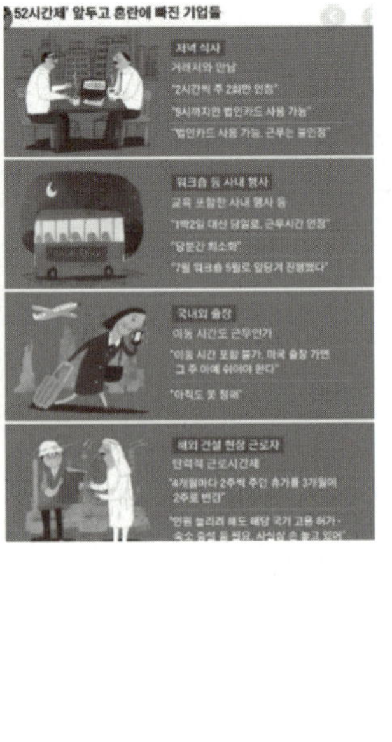

장 근로 초가가 불가피한 경우 등에도 확대 적용하기로 했다. 그리고 기존의 52시간을 적용받고 있는 300인 이상 대기업에게도 적용하기로 했다. 다만 특별연장근로로 인해 발생하는 노동자의 건강문제에 대해서는 적절한 조치를 취해 제도의 오·남용을 막는다고 한다.

정부는 1년의 계도기간과 최대 6개월의 시정기간 내 제도가 중소기업 현장에 안착할 수 있도록 총력을 다하고 있다. 제도의 조기 안착을 위한 인센티브도 마련하고 있다. 정부는 주52시간을 모범적으로 도입하는 기업을 선정해 장려금을 지원하는 '노동시간 단축 정착 지원사업'을 신설하기로 했다.

제도가 시행되는 2020년에 선정되는 기업이 500개라고 하는데 내국인 채용이 어려운 특수 제조업 등에는 현재 운영하고 있는 외국인 인력 제도를 20% 상향 조정하는 방안을 마련하고 있다고 한다.

제 5 절

근로생활의 질(QWL)의 추진전략

근로자의 노동소외 극복과 기업 측의 생산성 향상을 위하여 QWL 활동이 점차적으로 확장되어 가고 있다. QWL 향상이란 과정으로서 가장 핵심적인 측면은 경영층과 조직구성원의 공동관심과 실제 조직체문제 해결에 있어서 경영층과 조직구성원의 공동의사결정이다.

대부분의 기업체가 언급하고 있듯이 미국이나 외국에도 근로생활의 질과 생산성을 결부시키기 위한 계획을 수립하고 있으며 기업의 경쟁적인 요소를 합리적으로 관리함으로써 원가를 줄이고 생산량을 증가시키기 위한 방법을 모색하고 있다.

생산성은 근로생활의 질을 저하시킴으로써 단기적인 생산성 향상을 기할 수도 있다. 이와 같은 경영은 근로의 양을 증가시키고 종업원 수를 감소시키며 보다 나은 직무로 분화시킬 수 있다. 그러나 기업에서 짧은 기간의 운영으로 생산성을 증가시킬 수 있지만 종업원들의 노력을 더욱 증가시키게 됨을 부인할 수 없다. 즉 장기적인 관점에서의 생산성향상은 의문시된다. 그러므로 우리는 객관적인 근로생활향상과 업적향상을 가져오는 계획에 관심을 가져야 하며, 이를 위한 다양한 전략이나 방법을 강구함으로써 QWL의 새로운 전략을 고려해야 한다. 이러한 전략은 다음과 같은 방법이 있다.[27)]

1. 자율적인 작업팀

스스로 관리하는 작업집단 또는 융합된 작업집단이라고 불리어지는 자율적인 작업집단은 10~20명의 종업원이 협동하여 계획하고 그들의 활동을 통제하는 집단이다.

그들은 가끔 근로자 집단의 리더를 가지고 있지만 그 리더는 관리요원이 아니다. 그 집단의 종업원들에게 직접 생산 활동을 수용할 수 있게 하는 권한과 서비스나 스태프 부문의 활동을 수행할 수 있는 권한을 갖는다. 이렇게 구성된 집단은 작업방법의 계획과 산출의 조사, 설비의 유지 및 그 집단을 위한 종업원의 선발과 같은 부가적인 업무를 수행한다.

그들은 스스로 작업진도를 통제하는 권한을 가지며, 중요한 의사결정은 가끔 집단적 의사결정에 의해서 이루어진다. 이와 같이 스스로 관리하는 작업집단을 설치하는 목적은 업무수행의 자율성과 조직 전체의 직무구성 단위팀을 창설하기 위해서이다.

이 자율적인 작업팀은 상호의존적이며 여러 가지 다양한 기술과 업무는 각 집단에서 서로 연결된다. 그 집단은 전체적인 작업단위의 성취를 고려해야 하며 그 작업을 완성하기 위해 필요한 인원과 자원을 적당하게 부여하며 집단과 개인의 업적에 따라 보수가 결정되게 된다.

27) 박운성, 전게서, pp. 580~587.

2. 행동 수정

행동수정이란 조작적 조건부여 혹은 적극적인 강화라고 하는데, 심리학자 스키너(B. F. Skinner)의 이론과 방법을 경영조직에 적용함을 의미한다.[28] 대부분의 행동수정은 학교와 정신병원 및 교도소에서 행해졌으며 스키너의 제자들이 조직에 있어 인간행동의 수정에 이용하고 있다. 행동수정의 지지자들은 근본적으로 행동을 통제하고 교정하는 데 관심을 갖고 있다. 또 이들은 생산성을 증가시키고 원가를 절감하고 결근을 줄이는 것을 원하지만, 직무만족감이나 태도의 향상에 대하여 무관심한 경우가 많다.

행동수정에 대한 근본적인 개념은 행동이 결과에 의해 결정된다는 것이다. 경영관리에서 요구되는 행동은 바람직한 행동에 대한 연속적 보상을 행함으로써 형성된다.[29]

행동수정계획의 중요한 요소는 주된 행동의 인정과 새로운 행동목표의 설정, 개인의 업적에 대한 피드백의 실시, 적당한 강화를 위한 다양한 형태의 고찰 및 강화의 적용실시인 것이다.

3. 직무설계와 직무충실

직무의 내용과 구성은 여러 가지 방법으로 변경될 수 있다. 때로는 더 많은 업무를 부과하기 위하여 수평적으로 확대되고 어떤 변화와 흥미를 유발하게 한다. 그러므로 하나의 제한된 업무에서 또 다른 업무로 전환하는 것이 종업원들에게 허용되며, 근로생활의 질을 계획하는 기업의 주된 추진으로서 직무를 세분화하고 업무의 설정을 다양하게 해 왔다. 업무의 다양화에 대한 기본적 연구와 이론은 심리학자 허즈버그(F. Herzberg)에 의하여 이루어졌으며 그의 동기유발요인과 위생요인이 이를 증명하고 있다.

28) D. S. Beach, Personnel, *The management of People of Work*, 4th edition, Macmillan Publishing Co. Inc., 1980, p. 464.

29) 김원경, 인사관리, 형설출판사, 1983, p. 334.

다양한 업무를 계획하기 위한 지침은 다음과 같다.[30)]

1 종업원이 직무의 담당을 인식하고 책임의 인지를 느낄 수 있도록 업무 단위를 구성한다.

2 다양한 기술과 업무자체를 성취시킬 수 있도록 보다 큰 단위 내에서 직무를 연관시킨다.

3 고객과 원활한 관계를 유지하라.

4 수직으로 직무를 부과한다. 이것은 업무의 계획과 통제가 그 업무에 부과되어야 한다는 것을 의미한다. 세분된 직무의 계획과 통제는 리더에 의해서 수행되며 다양한 업무에서의 종업원은 작업방법에 대해서 스스로 의사결정을 하고 설비관계나 작업진도를 설정하여 생산된 상품의 질에 대한 검사를 한다. 이와 같은 과정은 개인의 자율적 감각을 증가시킨다.

5 직접적인 정보를 제공하고 종업원에 대한 피드백을 고취시켜야 한다. 이를 위해 직무수행을 위한 충분한 정보를 가져야 하며 그가 수행한 업적의 질과 양에 대한 피드백을 해야 한다.

4. 효과적인 경력관리

경력이란 특별한 경험에서 창출될 뿐 아니라 사회에서 제공된 기회가 영향을 미치고 또한 인간을 형성한다. 그렇기 때문에 종업원의 능력을 보다 충분히 활용하고 성취감을 고취시키기 위하여 기업에서는 조직적 경력개발과 진취적 활동을 위한 노력을 계속하고 있다. 조직에서 고려해야 할 경력개발의 중요한 사항은 다음과 같다.[31)]

1 인적자원계획

30) F. Herzberg, "The Wise Old Turk", *Harvard Business Review*, Vol. 52, No. 5(September-October 1974), pp. 70~80.

31) D. S. Beach, *Managing People at Work*, 3rd ed., MacMillan Publishing Co. Inc., 1980, p. 467.

2 직무기회에 대한 의사소통과 종업원에 대한 경력상의 정보

3 업적평가의 일부로서 상사나 인사과에 의한 경력 상담

4 조직 내·외에서 종업원을 위한 교육과 훈련

5 특별한 직무할당과 직무순환의 확대

이들 기초적 내용 외에도 조직은 종업원의 능력과 잠재력을 분석하고 평가하기 위하여 공식적인 평가센터를 두어야 한다.

그러나 최근 직업에 대한 수요의 변화와 새로운 직업의 출현 때문에 근로자들은 자신을 재평가할 기회와 새로운 직업에 종사할 기회를 가진다. 그러므로 이와 같은 상황에 효과적으로 대처하기 위해서는 노동시장과 교육기관이 새로운 직업을 찾는 데 도움을 주어야 한다.

인적자원관리자는 그들의 조직에서 경력개발계획이 종업원의 경력을 변화시킬 수 있는 기회를 제공해야 한다는 사실을 알아야 한다.

5. 경영참가

경영참가란 종업원들이 그들과 그들의 업무에 영향을 주는 의사결정을 하는 데 참가하는 것을 의미한다. 이러한 과정은 종업원의 동기를 증가시키고 아이디어를 창출하여 새로운 방법과 과정에 대한 저항의식을 감소시킨다. 또한 자율과 성취, 자기표현에 대한 인간의 욕구를 충족시킬 수 있다. 비록 경영참가는 여러 방법으로 이루어질 수 있지만 전형적으로 기구, 장비, 방법, 안전, 과업배분 및 작업조건과 같은 활동에 관하여 계획하고 의사결정을 하기 위한 상하간의 회합을 포함한다.

일반적으로 상사는 아이디어를 설정하고 부하의 반응을 조사하고, 해결책을 모색하는 데 있어서 예외적인 의사결정권을 보유한다. 경영참가는 지도력에 대한 전통적인 개념과 매우 상이하기 때문에 종전의 감독자들은 경영참가에 대한 이론과 방법에서 특별한 훈련을 필요로 한다.

6. 기타 전략

위에서 살펴본 내용 외에도 여러 가지 전략이 생산성과 근로생활의 질적향상을 위하여 많은 기업체에서 활용되고 있다. 아래의 전략들은 근로생활의 질에 따른 특별한 측면을 개선하기 위하여 제시될 수 있다.

(1) 관리의 공정성

경영관리나 조직운영상의 공평성은 고충처리와 경영원리에 있어서 절차에 따른 원칙의 실행을 의미한다. 예를 들면 징계와 해고의 영향을 받은 종업원은 그의 책임에 대한 진술서를 작성할 것이며 자신의 권리를 주장하고 협상이나 의견을 표시할 것이다. 그런 후 최후단계의 호소는 중재로서 공정한 협의를 하게 된다. 노사관계에서 분쟁의 중재행위과정을 보면 다음과 같다.[32)]

1. 고정처리의 타결을 이룰 수 없을 때 노사의 일방이 중재자에 의해 해결할 것을 제의한다.
2. 선정한 날짜에 중재자는 쌍방의 구두진술을 듣고, 필요하면 법적 증거를 제시받을 수 있고 청문회를 연다.
3. 청문회를 가진 후 노사쌍방은 진술서를 교환할 수 있으며 중재자는 의사결정과 판정서를 제시한다.
4. 비용은 노사쌍방이 50%씩 각각 부담하여, 노사쌍방의 합의나 관례에 따라 변경할 수 있다.

근로자들이 노동생활에서 그들의 발언권을 얻기 위해 조직화되는 현상은 오늘날 산업사회에서 일반적인 현상이며 이들 조직적 반응에 대응하여 기업이 기술적으로 고도화된 노동을 통합하는 과정에서 노동의 인간화를 위하여 노동과정에 있어서 보다 많은 참여를 허용함으로써 노동의 자주성을 부여하려는 움직임이 2차 대전 이후에 있어서 관리사상의 기본조류가 되고 있다.

32) 최종태, 인사관리론, 박영사, 1983, p. 229.

(2) 생산성에 따른 이윤분배

생산성에 따른 이윤분배는 기업측과의 계약에 의하여 기본임금 이외에 각 영업분기마다 생산성향상에 따른 결산이윤을 종업원들에게 부가적으로 지급하는 방식을 말한다. 이윤분배의 목적은 노사관계의 개선, 작업능률의 증진, 근로자의 생활안정에 있으며 이외에도 다음과 같은 것이 있다.[33)]

1. 종업원에게 시가보다 낮은 가격으로 주식을 분배하여 매 결산기마다 그 주식에 이익을 배당하는 것
2. 연말, 명절 등에 계약에 의하지 않고 기업측의 자유의사에 따라서 이윤의 일부를 분배하는 것
3. 대리점 또는 판매계 등에 대하여 매출액의 일부를 지급하는 것
4. 기업 측이 종업원의 복리후생을 위한 공동기금(profit sharing trust fund)에 기업이윤의 일부를 투입하여 종업원에게 환수시키는 것 등을 의미하게 된다.

이와 같은 이윤분배제를 실시하는 기업의 특징은 연간고용문제, 주식구입계획, 근로자 대표를 포함한 광범위한 자문기관을 가지고 있다는 것이다.

(3) 스캔론 플랜(Scanlon Plan)

스캔론 플랜은 표준노무비율(노무비÷매출액)을 결정하고 매출실적에 곱하여 노무비총액을 결정하는 방법이다.[34)] 스캔론 플랜은 공장이나 기업 전반의 인센티브 플랜으로서 세 가지 특징으로 구성된다.

1. 경영진과 종업원 사이의 행동철학 전파
2. 비용을 줄이고 생산성을 향상시키기 위한 제안제도
3. 비용절감이 보너스의 형태로 종업원에게 지급되어 회사의 생산단위당 비용 감소를 가져오는 자극제도

33) 황병준, 인사관리, 법문사, 1981, p. 220.
34) 김원경, 전게서, p. 415.

(4) 유연한 근로시간

유연한 근로시간(flexible working hours)은 '플랙시타임'(flexitime)이라고도 부르며, 매일의 작업시간을 종업원 스스로가 통제하도록 계획하는 것이다.

모든 종업원은 매주 또는 매월의 규정된 작업시간을 이행해야 한다. 미국의 경우, 개개인은 보통 오전 10시에서 오후 3시까지 그날의 하루 중 고정된 구속시간 동안에 직무를 수행하는 한, 매일 업무를 시작하고 마치는 시간에는 상당한 자유 재량권을 허용하고 있다. 융통성 있는 근로시간을 1주일에 4일로 정하고 있다.

이와 같이 직무계획을 근로자 스스로 결정하는 것은 현대근로의 새로운 가치관을 정립하는데 잘 부응될 수 있으며, 이러한 계획은 고용자측에서도 상당한 이익을 기대할 수 있다.

사례*

배우자 출산휴가 및 육아기 근로시간 단축 확대 시행

1. 배우자 출산휴가 확대

배우자 출산휴가 기간이 기존 3~5일(최초 3일 유급)에서 유급 10일로 확대되었다. 이와 함께 휴가 청구기한은 출산한 날부터 30일에서 90일로 늘어났다. 90일 내에서 1회에 한해 분할 사용도 가능해져 출산 가정은 상황에 맞게 출산휴가를 사용할 수 있게 되었다.

2. 배우자 출산휴가 급여 지원

유급 휴가기간 확대로 부담이 될 수 있는 중소기업을 위해 우선지원 대상기업 노동자를 대상으로 정부가 유급 5일분을 지원하는 "배우자 출산휴가 급여'가 신설된다. 출산휴가 급여를 받기 위해서는 출산휴가 종료일 이전에 피보험단위기간이 180일 이상이어야 하며, 휴가를 시작한 날로부터 1개월 이후, 휴가가 끝나고 12개월 이내의 기간 내에 신청해야 한다. 또한 배우자 출산휴가 확대와 급여 지급은 10월 1일 이후 최초로 휴가를 사용하는 노동자부터 적용된다.

내가 받을 수 있는 배우자 출산휴가 급여는 얼마일까?

월 통상임금(상한액 200만원)÷월 소정근로시간×일 소정근로시간×5일

출산휴가를 분할 사용한 경우 급여 신청은 언제일까?

배우자 출산휴가 급여는 휴가가 모두 끝난 후 일괄하여 신청해야 하므로 분할 사용 시에도 휴가를 모두 사용한 후 일괄하여 신청해야 함

3. 육아기 근로시간 단축 확대

그동안 만 8세 이하 또는 초등학교 2학년 이하 자녀를 둔 노동자는 육아휴직과 육아기 근로시간 단축을 모두 포함하여 최대 1년의 범위 내에서 사용할 수 있었는데, 지난 10월 1일부터 육아휴직 1년과는 별도로 육아기 근로시간 단축을 1년간 보장하며, 육아휴직 미사용 기간은 추가로 육아기 근로시간 단축으로 사용할 수 있게 되었다. 육아기 근로시간 단축만 사용할 경우 최대 2년까지 가능하며 육아기 근로시간 단축은 최소 3개월 단위로 횟수의 제한 없이 분할 사용이 가능하다. 즉, 총 2년(육아휴직은 최대 1년)의 범위 내에서 육아휴직 또는 육아기 근로시간 단축을 선택적으로 사용할 수 있게 되었다.

<table>
<tr><td colspan="2">육아휴직
12개월</td><td colspan="2">육아기 근로시간 단축
12개월</td></tr>
<tr><td>육아휴직
6개월</td><td colspan="3">육아기 근로시간 단축
1년 6개월</td></tr>
<tr><td colspan="4">육아기근로시간단축
2년</td></tr>
</table>

4. 하루 1시간 육아기 근로시간 단축 가능

임금 삭감 없이 하루 1시간 육아기 근로시간 단축도 가능해졌다. 기존에는 1일 2~5시간까지 근로시간 단축이 가능했지만 하루 1시간 단축이 허용되었고 1시간 단축분에 대해서는 통상임금의 100%를 지급한다. 육아기 근로시간 단축 급여는 우선지원 대상기업과 대기업 소속 노동자 모두에게 지급된다.

육아기 근로시간 단축 급여액 산정하기

매주 최초 5시간 단축분과 나머지 근로시간 단축분을 합산한다.

[월 250만원 근로자의 육아기 근로시간 단축 급여액]

(200만원×5/40)+(150만원×((40－20－5)/40) = 812,500원

매주 최초 5시간 단축분

육아기 「근로시간 단축 개시일을 기준으로 근로기준법」에 따라 산정한 월 통상임금에 해당하는 금액(200만원을 상한액으로 하고, 50만원을 하한액으로 함)

×

$$\frac{5}{\text{단축 전 소정근로시간}}$$

나머지 근로시간 단축분

육아기 근로시간 단축 개시일을 기준으로 「근로기준법」에 따라 산정한 월 통상임금의 100분의 80에 해당하는 금액(150만원을 상한액으로 하고, 50만원을 하한액으로 함)

×

$$\frac{\text{단축 전 소정근로시간} - \text{단축 후 소정근로시간} - 5}{\text{단축 전 소정근로시간}}$$

5. 모성보호와 일·생활 균형을 위해 최근 달라진 제도

5.1 임신·출산기 여성 노동자를 위한 출산전후 휴가급여 확대

출산전후휴가급여의 상한액을 인상하고 난임치료휴가를 신설(2018년 5월)하였다. 또한 모성보호 사각지대를 해소하기 위해 2019년 7월부터 자영업자 등 고용보험 미적용자에게도 출산급여가 지급된다.

2016년	2017년	2018년	2019년
135만원	150만원	160만원	180만원

5.2 육아기 노동자의 일·생활 균형을 위한 제도 개선

첫 3개월 동안의 육아휴직 급여가 2배 오르고, 급여 상한액 역시 인상(100 → 150만원)되었다. 또한 3개월 이후 기간의 육아휴직 급여와 상한액을 인상하였다. 육아기 근로시간 단축급여 역시 인상(통상임금 40 → 80%)되었다.

첫 3개월

통상임금 40% 상한액: 월100만원	통상임금 80% 상한액: 월 150만원

3개월 이후

통상임금 40% 상한액: 월100만원	통상임금 50% 상한액: 월 120만원

5.3 남성 육아휴직 인센티브 강화

맞돌봄 문화를 조성하기 위해 2017년 7월 이후 아빠육아휴직 보너스제의 상한액을 지속적으로 인상하고 있다. 이러한 노력에 힘입어 남성 육아휴직자 수는 2016년 7,616명에서 2018년 1만 7,662명으로 2배 이상 증가한 것은 상당히 고무적인 일이다. 아이와 아빠의 워라밸을 응원한다.

2017. 7월	2018. 7월	2019. 1월
둘째 자녀 200만원	모든 자녀 200만원	모든 자녀 250만원

자료 고용노동부 월간 내일

Chapter 12

임금이슈

12

“임금보다 복리후생에 집중해야”

노사정위원회 토론회에서 정규직과 비정규직 격차 해소를 위해 임금 자체보다 상여금 등 복리후생 차이가 없도록 제도를 개선해야 한다는 주장이 나왔다. 임금과 관련해서는 정규직과 비정규직 모두에 적용되는 ‘일률적인 임금 산정체계’가 대안으로 제시됐다. 이 같은 제안은 경제사회발전노사정위원회가 한국고용노사관계학회, 한국노동법학회와 공동으로 개최한 ‘비정규직 고용차별 금지제도의 현재와 미래’ 토론회에서 나왔다. 토론회 내용은 노사정위 산하 고용차별개선 연구회가 마련 중인 비정규직 격차 개선을 위한 정책 대안에 반영될 예정이다. 박철성 한양대 경제금융대학 교수는 발제에서 “차별 개선 노력을 상여금, 퇴직급여, 복리후생 제도 쪽에 더 집중할 필요가 있다”고 밝혔다. 정규직과 비정규직의 시간당 임금 격차는 30% 이상이며, 이 격차 대부분(90% 이상)이 근속연수나 교육 수준, 경력(연령), 사업체 규모 등 근로자의 특성과 연관돼 있다고 분석했다. 따라서 차이를 줄이기 힘들다는 주장이다. 반면 구성원에 제공되는 상여금, 시간외 수당, 유급휴가 등은 근로자간 특성 차이로 설명되지 않는 부분이 40%에 달했다. 복리후생은 ‘근거 없는 차별’이 큰 셈이다.

권혁 부산대 법대 교수는 유럽과 일본 등 해외 사례를 바탕으로 “노동에 대한 가치 평가가 정규직, 비정규직 등 고용 형태에 따라 달라질 이유가 사실 전혀 없다. 유럽처럼 일률적으로 적용되는 임금 산정·지급체계를 구축할 필요가 있다. 대신 일한 시간과 기간, 업무 내용 등에 따라 엄격히 임금을 지급하면 된다”고 말했다. 조준모 성균관대 경제학과 교수는 “비자발적 비정규직에 격차 해소 정책의 초점을 맞춰야 한다. 시간당 임금으로 볼 때 비자발적 비정규직은 정규직의 52.5% 수준에 불과하며, 이들 대부분(74.3%)이 10인 미만 영세 기업에 분포해 열악한 것으로 나타났기 때문이다. 상대적으로 자발적 비정규직은 학력이나 경력 등에 의한 보상이 있거나 큰 차별은 없는 것으로 나타난다"고 밝혔다.

우리 사회에는 보이지 않는 정규직과 비정규직이 엄연히 존재하고 이들 간의 보이지 않는 차별은 상상을 초월할 정도로 크다. 비정규직을 정규직화할 수 없다면 비정규직의 처우 개선에 대해 보다 세심한 접근이 필요하며 그 대안으로 제시한 복리후생의 개선에 대해 세부적으로 연구가 이루어져야 할 것이다.

제 1 절

임금의 개념

1. 임금의 의의

임금이란 노동의 대가로서 고용주가 피고용자에게 지급하거나, 노동을 제공한 대가로 받는 보수라고 정의한다. 또 근로기준법 제2조 제5항(임금의 정의)에서는 "임금이라 함은 사용자가 근로의 대상으로 근로자에게 임금, 봉급 기타 어떤 명칭으로든지 지급하는 일체의 금품을 말한다"라고 정의하고 있다. 그리고 경영학에서는 임금은 사용자와 근로자와의 계약에 의한 근로자의 정신적 및 육체적 노력에 대해 지급되는 보수를 말한다.

임금이슈는 실제로 대립하기 쉬운 상호 주장의 차이에서 출발한다. 일반적으로 노사가 가장 첨예하게 대립되는 부문이 임금이슈이다. 왜냐하면 노조측은 연공에 의한 선임권을 주장하는 반면, 사용자는 능력을 기반으로 하는 성과급을 더 선호하기 때문이다.

즉, 노조는 조합원들에게 생활의 안정을 부여하기 위하여 장기 근속한 근로자에게 보수상의 우선권을 주는 원칙을 사용자에게 요구하여 임금뿐만 아니라 연금, 유급휴가, 퇴직, 휴직 및 해고수당, 병가, 보험, 이익배분의 결정 등에 있어 선임권자에게 우선권을 주는 것을 원칙으로 한다.

반면, 사용자는 임금상의 선임권이 기업의 능률을 저하시켜 기업의 가치창출 목적에 기여하지 못한다는 측면에서 기본적으로 연공보다는 능력에 기초한 성과의 원칙을 추진한다. 이와 같이 노사는 임금에 대한 첨예한 입장의 차이를 보이고 있다.

임금은 기업의 가치창출의 목적과 종업원 생활향상의 목적에 부합해야 한다. 이는 기업의 경제적 가치창출의 중심대상인 이익도출과 관련하여 기업의 생산성향상과 경제적 성과도출과 연계된 합리적 보상이어야 하며, 동시에 기업의 사회적 가치창출의 중심대상인 종업원의 생활수준 향상 및 직장생활의 보람과 연계된 정당한 보상이 되어야 한다.

이러한 임금이 노사관계에 있어서 가장 중요하고 노사분규에 초점이 되고 있는 이유는 임금은 양면성이 존재하기 때문이다. 즉 근로자의 입장에서 임금은 소득의 유일한 원천이며, 근로자와 그 가족의 생활수준은 전적으로 임금에 의해 결정되기 때문이다. 사용자(회사)의 입장에서 임금은 생산원가를 구성하는 인건비이다. 따라서 사용자는 생산비용에 대한 증가압력에 부딪히게 되면 생산비, 즉 생산원가를 인상시켜야 하는 요인에 직면하게 된다. 따라서 임금은 비용이라는 사용자측의 입장에서 어떻게 하면 인건비를 적게 할 것인가의 문제에 봉착하게 된다. 이와 같이 임금에 대한 노사 간의 관점은 근로자는 소득으로, 사용자는 비용이라고 보는 양면성 때문에 대립관계가 성립된다.

2. 임금의 성격

임금의 성격에 대한 구분은 주관적·객관적 판단이나 혹은 분석하는 시각에 따라 달라질 수 있다. 임금은 대체로 다음과 같은 세 가지 기본적 성격을 갖고 있다.[1)]

(1) 경제적 성격

임금은 종업원 자신과 그의 부양가족의 생계를 유지하는 데 가장 중요한 수입의 원천인 동시에 경제적 지주가 된다. 따라서 임금인상과 임금의 안정을 위해서뿐만 아니라 인간다운 생활보장을 받을 수 있는 수준의 임금액을 지급하지 않으면 안 된다.

(2) 사회적 성격

임금은 종업원의 사회적 신분 내지 사회적 지위를 규정하는 요소가 된다.

1) 김성수, 전게서, pp. 279~280.

왜냐하면 임금은 기업 내부와 외부에서 그들의 신분을 결정하는 요인이기 때문이다. 즉 임금은 기업 내부에서는 조직계층 직계상의 지위와 직결되며 권한과 책임과도 비례관계가 있으며, 기업 외부에서는 사회적 지위 내지 위신을 표시하기 때문이다. 따라서 임금액이 높으면 개인생활의 사회적 능력 및 사회적 지위의 절대적인 힘이 된다.

(3) 심리적 성격

임금은 경제적·사회적 성격을 가지므로 종업원의 생리적 욕구를 만족시킬 수 있으며 또한 사회적 욕구도 충족시킬 수 있다. 특히 고차적 욕구인 존경의 욕구와 자아실현욕구까지를 충족시켜 주는 심리적 특성이 있다.

임금의 고저는 소득의 고저를 나타내는 기본적인 역할을 하게 되기 때문에 자아실현욕구의 충족을 알아보는 척도가 된다. 따라서 임금은 자아실현을 할 수 있는 매개변수로서 사회적 행복을 가져다주는 심리적 동기부여의 작용과 역할을 하고 있다.

제 2 절 임금결정 학설

힉스(J. R. Hicks)는 "임금은 노동의 대가"라고 하여 제도적인 조정이 없다면 임금은 재화의 가격과 마찬가지로 수요와 공급에 의해서 결정된다고 하였다. 그러나 임금결정에 관한 학설은 시대 흐름에 따라 〈표 12-1〉과 같이 여러 가지 내용으로 주장되어 왔다.

표 12-1 임금결정에 관한 학설

주요 학설	생성 시기	주장 학자	내용
① 임금 생존비설 (subsistence theory)	19세기 초반 (1817)	A. Smith T. R. Malthus D. Ricardo	• 임금이란 근로자와 그 부양가족의 생계비의 크기에 따라 결정된다는 학설 • 장기적으로 임금은 생계비와 일치한다는 주장, 즉 노동시장에서 실제로 지급되는 임금(시장가격)이 생계비(자연가격)보다 높은 경우 노동력의 공급이 증가하여 임금이 하락하고, 반대로 임금이 생계비를 하회할 경우 노동력은 감소하여 임금은 생계비를 상회하는 수준으로 상승한다.
② 임금 기금설 (the wage fund theory)	19세기 중반 (1848)	J. S. Mill	• 노동수요는 임금지급에 할당한 '임금기금' 비율 이상으로 증가할 수 없다는 것을 전제로 함 • 임금수준의 결정은 임금지급을 위해 마련한 기금의 크기에 의해 좌우된다는 학설 • 따라서 임금은 기금총액을 근로자의 총수로 나눈 것
③ 노동가치설 (labor value theory)	19세기 후반 (1880~1914)	Kal Marx	• 노동과 노동력을 구별하고 노동은 노동력의 사용가치이고 노동력의 가치, 즉 임금은 노동력 그 자체의 재생산이 필요한 근로시간에 의해서 결정된다는 학설 • 잉여가치이론, 노동착취이론 등이 있음
④ 한계 생산력설 (marginal productivity theory)	19세기 후반	J. B. Clark A. Marshall J. R. Hicks	• 임금은 노동의 한계생산력에 의해 결정된다는 학설 • 일반적으로 생산증가에 따라 수확체감의 법칙이 작용하여 한계생산력이 저하되는데, 노동의 한계생산력과 임금이 일치되는 점까지 기업가는 노동을 소요한다는 것
⑤ 임금 세력설 (wage force theory)	20세기 초반	F. Oppenheimer M .I .T. Baranovski 高田保馬	• 임금의 사회적 세력, 즉 노조의 투쟁 강도에 따라 작용한다는 이론 • 노조의 세력이 강하면 임금이 상승하고 세력이 약하면 임금이 낮은 수준에 결정된다는 학설
⑥ 임금 계약설 (wage bargaining theory)	20세기 중반	C. Kerr A. M. Ross J. T. Dunlop	• 노조와 사용자 사이에서 대등한 상대적 교섭력에 의해 임금수준이 결정되어야 한다는 학설 • 노조가 고도로 발달한 국가에서 사용자와의 협상을 통해 당사자 간에 결정된다는 이론

자료 김성수, 전게서, pp. 282~283.

제 3 절

임금격차

1. 임금격차의 개념

임금격차란 인적 속성 또는 기업 측의 속성에 따라 분류할 수 있는 임금률 간의 차이를 말한다. 임금수준은 근로자 1인당 지불되는 평균임금액으로써 근로자의 전체임금을 근로자수로 나눈 것이다. 따라서 임금 총액을 어떻게 근로자에게 공정하게 배분하느냐 하는 것이 임금구조 및 체계에서 중요한 문제라 할 수 있다. 따라서 임금수준은 외부와의 공정성을 기하는 데 비해, 임금구조는 내부의 요소 상호간에 공정성을 기하는 것이다. 이러한 임금구조는 여러 가지 임금격차의 총체를 의미한다. 구체적으로 표현하면, 동일시점에서 각 기업의 임금수준을 여러 가지 요인별로 비교했을 때 나타나는 상대적인 임금의 차이라고 할 수 있다. 일반적으로 임금구조는 기업의 속성과 근로자의 속성에 따라서 둘로 구분된다. 전자를 기업간 임금격차라 하고, 후자를 기업내 임금격차라고 한다.

기업의 속성에 따른 격차기준으로서는 산업별, 지역별 혹은 규모별 등이 있으며, 근로자의 속성에 따른 격차기준으로는 직무별, 성별, 근속별, 연령별, 학력별, 근무시간별 등이 있다. 따라서 임금격차는 다음과 같이 분류할 수 있다.[2)]

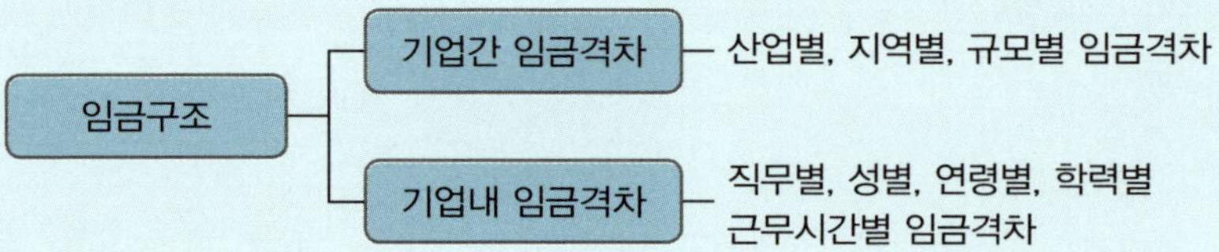

2) 박운성, 전게서, pp. 473~474.

2. 산업별 · 업종별 임금격차

산업별·업종별 임금격차는 한 나라의 산업별·업종별 임금수준의 체계 또는 임금의 격차를 의미한다. 그런데 산업·업종별 임금수준은 그 산업에 고용되는 근로자의 종류와 구성, 성별의 임금격차와 성별 구성, 연령별의 임금격차와 연령별 구성, 지역별 격차, 근로시간의 상이, 산업의 경제적·기술적 상황, 노동조합의 유무 또는 노동조합세력의 강약 등 노무구성과 세력에 반영된 것이며, 또 이러한 요인들은 모두 포함시키고 있다.

산업별·업종별 임금수준은 전술한 제 요인이 누적되어 형성된다는 것을 고려하면, 그것은 각 나라별 관행·제도·제 세력 등이 결합되고 누적된 역사적 산물이라고 할 수 있다. 한 나라의 산업별·업종별 임금격차를 분석하기 위해서는 각 산업의 임금구성요인이 어떻게 구성되어졌든 각각 나름대로의 임금수준을 가지고 있다. 그런데 산업별 임금격차는 각국의 산업별 생산구조와 산업별 고용구조 및 가격구조와 일련의 관련을 가지고 있다. 그러므로 산업별 임금격차를 단순히 그 자체의 문제로서만이 아니고 이들 제 구조와의 관련 하에서 고찰되어야 한다.

산업별·업종별 임금격차를 분석하는 데 있어서는 먼저 한 시점에 있어서의 임금격차를 분석하는 방법이 있는데 이것을 정태적 분석이라고 하며 장기간 여러 요인의 영향을 누적적으로 반영한 것이다.

반면에 동태적 분석은 각 산업의 임금수준이 일정한 기간 중에 어떠한 격차로 변동하느냐 등을 관찰하는 것으로 상이한 시점 간의 임금격차를 분석하는 방법이다. 산업간·업종간의 임금격차는 제조업, 광업, 건설업, 금융·보험업, 운수·창고업, 기타 서비스업 등의 동일직종·동일 직급 간에도 크게 나타난다. 예를 들면 임금수준이 제조업의 부장급·과장급·대리급과 건설업의 부장급·과장급·대리급 등의 동일직급이라도 격차를 보이는 것이다.

3. 남녀별 임금격차

남녀고용평등법이 있음에도 불구하고 남녀 간의 성별 임금격차는 역사적 소산처럼 되어 있다. OECD 국가별 남녀 임금격차 현황을 보면 한국 38%, 일본 33%, 독일 23%, 오스트리아 22%, 캐나다 21%, 영국 21%, 핀란드 19%, 스위스 19%, 미국 10%, 체코 18%, 호주 17%, 덴마크 11%, 뉴질랜드와 폴란드는 10%로 나타나 평균 격차는 18.8%로 우리나라는 OECD 국가 중 가장 격차가 많은 것으로 나타났다.

이와 같은 임금격차는 자본주의적 성격, 그 나라의 봉건적·권위주의적 남성 우월주의가 존재한다는 것이며, 실업문제로서 과잉노동력, 국제경쟁력 등의 원인으로 나타나고 있다.

특히 한국에서 여자의 임금은 남자에 비해 상대적으로 낮은 원인은 우리 사회의 가부장적 사회구조의 반영이라고 볼 수 있다. 가부장제도에서는 가장이라는 존재가 있고, 여자는 가장의 부양을 받도록 가정되어, 실제로는 부양해 줄 가장이 없는 경우라도 여성은 자신의 노동력재생산에 사용되는 전 비용을 스스로 감당해야 한다고 기대하지 않고, 단순히 가계보조적인 것으로 인정하기 때문에 그 임금은 남자보다 낮은 것을 당연시 해왔다.

남녀 간의 임금격차에 대한 원인을 살펴보면 다음과 같다.

1 고용기회 제한

2 남녀간 노동대체 곤란

3 여성노동의 공급가격

4 보조적 단기근속자

5 저능률과 간접비증대

6 교섭능력의 약세

향후 산업사회가 국제화되고 첨단화되어 감에 따라 여성인력에 대한 수요는 증대될 것으로 전망된다. 21세기는 남녀별 임금격차는 점점 줄어들 것이고, 동일노동, 동일한 직종에서 동일임금수준이 형성될 것이다.

4. 학력별 임금격차

자본주의국가에서 연공서열형 임금체계를 채택하고 기업에서 학력·연령·근속연수 등은 임금수준의 결정에 중요한 역할을 하고 있다.

특히 우리나라에서 학력을 중요시하는 경향이 높아지고 있으며, 이것은 학벌주의에 의한 사회형성의 요인이 되고 있다. 이것은 국민의 교육수준을 높이고, 사회가 요구하는 고급인력의 확보에 이익이 되지만, 다른 한편으로는 생산노동력의 확보를 어렵게 하고 있어 노동력의 수급을 악화시키고 있다. 뿐만 아니라 많은 기업에서 직무수행보다는 학력에 의해서 채용하고 인사관리를 하는 관행이 여전히 남아 있는데, 이러한 불합리한 임금격차는 근로자의 사기와 생산성 향상을 저해하고 기업 측면에서도 재원의 비효율적 배분에 의한 인건비 부담을 가중시키는 결과가 나타나 향후 시정되어야 한다.

제 4 절 임금체계

1. 임금체계의 기능

노사의 입장을 고려하여 설정된 기업의 임금총액은 여러 형태로 지급되는데, 이와 같은 복합적 구성 형태를 바로 임금체계라고 한다. 따라서 임금관리는 일반적으로 임금수준, 임금체계, 임금형태의 세 측면으로 구분된다. 따라서 임금수준의 적정성, 임금체계의 공정성, 임금형태의 합리성이 상호보완적으로 작용할 때 최대의 효과를 얻을 수 있다.

임금수준관리가 기업의 전체 임금수준의 결정과 관련된 총액인건비관리라고 한다면 임금체계관리는 전체임금을 개별종업원에게 어떤 항목으로 어떤 기준에 의해 공평하게 배분하느냐를 다루는 개별 인건비관리라고 할 수 있다.

그러므로 임금체계관리는 임금체계를 어떠한 항목으로 구성할 것인가 하는 문제와 임금체계를 어떤 성격으로 설정하여 개별임금의 공평성을 기할 수 있는가 하는 두 가지 문제가 중요하다.

이러한 두 가지 문제에 대한 보다 자세한 내용을 살펴보면 먼저, 임금체계관리는 임금구성항목에 기본급과 수당, 상여금 그리고 퇴직금 등 네 가지가 있다. 다만 여기에서 복리후생비만이 임금체계 속에 포함되지 않는다. 이는 광의의 보상체계에는 포함되지만 임금체계에는 포함시키지 않는 것이 일반적이다. 왜냐하면 어떤 방식으로든지 직접 근로자에게 임금의 형태로 지급하는 기본급과 수당, 상여금 그리고 퇴직금과는 달리 복리후생은 근로자들에게 간접적으로 경제적인 혜택도 주고 있기 때문이다.

임금체계의 구성항목 가운데서도 기본급과 수당을 기준임금으로, 나머지 임금구성항목을 기준외 임금으로 구분하고 있다. 그러나 수당에 있어서도 정상적인 근무와 관련된 부분을 정상근무수당이라고 하여 기준임금에 포함시키고, 특별근무와 관련된 부분을 특별근무수당이라고 하여 기준외 임금에 포함시키고 있다. 따라서 기업에서는 기본급과 함께 정상근무수당만을 기준으로 하여 상여금과 퇴직금 산정의 기준으로 삼고 있다. 그러나 우리나라에서는 근로자들이 요구하는 임금의 인상을 정상근무에 포함된 것이라도 정상근무수당이나 기본급의 인상에 포함시키지 않고, 특별근무수당에 새로운 수당을 설정하여 기준외 임금의 인상만을 추진하고 있는 실정에 놓여 있다.

그러므로 이는 노사 간의 임금교섭 시 논쟁의 요지가 될 수 있으며 합리적 임금산정의 문제점으로 지적되고 있다. 또한 임금체계 속에 포함되더라도 퇴직금은 매월 또는 매년마다 지급되는 기본급 또는 상여금과는 달리 근로자의 퇴직 후에 금전의 형태로 지급되고 있다. 근로자들 사이의 개별임금격차를 결정짓는 기준은 어떻게 설정되고 있는가? 그것은 임금체계로서의 임금구성항목인 기본급의 성격에 따라서 결정된다고 할 수 있다. 이는 근로자의 기본급이 임금구성항목 가운데 그 액수에서 대부분을 차지하기 때문이다.

만일 기본급이 연공을 기준으로 산정된다면 연공급 체계, 직무평가에 의한 직무가치에 따라 산정된다면 직무급체계, 근로자의 직무수행능력에 따라 산정된다면 직능급체계 그리고 기업 내 근로자의 자격취득 여부에 따라 산정된다면 자격급체계로 구분된다.

따라서 임금기준은 기본급의 산정기준과 동일하다고 할 수 있다. 그러나 모든 기업에서 실제로 지급하고 있는 임금산정의 기준은 어떤 특정한 한 가지 방법에 의해서만 결정되는 것은 아니다. 그 이유는 임금의 최종결정은 각 기업의 업종이나 각 근로자들이 맡고 있는 직무의 성격과 기업 내의 전통 그리고 합리적이고 과학적인 인사고과와 직무평가제도 등이 얼마나 잘 구비되어 있느냐에 따라 그 기준들을 서로 적정한 비율로 결합하여 공평하게 결정되어야 한다.

임금체계가 합리적인 것이 되기 위해서는 적어도 다음과 같은 기능이 충족되어야 한다.[3)]

1 유능한 인재를 확보하는 기능
2 종업원에 대한 동기유발기능
3 높은 의욕을 가진 종업원을 유효하게 활용하는 기능
4 안전적 기능
5 보상의 공정성 기능
6 질서유지기능

임금체계의 구성을 요약하면 [그림 12-1]과 같다. 이 임금체계의 구성은 우리나라 고용노동부에서 지도하는 최근의 현실적인 케이스이다.[4)]

일반적으로 노조측은 인적요소 중심의 연공급에 의한 호봉제를 원하는데 비하여 관리자측은 직무적 요소중심형인 연봉제를 원한다. 임금체계의 합리화를 위해서는 총액기준의 연봉제 임금개념이 정착되어야 한다. 연봉제는 기본급과 수당 등과 이의 변동적 임금까지 포함된 총액개념으로 근로자가 노동의 대가로 받는 1년간의 총액을 말한다.

---

3) 藤田至孝, 賃金管理の基礎知識, 日本經營出版會, 1976, pp. 135~136.
4) 김성수, 전게서, p. 290.

그림 12-1 임금체계의 구성

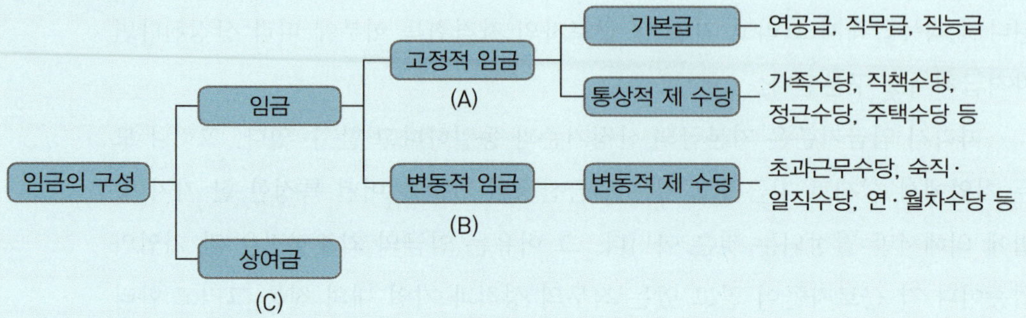

주 고용노동부 노동통계조사 (A) 정액급여액, (B) 초과급여액, (C) 특별급여액

이와 같은 총액임금이 실효를 거두기 위해서는 임금협상 시 기본급 등 통상임금을 타결하고, 단체협약체결 시 각종 수당을 인상하는 관행을 시정하여 이를 모두 일괄 타결하도록 유도해야 한다. 임금체계에 대한 개념 자체가 정립되어 있지 못한 현실과 하후상박식의 임금인상결과로 개별기업의 임금제도는 개선의 필요성이 많다.

2. 임금체계의 유형

(1) 임금의 구성

임금구성은 [그림 12-2]에서 보는 바와 같이 크게 월정임금, 월외임금, 부가급으로 구분 할 수 있다. 이것을 1년 단위로 하여 연봉제라고 한다. 월정임금은 연봉제에서 보통 12등분하여 매월 정기적으로 월급이라는 명칭으로 지급되는 임금이다. 이 월정임금은 기준임금과 기준외임금으로 구분된다. 그리고 기준임금은 기본급과 정상적인 제 수당으로 이루어지며, 기준외임금은 그 밖의 제 수당으로 이루어진다. 따라서 기준임금은 통상적인 근로시간 및 작업조건하의

그림 12-2 임금의 구성항목

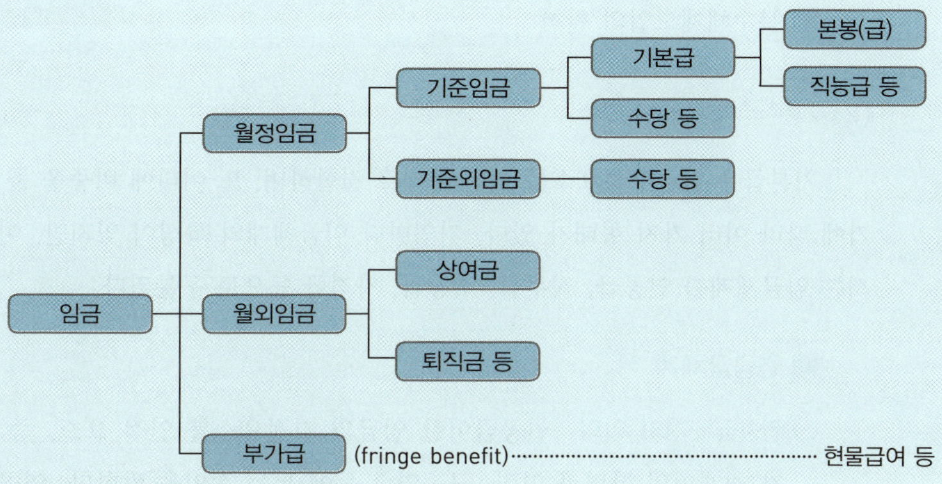

노동에 대해서 지급하는 임금이며, 기준외임금은 월정임금 가운데 상여금 산정을 위해 기초임금에서 제외된 임금으로서 비통상적인 노동에 대해서 지급되는 임금이다. 기준임금은 상여금이나 퇴직금 등의 산정기준으로 사용되기 때문에 임금총액 중에서 차지하는 기준임금의 비율을 합리적으로 결정하여야 한다.[5)]

월외임금은 상여금, 퇴직금 등으로 비정기적으로 지급되는 임금을 말하고, 부가급은 화폐가 아닌 현물로 지급되는 것을 말한다.

임금체계의 구성이 합리적으로 이루어지기 위해서 다음과 같은 원칙이 지켜져야 한다.[6)]

1 인적 특성 차이에 대한 부합의 원칙

2 직급별 부합의 원칙

3 기술특성 부합의 원칙

4 학력수준 부합의 원칙

---

5) 김성수, 전게서, pp. 290~296.

6) 황정현, "임금동기유발을 위한 임금체계도입방향에 관한 실증연구", 중앙대 박사학위논문, 1988, pp. 204~205.

5 임금수준 부합의 원칙

6 유동화의 원칙

7 복수체계도입의 원칙

(2) 기본급체계의 유형

기본급은 임금구성요소를 어떤 형태로 결합하며, 또 어디에 비중을 둘 것인가에 따라 여러 가지 형태가 있다. 기업마다 임금체계의 특성이 있지만, 여기에서는 임금체계를 연공급, 직무급, 직능급, 자격급 등으로 구분된다.

1 연공급체계

㉠ 연공급체계의 의의 연공급이란 임금의 결정요소를 인적 요소, 즉 근로자 개개인의 학력과 연령, 근속연수 등에 두는 속인을 말한다. 연공급을 속인급이라 한다. 이 제도는 생산직이나 일반 노무직보다는 사무직에서 많이 볼 수 있다. 왜냐하면 생산직보다는 사무직이 그 구성원의 직무성과를 측정하기가 곤란하고 합리적인 임금결정요소를 발견하기가 어렵기 때문이다. 그리고 동일직무에 종사하여 동일한 업적을 올린다 하여도 임금을 학력과 연령 그리고 근속년수 등에 따라 지급함으로써 모두가 이해할 수 있는 연공을 기준으로 하는 것이 큰 무리가 없기 때문이다.

㉡ 연공급의 유형 연공급은 임금의 수준이 근무연수에 따라 특정비율만큼 상승하게 되는데 그 비율이 어떤 성격을 띠고 있는가에 따라 다음과 같이 크게 네 가지 유형으로 구분된다.

ⓐ **정액승급**

이는 근속년수에 따라 임금수준이 1차함수의 관계를 나타내고 있는 유형이다. 따라서 매년 상승하게 되는 임금인상액은 동일하고, 이 때문에 임금의 상승률은 점점 떨어지게 된다.

ⓑ **체증승급**

이는 임금이 2차함수의 곡선을 따라 임금인상액이 체증하는 형태이다. 따라서 이는 임금의 인상률이 일정하게 고정되어 있는 정률승급의 경우를 말하는데 근속년수가 많아질수록 임금인상액의 폭은 더 커지게 된다.

ⓒ **체감승급**

이는 임금의 상승액이 근속년수가 많아짐에 따라 점차 감소하는 경우를 말한다. 즉 임금의 승급률과 승급액이 동시에 감소하는 경우로서 고도의 육체적 능력이 요구되는 직무라든가 현장근로자의 직무에서 흔히 나타나는 형태이다.

ⓓ **S자형 승급**

이는 근속년수에 따라 승급액이 증가하다가 일정시점을 지나게 되면 감소하게 되는 형태로서 체증승급과 체감승급을 혼합한 성격을 띠고 있다. 이러한 형태의 임금은 기능의 습득이나 숙련의 체득이 당초에는 누진적인 성격을 띠면서 이루어지지만 일정한 기간이 지나면 점차 그 기능이나 숙련의 체득이 줄어드는 경우에 해당된다.

보통 대부분의 기업에서는 위의 네 가지 방식 가운데 어느 하나만을 계속 적용하기보다는 근로자의 근속년수가 증가함에 따라 네 가지 방식을 혼합하여 사용하고 있는 것이 일반적이다.

그러나 위 네 가지 유형 가운데 가장 많이 사용하는 것은 S자 유형으로서 조직과 개인의 차원에서 볼 때 다음과 같은 이점이 있다.[7)]

조직수준에서 볼 때 현대 경영의사결정에 주축을 이루는 계층이 주로 전문적·기술적 계층과 같은 중간층이라는 점에서 이들의 이직을 방지하고 근로이익을 증대시키기 위해서는 S자형이 바람직하다. 즉 임금의 그레샴법칙[8)]으로 인한 피해를 방지할 수 있다는 것이다.

개인수준에서 볼 때 연령에 따른 능력의 변화가 하나의 주기를 그리고 있기 때문에 중간층(30대~50대)의 능력을 존중해주는 S자형이 바람직하

7) 최종태, 전게서, p. 143.

8) 그레샴 법칙은 "악화는 양화를 구축한다"는 말을 임금에 적용한 것으로서 임금의 불공평성 때문에 조직 안의 유능한 구성원이 이직하는 경우를 말한다. 즉 임금은 악화에, 유능한 인재는 양화에 비유하여 임금정책의 실패가 기업에 주는 폐해를 말하고 있다.

다는 것이다.

ⓒ 연공급의 장·단점 학력·자격·연령 등을 감안하여 근속연수에 따라 임금수준이 결정되는 연공급의 장점은 조직의 안정화와 생활안정, 장유유서를 존중하는 동양적 풍토에서 위계질서 확립과 사기유지가 가능하고 용이하다는 점을 들 수 있다.

단점으로는 동일직무에 대한 동일임금 실시의 곤란, 우수 전문 인력의 확보곤란, 인건비부담의 가중, 능력 있는 젊은층의 사기저하라는 점이다. 특히 젊은층의 창의적 성과에 대한 보상이 부족하다는 문제점이 제기된다.

2 직무급체계

㉠ 직무급체계의 의의 직무급이란 직무의 상대적 중요성과 수행 곤란도 등에 따라서 직무의 질과 양에 대한 상대적 가치를 평가하고 그 결과에 의거하여 임금을 결정하는 임금체계이다. 따라서 이 직무급을 바르게 시행하기 위해서는 먼저 직무평가나 직무분석에 대한 정확한 제도가 마련되어야 하고 모든 구성원들의 임금은 직무의 상대적 가치에 따라 결정된다는 인식이 널리 인정되어 있어야 한다. 왜냐하면 연공제도에 따른 임금지급방식에 익숙해 있는 동양권에서는 인적 요소보다는 직무 자체의 요소가 임금결정의 주요한 기준으로 작용하게 되는 사실을 잘 수긍하지 못하기 때문이다.

직무급은 구성원의 근속년수와는 무관하게 그가 현재 받고 있는 직무가 어떤 성격의 것이냐에 따라서 임금이 결정되므로 각 구성원이 자신의 연공에 관계없이 각 직무에 배치되어 그 직무를 잘 수행하면 임금수준이 높아지고 그 결과 더 좋은 직무로 승진하여 더 많은 임금을 받게 되며, 만일 잘 수행하지 못하면 보다 쉬운 직무를 받게 되어 임금은 하락하게 된다.[9)]

직무급에 대한 정확한 이해와 도입의 적합성을 판정하기 위해서는 다

9) 나윤기, 인사관리론, 학문사, 1995, pp. 490~493.

음과 같은 조건들을 명확히 이해할 필요가 있다.

ⓐ 합리적이며 실용적인 의식이 지배하여 노사가 모두 동일노동에 동일 임금을 지급하는 것을 타당하다고 생각해야 한다.

ⓑ 직무가 기능적으로 충분히 분화되고 표준화되어 있어야 하며, 이를 위해서는 과학적인 관리방식이 확립되어 있어야 한다.

ⓒ 직무의 상대적 가치에 따라 임금의 수준이 결정되지만 상대적 가치가 가장 낮은 하위직무라 할지라도 지급되는 임금의 수준이 구성원의 노동력 재생산에 필요한 생계비수준 이상은 되어야 한다.

ⓓ 노동시장이 그 성격상 근로자들의 노동이동이 자유로운 노동시장이어야 한다. 즉 각 근로자들이 모든 조직에서 동일한 직무를 수행할 수 있도록 자유롭게 이동할 수 있어야 한다는 것이다.

이는 근로자들의 임금이 직종별 시장임금에 의하여 결정되는 유럽형 직무급제도에서는 필수적으로 요구되고 있으며, 정확한 직무평가에 의하여 임금이 결정되는 미국식 직무급에서도 기본적인 바탕이 되고 있다.

㉡ 직무급의 유형　직무급 유형에는 크게 직급의 사용 여부에 따라 직급별 직무급과 개별직무급 그리고 임률의 범위에 따라 단일직무급과 범위직무급의 유형으로 구분된다.

ⓐ **직급별 직무급과 개별 직무급**

직급이라 함은 조직 안의 직무들 가운데서 그 상대적 중요도가 비슷한 직무끼리 묶어 놓은 것을 말한다. 따라서 직무급의 시행방법 가운데 직급을 이용하여 직무급을 시행하고 있느냐, 아니면 직급을 사용하지 않고 개개의 직무에 따라서 각각의 임금을 지급하고 있느냐에 따라 전자를 직급별 직무급, 후자를 개별 직무급이라고 한다. 그러나 이 가운데 어느 유형을 선택하여 직무급 제도를 실시할 것인가의 여부는 조직의 직무의 수가 얼마만큼 많이 있느냐, 즉 규모에 따라 결정된다. 직무의 수가 적어도 모든 직무에 대한 직무급을 실시하는 경우가 개별 직무급인데, 이는 규모가 아주 작은 곳이 아니면 실제로 시행하기가 곤란하다. 따라서 보통 직무급이라고 하면 직급별 직무급을 의미하여 현실적으로 이 방법이 많이 이용되고 있다.

ⓑ 단일직무급과 범위직무급

단일직무급은 직급 또는 직무마다 하나의 임률만을 설정하여 운영하는 유형으로서 직무평가의 상대적 의미에서 보아 전형적인 직무급이라고 할 수 있다. 따라서 이 유형에 따르면 동일노동, 동일임금의 원칙을 실현할 수 있지만 동일한 직급이나 직무 내에서 존재하는 각 구성원들의 개인차, 즉 능력의 차이와 업적의 차이 등을 반영할 수가 없다. 그러므로 이 유형은 단순한 직무의 수행, 즉 숙련의 습득에 시간이 오래 걸리지 않거나 고도의 기능을 요구하지 않는 표준화된 직무의 경우에 유리하다.

반면에 범위직무급은 직급 또는 직무마다에 단일의 임률을 설정하지 않고 일정한 범위의 임률을 설정하는 형태이다. 즉, 한 직급이나 직무에 대한 급여액에 있어서 폭을 갖게 하고 이 폭 가운데 승급을 인정하는 유형이다.

이는 단일직무급이 고려하고 있지 못하는 동일직급 안의 구성원들이 갖고 있는 개인차를 반영해 주고 있는데, 같은 직급 내에서나 직급 내에서 근무하고 있는 구성원이라도 연령이나 능력의 차이에 따라 승급을 시켜 주므로 구성원의 사기를 고취시키는 데 그 의미가 있다.

ⓒ 직무급의 장·단점 직무급의 장점으로는 직무에 상응하는 급여지급, 개인별 임금격차의 불만 해소, 인건비의 효율성 증대, 능력 위주의 인사풍토 조성, 동일노동·동일임금의 원칙에 충실하다는 점 등을 들 수 있다. 단점으로는 직무내용의 명확화, 직무의 안정, 고임금수준, 적정한 직무평가방법 등이 전제조건인데 이의 충족이 어렵다. 또한 직무와 능력의 결합이 용이하지 않고 장기 근속자에게 불리하며 이동과 다기능화 요구를 충족시킬 수 없다.

3 직능급체계

㉠ 직능급의 의의 직능급이란 직능, 즉 직무의 수행능력에 따라 개별임금

을 결정하는 임금체계이다. 따라서 이는 직무급에서처럼 직무의 상대적 가치에 의해서만 임금이 결정되지도 않고 또 구성원의 인적 요소인 교육 훈련의 정도와 성별 그리고 근속년수 등에 의해서만 임금을 지불하는 연공급의 성격만을 띤 것이라고도 할 수 없다. 즉 직능급은 직무급과 연공급을 혼합한 형태로 임금의 산정기준은 바로 각 구성원의 직무수행능력이 중추적 역할을 한다. 즉 직무급이 직무중심에 따라, 그리고 연공급이 사람중심에 따라 임금이 결정되는 데 반해, 직능급은 직무수행능력에 따라 임금수준이 결정된다는 것이다.

그러므로 이러한 직능급이 조직 안에서 제대로 실시되기 위해서는 구성원의 직능이 철저하게 체계적이고 과학적으로 분류되어 있어야 하고, 평가의 요소나 방법이 노사 양측에게 이해될 수 있어야 한다. 그러나 직능급에 있어서는 직무급에서 사용되고 있는 정확한 직무평가라든가 적정배치 등이 불가결한 전제조건이 아니다. 왜냐하면 현재 그가 맡고 있는 직무가 그의 직능에 비해 맞지 않는다 할지라도 직무 그 자체의 성격이 임금결정에 커다란 영향을 미치지 못하고, 단지 그 구성원의 직무수행능력에 따라 임금이 결정되기 때문이다.

ⓛ 직능급의 유형 직능급의 유형은 직능급이 차지하는 비율의 정도와 직무수행능력의 파악방법 그리고 임률의 설정범위 등에 따라 여러 가지로 분류될 수 있다.

ⓐ **단일직능급과 병립직능급**

기본급에서 직능급이 차지하는 비율에 따라 직능급을 분류하면 크게 단일직능급과 병립직능급으로 구분된다. 전자는 기본급을 산정할 때 그 기준으로서 순수하게 직능급만으로 운영하는 형태이고, 후자는 기본급 산정기준으로서 직능급뿐만 아니라 다른 보상체제를 혼용하여 운영하는 형태이다.

그러므로 어느 방법이 더 좋은 방법이라고 말할 수 없지만, 일반적으로 연공급을 사용해 오던 조직에서 직능급만으로 임금을 산정하게 되면 구성원들의 이해부족으로 반발이 생길 수 있으므로 병립형을 택하는 것이 좋다. 병립형을 사용하다가 구성원들이 연공에 대한 의식이 약해지면 단일직능급으로 전환시켜 능력에 따른 임금관리를 수행하는 것이 바람직하다. 그러나 순수한 단일직능급을 사용할 경우에는 가장 낮은 직능을 갖고 있는 구성원이라 하더라도 반드시 최저생계비의 수준 이상으로 임금을 받을 수 있도록 해야 한다.

ⓑ 직능등급별 직능급과 능력평점별 직능급

이는 구성원들의 직무수행능력을 어떻게 파악하느냐에 따라 분류된 직능급 유형으로서, 구성원의 직능을 평가하여 비슷한 정도의 수준에 있는 직능들을 묶어서 몇 개의 등급으로 분류한 다음 이 직능등급에 따라 임금을 결정하는 방법과 구성원의 직능들을 몇 개의 직능등급으로 나누지 않고 각자의 구성원에 대한 직능을 평가하여 평점으로 나타낸 다음 이를 임금산정의 기준으로 삼는 방법이 있다. 전자를 직능등급별 직능급이라고 하며, 후자를 능력평점별 직능급이라고 부른다. 후자인 능력평점별 직능급 형태를 사용하면 각 구성원마다 능력평점 점수를 개별적으로 산정하여 임금을 지급해야 하기 때문에 관리상 매우 복잡하다. 흔히 직능급이라고 하면 보통 직능등급별 직능급을 말한다.

ⓒ 자격제도적 직능분류에 의한 직능급과 직능적 분류에 의한 직능급

이는 조직 내에 직능급을 실시하기 위한 자격제도가 마련되어 있느냐 없느냐에 따른 분류이다.

자격제도라 함은 직능의 단계를 자격기준, 즉 어떤 직무에 몇 년 이상 근무한 경력이 있느냐, 그 사이 인사평정에 의한 어떤 평정이 어떠하였느냐, 혹은 어떤 공인된 기관에 의하여 취득한 자격이 있느냐 등에 따라 자격을 부여하는 제도이다.

따라서 이 자격제도를 이용한 직능급이 바로 자격제도적 직능분류에 의한 직능급이 된다. 그러나 조직에 따라서는 이러한 자격제도가 구비되어 있지 않을 수도 있다. 이러한 경우에는 직능의 분류에 의해 적절하게 직급을 설정하여 직능급을 운영하게 되는데 이것이 바로 직

능적 분류에 의한 직능급이 된다. 바람직한 것은 직능의 분류에 의한 직능자격등급을 설정하고 그것을 직능자격제도로 운영하는 방법이다.

ⓓ **단일임률직능급과 범위임률직능급**

직무급에서도 동일직급이나 직무에 단일의 임률만을 적용할 것이냐 아니면 임률의 범위를 설정하여 적용할 것이냐에 따라 직능급을 단일직무급과 범위직무급으로 구분한다. 이러한 분류는 직능급에 있어서도 마찬가지이다. 동일 직능등급에 단일의 임률을 적용하는 직능급은 단일임률직능급이며, 임률의 범위를 설정하여 적용하는 직능급을 범위임률직능급이라고 한다.

따라서 후자의 경우에는 다시 임률의 범위가 어떤 형태를 취하면서 결정되느냐에 따라 중복형과 접속형 그리고 간격형으로 구분된다. 이는 보통 기본급에서 차지하는 직능급의 비율에 따라 나누어지는데, 그 비율이 10～20%이면 간격형이나 접속형, 20% 이상이면 중복형 유형으로 운영하는 것이 적절하다고 한다. 또 그 비율이 10% 미만인 경우에는 범위임률직능급보다는 단일임률직능급으로 운영하는 것이 바람직하다고 한다.

ⓒ 직능급의 장·단점 위에서 살펴본 바와 같이 직능급은 직무요소기준의 직무급과 인적요소기준의 연공급을 절충한 임금체계로서 근로자의 직무수행능력(현재능력+잠재능력)을 고려하여 동일한 직무를 수행하더라도 개인의 직무수행능력을 판단하여 임금을 관리하는 제도를 말한다.

직능급은 직위승진을 보상받는 계층과 직능급상의 승격(급여보상)을 보상받는 계층으로 구분되어 보상의 기회가 확대되므로 노사공동체 형성에 기여할 수 있다는 점과 직무수행능력과 처우가 연계되므로 장기근속·고학력화에 대처하면서 다기능화·전문화를 추진할 수 있다는 장점이 있다. 반면에 직능구분의 명확화와 직무수행능력의 평가가 직무급만큼 객관적이지 못하다는 단점이 있다.

4 자격급체계

㉠ 자격급의 의의 자격이라 함은 조직 안의 구성원들의 자격취득기준을 미리 정해놓고 그 자격취득 여부에 따라 임금지급의 차이를 두는 제도이다. 이 제도를 실시함에 있어서는 자격취득기준의 설정이 가장 중요한 문제로 대두되는데, 이는 조직에서 일정한 자격을 설정해 놓고 이 자격을 취득하기 위한 연공적 요건과 자격증 취득요건 그리고 직무수행능력의 구비요건 등을 명시하여 이를 달성한 경우에 해당 자격을 부여해 주고 그 자격에 해당하는 임금의 수준을 결정해 주는 제도이다.

자격급은 직능급처럼 연공급의 속인적 요소와 직무급의 직무적 요소가 혼합된 절충급의 형태를 띠고 있다. 즉 자격급은 직능급을 좀 더 확대시켜 제도화한 형태로 구성원에게 일정한 자격을 취득하게 함으로써 임금의 상승과 직무의 수행능력을 신장시키는 제도이다.

㉡ 자격급의 유형 연공급의 속인적 요소와 직무급의 직무적 요소를 절충한 자격급은 구성원의 연공과 능력요소를 고려하여 임금수준을 결정한다. 따라서 자격급의 유형도 연공급의 요소에 중점을 두느냐, 아니면 직무급에 중점을 두고 설계하느냐에 따라 크게 두 가지 유형으로 분류된다. 여기에서 전자를 연공급 자격제도라고 하고, 후자를 직무급자격제도라고 한다. 즉 전자에서는 자격의 달성기준으로서 근속년수나 연공을 주로 고려하는 자격급제도인 데 반해 후자는 직무의 상대적 가치가 높은 곳에 종사하는 요인을 주된 기준으로 삼고 있는 자격급제도이다.

㉢ 자격급의 장·단점 자격급은 연공급과 직무급의 절충급의 성격을 띠고 있으므로 연공급의 단점을 지양할 수 있고, 직무중심의 인사관리에서 나오는 경직성을 예방할 수 있다. 또한 구성원들에게는 자기개발과 동기부여의 수단이 될 수 있는 장점이 있다.

그러나 자격급 제도를 너무 경직되게 운영하면 구성원들은 자격취득에만 열중하게 되어서 경쟁이 치열하게 되며, 조직분위기를 해칠 우려가 있는 단점도 갖고 있다.

사례*

임금체불과 관련된 근로기준법

① 고의·상습적 임금체불에 대해 근로자에게 부가금 부여

임금체불은 매년 피해근로자가 27만 명, 체불금액이 1조 2천억원에 이르는 산업현장의 비정상적인 관행이다. 임금체불에 대해 형사 처벌하고 있으나, 고의·상습적 임금체불의 경우 제재효과가 낮고, 근로자가 장기간의 상습적 체불로 생계곤란을 겪는 경우에도 보상받을 수 없는 경우가 허다하다. 이를 해결하기 위해 고의·상습적인 임금체불시 근로자가 법원 판결을 통해 체불금 외 동일한 금액의 부가금을 지급받을 수 있게 함으로써 고의·상습 체불 관행을 근절하고, 근로자의 생계를 보호하고자 하였다.

- 고의성 : 사업장 가동 중 지불여력이 있거나 도산·폐업 등 사업장 운영 중단 이후 잔존재산이 있음에도 불구하고 임금 등을 지급하지 않은 경우
- 상습성 : 임금을 1년간 4개월 이상 계속 또는 간헐적으로 지급하지 않거나 누적된 미지급 임금이 4개월분 통상임금 이상인 경우

② 재직근로자 지연이자제 적용

미지급 임금에 대한 지연이자는 퇴직·사망근로자에 한해 적용되고 있고, 재직근로자는 제외되어 있었다. 이러한 점이 재직근로자에 대한 장기적인 임금체불 상태가 지속되고, 일부 업종에서는 관행적으로 유보임금이 발생하는 요인으로 작용하는 문제가 있었다. 2013년 체불내역 확정사건 중 3개월 이상 체불사건은 체불근로자 기준으로 16.0%, 체불금액 기준으로 42.3% 차지하였다.

임금체불 최저임금 위반에 대한 제재 대폭 강화
근로기준법, 최저임금법 개정안 입법예고
e 고용노동부

■ 지연이자제
임금 및 퇴직금 체불시 지연이자(현재 퇴직근로자 연 20%)를 지급하게 하는 제도 (2007.7월 시행)

이를 해결하기 위해 미지급 임금에 대한 지연이자 적용대상을 재직근로자까지 확대하였다. 단, 재직근로자 지연이자율은 퇴직근로자와 차등 적용하되, 임금체불 기간에 따라 상향 조정하고 있다. 이를 통해 재직근로자의 임금 지급을 지연할 때 기업이 부담하는 비용이 증가하게 되어 장기간의 임금체불로부터 근로자를 보호하는 효과를 거둘 것으로 기대된다.

③ 임금체불 사업주 정보제공

상습 체불 사업주에 대해서는 명단 공개 및 신용제재를 하고 있지만, 대상이 협소하고 제재방식이 제한된 측면이 있었습니다. 현재 종합심사낙찰제도에서 사회적 책임 평가 시 임금체불 여부를 포함하고 있으나, 정보를 제공할 근거가 없어 명단공개 대상만 정보를 제공하고 있다.

이에 국가 및 자치단체, 공공기관이 경쟁 입찰에서의 낙찰자 결정 등을 위해 상습적인 체불 사업주의 임금 등 체불자료 요구 시 상습적인 체

불 사업주에 대한 고용노동부장관의 자료제공이 가능토록 근거를 마련하였다(정보제공 대상 : 유죄판결 1회 이상, 1년 이내 체불총액 1천만원 이상). 이를 통해 공공 발주공사 등의 종합심사낙찰제도 등을 통해 임금체불 사업주를 제재하는 효과가 기대된다.

④ 근로조건 서면명시 및 교부의무 위반 시 제재

근로기준법에서는 주요 근로조건 서면명시 및 교부의무 위반 시 500만원 이하의 벌금에 처하도록 규정하고 있으나, 벌칙 집행상 복잡성으로 인해 실효성 및 예방 효과가 낮아서 서면근로계약 관행이 정착되지 않고 있다. 이에 신속한 제재효과를 거둘 수 있도록 근로조건 서면명시 및 교부의무 위반 시 500만원 이하의 과태료를 부과하도록 제재수단을 개선하였다.

기간제·단시간 근로자의 경우, 서면근로계약 의무 위반 시 즉시 과태료를 부과하도록 조치기준을 강화하였다(2014.8월 시행).

⑤ 임금체불 예방을 위한 정보요청 근거 마련

「정부 3.0」 원칙에 따라 임금체불 사업주 관련 정보공유를 확대하고자, 고용노동부장관이 국세청, 보건복지부(국민건강보험공단) 등에게 사업장 현황 등 자료를 요청할 수 있는 근거를 마련하였다. 사회보험료 체납사업장, 세금 체납사업장 등을 파악하여 중점관리사업장으로 선정하여 '체불예방' 및 '지원제도' 안내, 청산지도, 감독 등 '임금체불 예방·감시시스템'을 구축함으로써 임금체불 예방 및 신속한 대응이 가능하게 되었다.

3. 연봉제 도입

(1) 연봉제의 개념

연봉제란 연간봉급을 줄여서 부르는 말로 기본적으로 종업원이 1년간 받을 수 있는 총액임금제도로 정의한다. 즉 종업원이 자신의 과거 업무성과와 잠재적 능력을 기준으로 1년 동안 받을 수 있는 총임금이다. 따라서 종업원 노동능력의 1년간 시장가치 기준액이 된다.[10)]

연봉제라는 용어는 원래 미국에서 시간외 수당의 적용을 받는 직종과 받지 못하는 직종을 법으로 명시한 후 시간외 수당의 적용을 받지 못하는 직종의 임금지급형태로 임률에 따른 시간급제 적용을 받는 임금지급형태와 비교하기 위한 개념에서 출발하였다.

미국의 경우 연봉제 임금형태가 보편화되어 있다고 생각할 수 있으나 실제

10) 김성수, 전게서, pp. 298~305.

그 적용대상은 직무분석과 능력에 대한 평가가 필요한 관리직과 전문직에 국한되어 있고, 일반 사무직 근로자는 월급제, 생산직 근로자는 시간급 형태가 일반적이다. 이와 같이 관리직 및 전문직에 연봉제를 적용하는 것은 이들의 직무내용이 복잡하고 직무형태가 어려워서 능력과 업적을 시간, 주, 월 단위로 평가하기가 곤란하기 때문이다.[11)]

기존 연공급하에서는 매년 정기승급이 이루어져 업무성과와 관계없이 일정액의 임금상승이 자동적으로 보장되지만, 연봉제하에서는 전년도의 연봉이 금년도 연봉액을 결정할 때 전제가 되기는 하지만 개개인의 전년도 업적에 따라 금액이 늘어날 수도 줄어들 수도 있다는 점이 다르다. 이와 같은 연봉제의 도입 이유를 살펴보면 다음과 같다.

1 업적과 성과가 높은 사람에 대한 시장가치 대우
2 고급인력의 확보
3 사기진작을 통한 업적 제고
4 업적이 낮거나 능력이 없는 사람을 구별하여 정리해고 실시
5 인건비 절감

(2) 연봉제의 특징

연봉제의 특징은 업적중심 및 통합적 임금제도라는 특징을 갖고 있다. 즉 업적중심 임금제도란 개인별 업무실적, 개인별 공헌도에 대한 통합적 평가를 통해 연간 임금액이 결정되는 실적 중심형 임금보상을 뜻한다. 따라서 연봉제의 도입이유는 업적이 높은 사람에 대한 대우가 기본이기 때문에 연봉제는 공정한 실적 중심형 임금제도이다. 그리고 통합적 임금제도란 임금을 구성하고 있는 항목들을 통합해 연봉액을 결정하기 때문에 기존 임금체계에서 사용되는 '기본급+상여금+수당' 등의 구분이 없는 것이 특징이다. 따라서 기존의 임금체계를 구성하고 있는 항목 등을 통합하여 임금과 성과에 의한 업적급으로 분류한다.

11) 안율종, "우리나라 기업의 연봉제 도입실태와 대책에 관한 연구", 산경연구 제6권 제1호, 경일대학교 산업정보연구소, 1999, pp. 384~385.

(3) 연봉제의 임금구조

연봉제 임금구조는 [그림 12-3]과 같다.

그림 12-3 연봉제의 임금구조

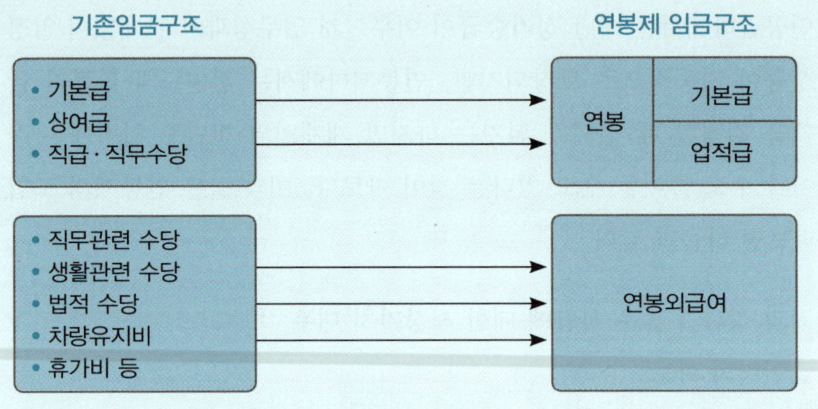

1 기본급

기본 연봉으로써 개인이 받을 수 있는 기본임금이다. 보통 연공·직무·직능·직위에 따라 구성되는 임금에 의해서 산출된다. 연봉총액에서 차지하는 비중은 업적과 능력성과에 의해 지급되는 장려급과 조정률을 통해 결정된다.

2 업적급

종업원이 수행하는 업적성과에 의해서 결정되는 업적성과급이다. 수행하는 업무의 성과달성 정도에 따라서 결정된다.

3 연봉외급여

연봉에 상관없이 제공되는 것으로 기존의 연·월차수당, 식사비용, 차량유지비, 휴가비 등 복리후생적 또는 실비 변상적 급여 등을 통합하여 결정된다.

(4) 연봉제의 유형

연봉제의 유형은 [그림 12-4]에서 보는 바와 같이 임금의 누적적 성격과 임금인상 적용범위에 따라서 크게 4가지 유형으로 구분한다. 임금의 누적적 성격이란 연봉인상이 누적적인지, 누적되지 않고 매년 0에서 시작하는지, 즉 제로베이스(zero base)를 구분하는 것이다. 임금인상 적용범위는 전체 종업원을 대상으로 하는지, 일부에 국한하는지에 따라 달라진다.

그림 12-4 연봉제의 유형

	누적적 성격		
	비누적	누적적	
	프로선수형	순수 업적형	전체
	업적 보너스형	혼합형	일부

1 프로선수형

프로체육선수와 같이(예 : 야구, 축구, 농구 등) 연봉을 전체 임금을 대상으로 하여, 전년대비 임금이 누적되지 않는다. 지난해의 업무성적이 그대로 반영되기 때문에 자신의 연봉이 2~3배 인상될 수 있고, 또 반대로 그만큼 인하될 수도 있다.

2 순수 업적형

순수 업적형은 금년도 연봉이 전년도 연봉을 기준으로 설정된다. 단지 지난해에 비해 종업원의 업무성과를 평가하여 인상과 인하를 결정한다. 예를 들면 전년도 연봉이 5,000만원이고 업무성과율이 10%라면, 올해 연봉은 5,500만원이 된다. 연봉을 결정하는 방법 가운데 임금인상률을 사용할 수 있는데, 각각의 인사평가 등급에 따라 차등적으로 적용할 수 있다.

3 업적 보너스형

업적 보너스형은 연봉 가운데 일부에 한해 비누적적인 방법으로 임금을 차등하는 방법이다. 예를 들면 기본급이 정해진 상태에서 업적에 따라서 보너스를 제공한다. 이 유형은 실제적으로 연봉제로서의 가치를 인정하면서 연공적 성과급제로서 활용되기도 한다. 그러나 이론적으로는 연봉제의 유형으로 사용된다.

4 혼합형

혼합형은 순수 업적형과 업적 보너스형을 혼합한 것으로 기본연봉에 대해서는 누적적 임금체제를 사용하지만, 일부 업무성과에 대해서는 전년도 업적에 따라 비누적으로 임금이 결정되게 하는 방법이다. 따라서 전체 연봉은 기본연봉과 업적보너스를 합쳐서 결정된다.

사례*

연봉제 초과근무시간 계산법

A씨는 사무원으로 연봉 17,222,100원(월급여 1,435,175원)으로 근무하고 있다. A씨는 연장근로시간이 9시간인 경우 연장근로수당지급액은 얼마인가?

[계산 식]

※ 월급 = 연봉÷12

※ 월 근무시간 = (주 40시간+주휴 8시간)÷7×365÷12=209시간

※ 초과근무수당 = (월급÷월 근무시간)×1.5×초과근무시간

92,700원 = (1,435,175÷209)×1.5×9

(5) 연봉제 평가 등급별 임금지급

먼저 등급별 임금조정 방법은 〈표 12-2〉와 같이 먼저 조직에서 인사평가별 임금보상기준을 설정한다. 가장 높은 업무성과를 나타낸 종업원은 A등급으로 기본임금인상률이 150%에 해당하고, B등급은 110%, C등급은 90%, 가장 낮은 D등급은 임금인상률이 전혀 없게 된다. 오히려 일부조직에서는 마이너스(−)의 비율을 책정하기도 한다. 정리해고의 목적으로 사용하는 조직은 D급 이하까지 평가하여 기본연봉 자체를 삭감하기도 한다.

인상기준은 과거 임금인상률과 호봉등급률을 합계하여 결정한다. 이렇게 결정된 인상기준을 업무성과에 의한 인상등급에 따라 적용하여 최종연봉을 산출하여 결정한다.

다음 연봉의 지급방법은 조직이나 기관에 따라 1/12로 나누어 매달 지급할 수도 있고, 1/18로 하여 매달 1/18에 해당하는 임금을 지급하고, 나머지 4/18에 해당하는 것을 분기별로 나누어 지급할 수 있다. 일부 기업에서는 연봉총액에서 12/20에 해당하는 기본급을 매월 21일에 지급하기도 한다. 그리고 업적급인 장려금을 연봉총액의 8/20로 하여 짝수월에 지급하며, 설날, 추석, 7월, 12월 각각 0.5/20씩 지급하여 종업원의 사기를 향상시키는 기업도 있다.

표 12-2 평가 등급별 임금조정방법

(A형)

평가등급	A	B	C	D
인상지수	1.5	1.1	0.9	0

(B형)

평가등급	A	B	C	D	E
인상지수	1.5	1.2	기준=1.0	0.8	0.5

(6) 연봉제의 장·단점

21세기형 임금지급관리의 형태가 연봉제를 실시하는 것이다. 그러나 프로 전문가 그룹, 관리자급, CEO급, 종업원의 직무 중 계량적으로 나타내는 업무성과를 시현할 경우 그 효과는 크다고 할 수 있다. 그러나 기능공, 기술공, 실험실 등 비계량적 직무를 수행하고 있는 하위직 근로자층의 연봉제 실시는 오히려 업무의 효과를 기대할 수 없는 경우도 있다. 따라서 연봉제는 평가시스템이 가장 중요한 요소로 작용한다는 것을 인지해야 한다.

연봉제의 장·단점을 살펴보면 다음과 같다.[12]

1 연봉제의 장점

㉠ 조직의 활성화와 사기제고　종업원들에게 동기를 부여함으로써 의욕적으로 근무할 수 있게 한다. 연봉제는 자신의 능력과 업적이 곧 임금으로 표현된다는 생각 때문에 조직의 활성화와 사기앙양을 유도할 수 있다.

급격한 기업내외부의 환경변화가 이루어지고 있기 때문에 기업효율의 극대화를 위한 제도나 정책의 혁신을 통한 생산성 향상을 추구하는 기업으로서는 인적자원의 관리를 강화하는 데 중점을 두고 임금제도의 효율적 이행을 위한 동기부여를 강화할 수밖에 없다.

따라서 사원 개개인의 의욕을 고취시키고 성취한 업적에 대한 적절한 보상을 해줄 수 있는 연봉제는 그 효율성이 매우 크다. 임금향상의 여부와는 상관없이 임금에 별로 차이가 없다면 능력과 의욕을 겸비한 사원은 의욕을 상실하게 된다. 그러므로 높은 업적에 대해서는 높은 임금을 지급하여 사원들에게 일할 의욕을 불러일으킬 필요가 있다.

㉡ 과감함 인재기용　오늘날 세계는 지구촌화되어 가고 있어 기술진보의 속도가 빨라지고 국제경쟁은 더욱 치열해지고 있다. 특히 국제부문 및 신규사업부문에서 국제적인 감각을 지닌 관리자, 전문직 종사자, 하이테크 기술자, 특수 기능 보유자 등 필요한 인재를 종래의 연공급체계로 확보하기는 점점 어려워지고 있기 때문에 연봉제를 통하여 우수인재 확보가 가능하다.

㉢ 경영감각의 배양　선진국에서는 매니저 이상의 간부사원 대부분 연봉제

12) 안율종, 전게논문, pp. 385~388.

이고 연봉제로 근무하고 있다. 연봉제 실시 그 자체가 능력과 사회적 지위의 상징으로 통용되고 있는 실정이다. 임원뿐만 아니라 중간 관리자에게도 연봉제를 도입함으로써 경영자에게 준하는 책임감을 부여하여 자신이 달성한 업무와 연봉과의 비교를 통해 경영감각을 배양할 수 있다.

ⓔ 임금관리 용이 현행 연공급 임금체계는 기본급, 제 수당, 상여금으로 구성되어 있는데 체계가 복잡하고 임금의 동기유발 기능이 상실된 상태이다. 임금인상방법 역시 임금교섭과 승급인상으로 이원화되어 있어 임금지급 관리가 단순하지 않다. 연봉제를 도입하는 경우 이처럼 복잡한 임금체계와 임금 지급구조를 단순화시켜 임금관리가 용이해짐으로써 임금관리의 효율성을 증대시키는 효과가 있다.

ⓜ 상하간의 의사소통의 원활화 연봉제 대상자는 매년 스스로 업무목표를 세우고 이를 상사와의 면담을 통해 확정한 후 연말에 그 달성 정도를 평가받게 된다. 따라서 연봉제 대상자는 목표수립과 업무수행과정, 그리고 평상시 상사와의 면담을 통해 자신의 의견을 충분히 밝히고 상사로부터 조언을 구할 수 있어 상하 간에 의사소통이 원활해지는 장점이 있다.

ⓑ 인건비의 증가억제와 합리화 가능 대부분의 기업에서는 중·고령화가 진전되고 있다. 중·고령사원의 비율이 높아져 현재 연공급 임금체제하에서는 인건비의 급격한 증가가 예상된다. 월급제에서도 중·고령화에 따른 인건비 증가를 억제할 수는 있다. 그러나 일률적으로 중·고령사원의 임금을 억제하거나 월급인상을 정지시키는 것은 획일적인 임금관리가 된다. 중·고령이라 해도 사람의 능력이나 의욕, 업무실적이 다르므로 일률적인 임금지급은 바람직하지 못하다. 연봉제는 개개인의 업적이나 능률에 따라 결정되는 시스템으로 업적이나 능력에 따라 임금을 결정하여 전체 인건비의 증가를 억제할 수 있다.

2 연봉제의 단점

ⓖ 연봉의 신뢰성 문제 연봉 결정시 평가의 객관성과 공정성이 철저히 반영되지 않으면 근로자들의 불신감이 높아지고, 평가의 객관성 부족은 조직

정보전달의 정보왜곡 및 근로자의 사기저하가 우려된다.

㉡ 연봉결정시 주로 단기적 업적과 결과 중시　연봉결정시 단기업적과 결과만 중시하여 평가하는 경향이 있어 장기적 안목과 관련된 부분에 대한 배려가 소홀해질 가능성이 있다.

㉢ 연봉액 증감의 조화가 어렵다　연봉이 감액되는 경우 근로자의 사기저하를 유발하고 매년 연봉결정시 수입의 불안정으로 근로자의 위기감과 스트레스를 과중시키는 결과를 초래할 수 있다.

㉣ 기업문화의 충격에 관한 문제　우리나라의 고유한 사회문화 전통인 장유유서의식과 선임자 우대원칙의 고유문화에 적용되어 있는 중간관리층 이상의 근로자 및 노조와의 갈등이 예상된다.

㉤ 근로자 상호간의 과도한 경쟁심 유발로 인한 위화감 조성　근로자 상호간 과도한 경쟁과 개인 위주로 조직력 약화의 문제가 발생할 수 있다.

이 밖에도 개별교섭에 따르는 시간의 지체, 사회보험료 기준상승 등의 단점이 있을 수 있다.

이상에서 살펴본 바와 같이 연봉제는 장·단점을 갖고 있지만 이 제도의 장·단점을 종합적으로 평가하면 장점이 더 많다는 것을 알 수 있다. 아직까지 연봉제를 도입한 기업(2006년 7월 1일 실시대상 기업은 상근 종업원 수 100인 이상 업체이다)은 100%에 달하지 않지만, 매년 실시기업이 증가하고 있다. 따라서 앞으로 연봉제는 새로운 인사제도로서 본격화될 것으로 전망된다.

4. 총액임금제

고용노동부가 '92년 임금교섭지도지침'을 통해 발표한 임금정책으로 근로자가 1년간 고정적으로 받는 기본급, 통상적 수당, 정기적 상여금, 연월차수당 등을 합산해 12로 나눈 액수가 1개월의 총액임금인데 이를 기준으로 노사가 임금인상률을 결정하는 제도이다. 연장근로수당이나 야간근로수당 휴일근로수당 등과 경영성과에 따라 지급되는 성과급적 상여금, 식사 피복 등의 현물급여,

일·숙직비 등은 총액임금에서 제외된다.

정부가 이 제도를 실시하려는 이유는 임금체계를 합리화해 각종 명목의 수당 신설로 인한 임금의 편법인상을 막고 고임금 업종의 임금인상을 강력히 억제하려는 것으로 독과점기업 국·공영기업 언론사 등 300여 개 업체를 중점관리대상으로 하고 있다. 그러나 중점관리대상으로 지정된 언론사 공공기관 노조 등은 이 제도가 정부의 임금통제 정책일 뿐만 아니라 헌법에 보장된 평등권, 자율적인 단체 교섭권을 침해한다는 이유로 강력히 반발하고 있다.

총액임금제를 추진하기 위해서 근로기준법을 개정하는 대신 시행령을 통하여 법적 근거를 마련하는 방안을 강구하는 것이 바람직하다. 현재 우리나라의 총액임금산정기준은 월평균임금액에서 변동 수당을 차감한 것으로서 이는 통상임금과 시간외 근로수당의 변동수당을 제외한 고정적 수당 및 상여월할(償與月割)을 더한 것으로 해석된다.[13)]

우리나라는 그동안 평균임금기준으로 55%±5% 정도에 지나지 않는 기본급 기준 인상률을 베이스 업과 관련한 임금인상률로 정책을 추진해 왔으나 베이스 업(임금교섭)은 기본급의 임금표 개정에만 한정하지 않고 수당의 신설과 증액, 상여금의 신설과 증액 등으로 그 영역이 모든 임금으로 확대 적용되는 경향을 보였다. 이러한 현상은 정부의 임금억제정책이라든가 노동조합의 수당 신설 요구 등이 상승 작용한 결과로 나타난 현상이다.

임금인상률이 일정기간 중 실질적으로 인상된 모든 임금을 포함한 실질적인 총액임금기준으로 측정되어야 한다는 방침에 이의를 제기할 이유는 없다. 그러나 총액임금제는 실질임금인상률에 근접하는 장점도 있지만 베이스 업의 역할 확대의 우려도 있다. 또 상여금 전체를 교섭대상에 포함시키는 결과를 초래해서 성과보상제도의 도입이 더욱 곤란해질 가능성도 있다. 따라서 총액임금제는 임금교섭의 효율성을 높이는 방향에서 추진되어야 하며, 기업의 임금체계를 왜곡시키는 결과를 초래해서는 바람직하지 않다. 그러므로 현시점에서는 실질인상률에 가장 근접한 추정 월평균임금기준으로 임금교섭을 하면서, 타결된 임

13) 김성수, 전게서, pp. 296~298.

금인상률을 통상임금기준(기준임금 혹은 소정 내 임금)으로 산정하는 방안이 총액임금제의 취지에 적합한 방안으로 여겨진다.

이 방안이 실효를 거두기 위해서는 통상임금을 기준으로 임금체계가 개선되도록 유도해야 한다. 즉 기업마다 상이한 방법으로 산정되고 있는 통상임금을 법률의 테두리 안에서 산정되고 지급되도록 정비를 해야 한다. 통상임금의 정비와 함께 통상임금에 포함되는 고정수단을 합리적인 방법으로 기본급화하여 기본급 기준 임금인상률이 실질임금인상률에 근접하도록 유도해야 한다. 그리고 근래에 와서 본격적으로 도입된 연봉제의 실시도 심도 있게 연구되어야 한다.

총액기준 임금범위는 〈표 12-3〉과 같다.

표 12-3 총액기준 임금범위

<table>
<tr><th></th><th>구성항목</th><th colspan="2">비고</th></tr>
<tr><td rowspan="6">근로수당</td><td>• 기본급</td><td rowspan="2">현행
임금교섭
지도기준</td><td rowspan="5">새로운
임금교섭
지도기준</td></tr>
<tr><td>• 통상적 수당
– 직무수당, 직책수당, 물가수당, 조정수당, 생산 장려수당, 기술수당, 벽지수당, 면허수당, 위험작업수당 등</td></tr>
<tr><td>• 일률적·정기적 또는 관례적 장려금</td><td rowspan="3"></td></tr>
<tr><td>• 기타 수당
– 통근수당, 출퇴근 보조금, 사택수당, 월동수당, 김장수당, 급식비, 가족수당, 교육수당, 가계보조비, 효도휴가비, 체력 단련비</td></tr>
<tr><td>• 지급기준 변경 등에 따라 인상효과가 나타나는 임금
– 연·월차수당 및 법정수당 지급기준 확대 변경</td></tr>
<tr><td>• 연장근로수당, 야간근로수당, 휴일근로수당
• 성과 배분적 변동 상여금
• 사전적으로 확정되지 않는 금품
– 공로금, 위로금, 개업 축하금
– 광고유치·판매실적 등에 따라 추가로 지급받는 수당·장려금
– 일·숙직비, 무상 또는 저리융자에 의한 이익
• 현물급여
– 식사제공, 피복제공 등</td><td colspan="2">제외대상</td></tr>
</table>

제 5 절

임금수준 결정

1. 임금수준의 의의

보상관리의 첫째 과제는 임금을 얼마나 잘 줄 것인가에 대한 임금수준에 대한 정책적인 결정이다. 기업 내에서 임금수준의 문제는 사용자와 종업원의 입장에서 고찰할 수 있다.

사용자 측면에서 임금수준은 종업원 1인당의 평균노무비이며, 이는 경영계획의 기초가 된다. 이에 대해 종업원의 측면에서 본 임금수준은 생활수준을 나타낸 것으로, 임금 이외 소득을 얻지 못한 종업원에게는 임금은 곧 생활비이다. 그러므로 종업원의 임금수준을 일반 국민의 소득수준 또는 평균 개인소득과 비교하여 그 수준을 논하는 것은 종업원의 생활수준의 상대적인 지위를 논하는 것이 된다. 또한 임금수준은 그 임금이 동종 산업 또는 타 기업과 비교하여 높은지 낮은지를 비교하는 유력한 수단이 되기도 한다.[14)]

임금수준은 종업원의 전체임금을 종업원 수로 나눈 평균치이다. 물론 임금의 고저의 편차와 비교될 대상의 연령차, 남녀의 구성률, 학력차 등 종업원에 관한 속성을 고려하지 않은 단순한 비교에는 문제가 있으나 가장 간편한 비교의 방법이기 때문에 중시되고 있다.

임금수준은 근로자 1인당의 임금액으로 임금의 범위가 문제가 된다. 임금의 범위를 명목임금으로 하느냐, 실질임금으로 하느냐, 또는 기준 내 임금으로 하느냐, 또는 복리후생비 등 노동비용이 포함된 노무비총액으로 하느냐 하는 목적에 따라 그 파악의 방법이 다르기 때문이다. 그러나 둘 이상의 근로자집단 간의 임금수준을 비교하는 방법에는 평균임금을 비교하는 방법과 특정조건하에

14) 박운성, 전게서, pp. 458～459.

있는 종업원의 임금을 비교하는 방법이 있다. 평균임금을 직접 비교하는 방법은 계산이 비교적 간단하기 때문에 널리 사용되고 있다. 그러나 문제는 비교되는 두 개의 평균임금수준이 동일하더라도 반드시 개인 근로자의 임금이 동일한 것은 아니라는 것을 주의할 필요가 있다.[15)]

2. 임금수준의 결정요인

노사교섭에서 임금을 결정짓는 요인은 근로자 1인당 평균임금이 결정되는 임금수준에 관한 요인과 이와는 달리 일정한 임금총액을 어떤 방식으로 상대적으로 공정하게 배분하느냐 하는 문제인 임금구조에 관한 요인으로 나누어 생각할 수 있다.

그리고 피고스(P. Pigors)와 마이어스(C. A. Myers)는 임금수준의 결정요인으로 다음 사항을 제시했다.[16)]

1. 종업원의 생계비
2. 기업의 지급능력
3. 사회일반의 임금수준
4. 노동생산성
5. 관계법령
6. 단체교섭

그러나 임금수준과 관련된 주요 요인은 외적 요인과 내적 요인으로 나눌 수 있으며 전자는 거시적 요인이라고 하여 환경적 요인으로 표시되며, 후자는 기업 내의 교섭에 의한 요인으로 미시적 요인으로 표시할 수 있다.

외적(환경적) 요인에는 인력시장, 경쟁회사, 노동조합, 물가, 생계비, 그리고 최저임금제도 등 외부 환경적 요인으로서 이러한 요인의 분석방법은 거시적

15) 강정대, 현대임금관리론, 박영사, 1982, p. 114.

16) P. Pigors and C. A. Myers, *Personnel Administration, A Point of View and a Method*, 6th ed., Mcgraw-Hill, 1969, pp. 20~22, pp. 497~500.

그림 12-5 임금수준의 결정요인

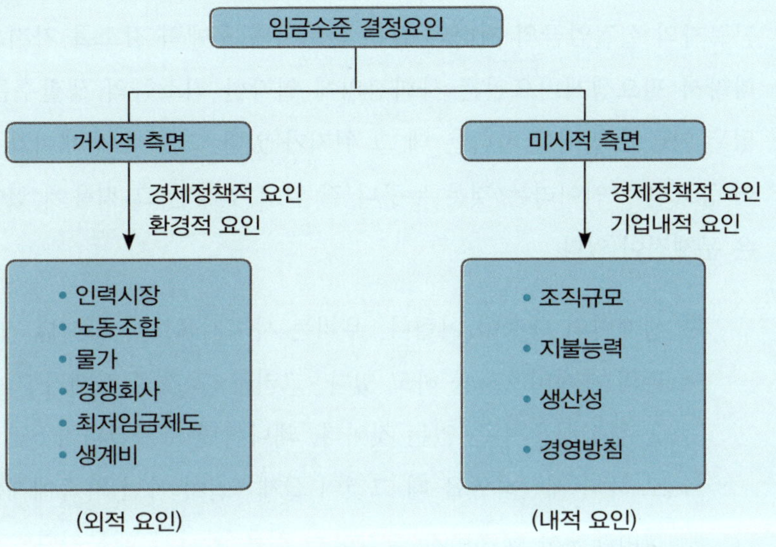

인 것으로서 주로 기업외의 교섭에서 결정되어진다. 내적 요인에는 조직체의 규모, 생산성, 경영방침, 그리고 기업의 지불능력 등으로서 이러한 요인의 분석방법은 미시적이며 따라서 주로 기업 내의 교섭으로 결정되어진다.

임금수준을 결정하는 요인은 [그림 12-5]와 같이 외적 요인인 거시적 요인과 내적 요인인 미시적 요인으로 구분할 수 있으나 가장 중요한 요인은 거시적 측면에서 생계비(물가포함)와 미시적 측면에서 기업의 지급능력 등을 지적할 수 있다. 전자는 주로 근로자들의 주장이 근거가 되는 경우가 많으며, 후자는 사용자의 주장이 근거가 된다. 그러나 앞으로는 노사가 공히 생계비와 지불 능력을 임금수준의 결정지표로 삼아야 한다.

(1) 생계비요소

생계비(cost of living)란 생계의 비용으로 가격변동을 가계의 입장에서 평가하는 것이다. 즉 이는 필요생계비를 말하고 이것은 임금이 최소한 근로자가 생산재투자를 할 수 있는 만큼의 생활수준을 유지하기 위한 최소한의 생계비를 의미한다.

이러한 생계비가 임금수준의 결정요인이 되는 것은 필요생계비의 증가는 근로자의 실질임금의 저하와 같은 근로자의 구매력 감소를 가져오기 때문이다. 따라서 필요생계비요인은 사회정의에 입각한 최소한의 생활수준을 보장할 수 있는 임금이 되어야 한다는 데 그 취지가 있다. 그러나 생계비가 임금결정에 있어 중요한 요인이라는 것은 누구나 잘 알고 있지만 그 적용에 있어서 다음과 같은 문제점이 있다.

1 생계비의 측정이 어렵다. 우리는 사회지표로서 도시별 가계비조사나 농촌의 가계비조사를 하고 있다. 그러나 그 자료 자체가 기준이 되어 임금을 결정지을 수는 없는 것이다. 왜냐하면 조사결과가 5인 가족을 표준으로 하여 계산하였을 때 그것이 실제 5인이 아닌 가족에게는 그 인원수에 정비례해서 생계비가 증감하는 것은 아니기 때문이다. 그러므로 그 자료 자체가 모순이 되면 임금을 결정지을 수 없다.

2 기업가의 입장에서 본다면 생산성이 동일한 두 근로자에게 부양가족수가 다르다고 차등보상을 한다는 것은 문제가 있다. 기업가의 입장에서 본다면 생산성이 동일한 두 사람의 비고용자에게 그들의 부양가족수가 다르다고 해서 어떻게 차등보상을 할 수 있겠는가라는 것이 문제이다.

3 생계비를 임금수준결정의 수단으로 파악하고자 할 때에는 실제생계비 조사방법과 이론 생계비 조사방법을 고려하고 아울러 근로자의 라이프 사이클을 고려하여야 한다.

(2) 기업의 지급능력요소

기업의 지급능력이란 기업이 임금으로 지급할 수 있는 가능성을 말하는데, 보통 정상적 지급 허용액을 의미한다. 이것은 기업의 이윤과 그에 관련된 생산성의 고저에서 결정된다. 기업의 지급능력을 측정하는 기준으로서 보통 생산성과 수익성이 있다.

노사교섭에 있어서 사용자가 가장 많이 제시하는 임금결정기준이 바로 이

표 12-4 기업지급능력분석

생산성분석	① 매출액분석	② 부가가치분석	
수익성분석	① 손익분기점분석	② 원가구성분석	③ 매출이익분석

러한 지급능력이다. 즉 노조측에서 임금인상을 요구할 때에 사용자측에서는 그러한 임금인상요구를 감당할 수 없다는 근거로서 지급능력을 내세우는 것이다. 이러한 관점에서 볼 때 임금이란 '지불할 수 있는 인건비'와 '지불해야 하는 인건비'라는 두 측면의 요구가 동시에 충족되어야 할 것이다.

대체로 기업의 지급능력은 기업의 이익수준에 의해 결정된다. 그러나 이익에 의한 지급능력을 임금결정기준으로 삼는 데는 다음과 같은 문제점이 있다.[17]

1 과거 일정기간에 기업이 획득한 이익이 미래에도 유지될 것인가가 분명치 않다는 것이다. 즉 기업의 미래이익은 그 자체가 불분명한 많은 경제적 변수(매출액, 생산량, 생산성, 가격, 경영능력 및 노사관계 변화)에 의존하므로 주어진 과거의 이익에 비추어 협상된 임금은 미래에 적절하지 않을지도 모른다는 것이다.

2 사용자가 의도하는 이익의 용도가 임금을 지급하는 대신 공장을 확장·개선하거나 상품의 가격을 내려 경쟁력을 강화하려거나 생산재 구입을 위하여 사용하려 할 수도 있다. 이러한 이익의 용도는 사용자와 노조측의 상호갈등문제를 일으키게 된다.

3 이익수준 이외에도 기업의 지급능력을 결정하는 다른 많은 요인이 있다. 즉 총비용에 대한 노무비의 비율, 상품시장의 특성, 상품의 수요탄력성, 생산성을 증가시킬 수 있는 기업의 능력 등에 따라서 기업의 지급능력은 결정된다. 즉 다른 경제적 변수가 일정하다면 총비용에 대한 노무비 비율이 낮은 기업이 높은 기업보다 쉽게 임금인상을 감당할 수 있으며, 또 상품시장이 비경쟁적인 요소가 강하고, 상품의 수요탄력성이 낮다면 임금인상분을 소비자에게 가격인상의 형태로 전가하기 쉽기 때

17) 김수곤, 임금과 노사관계, 한국개발연구원, 1978, p. 74.

문에 임금지급능력이 높아지게 된다.

기업의 지급능력을 측정하는 기준으로 생산성과 수익성이 있다고 상술했다. 전자에는 매출액분석과 부가가치분석이 있으며, 후자에는 손익분기점분석, 원가구성분석, 매출이익분석 등이 있다. 그러나 이러한 분석방법 중에서 기업의 경영전략, 업종, 규모, 가치분석능력에 따라 여러 가지 사정에 적절한 것을 선택해야 할 것이다.

1 생산성분석

생산성은 투입량에 대한 산출량의 대비이다.

$$\text{생산성} = \frac{\text{산출량(output)}}{\text{투입량(input)}}$$

생산성분석(productivity analysis)은 기업의 지급능력을 파악하는 데 있어서 가장 적절한 지표라고 임금관리론에서는 지적하고 있으며, 대부분의 나라에서는 이 지표를 많이 사용하고 있다. 생산성의 투입요소로서 자본과 노동 중 어느 것을 기준으로 하느냐에 따라서 자본생산성과 노동생산성이 있으나 임금결정에 있어서는 노동생산성을 많이 이용하고 있다.[18)]

2 수익성분석

수익성이란 지출에 대한 수익을 대비한 것으로 총지출에 대한 총수익의 비율을 말한다. 그러나 기업의 지급능력을 측정하기 위한 수익성분석(profitability analysis)은 무엇보다도 실제적 방식이 필요하기 때문에 손익분기점분석, 원가구성분석 등을 선택해야 한다.

이 중 손익분기점분석에 의한 지급능력의 파악방법은 임금지급능력을 손익분기점분석에 의해 측정하는 방법을 말한다. 손익분기점(break-even point : BEP)이란 총수입과 총비용이 일치하는 점으로서 이익도 손실도 없는 점이다. 이 점의 매출액은 다음 식에 의해서 구할 수 있다.

18) 박운성, 전게서, pp. 465~473.

$$\text{손익분기점} = \frac{\text{고정비}}{1 - \text{변동비율}}$$

여기서 고정비는 고정인건비 및 기타의 고정비로, 변동비는 변동인건비 및 기타의 변동비로 구분된다. 따라서 손익분기점 산식은 다음과 같다.

$$\text{손익분기점} = \frac{\text{고정인건비} + \text{기타 고정비}}{1 - \dfrac{\text{변동인건비} + \text{기타 변동비}}{\text{매출액}}}$$

손익분기점분석법은 손익분기점의 매출액과 인건비의 비율을 지급능력이 최고한도로서 파악하는 방법으로 [그림 12-6]과 같이 나타낼 수 있다.

$$\text{지불능력의 최고한도} = \frac{\text{인건비총액}}{\text{손익분기점매출액}}$$

이와 같이 지급능력의 최고한도를 인건비 비율로서 파악하므로 매출액만 결정되면 인건비총액을 구할 수 있다. 한편 기업이 관심을 두는 것은 이익이 제

그림 12-6 순익분기점분석

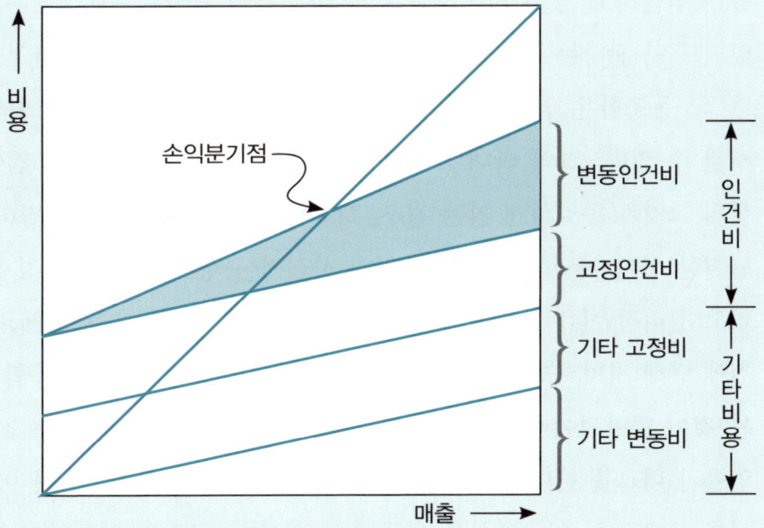

로(0)가 되는 점의 매출이 아니라 배당, 이자, 사내유보 등을 고려한 필요이익을 실현할 수 있는 매출액이다. 이 경우의 인건비 비율을 지급능력의 적정한도라 할 수 있다. 필요 이익점의 매출액과 지급능력의 적정한도는 다음 식에 의해 구할 수 있다.

$$\text{필요이익점의 매출액} = \frac{\text{필요이익} + \text{고정비}}{1 - \frac{\text{변동비}}{\text{매출액}}}$$

$$\text{지불능력의 적정한도} = \frac{\text{인건비총액}}{\text{필요이익점의 매출액}}$$

이러한 손익분기점에 의한 지급능력파악방법은 그 기준이 인건비 비율이라는 점에서 앞에 설명한 인건비 비율과 비슷한 점도 있지만, 손익분기점분석에 의하기 때문에 기업환경이나 기업 자체의 생산구조의 변화를 고려하여 판단하기가 어려우며, 변동비와 고정비의 구분이 어렵다는 문제점이 있다.

(3) 사회적 균형

노사당사자들은 임금협상에 있어서 사회적 균형을 주장한다. 이러한 개념을 뒷받침하고 있는 기본사상은 다른 회사의 임금수준보다 현저하게 뒤지거나 앞서도 안 된다는 것으로 이를 임금의 사회적 균형의 원칙이라고 한다.

노동조합은 임금조건이 균일한 한은 일반근로자 중에 조화와 만족을 유지시킬 수 있다. 그와 반대로 노조지도자들은 고용의 경제적 조건이 다른 노동조합의 그것과 동일하지 않는 경우, 그 이유를 조합원들에게 설명하기가 곤란하고 난처한 일이 아닐 수 없다. 요컨대 사회적 균형의 원칙이란 경제적, 사회적 그리고 심리적 이유가 있다는 것이다. 따라서 회사와 노조는 단체교섭을 시작하기 전에 당해 지역사회 및 산업의 임금구조에 대한 세밀하고도 종합적인 연구를 하는 것이 일반적이며, 그 다음에 그들 임률을 교섭대상이 되는 공장에서의 현존 임률과 비교를 한다. 만일 공장의 임률이 지역 내지 산업 임률 이하라면 조합은 이를 토대로 한 임금인상을 요구해 올 것이다. 공장의 임률이 지역 내지 산업 임률을 초과하고 있는 경우에는 회사는 임금인상을 반대하기 마련이다.

이와 같은 고려에도 불구하고 교섭과정에 이러한 방법을 실제로 활용하기에는 몇 가지의 제약이 있는 것이 사실이다. 우선 모든 기업이 경제적 요구를 충족시킬 수 있는 동일능력을 갖고 있지를 못하다. 이것은 각각 상이한 산업에 속하는 기업에만 해당되는 것이 아니라 동일산업에서 운영되는 기업의 경우에도 역시 해당된다. 비록 임금수준이 특정 기업을 동일한 경제적 여건을 토대로 하여 동일산업의 범주 내에서 활동하도록 해 주는 경향이 있다고 하더라도 많은 기타 요소, 예컨대 제품시장에서의 불완전성, 기술적 차이, 입지, 경제발전의 단계, 그리고 재무구조 등이 언제나 그들 기업을 상이한 경제적 수준에 위치하게 하는 것이다. 이것으로부터 일정 시점에 있어서 각 기업은 경제적 요구를 충족시키는 데 있어서 개개의 능력에 많은 차이가 있으며, 따라서 한 기업의 임금수준이 전체 산업의 평균수준에 비하여 극히 낮거나 또는 극히 높을 수도 있다.

임금수준을 어떻게 결정할 것인가 하는 문제는 임금수준을 결정해주는 여러 요인들을 합리적으로 고려함으로써 해결할 수 있다. 이 내용을 [그림 12-7]과 같이 나타낼 수 있다.

[그림 12-7]에서 보듯이 상한선을 기업의 지급능력으로 하되 종업원의 생계비수준이 하한선이 되고, 다른 회사수준 등의 사회적 균형의 문제가 양자의 조정요인으로서 그 중간에 위치하게 하는 것이 가장 바람직한 임금수준결정의 원리라고 할 수 있다.[19)]

그림 12-7 임금수준결정의 이상적 결정

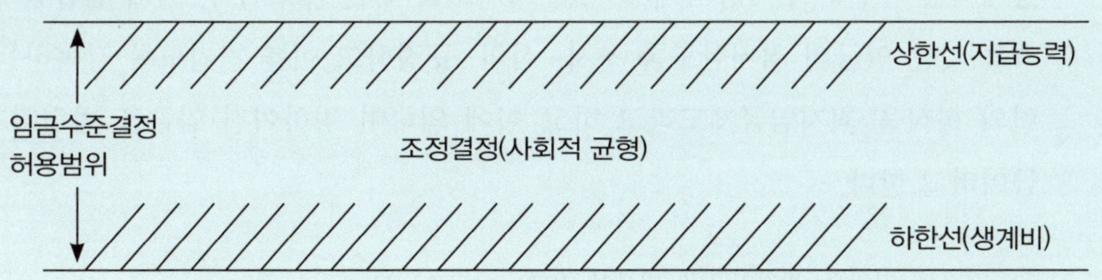

19) 김식현, 인사관리론, 무역경영사, 1987, p. 436.

제 6 절

최저임금제

1. 최저임금제의 의의

최저임금(minimum wage system)이란 국가가 임금의 결정에 직접 개입하여 임금의 최저수준을 정하고 사용자에게 그 지급을 법적으로 강제하는 제도이다.[20] 임금은 노동시장에서 노동이라는 생산요소에 대한 수요와 공급에 의하여 결정되는 것이지만 정부가 그 결정에 개입할 성질의 것이 아니다. 그러나 노동시장의 자율적인 기능에 의해서 결정된 임금이 사회적으로 용납하기 어려울 정도로 너무 낮아서 사회적인 역기능을 한다면 사회 정책적 관점에서 정부가 임금결정에 개입하여 임금의 최저수준을 직접 정하고 사용자에게 그 지급을 강제할 필요가 생긴다. 최저임금제는 바로 이러한 사회정책적인 관점에서 노사 간의 임금자율결정원리를 일부 수정하는 제도로서 도입된 것이다.[21]

즉, 저임금근로자에 대하여 임금의 최저액을 보장함으로써 근로자의 생활조건을 개선하며, 기업경영의 합리화와 기업 간의 경쟁력을 촉진하여 국가경제의 발전에 기여함을 목적으로 하는 것이다.[22]

따라서 최저임금제란 국가가 저임금근로자를 보호하기 위해서 취하는 정책으로서, 국가 또는 국가가 인정한 기관이 임금의 최저한도를 정하고 법률적인 강제력을 동원하여 사용자에게 이를 지키도록 하는 제도이다. 이때 법률적 강제력을 갖는 임금의 최저한도를 조사·심의·규정하고 이를 지키도록 감독하는 일련의 형식을 최저임금제도라고 하고 이에 의하여 정하여진 임금을 법정최저임금이라고 한다.

20) 정겸석, 김헌수, 최저임금법, 법문사, 1988, pp. 21~22.

21) 박운성, 전게서, pp. 482~498.

22) 우재현, 노무관리론(상), 화학사, 1987, p. 534.

2. 최저임금제의 연혁

최저임금제의 시작은 1894년 뉴질랜드의 산업조정중재법이라고 할 수 있다. 그 후 1896년 오스트레일리아의 빅토리아주의 공장상점법에 이어 1909년 영국의 봉제업 등과 같은 임금이 타 업종에 비해 현저히 낮은 업종에 최저임금 결정기관으로서 노사 및 중립 3자로 구성된 임금위원회의 설치를 규정한 임금위원회법(The Trade Boards Act)이 성립되었다. 그리고 1912년 미국의 매사추세츠주에서 주법으로 최저임금제를 법제화하였다. 1915년에 프랑스의 가내노동법이 성립되었으며, 1933년에는 미국연방법인 전국 산업부흥법(National Industrial Recovery Act)에서부터 마침내 1938년의 공정노동기준법(Fair Labor Standard Act)의 성립을 보게 되었다.[23] 그리고 1928년 5월 30일 제네바에서 열린 ILO 총회는 최저임금제도에 관한 결의안을 채택하고 각국에 대하여 동 입법의 권고에 나서게 되었다. 현재 선진국은 말할 것도 없고 멕시코, 브라질, 콜롬비아, 인도, 필리핀 등 개발도상국을 포함하여 105개국이 최저임금제도를 실시하고 있다.

우리나라에서는 1986년 12월 31일 법률 제3927호로 최저임금법을 제정·공포하고 1988년 1월 1일부터 상시 근로자 10인 이상인 제조업에 적용한 데 이어, 1989년 1월 1일부터 상시 근로자 10인 이상의 제조업·광업·건설업으로 확대 적용·실시되었다.

그러나 이와 같이 적용범위를 한정하여서는 최저임금제 본래의 취지인 저임금근로자 보호에 미흡한 점이 있었으며, 저임금근로자들이 폭넓게 존재하고 있는 위생·서비스업이 최저임금제의 적용대상에서 제외되고 있는 반면 고임금 업종으로 분류되는 광업·건설업에만 최저임금제가 적용되는 문제점이 있어서 1990년도부터 최저임금제를 상시 근로자 10인 이상인 모든 산업에 확대 적용하기로 하고 1989년 7월 4일 최저임금법 시행령을 개정하였다. 그리고 1999년 3월 10일 최저임금법 시행령을 개정, 최저임금제를 5인 이상 사업장으로 확대하였다. 최저임금법을 1993년 8월 5일(법 제4575호)에 개정하였는데, 최저임금의 결

23) 배무기, "최저임금제의 한국적 모형", 한국임금의 정책과제와 제도적 개선연구, 서울대학교 경제연구소, 1983, p. 325.

표 12-5 최저임금액

연도	적용대상	최저임금액(원)	인상률(%)
2020.1～2020.12	전 산업(모든 사업장)	시간급 8,590원 (8시간 기준 일급 68,720원)	2.9
2019.1～2019.12	전 산업(모든 사업장)	시간급 8,350원 (8시간 기준 일급 66,800원)	10.9
2018.1～2018.12	전 산업(모든 사업장)	시간급 7,530원 (8시간 기준 일급 60,240원)	16.4
2017.1～2017.12	전 산업(모든 사업장)	시간급 6,470원 (8시간 기준 일급 51,760원)	7.3
2016.1～2016.12	전 산업(모든 사업장)	시간급 6,030원 (8시간 기준 일급 48,240원)	8.1
2015.1～2015.12	전 산업(모든 사업장)	시간급 5,580원 (8시간 기준 일급 44,640원)	7.1
2014.1～2014.12	전 산업(모든 사업장)	시간급 5,210원 (8시간 기준 일급 41,680원)	7.2
2013.1～2013.12	전 산업(모든 사업장)	시간급 4,860원 (8시간 기준 일급 38,880원)	6.1
2012.1～2012.12	전 산업(모든 사업장)	시간급 4,580원 (8시간 기준 일급 36,640원)	6.0
2011.1～2011.12	전 산업(모든 사업장)	시간급 4,320원 (8시간 기준 일급 34,560원)	5.1
2010.1～2010.12	전 산업(모든 사업장)	시간급 4,110원 (8시간 기준 일급 32,880원)	2.75
2009.1～2009.12	전 산업(모든 사업장)	시간급 4,000원 (8시간 기준 일급 32,000원)	6.1
2008.1～2008.12	전 산업(모든 사업장)	시간급 3,770원 (8시간 기준 일급 30,160원)	8.3
2007.1～2007.12	전 산업(모든 사업장)	시간급 3,480원 (8시간 기준 일급 27,840원)	12.3

정(최저임금법 제8조) 규정으로서 고용노동부장관은 매년 8월 5일까지 최저임금을 결정하여야 한다. 고용노동부장관이 최저임금을 결정할 경우에는 대통령령이 정하는 바에 의하여 최저임금심의위원회의 심의를 요청하고, 최저임금심의위원회 심의·의결한 최저임금안에 따라 최저임금을 결정하여야 한다. 그 결과 우리나라의 최저임금제도는 도입 10년 만에 모든 산업으로 확대 적용되어 명실상부하게 저임금근로자 보호를 위한 사회 정책적 제도로서의 기능을 다하게 되었다.[24)]

---

24) 김성수, 전게서, pp. 318～319.

2014년 최저임금을 결정하기 위한 최저임금위원회는 4월 11일부터 최저임금에 대한 방안을 놓고 회의하였으며, 2013년 7월 10일자로 확정고시된 2014년도 최저임금은 시간급으로 5,210원이다. 2012년도 최저임금은 4,860원으로 전년 대비 6.1% 상승한 것이며, 2013년도 최저임금은 전년 대비 약 7% 정도 상승한 것이다. 이 임금은 사업의 종류별로 상관없이 모든 사업장에 동일하게 적용되며 2014.1.1~12.31까지 적용된다. 2015년도에는 전년대비 7.1% 인상, 2016년에는 8.1% 인상, 2017년에는 전년대비 7.3% 인상, 2018년에는 16.4%, 2019년에는 10.9%, 2020년에는 2.9%로 인상되었다. 지난 2018년도·2019년도에 무려 27.3%의 급격한 인상으로 사업주의 임금 부담이 크게 늘어나 경영에 어려움이 많아서 2020년도에는 2.9%의 소폭인상으로 결정되었다.

3. 최저임금제의 내용

최저임금제를 실시할 때 야기되는 문제는 최저임금을 너무 낮게 결정하면 최저임금제의 목적을 충분히 달성할 수 없고, 너무 높게 결정하면 사용자의 도산을 초래하여 노사쌍방이 모두 불이익을 당하게 된다는 것이다. ILO는[25] 최저임금의 결정에 있어서 근로자의 생활임금을 고려해야 한다고 전제하고 그것을 유사근로자의 임금 또는 일반적 임금표준을 고려하도록 하고 있다. 최저임금결정의 기준으로서는 공정임금, 생활임금 및 산업의 지급능력 등이 있다.

(1) 공정임금

공정임금(fair wage)이란 임금으로 최저생활이 유지될 수 있기 때문에 공정한 임금이라는 의미가 아니고, 일반임금에 비하여 부당히 낮지 않는 임금, 노동의 질과 양이 다를 때 그 다름에 상응한 임금이라는 의미이다. 이것은 생활임금의 기준과는 다른 의미이지만 가령 대비되는 임금이 생활임금을 충족시키고 있

25) ILO는 1928년 제11차 총회에서 제30호 "최저임금결정기관의 창설에 관한 권고"에서 최저임금의 결정은 근로자가 적당한 생활수준을 유지할 수 있도록 고려해야 한다고 권고.

다면 간접적으로는 생활임금의 기준(원칙)을 관철하는 것으로 된다.

공정임금은 주로 일반의 임금에 대한 상대적 지위만을 문제로 하는 것이므로 주로 비정상적으로 낮은 임금을 인상시키는 경우의 결정기준으로서 사용된다. 공정임금은 소위 고한노동(苦汗勞動)을 배제한다는 의미에서 많은 최저임금 입법에 있어서의 기준으로 되고 있다. 흔히 최저임금의 결정기준으로 들고 있는 유사근로자의 임금이 이 공정임금의 기준을 말하는 것이다.

이 기준이 의도하는 것은 공정한 경쟁조건을 설정하고 '동일노동, 동일임금'의 원칙을 구체화하는 것이다. 이것은 최저임금결정에 있어서 절대적 기준이기 보다는 상대적 기준에 속하며 주로 고한산업의 저임금 근로자의 임금을 인상할 경우에 사용된다.[26)]

(2) 생활임금

생활임금(living wage)을 비임금기준이라고도 하며, 이는 최저임금을 결정할 때 실제근로자가 최소한의 생활을 영위할 수 있는 기준의 실질임금을 결정하는 것이다. 명목임금은 상승되었으나 임금이 물가상승률에 따르지 못했기 때문에 근로자의 실질소득이 감소되어 최하생활도 영위할 수 없으므로 경제적 제반 여건을 고려하여 정하여야 한다는 이론이다.[27)]

생활임금을 결정기준으로 할 때 생계비는 이론 생계비와 실태생계비로 나누어진다. 그리고 최저생계비를 이론적으로 산출한다는 것도 최저생활의 내용을 생존수준이냐, 문화적 생활욕구의 최소한까지 확장하느냐 등의 여러 가지 문제가 있다. 구체적으로는 근로자의 종류, 부양가족 수 등의 관련요소 등을 감안하고 '동일노동, 동일임금'의 원칙에 따라 최저생계비를 산출해 내는 것이 보통이다.[28)]

---

26) 전기호, 노동경제학, 무역경영사, 1983, p. 487.

27) 성대노동문제연구원, "우리나라 최저임금법제 및 경영개발에 따른 임금정책연구", 서울, 1977, pp. 76~80.

28) L. G. Reynolds, *Labor Economics and Labor Relations*, Englewood Cliffs Prentice, Inc., 1964, p. 492.

(3) 지급능력

이 기준은 생활임금의 기준과 대립되는 것으로서 사용자측이 주장하는 최저임금 기준이다. 이 기준은 다소 막연한 개념으로서 최저임금을 낮게 결정하는 데 이용될 가능성이 많다.

최저임금제는 대개의 경우 최저임금사업이나 고한산업의 저임금을 인상·개선하는 데 목적이 있다. 다른 국가들의 경험한 바에 의하면 최저임금의 실시로 기업의 붕괴보다는 기업에 의한 경영개선과 경영합리화로 대처해 왔음이 밝혀졌다. 또한 기업의 이윤은 매우 측정하기 어렵고 지급능력 또한 탄력적이고 동태적이어서 이 기준을 적용하는 데 많은 어려움이 있다.[29)]

그러나 이 기준을 무시해서는 안 되고 공정임금과 생활임금을 기준으로 이 기준을 보완하여 총체적인 결정이 되어야 한다.

위와 같이 3가지의 최저임금 결정기준을 살펴봤지만 결론적으로 최저임금의 기준으로 고한근로자 또는 미숙련근로자에게 어디까지나 생활임금을 보장해 주는 것으로, 그리고 그 위에서 공정임금의 기준에 따라 숙련근로자의 최저임금이 결정되어지는 것이 필요하다고 할 수 있다. 그러나 현실적으로는 최저임금의 결정은 노사의 세력관계에 크게 좌우되며 이외에도 경제구조, 노동시장, 임금수준 등에도 의존한다.

4. 최저임금제의 결정

(1) 최저임금제 결정 방식

최저임금은 근로자에 대하여 임금의 최저수준을 보장하여 근로자의 생활안정과 노동력의 질적 향상을 꾀함으로써 국민경제의 건전한 발전에 이바지하는 것을 목적으로 한다.

최저임금법 제4조(최저임금의 결정기준과 구분) ① 최저임금은 근로자의 생

29) 전기호, 전게서, p. 501.

사례*

주요 최저임금법의 변경 내용

최저임금 위반에 대한 단계적 제재 강화 방안 도입

지금까지는 최저임금 위반이 적발되면 즉시 시정을 지시하고 이에 따르지 않는 경우에 한해 형벌을 부과하고 있었다. 이에 현장에서 최저임금에 미달하는 임금을 지급하고, 적발되면 시정하는 도덕적 해이가 발생하는 문제가 있었다. 이런 문제를 개선하기 위해 최저임금 위반시 "즉시 과태료 부과 → 시정 시 50% 내에서 과태료 감경 → 2년간 재위반시 사법처리"하는 단계적 제재 강화 방안을 도입하기로 했다.

단순노무종사자의 최저임금 수습 감액 제외

1년 이상 근로계약을 체결한 수습근로자는 수습기간 중 3개월 동안 최저임금의 10% 감액 적용이 가능하다. 이는 숙련형성 기간 중 정상적인 생산성을 기대하기 곤란하여 예외적으로 허용한 것이다. 그러나 현장에서는 이 제도를 악용하여 단기 알바를 채용하면서 형식적으로 1년 이상 계약을 체결하고, 최저임금을 감액하여 지급하는 사례가 다수 발생하고 있다.

이에 따라 1~2주의 직무훈련만으로 업무수행이 가능한 단순노무종사자는 수습을 이유로 한 최저임금 감액 대상에서 제외함으로써 최저임금 감액규정 악용사례가 많은 판매관련 단순종사원, 주유원, 패스트푸드 종사자 등의 최저임금 보장을 강화하였다.

임금지급과 최저임금 준수는 산업현장에서 가장 기본적으로 지켜져야 하는 사항인데도 불구하고 현재 우리 노동시장은 위반 관행이 만연한 비정상적인 상황이 일어나고 있다. 이런 관행을 방지하기 위한 제도 개선은 '고의·상습'적인 임금체불 사업주에 대한 제재를 강화하고, 저임금 근로자의 최저임금 보호를 보다 두텁게 하는 것이 핵심이며, 우리 노동시장이 기본부터 확실히 지키는 모습으로 변모하는 계기가 될 것으로 기대된다.

계비, 유사 근로자의 임금, 노동생산성 및 소득분배율 등을 고려하여 정한다. 이 경우 사업의 종류별로 구분하여 정할 수 있다.

② 제1항에 따른 사업의 종류별 구분은 제12조에 따른 최저임금위원회의 심의를 거쳐 고용노동부장관이 정한다. [개정 2010.6.4 제10339호(정부조직법)] [[시행일 2010.7.5]]

최저임금법 제5조(최저임금액)에 ① 최저임금액(최저임금으로 정한 금액을 말한다. 이하 같다)은 시간·일(日)·주(週) 또는 월(月)을 단위로 하여 정한다. 이 경우 일·주 또는 월을 단위로 하여 최저임금액을 정할 때에는 시간급(時間給)으로도 표시하여야 한다.

② 1년 이상의 기간을 정하여 근로계약을 체결하고 수습 중에 있는 근로자

로서 수습을 시작한 날부터 3개월 이내인 자에 대하여는 대통령령으로 정하는 바에 따라 제1항에 따른 최저임금액과 다른 금액으로 최저임금액을 정할 수 있다. 다만, 단순노무업무로 고용노동부장관이 정하여 고시한 직종에 종사하는 근로자는 제외한다. [개정 2017.9.19] [[시행일 2018.3.20]]

③ 임금이 통상적으로 도급제나 그 밖에 이와 비슷한 형태로 정하여져 있는 경우로서 제1항에 따라 최저임금액을 정하는 것이 적당하지 아니하다고 인정되면 대통령령으로 정하는 바에 따라 최저임금액을 따로 정할 수 있다.

제5조의 2(최저임금의 적용을 위한 임금의 환산)에 따라 최저임금의 적용 대상이 되는 근로자의 임금을 정하는 단위기간이 제5조 제1항에 따른 최저임금의 단위기간과 다른 경우에 해당 근로자의 임금을 최저임금의 단위기간에 맞추어 환산하는 방법은 대통령령으로 정한다.

제6조(최저임금의 효력)에 의해 ① 사용자는 최저임금의 적용을 받는 근로자에게 최저임금액 이상의 임금을 지급하여야 한다.

② 사용자는 이 법에 따른 최저임금을 이유로 종전의 임금수준을 낮추어서는 아니 된다.

③ 최저임금의 적용을 받는 근로자와 사용자 사이의 근로계약 중 최저임금액에 미치지 못하는 금액을 임금으로 정한 부분은 무효로 하며, 이 경우 무효로 된 부분은 이 법으로 정한 최저임금액과 동일한 임금을 지급하기로 한 것으로 본다.

④ 제1항과 제3항에 따른 임금에는 매월 1회 이상 정기적으로 지급하는 임금을 산입(算入)한다. 다만, 다음 각 호의 어느 하나에 해당하는 임금은 산입하지 아니한다. [개정 2018.6.12] [[시행일 2019.1.1]]

1 「근로기준법」 제2조 제1항 제8호에 따른 소정(所定)근로시간(이하 "소정근로시간"이라 한다) 또는 소정의 근로일에 대하여 지급하는 임금 외의 임금으로서 고용노동부령으로 정하는 임금

2 상여금, 그 밖에 이에 준하는 것으로서 고용노동부령으로 정하는 임금의 월 지급액 중 해당 연도 시간급 최저임금액을 기준으로 산정된 월 환산액의 100분의 25에 해당하는 부분

③ 식비, 숙박비, 교통비 등 근로자의 생활 보조 또는 복리후생을 위한 성질의 임금으로서 다음 각 목의 어느 하나에 해당하는 것

가. 통화 이외의 것으로 지급하는 임금

나. 통화로 지급하는 임금의 월 지급액 중 해당 연도 시간급 최저임금액을 기준으로 산정된 월 환산액의 100분의 7에 해당하는 부분

제7조(최저임금의 적용 제외)에는 다음 각 호의 어느 하나에 해당하는 자로서 사용자가 대통령령으로 정하는 바에 따라 고용노동부장관의 인가를 받은 자에 대하여는 제6조를 적용하지 아니한다. [개정 2010.6.4 제10339호(정부조직법)] [[시행일 2010.7.5]]

① 정신장애나 신체장애로 근로능력이 현저히 낮은 자

② 그 밖에 최저임금을 적용하는 것이 적당하지 아니하다고 인정되는 자

제8조(최저임금의 결정)에 따라서 ① 고용노동부장관은 매년 8월 5일까지 최저임금을 결정하여야 한다. 이 경우 고용노동부장관은 대통령령으로 정하는 바에 따라 제12조에 따른 최저임금위원회(이하 "위원회"라 한다)에 심의를 요청하고, 위원회가 심의하여 의결한 최저임금안에 따라 최저임금을 결정하여야 한다. [개정 2010.6.4 제10339호(정부조직법)] [[시행일 2010.7.5]]

② 위원회는 제1항 후단에 따라 고용노동부장관으로부터 최저임금에 관한 심의 요청을 받은 경우 이를 심의하여 최저임금안을 의결하고 심의 요청을 받은 날부터 90일 이내에 고용노동부장관에게 제출하여야 한다. [개정 2010.6.4 제10339호(정부조직법)] [[시행일 2010.7.5]]

③ 고용노동부장관은 제2항에 따라 위원회가 심의하여 제출한 최저임금안에 따라 최저임금을 결정하기가 어렵다고 인정되면 20일 이내에 그 이유를 밝혀 위원회에 10일 이상의 기간을 정하여 재심의를 요청할 수 있다. [개정 2010.6.4 제10339호(정부조직법)] [[시행일 2010.7.5]]

④ 위원회는 제3항에 따라 재심의 요청을 받은 때에는 그 기간 내에 재심의하여 그 결과를 고용노동부장관에게 제출하여야 한다. [개정 2010.6.4 제10339호(정부조직법)] [[시행일 2010.7.5]]

⑤ 고용노동부장관은 위원회가 제4항에 따른 재심의에서 재적위원 과반수

의 출석과 출석위원 3분의 2 이상의 찬성으로 제2항에 따른 당초의 최저임금안을 재의결한 경우에는 그에 따라 최저임금을 결정하여야 한다. [개정 2010.6.4 제10339호(정부조직법)] [[시행일 2010.7.5]]

(2) 최저임금안의 이의 제기

최저임금법 제9조(최저임금 안에 대한 이의 제기)에 의하면 ① 고용노동부장관은 제8조제2항에 따라 위원회로부터 최저임금안을 제출받은 때에는 대통령령으로 정하는 바에 따라 최저임금안을 고시하여야 한다. [개정 2010.6.4 제10339호(정부조직법)] [[시행일 2010.7.5]]

② 근로자를 대표하는 자나 사용자를 대표하는 자는 제1항에 따라 고시된 최저임금안에 대하여 이의가 있으면 고시된 날부터 10일 이내에 대통령령으로 정하는 바에 따라 고용노동부장관에게 이의를 제기할 수 있다. 이 경우 근로자를 대표하는 자나 사용자를 대표하는 자의 범위는 대통령령으로 정한다. [개정 2010.6.4 제10339호(정부조직법)] [[시행일 2010.7.5]]

③ 고용노동부장관은 제2항에 따른 이의가 이유 있다고 인정되면 그 내용을 밝혀 제8조 제3항에 따라 위원회에 최저임금안의 재심의를 요청하여야 한다. [개정 2010.6.4 제10339호(정부조직법)] [[시행일 2010.7.5]]

④ 고용노동부장관은 제3항에 따라 재심의를 요청한 최저임금안에 대하여 제8조 제4항에 따라 위원회가 재심의하여 의결한 최저임금안이 제출될 때까지는 최저임금을 결정하여서는 아니 된다. [개정 2010.6.4 제10339호(정부조직법)] [[시행일 2010.7.5]]

(3) 최저임금의 효력

최저임금법 제10조(최저임금의 고시와 효력발생)에 의하면 ① 고용노동부장관은 최저임금을 결정한 때에는 지체 없이 그 내용을 고시하여야 한다. [개정 2010.6.4 제10339호(정부조직법)] [[시행일 2010.7.5]]

② 제1항에 따라 고시된 최저임금은 다음 연도 1월 1일부터 효력이 발생한다. 다만, 고용노동부장관은 사업의 종류별로 임금교섭시기 등을 고려하여 필요

하다고 인정하면 효력발생 시기를 따로 정할 수 있다. [개정 2010.6.4 제10339호(정부조직법)] [[시행일 2010.7.5]]

최저임금의 적용을 받는 사용자는 대통령령으로 정하는 바에 따라 해당 최저임금을 그 사업의 근로자가 쉽게 볼 수 있는 장소에 게시하거나 그 외의 적당한 방법으로 근로자에게 널리 알려야 한다.

5. 최저임금위원회

최저임금에 관한 심의와 그 밖에 최저임금에 관한 중요 사항을 심의하기 위하여 고용노동부에 최저임금위원회를 둔다. 위원회는 다음 각 호의 기능을 수행한다. [개정 2010.6.4 제10339호(정부조직법)] [[시행일 2010.7.5]]

1 최저임금에 관한 심의 및 재심의
2 최저임금 적용 사업의 종류별 구분에 관한 심의
3 최저임금제도의 발전을 위한 연구 및 건의
4 그 밖에 최저임금에 관한 중요 사항으로서 고용노동부장관이 회의에 부치는 사항의 심의

최저임금위원회의 구성은 다음 각 호의 위원으로 구성한다.

1 근로자를 대표하는 위원(이하 "근로자위원"이라 한다) 9명
2 사용자를 대표하는 위원(이하 "사용자위원"이라 한다) 9명
3 공익을 대표하는 위원(이하 "공익위원"이라 한다) 9명

위원회에 2명의 상임위원을 두며, 상임위원은 공익위원이 된다. 위원의 임기는 3년으로 하되, 연임할 수 있다. 위원이 궐위(闕位)되면 그 보궐위원의 임기는 전임자(前任者) 임기의 남은 기간으로 한다. 위원은 임기가 끝났더라도 후임자가 임명되거나 위촉될 때까지 계속하여 직무를 수행한다. 위원의 자격과 임명·위촉 등에 관하여 필요한 사항은 대통령령으로 정한다.

위원회에 위원장과 부위원장 각 1명을 둔다. 위원장과 부위원장은 공익위원 중에서 위원회가 선출한다. 위원장은 위원회의 사무를 총괄하며 위원회를 대표한다. 위원장이 불가피한 사유로 직무를 수행할 수 없을 때에는 부위원장이 직무를 대행한다.

위원회에는 관계 행정기관의 공무원 중에서 3명 이내의 특별위원을 둘 수 있다. 특별위원은 위원회의 회의에 출석하여 발언할 수 있다. 특별위원의 자격 및 위촉 등에 관하여 필요한 사항은 대통령령으로 정한다.

위원회의 회의는 다음 각 호의 경우에 위원장이 소집한다.

1 고용노동부장관이 소집을 요구하는 경우
2 재적위원 3분의 1 이상이 소집을 요구하는 경우
3 위원장이 필요하다고 인정하는 경우

위원장은 위원회 회의의 의장이 된다. 위원회의 회의는 이 법으로 따로 정하는 경우 외에는 재적위원 과반수의 출석과 출석위원 과반수의 찬성으로 의결한다. 위원회가 의결을 할 때에는 근로자위원과 사용자위원 각 3분의 1 이상의 출석이 있어야 한다. 다만, 근로자위원이나 사용자위원이 2회 이상 출석요구를 받고도 정당한 이유 없이 출석하지 아니하는 경우에는 그러하지 아니하다.

위원회는 그 업무를 수행할 때에 필요하다고 인정하면 관계 근로자와 사용자, 그 밖의 관계인의 의견을 들을 수 있다.

최저임금법 제19조에 전문위원회를 둘 수 있다고 한다. 위원회는 필요하다고 인정하면 사업의 종류별 또는 특정 사항별로 전문위원회를 둘 수 있다. 전문위원회는 위원회 권한의 일부를 위임받아 위원회 기능을 수행한다. 전문위원회는 근로자위원, 사용자위원 및 공익위원 각 5명 이내의 같은 수로 구성한다. 전문위원회에 관하여는 위원회의 운영 등에 관한 제14조 제3항부터 제6항까지, 제15조, 제17조 및 제18조를 준용한다. 이 경우 "위원회"를 "전문위원회"로 본다.

6. 최저임금제의 효과

최저임금제의 실시에도 역시 긍정적인 효과와 마찬가지로 부정적인 효과가 있다. 그러므로 최저임금제의 실시도 중요하지만 무엇보다도 중요한 것은 이러한 긍정적인 효과를 극대화하고, 부정적인 효과는 극소화하는 것이 바람직하다고 하겠다. 따라서 최저임금제의 긍정적·부정적 효과를 살펴보면 〈표 12-6〉과 같다.

표 12-6 최저임금제의 효과

긍정적 효과	부정적 효과
• 저임금과 임금격차 해소 • 소득분배 효과 • 노동쟁의의 방지 역할 • 기업의 공정경쟁 유도 • 양질의 노동력의 확보 • 기업의 공정경쟁 유도 • 생산구조 고도화 촉진 • 사회복지정책 기초	• 고용감소 효과 • 영세기업 도산 우려 • 중소기업 경쟁력 악화 • 인플레이션 우려 • 직장 내 훈련 감소 • 청소년, 부녀자, 노년층 일자리 감소

부록

1. 노동조합 및 노동관계조정법
2. 근로자참여 및 협력증진에 관한 법률
3. 노동위원회법
4. 근로기준법
5. 최저임금법

노동조합 및 노동관계조정법

[시행 2014.5.20.]
[법률 제12630호, 2014.5.20., 일부개정]

제1장 총칙

제1조(목적) 이 법은 헌법에 의한 근로자의 단결권·단체교섭권 및 단체행동권을 보장하여 근로조건의 유지·개선과 근로자의 경제적·사회적 지위의 향상을 도모하고, 노동관계를 공정하게 조정하여 노동쟁의를 예방·해결함으로써 산업평화의 유지와 국민경제의 발전에 이바지함을 목적으로 한다.

제2조(정의) 이 법에서 사용하는 용어의 정의는 다음과 같다.

1. "근로자"라 함은 직업의 종류를 불문하고 임금·급료 기타 이에 준하는 수입에 의하여 생활하는 자를 말한다.
2. "사용자"라 함은 사업주, 사업의 경영담당자 또는 그 사업의 근로자에 관한 사항에 대하여 사업주를 위하여 행동하는 자를 말한다.
3. "사용자단체"라 함은 노동관계에 관하여 그 구성원인 사용자에 대하여 조정 또는 규제할 수 있는 권한을 가진 사용자의 단체를 말한다.
4. "노동조합"이라 함은 근로자가 주체가 되어 자주적으로 단결하여 근로조건의 유지·개선 기타 근로자의 경제적·사회적 지위의 향상을 도모함을 목적으로 조직하는 단체 또는 그 연합단체를 말한다. 다만, 다음 각목의 1에 해당하는 경우에는 노동조합으로 보지 아니한다.
   가. 사용자 또는 항상 그의 이익을 대표하여 행동하는 자의 참가를 허용하는 경우
   나. 경비의 주된 부분을 사용자로부터 원조받는 경우
   다. 공제·수양 기타 복리사업만을 목적으로 하는 경우
   라. 근로자가 아닌 자의 가입을 허용하는 경우. 다만, 해고된 자가 노동위원회에 부당노동행위의 구제신청을 한 경우에는 중앙노동위원회의 재심판정이 있을 때까지는 근로자가 아닌 자로 해석하여서는 아니된다.
   마. 주로 정치운동을 목적으로 하는 경우
5. "노동쟁의"라 함은 노동조합과 사용자 또는 사용자단체(이하 "노동관계 당사자"라 한다)간에 임금·근로시간·복지·해고 기타 대우등 근로조건의 결정에 관한 주장의 불일치로 인하여 발생한 분쟁상태를 말한다. 이 경우 주장의 불일치라 함은 당사자간에 합의를 위한 노력을 계속하여도 더이상 자주적 교섭에 의한 합의의 여지가 없는 경우를 말한다.
6. "쟁의행위"라 함은 파업·태업·직장폐쇄 기타 노동관계 당사자가 그 주장을 관철할 목적으로 행하는 행위와 이에 대항하는 행위로서 업무의 정상적인 운영을 저해하는 행위를 말한다.

제3조(손해배상 청구의 제한) 사용자는 이 법에 의한 단체교섭 또는 쟁의행위로 인하여 손해를 입은 경우에 노동조합 또는 근로자에 대하여 그 배상을 청구할 수 없다.

제4조(정당행위) 형법 제20조의 규정은 노동조합이 단체교섭·쟁의행위 기타의 행위로서 제1조의 목적을 달성하기 위하여 한 정당한 행위에 대하여 적용된다. 다만, 어떠한 경우에도 폭력이나 파괴행위는 정당한 행위로 해석되어서는 아니된다.

제2장 노동조합

제1절 통칙

제5조(노동조합의 조직·가입) 근로자는 자유로이 노동조합을 조직하거나 이에 가입할 수 있다. 다만, 공무원과 교원에 대하여는 따로 법률로 정한다.

제6조(법인격의 취득) ① 노동조합은 그 규약이 정하는 바에 의하여 법인으로 할 수 있다.

② 노동조합은 당해 노동조합을 법인으로 하고자 할 경우에는 대통령령이 정하는 바에 의하여 등기를 하여야 한다.

③ 법인인 노동조합에 대하여는 이 법에 규정된 것을 제외하고는 민법중 사단법인에 관한 규정을

적용한다.

제7조(노동조합의 보호요건) ① 이 법에 의하여 설립된 노동조합이 아니면 노동위원회에 노동쟁의의 조정 및 부당노동행위의 구제를 신청할 수 없다.

② 제1항의 규정은 제81조제1호·제2호 및 제5호의 규정에 의한 근로자의 보호를 부인하는 취지로 해석되어서는 아니된다.

③ 이 법에 의하여 설립된 노동조합이 아니면 노동조합이라는 명칭을 사용할 수 없다.

제8조(조세의 면제) 노동조합에 대하여는 그 사업체를 제외하고는 세법이 정하는 바에 따라 조세를 부과하지 아니한다.

제9조(차별대우의 금지) 노동조합의 조합원은 어떠한 경우에도 인종, 종교, 성별, 연령, 신체적 조건, 고용형태, 정당 또는 신분에 의하여 차별대우를 받지 아니한다. 〈개정 2008.3.28.〉

[제목개정 2008.3.28.]

제2절 노동조합의 설립

제10조(설립의 신고) ① 노동조합을 설립하고자 하는 자는 다음 각호의 사항을 기재한 신고서에 제11조의 규정에 의한 규약을 첨부하여 연합단체인 노동조합과 2 이상의 특별시·광역시·특별자치시·도·특별자치도에 걸치는 단위노동조합은 고용노동부장관에게, 2 이상의 시·군·구(자치구를 말한다)에 걸치는 단위노동조합은 특별시장·광역시장·도지사에게, 그 외의 노동조합은 특별자치시장·특별자치도지사·시장·군수·구청장(자치구의 구청장을 말한다. 이하 제12조제1항에서 같다)에게 제출하여야 한다. 〈개정 1998.2.20., 2006.12.30., 2010.6.4., 2014.5.20.〉

1. 명칭
2. 주된 사무소의 소재지
3. 조합원수
4. 임원의 성명과 주소
5. 소속된 연합단체가 있는 경우에는 그 명칭
6. 연합단체인 노동조합에 있어서는 그 구성노동단체의 명칭, 조합원수, 주된 사무소의 소재지 및 임원의 성명·주소

② 제1항의 규정에 의한 연합단체인 노동조합은 동종산업의 단위노동조합을 구성원으로 하는 산업별 연합단체와 산업별 연합단체 또는 전국규모의 산업별 단위노동조합을 구성원으로 하는 총연합단체를 말한다.

제11조(규약) 노동조합은 그 조직의 자주적·민주적 운영을 보장하기 위하여 당해 노동조합의 규약에 다음 각 호의 사항을 기재하여야 한다. 〈개정 2006.12.30.〉

1. 명칭
2. 목적과 사업
3. 주된 사무소의 소재지
4. 조합원에 관한 사항(연합단체인 노동조합에 있어서는 그 구성단체에 관한 사항)
5. 소속된 연합단체가 있는 경우에는 그 명칭
6. 대의원회를 두는 경우에는 대의원회에 관한 사항
7. 회의에 관한 사항
8. 대표자와 임원에 관한 사항
9. 조합비 기타 회계에 관한 사항
10. 규약변경에 관한 사항
11. 해산에 관한 사항
12. 쟁의행위와 관련된 찬반투표 결과의 공개, 투표자 명부 및 투표용지 등의 보존·열람에 관한 사항
13. 대표자와 임원의 규약위반에 대한 탄핵에 관한 사항
14. 임원 및 대의원의 선거절차에 관한 사항
15. 규율과 통제에 관한 사항

제12조(신고증의 교부) ① 고용노동부장관, 특별시장·광역시장·특별자치시장·도지사·특별자치도지사 또는 시장·군수·구청장(이하 "행정관청"이라 한다)은 제10조제1항의 규정에 의한 설립신고서를 접수한 때에는 제2항 전단 및 제3항의 경우를 제외하고는 3일 이내에 신고증을 교부하여야 한다. 〈개정 1998.2.20., 2006.12.30., 2010.6.4., 2014.5.20.〉

② 행정관청은 설립신고서 또는 규약이 기재사항의 누락등으로 보완이 필요한 경우에는 대통령령이 정하는 바에 따라 20일 이내의 기간을 정하여 보완을 요구하여야 한다. 이 경우 보완된 설립신고서 또는 규약을 접수한 때에는 3일 이내에 신고증을 교부하여야 한다. 〈개정 1998.2.20.〉

③ 행정관청은 설립하고자 하는 노동조합이 다음

각호의 1에 해당하는 경우에는 설립신고서를 반려하여야 한다. 〈개정 1998.2.20.〉

1. 제2조제4호 각목의 1에 해당하는 경우
2. 제2항의 규정에 의하여 보완을 요구하였음에도 불구하고 그 기간내에 보완을 하지 아니하는 경우

④ 노동조합이 신고증을 교부받은 경우에는 설립신고서가 접수된 때에 설립된 것으로 본다.

제13조(변경사항의 신고등) ① 노동조합은 제10조제1항의 규정에 의하여 설립신고된 사항중 다음 각호의 1에 해당하는 사항에 변경이 있는 때에는 그 날부터 30일 이내에 행정관청에게 변경신고를 하여야 한다. 〈개정 1998.2.20., 2001.3.28.〉

1. 명칭
2. 주된 사무소의 소재지
3. 대표자의 성명
4. 소속된 연합단체의 명칭

② 노동조합은 매년 1월 31일까지 다음 각호의 사항을 행정관청에게 통보하여야 한다. 다만, 제1항의 규정에 의하여 전년도에 변경신고된 사항은 그러하지 아니하다. 〈개정 1998.2.20., 2001.3.28.〉

1. 전년도에 규약의 변경이 있는 경우에는 변경된 규약내용
2. 전년도에 임원의 변경이 있는 경우에는 변경된 임원의 성명
3. 전년도 12월 31일 현재의 조합원수(연합단체인 노동조합에 있어서는 구성단체별 조합원수)

제3절 노동조합의 관리

제14조(서류비치등) ① 노동조합은 조합설립일부터 30일 이내에 다음 각호의 서류를 작성하여 그 주된 사무소에 비치하여야 한다.

1. 조합원 명부(연합단체인 노동조합에 있어서는 그 구성단체의 명칭)
2. 규약
3. 임원의 성명·주소록
4. 회의록
5. 재정에 관한 장부와 서류

② 제1항제4호 및 제5호의 서류는 3연간 보존하여야 한다.

제15조(총회의 개최) ① 노동조합은 매년 1회 이상 총회를 개최하여야 한다.

② 노동조합의 대표자는 총회의 의장이 된다.

제16조(총회의 의결사항) ① 다음 각호의 사항은 총회의 의결을 거쳐야 한다.

1. 규약의 제정과 변경에 관한 사항
2. 임원의 선거와 해임에 관한 사항
3. 단체협약에 관한 사항
4. 예산·결산에 관한 사항
5. 기금의 설치·관리 또는 처분에 관한 사항
6. 연합단체의 설립·가입 또는 탈퇴에 관한 사항
7. 합병·분할 또는 해산에 관한 사항
8. 조직형태의 변경에 관한 사항
9. 기타 중요한 사항

② 총회는 재적조합원 과반수의 출석과 출석조합원 과반수의 찬성으로 의결한다. 다만, 규약의 제정·변경, 임원의 해임, 합병·분할·해산 및 조직형태의 변경에 관한 사항은 재적조합원 과반수의 출석과 출석조합원 3분의 2 이상의 찬성이 있어야 한다.

③ 임원의 선거에 있어서 출석조합원 과반수의 찬성을 얻은 자가 없는 경우에는 제2항 본문의 규정에 불구하고 규약이 정하는 바에 따라 결선투표를 실시하여 다수의 찬성을 얻은 자를 임원으로 선출할 수 있다.

④ 규약의 제정·변경과 임원의 선거·해임에 관한 사항은 조합원의 직접·비밀·무기명투표에 의하여야 한다.

제17조(대의원회) ① 노동조합은 규약으로 총회에 갈음할 대의원회를 둘 수 있다.

② 대의원은 조합원의 직접·비밀·무기명투표에 의하여 선출되어야 한다.

③ 대의원의 임기는 규약으로 정하되 3년을 초과할 수 없다.

④ 대의원회를 둔 때에는 총회에 관한 규정은 대의원회에 이를 준용한다.

제18조(임시총회등의 소집) ① 노동조합의 대표자는 필요하다고 인정할 때에는 임시총회 또는 임시대의원회를 소집할 수 있다.

② 노동조합의 대표자는 조합원 또는 대의원의 3분의 1 이상(연합단체인 노동조합에 있어서는 그

구성단체의 3분의 1 이상)이 회의에 부의할 사항을 제시하고 회의의 소집을 요구한 때에는 지체없이 임시총회 또는 임시대의원회를 소집하여야 한다.

③ 행정관청은 노동조합의 대표자가 제2항의 규정에 의한 회의의 소집을 고의로 기피하거나 이를 해태하여 조합원 또는 대의원의 3분의 1 이상이 소집권자의 지명을 요구한 때에는 15일 이내에 노동위원회의 의결을 요청하고 노동위원회의 의결이 있는 때에는 지체없이 회의의 소집권자를 지명하여야 한다. 〈개정 1998.2.20.〉

④ 행정관청은 노동조합에 총회 또는 대의원회의 소집권자가 없는 경우에 조합원 또는 대의원의 3분의 1 이상이 회의에 부의할 사항을 제시하고 소집권자의 지명을 요구한 때에는 15일 이내에 회의의 소집권자를 지명하여야 한다. 〈개정 1998.2.20.〉

제19조(소집의 절차) 총회 또는 대의원회는 회의개최일 7일전까지 그 회의에 부의할 사항을 공고하고 규약에 정한 방법에 의하여 소집하여야 한다. 다만, 노동조합이 동일한 사업장내의 근로자로 구성된 경우에는 그 규약으로 공고기간을 단축할 수 있다.

제20조(표결권의 특례) 노동조합이 특정 조합원에 관한 사항을 의결할 경우에는 그 조합원은 표결권이 없다.

제21조(규약 및 결의처분의 시정) ① 행정관청은 노동조합의 규약이 노동관계법령에 위반한 경우에는 노동위원회의 의결을 얻어 그 시정을 명할 수 있다. 〈개정 1998.2.20.〉

② 행정관청은 노동조합의 결의 또는 처분이 노동관계법령 또는 규약에 위반된다고 인정할 경우에는 노동위원회의 의결을 얻어 그 시정을 명할 수 있다. 다만, 규약위반시의 시정명령은 이해관계인의 신청이 있는 경우에 한한다. 〈개정 1998.2.20.〉

③ 제1항 또는 제2항의 규정에 의하여 시정명령을 받은 노동조합은 30일 이내에 이를 이행하여야 한다. 다만, 정당한 사유가 있는 경우에는 그 기간을 연장할 수 있다.

제22조(조합원의 권리와 의무) 노동조합의 조합원은 균등하게 그 노동조합의 모든 문제에 참여할 권리와 의무를 가진다. 다만, 노동조합은 그 규약으로 조합비를 납부하지 아니하는 조합원의 권리를 제한할 수 있다.

제23조(임원의 선거등) ① 노동조합의 임원은 그 조합원중에서 선출되어야 한다.

② 임원의 임기는 규약으로 정하되 3년을 초과할 수 없다.

제24조(노동조합의 전임자) ① 근로자는 단체협약으로 정하거나 사용자의 동의가 있는 경우에는 근로계약 소정의 근로를 제공하지 아니하고 노동조합의 업무에만 종사할 수 있다.

② 제1항의 규정에 의하여 노동조합의 업무에만 종사하는 자(이하 "전임자"라 한다)는 그 전임기간동안 사용자로부터 어떠한 급여도 지급받아서는 아니된다.

③ 사용자는 전임자의 정당한 노동조합 활동을 제한하여서는 아니 된다. 〈신설 2010.1.1.〉

④ 제2항에도 불구하고 단체협약으로 정하거나 사용자가 동의하는 경우에는 사업 또는 사업장별로 조합원 수 등을 고려하여 제24조의2에 따라 결정된 근로시간 면제 한도(이하 "근로시간 면제 한도"라 한다)를 초과하지 아니하는 범위에서 근로자는 임금의 손실 없이 사용자와의 협의·교섭, 고충처리, 산업안전 활동 등 이 법 또는 다른 법률에서 정하는 업무와 건전한 노사관계 발전을 위한 노동조합의 유지·관리업무를 할 수 있다. 〈신설 2010.1.1.〉

⑤ 노동조합은 제2항과 제4항을 위반하는 급여 지급을 요구하고 이를 관철할 목적으로 쟁의행위를 하여서는 아니 된다. 〈신설 2010.1.1.〉

제24조의2(근로시간면제심의위원회) ① 근로시간 면제 한도를 정하기 위하여 근로시간면제심의위원회(이하 이 조에서 "위원회"라 한다)를 고용노동부에 둔다. 〈개정 2010.6.4.〉

② 근로시간 면제 한도는 위원회가 심의·의결한 바에 따라 고용노동부장관이 고시하되, 3년마다 그 적정성 여부를 재심의하여 결정할 수 있다. 〈개정 2010.6.4.〉

③ 위원회는 노동계와 경영계가 추천하는 위원 각 5명, 정부가 추천하는 공익위원 5명으로 구성된다.

④ 위원장은 공익위원 중에서 위원회가 선출한다.

⑤ 위원회는 재적위원 과반수의 출석과 출석위원

과반수의 찬성으로 의결한다.

⑥ 위원의 자격, 위촉과 위원회의 운영 등에 필요한 사항은 대통령령으로 정한다.
[본조신설 2010.1.1.]

제25조(회계감사) ① 노동조합의 대표자는 그 회계감사원으로 하여금 6월에 1회 이상 당해 노동조합의 모든 재원 및 용도, 주요한 기부자의 성명, 현재의 경리 상황등에 대한 회계감사를 실시하게 하고 그 내용과 감사결과를 전체 조합원에게 공개하여야 한다.

② 노동조합의 회계감사원은 필요하다고 인정할 경우에는 당해 노동조합의 회계감사를 실시하고 그 결과를 공개할 수 있다.

제26조(운영상황의 공개) 노동조합의 대표자는 회계연도마다 결산결과와 운영상황을 공표하여야 하며 조합원의 요구가 있을 때에는 이를 열람하게 하여야 한다.

제27조(자료의 제출) 노동조합은 행정관청이 요구하는 경우에는 결산결과와 운영상황을 보고하여야 한다. 〈개정 1998.2.20.〉

제4절 노동조합의 해산

제28조(해산사유) ① 노동조합은 다음 각호의 1에 해당하는 경우에는 해산한다. 〈개정 1998.2.20.〉

1. 규약에서 정한 해산사유가 발생한 경우
2. 합병 또는 분할로 소멸한 경우
3. 총회 또는 대의원회의 해산결의가 있는 경우
4. 노동조합의 임원이 없고 노동조합으로서의 활동을 1년 이상 하지 아니한 것으로 인정되는 경우로서 행정관청이 노동위원회의 의결을 얻은 경우

② 제1항제1호 내지 제3호의 사유로 노동조합이 해산한 때에는 그 대표자는 해산한 날부터 15일 이내에 행정관청에게 이를 신고하여야 한다. 〈개정 1998.2.20.〉

제3장 단체교섭 및 단체협약

제29조(교섭 및 체결권한) ① 노동조합의 대표자는 그 노동조합 또는 조합원을 위하여 사용자나 사용자단체와 교섭하고 단체협약을 체결할 권한을 가진다.

② 제29조의2에 따라 결정된 교섭대표노동조합(이하 "교섭대표노동조합"이라 한다)의 대표자는 교섭을 요구한 모든 노동조합 또는 조합원을 위하여 사용자와 교섭하고 단체협약을 체결할 권한을 가진다. 〈신설 2010.1.1.〉

③ 노동조합과 사용자 또는 사용자단체로부터 교섭 또는 단체협약의 체결에 관한 권한을 위임받은 자는 그 노동조합과 사용자 또는 사용자단체를 위하여 위임받은 범위안에서 그 권한을 행사할 수 있다. 〈개정 2010.1.1.〉

④ 노동조합과 사용자 또는 사용자단체는 제3항에 따라 교섭 또는 단체협약의 체결에 관한 권한을 위임한 때에는 그 사실을 상대방에게 통보하여야 한다. 〈개정 2010.1.1.〉

제29조의2(교섭창구 단일화 절차) ① 하나의 사업 또는 사업장에서 조직형태에 관계없이 근로자가 설립하거나 가입한 노동조합이 2개 이상인 경우 노동조합은 교섭대표노동조합(2개 이상의 노동조합 조합원을 구성원으로 하는 교섭대표기구를 포함한다. 이하 같다)을 정하여 교섭을 요구하여야 한다. 다만, 제2항에 따라 교섭대표노동조합을 자율적으로 결정하는 기한 내에 사용자가 이 조에서 정하는 교섭창구 단일화 절차를 거치지 아니하기로 동의한 경우에는 그러하지 아니하다.

② 교섭대표노동조합 결정 절차(이하 "교섭창구 단일화 절차"라 한다)에 참여한 모든 노동조합은 대통령령으로 정하는 기한 내에 자율적으로 교섭대표노동조합을 정한다.

③ 제2항에 따른 기한내에 교섭대표노동조합을 정하지 못하고 제1항 단서에 따른 사용자의 동의를 얻지 못한 경우에는 교섭창구 단일화 절차에 참여한 노동조합의 전체 조합원 과반수로 조직된 노동조합(2개 이상의 노동조합이 위임 또는 연합 등의 방법으로 교섭창구 단일화 절차에 참여한 노동조합 전체 조합원의 과반수가 되는 경우를 포함한다)이 교섭대표노동조합이 된다.

④ 제2항과 제3항에 따라 교섭대표노동조합을 결정하지 못한 경우에는 교섭창구 단일화 절차에 참여한 모든 노동조합은 공동으로 교섭대표단(이하 이 조에서 "공동교섭대표단"이라 한다)을 구

성하여 사용자와 교섭하여야 한다. 이 때 공동교섭대표단에 참여할 수 있는 노동조합은 그 조합원 수가 교섭창구 단일화 절차에 참여한 노동조합의 전체 조합원 100분의 10 이상인 노동조합으로 한다.

⑤ 제4항에 따른 공동교섭대표단의 구성에 합의하지 못할 경우에 노동위원회는 해당 노동조합의 신청에 따라 조합원 비율을 고려하여 이를 결정할 수 있다.

⑥ 제1항부터 제4항까지의 규정에 따른 교섭대표노동조합을 결정함에 있어 교섭요구 사실, 조합원 수 등에 대한 이의가 있는 때에는 노동위원회는 대통령령으로 정하는 바에 따라 노동조합의 신청을 받아 그 이의에 대한 결정을 할 수 있다.

⑦ 제5항 및 제6항에 따른 노동위원회의 결정에 대한 불복절차 및 효력은 제69조와 제70조제2항을 준용한다.

⑧ 노동조합의 교섭요구·참여 방법, 교섭대표노동조합 결정을 위한 조합원 수 산정 기준 등 교섭창구 단일화 절차와 교섭비용 증가 방지 등에 관하여 필요한 사항은 대통령령으로 정한다.

[본조신설 2010.1.1.]

제29조의3(교섭단위 결정) ① 제29조의2에 따라 교섭대표노동조합을 결정하여야 하는 단위(이하 "교섭단위"라 한다)는 하나의 사업 또는 사업장으로 한다.

② 제1항에도 불구하고 하나의 사업 또는 사업장에서 현격한 근로조건의 차이, 고용형태, 교섭 관행 등을 고려하여 교섭단위를 분리할 필요가 있다고 인정되는 경우에 노동위원회는 노동관계 당사자의 양쪽 또는 어느 한 쪽의 신청을 받아 교섭단위를 분리하는 결정을 할 수 있다.

③ 제2항에 따른 노동위원회의 결정에 대한 불복절차 및 효력은 제69조와 제70조제2항을 준용한다.

④ 교섭단위 분리 신청 및 노동위원회의 결정 기준·절차 등에 관하여 필요한 사항은 대통령령으로 정한다.

[본조신설 2010.1.1.]

제29조의4(공정대표의무 등) ① 교섭대표노동조합과 사용자는 교섭창구 단일화 절차에 참여한 노동조합 또는 그 조합원 간에 합리적 이유 없이 차별을 하여서는 아니 된다.

② 노동조합은 교섭대표노동조합과 사용자가 제1항을 위반하여 차별한 경우에는 그 행위가 있은 날(단체협약의 내용의 일부 또는 전부가 제1항에 위반되는 경우에는 단체협약 체결일을 말한다)부터 3개월 이내에 대통령령으로 정하는 방법과 절차에 따라 노동위원회에 그 시정을 요청할 수 있다.

③ 노동위원회는 제2항에 따른 신청에 대하여 합리적 이유 없이 차별하였다고 인정한 때에는 그 시정에 필요한 명령을 하여야 한다.

④ 제3항에 따른 노동위원회의 명령 또는 결정에 대한 불복절차 등에 관하여는 제85조 및 제86조를 준용한다.

[본조신설 2010.1.1.]

제29조의5(그 밖의 교섭창구 단일화 관련 사항) 교섭대표노동조합이 있는 경우에 제2조제5호, 제29조제3항·제4항, 제30조, 제37조제2항, 제38조제3항, 제42조의6제1항, 제44조제2항, 제46조제1항, 제55조제3항, 제72조제3항 및 제81조제3호 중 "노동조합"은 "교섭대표노동조합"으로 본다.

[본조신설 2010.1.1.]

제30조(교섭등의 원칙) ① 노동조합과 사용자 또는 사용자단체는 신의에 따라 성실히 교섭하고 단체협약을 체결하여야 하며 그 권한을 남용하여서는 아니된다.

② 노동조합과 사용자 또는 사용자단체는 정당한 이유없이 교섭 또는 단체협약의 체결을 거부하거나 해태하여서는 아니된다.

제31조(단체협약의 작성) ① 단체협약은 서면으로 작성하여 당사자 쌍방이 서명 또는 날인하여야 한다. 〈개정 2006.12.30.〉

② 단체협약의 당사자는 단체협약의 체결일부터 15일 이내에 이를 행정관청에게 신고하여야 한다. 〈개정 1998.2.20.〉

③ 행정관청은 단체협약중 위법한 내용이 있는 경우에는 노동위원회의 의결을 얻어 그 시정을 명할 수 있다. 〈개정 1998.2.20.〉

제32조(단체협약의 유효기간) ① 단체협약에는 2년을 초과하는 유효기간을 정할 수 없다.

② 단체협약에 그 유효기간을 정하지 아니한 경우 또는 제1항의 기간을 초과하는 유효기간을 정한 경우에 그 유효기간은 2년으로 한다.

③ 단체협약의 유효기간이 만료되는 때를 전후하여 당사자 쌍방이 새로운 단체협약을 체결하고자 단체교섭을 계속하였음에도 불구하고 새로운 단체협약이 체결되지 아니한 경우에는 별도의 약정이 있는 경우를 제외하고는 종전의 단체협약은 그 효력만료일부터 3월까지 계속 효력을 갖는다. 다만, 단체협약에 그 유효기간이 경과한 후에도 새로운 단체협약이 체결되지 아니한 때에는 새로운 단체협약이 체결될 때까지 종전 단체협약의 효력을 존속시킨다는 취지의 별도의 약정이 있는 경우에는 그에 따르되, 당사자 일방은 해지하고자 하는 날의 6월전까지 상대방에게 통고함으로써 종전의 단체협약을 해지할 수 있다. 〈개정 1998.2.20.〉

제33조(기준의 효력) ① 단체협약에 정한 근로조건 기타 근로자의 대우에 관한 기준에 위반하는 취업규칙 또는 근로계약의 부분은 무효로 한다.

② 근로계약에 규정되지 아니한 사항 또는 제1항의 규정에 의하여 무효로 된 부분은 단체협약에 정한 기준에 의한다.

제34조(단체협약의 해석) ① 단체협약의 해석 또는 이행방법에 관하여 관계 당사자간에 의견의 불일치가 있는 때에는 당사자 쌍방 또는 단체협약에 정하는 바에 의하여 어느 일방이 노동위원회에 그 해석 또는 이행방법에 관한 견해의 제시를 요청할 수 있다.

② 노동위원회는 제1항의 규정에 의한 요청을 받은 때에는 그 날부터 30일 이내에 명확한 견해를 제시하여야 한다.

③ 제2항의 규정에 의하여 노동위원회가 제시한 해석 또는 이행방법에 관한 견해는 중재재정과 동일한 효력을 가진다.

제35조(일반적 구속력) 하나의 사업 또는 사업장에 상시 사용되는 동종의 근로자 반수 이상이 하나의 단체협약의 적용을 받게 된 때에는 당해 사업 또는 사업장에 사용되는 다른 동종의 근로자에 대하여도 당해 단체협약이 적용된다.

제36조(지역적 구속력) ① 하나의 지역에 있어서 종업하는 동종의 근로자 3분의 2 이상이 하나의 단체협약의 적용을 받게 된 때에는 행정관청은 당해 단체협약의 당사자의 쌍방 또는 일방의 신청에 의하거나 그 직권으로 노동위원회의 의결을 얻어 당해 지역에서 종업하는 다른 동종의 근로자와 그 사용자에 대하여도 당해 단체협약을 적용한다는 결정을 할 수 있다. 〈개정 1998.2.20.〉

② 행정관청이 제1항의 규정에 의한 결정을 한 때에는 지체없이 이를 공고하여야 한다. 〈개정 1998.2.20.〉

제4장 쟁의행위

제37조(쟁의행위의 기본원칙) ① 쟁의행위는 그 목적·방법 및 절차에 있어서 법령 기타 사회질서에 위반되어서는 아니된다.

② 조합원은 노동조합에 의하여 주도되지 아니한 쟁의행위를 하여서는 아니된다.

제38조(노동조합의 지도와 책임) ① 쟁의행위는 그 쟁의행위와 관계없는 자 또는 근로를 제공하고자 하는 자의 출입·조업 기타 정상적인 업무를 방해하는 방법으로 행하여져서는 아니되며 쟁의행위의 참가를 호소하거나 설득하는 행위로서 폭행·협박을 사용하여서는 아니된다.

② 작업시설의 손상이나 원료·제품의 변질 또는 부패를 방지하기 위한 작업은 쟁의행위 기간중에도 정상적으로 수행되어야 한다.

③ 노동조합은 쟁의행위가 적법하게 수행될 수 있도록 지도·관리·통제할 책임이 있다.

제39조(근로자의 구속제한) 근로자는 쟁의행위 기간중에는 현행범외에는 이 법 위반을 이유로 구속되지 아니한다.

제40조 삭제 〈2006.12.30.〉

제41조(쟁의행위의 제한과 금지) ① 노동조합의 쟁의행위는 그 조합원의 직접·비밀·무기명투표에 의한 조합원 과반수의 찬성으로 결정하지 아니하면 이를 행할 수 없다. 제29조의2에 따라 교섭대표노동조합이 결정된 경우에는 그 절차에 참여한 노동조합의 전체 조합원(해당 사업 또는 사업장 소속 조합원으로 한정한다)의 직접·비밀·무기명투표에 의한 과반수의 찬성으로 결정하지 아니하면 쟁의행위를 할 수 없다. 〈개정 2010.1.1.〉

② 「방위사업법」에 의하여 지정된 주요방위산업체에 종사하는 근로자중 전력, 용수 및 주로 방산

물자를 생산하는 업무에 종사하는 자는 쟁의행위를 할 수 없으며 주로 방산물자를 생산하는 업무에 종사하는 자의 범위는 대통령령으로 정한다. 〈개정 2006.1.2.〉

제42조(폭력행위등의 금지) ① 쟁의행위는 폭력이나 파괴행위 또는 생산 기타 주요업무에 관련되는 시설과 이에 준하는 시설로서 대통령령이 정하는 시설을 점거하는 형태로 이를 행할 수 없다.

② 사업장의 안전보호시설에 대하여 정상적인 유지·운영을 정지·폐지 또는 방해하는 행위는 쟁의행위로서 이를 행할 수 없다.

③ 행정관청은 쟁의행위가 제2항의 행위에 해당한다고 인정하는 경우에는 노동위원회의 의결을 얻어 그 행위를 중지할 것을 통보하여야 한다. 다만, 사태가 급박하여 노동위원회의 의결을 얻을 시간적 여유가 없을 때에는 그 의결을 얻지 아니하고 즉시 그 행위를 중지할 것을 통보할 수 있다. 〈개정 1998.2.20., 2006.12.30.〉

④ 제3항 단서의 경우에 행정관청은 지체없이 노동위원회의 사후승인을 얻어야 하며 그 승인을 얻지 못한 때에는 그 통보는 그때부터 효력을 상실한다. 〈개정 1998.2.20., 2006.12.30.〉

제42조의2(필수유지업무에 대한 쟁의행위의 제한) ① 이 법에서 "필수유지업무"라 함은 제71조제2항의 규정에 따른 필수공익사업의 업무 중 그 업무가 정지되거나 폐지되는 경우 공중의 생명·건강 또는 신체의 안전이나 공중의 일상생활을 현저히 위태롭게 하는 업무로서 대통령령이 정하는 업무를 말한다.

② 필수유지업무의 정당한 유지·운영을 정지·폐지 또는 방해하는 행위는 쟁의행위로서 이를 행할 수 없다.

[본조신설 2006.12.30.]

제42조의3(필수유지업무협정) 노동관계 당사자는 쟁의행위기간 동안 필수유지업무의 정당한 유지·운영을 위하여 필수유지업무의 필요 최소한의 유지·운영 수준, 대상직무 및 필요인원 등을 정한 협정(이하"필수유지업무협정"이라 한다)을 서면으로 체결하여야 한다. 이 경우 필수유지업무협정에는 노동관계 당사자 쌍방이 서명 또는 날인하여야 한다.

[본조신설 2006.12.30.]

제42조의4(필수유지업무 유지·운영 수준 등의 결정) ① 노동관계 당사자 쌍방 또는 일방은 필수유지업무협정이 체결되지 아니하는 때에는 노동위원회에 필수유지업무의 필요 최소한의 유지·운영 수준, 대상직무 및 필요인원 등의 결정을 신청하여야 한다.

② 제1항의 규정에 따른 신청을 받은 노동위원회는 사업 또는 사업장별 필수유지업무의 특성 및 내용 등을 고려하여 필수유지업무의 필요 최소한의 유지·운영 수준, 대상직무 및 필요인원 등을 결정할 수 있다.

③ 제2항의 규정에 따른 노동위원회의 결정은 제72조의 규정에 따른 특별조정위원회가 담당한다.

④ 제2항의 규정에 따른 노동위원회의 결정에 대한 해석 또는 이행방법에 관하여 관계당사자간에 의견이 일치하지 아니하는 경우에는 특별조정위원회의 해석에 따른다. 이 경우 특별조정위원회의 해석은 제2항의 규정에 따른 노동위원회의 결정과 동일한 효력이 있다.

⑤ 제2항의 규정에 따른 노동위원회의 결정에 대한 불복절차 및 효력에 관하여는 제69조와 제70조제2항의 규정을 준용한다.

[본조신설 2006.12.30.]

제42조의5(노동위원회의 결정에 따른 쟁의행위) 제42조의4제2항의 규정에 따라 노동위원회의 결정이 있는 경우 그 결정에 따라 쟁의행위를 한 때에는 필수유지업무를 정당하게 유지·운영하면서 쟁의행위를 한 것으로 본다.

[본조신설 2006.12.30.]

제42조의6(필수유지업무 근무 근로자의 지명) ① 노동조합은 필수유지업무협정이 체결되거나 제42조의4제2항의 규정에 따른 노동위원회의 결정이 있는 경우 사용자에게 필수유지업무에 근무하는 조합원 중 쟁의행위기간 동안 근무하여야 할 조합원을 통보하여야 하며, 사용자는 이에 따라 근로자를 지명하고 이를 노동조합과 그 근로자에게 통보하여야 한다. 다만, 노동조합이 쟁의행위 개시 전까지 이를 통보하지 아니한 경우에는 사용자가 필수유지업무에 근무하여야 할 근로자를 지명하고 이를 노동조합과 그 근로자에게 통보하여야 한다. 〈개정 2010.1.1.〉

② 제1항에 따른 통보·지명시 노동조합과 사용자

는 필수유지업무에 종사하는 근로자가 소속된 노동조합이 2개 이상인 경우에는 각 노동조합의 해당 필수유지업무에 종사하는 조합원 비율을 고려하여야 한다. 〈신설 2010.1.1.〉

[본조신설 2006.12.30.]

제43조(사용자의 채용제한) ① 사용자는 쟁의행위 기간중 그 쟁의행위로 중단된 업무의 수행을 위하여 당해 사업과 관계없는 자를 채용 또는 대체할 수 없다.

② 사용자는 쟁의행위기간중 그 쟁의행위로 중단된 업무를 도급 또는 하도급 줄 수 없다.

③ 제1항 및 제2항의 규정은 필수공익사업의 사용자가 쟁의행위 기간 중에 한하여 당해 사업과 관계없는 자를 채용 또는 대체하거나 그 업무를 도급 또는 하도급 주는 경우에는 적용하지 아니한다. 〈신설 2006.12.30.〉

④ 제3항의 경우 사용자는 당해 사업 또는 사업장 파업참가자의 100분의 50을 초과하지 않는 범위 안에서 채용 또는 대체하거나 도급 또는 하도급 줄 수 있다. 이 경우 파업참가자 수의 산정 방법 등은 대통령령으로 정한다. 〈신설 2006.12.30.〉

제44조(쟁의행위 기간중의 임금지급 요구의 금지) ① 사용자는 쟁의행위에 참가하여 근로를 제공하지 아니한 근로자에 대하여는 그 기간중의 임금을 지급할 의무가 없다.

② 노동조합은 쟁의행위 기간에 대한 임금의 지급을 요구하여 이를 관철할 목적으로 쟁의행위를 하여서는 아니된다.

제45조(조정의 전치) ① 노동관계 당사자는 노동쟁의가 발생한 때에는 어느 일방이 이를 상대방에게 서면으로 통보하여야 한다.

② 쟁의행위는 제5장제2절 내지 제4절의 규정에 의한 조정절차(제61조의2의 규정에 따른 조정종료 결정 후의 조정절차를 제외한다)를 거치지 아니하면 이를 행할 수 없다. 다만, 제54조의 규정에 의한 기간내에 조정이 종료되지 아니하거나 제63조의 규정에 의한 기간내에 중재재정이 이루어지지 아니한 경우에는 그러하지 아니하다. 〈개정 2006.12.30.〉

제46조(직장폐쇄의 요건) ① 사용자는 노동조합이 쟁의행위를 개시한 이후에만 직장폐쇄를 할 수 있다.

② 사용자는 제1항의 규정에 의한 직장폐쇄를 할 경우에는 미리 행정관청 및 노동위원회에 각각 신고하여야 한다. 〈개정 1998.2.20.〉

제5장 노동쟁의의 조정

제1절 통칙

제47조(자주적 조정의 노력) 이 장의 규정은 노동관계 당사자가 직접 노사협의 또는 단체교섭에 의하여 근로조건 기타 노동관계에 관한 사항을 정하거나 노동관계에 관한 주장의 불일치를 조정하고 이에 필요한 노력을 하는 것을 방해하지 아니한다.

제48조(당사자의 책무) 노동관계 당사자는 단체협약에 노동관계의 적정화를 위한 노사협의 기타 단체교섭의 절차와 방식을 규정하고 노동쟁의가 발생한 때에는 이를 자주적으로 해결하도록 노력하여야 한다.

제49조(국가등의 책무) 국가 및 지방자치단체는 노동관계 당사자간에 노동관계에 관한 주장이 일치하지 아니할 경우에 노동관계 당사자가 이를 자주적으로 조정할 수 있도록 조력함으로써 쟁의행위를 가능한 한 예방하고 노동쟁의의 신속·공정한 해결에 노력하여야 한다.

제50조(신속한 처리) 이 법에 의하여 노동관계의 조정을 할 경우에는 노동관계 당사자와 노동위원회 기타 관계기관은 사건을 신속히 처리하도록 노력하여야 한다.

제51조(공익사업등의 우선적 취급) 국가·지방자치단체·국공영기업체·방위산업체 및 공익사업에 있어서의 노동쟁의의 조정은 우선적으로 취급하고 신속히 처리하여야 한다.

제52조(사적 조정·중재) ① 제2절 및 제3절의 규정은 노동관계 당사자가 쌍방의 합의 또는 단체협약이 정하는 바에 따라 각각 다른 조정 또는 중재방법(이하 이 조에서 "사적조정등"이라 한다)에 의하여 노동쟁의를 해결하는 것을 방해하지 아니한다. 〈개정 2006.12.30.〉

② 노동관계 당사자는 제1항의 규정에 의하여 노동쟁의를 해결하기로 한 때에는 이를 노동위원회

에 신고하여야 한다.

③ 제1항의 규정에 의하여 노동쟁의를 해결하기로 한 때에는 다음 각호의 규정이 적용된다.

1. 조정에 의하여 해결하기로 한 때에는 제45조 제2항 및 제54조의 규정. 이 경우 조정기간은 조정을 개시한 날부터 기산한다.
2. 중재에 의하여 해결하기로 한 때에는 제63조의 규정. 이 경우 쟁의행위의 금지기간은 중재를 개시한 날부터 기산한다.

④ 제1항의 규정에 의하여 조정 또는 중재가 이루어진 경우에 그 내용은 단체협약과 동일한 효력을 가진다.

⑤ 사적조정등을 수행하는 자는 「노동위원회법」 제8조제2항제2호 각 목의 자격을 가진 자로 한다. 이 경우 사적조정 등을 수행하는 자는 노동관계 당사자로부터 수수료, 수당 및 여비 등을 받을 수 있다. 〈신설 2006.12.30.〉

제2절 조정

제53조(조정의 개시) ① 노동위원회는 관계 당사자의 일방이 노동쟁의의 조정을 신청한 때에는 지체없이 조정을 개시하여야 하며 관계 당사자 쌍방은 이에 성실히 임하여야 한다.

② 노동위원회는 제1항의 규정에 따른 조정신청 전이라도 원활한 조정을 위하여 교섭을 주선하는 등 관계 당사자의 자주적인 분쟁 해결을 지원할 수 있다. 〈신설 2006.12.30.〉

제54조(조정기간) ① 조정은 제53조의 규정에 의한 조정의 신청이 있은 날부터 일반사업에 있어서는 10일, 공익사업에 있어서는 15일 이내에 종료하여야 한다.

② 제1항의 규정에 의한 조정기간은 관계 당사자간의 합의로 일반사업에 있어서는 10일, 공익사업에 있어서는 15일 이내에서 연장할 수 있다.

제55조(조정위원회의 구성) ① 노동쟁의의 조정을 위하여 노동위원회에 조정위원회를 둔다.

② 제1항의 규정에 의한 조정위원회는 조정위원 3인으로 구성한다.

③ 제2항의 규정에 의한 조정위원은 당해 노동위원회의 위원중에서 사용자를 대표하는 자, 근로자를 대표하는 자 및 공익을 대표하는 자 각 1인을 그 노동위원회의 위원장이 지명하되, 근로자를 대표하는 조정위원은 사용자가, 사용자를 대표하는 조정위원은 노동조합이 각각 추천하는 노동위원회의 위원중에서 지명하여야 한다. 다만, 조정위원회의 회의 3일전까지 관계 당사자가 추천하는 위원의 명단제출이 없을 때에는 당해 위원을 위원장이 따로 지명할 수 있다.

④ 노동위원회의 위원장은 근로자를 대표하는 위원 또는 사용자를 대표하는 위원의 불참 등으로 인하여 제3항의 규정에 따른 조정위원회의 구성이 어려운 경우 노동위원회의 공익을 대표하는 위원 중에서 3인을 조정위원으로 지명할 수 있다. 다만, 관계 당사자 쌍방의 합의로 선정한 노동위원회의 위원이 있는 경우에는 그 위원을 조정위원으로 지명한다. 〈신설 2006.12.30.〉

제56조(조정위원회의 위원장) ① 조정위원회에 위원장을 둔다.

② 위원장은 공익을 대표하는 조정위원이 된다. 다만, 제55조제4항의 규정에 따른 조정위원회의 위원장은 조정위원 중에서 호선한다. 〈개정 2006.12.30.〉

제57조(단독조정) ① 노동위원회는 관계 당사자 쌍방의 신청이 있거나 관계 당사자 쌍방의 동의를 얻은 경우에는 조정위원회에 갈음하여 단독조정인에게 조정을 행하게 할 수 있다.

② 제1항의 규정에 의한 단독조정인은 당해 노동위원회의 위원중에서 관계 당사자의 쌍방의 합의로 선정된 자를 그 노동위원회의 위원장이 지명한다.

제58조(주장의 확인등) 조정위원회 또는 단독조정인은 기일을 정하여 관계 당사자 쌍방을 출석하게 하여 주장의 요점을 확인하여야 한다.

제59조(출석금지) 조정위원회의 위원장 또는 단독조정인은 관계 당사자와 참고인외의 자의 출석을 금할 수 있다.

제60조(조정안의 작성) ① 조정위원회 또는 단독조정인은 조정안을 작성하여 이를 관계 당사자에게 제시하고 그 수락을 권고하는 동시에 그 조정안에 이유를 붙여 공표할 수 있으며, 필요한 때에는 신문 또는 방송에 보도등 협조를 요청할 수 있다.

② 조정위원회 또는 단독조정인은 관계 당사자가 수

락을 거부하여 더 이상 조정이 이루어질 여지가 없다고 판단되는 경우에는 조정의 종료를 결정하고 이를 관계 당사자 쌍방에 통보하여야 한다.

③ 제1항의 규정에 의한 조정안이 관계 당사자의 쌍방에 의하여 수락된 후 그 해석 또는 이행방법에 관하여 관계 당사자간에 의견의 불일치가 있는 때에는 관계 당사자는 당해 조정위원회 또는 단독조정인에게 그 해석 또는 이행방법에 관한 명확한 견해의 제시를 요청하여야 한다.

④ 조정위원회 또는 단독조정인은 제3항의 규정에 의한 요청을 받은 때에는 그 요청을 받은 날부터 7일 이내에 명확한 견해를 제시하여야 한다.

⑤ 제3항 및 제4항의 해석 또는 이행방법에 관한 견해가 제시될 때까지는 관계 당사자는 당해 조정안의 해석 또는 이행에 관하여 쟁의행위를 할 수 없다.

第61條(조정의 효력) ① 제60조제1항의 규정에 의한 조정안이 관계 당사자에 의하여 수락된 때에는 조정위원 전원 또는 단독조정인은 조정서를 작성하고 관계 당사자와 함께 서명 또는 날인하여야 한다. 〈개정 2006.12.30.〉

② 조정서의 내용은 단체협약과 동일한 효력을 가진다.

③ 제60조제4항의 규정에 의하여 조정위원회 또는 단독조정인이 제시한 해석 또는 이행방법에 관한 견해는 중재재정과 동일한 효력을 가진다.

第61條의2(조정종료 결정 후의 조정) ① 노동위원회는 제60조제2항의 규정에 따른 조정의 종료가 결정된 후에도 노동쟁의의 해결을 위하여 조정을 할 수 있다.

② 제1항의 규정에 따른 조정에 관하여는 제55조 내지 제61조의 규정을 준용한다.

[본조신설 2006.12.30.]

제3절 중재

第62條(중재의 개시) 노동위원회는 다음 각 호의 어느 하나에 해당하는 때에는 중재를 행한다. 〈개정 2006.12.30.〉

1. 관계 당사자의 쌍방이 함께 중재를 신청한 때
2. 관계 당사자의 일방이 단체협약에 의하여 중재를 신청한 때
3. 삭제 〈2006.12.30.〉

第63條(중재시의 쟁의행위의 금지) 노동쟁의가 중재에 회부된 때에는 그 날부터 15일간은 쟁의행위를 할 수 없다.

第64條(중재위원회의 구성) ① 노동쟁의의 중재 또는 재심을 위하여 노동위원회에 중재위원회를 둔다.

② 제1항의 규정에 의한 중재위원회는 중재위원 3인으로 구성한다.

③ 제2항의 중재위원은 당해 노동위원회의 공익을 대표하는 위원중에서 관계 당사자의 합의로 선정한 자에 대하여 그 노동위원회의 위원장이 지명한다. 다만, 관계 당사자간에 합의가 성립되지 아니한 경우에는 노동위원회의 공익을 대표하는 위원중에서 지명한다.

第65條(중재위원회의 위원장) ① 중재위원회에 위원장을 둔다.

② 위원장은 중재위원중에서 호선한다.

第66條(주장의 확인등) ① 중재위원회는 기일을 정하여 관계 당사자 쌍방 또는 일방을 중재위원회에 출석하게 하여 주장의 요점을 확인하여야 한다.

② 관계 당사자가 지명한 노동위원회의 사용자를 대표하는 위원 또는 근로자를 대표하는 위원은 중재위원회의 동의를 얻어 그 회의에 출석하여 의견을 진술할 수 있다.

第67條(출석금지) 중재위원회의 위원장은 관계 당사자와 참고인외의 자의 회의출석을 금할 수 있다.

第68條(중재재정) ① 중재재정은 서면으로 작성하여 이를 행하며 그 서면에는 효력발생 기일을 명시하여야 한다.

② 제1항의 규정에 의한 중재재정의 해석 또는 이행방법에 관하여 관계 당사자간에 의견의 불일치가 있는 때에는 당해 중재위원회의 해석에 따르며 그 해석은 중재재정과 동일한 효력을 가진다.

第69條(중재재정등의 확정) ① 관계 당사자는 지방노동위원회 또는 특별노동위원회의 중재재정이 위법이거나 월권에 의한 것이라고 인정하는 경우에는 그 중재재정서의 송달을 받은 날부터 10일 이내에 중앙노동위원회에 그 재심을 신청할 수 있다.

② 관계 당사자는 중앙노동위원회의 중재재정이나 제1항의 규정에 의한 재심결정이 위법이거나 월

권에 의한 것이라고 인정하는 경우에는 행정소송법 제20조의 규정에 불구하고 그 중재재정서 또는 재심결정서의 송달을 받은 날부터 15일 이내에 행정소송을 제기할 수 있다.

③ 제1항 및 제2항에 규정된 기간내에 재심을 신청하지 아니하거나 행정소송을 제기하지 아니한 때에는 그 중재재정 또는 재심결정은 확정된다.

④ 제3항의 규정에 의하여 중재재정이나 재심결정이 확정된 때에는 관계 당사자는 이에 따라야 한다.

제70조(중재재정 등의 효력) ① 제68조제1항의 규정에 따른 중재재정의 내용은 단체협약과 동일한 효력을 가진다.

② 노동위원회의 중재재정 또는 재심결정은 제69조제1항 및 제2항의 규정에 따른 중앙노동위원회에의 재심신청 또는 행정소송의 제기에 의하여 그 효력이 정지되지 아니한다.

[전문개정 2006.12.30.]

제4절 공익사업등의 조정에 관한 특칙

제71조(공익사업의 범위등) ① 이 법에서 "공익사업"이라 함은 공중의 일상생활과 밀접한 관련이 있거나 국민경제에 미치는 영향이 큰 사업으로서 다음 각호의 사업을 말한다. 〈개정 2006.12.30.〉

1. 정기노선 여객운수사업 및 항공운수사업
2. 수도사업, 전기사업, 가스사업, 석유정제사업 및 석유공급사업
3. 공중위생사업, 의료사업 및 혈액공급사업
4. 은행 및 조폐사업
5. 방송 및 통신사업

② 이 법에서 "필수공익사업"이라 함은 제1항의 공익사업으로서 그 업무의 정지 또는 폐지가 공중의 일상생활을 현저히 위태롭게 하거나 국민경제를 현저히 저해하고 그 업무의 대체가 용이하지 아니한 다음 각호의 사업을 말한다. 〈개정 2006.12.30.〉

1. 철도사업, 도시철도사업 및 항공운수사업
2. 수도사업, 전기사업, 가스사업, 석유정제사업 및 석유공급사업
3. 병원사업 및 혈액공급사업
4. 한국은행사업
5. 통신사업

제72조(특별조정위원회의 구성) ① 공익사업의 노동쟁의의 조정을 위하여 노동위원회에 특별조정위원회를 둔다.

② 제1항의 규정에 의한 특별조정위원회는 특별조정위원 3인으로 구성한다.

③ 제2항의 규정에 의한 특별조정위원은 그 노동위원회의 공익을 대표하는 위원중에서 노동조합과 사용자가 순차적으로 배제하고 남은 4인 내지 6인중에서 노동위원회의 위원장이 지명한다. 다만, 관계 당사자가 합의로 당해 노동위원회의 위원이 아닌 자를 추천하는 경우에는 그 추천된 자를 지명한다. 〈개정 2006.12.30.〉

제73조(특별조정위원회의 위원장) ① 특별조정위원회에 위원장을 둔다.

② 위원장은 공익을 대표하는 노동위원회의 위원인 특별조정위원중에서 호선하고, 당해 노동위원회의 위원이 아닌 자만으로 구성된 경우에는 그중에서 호선한다. 다만, 공익을 대표하는 위원인 특별조정위원이 1인인 경우에는 당해 위원이 위원장이 된다.

제74조 삭제 〈2006.12.30.〉

제75조 삭제 〈2006.12.30.〉

제5절 긴급조정

제76조(긴급조정의 결정) ① 고용노동부장관은 쟁의행위가 공익사업에 관한 것이거나 그 규모가 크거나 그 성질이 특별한 것으로서 현저히 국민경제를 해하거나 국민의 일상생활을 위태롭게 할 위험이 현존하는 때에는 긴급조정의 결정을 할 수 있다. 〈개정 2010.6.4.〉

② 고용노동부장관은 긴급조정의 결정을 하고자 할 때에는 미리 중앙노동위원회 위원장의 의견을 들어야 한다. 〈개정 2010.6.4.〉

③ 고용노동부장관은 제1항 및 제2항의 규정에 의하여 긴급조정을 결정한 때에는 지체없이 그 이유를 붙여 이를 공표함과 동시에 중앙노동위원회와 관계 당사자에게 각각 통고하여야 한다. 〈개정 2010.6.4.〉

제77조(긴급조정시의 쟁의행위 중지) 관계 당사자는 제76조제3항의 규정에 의한 긴급조정의 결정이

공표된 때에는 즉시 쟁의행위를 중지하여야 하며, 공표일부터 30일이 경과하지 아니하면 쟁의행위를 재개할 수 없다.

제78조(중앙노동위원회의 조정) 중앙노동위원회는 제76조제3항의 규정에 의한 통고를 받은 때에는 지체없이 조정을 개시하여야 한다.

제79조(중앙노동위원회의 중재회부 결정권) ① 중앙노동위원회의 위원장은 제78조의 규정에 의한 조정이 성립될 가망이 없다고 인정한 경우에는 공익위원의 의견을 들어 그 사건을 중재에 회부할 것인가의 여부를 결정하여야 한다.

② 제1항의 규정에 의한 결정은 제76조제3항의 규정에 의한 통고를 받은 날부터 15일 이내에 하여야 한다.

제80조(중앙노동위원회의 중재) 중앙노동위원회는 당해 관계 당사자의 일방 또는 쌍방으로부터 중재신청이 있거나 제79조의 규정에 의한 중재회부의 결정을 한 때에는 지체없이 중재를 행하여야 한다.

제6장 부당노동행위

제81조(부당노동행위) 사용자는 다음 각 호의 어느 하나에 해당하는 행위(이하 "부당노동행위"라 한다)를 할 수 없다. 〈개정 2006.12.30., 2010.1.1.〉

1. 근로자가 노동조합에 가입 또는 가입하려고 하였거나 노동조합을 조직하려고 하였거나 기타 노동조합의 업무를 위한 정당한 행위를 한 것을 이유로 그 근로자를 해고하거나 그 근로자에게 불이익을 주는 행위
2. 근로자가 어느 노동조합에 가입하지 아니할 것 또는 탈퇴할 것을 고용조건으로 하거나 특정한 노동조합의 조합원이 될 것을 고용조건으로 하는 행위. 다만, 노동조합이 당해 사업장에 종사하는 근로자의 3분의 2 이상을 대표하고 있을 때에는 근로자가 그 노동조합의 조합원이 될 것을 고용조건으로 하는 단체협약의 체결은 예외로 하며, 이 경우 사용자는 근로자가 그 노동조합에서 제명된 것 또는 그 노동조합을 탈퇴하여 새로 노동조합을 조직하거나 다른 노동조합에 가입한 것을 이유로 근로자에게 신분상 불이익한 행위를 할 수 없다.
3. 노동조합의 대표자 또는 노동조합으로부터 위임을 받은 자와의 단체협약체결 기타의 단체교섭을 정당한 이유없이 거부하거나 해태하는 행위
4. 근로자가 노동조합을 조직 또는 운영하는 것을 지배하거나 이에 개입하는 행위와 노동조합의 전임자에게 급여를 지원하거나 노동조합의 운영비를 원조하는 행위. 다만, 근로자가 근로시간중에 제24조제4항에 따른 활동을 하는 것을 사용자가 허용함은 무방하며, 또한 근로자의 후생자금 또는 경제상의 불행 기타 재액의 방지와 구제등을 위한 기금의 기부와 최소한의 규모의 노동조합사무소의 제공은 예외로 한다.
5. 근로자가 정당한 단체행위에 참가한 것을 이유로 하거나 또는 노동위원회에 대하여 사용자가 이 조의 규정에 위반한 것을 신고하거나 그에 관한 증언을 하거나 기타 행정관청에 증거를 제출한 것을 이유로 그 근로자를 해고하거나 그 근로자에게 불이익을 주는 행위

제82조(구제신청) ① 사용자의 부당노동행위로 인하여 그 권리를 침해당한 근로자 또는 노동조합은 노동위원회에 그 구제를 신청할 수 있다.

② 제1항의 규정에 의한 구제의 신청은 부당노동행위가 있은 날(계속하는 행위는 그 종료일)부터 3월 이내에 이를 행하여야 한다.

제83조(조사등) ① 노동위원회는 제82조의 규정에 의한 구제신청을 받은 때에는 지체없이 필요한 조사와 관계 당사자의 심문을 하여야 한다.

② 노동위원회는 제1항의 규정에 의한 심문을 할 때에는 관계 당사자의 신청에 의하거나 그 직권으로 증인을 출석하게 하여 필요한 사항을 질문할 수 있다.

③ 노동위원회는 제1항의 규정에 의한 심문을 함에 있어서는 관계 당사자에 대하여 증거의 제출과 증인에 대한 반대심문을 할 수 있는 충분한 기회를 주어야 한다.

④ 제1항의 규정에 의한 노동위원회의 조사와 심문에 관한 절차는 중앙노동위원회가 따로 정하는 바에 의한다.

제84조(구제명령) ① 노동위원회는 제83조의 규정

에 의한 심문을 종료하고 부당노동행위가 성립한다고 판정한 때에는 사용자에게 구제명령을 발하여야 하며, 부당노동행위가 성립되지 아니한다고 판정한 때에는 그 구제신청을 기각하는 결정을 하여야 한다.

② 제1항의 규정에 의한 판정·명령 및 결정은 서면으로 하되, 이를 당해 사용자와 신청인에게 각각 교부하여야 한다.

③ 관계 당사자는 제1항의 규정에 의한 명령이 있을 때에는 이에 따라야 한다.

제85조(구제명령의 확정) ① 지방노동위원회 또는 특별노동위원회의 구제명령 또는 기각결정에 불복이 있는 관계 당사자는 그 명령서 또는 결정서의 송달을 받은 날부터 10일 이내에 중앙노동위원회에 그 재심을 신청할 수 있다.

② 제1항의 규정에 의한 중앙노동위원회의 재심판정에 대하여 관계 당사자는 그 재심판정서의 송달을 받은 날부터 15일 이내에 행정소송법이 정하는 바에 의하여 소를 제기할 수 있다.

③ 제1항 및 제2항에 규정된 기간내에 재심을 신청하지 아니하거나 행정소송을 제기하지 아니한 때에는 그 구제명령·기각결정 또는 재심판정은 확정된다.

④ 제3항의 규정에 의하여 기각결정 또는 재심판정이 확정된 때에는 관계 당사자는 이에 따라야 한다.

⑤ 사용자가 제2항의 규정에 의하여 행정소송을 제기한 경우에 관할법원은 중앙노동위원회의 신청에 의하여 결정으로써, 판결이 확정될 때까지 중앙노동위원회의 구제명령의 전부 또는 일부를 이행하도록 명할 수 있으며, 당사자의 신청에 의하여 또는 직권으로 그 결정을 취소할 수 있다.

제86조(구제명령등의 효력) 노동위원회의 구제명령·기각결정 또는 재심판정은 제85조의 규정에 의한 중앙노동위원회에의 재심신청이나 행정소송의 제기에 의하여 그 효력이 정지되지 아니한다.

제7장 보칙

제87조(권한의 위임) 이 법에 의한 고용노동부장관의 권한은 대통령령이 정하는 바에 따라 그 일부를 지방고용노동관서의 장에게 위임할 수 있다. 〈개정 2010.6.4.〉

제8장 벌칙

제88조(벌칙) 제41조제2항의 규정에 위반한 자는 5년 이하의 징역 또는 5천만원 이하의 벌금에 처한다.

제89조(벌칙) 다음 각 호의 어느 하나에 해당하는 자는 3년 이하의 징역 또는 3천만원 이하의 벌금에 처한다. 〈개정 2006.12.30., 2010.1.1.〉

1. 제37조제2항, 제38조제1항, 제42조제1항 또는 제42조의2제2항의 규정에 위반한 자
2. 제85조제3항(제29조의4제4항에서 준용하는 경우를 포함한다)에 따라 확정되거나 행정소송을 제기하여 확정된 구제명령에 위반한 자

제90조(벌칙) 제44조제2항, 제69조제4항, 제77조 또는 제81조의 규정에 위반한 자는 2년 이하의 징역 또는 2천만원 이하의 벌금에 처한다.

제91조(벌칙) 제38조제2항, 제41조제1항, 제42조제2항, 제43조제1항·제2항·제4항, 제45조제2항 본문, 제46조제1항 또는 제63조의 규정을 위반한 자는 1년 이하의 징역 또는 1천만원 이하의 벌금에 처한다.
[전문개정 2006.12.30.]

제92조(벌칙) 다음 각호의 1에 해당하는 자는 1천만원 이하의 벌금에 처한다. 〈개정 2001.3.28., 2010.1.1.〉

1. 제24조제5항을 위반한 자
2. 제31조제1항의 규정에 의하여 체결된 단체협약의 내용중 다음 각목의 1에 해당하는 사항을 위반한 자
   가. 임금·복리후생비, 퇴직금에 관한 사항
   나. 근로 및 휴게시간, 휴일, 휴가에 관한 사항
   다. 징계 및 해고의 사유와 중요한 절차에 관한 사항
   라. 안전보건 및 재해부조에 관한 사항
   마. 시설·편의제공 및 근무시간중 회의참석에 관한 사항
   바. 쟁의행위에 관한 사항

3. 제61조제1항의 규정에 의한 조정서의 내용 또는 제68조제1항의 규정에 의한 중재재정서의 내용을 준수하지 아니한 자

제93조(벌칙) 다음 각호의 1에 해당하는 자는 500만원 이하의 벌금에 처한다.

1. 제7조제3항의 규정에 위반한 자
2. 제21조제1항·제2항 또는 제31조제3항의 규정에 의한 명령에 위반한 자

제94조(양벌규정) 법인 또는 단체의 대표자, 법인·단체 또는 개인의 대리인·사용인 기타의 종업원이 그 법인·단체 또는 개인의 업무에 관하여 제88조 내지 제93조의 위반행위를 한 때에는 행위자를 벌하는 외에 그 법인·단체 또는 개인에 대하여도 각 해당 조의 벌금형을 과한다.

제95조(과태료) 제85조제5항의 규정에 의한 법원의 명령에 위반한 자는 500만원 이하의 금액(당해 명령이 작위를 명하는 것일 때에는 그 명령의 불이행 일수 1일에 50만원 이하의 비율로 산정한 금액)의 과태료에 처한다.

제96조(과태료) ① 다음 각호의 1에 해당하는 자는 500만원 이하의 과태료에 처한다.

1. 제14조의 규정에 의한 서류를 비치 또는 보존하지 아니한 자
2. 제27조의 규정에 의한 보고를 하지 아니하거나 허위의 보고를 한 자
3. 제46조제2항의 규정에 의한 신고를 하지 아니한 자

② 제13조, 제28조제2항 또는 제31조제2항의 규정에 의한 신고 또는 통보를 하지 아니한 자는 300만원 이하의 과태료에 처한다.

③ 제1항 및 제2항의 규정에 의한 과태료는 대통령령이 정하는 바에 의하여 행정관청이 부과·징수한다. 〈개정 1998.2.20.〉

④ 제3항의 규정에 의한 과태료의 처분에 불복이 있는 자는 그 처분의 고지를 받은 날부터 30일 이내에 행정관청에게 이의를 제기할 수 있다. 〈개정 1998.2.20.〉

⑤ 제3항의 규정에 의한 과태료의 처분을 받은 자가 제4항의 규정에 의하여 이의를 제기한 때에는 행정관청은 지체없이 관할법원에 그 사실을 통보하여야 하며, 그 통보를 받은 관할법원은 비송사건절차법에 의한 과태료의 재판을 한다. 〈개정 1998.2.20.〉

⑥ 제4항의 규정에 의한 기간내에 이의를 제기하지 아니하고 과태료를 납부하지 아니한 때에는 국세체납처분의 예에 의하여 이를 징수한다.

부칙 〈제5310호, 1997.3.13.〉

제1조 (시행일) 이 법은 공포한 날부터 시행한다.

제2조 (적용시한) 제71조제2항의 규정중 제1호의 시내버스 운송사업에 관한 규정 및 제4호의 은행사업(한국은행법에 의한 한국은행은 제외한다)에 관한 규정은 2000년 12월 31일까지 적용한다.

제3조 (노동조합에 관한 경과조치) 이 법 시행당시 종전의 규정에 의하여 설립신고증을 교부받은 노동조합은 이 법에 의하여 설립된 노동조합으로 본다.

제4조 (해고자에 관한 경과조치) 이 법 시행당시 해고의 효력을 다투고 있는 자는 제2조제4호 라목 단서의 규정에 불구하고 근로자가 아닌 자로 해석하여서는 아니된다.

제5조 삭제 〈2010.1.1〉

제6조 (노동조합 전임자에 관한 적용의 특례〈개정 2001.3.28〉) ① 삭제 〈2010.1.1〉

② 노동조합과 사용자는 전임자에 대한 급여지원 규모를 노사협의에 의하여 점진적으로 축소하도록 노력하되, 이 경우 그 재원을 노동조합의 재정자립에 사용하도록 한다. 〈개정 2001.3.28〉

제7조 (단체협약의 효력에 관한 경과조치) 이 법 시행당시 종전의 규정에 의하여 체결한 단체협약은 이 법에 의하여 행한 것으로 본다.

제8조 (노동쟁의의 조정에 관한 경과조치) ① 이 법 시행당시 종전의 규정에 의하여 신청한 사적조정·중재는 이 법에 의한 사적조정·중재를 신청한 것으로 본다.

② 이 법 시행당시 종전의 규정에 의하여 노동위원회에 신청한 조정·중재는 이 법에 의한 조정·중재를 신청한 것으로 본다. 이 경우 조정기간을 산정함에 있어서는 제54조의 규정에도 불구하고 종전의 규정에 의한다.

③ 이 법 시행당시 종전의 규정에 의하여 조정이 종료된 노동쟁의는 제45조의 규정을 적용함에 있어서 조정을 거친 것으로 본다.

제9조 (노동조합업무등에 관한 경과조치) ① 이 법

시행당시 종전의 규정에 의하여 근로자, 노동조합 또는 사용자가 노동부장관, 행정관청 또는 노동위원회에 행한 신고, 신청, 요구등은 각각 이 법에 의하여 행한 것으로 본다.

② 이 법 시행당시 종전의 규정에 의하여 노동부장관 또는 행정관청이 노동위원회에 행한 요청등은 각각 이 법에 의하여 행한 것으로 본다.

③ 이 법 시행당시 종전의 규정에 의하여 노동부장관 또는 행정관청이 행한 명령, 지명, 결정등은 각각 이 법에 의하여 행한 것으로 본다.

제10조 (벌칙에 관한 경과조치) 이 법 시행전의 행위에 대한 벌칙의 적용에 있어서는 종전의 규정에 의한다.

제11조 (다른 법률과의 관계) 이 법 시행당시 다른 법령에서 종전의 노동조합및노동관계조정법 또는 그 규정을 인용한 것은 이 법중 그에 해당하는 규정이 있는 경우에는 이 법 또는 이 법의 해당 조항을 인용한 것으로 본다.

부칙 〈제5511호, 1998.2.20.〉

제1조 (시행일) 이 법은 1998년 5월 1일부터 시행한다.

제2조 (일방해지에 관한 경과조치) 이 법 시행당시 종전의 제32조제3항의 규정에 의하여 단체협약을 일방해지한 경우에는 종전의 규정에 의한다.

제3조 (권한변경에 따른 경과조치) ① 이 법 시행당시 종전의 규정에 의하여 노동부장관이 행한 신고증의 교부·명령 기타의 행위(연합단체인 노동조합과 2 이상의 특별시·광역시·도에 걸치는 단위노동조합 외의 노동조합에 관한 사항에 한한다)는 이 법에 의한 특별시장·광역시장·도지사가 행한 행위로 본다.

② 이 법 시행당시 종전의 규정에 의하여 노동부장관에 대하여 행한 신고·신청 기타의 행위(연합단체인 노동조합과 2 이상의 특별시·광역시·도에 걸치는 단위노동조합 외의 노동조합에 관한 사항에 한한다)는 이 법에 의한 특별시장·광역시장·도지사에 대하여 행한 행위로 본다.

부칙 〈제6456호, 2001.3.28.〉

① (시행일) 이 법은 공포한 날부터 시행한다. 다만, 제13조의 개정규정은 공포후 6월이 경과한 날부터 시행한다.

② (다른 법률의 개정) 법률 제5727호 교원의노동조합설립및운영등에관한법률 부칙 제2항중 "2001년"을 "2006년"으로 한다.

부칙 〈제7845호, 2006.1.2.〉 (방위사업법)

제1조 (시행일) 이 법은 공포한 날부터 시행한다. <단서 생략>

제2조 내지 제14조 생략

제15조 (다른 법률의 개정) ① 및 ② 생략

③ 노동조합및노동관계조정법 일부를 다음과 같이 개정한다.

제41조제2항중 "방위산업에관한특별조치법"을 "「방위사업법」"으로 한다.

④ 내지 ⑦ 생략

제16조 생략

부칙 〈제8158호, 2006.12.30.〉

제1조 (시행일) 이 법은 2007년 7월 1일부터 시행한다. 다만, 제42조의2 내지 제42조의6, 제43조제3항·제4항, 제62조제3호, 제71조, 제74조, 제75조, 제89조제1호(필수유지업무에 대한 쟁위행위의 제한에 관한 부분에 한한다)의 개정규정은 2008년 1월 1일부터, 제81조제2호의 개정규정은 2011년 7월 1일부터, 법률 제5310호 노동조합및노동관계조정법 부칙(법률 제6456호 노동조합및노동관계조정법중개정법률에 따라 개정된 내용을 포함한다) 제5조제1항·제3항 및 제6조제1항의 개정규정은 2007년 1월 1일부터 시행한다. 〈개정 2010.1.1〉

제2조 (필수유지업무 도입을 위한 준비행위) 노동관계 당사자 또는 노동위원회는 필수유지업무의 도입을 위하여 필요한 다음 각 호의 사항에 대하여는 이 법 시행 전에 할 수 있다.

1. 필수유지업무협정의 체결
2. 제42조의4제2항의 결정

제3조 (권한변경에 따른 경과조치) ① 이 법 시행당시 종전의 규정에 따라 특별시장·광역시장·도지사가 행한 신고증의 교부, 명령 그 밖의 행위(2 이상의 시·군·구에 걸치는 단위노동조합 외의 노동조합에 관한 사항에 한한다)는 이 법에 따른 특별자치도지사·시장·군수·구청장이 행

한 행위로 본다.

② 이 법 시행당시 종전의 규정에 따라 특별시장·광역시장·도지사에 대하여 행한 신고·신청 그 밖의 행위(2 이상의 시·군·구에 걸치는 단위노동조합 외의 노동조합에 관한 사항에 한한다)는 이 법에 따른 특별자치도지사·시장·군수·구청장에 대하여 행한 행위로 본다.

제4조 (필수공익사업의 조정사건에 관한 경과조치) 부칙 제1조 단서의 규정에 따른 제62조제3호, 제71조, 제74조 및 제75조의 개정규정의 시행 전에 노동위원회에 신청한 필수공익사업에 대한 조정사건에 대하여는 종전의 규정에 따른다.

제5조 (벌칙에 관한 경과조치) 이 법 시행 전에 행한 행위에 대한 벌칙의 적용에 있어서는 종전의 규정에 따른다. 다만, 제42조제3항의 규정에 따른 명령에 위반한 행위에 대한 벌칙의 적용에 관하여는 그러하지 아니하다.

부칙 〈제9041호, 2008.3.28.〉

이 법은 공포한 날부터 시행한다.

부칙 〈제9930호, 2010.1.1.〉

제1조(시행일) 이 법은 2010년 1월 1일부터 시행한다. 다만, 제24조제3항·제4항·제5항, 제81조제4호, 제92조의 개정규정은 2010년 7월 1일부터, 제29조제2항·제3항·제4항, 제29조의2부터 제29조의5까지, 제41조제1항 후단, 제42조의6, 제89조제2호의 개정규정은 2011년 7월 1일부터 시행한다.

제2조(최초로 시행되는 근로시간 면제 한도의 결정에 관한 경과조치) ① 근로시간면제심의위원회는 이 법 시행 후 최초로 시행될 근로시간 면제 한도를 2010년 4월 30일까지 심의·의결하여야 한다.

② 근로시간면제심의위원회가 제1항에 따른 기한까지 심의·의결을 하지 못한 때에는 제24조의2 제5항에도 불구하고 국회의 의견을 들어 공익위원만으로 심의·의결할 수 있다.

제3조(단체협약에 관한 경과조치) 이 법 시행일 당시 유효한 단체협약은 이 법에 따라 체결된 것으로 본다. 다만, 이 법 시행에 따라 그 전부 또는 일부 내용이 제24조를 위반하는 경우에는 이 법 시행에도 불구하고 해당 단체협약의 체결 당시 유효기간까지는 효력이 있는 것으로 본다.

제4조(교섭 중인 노동조합에 관한 경과조치) 이 법 시행일 당시 단체교섭 중인 노동조합은 이 법에 따른 교섭대표노동조합으로 본다.

제5조(필수유지업무협정 또는 노동위원회의 필수유지업무 유지·운영 수준 등의 결정에 관한 경과조치) 이 법 시행일 당시 유효한 필수유지업무협정 또는 노동위원회의 필수유지업무 유지·운영 수준 등의 결정은 이 법에 따라 체결된 것으로 본다.

제6조(하나의 사업 또는 사업장에 2개 이상의 노동조합이 있는 경우의 경과조치) 2009년 12월 31일 현재 하나의 사업 또는 사업장에 조직형태를 불문하고 근로자가 설립하거나 가입한 노동조합이 2개 이상 있는 경우에 해당 사업 또는 사업장에 대하여는 제29조제2항·제3항·제4항, 제29조의2부터 제29조의5까지, 제41조제1항 후단, 제89조제2호의 개정규정은 2012년 7월 1일부터 적용한다.

제7조(노동조합 설립에 관한 경과조치) ① 하나의 사업 또는 사업장에 노동조합이 조직되어 있는 경우에는 제5조에도 불구하고 2011년 6월 30일까지는 그 노동조합과 조직대상을 같이 하는 새로운 노동조합을 설립할 수 없다.

② 행정관청은 설립하고자 하는 노동조합이 제1항을 위반한 경우에는 그 설립신고서를 반려하여야 한다.

제8조(노동조합 전임자에 관한 적용 특례) 제24조제2항 및 제81조제4호(노동조합의 전임자에 대한 급여지원에 관한 규정에 한한다)는 2010년 6월 30일까지 적용하지 아니한다.

부칙 〈제10339호, 2010.6.4.〉 (정부조직법)

제1조(시행일) 이 법은 공포 후 1개월이 경과한 날부터 시행한다. 〈단서 생략〉

제2조 및 제3조 생략

제4조(다른 법률의 개정) ① 부터 〈38〉 까지 생략

〈39〉 노동조합 및 노동관계조정법 일부를 다음과 같이 개정한다.

제10조제1항 각 호 외의 부분, 제12조제1항 및 제24조의2제2항 중 "노동부장관"을 각각 "고용노동부장관"으로 한다.

제24조의2제1항 중 "노동부"를 "고용노동부"로 한다.
제76조제1항부터 제3항까지 및 제87조 중 "노동부장관"을 각각 "고용노동부장관"으로 한다.
제87조 중 "지방노동관서"를 "지방고용노동관서"로 한다.
〈40〉 부터 〈82〉 까지 생략
제5조 생략

부칙 〈제12630호, 2014.5.20.〉
이 법은 공포한 날부터 시행한다.

근로자참여 및 협력증진에 관한 법률

[시행 2010.7.5.]
[법률 제13903호 일부개정 2016. 1. 27]

제1장 총칙

〈개정 2007.12.27.〉

제1조 (목적) 이 법은 근로자와 사용자 쌍방이 참여와 협력을 통하여 노사 공동의 이익을 증진함으로써 산업 평화를 도모하고 국민경제 발전에 이바지함을 목적으로 한다.
[전문개정 2007.12.27.]

제2조 (신의성실의 의무) 근로자와 사용자는 서로 신의를 바탕으로 성실하게 협의에 임하여야 한다.
[전문개정 2007.12.27]

제3조 (정의) 이 법에서 사용하는 용어의 뜻은 다음과 같다.
1. "노사협의회"란 근로자와 사용자가 참여와 협력을 통하여 근로자의 복지증진과 기업의 건전한 발전을 도모하기 위하여 구성하는 협의기구를 말한다.
2. "근로자"란 「근로기준법」 제2조에 따른 근로자를 말한다.
3. "사용자"란 「근로기준법」 제2조에 따른 사용자를 말한다.

[전문개정 2007.12.27.]

제4조 (노사협의회의 설치) ① 노사협의회(이하 "협의회"라 한다)는 근로조건에 대한 결정권이 있는 사업이나 사업장 단위로 설치하여야 한다. 다만, 상시(常時) 30명 미만의 근로자를 사용하는 사업이나 사업장은 그러하지 아니하다.
② 하나의 사업에 지역을 달리하는 사업장이 있을 경우에는 그 사업장에도 설치할 수 있다.
[전문개정 2007.12.27.]

제5조 (노동조합과의 관계) 노동조합의 단체교섭이나 그 밖의 모든 활동은 이 법에 의하여 영향을 받지 아니한다.
[전문개정 2007.12.27.]

제2장 협의회의 구성

〈개정 2007.12.27.〉

제6조 (협의회의 구성) ① 협의회는 근로자와 사용자를 대표하는 같은 수의 위원으로 구성하되, 각 3명 이상 10명 이하로 한다.
② 근로자를 대표하는 위원(이하 "근로자위원"이라 한다)은 근로자가 선출하되, 근로자의 과반수로 조직된 노동조합이 있는 경우에는 노동조합의 대표자와 그 노동조합이 위촉하는 자로 한다.
③ 사용자를 대표하는 위원(이하 "사용자위원"이라 한다)은 해당 사업이나 사업장의 대표자와 그 대표자가 위촉하는 자로 한다.
④ 근로자위원이나 사용자위원의 선출과 위촉에 필요한 사항은 대통령령으로 정한다.
[전문개정 2007.12.27.]

제7조 (의장과 간사) ① 협의회에 의장을 두며, 의장은 위원 중에서 호선(互選)한다. 이 경우 근로자위원과 사용자위원 중 각 1명을 공동의장으로 할 수 있다.
② 의장은 협의회를 대표하며 회의 업무를 총괄한다.
③ 노사 쌍방은 회의 결과의 기록 등 사무를 담당하는 간사 1명을 각각 둔다.
[전문개정 2007.12.27.]

제8조 (위원의 임기) ① 위원의 임기는 3년으로 하되, 연임할 수 있다.
② 보궐위원의 임기는 전임자 임기의 남은 기간으로 한다.
③ 위원은 임기가 끝난 경우라도 후임자가 선출될 때까지 계속 그 직무를 담당한다.
[전문개정 2007.12.27.]

제9조 (위원의 신분) ① 위원은 비상임·무보수로 한다.
② 사용자는 협의회 위원으로서의 직무 수행과 관련하여 근로자위원에게 불이익을 주는 처분을 하여서는 아니 된다.
③ 위원의 협의회 출석 시간과 이와 직접 관련된 시간으로서 제18조에 따른 협의회규정으로 정한 시간은 근로한 시간으로 본다.
[전문개정 2007.12.27.]

제10조 (사용자의 의무) ① 사용자는 근로자위원의 선출에 개입하거나 방해하여서는 아니 된다.
② 사용자는 근로자위원의 업무를 위하여 장소의 사용 등 기본적인 편의를 제공하여야 한다.
[전문개정 2007.12.27.]

제11조 (시정명령) 고용노동부장관은 사용자가 제9조제2항을 위반하여 근로자위원에게 불이익을 주는 처분을 하거나 제10조제1항을 위반하여 근로자위원의 선출에 개입하거나 방해하는 경우에는 그 시정(是正)을 명할 수 있다. [개정 2010.6.4 제10339호(정부조직법)] [시행일 2010.7.5.]
[전문개정 2007.12.27.]

제3장 협의회의 운영

〈개정 2007.12.27.〉

제12조 (회의) ① 협의회는 3개월마다 정기적으로 회의를 개최하여야 한다.
② 협의회는 필요에 따라 임시회의를 개최할 수 있다.
[전문개정 2007.12.27.]

제13조 (회의 소집) ① 의장은 협의회의 회의를 소집하며 그 의장이 된다.
② 의장은 노사 일방의 대표자가 회의의 목적을 문서로 밝혀 회의의 소집을 요구하면 그 요구에 따라야 한다.
③ 의장은 회의 개최 7일 전에 회의 일시, 장소, 의제 등을 각 위원에게 통보하여야 한다.
[전문개정 2007.12.27.]

제13조의2
[본조개정 2007.12.27 종전의 제13조의2는 제14조로 이동]

제14조 (자료의 사전 제공) 근로자위원은 제13조제3항에 따라 통보된 의제 중 제20조제1항의 협의 사항 및 제21조의 의결 사항과 관련된 자료를 협의회 회의 개최 전에 사용자에게 요구할 수 있으며 사용자는 이에 성실히 따라야 한다. 다만, 그 요구 자료가 기업의 경영·영업상의 비밀이나 개인정보에 해당하는 경우에는 그러하지 아니하다.
[전문개정 2007.12.27.]

제15조 (정족수) 회의는 근로자위원과 사용자위원 각 과반수의 출석으로 개최하고 출석위원 3분의 2 이상의 찬성으로 의결한다.
[전문개정 2007.12.27.]

제16조 (회의의 공개) 협의회의 회의는 공개한다. 다만, 협의회의 의결로 공개하지 아니할 수 있다.
[전문개정 2007.12.27.]

제17조 (비밀 유지) 협의회의 위원은 협의회에서 알게 된 비밀을 누설하여서는 아니 된다.
[전문개정 2007.12.27.]

제18조 (협의회규정) ① 협의회는 그 조직과 운영에 관한 규정(이하 "협의회규정"이라 한다)을 제정하고 협의회를 설치한 날부터 15일 이내에 고용노동부장관에게 제출하여야 한다. 이를 변경한 경우에도 또한 같다. [개정 2010.6.4 제10339호(정부조직법)] [시행일 2010.7.5.]

② 협의회규정의 규정 사항과 그 제정·변경 절차 등에 관하여 필요한 사항은 대통령령으로 정한다.
[전문개정 2007.12.27.]

제19조 (회의록 비치) ① 협의회는 다음 각 호의 사항을 기록한 회의록을 작성하여 갖추어 두어야 한다.

1. 개최 일시 및 장소
2. 출석 위원
3. 협의 내용 및 의결된 사항
4. 그 밖의 토의사항

② 제1항에 따른 회의록은 작성한 날부터 3년간 보존하여야 한다.
[전문개정 2007.12.27.]

제4장 협의회의 임무

〈개정 2007.12.27.〉

제20조 (협의 사항) ① 협의회가 협의하여야 할 사항은 다음 각 호와 같다.

1. 생산성 향상과 성과 배분
2. 근로자의 채용·배치 및 교육훈련
3. 근로자의 고충처리
4. 안전, 보건, 그 밖의 작업환경 개선과 근로자의 건강증진
5. 인사·노무관리의 제도 개선
6. 경영상 또는 기술상의 사정으로 인한 인력의 배치전환·재훈련·해고 등 고용조정의 일반원칙
7. 작업과 휴게 시간의 운용
8. 임금의 지불방법·체계·구조 등의 제도 개선
9. 신기계·기술의 도입 또는 작업 공정의 개선
10. 작업 수칙의 제정 또는 개정
11. 종업원지주제(從業員持株制)와 그 밖에 근로자의 재산형성에 관한 지원
12. 직무 발명 등과 관련하여 해당 근로자에 대한 보상에 관한 사항
13. 근로자의 복지증진
14. 사업장 내 근로자 감시 설비의 설치
15. 여성근로자의 모성보호 및 일과 가정생활의 양립을 지원하기 위한 사항
16. 그 밖의 노사협조에 관한 사항

② 협의회는 제1항 각 호의 사항에 대하여 제15조의 정족수에 따라 의결할 수 있다.
[전문개정 2007.12.27.]

제21조 (의결 사항) 사용자는 다음 각 호의 어느 하나에 해당하는 사항에 대하여는 협의회의 의결을 거쳐야 한다.

1. 근로자의 교육훈련 및 능력개발 기본계획의 수립
2. 복지시설의 설치와 관리
3. 사내근로복지기금의 설치
4. 고충처리위원회에서 의결되지 아니한 사항
5. 각종 노사공동위원회의 설치

[전문개정 2007.12.27.]

제22조 (보고 사항 등) ① 사용자는 정기회의에 다음 각 호의 어느 하나에 해당하는 사항에 관하여 성실하게 보고하거나 설명하여야 한다.

1. 경영계획 전반 및 실적에 관한 사항
2. 분기별 생산계획과 실적에 관한 사항
3. 인력계획에 관한 사항
4. 기업의 경제적·재정적 상황

② 근로자위원은 근로자의 요구사항을 보고하거나 설명할 수 있다.

③ 근로자위원은 사용자가 제1항에 따른 보고와 설명을 이행하지 아니하는 경우에는 제1항 각 호에 관한 자료를 제출하도록 요구할 수 있으며 사용자는 그 요구에 성실히 따라야 한다.

[전문개정 2007.12.27.]

제23조 (의결 사항의 공지) 협의회는 의결된 사항을 신속히 근로자에게 널리 알려야 한다.
[전문개정 2007.12.27.]

제24조 (의결 사항의 이행) 근로자와 사용자는 협의회에서 의결된 사항을 성실하게 이행하여야 한다.
[전문개정 2007.12.27.]

제25조 (임의 중재) ① 협의회는 다음 각 호의 어느 하나에 해당하는 경우에는 근로자위원과 사용자위원의 합의로 협의회에 중재기구(仲裁機構)를 두어 해결하거나 노동위원회나 그 밖의 제삼자에 의한 중재를 받을 수 있다.
1. 제21조에 따른 의결 사항에 관하여 협의회가 의결하지 못한 경우
2. 협의회에서 의결된 사항의 해석이나 이행 방법 등에 관하여 의견이 일치하지 아니하는 경우

② 제1항에 따른 중재 결정이 있으면 협의회의 의결을 거친 것으로 보며 근로자와 사용자는 그 결정에 따라야 한다.
[전문개정 2007.12.27.]

제5장 고충처리

〈개정 2007.12.27.〉

제26조 (고충처리위원) 모든 사업 또는 사업장에는 근로자의 고충을 청취하고 이를 처리하기 위하여 고충처리위원을 두어야 한다. 다만, 상시 30명 미만의 근로자를 사용하는 사업이나 사업장은 그러하지 아니하다.
[전문개정 2007.12.27.]

제27조 (고충처리위원의 구성 및 임기) ① 고충처리위원은 노사를 대표하는 3명 이내의 위원으로 구성하되, 협의회가 설치되어 있는 사업이나 사업장의 경우에는 협의회가 그 위원 중에서 선임하고, 협의회가 설치되어 있지 아니한 사업이나 사업장의 경우에는 사용자가 위촉한다.
② 위원의 임기에 관하여는 협의회 위원의 임기에 관한 제8조를 준용한다.
[전문개정 2007.12.27.]

제28조 (고충의 처리) ① 고충처리위원은 근로자로부터 고충사항을 청취한 경우에는 10일 이내에 조치 사항과 그 밖의 처리결과를 해당 근로자에게 통보하여야 한다.
② 고충처리위원이 처리하기 곤란한 사항은 협의회의 회의에 부쳐 협의 처리한다.
[전문개정 2007.12.27.]

제6장 보칙

〈개정 2007.12.27.〉

제29조 (권한의 위임) 이 법에 따른 고용노동부장관의 권한은 대통령령으로 정하는 바에 따라 그 일부를 지방고용노동관서의 장에게 위임할 수 있다. [개정 2010.6.4 제10339호(정부조직법)] [시행일 2010.7.5.]
[전문개정 2007.12.27.]

제7장 벌칙

〈개정 2007.12.27.〉

제30조 (벌칙) 다음 각 호의 어느 하나에 해당하는 자는 1천만원 이하의 벌금에 처한다.
1. 제4조제1항에 따른 협의회의 설치를 정당한 사유 없이 거부하거나 방해한 자
2. 제24조를 위반하여 협의회에서 의결된 사항을 정당한 사유 없이 이행하지 아니한 자
3. 제25조제2항을 위반하여 중재 결정의 내용을 정당한 사유 없이 이행하지 아니한 자

[전문개정 2007.12.27.]

제31조 (벌칙) 사용자가 정당한 사유 없이 제11조에 따른 시정명령을 이행하지 아니하거나 제22조제3항에 따른 자료제출 의무를 이행하지 아니하면 500만원 이하의 벌금에 처한다.
[전문개정 2007.12.27.]

제32조 (벌칙) 사용자가 제12조제1항을 위반하여 협의회를 정기적으로 개최하지 아니하거나 제26조에 따른 고충처리위원을 두지 아니한 경우에는 200만원 이하의 벌금에 처한다.
[전문개정 2007.12.27.]

제33조 (과태료) ① 사용자가 제18조를 위반하여 협의회규정을 제출하지 아니한 때에는 200만원 이하의 과태료를 부과한다.

② 제1항에 따른 과태료는 대통령령으로 정하는 바에 따라 고용노동부장관이 부과·징수한다. [개정 2010.6.4 제10339호(정부조직법)] [시행일 2010.7.5.]

③ 삭제 [2016.1.27.]

④ 삭제 [2016.1.27.]

⑤ 삭제 [2016.1.27.]

[전문개정 2007.12.27.]

부칙 [99·12·31]

① (시행일) 이 법은 공포한 날부터 시행한다.

② (벌칙에 관한 경과조치) 이 법 시행전의 행위에 대한 벌칙의 적용에 있어서는 종전의 규정에 의한다.

부칙 [2001.8.14.법률제6510호]

제1조 (시행일) 이 법은 2002년 1월 1일부터 시행한다.

제2조 내지 제7조 생략

부칙 [2007.1.26. 제8295호]

이 법은 2007년 7월 1일부터 시행한다.

부칙 [2007.4.11. 제8372호(근로기준법)]

제1조(시행일) 이 법은 공포한 날부터 시행한다. [단서생략]

제2조 내지 제15조 생략

제16조(다른 법률의 개정) ① 내지 ⑥ 생략

⑦ 근로자참여및협역증진에관한법률 일부를 다음과 같이 개정한다.

제3조제2호 중 "근로기준법 제14조"를 "「근로기준법」 제2조"로 하고, 같은 조 제3호 중 "근로기서법 제15조"를 "「근로기준법」 제2조"로 한다.

⑧ 내지 〈24〉 생략

제17조 생략

부칙 [2007.12.27. 제8815호]

제1조(시행일) 이 법은 공포한 날부터 시행한다.

제2조(다른 법률의 개정) 근로자직업능력 개발법 일부를 다음과 같이 개정한다.

제20조제2항제3호 중 "제20조의 규정"을 "제21조"로 한다.

제3조(다른 법령과의 관계) 이 법 시행 당시 다른 법령에서 종전의 「근로자참여 및 협력증진에 관한 법률」 또는 그 규정을 인용한 경우에 이 법 가운데 그에 해당하는 규정이 있으면 종전의 규정을 갈음하여 이 법 또는 이법의 해당 규정을 인용한 것으로 본다.

부칙 [2010.6.4. 제10339호(정부조직법)]

제1조(시행일) 이 법은 공포 후 1개월이 경과한 날부터 시행한다. 〈단서 생략〉

제2조 및 제3조 생략

제4조(다른 법률의 개정) ①부터 〈29〉 까지 생략

〈30〉 근로자참여 및 협력증진에 관한 법률 일부를 다음과 같이 개정한다.

제11조, 제18조제1항 전단, 제29조 및 제33조제2항부터 제4항까지 중 "노동부장관"을 각각 "고용노동부장관"으로 한다.

제29조 중 "지방노동관서"를 "지방고용노동관서"로 한다.

〈31〉 부터 〈82〉 까지 생략

제5조 생략

부칙[2016.1.27. 제13903호]

이 법은 공포한 날부터 시행한다.

노동위원회법

[시행 2015.7.21.]
[법률 제13904호 일부개정 2016. 1. 27.]

제1장 총칙

[개정 2015.1.20] [시행일 2015.7.21]

제1조(목적) 이 법은 노동관계에 관한 판정 및 조정(調整) 업무를 신속·공정하게 수행하기 위하여 노동위원회를 설치하고 그 운영에 관한 사항을 규정함으로써 노동관계의 안정과 발전에 이바지함을 목적으로 한다.
[전문개정 2015.1.20] [시행일 2015.7.21]

제2조(노동위원회의 구분·소속 등) ① 노동위원회는 중앙노동위원회, 지방노동위원회 및 특별노동위원회로 구분한다.
② 중앙노동위원회와 지방노동위원회는 고용노동부장관 소속으로 두며, 지방노동위원회의 명칭·위치 및 관할구역은 대통령령으로 정한다.
③ 특별노동위원회는 관계 법률에서 정하는 사항을 관장하기 위하여 필요한 경우에 해당 사항을 관장하는 중앙행정기관의 장 소속으로 둔다.
[전문개정 2015.1.20] [시행일 2015.7.21]

제2조의2(노동위원회의 소관 사무)
노동위원회의 소관 사무는 다음 각 호와 같다.
1. 「노동조합 및 노동관계조정법」, 「근로기준법」, 「근로자참여 및 협력증진에 관한 법률」, 「교원의 노동조합 설립 및 운영 등에 관한 법률」, 「공무원의 노동조합 설립 및 운영 등에 관한 법률」, 「기간제 및 단시간근로자 보호 등에 관한 법률」및 「파견근로자보호 등에 관한 법률」에 따른 판정·결정·의결·승인·인정 또는 차별적 처우 시정 등에 관한 업무
2. 「노동조합 및 노동관계조정법」, 「교원의 노동조합 설립 및 운영 등에 관한 법률」및 「공무원의 노동조합 설립 및 운영 등에 관한 법률」에 따른 노동쟁의 조정(調停)·중재 또는 관계 당사자의 자주적인 노동쟁의 해결 지원에 관한 업무
3. 제1호 및 제2호의 업무수행과 관련된 조사·연구·교육 및 홍보 등에 관한 업무
4. 그 밖에 다른 법률에서 노동위원회의 소관으로 규정된 업무

[전문개정 2015.1.20] [시행일 2015.7.21]

제3조(노동위원회의 관장) ① 중앙노동위원회는 다음 각 호의 사건을 관장한다.
1. 지방노동위원회 및 특별노동위원회의 처분에 대한 재심사건
2. 둘 이상의 지방노동위원회의 관할구역에 걸친 노동쟁의의 조정(調整)사건
3. 다른 법률에서 그 권한에 속하는 것으로 규정된 사건

② 지방노동위원회는 해당 관할구역에서 발생하는 사건을 관장하되, 둘 이상의 관할구역에 걸친 사건(제1항제2호의 조정사건은 제외한다)은 주된 사업장의 소재지를 관할하는 지방노동위원회에서 관장한다.
③ 특별노동위원회는 관계 법률에서 정하는 바에 따라 그 설치목적으로 규정된 특정사항에 관한 사건을 관장한다.
④ 중앙노동위원회 위원장은 제1항제2호에도 불구하고 효율적인 노동쟁의의 조정을 위하여 필요하다고 인정하는 경우에는 지방노동위원회를 지정하여 해당 사건을 처리하게 할 수 있다.
⑤ 중앙노동위원회 위원장은 제2항에 따른 주된 사업장을 정하기 어렵거나 주된 사업장의 소재지를 관할하는 지방노동위원회에서 처리하기 곤란한 사정이 있는 경우에는 직권으로 또는 관계 당사자나 지방노동위원회 위원장의 신청에 따라 지방노동위원회를 지정하여 해당 사건을 처리하게 할 수 있다.
[전문개정 2015.1.20] [시행일 2015.7.21]

제3조의2(사건의 이송) ① 노동위원회는 접수된 사건이 다른 노동위원회의 관할인 경우에는 지체 없이 해당 사건을 관할 노동위원회로 이송하여야 한다. 제23조에 따른 조사를 시작한 후 다른 노동위원회의 관할인 것으로 확인된 경우에도 또한 같다.
② 제1항에 따라 이송된 사건은 관할 노동위원회에 처음부터 접수된 것으로 본다.

③ 노동위원회는 제1항에 따라 사건을 이송한 경우에는 그 사실을 지체 없이 관계 당사자에게 통지하여야 한다.
[본조신설 2015.1.20] [시행일 2015.7.21]

제4조(노동위원회의 지위 등) ① 노동위원회는 그 권한에 속하는 업무를 독립적으로 수행한다.
② 중앙노동위원회 위원장은 중앙노동위원회 및 지방노동위원회의 예산·인사·교육훈련, 그 밖의 행정사무를 총괄하며, 소속 공무원을 지휘·감독한다.
③ 중앙노동위원회 위원장은 제2항에 따른 행정사무의 지휘·감독권 일부를 대통령령으로 정하는 바에 따라 지방노동위원회 위원장에게 위임할 수 있다.
[전문개정 2015.1.20] [시행일 2015.7.21]

제5조(특별노동위원회의 조직 등) ① 특별노동위원회에 대해서는 제6조제3항부터 제7항까지, 제9조제2항 및 제4항을 적용하지 아니한다.
② 다음 각 호의 어느 하나에 해당하는 사항에 대해서는 해당 특별노동위원회의 설치 근거가 되는 법률에서 다르게 정할 수 있다.
1. 제6조제2항에 따른 근로자위원, 사용자위원 및 공익위원의 수
2. 제11조에 따른 상임위원
③ 특별노동위원회에 대하여 제15조제3항부터 제5항까지의 규정을 적용하는 경우에 제6조제6항에 따른 심판담당 공익위원, 차별시정담당 공익위원 및 조정담당 공익위원은 특별노동위원회의 공익위원으로 본다.
[전문개정 2015.1.20] [시행일 2015.7.21]

제2장 조직

[개정 2015.1.20] [시행일 2015.7.21]

제6조(노동위원회의 구성 등) ① 노동위원회는 근로자를 대표하는 위원(이하 "근로자위원"이라 한다)과 사용자를 대표하는 위원(이하 "사용자위원"이라 한다) 및 공익을 대표하는 위원(이하 "공익위원"이라 한다)으로 구성한다.
② 노동위원회 위원의 수는 다음 각 호의 구분에 따른 범위에서 노동위원회의 업무량을 고려하여 대통령령으로 정한다. 이 경우 근로자위원과 사용자위원은 같은 수로 한다.
1. 근로자위원 및 사용자위원: 각 10명 이상 50명 이하
2. 공익위원: 10명 이상 70명 이하
③ 근로자위원은 노동조합이 추천한 사람 중에서, 사용자위원은 사용자단체가 추천한 사람 중에서 다음 각 호의 구분에 따라 위촉한다.
1. 중앙노동위원회: 고용노동부장관의 제청으로 대통령이 위촉
2. 지방노동위원회: 지방노동위원회 위원장의 제청으로 중앙노동위원회 위원장이 위촉
④ 공익위원은 해당 노동위원회 위원장, 노동조합 및 사용자단체가 각각 추천한 사람 중에서 노동조합과 사용자단체가 순차적으로 배제하고 남은 사람을 위촉대상 공익위원으로 하고, 그 위촉대상 공익위원 중에서 다음 각 호의 구분에 따라 위촉한다.
1. 중앙노동위원회 공익위원: 고용노동부장관의 제청으로 대통령이 위촉
2. 지방노동위원회 공익위원: 지방노동위원회 위원장의 제청으로 중앙노동위원회 위원장이 위촉
⑤ 제4항에도 불구하고 노동조합 또는 사용자단체가 공익위원을 추천하는 절차나 추천된 공익위원을 순차적으로 배제하는 절차를 거부하는 경우에는 해당 노동위원회 위원장이 위촉대상 공익위원을 선정할 수 있다.
⑥ 공익위원은 다음 각 호와 같이 구분하여 위촉한다.
1. 심판사건을 담당하는 심판담당 공익위원
2. 차별적 처우 시정사건을 담당하는 차별시정담당 공익위원
3. 조정사건을 담당하는 조정담당 공익위원
⑦ 노동위원회 위원의 추천절차, 공익위원의 순차배제의 방법, 그 밖에 위원의 위촉에 필요한 사항은 대통령령으로 정한다.
[전문개정 2015.1.20] [시행일 2015.7.21]

제6조의2(사회취약계층에 대한 권리구제 대리) ① 노동위원회는 제2조의2제1호 중 판정·결정·승인·인정 및 차별적 처우 시정 등에 관한 사건에

서 사회취약계층을 위하여 변호사나 공인노무사로 하여금 권리구제업무를 대리하게 할 수 있다.

② 제1항에 따라 변호사나 공인노무사로 하여금 사회취약계층을 위한 권리구제업무를 대리하게 하려는 경우의 요건, 대상, 변호사·공인노무사의 보수 등에 관하여 필요한 사항은 고용노동부령으로 정한다.

[전문개정 2015.1.20] [시행일 2015.7.21]

제7조(위원의 임기 등) ① 노동위원회 위원의 임기는 3년으로 하되, 연임할 수 있다.

② 노동위원회 위원이 궐위(闕位)된 경우 보궐위원의 임기는 전임자 임기의 남은 기간으로 한다. 다만, 노동위원회 위원장 또는 상임위원이 궐위되어 후임자를 임명한 경우 후임자의 임기는 새로 시작된다.

③ 임기가 끝난 노동위원회 위원은 후임자가 위촉될 때까지 계속 그 직무를 집행한다.

④ 노동위원회 위원의 처우에 관하여는 대통령령으로 정한다.

[전문개정 2015.1.20] [시행일 2015.7.21]

제8조(공익위원의 자격기준 등) ① 중앙노동위원회의 공익위원은 다음 각 호의 구분에 따라 노동문제에 관한 지식과 경험이 있는 사람을 위촉하되, 여성의 위촉이 늘어날 수 있도록 노력하여야 한다.

1. 심판담당 공익위원 및 차별시정담당 공익위원
   가. 노동문제와 관련된 학문을 전공한 사람으로서 「고등교육법」 제2조제1호부터 제6호까지의 학교에서 부교수 이상으로 재직하고 있거나 재직하였던 사람
   나. 판사·검사·군법무관·변호사 또는 공인노무사로 7년 이상 재직하고 있거나 재직하였던 사람
   다. 노동관계 업무에 7년 이상 종사한 사람으로서 2급 또는 2급 상당 이상의 공무원이나 고위공무원단에 속하는 공무원으로 재직하고 있거나 재직하였던 사람
   라. 그 밖에 노동관계 업무에 15년 이상 종사한 사람으로서 심판담당 공익위원 또는 차별시정담당 공익위원으로 적합하다고 인정되는 사람
2. 조정담당 공익위원
   가. 「고등교육법」 제2조제1호부터 제6호까지의 학교에서 부교수 이상으로 재직하고 있거나 재직하였던 사람
   나. 판사·검사·군법무관·변호사 또는 공인노무사로 7년 이상 재직하고 있거나 재직하였던 사람
   다. 노동관계 업무에 7년 이상 종사한 사람으로서 2급 또는 2급 상당 이상의 공무원이나 고위공무원단에 속하는 공무원으로 재직하고 있거나 재직하였던 사람
   라. 그 밖에 노동관계 업무에 15년 이상 종사한 사람 또는 사회적 덕망이 있는 사람으로서 조정담당 공익위원으로 적합하다고 인정되는 사람

② 지방노동위원회의 공익위원은 다음 각 호의 구분에 따라 노동문제에 관한 지식과 경험이 있는 사람을 위촉하되, 여성의 위촉이 늘어날 수 있도록 노력하여야 한다.

1. 심판담당 공익위원 및 차별시정담당 공익위원
   가. 노동문제와 관련된 학문을 전공한 사람으로서 「고등교육법」 제2조제1호부터 제6호까지의 학교에서 조교수 이상으로 재직하고 있거나 재직하였던 사람
   나. 판사·검사·군법무관·변호사 또는 공인노무사로 3년 이상 재직하고 있거나 재직하였던 사람
   다. 노동관계 업무에 3년 이상 종사한 사람으로서 3급 또는 3급 상당 이상의 공무원이나 고위공무원단에 속하는 공무원으로 재직하고 있거나 재직하였던 사람
   라. 노동관계 업무에 10년 이상 종사한 사람으로서 4급 또는 4급 상당 이상의 공무원으로 재직하고 있거나 재직하였던 사람
   마. 그 밖에 노동관계 업무에 10년 이상 종사한 사람으로서 심판담당 공익위원 또는 차별시정담당 공익위원으로 적합하다고 인정되는 사람
2. 조정담당 공익위원
   가. 「고등교육법」 제2조제1호부터 제6호까지의 학교에서 조교수 이상으로 재직하고

있거나 재직하였던 사람

나. 판사·검사·군법무관·변호사 또는 공인 노무사로 3년 이상 재직하고 있거나 재직하였던 사람

다. 노동관계 업무에 3년 이상 종사한 사람으로서 3급 또는 3급 상당 이상의 공무원이나 고위공무원단에 속하는 공무원으로 재직하고 있거나 재직하였던 사람

라. 노동관계 업무에 10년 이상 종사한 사람으로서 4급 또는 4급 상당 이상의 공무원으로 재직하고 있거나 재직하였던 사람

마. 그 밖에 노동관계 업무에 10년 이상 종사한 사람 또는 사회적 덕망이 있는 사람으로서 조정담당 공익위원으로 적합하다고 인정되는 사람

[전문개정 2015.1.20] [시행일 2015.7.21]

제9조(위원장) ① 노동위원회에 위원장 1명을 둔다.

② 중앙노동위원회 위원장은 제8조제1항에 따라 중앙노동위원회의 공익위원이 될 수 있는 자격을 갖춘 사람 중에서 고용노동부장관의 제청으로 대통령이 임명하고, 지방노동위원회 위원장은 제8조제2항에 따라 지방노동위원회의 공익위원이 될 수 있는 자격을 갖춘 사람 중에서 중앙노동위원회 위원장의 추천과 고용노동부장관의 제청으로 대통령이 임명한다.

③ 중앙노동위원회 위원장은 정무직으로 한다.

④ 노동위원회 위원장(이하 "위원장"이라 한다)은 해당 노동위원회의 공익위원이 되며, 심판사건, 차별적 처우 시정사건, 조정사건을 담당할 수 있다.

[전문개정 2015.1.20] [시행일 2015.7.21]

제10조(위원장의 직무) ① 위원장은 해당 노동위원회를 대표하며, 노동위원회의 사무를 총괄한다.

② 위원장이 부득이한 사유로 직무를 수행할 수 없을 때에는 대통령령으로 정하는 공익위원이 그 직무를 대행한다.

[전문개정 2015.1.20] [시행일 2015.7.21]

제11조(상임위원) ① 노동위원회에 상임위원을 두며, 상임위원은 해당 노동위원회의 공익위원이 될 수 있는 자격을 갖춘 사람 중에서 중앙노동위원회 위원장의 추천과 고용노동부장관의 제청으로 대통령이 임명한다.

② 상임위원은 해당 노동위원회의 공익위원이 되며, 심판사건, 차별적 처우 시정사건, 조정사건을 담당할 수 있다.

③ 노동위원회에 두는 상임위원의 수와 직급 등은 대통령령으로 정한다.

[전문개정 2015.1.20] [시행일 2015.7.21]

제11조의2(위원의 행위규범) ① 노동위원회의 위원은 법과 양심에 따라 공정하고 성실하게 업무를 수행하여야 한다.

② 중앙노동위원회는 노동위원회 위원이 제1항에 따라 업무를 수행하기 위하여 준수하여야 할 행위규범과 그 운영에 관한 사항을 제15조에 따른 전원회의의 의결을 거쳐 정할 수 있다.

③ 제2항에 따른 노동위원회 위원의 행위규범에는 다음 각 호의 사항이 포함되어야 한다.

1. 업무수행과 관련하여 향응·금품 등을 받는 행위의 금지에 관한 사항
2. 관계 당사자 중 어느 한쪽에 편파적이거나 사건 처리를 방해하는 등 공정성과 중립성을 훼손하는 행위의 금지·제한에 관한 사항
3. 직무수행과 관련하여 알게 된 사항을 자기나 다른 사람의 이익을 위하여 이용하거나 다른 사람에게 제공하는 행위의 금지에 관한 사항
4. 제15조에 따른 부문별 위원회의 출석 등 노동위원회 위원으로서의 성실한 업무수행에 관한 사항
5. 그 밖에 품위 유지 등을 위하여 필요한 사항

[전문개정 2015.1.20] [시행일 2015.7.21]

제12조(결격사유) 「국가공무원법」 제33조 각 호의 어느 하나에 해당하는 사람은 노동위원회 위원이 될 수 없다.

[전문개정 2015.1.20] [시행일 2015.7.21]

제13조(위원의 신분보장) ① 노동위원회 위원은 다음 각 호의 어느 하나에 해당하는 경우를 제외하고는 그 의사에 반하여 면직되거나 위촉이 해제되지 아니한다.

1. 「국가공무원법」 제33조 각 호의 어느 하나에 해당하는 경우
2. 장기간의 심신쇠약으로 직무를 수행할 수 없는 경우
3. 직무와 관련된 비위사실이 있거나 노동위원회 위원직을 유지하기에 적합하지 아니하다

고 인정되는 비위사실이 있는 경우
4. 제11조의2에 따른 행위규범을 위반하여 노동위원회 위원으로서 직무를 수행하기 곤란한 경우
5. 공익위원으로 위촉된 후 제8조에 따른 공익위원의 자격기준에 미달하게 된 것으로 밝혀진 경우

② 노동위원회 위원은 제1항제1호에 해당하는 경우에 당연히 면직되거나 위촉이 해제된다.

[전문개정 2015.1.20] [시행일 2015.7.21]

제14조(사무처와 사무국) ① 중앙노동위원회에는 사무처를 두고, 지방노동위원회에는 사무국을 둔다.

② 사무처와 사무국의 조직·운영 등에 필요한 사항은 대통령령으로 정한다.

③ 고용노동부장관은 노동위원회 사무처 또는 사무국 소속 직원을 고용노동부와 노동위원회 간에 전보할 경우 중앙노동위원회 위원장의 의견을 들어야 한다.

[전문개정 2015.1.20] [시행일 2015.7.21]

제14조의2(중앙노동위원회 사무처장) ① 중앙노동위원회에는 사무처장 1명을 둔다.

② 사무처장은 중앙노동위원회 상임위원 중 1명이 겸직한다.

③ 사무처장은 중앙노동위원회 위원장의 명을 받아 사무처의 사무를 처리하며 소속 직원을 지휘·감독한다.

[전문개정 2015.1.20] [시행일 2015.7.21]

제14조의3(조사관) ① 노동위원회 사무처 및 사무국에 조사관을 둔다.

② 중앙노동위원회 위원장은 노동위원회 사무처 또는 사무국 소속 공무원 중에서 조사관을 임명한다.

③ 조사관은 위원장, 제15조에 따른 부문별 위원회의 위원장 또는 제16조의2에 따른 주심위원의 지휘를 받아 노동위원회의 소관 사무에 필요한 조사를 하고, 제15조에 따른 부문별 위원회에 출석하여 의견을 진술할 수 있다.

④ 조사관의 임명·자격 등에 관하여 필요한 사항은 대통령령으로 정한다.

[전문개정 2015.1.20] [시행일 2015.7.21]

제3장 회의

[개정 2015.1.20] [시행일 2015.7.21]

제15조(회의의 구성 등) ① 노동위원회에는 전원회의와 위원회의 권한에 속하는 업무를 부문별로 처리하기 위한 위원회로서 다음 각 호의 부문별 위원회를 둔다. 다만, 다른 법률에 특별한 규정이 있는 경우에는 그러하지 아니하다.
1. 심판위원회
2. 차별시정위원회
3. 조정(調停)위원회
4. 특별조정위원회
5. 중재위원회
6. 「교원의 노동조합 설립 및 운영 등에 관한 법률」 제11조제1항에 따른 교원 노동관계 조정위원회
7. 「공무원의 노동조합 설립 및 운영 등에 관한 법률」 제14조제1항에 따른 공무원 노동관계 조정위원회

② 전원회의는 해당 노동위원회 소속 위원 전원으로 구성하며, 다음 각 호의 사항을 처리한다.
1. 노동위원회의 운영 등 일반적인 사항의 결정
2. 제22조제2항에 따른 근로조건의 개선에 관한 권고
3. 제24조 및 제25조에 따른 지시 및 규칙의 제정(중앙노동위원회만 해당한다)

③ 제1항제1호에 따른 심판위원회는 심판담당 공익위원 중 위원장이 지명하는 3명으로 구성하며, 「노동조합 및 노동관계조정법」, 「근로기준법」, 「근로자참여 및 협력증진에 관한 법률」, 그 밖의 법률에 따른 노동위원회의 판정·의결·승인 및 인정 등과 관련된 사항을 처리한다.

④ 제1항제2호에 따른 차별시정위원회는 차별시정담당 공익위원 중 위원장이 지명하는 3명으로 구성하며, 「기간제 및 단시간근로자 보호 등에 관한 법률」또는 「파견근로자보호 등에 관한 법률」에 따른 차별적 처우의 시정과 관련된 사항을 처리한다.

⑤ 제1항제3호부터 제5호까지의 규정에 따른 조정위원회·특별조정위원회 및 중재위원회는 「노동조합 및 노동관계조정법」에서 정하는 바에 따라

구성하며, 같은 법에 따른 조정·중재, 그 밖에 이와 관련된 사항을 각각 처리한다. 이 경우 공익위원은 조정담당 공익위원 중에서 지명한다.

⑥ 위원장은 제3항 및 제4항에 따라 부문별 위원회를 구성할 때 위원장 또는 상임위원의 업무가 과도하여 정상적인 업무수행이 곤란하게 되는 등 제25조에 따라 중앙노동위원회가 제정하는 규칙으로 정하는 부득이한 사유가 있는 경우 외에는 위원장 또는 상임위원 1명이 포함되도록 위원을 지명하여야 한다.

⑦ 위원장은 제3항부터 제5항까지의 규정에도 불구하고 부문별 위원회를 구성할 때 특정 부문별 위원회에 사건이 집중되거나 다른 분야의 전문지식이 필요하다고 인정하는 경우에는 심판담당 공익위원, 차별시정담당 공익위원 또는 조정담당 공익위원을 담당 분야와 관계없이 다른 부문별 위원회의 위원으로 지명할 수 있다.

⑧ 제1항제6호에 따른 교원 노동관계 조정위원회는 「교원의 노동조합 설립 및 운영 등에 관한 법률」에서 정하는 바에 따라 설치·구성하며, 같은 법에 따른 조정·중재, 그 밖에 이와 관련된 사항을 처리한다.

⑨ 제1항제7호에 따른 공무원 노동관계 조정위원회는 「공무원의 노동조합 설립 및 운영 등에 관한 법률」에서 정하는 바에 따라 설치·구성하며, 같은 법에 따른 조정·중재, 그 밖에 이와 관련된 사항을 처리한다.

[전문개정 2015.1.20] [시행일 2015.7.21]

제15조의2(단독심판 등) 위원장은 다음 각 호의 어느 하나에 해당하는 경우에 심판담당 공익위원 또는 차별시정담당 공익위원 중 1명을 지명하여 사건을 처리하게 할 수 있다.

1. 신청기간을 넘기는 등 신청 요건을 명백하게 갖추지 못한 경우
2. 관계 당사자 양쪽이 모두 단독심판을 신청하거나 단독심판으로 처리하는 것에 동의한 경우

[전문개정 2015.1.20] [시행일 2015.7.21]

제15조의3(「행정심판법」 등의 준용) 사건 처리와 관련하여 선정대표자, 당사자의 지위 승계, 대리인의 선임에 관하여는 「행정심판법」 제15조, 제16조 및 제18조를 준용하고, 대리의 흠과 추인, 대리의 범위에 관하여는 「민사소송법」 제60조 및 제90조를 준용한다.

[본조신설 2015.1.20] [시행일 2015.7.21]

제16조(회의의 소집) ① 부문별 위원회 위원장은 다른 법률에 특별한 규정이 있는 경우를 제외하고는 부문별 위원회의 위원 중에서 호선(互選)한다.

② 위원장 또는 부문별 위원회 위원장은 전원회의 또는 부문별 위원회를 각각 소집하고 회의를 주재한다. 다만, 위원장은 필요하다고 인정하는 경우에 부문별 위원회를 소집할 수 있다.

③ 위원장 또는 부문별 위원회 위원장은 전원회의 또는 부문별 위원회를 구성하는 위원의 과반수가 회의 소집을 요구하는 경우에 이에 따라야 한다.

④ 위원장 또는 부문별 위원회 위원장은 업무수행과 관련된 조사 등 노동위원회의 원활한 운영을 위하여 필요한 경우 노동위원회가 설치된 위치 외의 장소에서 부문별 위원회를 소집하게 하거나 제15조의2에 따른 단독심판을 하게 할 수 있다.

[전문개정 2015.1.20] [시행일 2015.7.21]

제16조의2(주심위원) 부문별 위원회 위원장은 부문별 위원회의 원활한 운영을 위하여 필요하다고 인정하는 경우에 주심위원을 지명하여 사건의 처리를 주관하게 할 수 있다.

[전문개정 2015.1.20] [시행일 2015.7.21]

제16조의3(화해의 권고 등) ① 노동위원회는 「노동조합 및 노동관계조정법」 제29조의4 및 제84조, 「근로기준법」 제30조에 따른 판정·명령 또는 결정이 있기 전까지 관계 당사자의 신청을 받아 또는 직권으로 화해를 권고하거나 화해안을 제시할 수 있다.

② 노동위원회는 화해안을 작성할 때 관계 당사자의 의견을 충분히 들어야 한다.

③ 노동위원회는 관계 당사자가 화해안을 수락하였을 때에는 화해조서를 작성하여야 한다.

④ 화해조서에는 다음 각 호의 사람이 모두 서명하거나 날인하여야 한다.

1. 관계 당사자
2. 화해에 관여한 부문별 위원회(제15조의2에 따른 단독심판을 포함한다)의 위원 전원

⑤ 제3항 및 제4항에 따라 작성된 화해조서는 「민사

소송법」에 따른 재판상 화해의 효력을 갖는다.

⑥ 제1항부터 제4항까지의 규정에 따른 화해의 방법, 화해조서의 작성 등에 필요한 사항은 제25조에 따라 중앙노동위원회가 제정하는 규칙으로 정한다.

[전문개정 2015.1.20] [시행일 2015.7.21]

제17조(의결) ① 노동위원회의 전원회의는 재적위원 과반수의 출석으로 개의하고, 출석위원 과반수의 찬성으로 의결한다.

② 부문별 위원회의 회의는 구성위원 전원의 출석으로 개의하고, 출석위원 과반수의 찬성으로 의결한다.

③ 제2항에도 불구하고 제15조제1항제7호의 공무원 노동관계 조정위원회의 회의(「공무원의 노동조합 설립 및 운영 등에 관한 법률」 제15조에 따른 전원회의를 말한다)는 재적위원 과반수의 출석으로 개의하고, 출석위원 과반수의 찬성으로 의결한다.

④ 전원회의 또는 부문별 위원회의 회의에 참여한 위원은 그 의결 사항에 대하여 서명하거나 날인하여야 한다.

[전문개정 2015.1.20] [시행일 2015.7.21]

제17조의2(의결 결과의 송달 등) ① 노동위원회는 부문별 위원회의 의결 결과를 지체 없이 당사자에게 서면으로 송달하여야 한다.

② 노동위원회는 처분 결과를 당사자에게 서면으로 송달하여야 하며, 처분의 효력은 판정서·명령서·결정서 또는 재심판정서를 송달받은 날부터 발생한다.

③ 제1항 및 제2항에 따른 송달의 방법과 절차에 필요한 사항은 대통령령으로 정한다.

[전문개정 2015.1.20] [시행일 2015.7.21]

제17조의3(공시송달) ① 노동위원회는 서류의 송달을 받아야 할 자가 다음 각 호의 어느 하나에 해당하는 경우에는 공시송달을 할 수 있다.

1. 주소가 분명하지 아니한 경우
2. 주소가 국외에 있거나 통상적인 방법으로 확인할 수 없어 서류의 송달이 곤란한 경우
3. 등기우편 등으로 송달하였으나 송달을 받아야 할 자가 없는 것으로 확인되어 반송되는 경우

② 제1항에 따른 공시송달은 노동위원회의 게시판이나 인터넷 홈페이지에 게시하는 방법으로 한다.

③ 공시송달은 제2항에 따라 게시한 날부터 14일이 지난 때에 효력이 발생한다.

④ 제1항에 따른 공시송달의 요건과 제2항에 따른 공시송달의 방법 및 절차에 필요한 사항은 대통령령으로 정한다.

[본조신설 2015.1.20] [시행일 2015.7.21]

제18조(보고 및 의견 청취) ① 위원장 또는 부문별 위원회의 위원장은 소관 회의에 부쳐진 사항에 관하여 구성위원 또는 조사관으로 하여금 회의에 보고하게 할 수 있다.

② 제15조제1항제1호 및 제2호의 심판위원회 및 차별시정위원회는 의결하기 전에 해당 노동위원회의 근로자위원 및 사용자위원 각 1명 이상의 의견을 들어야 한다. 다만, 근로자위원 또는 사용자위원이 출석요구를 받고 정당한 이유 없이 출석하지 아니하는 경우에는 그러하지 아니하다.

[전문개정 2015.1.20] [시행일 2015.7.21]

제19조(회의의 공개) 노동위원회의 회의는 공개한다. 다만, 해당 회의에서 공개하지 아니하기로 의결하면 공개하지 아니할 수 있다.

[전문개정 2015.1.20] [시행일 2015.7.21]

제20조(회의의 질서유지) 위원장 또는 부문별 위원회의 위원장은 소관 회의의 공정한 진행을 방해하거나 질서를 문란하게 하는 사람에 대하여 퇴장명령, 그 밖에 질서유지에 필요한 조치를 할 수 있다.

[전문개정 2015.1.20] [시행일 2015.7.21]

제21조(위원의 제척·기피·회피 등) ① 위원은 다음 각 호의 어느 하나에 해당하는 경우에 해당 사건에 관한 직무집행에서 제척(除斥)된다. [개정 2016.1.27]

1. 위원 또는 위원의 배우자이거나 배우자였던 사람이 해당 사건의 당사자가 되거나 해당 사건의 당사자와 공동권리자 또는 공동의무자의 관계에 있는 경우
2. 위원이 해당 사건의 당사자와 친족이거나 친족이었던 경우
3. 위원이 해당 사건에 관하여 진술이나 감정을 한 경우
4. 위원이 당사자의 대리인으로서 업무에 관여

하거나 관여하였던 경우

4의2. 위원이 속한 법인, 단체 또는 법률사무소가 해당 사건에 관하여 당사자의 대리인으로서 관여하거나 관여하였던 경우

5. 위원 또는 위원이 속한 법인, 단체 또는 법률사무소가 해당 사건의 원인이 된 처분 또는 부작위에 관여한 경우

② 위원장은 제1항에 따른 사유가 있는 경우에 관계 당사자의 신청을 받아 또는 직권으로 제척의 결정을 하여야 한다.

③ 당사자는 공정한 심의·의결 또는 조정 등을 기대하기 어려운 위원이 있는 경우에 그 사유를 적어 위원장에게 기피신청을 할 수 있다.

④ 위원장은 제3항에 따른 기피신청이 이유 있다고 인정되는 경우에 기피의 결정을 하여야 한다.

⑤ 위원장은 사건이 접수되는 즉시 제2항에 따른 제척신청과 제3항에 따른 기피신청을 할 수 있음을 사건 당사자에게 알려야 한다.

⑥ 위원에게 제1항 또는 제3항에 따른 사유가 있는 경우에는 스스로 그 사건에 관한 직무집행에서 회피할 수 있다. 이 경우 해당 위원은 위원장에게 그 사유를 소명하여야 한다.

[전문개정 2015.1.20] [시행일 2015.7.21]

제4장 권한

[개정 2015.1.20] [시행일 2015.7.21]

제22조(협조 요청 등) ① 노동위원회는 그 사무집행을 위하여 필요하다고 인정하는 경우에 관계 행정기관에 협조를 요청할 수 있으며, 협조를 요청받은 관계 행정기관은 특별한 사유가 없으면 이에 따라야 한다.

② 노동위원회는 관계 행정기관으로 하여금 근로조건의 개선에 필요한 조치를 하도록 권고할 수 있다.

[전문개정 2015.1.20] [시행일 2015.7.21]

제23조(위원회의 조사권 등) ① 노동위원회는 제2조의2에 따른 소관 사무(제3호의 업무는 제외한다)와 관련하여 사실관계를 확인하는 등 그 사무집행을 위하여 필요하다고 인정할 때에는 근로자, 노동조합, 사용자, 사용자단체, 그 밖의 관계인에 대하여 출석·보고·진술 또는 필요한 서류의 제출을 요구하거나 위원장 또는 부문별 위원회의 위원장이 지명한 위원 또는 조사관으로 하여금 사업 또는 사업장의 업무상황, 서류, 그 밖의 물건을 조사하게 할 수 있다. [개정 2016.1.27]

② 제1항에 따라 조사하는 위원 또는 조사관은 그 권한을 표시하는 증표를 관계인에게 보여 주어야 한다.

③ 노동위원회는 제1항에 따라 관계 당사자 외에 필요하다고 인정되어 출석한 사람에게 대통령령으로 정하는 바에 따라 비용을 변상한다.

④ 노동위원회는 심판사건과 차별적 처우 시정사건의 신청인이 제출한 신청서 부본을 다른 당사자에게 송달하고 이에 대한 답변서를 제출하도록 하여야 한다.

⑤ 노동위원회는 제4항에 따라 다른 당사자가 제출한 답변서의 부본을 지체 없이 신청인에게 송달하여야 한다.

[전문개정 2015.1.20] [시행일 2015.7.21]

제24조(중앙노동위원회의 지시권 등) 중앙노동위원회는 지방노동위원회 또는 특별노동위원회에 대하여 노동위원회의 사무 처리에 관한 기본방침 및 법령의 해석에 관하여 필요한 지시를 할 수 있다.

[전문개정 2015.1.20] [시행일 2015.7.21]

제25조(중앙노동위원회의 규칙제정권) 중앙노동위원회는 중앙노동위원회, 지방노동위원회 또는 특별노동위원회의 운영, 부문별 위원회가 처리하는 사건의 지정방법 및 조사관이 처리하는 사건의 지정방법, 그 밖에 위원회 운영에 필요한 사항에 관한 규칙을 제정할 수 있다.

[전문개정 2015.1.20] [시행일 2015.7.21]

제26조(중앙노동위원회의 재심권) ① 중앙노동위원회는 당사자의 신청이 있는 경우 지방노동위원회 또는 특별노동위원회의 처분을 재심하여 이를 인정·취소 또는 변경할 수 있다.

② 제1항에 따른 신청은 관계 법령에 특별한 규정이 있는 경우를 제외하고는 지방노동위원회 또는 특별노동위원회가 한 처분을 송달받은 날부터 10일 이내에 하여야 한다.

③ 제2항의 기간은 불변기간으로 한다.
[전문개정 2015.1.20] [시행일 2015.7.21]

제27조(중앙노동위원회의 처분에 대한 소송) ① 중앙노동위원회의 처분에 대한 소송은 중앙노동위원회 위원장을 피고(被告)로 하여 처분의 송달을 받은 날부터 15일 이내에 제기하여야 한다.
② 이 법에 따른 소송의 제기로 처분의 효력은 정지하지 아니한다.
③ 제1항의 기간은 불변기간으로 한다.
[전문개정 2015.1.20] [시행일 2015.7.21]

제5장 보칙

[개정 2015.1.20] [시행일 2015.7.21]

제28조(비밀엄수 의무 등) ① 노동위원회의 위원이나 직원 또는 그 위원이었거나 직원이었던 사람은 직무에 관하여 알게 된 비밀을 누설하면 아니 된다.
② 노동위원회의 사건 처리에 관여한 위원이나 직원 또는 그 위원이었거나 직원이었던 변호사·공인노무사 등은 영리를 목적으로 그 사건에 관한 직무를 하면 아니 된다.
[전문개정 2015.1.20] [시행일 2015.7.21]

제29조(벌칙 적용에서 공무원 의제) 노동위원회의 위원 중 공무원이 아닌 위원은 「형법」이나 그 밖의 법률에 따른 벌칙을 적용할 때에는 공무원으로 본다.
[전문개정 2015.1.20] [시행일 2015.7.21]

제6장 벌칙

[개정 2015.1.20] [시행일 2015.7.21]

제30조(벌칙) 제28조를 위반한 사람은 1년 이하의 징역 또는 1천만원 이하의 벌금에 처한다.
[전문개정 2015.1.20] [시행일 2015.7.21]

제31조(벌칙) 제23조제1항에 따른 노동위원회의 조사권 등과 관련하여 다음 각 호에 해당하는 자는 500만원 이하의 벌금에 처한다.
1. 노동위원회의 보고 또는 서류제출 요구에 응하지 아니하거나 거짓으로 보고하거나 거짓의 서류를 제출한 자
2. 관계 위원 또는 조사관의 조사를 거부·방해 또는 기피한 자
[전문개정 2015.1.20] [시행일 2015.7.21]

제32조(양벌규정) 법인 또는 단체의 대표자, 법인·단체 또는 개인의 대리인·사용인, 그 밖의 종업원이 그 법인·단체 또는 개인의 업무에 관하여 제31조의 위반행위를 하면 그 행위자를 벌하는 외에 그 법인·단체 또는 개인에게도 같은 조의 벌금형을 과(科)한다.
[전문개정 2015.1.20] [시행일 2015.7.21]

제33조(과태료) ① 제20조에 따른 퇴장명령에 따르지 아니한 사람에게는 100만원 이하의 과태료를 부과한다.
② 제1항에 따른 과태료는 대통령령이 정하는 바에 따라 노동위원회가 부과·징수한다.
[전문개정 2015.1.20] [시행일 2015.7.21]

부칙 [1953.3.8 제281호]

제23조 본법은 공포일로부터 시행한다.
제24조 본법 시행에 관하여 필요한 사항은 대통령령으로써 정한다.

부칙 [1963.4.17 제1328호]

① (施行日) 이 법은 공포한 날로부터 시행한다.
② (경과措置) 이 법 시행당시의 노동위원회는 이 법에 의하여 설치된 노동위원회로 본다.

부칙 [1963.12.7 제1482호]

이 법은 공포한 날로부터 시행한다.

부칙 [1963.12.16 제1605호]

이 법은 1962년 12월 26일에 공포된 개정헌법의 시행일부터 시행한다.

부칙 [1973.3.13 제2609호]

① (시행일) 이 법은 공포한 날로부터 시행한다.
② (경과조치) 이 법 시행당시의 각 노동위원회의 상임위원이 아닌 위원의 임기는 종전의 규정에 의한다.

부칙 [1980.12.31 제3352호]

① (施行日) 이 법은 공포한 날로부터 시행한다.

② (經過措置) 이 법 시행당시의 노동위원회가 이 법에 저촉되는 경우에는 1981년 5월 31일까지 이 법의 규정에 적합하도록 개편하여야 한다.

③ (노동위원회의구성에 관한 경과조치) 제9조의2의 규정에 의하여 노동위원회의가 구성될 때까지의 종전의 노동위원회가 이를 대행한다.

부칙 [1981.4.8 제3422호(정부조직법)]

제1조 (施行日) 이 법은 공포한 날로부터 시행한다. 다만, 제2조제5항·제7항 및 제6조제4항의 규정과 정무직에 관한 사항은 공무원의 구분과 계급의 조정을 위한 국가공무원법이 개정시행될 때부터 시행하며, 제39조의 개정규정과 제39조의 2, 부칙 제2조 및 제4조의 규정의 시행일은 노동부의 조직에 관한 대통령령으로 정한다.

제2조 및 제3조 생략

제4조 (다른 법률의 개정 및 다른 법률과의 관계) ① 노동위원회법중 다음과 같이 개정한다.

1. 제3조제2항중 "노동청"을 "노동부"로 한다.
2. 제5조, 제6조제2항·제3항, 제7조의3제1항제5호·제2항제5호 및 제8조제2항중 "노동청장"을 각각 "노동부장관"으로 한다.
3. 제7조의2제2항 및 제8조제2항중 "노동청장의 추천에 의하여 보건사회부장관"을 각각 "노동부장관"으로 한다.

② 내지 〈18〉생략

부칙 [1984.12.31 제3770호]

이 법은 공포한 날로부터 시행한다.

부칙 [1996.12.31 제5246호]

① (施行日) 이 법은 1997년 3월 1일부터 시행한다.

② (관장사건에 관한 경과조치) 이 법 시행당시 종전의 규정에 의하여 2이상의 특별시·광역시 또는 도에 걸친 사건으로서 중앙노동위원회에서 처리중인 사건은 제3조의 규정에 불구하고 중앙노동위원회가 처리한다.

③ (위원의 임명·위촉 등에 관한 경과조치) 이 법에 의한 위원장·상임위원 및 위원은 이 법의 시행전에 임명 또는 위촉되어야 하며 그 임기는 이 법 시행일부터 기산한다. 다만, 이 법 시행당시 위원장·상임위원 또는 위원으로 재직중인 자가 이 법에 의한 위원장·상임위원 또는 위원으로 재임명 또는 재위촉되는 경우에는 종전의 규정에 의하여 임명 또는 위촉된 날부터 그 임기를 기산한다.

④ (벌칙에 관한 경과조치) 이 법 시행전의 행위에 대한 벌칙의 적용에 있어서는 종전의 규정에 의한다.

부칙 [1997.3.13 제5307호]

① (施行日) 이 법은 공포한 날부터 시행한다.

② (벌칙에 관한 경과조치) 이 법 시행전의 행위에 대한 벌칙의 적용에 있어서는 종전의 규정에 의한다.

부칙 [1997.3.13 제5311호]

제1조 (施行日) 이 법은 공포한 날부터 시행한다.

제2조 (관장사건에 관한 경과조치) 이 법 시행당시 종전의 규정에 의하여 2이상의 특별시·광역시 또는 도에 걸친 사건으로서 중앙노동위원회에서 처리중인 사건은 제3조제2항의 규정에 불구하고 중앙노동위원회가 처리한다.

제3조 (위원장등의 임명에 관한 경과조치) 1997년 2월 28일 현재 위원장 또는 상임위원으로 재직중이었던 자가 이 법에 의한 위원장 또는 상임위원으로 임명되는 경우에는 노동위원회법(법률 제3770호)에 의하여 임명된 날부터 그 임기를 기산한다.

제4조 (출석·보고등 요구에 대한 경과조치) 이 법 시행당시 노동위원회가 행한 출석·보고 또는 필요한 서류의 제출 요구는 이 법에 의하여 행한 것으로 본다.

제5조 (벌칙에 관한 경과조치) 이 법 시행전의 행위에 대한 벌칙의 적용에 있어서는 종전의 규정에 의한다.

부칙 [1999.4.15 제5962호]

이 법은 공포한 날부터 시행한다. 다만, 제15조제1항 및 제5항의 개정규정은 1999년 7월 1일부터 시행한다.

부칙 [2005.1.27 제7380호(공무원의노동조합설립및운영등에관한법률)]

제1조 (시행일) 이 법은 공포후 1년이 경과한 날부터 시행한다.

제2조 (다른 법률의 개정) ① 및 ② 생략

③ 노동위원회법중 다음과 같이 개정한다.

제15조제1항중 "중재위원회 및 교원노동관계조정위원회"를 "중재위원회(仲裁委員會)·교원노동관계조정위원회(教員勞動關係調整委員會) 및 공무원노동관계조정위원회(公務員勞動關係調整委員會)"로 하고, 동조에 제6항을 다음과 같이 신설한다.

⑥ 공무원노동관계조정위원회는 공무원의노동조합설립및운영등에관한법률이 정하는 바에 따라 설치·구성하며, 동법의 규정에 의한 조정·중재 그 밖에 이와 관련된 사항을 처리한다.

부칙 [2005.12.29 제7773호(정부조직법)]

제1조 (시행일) 이 법은 2006년 7월 1일부터 시행한다.

제2조 (다른 법률의 개정) ① 및 ② 생략

③ 노동위원회법 일부를 다음과 같이 개정한다.

제11조제3항중 "직급"을 "계급 등"으로 한다.

④ 이하 생략

부칙 [2005.12.29 제7796호(국가공무원법)]

제1조 (시행일) 이 법은 2006년 7월 1일부터 시행한다.

제2조 내지 제5조 생략

제6조 (다른 법률의 개정) ① 내지 〈22〉 생략

〈23〉노동위원회법 일부를 다음과 같이 개정한다.

제8조제1항제1호다목 및 동항제2호다목중 "공무원"을 각각 "공무원이나 고위공무원단에 속하는 공무원"으로 한다.

제8조제2항제1호다목 및 동항제2호다목중 "공무원"을 각각 "공무원이나 고위공무원단에 속하는 공무원"으로 한다.

〈24〉 내지 〈68〉 생략

부칙 [2006.12.21 제8075호]

이 법은 2007년 1월 1일부터 시행한다. 다만, 제6조제2항의 개정규정은 공포한 날부터 시행한다.

부칙 [2007.1.26 제8296호]

① (시행일) 이 법은 2007년 4월 1일부터 시행한다.

② (공익위원의 위촉에 관한 적용례) 제6조제4항의 개정규정은 이 법 시행 후 최초로 위촉되는 공익위원부터 적용한다.

③ (지방노동위원회위원장의 임명에 관한 적용례) 제9조제2항의 개정규정은 이 법 시행 후 최초로 임명되는 지방노동위원회위원장부터 적용한다.

부칙[2007.4.11 제8372호(근로기준법)]

제1조(시행일) 이 법은 공포한 날부터 시행한다. 단서 생략

제2조 내지 제15조 생략

제16조(다른 법률의 개정) ① 내지 ⑩ 생략

⑪노동위원회법 일부를 다음과 같이 개정한다.

제16조의3제1항 중 "제33조"를 "제28조"로 한다.

⑫ 내지 〈24〉 생략

제17조 생략

부칙 [2007.5.17 제8474호]

이 법은 2008년 1월 1일부터 시행한다.

부칙[2010.6.4 제10339호(정부조직법)]

제1조(시행일) 이 법은 공포 후 1개월이 경과한 날부터 시행한다. 〈단서 생략〉

제2조 및 제3조 생략

제4조(다른 법률의 개정) ① 부터 〈37〉 까지 생략

〈38〉 노동위원회법 일부를 다음과 같이 개정한다.

제2조제2항, 제9조제2항 및 제11조제1항 중 "노동부장관"을 각각 "고용노동부장관"으로 한다.

제6조제3항·제4항 및 제14조제3항 중 "노동부장관"을 각각 "고용노동부장관"으로 한다.

제6조의2제2항 중 "노동부령"을 "고용노동부령"으로 한다.

제14조제3항 중 "노동부"를 "고용노동부"로 한다.

〈39〉 부터 〈82〉 까지 생략

제5조 생략

부칙[2014.5.20 제12629호]

이 법은 공포한 날부터 시행한다.

부칙[2015.1.20 제13044호]
이 법은 공포 후 6개월이 경과한 날부터 시행한다.

부칙[2016.1.27 제13904호]
제1조(시행일) 이 법은 공포한 날부터 시행한다.
제2조(위원의 제척·기피 등에 관한 적용례) 제21조의 개정규정은 이 법 시행 후 최초로 위원회에 부의되는 사건부터 적용한다.

근로기준법

[시행 2014.7.1.]
[법률 제12325호, 2014.1.21., 일부개정]

제1장 총칙

제1조(목적) 이 법은 헌법에 따라 근로조건의 기준을 정함으로써 근로자의 기본적 생활을 보장, 향상시키며 균형 있는 국민경제의 발전을 꾀하는 것을 목적으로 한다.

제2조(정의) ① 이 법에서 사용하는 용어의 뜻은 다음과 같다.

1. "근로자"란 직업의 종류와 관계없이 임금을 목적으로 사업이나 사업장에 근로를 제공하는 자를 말한다.
2. "사용자"란 사업주 또는 사업 경영 담당자, 그 밖에 근로자에 관한 사항에 대하여 사업주를 위하여 행위하는 자를 말한다.
3. "근로"란 정신노동과 육체노동을 말한다.
4. "근로계약"이란 근로자가 사용자에게 근로를 제공하고 사용자는 이에 대하여 임금을 지급하는 것을 목적으로 체결된 계약을 말한다.
5. "임금"이란 사용자가 근로의 대가로 근로자에게 임금, 봉급, 그 밖에 어떠한 명칭으로든지 지급하는 일체의 금품을 말한다.
6. "평균임금"이란 이를 산정하여야 할 사유가 발생한 날 이전 3개월 동안에 그 근로자에게 지급된 임금의 총액을 그 기간의 총일수로 나눈 금액을 말한다. 근로자가 취업한 후 3개월 미만인 경우도 이에 준한다.
7. "소정(所定)근로시간"이란 제50조, 제69조 본문 또는 「산업안전보건법」 제46조에 따른 근로시간의 범위에서 근로자와 사용자 사이에 정한 근로시간을 말한다.
8. "단시간근로자"란 1주 동안의 소정근로시간이 그 사업장에서 같은 종류의 업무에 종사하는 통상 근로자의 1주 동안의 소정근로시간에 비하여 짧은 근로자를 말한다.

② 제1항제6호에 따라 산출된 금액이 그 근로자의

통상임금보다 적으면 그 통상임금액을 평균임금으로 한다.

제3조(근로조건의 기준) 이 법에서 정하는 근로조건은 최저기준이므로 근로 관계 당사자는 이 기준을 이유로 근로조건을 낮출 수 없다.

제4조(근로조건의 결정) 근로조건은 근로자와 사용자가 동등한 지위에서 자유의사에 따라 결정하여야 한다.

제5조(근로조건의 준수) 근로자와 사용자는 각자가 단체협약, 취업규칙과 근로계약을 지키고 성실하게 이행할 의무가 있다.

제6조(균등한 처우) 사용자는 근로자에 대하여 남녀의 성(性)을 이유로 차별적 대우를 하지 못하고, 국적·신앙 또는 사회적 신분을 이유로 근로조건에 대한 차별적 처우를 하지 못한다.

제7조(강제 근로의 금지) 사용자는 폭행, 협박, 감금, 그 밖에 정신상 또는 신체상의 자유를 부당하게 구속하는 수단으로써 근로자의 자유의사에 어긋나는 근로를 강요하지 못한다.

제8조(폭행의 금지) 사용자는 사고의 발생이나 그 밖의 어떠한 이유로도 근로자에게 폭행을 하지 못한다.

제9조(중간착취의 배제) 누구든지 법률에 따르지 아니하고는 영리로 다른 사람의 취업에 개입하거나 중간인으로서 이익을 취득하지 못한다.

제10조(공민권 행사의 보장) 사용자는 근로자가 근로시간 중에 선거권, 그 밖의 공민권(公民權) 행사 또는 공(公)의 직무를 집행하기 위하여 필요한 시간을 청구하면 거부하지 못한다. 다만, 그 권리 행사나 공(公)의 직무를 수행하는 데에 지장이 없으면 청구한 시간을 변경할 수 있다.

제11조(적용 범위) ① 이 법은 상시 5명 이상의 근로자를 사용하는 모든 사업 또는 사업장에 적용한다. 다만, 동거하는 친족만을 사용하는 사업 또는 사업장과 가사(家事) 사용인에 대하여는 적용하지 아니한다.

② 상시 4명 이하의 근로자를 사용하는 사업 또는 사업장에 대하여는 대통령령으로 정하는 바에 따라 이 법의 일부 규정을 적용할 수 있다.

③ 이 법을 적용하는 경우에 상시 사용하는 근로자 수를 산정하는 방법은 대통령령으로 정한다. 〈신설 2008.3.21.〉

제12조(적용 범위) 이 법과 이 법에 따른 대통령령은 국가, 특별시·광역시·도, 시·군·구, 읍·면·동, 그 밖에 이에 준하는 것에 대하여도 적용된다.

제13조(보고, 출석의 의무) 사용자 또는 근로자는 이 법의 시행에 관하여 고용노동부장관·「노동위원회법」에 따른 노동위원회(이하 "노동위원회"라 한다) 또는 근로감독관의 요구가 있으면 지체 없이 필요한 사항에 대하여 보고하거나 출석하여야 한다. 〈개정 2010.6.4.〉

제14조(법령 요지 등의 게시) ① 사용자는 이 법과 이 법에 따른 대통령령의 요지(要旨)와 취업규칙을 근로자가 자유롭게 열람할 수 있는 장소에 항상 게시하거나 갖추어 두어 근로자에게 널리 알려야 한다.

② 사용자는 제1항에 따른 대통령령 중 기숙사에 관한 규정과 제99조제1항에 따른 기숙사규칙을 기숙사에 게시하거나 갖추어 두어 기숙(寄宿)하는 근로자에게 널리 알려야 한다.

제2장 근로계약

제15조(이 법을 위반한 근로계약) ① 이 법에서 정하는 기준에 미치지 못하는 근로조건을 정한 근로계약은 그 부분에 한하여 무효로 한다.

② 제1항에 따라 무효로 된 부분은 이 법에서 정한 기준에 따른다.

제16조(계약기간) 근로계약은 기간을 정하지 아니한 것과 일정한 사업의 완료에 필요한 기간을 정한 것 외에는 그 기간은 1년을 초과하지 못한다. [법률 제8372호(2007.4.11.) 부칙 제3조의 규정에 의하여 이 조는 2007년 6월 30일까지 유효함]

제17조(근로조건의 명시) ① 사용자는 근로계약을 체결할 때에 근로자에게 다음 각 호의 사항을 명시하여야 한다. 근로계약 체결 후 다음 각 호의 사항을 변경하는 경우에도 또한 같다. 〈개정 2010.5.25.〉

1. 임금
2. 소정근로시간
3. 제55조에 따른 휴일
4. 제60조에 따른 연차 유급휴가

5. 그 밖에 대통령령으로 정하는 근로조건

② 사용자는 제1항제1호와 관련한 임금의 구성항목·계산방법·지급방법 및 제2호부터 제4호까지의 사항이 명시된 서면을 근로자에게 교부하여야 한다. 다만, 본문에 따른 사항이 단체협약 또는 취업규칙의 변경 등 대통령령으로 정하는 사유로 인하여 변경되는 경우에는 근로자의 요구가 있으면 그 근로자에게 교부하여야 한다. 〈신설 2010.5.25.〉

제18조(단시간근로자의 근로조건) ① 단시간근로자의 근로조건은 그 사업장의 같은 종류의 업무에 종사하는 통상 근로자의 근로시간을 기준으로 산정한 비율에 따라 결정되어야 한다.

② 제1항에 따라 근로조건을 결정할 때에 기준이 되는 사항이나 그 밖에 필요한 사항은 대통령령으로 정한다.

③ 4주 동안(4주 미만으로 근로하는 경우에는 그 기간)을 평균하여 1주 동안의 소정근로시간이 15시간 미만인 근로자에 대하여는 제55조와 제60조를 적용하지 아니한다. 〈개정 2008.3.21.〉

제19조(근로조건의 위반) ① 제17조에 따라 명시된 근로조건이 사실과 다를 경우에 근로자는 근로조건 위반을 이유로 손해의 배상을 청구할 수 있으며 즉시 근로계약을 해제할 수 있다.

② 제1항에 따라 근로자가 손해배상을 청구할 경우에는 노동위원회에 신청할 수 있으며, 근로계약이 해제되었을 경우에는 사용자는 취업을 목적으로 거주를 변경하는 근로자에게 귀향 여비를 지급하여야 한다.

제20조(위약 예정의 금지) 사용자는 근로계약 불이행에 대한 위약금 또는 손해배상액을 예정하는 계약을 체결하지 못한다.

제21조(전차금 상계의 금지) 사용자는 전차금(前借金)이나 그 밖에 근로할 것을 조건으로 하는 전대(前貸)채권과 임금을 상계하지 못한다.

제22조(강제 저금의 금지) ① 사용자는 근로계약에 덧붙여 강제 저축 또는 저축금의 관리를 규정하는 계약을 체결하지 못한다.

② 사용자가 근로자의 위탁으로 저축을 관리하는 경우에는 다음 각 호의 사항을 지켜야 한다.

1. 저축의 종류·기간 및 금융기관을 근로자가 결정하고, 근로자 본인의 이름으로 저축할 것
2. 근로자가 저축증서 등 관련 자료의 열람 또는 반환을 요구할 때에는 즉시 이에 따를 것

제23조(해고 등의 제한) ① 사용자는 근로자에게 정당한 이유 없이 해고, 휴직, 정직, 전직, 감봉, 그 밖의 징벌(懲罰)(이하 "부당해고등"이라 한다)을 하지 못한다.

② 사용자는 근로자가 업무상 부상 또는 질병의 요양을 위하여 휴업한 기간과 그 후 30일 동안 또는 산전(産前)·산후(産後)의 여성이 이 법에 따라 휴업한 기간과 그 후 30일 동안은 해고하지 못한다. 다만, 사용자가 제84조에 따라 일시보상을 하였을 경우 또는 사업을 계속할 수 없게 된 경우에는 그러하지 아니하다.

제24조(경영상 이유에 의한 해고의 제한) ① 사용자가 경영상 이유에 의하여 근로자를 해고하려면 긴박한 경영상의 필요가 있어야 한다. 이 경우 경영 악화를 방지하기 위한 사업의 양도·인수·합병은 긴박한 경영상의 필요가 있는 것으로 본다.

② 제1항의 경우에 사용자는 해고를 피하기 위한 노력을 다하여야 하며, 합리적이고 공정한 해고의 기준을 정하고 이에 따라 그 대상자를 선정하여야 한다. 이 경우 남녀의 성을 이유로 차별하여서는 아니 된다.

③ 사용자는 제2항에 따른 해고를 피하기 위한 방법과 해고의 기준 등에 관하여 그 사업 또는 사업장에 근로자의 과반수로 조직된 노동조합이 있는 경우에는 그 노동조합(근로자의 과반수로 조직된 노동조합이 없는 경우에는 근로자의 과반수를 대표하는 자를 말한다. 이하 "근로자대표"라 한다)에 해고를 하려는 날의 50일 전까지 통보하고 성실하게 협의하여야 한다.

④ 사용자는 제1항에 따라 대통령령으로 정하는 일정한 규모 이상의 인원을 해고하려면 대통령령으로 정하는 바에 따라 고용노동부장관에게 신고하여야 한다. 〈개정 2010.6.4.〉

⑤ 사용자가 제1항부터 제3항까지의 규정에 따른 요건을 갖추어 근로자를 해고한 경우에는 제23조제1항에 따른 정당한 이유가 있는 해고를 한 것으로 본다.

제25조(우선 재고용 등) ① 제24조에 따라 근로자를 해고한 사용자는 근로자를 해고한 날부터 3년

이내에 해고된 근로자가 해고 당시 담당하였던 업무와 같은 업무를 할 근로자를 채용하려고 할 경우 제24조에 따라 해고된 근로자가 원하면 그 근로자를 우선적으로 고용하여야 한다.

② 정부는 제24조에 따라 해고된 근로자에 대하여 생계안정, 재취업, 직업훈련 등 필요한 조치를 우선적으로 취하여야 한다.

제26조(해고의 예고) 사용자는 근로자를 해고(경영상 이유에 의한 해고를 포함한다)하려면 적어도 30일 전에 예고를 하여야 하고, 30일 전에 예고를 하지 아니하였을 때에는 30일분 이상의 통상임금을 지급하여야 한다. 다만, 천재·사변, 그 밖의 부득이한 사유로 사업을 계속하는 것이 불가능한 경우 또는 근로자가 고의로 사업에 막대한 지장을 초래하거나 재산상 손해를 끼친 경우로서 고용노동부령으로 정하는 사유에 해당하는 경우에는 그러하지 아니하다. 〈개정 2010.6.4.〉

제27조(해고사유 등의 서면통지) ① 사용자는 근로자를 해고하려면 해고사유와 해고시기를 서면으로 통지하여야 한다.

② 근로자에 대한 해고는 제1항에 따라 서면으로 통지하여야 효력이 있다.

③ 사용자가 제26조에 따른 해고의 예고를 해고사유와 해고시기를 명시하여 서면으로 한 경우에는 제1항에 따른 통지를 한 것으로 본다. 〈신설 2014.3.24.〉

제28조(부당해고등의 구제신청) ① 사용자가 근로자에게 부당해고등을 하면 근로자는 노동위원회에 구제를 신청할 수 있다.

② 제1항에 따른 구제신청은 부당해고등이 있었던 날부터 3개월 이내에 하여야 한다.

제29조(조사 등) ① 노동위원회는 제28조에 따른 구제신청을 받으면 지체 없이 필요한 조사를 하여야 하며 관계 당사자를 심문하여야 한다.

② 노동위원회는 제1항에 따라 심문을 할 때에는 관계 당사자의 신청이나 직권으로 증인을 출석하게 하여 필요한 사항을 질문할 수 있다.

③ 노동위원회는 제1항에 따라 심문을 할 때에는 관계 당사자에게 증거 제출과 증인에 대한 반대심문을 할 수 있는 충분한 기회를 주어야 한다.

④ 제1항에 따른 노동위원회의 조사와 심문에 관한 세부절차는 「노동위원회법」에 따른 중앙노동위원회(이하 "중앙노동위원회"라 한다)가 정하는 바에 따른다.

제30조(구제명령 등) ① 노동위원회는 제29조에 따른 심문을 끝내고 부당해고등이 성립한다고 판정하면 사용자에게 구제명령을 하여야 하며, 부당해고등이 성립하지 아니한다고 판정하면 구제신청을 기각하는 결정을 하여야 한다.

② 제1항에 따른 판정, 구제명령 및 기각결정은 사용자와 근로자에게 각각 서면으로 통지하여야 한다.

③ 노동위원회는 제1항에 따른 구제명령(해고에 대한 구제명령만을 말한다)을 할 때에 근로자가 원직복직(原職復職)을 원하지 아니하면 원직복직을 명하는 대신 근로자가 해고기간 동안 근로를 제공하였더라면 받을 수 있었던 임금 상당액 이상의 금품을 근로자에게 지급하도록 명할 수 있다.

제31조(구제명령 등의 확정) ① 「노동위원회법」에 따른 지방노동위원회의 구제명령이나 기각결정에 불복하는 사용자나 근로자는 구제명령서나 기각결정서를 통지받은 날부터 10일 이내에 중앙노동위원회에 재심을 신청할 수 있다.

② 제1항에 따른 중앙노동위원회의 재심판정에 대하여 사용자나 근로자는 재심판정서를 송달받은 날부터 15일 이내에 「행정소송법」의 규정에 따라 소(訴)를 제기할 수 있다.

③ 제1항과 제2항에 따른 기간 이내에 재심을 신청하지 아니하거나 행정소송을 제기하지 아니하면 그 구제명령, 기각결정 또는 재심판정은 확정된다.

제32조(구제명령 등의 효력) 노동위원회의 구제명령, 기각결정 또는 재심판정은 제31조에 따른 중앙노동위원회에 대한 재심 신청이나 행정소송 제기에 의하여 그 효력이 정지되지 아니한다.

제33조(이행강제금) ① 노동위원회는 구제명령(구제명령을 내용으로 하는 재심판정을 포함한다. 이하 이 조에서 같다)을 받은 후 이행기한까지 구제명령을 이행하지 아니한 사용자에게 2천만원 이하의 이행강제금을 부과한다.

② 노동위원회는 제1항에 따른 이행강제금을 부과하기 30일 전까지 이행강제금을 부과·징수한다는 뜻을 사용자에게 미리 문서로써 알려 주어야

한다.

③ 제1항에 따른 이행강제금을 부과할 때에는 이행강제금의 액수, 부과 사유, 납부기한, 수납기관, 이의제기방법 및 이의제기기관 등을 명시한 문서로써 하여야 한다.

④ 제1항에 따라 이행강제금을 부과하는 위반행위의 종류와 위반 정도에 따른 금액, 부과·징수된 이행강제금의 반환절차, 그 밖에 필요한 사항은 대통령령으로 정한다.

⑤ 노동위원회는 최초의 구제명령을 한 날을 기준으로 매년 2회의 범위에서 구제명령이 이행될 때까지 반복하여 제1항에 따른 이행강제금을 부과·징수할 수 있다. 이 경우 이행강제금은 2년을 초과하여 부과·징수하지 못한다.

⑥ 노동위원회는 구제명령을 받은 자가 구제명령을 이행하면 새로운 이행강제금을 부과하지 아니하되, 구제명령을 이행하기 전에 이미 부과된 이행강제금은 징수하여야 한다.

⑦ 노동위원회는 이행강제금 납부의무자가 납부기한까지 이행강제금을 내지 아니하면 기간을 정하여 독촉을 하고 지정된 기간에 제1항에 따른 이행강제금을 내지 아니하면 국세 체납처분의 예에 따라 징수할 수 있다.

⑧ 근로자는 구제명령을 받은 사용자가 이행기한까지 구제명령을 이행하지 아니하면 이행기한이 지난 때부터 15일 이내에 그 사실을 노동위원회에 알려줄 수 있다.

제34조(퇴직급여 제도) 사용자가 퇴직하는 근로자에게 지급하는 퇴직급여 제도에 관하여는 「근로자퇴직급여 보장법」이 정하는 대로 따른다.

제35조(예고해고의 적용 예외) 제26조는 다음 각 호의 어느 하나에 해당하는 근로자에게는 적용하지 아니한다.

1. 일용근로자로서 3개월을 계속 근무하지 아니한 자
2. 2개월 이내의 기간을 정하여 사용된 자
3. 월급근로자로서 6개월이 되지 못한 자
4. 계절적 업무에 6개월 이내의 기간을 정하여 사용된 자
5. 수습 사용 중인 근로자

제36조(금품 청산) 사용자는 근로자가 사망 또는 퇴직한 경우에는 그 지급 사유가 발생한 때부터 14일 이내에 임금, 보상금, 그 밖에 일체의 금품을 지급하여야 한다. 다만, 특별한 사정이 있을 경우에는 당사자 사이의 합의에 의하여 기일을 연장할 수 있다.

제37조(미지급 임금에 대한 지연이자) ① 사용자는 제36조에 따라 지급하여야 하는 임금 및 「근로자퇴직급여 보장법」 제2조제5호에 따른 급여(일시금만 해당된다)의 전부 또는 일부를 그 지급 사유가 발생한 날부터 14일 이내에 지급하지 아니한 경우 그 다음 날부터 지급하는 날까지의 지연 일수에 대하여 연 100분의 40 이내의 범위에서 「은행법」에 따른 은행이 적용하는 연체금리 등 경제 여건을 고려하여 대통령령으로 정하는 이율에 따른 지연이자를 지급하여야 한다. 〈개정 2010.5.17.〉

② 제1항은 사용자가 천재·사변, 그 밖에 대통령령으로 정하는 사유에 따라 임금 지급을 지연하는 경우 그 사유가 존속하는 기간에 대하여는 적용하지 아니한다.

제38조(임금채권의 우선변제) ① 임금, 재해보상금, 그 밖에 근로 관계로 인한 채권은 사용자의 총재산에 대하여 질권(質權)·저당권 또는 「동산·채권 등의 담보에 관한 법률」에 따른 담보권에 따라 담보된 채권 외에는 조세·공과금 및 다른 채권에 우선하여 변제되어야 한다. 다만, 질권·저당권 또는 「동산·채권 등의 담보에 관한 법률」에 따른 담보권에 우선하는 조세·공과금에 대하여는 그러하지 아니하다. 〈개정 2010.6.10.〉

② 제1항에도 불구하고 다음 각 호의 어느 하나에 해당하는 채권은 사용자의 총재산에 대하여 질권·저당권 또는 「동산·채권 등의 담보에 관한 법률」에 따른 담보권에 따라 담보된 채권, 조세·공과금 및 다른 채권에 우선하여 변제되어야 한다. 〈개정 2010.6.10.〉

1. 최종 3개월분의 임금
2. 재해보상금

제39조(사용증명서) ① 사용자는 근로자가 퇴직한 후라도 사용 기간, 업무 종류, 지위와 임금, 그 밖에 필요한 사항에 관한 증명서를 청구하면 사실대로 적은 증명서를 즉시 내주어야 한다.

② 제1항의 증명서에는 근로자가 요구한 사항만을 적어야 한다.

제40조(취업 방해의 금지) 누구든지 근로자의 취업을 방해할 목적으로 비밀 기호 또는 명부를 작성·사용하거나 통신을 하여서는 아니 된다.

제41조(근로자의 명부) ① 사용자는 각 사업장별로 근로자 명부를 작성하고 근로자의 성명, 생년월일, 이력, 그 밖에 대통령령으로 정하는 사항을 적어야 한다.

② 제1항에 따라 근로자 명부에 적을 사항이 변경된 경우에는 지체 없이 정정하여야 한다.

제42조(계약 서류의 보존) 사용자는 근로자 명부와 대통령령으로 정하는 근로계약에 관한 중요한 서류를 3년간 보존하여야 한다.

제3장 임금

제43조(임금 지급) ① 임금은 통화(通貨)로 직접 근로자에게 그 전액을 지급하여야 한다. 다만, 법령 또는 단체협약에 특별한 규정이 있는 경우에는 임금의 일부를 공제하거나 통화 이외의 것으로 지급할 수 있다.

② 임금은 매월 1회 이상 일정한 날짜를 정하여 지급하여야 한다. 다만, 임시로 지급하는 임금, 수당, 그 밖에 이에 준하는 것 또는 대통령령으로 정하는 임금에 대하여는 그러하지 아니하다.

제43조의2(체불사업주 명단 공개) ① 고용노동부장관은 제36조, 제43조, 제56조에 따른 임금, 보상금, 수당, 그 밖에 일체의 금품(이하 "임금등"이라 한다)을 지급하지 아니한 사업주(법인인 경우에는 그 대표자를 포함한다. 이하 "체불사업주"라 한다)가 명단 공개 기준일 이전 3년 이내 임금등을 체불하여 2회 이상 유죄가 확정된 자로서 명단 공개 기준일 이전 1년 이내 임금등의 체불총액이 3천만원 이상인 경우에는 그 인적사항 등을 공개할 수 있다. 다만, 체불사업주의 사망·폐업으로 명단 공개의 실효성이 없는 경우 등 대통령령으로 정하는 사유가 있는 경우에는 그러하지 아니하다.

② 고용노동부장관은 제1항에 따라 명단 공개를 할 경우에 체불사업주에게 3개월 이상의 기간을 정하여 소명 기회를 주어야 한다.

③ 제1항에 따른 체불사업주의 인적사항 등에 대한 공개 여부를 심의하기 위하여 고용노동부에 임금체불정보심의위원회(이하 이 조에서 "위원회"라 한다)를 둔다. 이 경우 위원회의 구성·운영 등 필요한 사항은 고용노동부령으로 정한다.

④ 제1항에 따른 명단 공개의 구체적인 내용, 기간 및 방법 등 명단 공개에 필요한 사항은 대통령령으로 정한다.

[본조신설 2012.2.1.]

제43조의3(임금등 체불자료의 제공) ① 고용노동부장관은 「신용정보의 이용 및 보호에 관한 법률」 제25조제2항제1호에 따른 종합신용정보집중기관이 임금등 체불자료 제공일 이전 3년 이내 임금등을 체불하여 2회 이상 유죄가 확정된 자로서 임금등 체불자료 제공일 이전 1년 이내 임금등의 체불총액이 2천만원 이상인 체불사업주의 인적사항과 체불액 등에 관한 자료(이하 "임금등 체불자료"라 한다)를 요구할 때에는 임금등의 체불을 예방하기 위하여 필요하다고 인정하는 경우에 그 자료를 제공할 수 있다. 다만, 체불사업주의 사망·폐업으로 임금등 체불자료 제공의 실효성이 없는 경우 등 대통령령으로 정하는 사유가 있는 경우에는 그러하지 아니하다.

② 제1항에 따라 임금등 체불자료를 받은 자는 이를 체불사업주의 신용도·신용거래능력 판단과 관련한 업무 외의 목적으로 이용하거나 누설하여서는 아니 된다.

③ 제1항에 따른 임금등 체불자료의 제공 절차 및 방법 등 임금등 체불자료의 제공에 필요한 사항은 대통령령으로 정한다.

[본조신설 2012.2.1.]

제44조(도급 사업에 대한 임금 지급) ① 사업이 여러 차례의 도급에 따라 행하여지는 경우에 하수급인(下受給人)이 직상(直上) 수급인의 귀책사유로 근로자에게 임금을 지급하지 못한 경우에는 그 직상 수급인은 그 하수급인과 연대하여 책임을 진다. 다만, 직상 수급인의 귀책사유가 그 상위 수급인의 귀책사유에 의하여 발생한 경우에는 그 상위 수급인도 연대하여 책임을 진다. 〈개정 2012.2.1.〉

② 제1항의 귀책사유 범위는 대통령령으로 정한다. 〈개정 2012.2.1.〉

제44조의2(건설업에서의 임금 지급 연대책임) ① 건

설업에서 사업이 2차례 이상 「건설산업기본법」 제2조제11호에 따른 도급(이하 "공사도급"이라 한다)이 이루어진 경우에 같은 법 제2조제7호에 따른 건설업자가 아닌 하수급인이 그가 사용한 근로자에게 임금(해당 건설공사에서 발생한 임금으로 한정한다)을 지급하지 못한 경우에는 그 직상 수급인은 하수급인과 연대하여 하수급인이 사용한 근로자의 임금을 지급할 책임을 진다. 〈개정 2011.5.24.〉

② 제1항의 직상 수급인이 「건설산업기본법」 제2조제7호에 따른 건설업자가 아닌 때에는 그 상위 수급인 중에서 최하위의 같은 호에 따른 건설업자를 직상 수급인으로 본다. 〈개정 2011.5.24.〉

[본조신설 2007.7.27.]

제44조의3(건설업의 공사도급에 있어서의 임금에 관한 특례) ① 공사도급이 이루어진 경우로서 다음 각 호의 어느 하나에 해당하는 때에는 직상 수급인은 하수급인에게 지급하여야 하는 하도급 대금 채무의 부담 범위에서 그 하수급인이 사용한 근로자가 청구하면 하수급인이 지급하여야 하는 임금(해당 건설공사에서 발생한 임금으로 한정한다)에 해당하는 금액을 근로자에게 직접 지급하여야 한다.

1. 직상 수급인이 하수급인을 대신하여 하수급인이 사용한 근로자에게 지급하여야 하는 임금을 직접 지급할 수 있다는 뜻과 그 지급방법 및 절차에 관하여 직상 수급인과 하수급인이 합의한 경우
2. 「민사집행법」 제56조제3호에 따른 확정된 지급명령, 하수급인의 근로자에게 하수급인에 대하여 임금채권이 있음을 증명하는 같은 법 제56조제4호에 따른 집행증서,「소액사건심판법」 제5조의7에 따라 확정된 이행권고결정, 그 밖에 이에 준하는 집행권원이 있는 경우
3. 하수급인이 그가 사용한 근로자에 대하여 지급하여야 할 임금채무가 있음을 직상 수급인에게 알려주고, 직상 수급인이 파산 등의 사유로 하수급인이 임금을 지급할 수 없는 명백한 사유가 있다고 인정하는 경우

② 「건설산업기본법」 제2조제10호에 따른 발주자의 수급인(이하 "원수급인"이라 한다)으로부터 공사도급이 2차례 이상 이루어진 경우로서 하수급인(도급받은 하수급인으로부터 재하도급 받은 하수급인을 포함한다. 이하 이 항에서 같다)이 사용한 근로자에게 그 하수급인에 대한 제1항제2호에 따른 집행권원이 있는 경우에는 근로자는 하수급인이 지급하여야 하는 임금(해당 건설공사에서 발생한 임금으로 한정한다)에 해당하는 금액을 원수급인에게 직접 지급할 것을 요구할 수 있다. 원수급인은 근로자가 자신에 대하여 「민법」 제404조에 따른 채권자대위권을 행사할 수 있는 금액의 범위에서 이에 따라야 한다. 〈개정 2011.5.24.〉

③ 직상 수급인 또는 원수급인이 제1항 및 제2항에 따라 하수급인이 사용한 근로자에게 임금에 해당하는 금액을 지급한 경우에는 하수급인에 대한 하도급 대금 채무는 그 범위에서 소멸한 것으로 본다.

[본조신설 2007.7.27.]

제45조(비상시 지급) 사용자는 근로자가 출산, 질병, 재해, 그 밖에 대통령령으로 정하는 비상(非常)한 경우의 비용에 충당하기 위하여 임금 지급을 청구하면 지급기일 전이라도 이미 제공한 근로에 대한 임금을 지급하여야 한다.

제46조(휴업수당) ① 사용자의 귀책사유로 휴업하는 경우에 사용자는 휴업기간 동안 그 근로자에게 평균임금의 100분의 70 이상의 수당을 지급하여야 한다. 다만, 평균임금의 100분의 70에 해당하는 금액이 통상임금을 초과하는 경우에는 통상임금을 휴업수당으로 지급할 수 있다.

② 제1항에도 불구하고 부득이한 사유로 사업을 계속하는 것이 불가능하여 노동위원회의 승인을 받은 경우에는 제1항의 기준에 못 미치는 휴업수당을 지급할 수 있다.

제47조(도급 근로자) 사용자는 도급이나 그 밖에 이에 준하는 제도로 사용하는 근로자에게 근로시간에 따라 일정액의 임금을 보장하여야 한다.

제48조(임금대장) 사용자는 각 사업장별로 임금대장을 작성하고 임금과 가족수당 계산의 기초가 되는 사항, 임금액, 그 밖에 대통령령으로 정하는 사항을 임금을 지급할 때마다 적어야 한다.

제49조(임금의 시효) 이 법에 따른 임금채권은 3년간 행사하지 아니하면 시효로 소멸한다.

제4장 근로시간과 휴식

제50조(근로시간) ① 1주 간의 근로시간은 휴게시간을 제외하고 40시간을 초과할 수 없다.
② 1일의 근로시간은 휴게시간을 제외하고 8시간을 초과할 수 없다.
③ 제1항 및 제2항에 따른 근로시간을 산정함에 있어 작업을 위하여 근로자가 사용자의 지휘·감독 아래에 있는 대기시간 등은 근로시간으로 본다. 〈신설 2012.2.1.〉

제51조(탄력적 근로시간제) ① 사용자는 취업규칙(취업규칙에 준하는 것을 포함한다)에서 정하는 바에 따라 2주 이내의 일정한 단위기간을 평균하여 1주 간의 근로시간이 제50조제1항의 근로시간을 초과하지 아니하는 범위에서 특정한 주에 제50조제1항의 근로시간을, 특정한 날에 제50조제2항의 근로시간을 초과하여 근로하게 할 수 있다. 다만, 특정한 주의 근로시간은 48시간을 초과할 수 없다.
② 사용자는 근로자대표와의 서면 합의에 따라 다음 각 호의 사항을 정하면 3개월 이내의 단위기간을 평균하여 1주 간의 근로시간이 제50조제1항의 근로시간을 초과하지 아니하는 범위에서 특정한 주에 제50조제1항의 근로시간을, 특정한 날에 제50조제2항의 근로시간을 초과하여 근로하게 할 수 있다. 다만, 특정한 주의 근로시간은 52시간을, 특정한 날의 근로시간은 12시간을 초과할 수 없다.
1. 대상 근로자의 범위
2. 단위기간(3개월 이내의 일정한 기간으로 정하여야 한다)
3. 단위기간의 근로일과 그 근로일별 근로시간
4. 그 밖에 대통령령으로 정하는 사항

③ 제1항과 제2항은 15세 이상 18세 미만의 근로자와 임신 중인 여성 근로자에 대하여는 적용하지 아니한다.
④ 사용자는 제1항 및 제2항에 따라 근로자를 근로시킬 경우에는 기존의 임금 수준이 낮아지지 아니하도록 임금보전방안(賃金補塡方案)을 강구하여야 한다.

제52조(선택적 근로시간제) 사용자는 취업규칙(취업규칙에 준하는 것을 포함한다)에 따라 업무의 시작 및 종료 시각을 근로자의 결정에 맡기기로 한 근로자에 대하여 근로자대표와의 서면 합의에 따라 다음 각 호의 사항을 정하면 1개월 이내의 정산기간을 평균하여 1주간의 근로시간이 제50조제1항의 근로시간을 초과하지 아니하는 범위에서 1주 간에 제50조제1항의 근로시간을, 1일에 제50조제2항의 근로시간을 초과하여 근로하게 할 수 있다.
1. 대상 근로자의 범위(15세 이상 18세 미만의 근로자는 제외한다)
2. 정산기간(1개월 이내의 일정한 기간으로 정하여야 한다)
3. 정산기간의 총 근로시간
4. 반드시 근로하여야 할 시간대를 정하는 경우에는 그 시작 및 종료 시각
5. 근로자가 그의 결정에 따라 근로할 수 있는 시간대를 정하는 경우에는 그 시작 및 종료 시각
6. 그 밖에 대통령령으로 정하는 사항

제53조(연장 근로의 제한) ① 당사자 간에 합의하면 1주 간에 12시간을 한도로 제50조의 근로시간을 연장할 수 있다.
② 당사자 간에 합의하면 1주 간에 12시간을 한도로 제51조의 근로시간을 연장할 수 있고, 제52조제2호의 정산기간을 평균하여 1주 간에 12시간을 초과하지 아니하는 범위에서 제52조의 근로시간을 연장할 수 있다.
③ 사용자는 특별한 사정이 있으면 고용노동부장관의 인가와 근로자의 동의를 받아 제1항과 제2항의 근로시간을 연장할 수 있다. 다만, 사태가 급박하여 고용노동부장관의 인가를 받을 시간이 없는 경우에는 사후에 지체 없이 승인을 받아야 한다. 〈개정 2010.6.4.〉
④ 고용노동부장관은 제3항에 따른 근로시간의 연장이 부적당하다고 인정하면 그 후 연장시간에 상당하는 휴게시간이나 휴일을 줄 것을 명할 수 있다. 〈개정 2010.6.4.〉

제54조(휴게) ① 사용자는 근로시간이 4시간인 경우에는 30분 이상, 8시간인 경우에는 1시간 이상의 휴게시간을 근로시간 도중에 주어야 한다.
② 휴게시간은 근로자가 자유롭게 이용할 수 있다.

제55조(휴일) 사용자는 근로자에게 1주일에 평균 1

회 이상의 유급휴일을 주어야 한다.

제56조(연장·야간 및 휴일 근로) 사용자는 연장근로(제53조·제59조 및 제69조 단서에 따라 연장된 시간의 근로)와 야간근로(오후 10시부터 오전 6시까지 사이의 근로) 또는 휴일근로에 대하여는 통상임금의 100분의 50 이상을 가산하여 지급하여야 한다.

제57조(보상 휴가제) 사용자는 근로자대표와의 서면 합의에 따라 제56조에 따른 연장근로·야간근로 및 휴일근로에 대하여 임금을 지급하는 것을 갈음하여 휴가를 줄 수 있다.

제58조(근로시간 계산의 특례) ① 근로자가 출장이나 그 밖의 사유로 근로시간의 전부 또는 일부를 사업장 밖에서 근로하여 근로시간을 산정하기 어려운 경우에는 소정근로시간을 근로한 것으로 본다. 다만, 그 업무를 수행하기 위하여 통상적으로 소정근로시간을 초과하여 근로할 필요가 있는 경우에는 그 업무의 수행에 통상 필요한 시간을 근로한 것으로 본다.

② 제1항 단서에도 불구하고 그 업무에 관하여 근로자대표와의 서면 합의를 한 경우에는 그 합의에서 정하는 시간을 그 업무의 수행에 통상 필요한 시간으로 본다.

③ 업무의 성질에 비추어 업무 수행 방법을 근로자의 재량에 위임할 필요가 있는 업무로서 대통령령으로 정하는 업무는 사용자가 근로자대표와 서면 합의로 정한 시간을 근로한 것으로 본다. 이 경우 그 서면 합의에는 다음 각 호의 사항을 명시하여야 한다.

1. 대상 업무
2. 사용자가 업무의 수행 수단 및 시간 배분 등에 관하여 근로자에게 구체적인 지시를 하지 아니한다는 내용
3. 근로시간의 산정은 그 서면 합의로 정하는 바에 따른다는 내용

④ 제1항과 제3항의 시행에 필요한 사항은 대통령령으로 정한다.

제59조(근로시간 및 휴게시간의 특례) 다음 각 호의 어느 하나에 해당하는 사업에 대하여 사용자가 근로자대표와 서면 합의를 한 경우에는 제53조제1항에 따른 주(週) 12시간을 초과하여 연장근로를 하게 하거나 제54조에 따른 휴게시간을 변경할 수 있다.

1. 운수업, 물품 판매 및 보관업, 금융보험업
2. 영화 제작 및 흥행업, 통신업, 교육연구 및 조사 사업, 광고업
3. 의료 및 위생 사업, 접객업, 소각 및 청소업, 이용업
4. 그 밖에 공중의 편의 또는 업무의 특성상 필요한 경우로서 대통령령으로 정하는 사업

제60조(연차 유급휴가) ① 사용자는 1년간 80퍼센트 이상 출근한 근로자에게 15일의 유급휴가를 주어야 한다. 〈개정 2012.2.1.〉

② 사용자는 계속하여 근로한 기간이 1년 미만인 근로자 또는 1년간 80퍼센트 미만 출근한 근로자에게 1개월 개근 시 1일의 유급휴가를 주어야 한다. 〈개정 2012.2.1.〉

③ 사용자는 근로자의 최초 1년 간의 근로에 대하여 유급휴가를 주는 경우에는 제2항에 따른 휴가를 포함하여 15일로 하고, 근로자가 제2항에 따른 휴가를 이미 사용한 경우에는 그 사용한 휴가 일수를 15일에서 뺀다.

④ 사용자는 3년 이상 계속하여 근로한 근로자에게는 제1항에 따른 휴가에 최초 1년을 초과하는 계속 근로 연수 매 2년에 대하여 1일을 가산한 유급휴가를 주어야 한다. 이 경우 가산휴가를 포함한 총 휴가 일수는 25일을 한도로 한다.

⑤ 사용자는 제1항부터 제4항까지의 규정에 따른 휴가를 근로자가 청구한 시기에 주어야 하고, 그 기간에 대하여는 취업규칙 등에서 정하는 통상임금 또는 평균임금을 지급하여야 한다. 다만, 근로자가 청구한 시기에 휴가를 주는 것이 사업 운영에 막대한 지장이 있는 경우에는 그 시기를 변경할 수 있다.

⑥ 제1항부터 제3항까지의 규정을 적용하는 경우 다음 각 호의 어느 하나에 해당하는 기간은 출근한 것으로 본다. 〈개정 2012.2.1.〉

1. 근로자가 업무상의 부상 또는 질병으로 휴업한 기간
2. 임신 중의 여성이 제74조제1항부터 제3항까지의 규정에 따른 휴가로 휴업한 기간

⑦ 제1항부터 제4항까지의 규정에 따른 휴가는 1년간 행사하지 아니하면 소멸된다. 다만, 사용자의 귀책사유로 사용하지 못한 경우에는 그러하

지 아니하다.

제61조(연차 유급휴가의 사용 촉진) 사용자가 제60조제1항·제3항 및 제4항에 따른 유급휴가의 사용을 촉진하기 위하여 다음 각 호의 조치를 하였음에도 불구하고 근로자가 휴가를 사용하지 아니하여 제60조제7항 본문에 따라 소멸된 경우에는 사용자는 그 사용하지 아니한 휴가에 대하여 보상할 의무가 없고, 제60조제7항 단서에 따른 사용자의 귀책사유에 해당하지 아니하는 것으로 본다. 〈개정 2012.2.1.〉

1. 제60조제7항 본문에 따른 기간이 끝나기 6개월 전을 기준으로 10일 이내에 사용자가 근로자별로 사용하지 아니한 휴가 일수를 알려주고, 근로자가 그 사용 시기를 정하여 사용자에게 통보하도록 서면으로 촉구할 것
2. 제1호에 따른 촉구에도 불구하고 근로자가 촉구를 받은 때부터 10일 이내에 사용하지 아니한 휴가의 전부 또는 일부의 사용 시기를 정하여 사용자에게 통보하지 아니하면 제60조제7항 본문에 따른 기간이 끝나기 2개월 전까지 사용자가 사용하지 아니한 휴가의 사용 시기를 정하여 근로자에게 서면으로 통보할 것

제62조(유급휴가의 대체) 사용자는 근로자대표와의 서면 합의에 따라 제60조에 따른 연차 유급휴가일을 갈음하여 특정한 근로일에 근로자를 휴무시킬 수 있다.

제63조(적용의 제외) 이 장과 제5장에서 정한 근로시간, 휴게와 휴일에 관한 규정은 다음 각 호의 어느 하나에 해당하는 근로자에 대하여는 적용하지 아니한다. 〈개정 2010.6.4.〉

1. 토지의 경작·개간, 식물의 재식(栽植)·재배·채취 사업, 그 밖의 농림 사업
2. 동물의 사육, 수산 동식물의 채포(採捕)·양식 사업, 그 밖의 축산, 양잠, 수산 사업
3. 감시(監視) 또는 단속적(斷續的)으로 근로에 종사하는 자로서 사용자가 고용노동부장관의 승인을 받은 자
4. 대통령령으로 정하는 업무에 종사하는 근로자

제5장 여성과 소년

제64조(최저 연령과 취직인허증) ① 15세 미만인 자(「초·중등교육법」에 따른 중학교에 재학 중인 18세 미만인 자를 포함한다)는 근로자로 사용하지 못한다. 다만, 대통령령으로 정하는 기준에 따라 고용노동부장관이 발급한 취직인허증(就職認許證)을 지닌 자는 근로자로 사용할 수 있다. 〈개정 2010.6.4.〉

② 제1항의 취직인허증은 본인의 신청에 따라 의무교육에 지장이 없는 경우에는 직종(職種)을 지정하여서만 발행할 수 있다.

③ 고용노동부장관은 거짓이나 그 밖의 부정한 방법으로 제1항 단서의 취직인허증을 발급받은 자에게는 그 인허를 취소하여야 한다. 〈개정 2010.6.4.〉

제65조(사용 금지) ① 사용자는 임신 중이거나 산후 1년이 지나지 아니한 여성(이하 "임산부"라 한다)과 18세 미만자를 도덕상 또는 보건상 유해·위험한 사업에 사용하지 못한다.

② 사용자는 임산부가 아닌 18세 이상의 여성을 제1항에 따른 보건상 유해·위험한 사업 중 임신 또는 출산에 관한 기능에 유해·위험한 사업에 사용하지 못한다.

③ 제1항 및 제2항에 따른 금지 직종은 대통령령으로 정한다.

제66조(연소자 증명서) 사용자는 18세 미만인 자에 대하여는 그 연령을 증명하는 가족관계기록사항에 관한 증명서와 친권자 또는 후견인의 동의서를 사업장에 갖추어 두어야 한다. 〈개정 2007.5.17.〉

제67조(근로계약) ① 친권자나 후견인은 미성년자의 근로계약을 대리할 수 없다.

② 친권자, 후견인 또는 고용노동부장관은 근로계약이 미성년자에게 불리하다고 인정하는 경우에는 이를 해지할 수 있다. 〈개정 2010.6.4.〉

③ 사용자는 18세 미만인 자와 근로계약을 체결하는 경우에는 제17조에 따른 근로조건을 서면으로 명시하여 교부하여야 한다. 〈신설 2007.7.27.〉

제68조(임금의 청구) 미성년자는 독자적으로 임금을 청구할 수 있다.

제69조(근로시간) 15세 이상 18세 미만인 자의 근로

시간은 1일에 7시간, 1주일에 40시간을 초과하지 못한다. 다만, 당사자 사이의 합의에 따라 1일에 1시간, 1주일에 6시간을 한도로 연장할 수 있다.

제70조(야간근로와 휴일근로의 제한) ① 사용자는 18세 이상의 여성을 오후 10시부터 오전 6시까지의 시간 및 휴일에 근로시키려면 그 근로자의 동의를 받아야 한다.

② 사용자는 임산부와 18세 미만자를 오후 10시부터 오전 6시까지의 시간 및 휴일에 근로시키지 못한다. 다만, 다음 각 호의 어느 하나에 해당하는 경우로서 고용노동부장관의 인가를 받으면 그러하지 아니하다. 〈개정 2010.6.4.〉

1. 18세 미만자의 동의가 있는 경우
2. 산후 1년이 지나지 아니한 여성의 동의가 있는 경우
3. 임신 중의 여성이 명시적으로 청구하는 경우

③ 사용자는 제2항의 경우 고용노동부장관의 인가를 받기 전에 근로자의 건강 및 모성 보호를 위하여 그 시행 여부와 방법 등에 관하여 그 사업 또는 사업장의 근로자대표와 성실하게 협의하여야 한다. 〈개정 2010.6.4.〉

제71조(시간외근로) 사용자는 산후 1년이 지나지 아니한 여성에 대하여는 단체협약이 있는 경우라도 1일에 2시간, 1주일에 6시간, 1년에 150시간을 초과하는 시간외근로를 시키지 못한다.

제72조(갱내근로의 금지) 사용자는 여성과 18세 미만인 자를 갱내(坑內)에서 근로시키지 못한다. 다만, 보건·의료, 보도·취재 등 대통령령으로 정하는 업무를 수행하기 위하여 일시적으로 필요한 경우에는 그러하지 아니하다.

제73조(생리휴가) 사용자는 여성 근로자가 청구하면 월 1일의 생리휴가를 주어야 한다.

제74조(임산부의 보호) ① 사용자는 임신 중의 여성에게 출산 전과 출산 후를 통하여 90일(한 번에 둘 이상 자녀를 임신한 경우에는 120일)의 출산전후휴가를 주어야 한다. 이 경우 휴가 기간의 배정은 출산 후에 45일(한 번에 둘 이상 자녀를 임신한 경우에는 60일) 이상이 되어야 한다. 〈개정 2012.2.1., 2014.1.21.〉

② 사용자는 임신 중인 여성 근로자가 유산의 경험 등 대통령령으로 정하는 사유로 제1항의 휴가를 청구하는 경우 출산 전 어느 때 라도 휴가를 나누어 사용할 수 있도록 하여야 한다. 이 경우 출산 후의 휴가 기간은 연속하여 45일(한 번에 둘 이상 자녀를 임신한 경우에는 60일) 이상이 되어야 한다. 〈신설 2012.2.1., 2014.1.21.〉

③ 사용자는 임신 중인 여성이 유산 또는 사산한 경우로서 그 근로자가 청구하면 대통령령으로 정하는 바에 따라 유산·사산 휴가를 주어야 한다. 다만, 인공 임신중절 수술(「모자보건법」 제14조제1항에 따른 경우는 제외한다)에 따른 유산의 경우는 그러하지 아니하다. 〈개정 2012.2.1.〉

④ 제1항부터 제3항까지의 규정에 따른 휴가 중 최초 60일(한 번에 둘 이상 자녀를 임신한 경우에는 75일)은 유급으로 한다. 다만, 「남녀고용평등과 일·가정 양립 지원에 관한 법률」 제18조에 따라 출산전후휴가급여 등이 지급된 경우에는 그 금액의 한도에서 지급의 책임을 면한다. 〈개정 2007.12.21., 2012.2.1., 2014.1.21.〉

⑤ 사용자는 임신 중의 여성 근로자에게 시간외근로를 하게 하여서는 아니 되며, 그 근로자의 요구가 있는 경우에는 쉬운 종류의 근로로 전환하여야 한다. 〈개정 2012.2.1.〉

⑥ 사업주는 제1항에 따른 출산전후휴가 종료 후에는 휴가 전과 동일한 업무 또는 동등한 수준의 임금을 지급하는 직무에 복귀시켜야 한다. 〈신설 2008.3.28., 2012.2.1.〉

⑦ 사용자는 임신 후 12주 이내 또는 36주 이후에 있는 여성 근로자가 1일 2시간의 근로시간 단축을 신청하는 경우 이를 허용하여야 한다. 다만, 1일 근로시간이 8시간 미만인 근로자에 대하여는 1일 근로시간이 6시간이 되도록 근로시간 단축을 허용할 수 있다. 〈신설 2014.3.24.〉

⑧ 사용자는 제7항에 따른 근로시간 단축을 이유로 해당 근로자의 임금을 삭감하여서는 아니 된다. 〈신설 2014.3.24.〉

⑨ 제7항에 따른 근로시간 단축의 신청방법 및 절차 등에 필요한 사항은 대통령령으로 정한다. 〈신설 2014.3.24.〉

[시행일] 제74조제7항, 제74조제8항, 제74조제9항의 개정규정은 다음 각 호의 구분에 따른 날

1. 상시 300명 이상의 근로자를 사용하는 사업 또는 사업장: 공포 후 6개월이 경과한 날

2. 상시 300명 미만의 근로자를 사용하는 사업 또는 사업장: 공포 후 2년이 경과한 날

제74조의2(태아검진 시간의 허용 등) ① 사용자는 임신한 여성근로자가 「모자보건법」 제10조에 따른 임산부 정기건강진단을 받는데 필요한 시간을 청구하는 경우 이를 허용하여 주어야 한다.

② 사용자는 제1항에 따른 건강진단 시간을 이유로 그 근로자의 임금을 삭감하여서는 아니 된다. [본조신설 2008.3.21.]

제75조(육아 시간) 생후 1년 미만의 유아(乳兒)를 가진 여성 근로자가 청구하면 1일 2회 각각 30분 이상의 유급 수유 시간을 주어야 한다.

제6장 안전과 보건

제76조(안전과 보건) 근로자의 안전과 보건에 관하여는 「산업안전보건법」에서 정하는 바에 따른다.

제7장 기능 습득

제77조(기능 습득자의 보호) 사용자는 양성공, 수습, 그 밖의 명칭을 불문하고 기능의 습득을 목적으로 하는 근로자를 혹사하거나 가사, 그 밖의 기능 습득에 관계없는 업무에 종사시키지 못한다.

제8장 재해보상

제78조(요양보상) ① 근로자가 업무상 부상 또는 질병에 걸리면 사용자는 그 비용으로 필요한 요양을 행하거나 필요한 요양비를 부담하여야 한다.

② 제1항에 따른 업무상 질병과 요양의 범위 및 요양보상의 시기는 대통령령으로 정한다. 〈개정 2008.3.21.〉

제79조(휴업보상) ① 사용자는 제78조에 따라 요양 중에 있는 근로자에게 그 근로자의 요양 중 평균임금의 100분의 60의 휴업보상을 하여야 한다. 〈개정 2008.3.21.〉

② 제1항에 따른 휴업보상을 받을 기간에 그 보상을 받을 자가 임금의 일부를 지급받은 경우에는 사용자는 평균임금에서 그 지급받은 금액을 뺀 금액의 100분의 60의 휴업보상을 하여야 한다. 〈신설 2008.3.21.〉

③ 휴업보상의 시기는 대통령령으로 정한다. 〈신설 2008.3.21.〉

제80조(장해보상) ① 근로자가 업무상 부상 또는 질병에 걸리고, 완치된 후 신체에 장해가 있으면 사용자는 그 장해 정도에 따라 평균임금에 별표에서 정한 일수를 곱한 금액의 장해보상을 하여야 한다. 〈개정 2008.3.21.〉

② 이미 신체에 장해가 있는 자가 부상 또는 질병으로 인하여 같은 부위에 장해가 더 심해진 경우에 그 장해에 대한 장해보상 금액은 장해 정도가 더 심해진 장해등급에 해당하는 장해보상의 일수에서 기존의 장해등급에 해당하는 장해보상의 일수를 뺀 일수에 보상청구사유 발생 당시의 평균임금을 곱하여 산정한 금액으로 한다. 〈신설 2008.3.21.〉

③ 장해보상을 하여야 하는 신체장해 등급의 결정 기준과 장해보상의 시기는 대통령령으로 정한다. 〈신설 2008.3.21.〉

제81조(휴업보상과 장해보상의 예외) 근로자가 중대한 과실로 업무상 부상 또는 질병에 걸리고 또한 사용자가 그 과실에 대하여 노동위원회의 인정을 받으면 휴업보상이나 장해보상을 하지 아니하여도 된다.

제82조(유족보상) ① 근로자가 업무상 사망한 경우에는 사용자는 근로자가 사망한 후 지체 없이 그 유족에게 평균임금 1,000일분의 유족보상을 하여야 한다. 〈개정 2008.3.21.〉

② 제1항에서의 유족의 범위, 유족보상의 순위 및 보상을 받기로 확정된 자가 사망한 경우의 유족보상의 순위는 대통령령으로 정한다. 〈신설 2008.3.21.〉

제83조(장의비) 근로자가 업무상 사망한 경우에는 사용자는 근로자가 사망한 후 지체 없이 평균임금 90일분의 장의비를 지급하여야 한다. 〈개정 2008.3.21.〉

제84조(일시보상) 제78조에 따라 보상을 받는 근로자가 요양을 시작한 지 2년이 지나도 부상 또는 질병이 완치되지 아니하는 경우에는 사용자는

그 근로자에게 평균임금 1,340일분의 일시보상을 하여 그 후의 이 법에 따른 모든 보상책임을 면할 수 있다.

제85조(분할보상) 사용자는 지급 능력이 있는 것을 증명하고 보상을 받는 자의 동의를 받으면 제80조, 제82조 또는 제84조에 따른 보상금을 1년에 걸쳐 분할보상을 할 수 있다.

제86조(보상 청구권) 보상을 받을 권리는 퇴직으로 인하여 변경되지 아니하고, 양도나 압류하지 못한다.

제87조(다른 손해배상과의 관계) 보상을 받게 될 자가 동일한 사유에 대하여 「민법」이나 그 밖의 법령에 따라 이 법의 재해보상에 상당한 금품을 받으면 그 가액(價額)의 한도에서 사용자는 보상의 책임을 면한다.

제88조(고용노동부장관의 심사와 중재) ① 업무상의 부상, 질병 또는 사망의 인정, 요양의 방법, 보상금액의 결정, 그 밖에 보상의 실시에 관하여 이의가 있는 자는 고용노동부장관에게 심사나 사건의 중재를 청구할 수 있다. 〈개정 2010.6.4.〉

② 제1항의 청구가 있으면 고용노동부장관은 1개월 이내에 심사나 중재를 하여야 한다. 〈개정 2010.6.4.〉

③ 고용노동부장관은 필요에 따라 직권으로 심사나 사건의 중재를 할 수 있다. 〈개정 2010.6.4.〉

④ 고용노동부장관은 심사나 중재를 위하여 필요하다고 인정하면 의사에게 진단이나 검안을 시킬 수 있다. 〈개정 2010.6.4.〉

⑤ 제1항에 따른 심사나 중재의 청구와 제2항에 따른 심사나 중재의 시작은 시효의 중단에 관하여는 재판상의 청구로 본다.

[제목개정 2010.6.4.]

제89조(노동위원회의 심사와 중재) ① 고용노동부장관이 제88조제2항의 기간에 심사 또는 중재를 하지 아니하거나 심사와 중재의 결과에 불복하는 자는 노동위원회에 심사나 중재를 청구할 수 있다. 〈개정 2010.6.4.〉

② 제1항의 청구가 있으면 노동위원회는 1개월 이내에 심사나 중재를 하여야 한다.

제90조(도급 사업에 대한 예외) ① 사업이 여러 차례의 도급에 따라 행하여지는 경우의 재해보상에 대하여는 원수급인(元受給人)을 사용자로 본다.

② 제1항의 경우에 원수급인이 서면상 계약으로 하수급인에게 보상을 담당하게 하는 경우에는 그 수급인도 사용자로 본다. 다만, 2명 이상의 하수급인에게 똑같은 사업에 대하여 중복하여 보상을 담당하게 하지 못한다.

③ 제2항의 경우에 원수급인이 보상의 청구를 받으면 보상을 담당한 하수급인에게 우선 최고(催告)할 것을 청구할 수 있다. 다만, 그 하수급인이 파산의 선고를 받거나 행방이 알려지지 아니하는 경우에는 그러하지 아니하다.

제91조(서류의 보존) 사용자는 재해보상에 관한 중요한 서류를 재해보상이 끝나지 아니하거나 제92조에 따라 재해보상 청구권이 시효로 소멸되기 전에 폐기하여서는 아니 된다. 〈개정 2008.3.21.〉

제92조(시효) 이 법의 규정에 따른 재해보상 청구권은 3년간 행사하지 아니하면 시효로 소멸한다.

제9장 취업규칙

제93조(취업규칙의 작성·신고) 상시 10명 이상의 근로자를 사용하는 사용자는 다음 각 호의 사항에 관한 취업규칙을 작성하여 고용노동부장관에게 신고하여야 한다. 이를 변경하는 경우에도 또한 같다. 〈개정 2008.3.28., 2010.6.4., 2012.2.1.〉

1. 업무의 시작과 종료 시각, 휴게시간, 휴일, 휴가 및 교대 근로에 관한 사항
2. 임금의 결정·계산·지급 방법, 임금의 산정기간·지급시기 및 승급(昇給)에 관한 사항
3. 가족수당의 계산·지급 방법에 관한 사항
4. 퇴직에 관한 사항
5. 「근로자퇴직급여 보장법」 제4조에 따라 설정된 퇴직급여, 상여 및 최저임금에 관한 사항
6. 근로자의 식비, 작업 용품 등의 부담에 관한 사항
7. 근로자를 위한 교육시설에 관한 사항
8. 출산전후휴가·육아휴직 등 근로자의 모성 보호 및 일·가정 양립 지원에 관한 사항
9. 안전과 보건에 관한 사항

9의2. 근로자의 성별·연령 또는 신체적 조건 등의 특성에 따른 사업장 환경의 개선에 관한

사항

10. 업무상과 업무 외의 재해부조(災害扶助)에 관한 사항
11. 표창과 제재에 관한 사항
12. 그 밖에 해당 사업 또는 사업장의 근로자 전체에 적용될 사항

제94조(규칙의 작성, 변경 절차) ① 사용자는 취업규칙의 작성 또는 변경에 관하여 해당 사업 또는 사업장에 근로자의 과반수로 조직된 노동조합이 있는 경우에는 그 노동조합, 근로자의 과반수로 조직된 노동조합이 없는 경우에는 근로자의 과반수의 의견을 들어야 한다. 다만, 취업규칙을 근로자에게 불리하게 변경하는 경우에는 그 동의를 받아야 한다.

② 사용자는 제93조에 따라 취업규칙을 신고할 때에는 제1항의 의견을 적은 서면을 첨부하여야 한다.

제95조(제재 규정의 제한) 취업규칙에서 근로자에 대하여 감급(減給)의 제재를 정할 경우에 그 감액은 1회의 금액이 평균임금의 1일분의 2분의 1을, 총액이 1임금지급기의 임금 총액의 10분의 1을 초과하지 못한다.

제96조(단체협약의 준수) ① 취업규칙은 법령이나 해당 사업 또는 사업장에 대하여 적용되는 단체협약과 어긋나서는 아니 된다.

② 고용노동부장관은 법령이나 단체협약에 어긋나는 취업규칙의 변경을 명할 수 있다. 〈개정 2010.6.4.〉

제97조(위반의 효력) 취업규칙에서 정한 기준에 미달하는 근로조건을 정한 근로계약은 그 부분에 관하여는 무효로 한다. 이 경우 무효로 된 부분은 취업규칙에 정한 기준에 따른다.

제10장 기숙사

제98조(기숙사 생활의 보장) ① 사용자는 사업 또는 사업장의 부속 기숙사에 기숙하는 근로자의 사생활의 자유를 침해하지 못한다.

② 사용자는 기숙사 생활의 자치에 필요한 임원 선거에 간섭하지 못한다.

제99조(규칙의 작성과 변경) ① 부속 기숙사에 근로자를 기숙시키는 사용자는 다음 각 호의 사항에 관하여 기숙사규칙을 작성하여야 한다.

1. 기상(起床), 취침, 외출과 외박에 관한 사항
2. 행사에 관한 사항
3. 식사에 관한 사항
4. 안전과 보건에 관한 사항
5. 건설물과 설비의 관리에 관한 사항
6. 그 밖에 기숙사에 기숙하는 근로자 전체에 적용될 사항

② 사용자는 제1항에 따른 규칙의 작성 또는 변경에 관하여 기숙사에 기숙하는 근로자의 과반수를 대표하는 자의 동의를 받아야 한다.

③ 사용자와 기숙사에 기숙하는 근로자는 기숙사규칙을 지켜야 한다.

제100조(설비와 안전 위생) ① 사용자는 부속 기숙사에 대하여 근로자의 건강, 풍기(風紀)와 생명의 유지에 필요한 조치를 강구하여야 한다.

② 제1항에 따라 강구하여야 할 조치의 기준은 대통령령으로 정한다.

제11장 근로감독관 등

제101조(감독 기관) ① 근로조건의 기준을 확보하기 위하여 고용노동부와 그 소속 기관에 근로감독관을 둔다. 〈개정 2010.6.4.〉

② 근로감독관의 자격, 임면(任免), 직무 배치에 관한 사항은 대통령령으로 정한다.

제102조(근로감독관의 권한) ① 근로감독관은 사업장, 기숙사, 그 밖의 부속 건물에 임검(臨檢)하고 장부와 서류의 제출을 요구할 수 있으며 사용자와 근로자에 대하여 심문(尋問)할 수 있다.

② 의사인 근로감독관이나 근로감독관의 위촉을 받은 의사는 취업을 금지하여야 할 질병에 걸릴 의심이 있는 근로자에 대하여 검진할 수 있다.

③ 제1항 및 제2항의 경우에 근로감독관이나 그 위촉을 받은 의사는 그 신분증명서와 고용노동부장관의 임검 또는 검진지령서(檢診指令書)를 제시하여야 한다. 〈개정 2010.6.4.〉

④ 제3항의 임검 또는 검진지령서에는 그 일시, 장소 및 범위를 분명하게 적어야 한다.

⑤ 근로감독관은 이 법이나 그 밖의 노동 관계 법

령 위반의 죄에 관하여 「사법경찰관리의 직무를 행할 자와 그 직무범위에 관한 법률」에서 정하는 바에 따라 사법경찰관의 직무를 수행한다.

제103조(근로감독관의 의무) 근로감독관은 직무상 알게 된 비밀을 엄수하여야 한다. 근로감독관을 그만 둔 경우에도 또한 같다.

제104조(감독 기관에 대한 신고) ① 사업 또는 사업장에서 이 법 또는 이 법에 따른 대통령령을 위반한 사실이 있으면 근로자는 그 사실을 고용노동부장관이나 근로감독관에게 통보할 수 있다. 〈개정 2010.6.4.〉

② 사용자는 제1항의 통보를 이유로 근로자에게 해고나 그 밖에 불리한 처우를 하지 못한다.

제105조(사법경찰권 행사자의 제한) 이 법이나 그 밖의 노동 관계 법령에 따른 임검, 서류의 제출, 심문 등의 수사는 검사와 근로감독관이 전담하여 수행한다. 다만, 근로감독관의 직무에 관한 범죄의 수사는 그러하지 아니하다.

제106조(권한의 위임) 이 법에 따른 고용노동부장관의 권한은 대통령령으로 정하는 바에 따라 그 일부를 지방고용노동관서의 장에게 위임할 수 있다. 〈개정 2010.6.4.〉

제12장 벌칙

제107조(벌칙) 제7조, 제8조, 제9조, 제23조제2항 또는 제40조를 위반한 자는 5년 이하의 징역 또는 3천만원 이하의 벌금에 처한다.

제108조(벌칙) 근로감독관이 이 법을 위반한 사실을 고의로 묵과하면 3년 이하의 징역 또는 5년 이하의 자격정지에 처한다.

제109조(벌칙) ① 제36조, 제43조, 제44조, 제44조의2, 제46조, 제56조, 제65조 또는 제72조를 위반한 자는 3년 이하의 징역 또는 2천만원 이하의 벌금에 처한다. 〈개정 2007.7.27.〉

② 제36조, 제43조, 제44조, 제44조의2, 제46조 또는 제56조를 위반한 자에 대하여는 피해자의 명시적인 의사와 다르게 공소를 제기할 수 없다. 〈개정 2007.7.27.〉

제110조(벌칙) 다음 각 호의 어느 하나에 해당하는 자는 2년 이하의 징역 또는 1천만원 이하의 벌금에 처한다. 〈개정 2009.5.21., 2012.2.1.〉

1. 제10조, 제22조제1항, 제26조, 제50조, 제53조제1항·제2항·제3항 본문, 제54조, 제55조, 제60조제1항·제2항·제4항 및 제5항, 제64조제1항, 제69조, 제70조제1항·제2항, 제71조, 제74조제1항부터 제5항까지, 제75조, 제78조부터 제80조까지, 제82조, 제83조 및 제104조제2항을 위반한 자
2. 제53조제4항에 따른 명령을 위반한 자

제111조(벌칙) 제31조제3항에 따라 확정되거나 행정소송을 제기하여 확정된 구제명령 또는 구제명령을 내용으로 하는 재심판정을 이행하지 아니한 자는 1년 이하의 징역 또는 1천만원 이하의 벌금에 처한다.

제112조(고발) ① 제111조의 죄는 노동위원회의 고발이 있어야 공소를 제기할 수 있다.

② 검사는 제1항에 따른 죄에 해당하는 위반행위가 있음을 노동위원회에 통보하여 고발을 요청할 수 있다.

제113조(벌칙) 제45조를 위반한 자는 1천만원 이하의 벌금에 처한다.

제114조(벌칙) 다음 각 호의 어느 하나에 해당하는 자는 500만원 이하의 벌금에 처한다. 〈개정 2007.7.27., 2008.3.28., 2009.5.21., 2012.2.1.〉

1. 제6조, 제16조, 제17조, 제20조, 제21조, 제22조제2항, 제47조, 제53조제3항 단서, 제67조제1항·제3항, 제70조제3항, 제73조, 제74조제6항, 제77조, 제94조, 제95조, 제100조 및 제103조를 위반한 자
2. 제96조제2항에 따른 명령을 위반한 자

제115조(양벌규정) 사업주의 대리인, 사용인, 그 밖의 종업원이 해당 사업의 근로자에 관한 사항에 대하여 제107조, 제109조부터 제111조까지, 제113조 또는 제114조의 위반행위를 하면 그 행위자를 벌하는 외에 그 사업주에게도 해당 조문의 벌금형을 과(科)한다. 다만, 사업주가 그 위반행위를 방지하기 위하여 해당 업무에 관하여 상당한 주의와 감독을 게을리하지 아니한 경우에는 그러하지 아니하다.

[전문개정 2009.5.21.]

제116조(과태료) ① 다음 각 호의 어느 하나에 해당하는 자에게는 500만원 이하의 과태료를 부과한

다. 〈개정 2009.5.21., 2010.6.4., 2014.3.24.〉

1. 제13조에 따른 고용노동부장관, 노동위원회 또는 근로감독관의 요구가 있는 경우에 보고 또는 출석을 하지 아니하거나 거짓된 보고를 한 자
2. 제14조, 제39조, 제41조, 제42조, 제48조, 제66조, 제74조제7항, 제91조, 제93조, 제98조제2항 및 제99조를 위반한 자
3. 제102조에 따른 근로감독관 또는 그 위촉을 받은 의사의 임검(臨檢)이나 검진을 거절, 방해 또는 기피하고 그 심문에 대하여 진술을 하지 아니하거나 거짓된 진술을 하며 장부·서류를 제출하지 아니하거나 거짓 장부·서류를 제출한 자

② 제1항에 따른 과태료는 대통령령으로 정하는 바에 따라 고용노동부장관이 부과·징수한다. 〈개정 2010.6.4.〉

③ 삭제 〈2009.5.21.〉

④ 삭제 〈2009.5.21.〉

⑤ 삭제 〈2009.5.21.〉

부칙 〈제8372호, 2007.4.11.〉

제1조 (시행일) 이 법은 공포한 날부터 시행한다. 다만, 부칙 제16조제24항의 개정규정은 2007년 4월 12일부터 시행하고, 제12조, 제13조, 제17조, 제21조, 제23조제1항, 제24조제3항, 제25조제1항, 제27조부터 제33조까지, 제37조제1항, 제38조, 제43조, 제45조, 제64조제3항, 제77조, 제107조, 제110조제1호, 제111조, 제112조, 제114조, 제116조 및 부칙 제16조제9항의 개정규정은 2007년 7월 1일부터 시행하며, 부칙 제16조제21항의 개정규정은 2007년 7월 20일부터 시행한다.

제2조 (시행일에 관한 경과조치) 부칙 제1조 단서에 따라 제12조, 제13조, 제17조, 제21조, 제23조제1항, 제24조제3항, 제25조제1항, 제28조, 제37조제1항, 제38조, 제43조, 제45조, 제77조, 제107조, 제110조제1호 및 제114조의 개정규정이 시행되기 전까지는 그에 해당하는 종전의 제11조, 제12조, 제24조, 제28조, 제30조제1항, 제31조제3항, 제31조의2제1항, 제33조, 제36조의2제1항, 제37조, 제42조, 제44조, 제77조, 제110조, 제113조제1호 및 제115조를 적용한다.

제3조 (유효기간) 제16조의 개정규정은 2007년 6월 30일까지 효력을 가진다.

제4조 (법률 제6974호 근로기준법중개정법률의 시행일) 법률 제6974호 근로기준법중개정법률의 시행일은 다음 각 호와 같다.

1. 금융·보험업, 「정부투자기관 관리기본법」 제2조에 따른 정부투자기관, 「지방공기업법」 제49조 및 같은 법 제76조에 따른 지방공사 및 지방공단, 국가·지방자치단체 또는 정부투자기관이 자본금의 2분의 1 이상을 출자하거나 기본재산의 2분의 1 이상을 출연한 기관·단체와 그 기관·단체가 자본금의 2분의 1 이상을 출자하거나 기본재산의 2분의 1 이상을 출연한 기관·단체 및 상시 1,000명 이상의 근로자를 사용하는 사업 또는 사업장 : 2004년 7월 1일
2. 상시 300명 이상 1,000명 미만의 근로자를 사용하는 사업 또는 사업장 : 2005년 7월 1일
3. 상시 100명 이상 300명 미만의 근로자를 사용하는 사업 또는 사업장 : 2006년 7월 1일
4. 상시 50명 이상 100명 미만의 근로자를 사용하는 사업 또는 사업장 : 2007년 7월 1일
5. 상시 20명 이상 50명 미만의 근로자를 사용하는 사업 또는 사업장 : 2008년 7월 1일
6. 상시 20명 미만의 근로자를 사용하는 사업 또는 사업장, 국가 및 지방자치단체의 기관 : 2011년을 초과하지 아니하는 기간 이내에서 대통령령으로 정하는 날

제5조 (법률 제6974호 근로기준법중개정법률의 적용에 관한 특례) 사용자가 부칙 제4조에 따른 시행일 전에 근로자의 과반수로 조직된 노동조합이 있는 경우에는 그 노동조합, 근로자의 과반수로 조직된 노동조합이 없는 경우에는 근로자의 과반수의 동의를 얻어 노동부령으로 정하는 바에 따라 노동부장관에게 신고한 경우에는 부칙 제4조에 따른 시행일 전이라도 이를 적용할 수 있다.

제5조의2(건설공사 등의 근로시간 적용의 특례) 부칙 제4조제6호에도 불구하고 다음 각 호의 공사 전부 또는 일부가 포함된 공사로서 공사의 발주자가 같고 공사의 목적, 장소 및 공기(工期) 등에 비추어 하나의 일관된 체계에 따라 시공되는

것으로 인정되는 공사(이하 이 조에서 "관련공사"라 한다)에 사용되는 모든 근로자에 대하여는 관련공사의 발주 시 총 공사 계약금액을 바탕으로 대통령령으로 정하는 바에 따라 산정한 관련공사의 상시 근로자 수를 기준으로 제50조에 따른 근로시간을 적용할지를 결정한다.

1. 「건설산업기본법」에 따른 건설공사
2. 「전기공사업법」에 따른 전기공사
3. 「정보통신공사업법」에 따른 정보통신공사
4. 「소방시설공사업법」에 따른 소방시설공사
5. 「문화재보호법」에 따른 문화재수리공사

[본조신설 2008.3.21]

제6조 (연장근로에 관한 특례) ① 부칙 제4조 각 호의 시행일(부칙 제5조에 따라 노동부장관에게 신고한 경우에는 적용일을 말한다. 이하 같다)부터 3년 간은 제53조제1항 및 제59조제1항을 적용할 때 "12시간"을 각각 "16시간"으로 본다.

② 제1항을 적용할 때 최초의 4시간에 대하여는 제56조 중 "100분의 50"을 "100분의 25"로 본다.

제7조 (임금보전 및 단체협약의 변경 등) ① 사용자는 법률 제6974호 근로기준법중개정법률의 시행으로 인하여 기존의 임금수준 및 시간당 통상임금이 저하되지 아니하도록 하여야 한다.

② 근로자·노동조합 및 사용자는 법률 제6974호 근로기준법중개정법률의 시행과 관련하여 단체협약 유효기간의 만료 여부를 불문하고 가능한 빠른 시일 내에 단체협약, 취업규칙 등에 임금보전방안 및 같은 법의 개정사항이 반영되도록 하여야 한다.

③ 제1항 및 제2항을 적용할 때 임금항목 또는 임금 조정방법은 단체협약, 취업규칙 등을 통하여 근로자·노동조합 및 사용자가 자율적으로 정한다.

제8조 (연차 및 월차 유급휴가에 관한 경과조치) 법률 제6974호 근로기준법중개정법률 시행일 전에 발생한 월차 유급휴가 및 연차 유급휴가에 대하여는 종전의 규정에 따른다.

제9조 (지연이자에 관한 적용례) 법률 제7465호 근로기준법 일부개정법률 제36조의2의 개정규정은 같은 법 시행 후 최초로 지급사유가 발생하는 경우부터 적용한다.

제10조 (유산 또는 사산에 따른 보호휴가 등에 관한 적용례) 법률 제7566호 근로기준법 일부개정법률 제72조제2항 및 제3항의 개정규정은 같은 법 시행 후 최초로 출산·유산 또는 사산하는 여성 근로자부터 적용한다.

제11조 (우선 재고용등에 관한 적용례) 제25조제1항의 개정규정은 법률 제8293호 근로기준법 일부개정법률의 시행일인 2007년 7월 1일 이후 최초로 발생한 경영상 이유에 따른 해고부터 적용한다.

제12조 (부당해고등에 대한 구제에 관한 적용례) 제28조부터 제33조까지, 제111조 및 제112조의 개정규정은 법률 제8293호 근로기준법 일부개정법률의 시행일인 2007년 7월 1일 이후 최초로 발생한 부당해고등부터 적용한다.

제13조 (임금채권 우선변제에 관한 경과조치) ① 법률 제5473호 근로기준법중개정법률 제37조제2항제2호의 개정규정에도 불구하고 같은 법 시행 전에 퇴직한 근로자의 경우에는 1989년 3월 29일 이후의 계속 근로연수에 대한 퇴직금을 우선변제의 대상으로 한다.

② 법률 제5473호 근로기준법중개정법률 제37조제2항제2호의 개정규정에도 불구하고 같은 법 시행 전에 채용된 근로자로서 같은 법 시행 후 퇴직하는 근로자의 경우에는 1989년 3월 29일 이후부터 같은 법 시행 전까지의 계속 근로연수에 대한 퇴직금에 같은 법 시행 후의 계속 근로연수에 대하여 발생하는 최종 3년 간의 퇴직금을 합산한 금액을 우선변제의 대상으로 한다.

③ 제1항 및 제2항에 따라 우선변제의 대상이 되는 퇴직금은 계속 근로연수 1년에 대하여 30일분의 평균임금으로 계산한 금액으로 한다.

④ 제1항 및 제2항에 따라 우선변제의 대상이 되는 퇴직금은 250일분의 평균임금을 초과할 수 없다.

제14조 (처분 등에 관한 일반적 경과조치) 이 법 시행 당시 종전의 규정에 따른 행정기관의 행위나 행정기관에 대한 행위는 그에 해당하는 이 법에 따른 행정기관의 행위나 행정기관에 대한 행위로 본다.

제15조 (벌칙에 관한 경과조치) 이 법 시행 전의 행위에 대하여 벌칙 규정을 적용할 때에는 종전의 규정에 따른다.

제16조 (다른 법률의 개정) ① 건설근로자의고용개선등에관한법률 일부를 다음과 같이 개정한다.

제2조제2호 중 "근로기준법 제14조"를 "「근로기준법」 제2조"로 한다.

② 경제자유구역의지정및운영에관한법률 일부를 다음과 같이 개정한다.

제17조제4항 중 "근로기준법 제54조 및 제71조"를 "「근로기준법」 제55조 및 제73조"로 한다.

③ 고령자고용촉진법 일부를 다음과 같이 개정한다.

제2조제3호 중 "제14조"를 "제2조"로 한다.

제21조제2항 중 "동법 제59조"를 "같은 법 제60조"로 한다.

④ 고용정책기본법 일부를 다음과 같이 개정한다.

제27조제1항 단서 중 "제31조제4항"을 "제24조제4항"으로 한다.

⑤ 국세기본법 일부를 다음과 같이 개정한다.

제35조제1항제5호 중 "제37조"를 "제38조"로 한다.

⑥ 근로자직업능력 개발법 일부를 다음과 같이 개정한다.

제9조제4항 중 "근로기준법 제49조"를 "「근로기준법」 제50조"로 하고, 제20조제2항제4호 중 "근로기준법 제57조 및 제59조"를 "「근로기준법」 제60조"로 한다.

⑦ 근로자참여및협력증진에관한법률 일부를 다음과 같이 개정한다.

제3조제2호 중 "근로기준법 제14조"를 "「근로기준법」 제2조"로 하고, 같은 조 제3호 중 "근로기준법 제15조"를 "「근로기준법」 제2조"로 한다.

⑧ 근로자퇴직급여 보장법 일부를 다음과 같이 개정한다.

제2조제1호 중 "근로기준법 제14조"를 "「근로기준법」 제2조"로 하고, 같은 조 제2호 중 "근로기준법 제15조"를 "「근로기준법」 제2조"로 하며, 같은 조 제3호 중 "근로기준법 제18조"를 "「근로기준법」 제2조"로 하고, 같은 조 제4호 중 "근로기준법 제19조"를 "「근로기준법」 제2조"로 한다.

⑨ 법률 제8074호 기간제 및 단시간근로자 보호 등에 관한 법률 일부를 다음과 같이 개정한다.

제2조제2호 중 "제21조"를 "제2조"로 한다.

제6조제1항 전단 중 "제20조"를 "제2조"로 한다.

⑩ 남녀고용평등법 일부를 다음과 같이 개정한다.

제18조제1항 중 "「근로기준법」 제72조"를 "「근로기준법」 제74조"로 하고, 같은 조 제2항 중 "「근로기준법」 제72조제3항"을 "「근로기준법」 제74조제3항"으로 한다.

⑪ 노동위원회법 일부를 다음과 같이 개정한다.

제16조의3제1항 중 "제33조"를 "제28조"로 한다.

⑫ 별정우체국법 일부를 다음과 같이 개정한다.

제29조제1항 중 "근로기준법 제34조"를 "「근로기준법」 제34조"로 한다.

⑬ 병역법 일부를 다음과 같이 개정한다.

제41조제1항 중 "「근로기준법」 제33조제1항"을 "「근로기준법」 제28조제1항"으로 한다.

⑭ 사내근로복지기금법 일부를 다음과 같이 개정한다.

제2조제1호 중 "근로기준법 제14조"를 "「근로기준법」 제2조"로 하고, 같은 조 제2호 중 "근로기준법 제15조"를 "「근로기준법」 제2조"로 한다.

⑮ 산업안전보건법 일부를 다음과 같이 개정한다.

제2조제2호 중 "제14조"를 "제2조"로 한다.

제51조제1항 중 "「근로기준법」 제104조"를 "「근로기준법」 제101조"로 한다.

〈16〉 석탄산업법 일부를 다음과 같이 개정한다.

제39조의3제1항제1호 중 "「근로기준법」 제19조"를 "「근로기준법」 제2조"로 하고, 같은 조 제2항 중 "「근로기준법」 제37조제2항"을 "「근로기준법」 제38조제2항"으로 한다.

〈17〉 선원법 일부를 다음과 같이 개정한다.

제5조제1항 중 "「근로기준법」 제2조 내지 제9조·제14조 내지 제16조·제36조·제37조·제39조·제66조·제110조(제6조·제7조·제8조 또는 제39조의 규정에 위반한 경우에 한한다)·제112조(제36조의 규정에 위반한 경우에 한한다)·제113조(제9조의 규정에 위반한 경우에 한한다) 및 제115조(제5조의 규정에 위반한 경우에 한한다)"를 "「근로기준법」 제2조제1호부터 제3호까지, 제3조부터 제10조까지, 제36조, 제38조, 제40조, 제68조, 제107조(제7조부터 제9조까지 또는 제40조를 위반한 경우에 한정한다), 제109조(제36조를 위반한 경우로 한정한다), 제110조(제10조를 위반한 경우로 한정한다) 및 제114조(제6조를 위반한 경우로 한정한다)"로 하고, 제51조의2제5항 중 "「근로기준법」 제37조제2항"을 "「근로기준법」 제38조제2항"으로 한다.

〈18〉 임금채권보장법 일부를 다음과 같이 개정한다.

제2조제1호 중 "근로기준법 제14조"를 "「근로기준법」 제2조"로 하고, 같은 조 제3호 중 "근로기준법 제18조·제34조 및 제45조"를 "「근로기준법」 제2조, 제34조 및 제46조"로 한다.

제6조제2항제1호 중 "「근로기준법」 제37조제2항제1호"를 "「근로기준법」 제38조제2항제1호"로 하고, 같은 항 제2호 중 "근로기준법 제45조"를 "「근로기준법」 제46조"로 한다.

제7조제2항 중 "「근로기준법」 제37조제2항"을 "「근로기준법」 제38조제2항"으로 한다.

〈19〉 제주특별자치도 설치 및 국제자유도시 조성을 위한 특별법 일부를 다음과 같이 개정한다.

제141조 중 "「근로기준법」 제104조제1항"을 "「근로기준법」 제101조제1항"으로 한다.

〈20〉 지방세법 일부를 다음과 같이 개정한다.

제31조제2항제5호 중 "「근로기준법」 제37조"를 "「근로기준법」 제38조"로 한다.

〈21〉 법률 제8249호 직업안정법 일부개정법률 일부를 다음과 같이 개정한다.

제21조의3제2항 중 "「근로기준법」 제63조"를 "「근로기준법」 제65조"로 한다.

〈22〉 최저임금법 일부를 다음과 같이 개정한다.

제2조 중 "근로기준법 제14조, 제15조 및 제18조"를 "「근로기준법」 제2조"로 한다.

제5조제2항제2호 중 "「근로기준법」 제61조제3호"를 "「근로기준법」 제63조제3호"로 한다.

〈23〉 파견근로자보호등에관한법률 일부를 다음과 같이 개정한다.

제8조제3호 중 "근로기준법 제6조·제8조·제27조 내지 제29조·제36조·제42조 내지 제45조·제55조·제62조"를 "「근로기준법」 제7조, 제9조, 제20조부터 제22조까지, 제36조, 제43조부터 제46조까지, 제56조 및 제64조"로 한다.

제16조제2항 중 "근로기준법 제31조"를 "「근로기준법」 제24조"로 한다.

제34조제1항 본문 중 "근로기준법 제15조"를 "「근로기준법」 제2조"로 하고, 같은 항 단서 중 "동법 제22조 내지 제36조·제38조·제40조 내지 제47조·제55조·제59조·제62조·제64조 내지 제66조·제74조·제81조 내지 제95조"를 "같은 법 제15조부터 제36조까지, 제39조, 제41조부터 제48조까지, 제56조, 제60조, 제64조, 제66조부터 제68조까지 및 제78조부터 제92조까지"로, "동법 제49조 내지 제54조·제56조 내지 제58조·제60조·제61조·제67조 내지 제73조 및 제75조"를 "같은 법 제50조부터 제55조까지, 제58조, 제59조, 제62조, 제63조 및 제69조부터 제75조까지"로 한다.

제34조제2항 후단 중 "근로기준법 제42조 및 제66조"를 "「근로기준법」 제43조 및 제68조"로 하고, "동법 제15조"를 "같은 법 제2조"로 한다.

제34조제3항 중 "근로기준법 제54조·제57조·제71조·제72조제1항"을 "「근로기준법」 제55조, 제73조 및 제74조제1항"으로 한다.

〈24〉 법률 제8236호 한국주택금융공사법 일부개정법률 일부를 다음과 같이 개정한다.

제43조의4제2항제2호 중 "「근로기준법」 제37조제2항"을 "「근로기준법」 제38조제2항"으로 한다.

제17조 (다른 법령과의 관계) 이 법 시행 당시 다른 법령에서 종전의 「근로기준법」 또는 그 규정을 인용한 경우에 이 법 가운데 그에 해당하는 규정이 있으면 종전의 규정을 갈음하여 이 법 또는 이 법의 해당 규정을 인용한 것으로 본다.

부칙 〈제8435호, 2007.5.17.〉 (가족관계의 등록 등에 관한 법률)

제1조 (시행일) 이 법은 2008년 1월 1일부터 시행한다. 〈단서 생략〉

제2조부터 제7조까지 생략

제8조 (다른 법률의 개정) ① 부터 ⑥ 까지 생략

⑦ 근로기준법 일부를 다음과 같이 개정한다.

제66조 중 "호적증명서"를 "가족관계기록사항에 관한 증명서"로 한다.

⑧ 부터 〈39〉까지 생략

제9조 생략

부칙 〈제8561호, 2007.7.27.〉

이 법은 공포 후 6개월이 경과한 날부터 시행한다.

부칙 〈제8781호, 2007.12.21.〉 (남녀고용평등과 일·가정 양립 지원에 관한 법률)

제1조 (시행일) 이 법은 공포 후 6개월이 경과한 날

부터 시행한다. 〈단서 생략〉

제2조 (다른 법률의 개정) ① 근로기준법 일부를 다음과 같이 개정한다.

제74조제3항 단서 중 "「남녀고용평등법」"을 "「남녀고용평등과 일·가정 양립 지원에 관한 법률」"로 한다.

② 생략

제3조 생략

부칙 〈제8960호, 2008.3.21.〉

제1조(시행일) 이 법은 2008년 7월 1일부터 시행한다.

제2조(태아검진 시간의 허용 등에 관한 적용례) 제74조의2의 개정규정은 이 법 시행 당시 임신 중인 여성근로자부터 적용한다.

제3조(근로시간 적용 특례의 적용례) 법률 제8372호 근로기준법 전부개정법률 부칙 제5조의2의 개정규정은 이 법 시행 후 최초로 계약이 체결되는 관련공사에 사용되는 근로자부터 적용한다.

부칙 〈제9038호, 2008.3.28.〉

① (시행일) 이 법은 공포한 날부터 시행한다. 다만, 제93조제8호 및 제9호의2의 개정규정은 공포 후 3개월이 경과한 날부터 시행한다.

② (산전후휴가 종료 후 업무 등 복귀에 관한 적용례) 제74조제5항의 개정규정은 이 법 시행 당시 산전후휴가 중인 근로자부터 적용한다.

③ (취업규칙의 작성·신고에 관한 적용례) 제93조제8호 및 제9호의2의 개정규정은 이 법 시행 후 최초로 신고하는 취업규칙부터 적용한다.

부칙 〈제9699호, 2009.5.21.〉

① (시행일) 이 법은 공포 후 3개월이 경과한 날부터 시행한다.

② (벌칙에 관한 경과조치) 이 법 시행 전의 행위에 관하여 벌칙을 적용할 때에는 종전의 규정에 따른다.

부칙 〈제10303호, 2010.5.17.〉 **(은행법)**

제1조(시행일) 이 법은 공포 후 6개월이 경과한 날부터 시행한다. 〈단서 생략〉

제2조부터 제8조까지 생략

제9조(다른 법률의 개정) ① 부터 ⑨ 까지 생략

⑩ 근로기준법 일부를 다음과 같이 개정한다.

제37조제1항 중 "금융기관"을 "은행"으로 한다.

⑪ 부터 〈86〉 까지 생략

제10조 생략

부칙 〈제10319호, 2010.5.25.〉

이 법은 2012년 1월 1일부터 시행한다.

부칙 〈제10339호, 2010.6.4.〉 **(정부조직법)**

제1조(시행일) 이 법은 공포 후 1개월이 경과한 날부터 시행한다. 〈단서 생략〉

제2조 및 제3조 생략

제4조(다른 법률의 개정) ① 부터 〈26〉 까지 생략

〈27〉 근로기준법 일부를 다음과 같이 개정한다.

제13조, 제24조제4항, 제53조제3항 본문 및 단서·제4항, 제63조제3호, 제64조제1항 단서·제3항, 제67조제2항, 제70조제2항 각 호 외의 부분 단서·제3항, 제88조의 제목·제1항부터 제4항까지, 제89조제1항, 제93조 각 호 외의 부분 전단, 제96조제2항, 제102조제3항, 제104조제1항, 제106조 및 제116조제1항제1호·제2항 중 "노동부장관"을 각각 "고용노동부장관"으로 한다.

제26조 단서 중 "노동부령"을 "고용노동부령"으로 한다.

제101조제1항 중 "노동부"를 "고용노동부"로 한다.

제106조 중 "지방노동관서"를 "지방고용노동관서"로 한다.

〈28〉 부터 〈82〉 까지 생략

제5조 생략

부칙 〈제10366호, 2010.6.10.〉 **(동산·채권 등의 담보에 관한 법률)**

제1조(시행일) 이 법은 공포 후 2년이 경과한 날부터 시행한다.

제2조 생략

제3조(다른 법률의 개정) ① 부터 ③ 까지 생략

④ 근로기준법 일부를 다음과 같이 개정한다.

제38조제1항 본문 중 "질권(質權) 또는 저당권"을 "질권(質權)·저당권 또는 「동산·채권 등의 담보에 관한 법률」에 따른 담보권"으로 하고, 같은 항 단서 및 제2항 각 호 외의 부분 중 "질권 또는 저

당권"을 각각 "질권·저당권 또는 「동산·채권 등의 담보에 관한 법률」에 따른 담보권"으로 한다.
⑤ 부터 ⑩ 까지 생략
제4조 생략

부칙 〈제10719호, 2011.5.24.〉 (건설산업기본법)
제1조(시행일) 이 법은 공포 후 6개월이 경과한 날부터 시행한다. 〈단서 생략〉
제2조부터 제5조까지 생략
제6조(다른 법률의 개정) ① 부터 ④ 까지 생략
⑤ 근로기준법 일부를 다음과 같이 개정한다.
제44조의2제1항 중 "「건설산업기본법」 제2조제8호"를 "「건설산업기본법」 제2조제11호"로, "같은 법 제2조제5호"를 "같은 법 제2조제7호"로 하고, 같은 조 제2항 중 "「건설산업기본법」 제2조제5호"를 "「건설산업기본법」 제2조제7호"로 한다.
제44조의3제2항 전단 중 "「건설산업기본법」 제2조제7호"를 "「건설산업기본법」 제2조제10호"로 한다.
⑥ 부터 ⑨ 까지 생략

부칙 〈제11270호, 2012.2.1.〉
제1조(시행일) 이 법은 공포 후 6개월이 경과한 날부터 시행한다.
제2조(체불사업주 명단 공개에 관한 적용례) 제43조의2제1항의 개정규정 중 명단 공개 기준일 이전 1년 이내 임금등의 체불총액이 3천만원 이상인 경우는 이 법 시행 후 최초로 고용노동부장관이 임금등의 체불을 확인한 경우부터 적용한다.
제3조(임금등 체불자료의 제공에 관한 적용례) 제43조의3제1항의 개정규정 중 임금등 체불자료 제공일 이전 1년 이내 임금등의 체불총액이 2천만원 이상인 경우는 이 법 시행 후 최초로 고용노동부장관이 임금등의 체불을 확인한 경우부터 적용한다.
제4조(연차 유급휴가에 관한 적용례) 제60조제2항의 개정규정은 이 법 시행 후의 근로기간이 최초로 1년이 되는 근로자로서 그 1년간 출근 기간이 80퍼센트 미만에 해당하는 근로자부터 적용한다.
제5조(출산전후휴가 분할사용에 관한 적용례) 제74조제2항의 개정규정은 이 법 시행 후 최초로 출산전후휴가 분할사용을 신청한 근로자부터 적용한다.
제6조(유산·사산 휴가에 관한 적용례) 제74조제3항의 개정규정은 이 법 시행 후 최초로 유산·사산 휴가를 신청한 근로자부터 적용한다.
제7조(다른 법률의 개정) 법률 제11024호 선원법 전부개정법률 일부를 다음과 같이 개정한다.
제69조제3항 중 "보호휴가"를 "휴가"로 한다.
제70조제4항 중 "제69조제3항에 따라 보호휴가로"를 "제69조제3항에 따른 휴가로"로 한다.

부칙 〈제12325호, 2014.1.21.〉
제1조(시행일) 이 법은 2014년 7월 1일부터 시행한다.
제2조(출산전후휴가에 관한 적용례) 제74조의 개정규정은 이 법 시행 후 출산하는 근로자부터 적용한다.

부칙 〈제12527호, 2014.3.24.〉
제1조(시행일) 이 법은 공포한 날부터 시행한다. 다만, 제74조제7항부터 제9항까지의 개정규정은 다음 각 호의 구분에 따른 날부터 시행한다.
1. 상시 300명 이상의 근로자를 사용하는 사업 또는 사업장: 공포 후 6개월이 경과한 날
2. 상시 300명 미만의 근로자를 사용하는 사업 또는 사업장: 공포 후 2년이 경과한 날

제2조(해고 예고의 해고사유 등 서면통지 의제에 관한 적용례) 제27조제3항의 개정규정은 이 법 시행 후 최초로 해고를 예고하는 경우부터 적용한다.
제3조(근로시간 단축에 관한 적용례) 제74조제7항의 개정규정은 같은 개정규정 시행 후 최초로 근로시간 단축을 신청한 근로자부터 적용한다.

최저임금법

[시행 2012.7.1.]
[법률 제11278호, 2012.2.1., 일부개정]

제1장 총칙

〈개정 2008.3.21.〉

제1조(목적) 이 법은 근로자에 대하여 임금의 최저수준을 보장하여 근로자의 생활안정과 노동력의 질적 향상을 꾀함으로써 국민경제의 건전한 발전에 이바지하는 것을 목적으로 한다.
[전문개정 2008.3.21.]

제2조(정의) 이 법에서 "근로자", "사용자" 및 "임금"이란 「근로기준법」 제2조에 따른 근로자, 사용자 및 임금을 말한다.
[전문개정 2008.3.21.]

제3조(적용 범위) ① 이 법은 근로자를 사용하는 모든 사업 또는 사업장(이하 "사업"이라 한다)에 적용한다. 다만, 동거하는 친족만을 사용하는 사업과 가사(家事) 사용인에게는 적용하지 아니한다.
② 이 법은 「선원법」의 적용을 받는 선원과 선원을 사용하는 선박의 소유자에게는 적용하지 아니한다.
[전문개정 2008.3.21.]

제2장 최저임금

〈개정 2008.3.21.〉

제4조(최저임금의 결정기준과 구분) ① 최저임금은 근로자의 생계비, 유사 근로자의 임금, 노동생산성 및 소득분배율 등을 고려하여 정한다. 이 경우 사업의 종류별로 구분하여 정할 수 있다.
② 제1항에 따른 사업의 종류별 구분은 제12조에 따른 최저임금위원회의 심의를 거쳐 고용노동부장관이 정한다. 〈개정 2010.6.4.〉
[전문개정 2008.3.21.]

제5조(최저임금액) ① 최저임금액(최저임금으로 정한 금액을 말한다. 이하 같다)은 시간·일(日)·주(週) 또는 월(月)을 단위로 하여 정한다. 이 경우 일·주 또는 월을 단위로 하여 최저임금액을 정할 때에는 시간급(時間給)으로도 표시하여야 한다.
② 다음 각 호의 어느 하나에 해당하는 자에 대하여는 대통령령으로 정하는 바에 따라 제1항에 따른 최저임금액과 다른 금액으로 최저임금액을 정할 수 있다. 〈개정 2010.6.4., 2012.2.1.〉
1. 수습 사용 중에 있는 자로서 수습 사용한 날부터 3개월 이내인 자. 다만, 1년 미만의 기간을 정하여 근로계약을 체결한 근로자는 제외한다.
2. 「근로기준법」 제63조제3호에 따라 감시(監視) 또는 단속적(斷續的)으로 근로에 종사하는 자로서 사용자가 고용노동부장관의 승인을 받은 자
③ 임금이 통상적으로 도급제나 그 밖에 이와 비슷한 형태로 정하여져 있는 경우로서 제1항에 따라 최저임금액을 정하는 것이 적당하지 아니하다고 인정되면 대통령령으로 정하는 바에 따라 최저임금액을 따로 정할 수 있다.
[전문개정 2008.3.21.]

제5조의2(최저임금의 적용을 위한 임금의 환산) 최저임금의 적용 대상이 되는 근로자의 임금을 정하는 단위기간이 제5조제1항에 따른 최저임금의 단위기간과 다른 경우에 해당 근로자의 임금을 최저임금의 단위기간에 맞추어 환산하는 방법은 대통령령으로 정한다.
[전문개정 2008.3.21.]

제6조(최저임금의 효력) ① 사용자는 최저임금의 적용을 받는 근로자에게 최저임금액 이상의 임금을 지급하여야 한다.
② 사용자는 이 법에 따른 최저임금을 이유로 종전의 임금수준을 낮추어서는 아니 된다.
③ 최저임금의 적용을 받는 근로자와 사용자 사이의 근로계약 중 최저임금액에 미치지 못하는 금액을 임금으로 정한 부분은 무효로 하며, 이 경우 무효로 된 부분은 이 법으로 정한 최저임금액과 동일한 임금을 지급하기로 한 것으로 본다.

④ 다음 각 호의 어느 하나에 해당하는 임금은 제1항과 제3항에 따른 임금에 산입(算入)하지 아니한다. 〈개정 2010.6.4.〉

1. 매월 1회 이상 정기적으로 지급하는 임금 외의 임금으로서 고용노동부장관이 정하는 것
2. 「근로기준법」 제2조제1항제7호에 따른 소정(所定)근로시간(이하 "소정근로시간"이라 한다) 또는 소정의 근로일에 대하여 지급하는 임금 외의 임금으로서 고용노동부장관이 정하는 것
3. 그 밖에 최저임금액에 산입하는 것이 적당하지 아니하다고 인정하여 고용노동부장관이 따로 정하는 것

⑤ 제4항에도 불구하고 「여객자동차 운수사업법」 제3조 및 같은 법 시행령 제3조제2호다목에 따른 일반택시운송사업에서 운전업무에 종사하는 근로자의 최저임금에 산입되는 임금의 범위는 생산고에 따른 임금을 제외한 대통령령으로 정하는 임금으로 한다.

⑥ 제1항과 제3항은 다음 각 호의 어느 하나에 해당하는 사유로 근로하지 아니한 시간 또는 일에 대하여 사용자가 임금을 지급할 것을 강제하는 것은 아니다.

1. 근로자가 자기의 사정으로 소정근로시간 또는 소정의 근로일의 근로를 하지 아니한 경우
2. 사용자가 정당한 이유로 근로자에게 소정근로시간 또는 소정의 근로일의 근로를 시키지 아니한 경우

⑦ 도급으로 사업을 행하는 경우 도급인이 책임져야 할 사유로 수급인이 근로자에게 최저임금액에 미치지 못하는 임금을 지급한 경우 도급인은 해당 수급인과 연대(連帶)하여 책임을 진다.

⑧ 제7항에 따른 도급인이 책임져야 할 사유의 범위는 다음 각 호와 같다.

1. 도급인이 도급계약 체결 당시 인건비 단가를 최저임금액에 미치지 못하는 금액으로 결정하는 행위
2. 도급인이 도급계약 기간 중 인건비 단가를 최저임금액에 미치지 못하는 금액으로 낮춘 행위

⑨ 두 차례 이상의 도급으로 사업을 행하는 경우에는 제7항의 "수급인"은 "하수급인(下受給人)"으로 보고, 제7항과 제8항의 "도급인"은 "직상(直上) 수급인(하수급인에게 직접 하도급을 준 수급인)"으로 본다.

[전문개정 2008.3.21.]

[시행일:2012.7.1.] 제6조제5항 중 「지방자치법」 제2조제1항제1호의 특별시 및 광역시와 제주특별자치도 및 「지방자치법」 제2조제1항제2호의 시지역를 제외한 지역

제7조(최저임금의 적용 제외) 다음 각 호의 어느 하나에 해당하는 자로서 사용자가 대통령령으로 정하는 바에 따라 고용노동부장관의 인가를 받은 자에 대하여는 제6조를 적용하지 아니한다. 〈개정 2010.6.4.〉

1. 정신장애나 신체장애로 근로능력이 현저히 낮은 자
2. 그 밖에 최저임금을 적용하는 것이 적당하지 아니하다고 인정되는 자

[전문개정 2008.3.21.]

제3장 최저임금의 결정

〈개정 2008.3.21.〉

제8조(최저임금의 결정) ① 고용노동부장관은 매년 8월 5일까지 최저임금을 결정하여야 한다. 이 경우 고용노동부장관은 대통령령으로 정하는 바에 따라 제12조에 따른 최저임금위원회(이하 "위원회"라 한다)에 심의를 요청하고, 위원회가 심의하여 의결한 최저임금안에 따라 최저임금을 결정하여야 한다. 〈개정 2010.6.4.〉

② 위원회는 제1항 후단에 따라 고용노동부장관으로부터 최저임금에 관한 심의 요청을 받은 경우 이를 심의하여 최저임금안을 의결하고 심의 요청을 받은 날부터 90일 이내에 고용노동부장관에게 제출하여야 한다. 〈개정 2010.6.4.〉

③ 고용노동부장관은 제2항에 따라 위원회가 심의하여 제출한 최저임금안에 따라 최저임금을 결정하기가 어렵다고 인정되면 20일 이내에 그 이유를 밝혀 위원회에 10일 이상의 기간을 정하여 재심의를 요청할 수 있다. 〈개정 2010.6.4.〉

④ 위원회는 제3항에 따라 재심의 요청을 받은 때에는 그 기간 내에 재심의하여 그 결과를 고용노

동부장관에게 제출하여야 한다. 〈개정 2010.6.4.〉

⑤ 고용노동부장관은 위원회가 제4항에 따른 재심의에서 재적위원 과반수의 출석과 출석위원 3분의 2 이상의 찬성으로 제2항에 따른 당초의 최저임금안을 재의결한 경우에는 그에 따라 최저임금을 결정하여야 한다. 〈개정 2010.6.4.〉

[전문개정 2008.3.21.]

제9조(최저임금안에 대한 이의 제기) ① 고용노동부장관은 제8조제2항에 따라 위원회로부터 최저임금안을 제출받은 때에는 대통령령으로 정하는 바에 따라 최저임금안을 고시하여야 한다. 〈개정 2010.6.4.〉

② 근로자를 대표하는 자나 사용자를 대표하는 자는 제1항에 따라 고시된 최저임금안에 대하여 이의가 있으면 고시된 날부터 10일 이내에 대통령령으로 정하는 바에 따라 고용노동부장관에게 이의를 제기할 수 있다. 이 경우 근로자를 대표하는 자나 사용자를 대표하는 자의 범위는 대통령령으로 정한다. 〈개정 2010.6.4.〉

③ 고용노동부장관은 제2항에 따른 이의가 이유 있다고 인정되면 그 내용을 밝혀 제8조제3항에 따라 위원회에 최저임금안의 재심의를 요청하여야 한다. 〈개정 2010.6.4.〉

④ 고용노동부장관은 제3항에 따라 재심의를 요청한 최저임금안에 대하여 제8조제4항에 따라 위원회가 재심의하여 의결한 최저임금안이 제출될 때까지는 최저임금을 결정하여서는 아니 된다. 〈개정 2010.6.4.〉

[전문개정 2008.3.21.]

제10조(최저임금의 고시와 효력발생) ① 고용노동부장관은 최저임금을 결정한 때에는 지체 없이 그 내용을 고시하여야 한다. 〈개정 2010.6.4.〉

② 제1항에 따라 고시된 최저임금은 다음 연도 1월 1일부터 효력이 발생한다. 다만, 고용노동부장관은 사업의 종류별로 임금교섭시기 등을 고려하여 필요하다고 인정하면 효력발생 시기를 따로 정할 수 있다. 〈개정 2010.6.4.〉

[전문개정 2008.3.21.]

제11조(주지 의무) 최저임금의 적용을 받는 사용자는 대통령령으로 정하는 바에 따라 해당 최저임금을 그 사업의 근로자가 쉽게 볼 수 있는 장소에 게시하거나 그 외의 적당한 방법으로 근로자에게 널리 알려야 한다.

[전문개정 2008.3.21.]

제4장 최저임금위원회

〈개정 2008.3.21.〉

제12조(최저임금위원회의 설치) 최저임금에 관한 심의와 그 밖에 최저임금에 관한 중요 사항을 심의하기 위하여 고용노동부에 최저임금위원회를 둔다. 〈개정 2010.6.4.〉

[전문개정 2008.3.21.]

제13조(위원회의 기능) 위원회는 다음 각 호의 기능을 수행한다. 〈개정 2010.6.4.〉

1. 최저임금에 관한 심의 및 재심의
2. 최저임금 적용 사업의 종류별 구분에 관한 심의
3. 최저임금제도의 발전을 위한 연구 및 건의
4. 그 밖에 최저임금에 관한 중요 사항으로서 고용노동부장관이 회의에 부치는 사항의 심의

[전문개정 2008.3.21.]

제14조(위원회의 구성 등) ① 위원회는 다음 각 호의 위원으로 구성한다.

1. 근로자를 대표하는 위원(이하 "근로자위원"이라 한다) 9명
2. 사용자를 대표하는 위원(이하 "사용자위원"이라 한다) 9명
3. 공익을 대표하는 위원(이하 "공익위원"이라 한다) 9명

② 위원회에 2명의 상임위원을 두며, 상임위원은 공익위원이 된다.

③ 위원의 임기는 3년으로 하되, 연임할 수 있다.

④ 위원이 궐위(闕位)되면 그 보궐위원의 임기는 전임자(前任者) 임기의 남은 기간으로 한다.

⑤ 위원은 임기가 끝났더라도 후임자가 임명되거나 위촉될 때까지 계속하여 직무를 수행한다.

⑥ 위원의 자격과 임명·위촉 등에 관하여 필요한 사항은 대통령령으로 정한다.

[전문개정 2008.3.21.]

제15조(위원장과 부위원장) ① 위원회에 위원장과 부위원장 각 1명을 둔다.

② 위원장과 부위원장은 공익위원 중에서 위원회가 선출한다.

③ 위원장은 위원회의 사무를 총괄하며 위원회를 대표한다.

④ 위원장이 불가피한 사유로 직무를 수행할 수 없을 때에는 부위원장이 직무를 대행한다.

[전문개정 2008.3.21.]

제16조(특별위원) ① 위원회에는 관계 행정기관의 공무원 중에서 3명 이내의 특별위원을 둘 수 있다.

② 특별위원은 위원회의 회의에 출석하여 발언할 수 있다.

③ 특별위원의 자격 및 위촉 등에 관하여 필요한 사항은 대통령령으로 정한다.

[전문개정 2008.3.21.]

제17조(회의) ① 위원회의 회의는 다음 각 호의 경우에 위원장이 소집한다. 〈개정 2010.6.4.〉

1. 고용노동부장관이 소집을 요구하는 경우
2. 재적위원 3분의 1 이상이 소집을 요구하는 경우
3. 위원장이 필요하다고 인정하는 경우

② 위원장은 위원회 회의의 의장이 된다.

③ 위원회의 회의는 이 법으로 따로 정하는 경우 외에는 재적위원 과반수의 출석과 출석위원 과반수의 찬성으로 의결한다.

④ 위원회가 제3항에 따른 의결을 할 때에는 근로자위원과 사용자위원 각 3분의 1 이상의 출석이 있어야 한다. 다만, 근로자위원이나 사용자위원이 2회 이상 출석요구를 받고도 정당한 이유 없이 출석하지 아니하는 경우에는 그러하지 아니하다.

[전문개정 2008.3.21.]

제18조(의견 청취) 위원회는 그 업무를 수행할 때에 필요하다고 인정하면 관계 근로자와 사용자, 그 밖의 관계인의 의견을 들을 수 있다.

[전문개정 2008.3.21.]

제19조(전문위원회) ① 위원회는 필요하다고 인정하면 사업의 종류별 또는 특정 사항별로 전문위원회를 둘 수 있다.

② 전문위원회는 위원회 권한의 일부를 위임받아 제13조 각 호의 위원회 기능을 수행한다.

③ 전문위원회는 근로자위원, 사용자위원 및 공익위원 각 5명 이내의 같은 수로 구성한다.

④ 전문위원회에 관하여는 위원회의 운영 등에 관한 제14조제3항부터 제6항까지, 제15조, 제17조 및 제18조를 준용한다. 이 경우 "위원회"를 "전문위원회"로 본다.

[전문개정 2008.3.21.]

제20조(사무국) ① 위원회에 그 사무를 처리하게 하기 위하여 사무국을 둔다.

② 사무국에는 최저임금의 심의 등에 필요한 전문적인 사항을 조사·연구하게 하기 위하여 3명 이내의 연구위원을 둘 수 있다.

③ 연구위원의 자격·위촉 및 수당과 사무국의 조직·운영 등에 필요한 사항은 대통령령으로 정한다.

[전문개정 2008.3.21.]

제21조(위원의 수당 등) 위원회 및 전문위원회의 위원에게는 대통령령으로 정하는 바에 따라 수당과 여비를 지급할 수 있다.

[전문개정 2008.3.21.]

제22조(운영규칙) 위원회는 이 법에 어긋나지 아니하는 범위에서 위원회 및 전문위원회의 운영에 관한 규칙을 제정할 수 있다.

[전문개정 2008.3.21.]

제5장 보칙

〈개정 2008.3.21.〉

제23조(생계비 및 임금실태 등의 조사) 고용노동부장관은 근로자의 생계비와 임금실태 등을 매년 조사하여야 한다. 〈개정 2010.6.4.〉

[전문개정 2008.3.21.]

제24조(정부의 지원) 정부는 근로자와 사용자에게 최저임금제도를 원활하게 실시하는 데에 필요한 자료를 제공하거나 그 밖에 필요한 지원을 하도록 최대한 노력하여야 한다.

[전문개정 2008.3.21.]

제25조(보고) 고용노동부장관은 이 법의 시행에 필요한 범위에서 근로자나 사용자에게 임금에 관한 사항을 보고하게 할 수 있다. 〈개정 2010.6.4.〉

[전문개정 2008.3.21.]

제26조(근로감독관의 권한) ① 고용노동부장관은

「근로기준법」 제101조에 따른 근로감독관에게 대통령령으로 정하는 바에 따라 이 법의 시행에 관한 사무를 관장하도록 한다. 〈개정 2010.6.4.〉

② 근로감독관은 제1항에 따른 권한을 행사하기 위하여 사업장에 출입하여 장부와 서류의 제출을 요구할 수 있으며 그 밖의 물건을 검사하거나 관계인에게 질문할 수 있다.

③ 제2항에 따라 출입·검사를 하는 근로감독관은 그 신분을 표시하는 증표를 지니고 이를 관계인에게 내보여야 한다.

④ 근로감독관은 이 법 위반의 죄에 관하여 「사법경찰관리의 직무를 행할 자와 그 직무범위에 관한 법률」로 정하는 바에 따라 사법경찰관의 직무를 행한다.

[전문개정 2008.3.21.]

제26조의2(권한의 위임) 이 법에 따른 고용노동부장관의 권한은 대통령령으로 정하는 바에 따라 그 일부를 지방고용노동관서의 장에게 위임할 수 있다. 〈개정 2010.6.4.〉

[전문개정 2008.3.21.]

제27조 삭제 〈2008.3.21.〉

제6장 벌칙

〈개정 2008.3.21.〉

제28조(벌칙) ① 제6조제1항 또는 제2항을 위반하여 최저임금액보다 적은 임금을 지급하거나 최저임금을 이유로 종전의 임금을 낮춘 자는 3년 이하의 징역 또는 2천만원 이하의 벌금에 처한다. 이 경우 징역과 벌금은 병과(倂科)할 수 있다. 〈개정 2012.2.1.〉

② 도급인에게 제6조제7항에 따라 연대책임이 발생하여 근로감독관이 그 연대책임을 이행하도록 시정지시하였음에도 불구하고 도급인이 시정기한 내에 이를 이행하지 아니한 경우 2년 이하의 징역 또는 1천만원 이하의 벌금에 처한다. 〈신설 2012.2.1.〉

[전문개정 2008.3.21.]

제29조 삭제 〈1999.2.8.〉

제30조(양벌규정) ① 법인의 대표자, 대리인, 사용인, 그 밖의 종업원이 그 법인의 업무에 관하여 제28조의 위반행위를 하면 그 행위자를 벌할 뿐만 아니라 그 법인에도 해당 조문의 벌금형을 과(科)한다.

② 개인의 대리인, 사용인, 그 밖의 종업원이 그 개인의 업무에 관하여 제28조의 위반행위를 하면 그 행위자를 벌할 뿐만 아니라 그 개인에게도 해당 조문의 벌금형을 과한다.

[전문개정 2008.3.21.]

제31조(과태료) ① 다음 각 호의 어느 하나에 해당하는 자에게는 100만원 이하의 과태료를 부과한다.

1. 제11조를 위반하여 근로자에게 해당 최저임금을 같은 조에서 규정한 방법으로 널리 알리지 아니한 자
2. 제25조에 따른 임금에 관한 사항의 보고를 하지 아니하거나 거짓 보고를 한 자
3. 제26조제2항에 따른 근로감독관의 요구 또는 검사를 거부·방해 또는 기피하거나 질문에 대하여 거짓 진술을 한 자

② 제1항에 따른 과태료는 대통령령으로 정하는 바에 따라 고용노동부장관이 부과·징수한다. 〈개정 2010.6.4.〉

③ 제2항에 따른 과태료 처분에 불복하는 자는 그 처분을 고지받은 날부터 30일 이내에 고용노동부장관에게 이의를 제기할 수 있다. 〈개정 2010.6.4.〉

④ 제2항에 따른 과태료 처분을 받은 자가 제3항에 따라 이의를 제기하면 고용노동부장관은 지체 없이 관할 법원에 그 사실을 통보하여야 하며, 그 통보를 받은 관할 법원은 「비송사건절차법」에 따른 과태료 재판을 한다. 〈개정 2010.6.4.〉

⑤ 제3항에 따른 기간에 이의를 제기하지 아니하고 과태료를 내지 아니하면 국세 체납처분의 예에 따라 징수한다.

[전문개정 2008.3.21.]

부칙 〈제3927호, 1986.12.31.〉

제1조 (시행일) 이 법은 공포한 날로부터 시행한다.

제2조 (다른 법률의 개정) 근로기준법중 다음과 같이 개정한다.

제34조 및 제35조를 삭제한다.

제110조제1호중 "제28조, 제35조"를 "제28조"로

한다.

제3조 (최초로 시행되는 최저임금의 결정에 관한 경과조치) ① 노동부장관은 이 법 시행후 최초로 시행할 최저임금의 결정을 위하여 1987년 6월 30일까지 심의위원회를 구성하여 1987년 7월 1일까지 심의위원회에 최저임금의 심의를 요청하여야 한다.

② 심의위원회는 제1항의 규정에 의한 심의요청을 받은 때에는 제8조제2항의 규정에 불구하고 120일이내에 이를 심의하여 최저임금안을 노동부장관에게 제출하여야 한다.

③ 노동부장관은 제2항의 규정에 의하여 심의위원회로부터 최저임금안을 제출받은 때에는 제8조제1항 및 제10조제1항의 규정에 불구하고 1987년 12월 15일까지 최저임금을 결정·고시하여야 한다.

부칙 〈제4575호, 1993.8.5.〉

① (시행일) 이 법은 1994년 1월 1일부터 시행한다.

② (최저임금에 관한 경과조치) 이 법 시행당시 종전의 규정에 의하여 결정되어 1994년 1월 1일부터 적용할 최저임금은 1994년 8월 31일까지 효력을 가진다.

부칙 〈제5474호, 1997.12.24.〉 (근로자직업훈련촉진법)

제1조 (시행일) 이 법은 1999년 1월 1일부터 시행한다.

제2조 내지 제7조 생략

제8조 ① 내지 ④ 생략

⑤ 최저임금법중 다음과 같이 개정한다.

제7조제3호를 다음과 같이 개정한다.

3. 근로자직업훈련촉진법에 의하여 사업주가 실시하는 양성훈련을 받는 자

⑥ 내지 ⑫ 생략

제9조 생략

부칙 〈제5888호, 1999.2.8.〉

① (시행일) 이 법은 공포한 날부터 시행한다.

② (벌칙에 관한 경과조치) 이 법 시행전의 행위에 대한 벌칙의 적용에 있어서는 종전의 규정에 의한다.

부칙 〈제6278호, 2000.10.23.〉

① (시행일) 이 법은 공포후 1월이 경과한 날부터 시행한다.

② (새로 적용되는 사업에 관한 적용례) 이 법의 시행으로 새로이 이 법의 적용대상이 되는 사업에 소속된 근로자의 임금에 있어서는 이 법 시행 이후에 행한 근로에 대한 임금분부터 최저임금을 적용한다.

부칙 〈제7563호, 2005.5.31.〉

① (시행일) 이 법은 2005년 9월 1일부터 시행한다. 다만, 제5조제2항제2호의 개정규정은 2007년 1월 1일부터 시행하고, 부칙 제3항은 2005년 7월 1일부터 시행한다.

② (최저임금에 관한 경과조치) 이 법 시행 당시 종전의 규정에 의하여 결정되어 2005년 9월 1일부터 효력을 발생하는 최저임금은 2006년 12월 31일까지 효력을 가진다.

③ (근로시간 단축에 따른 최저임금 보전) 사용자는 법률 제6974호 「근로기준법중개정법률」 제49조제1항의 개정규정으로 인하여 소정근로시간이 단축되는 경우 정당한 사유없이 최저임금의 적용대상이 되는 임금을 단축 전 소정근로시간에 단축 당시 적용되는 시간급 최저임금액을 곱한 금액보다 저하하게 할 수 없다. 다만, 1주 4시간을 초과하여 단축되는 경우 그 초과되는 시간을 단축 전 소정근로시간에서 제외할 수 있다.

부칙 〈제7827호, 2005.12.30.〉

이 법은 2006년 3월 1일부터 시행한다.

부칙 〈제8372호, 2007.4.11.〉 (근로기준법)

제1조 (시행일) 이 법은 공포한 날부터 시행한다. 〈단서 생략〉

제2조 내지 제15조 생략

제16조 (다른 법률의 개정) ① 내지 〈21〉생략

〈22〉최저임금법 일부를 다음과 같이 개정한다.

제2조 중 "근로기준법 제14조, 제15조 및 제18조"를 "「근로기준법」 제2조"로 한다.

제5조제2항제2호 중 "「근로기준법」 제61조제3호"를 "「근로기준법」 제63조제3호"로 한다.

〈23〉 및 〈24〉생략

제17조 생략

부칙 〈제8818호, 2007.12.27.〉

이 법의 시행일은 다음 각 호와 같다.

1. 「지방자치법」 제2조제1항제1호의 특별시 및 광역시 : 2009년 7월 1일
2. 제주특별자치도 및 「지방자치법」 제2조제1항 제2호의 시지역 : 2010년 7월 1일
3. 제1호 및 제2호를 제외한 지역 : 2012년 7월 1일

부칙 〈제8964호, 2008.3.21.〉

① (시행일) 이 법은 공포한 날부터 시행한다. 다만, 제6조제5항의 개정규정의 시행일은 다음 각 호와 같다.

1. 「지방자치법」 제2조제1항제1호의 특별시 및 광역시 : 2009년 7월 1일
2. 제주특별자치도 및 「지방자치법」 제2조제1항 제2호의 시지역 : 2010년 7월 1일
3. 제1호 및 제2호를 제외한 지역 : 2012년 7월 1일

② (다른 법률의 개정) 파견근로자보호 등에 관한 법률 일부를 다음과 같이 개정한다.

제8조제3호 중 "최저임김법 제6조"를 "「최저임금법」 제6조"로 한다.

부칙 〈제10339호, 2010.6.4.〉 (정부조직법)

제1조(시행일) 이 법은 공포 후 1개월이 경과한 날부터 시행한다. 〈단서 생략〉

제2조 및 제3조 생략

제4조(다른 법률의 개정) ① 부터 〈74〉 까지 생략

〈75〉 최저임금법 일부를 다음과 같이 개정한다.

제4조제2항, 제5조제2항제2호, 제6조제4항제1호부터 제3호까지, 제7조 각 호 외의 부분, 제8조제1항 전단 및 후단 · 제2항부터 제5항까지, 제9조제1항 · 제2항 전단 · 제3항 · 제4항, 제10조제1항 · 제2항 단서, 제13조제4호, 제17조제1항제1호, 제23조, 제25조, 제26조제1항, 제26조의2 및 제31조제2항부터 제4항까지 중 "노동부장관"을 각각 "고용노동부장관"으로 한다.

제12조 중 "노동부"를 "고용노동부"로 한다.

제26조의2 중 "지방노동관서"를 "지방고용노동관서"로 한다.

〈76〉 부터 〈82〉 까지 생략

제5조 생략

부칙 〈제11278호, 2012.2.1.〉

이 법은 2012년 7월 1일부터 시행한다.

찾아보기

ㄱ

ㄴ

기타

【저자소개】

변상우

- 부산대학교 대학원 경영학과(경영학박사)
- 한양증권, 동양경제연구원, 한국재정분석연구원 근무
- 신라대학교 겸임교수 역임
- 부산대학교, 동아대학교, 신라대학교, 부경대학교, 동의대학교 시간강사
- 부산가톨릭대학교 유통경영정보학부 조교수 역임
- (현) 부산대학교 교육인증원 강의전담교수

[주요 저서]

- 조직행동론(피앤씨미디어)
- 21세기를 선도하기 위한 경영학의 이해(피앤씨미디어)
- 글로벌시대의 경영조직의 이해(피앤씨미디어)
- 사무관리개론(무역경영사)
- 인적자원관리(무역경영사)
- 리더십개발과 훈련(도서출판 청람)
- 글로벌 리더십(도서출판 청람)
- 행복하면 성공하고 리더가 된다(도서출판 청람)

이상우

- 한국외국어대학교 문학사(영어전공, 학사)
- 영)워릭대학교(University of Warwick), 노사관계전공(경영학석사)
- 영)맨체스터대학교(University of Manchester), 노사관계전공(경영학박사)
- (현) 경남대학교 경영학부 교수

제3판
글로벌시대의 노사관계론

초 판 발 행 2015년 5월 20일
제2판 발행 2017년 7월 31일
제3판 인쇄 2020년 1월 20일
제3판 발행 2020년 1월 31일

지은이 변상우 · 이상우
펴낸이 박노일

총괄기획 김중용 · 최준규
편 집 심성보

펴낸곳 pnc publishing and culture 피앤씨미디어
경기도 고양시 일산동구 강송로 153 310-1501
등록 제396-2012-000203호
전 화 070)7550-3758 팩 스 02)718-8554
홈페이지 www.pncmedia.co.kr 이메일 pnc@pncmedia.co.kr
ISBN 979-11-5730-709-8 93320

정 가 28,000원